Survey of Economics

Irvin B. Tucker

5th Edition

经济学概论

第五版

欧文·B. 塔克 著 邹薇 主译并校

张芬 刘兰 周浩 白小滢 刘勇 蒋泽敏 译

图书在版编目(CIP)数据

经济学概论/欧文 · B. 塔克著;邹薇主译并校;张芬等译. —武汉:武汉大学出版社,2008. 7
经管译丛
ISBN 978-7-307-06238-2

Ⅰ. 经… Ⅱ. ①塔… ②邹… ③张[等]… Ⅲ. 经济学—概论 Ⅳ. F01

中国版本图书馆 CIP 数据核字(2008)第 063866 号

湖北省版权局著作权合同登记号:图字 17-2008-029 号

责任编辑:范绪泉 责任校对:刘 欣 版式设计:杜 枚

出版发行:**武汉大学出版社** (430072 武昌 珞珈山)
(电子邮件:wdp4@ whu. edu. cn 网址:www. wdp. com. cn)
印刷:湖北恒泰印务有限公司
开本:787 × 1092 1/16 印张:37. 125 字数:896 千字
版次:2008 年 7 月第 1 版 2008 年 7 月第 1 次印刷
ISBN 978-7-307-06238-2/F · 1153 定价:60. 00 元

仅以此书向我的岳父 Carl B. Moorer 致敬！

作者简介

欧文·B. 塔克（Irvin B. Tucker）博士具有20多年讲授初级经济学的经验。塔克博士在北卡罗来纳州立大学获得经济学学士学位，在南卡罗来纳大学获得经济学硕士和博士学位。

塔克博士是北卡罗来纳大学经济学教育中心的前任主任，长期以来都是美国国家经济教育委员会成员。塔克博士把经济学基本原理运用于现实经济问题和政策的能力广受认可，并且由于在私人企业教育、创业学和经济学教育领域中卓越的工作成绩而获得独立工会联合会的奖励及华盛顿自由基金会奖章。此外，他还在产业组织研究、创业学、教育经济学等领域发表了大量的专业论文。塔克博士也是取得巨大成功的《现代经济学》（第4版）作者，该书是经济学原理课程的一本两学期教材，由美国西南出版社出版。同时，塔克博士作为共同作者，与昆士兰科技大学的艾伦·雷特和蒂姆·罗宾斯教授一起为澳大利亚、新西兰、东南亚地区读者编写了单学期版的《现代经济学》，该书由圣智学习出版公司出版。

译者序

摆在我们面前的欧文·塔克的《经济学概论》既是一本标准的、规范的经济学初级教科书，又是一本别具一格、充满对现实经济生活和当代热门经济学话题的深切关注的经济学著作。

我们之所以将这本书翻译成中文，是基于如下的考虑：其一，学习经济学决不是简单地记忆一些概念和原理，更关键的是要培养经济学理念，掌握经济学思考的方法和范式。这本书对于启发读者，尤其是经济学初学者和对经济问题有浓厚兴趣的经济工作者，尝试着进行独立的经济学思考，无疑具有很强的针对性。其二，经济学的理论研究的视野在现实经济实践的推动下不断拓宽，这要求每个经济学研究者，哪怕是初学者，都时时记住把现实中鲜活的、生动的经济学问题纳入思考和分析范围。这本书不仅系统地讲述了微观和宏观经济学的基本原理，而且通过大量事例，对生活中的经济学展开了多层面的解析。这些研究和探讨正是我们在经济学教育（包括入门阶段的经济学教育）中需要加强的内容。其三，随着现代资讯服务的推进和信息来源的多样化，经济学教学和学习的方法也需要不断创新。本书不是拘泥于传统的书本教学，而是力主学生应用互联网等现代技术，自主地查询和研习一些相关的热点问题，甚至可以在本书的读者群中建立网上学习小组，展开网上互动的经济学游戏和比赛，实行网络视频授课和讨论等等。通过在美国的实践，这些新颖的经济学教育和学习途径不仅行之有效，而且极大地激发了读者的学习积极性、独创性和自主性。

本书涵盖的经济学范围相当宽广。在原理方面，本书以严密的逻辑探讨了市场运行原理、消费者理论、厂商理论、价格和弹性理论、市场结构理论等微观经济学问题，研究了包括国民收入核算、货币银行和金融市场、乃至国际经济学等在内的宏观经济问题。在经济政策方面，本书不仅对财政政策、货币政策、国际贸易政策等进行了深入的阐述和实例分析，而且还具体研究了收入分配、反贫困、反垄断、环境保护等经济政策及其在许多国家的实践。

本书的“读者（学生）友好型”风格特别值得称道。书中对每个经济学原理的阐述没有采取枯燥的说教，而是取材于生活中的例子，诉诸于平易朴实的文字。本书每一章都设有章节导引、核心概念、测验与问题、自我检测等多个环节，更不用说书中大量的形象的图片、新闻剪接、全球经济热点问题、经济学家介绍，可以大大开阔读者的视野。本书还提供了大量的互联网网址链接和在线学习资源。例如，在学习中央银行和货币政策时，学生们将被引导去登录美国联邦储备委员会的官方网页，直接了解其组织结构，追踪现实货币政策及其实效。这是多么鲜活的教案、多么有效的学习呀！难怪美国最大的书商之一巴恩斯·诺布尔书店（Barnes & Noble）称赞这本书“极其读者友好”，“既通俗易懂又引人入胜”，提供了“无与伦比的教学方法和教学支持”。

本书作者欧文·塔克博士在美国北卡罗来纳大学夏洛特分校执教经济学课程达20余年，曾经担任北卡罗来纳大学经济学教育中心主任，同时是美国全国经济学教育委员会的终身成员。由于他擅长将经济学教学与现实经济问题和公共政策完美结合，他曾经获得Meritorious Leavy私有企业教育杰出成就奖、美国独立商业联合会颁发的“企业家与经济学教育”当年人物奖、美国自由基金会颁发的乔治·华盛顿经济学教育杰出奖章。塔克博士不仅热衷经济学教育，而且热爱经济学研究，他在产业组织、企业家精神、公共政策、体育经济学等领域发表了大量论文。

本书的翻译是团队合作的结果。邹薇对全书进行了初译、分配翻译任务、并进行了全书的通校和部分章节的重译工作。张芬博士承担了第1-3章的翻译，刘兰博士承担了第4-6章的翻译，周浩博士承担了第7-10章的翻译；正在攻读博士学位的白小滢承担了第11-15章的翻译、刘勇承担了第16-19章的翻译、蒋泽敏承担了第20-23章的翻译。整个团队在翻译、交互校对和相互探讨中也领受了经济学带来的快乐。

正如爱因斯坦所说：“热爱是最好的老师。”好的经济学教育应该从入门阶段开始，就致力于激发读者自主思考和学习，促使读者对经济学由自发的兴趣转变成自觉的爱好、直到热爱，这样，从事经济学研究才会有不懈的动力和灵感。我们希望许多读者会由衷地热爱上经济学。

是为序。

邹薇

2008年6月于武汉大学珞珈山

简 要 目 录

第一部分 经济学入门

第二部分 微观经济学

第三部分 宏观经济与财政政策

第四部分 货币、银行和货币政策

第五部分　国际经济学

目 录

第四部分 货币、银行和货币政策

前　言

本书的目的

第 5 版《经济学概论》一书的目的是，以一种吸引人的方式向那些参与一学期经济学课程的学生介绍美国经济的基本运作方式。《经济学概论》不是一本介绍经济学有关概念的百科全书，而是重在对经济学中最为重要的工具——供给和需求分析进行介绍，本书还运用这种分析工具清晰地向我们解释真实世界中的有关经济问题。

作者尽可能地使这本《经济学概论》能成为市场上最受“学生喜爱的”教材。市场上已经有很多经济学教材，但它们展现在学生面前的都是一系列令人困惑的经济学分析，使得学生不得不以简单地死记硬背的方式来通过考试，为此，作者写作了本教材。与以往不同，《经济学概论》向我们呈现了一种浅显地、公允地、有效地讲授基础经济学原理的应用的方式。在读过本教材之后，学生应该能说，“现在新闻中的经济事件很有意思了”。

本书的框架

本书阐明了微观经济学、宏观经济学和国际经济学的核心原理。开头的 10 章介绍了经济学的分析逻辑，奠定了微观经济学分析的核心。在这 10 章，学生会学到需求和供给在竞争性市场和垄断性市场中对确定价格所起的作用。该部分还探讨了诸如最低工资法、租金控制和污染之类的主题。随后的 10 章是宏观经济学部分。本书采用现代简单的总需求和总供给分析模式，解释了经济体中的价格水平、国民产出和就业率的测度及其变化。宏观经济学的研究还包括货币的供给和需求如何影响经济。本书最后 3 章的篇幅用于解释国际问题。比如，同学们会了解到各种通货的供给和需求如何影响汇率的确定，强势美元或弱势美元具有怎样的含义。

本书的灵活性

《经济学概论》很适合那些喜欢先讲微观经济学再讲宏观经济学的老师。本书也可按照先宏观后微观的顺序，先讲前 4 章，然后讲第 3 部分和第 4 部分，最后讲第 2 部分。也有一些老师喜欢在讲第 1 章之后讲第 22 章“转型经济”。老师们还应该注意第 14 章“总需求与总供给”以及第 20 章“货币政策”后面附录中有关自发调节的总需求和总供给模型。这种方式使得老师们能自由选择是否要覆盖这部分模型内容，可以用第 21 章“国际贸易和金融”来替换这部分内容。一些老师说，他们喜欢在讲述第 3 部分和第 4 部分的宏观经济学内容之前强调国际经济学问题。其他老师则认为，学生应该在处理第 21 章之前掌握微观和宏观经济学相关知识。因此，这样一本定制化的教材可能会满足你所有的要求。如果确实如此，请联系西南/圣智学习出版公司的销售代表了解更多信息。

学习经济学又有何难

有些学生认为经济学是一门令人恐惧的学科，因为很多章节都充满了图形。学生也总是错误地试图死记硬背那些图形中的线条来应对考试。但是，在考试成绩反馈回来后，采用这种策略的学生很可能会惊呼："发生什么事情了?"对这种质疑的回答是，学生应该先学习经济学概念，然后才能理解图形里所隐含的经济学概念。简单地说，要解决经济学问题，光靠一些表面功夫是行不通的。

有些学生不知道如何使用图形，第 1 章的附录简要回顾了图形分析方式。

第五版的创新

在保持第 4 版的基本特点不变的基础上，第 5 版的主要变化如下：

- 在第 2 章有关生产可能性的讨论中，新增了因果链用以表示机会成本这一概念。
- 在第 9 章有关垄断竞争和寡头垄断的讨论中新增了博弈论。
- 在第 11 章有关国内生产总值的讨论中新增了计算国民收入的公式。
- 在第 14 章有关总需求和总供给的讨论中新增了附录，解释了总需求曲线和长期总供给曲线的增加。
- 在第 17 章有关联邦赤字、盈余和国民债务的讨论中，新增了近年来联邦赤字和盈余占 GDP 百分比的数据。
- 在第 20 章有关货币政策的讨论中新增了附录，借助自发调节的总需求和总供给模型解释了财政政策和货币政策的影响。
- 在第 21 章有关国际贸易和国际金融的讨论中，新增了一些对美国具有最大贸易赤字的国家。
- 在第 21 章有关国际贸易和国际金融的讨论中，新增了自 1930 年到 2000 年的平均关税率的变化数据。

教学特色

《经济学概论》促进和倡导最前沿的教学方法，其特征如下：

开宗明义（part openers）

每部分都有一段对该部分所有章节任务的总括性陈述。此外，还扼要阐述了每章与所属部分的学习目标之间的联系。

本章概述

每章开头都有一段概述，以激发学生的学习兴趣，强化该章与本书的总体安排之间的联系。每段概述都提出了一些经济学问题，激发学生的"福尔摩斯"冲动，而这些问题都可以在理解了该章的内容后得到解决。

页边空白处的定义

每章的主要概念都以黑体加以强调，并且在文中和页边空白处都加以定义。这一特征也起到了快捷参考的作用。

页边空白处的网络注释

页边空白处的网址使学生能直接链接到所讨论的相关主题上。这些网址有时能给予学生相关主题的额外信息，有时则只是一些相关或有趣的内容。但不管是哪一种情况，通过互联网，学生们会熟悉一些经济学方面的话题。

总结陈述

在所有章节中，一些主要概念的重点结论陈述都出现在每节末尾，而且把本章的内容进行了总结。如果学生已经理解了该节的要点，就能很快掌握这些结论。

现实生活中的经济学

每一章都插入了一些文本框，提供了与“日常生活相关的”严峻考验。这一特征使得学生有机会及时接触到经济学理论在现实生活中的应用。例如，学生阅读了弗雷德·史密斯（Fred Smith）的故事后就会了解，他在写作经济学学期论文的过程中萌发了创建联邦快递的想法。为了使学生无须浪费时间去辨认哪些概念适用于该短文，在每篇短文后都列出了适用的概念。很多文本框中的短文都引用了一段时间以来的报刊文章，以此说明不管时间如何推移，经济学概念总是相关联的。

国际经济学

现在我们所面临的经济环境是全球性的。《经济学概论》一书认真准备了一些国际性的话题，并为没有学习过国际经济学的学生提供了一些很容易读懂也很容易找到的素材。所有有关国际经济学的章节内容都在文中空白处和“国际经济学”文本框中以地球仪图标加以标识。此外，本书的最后3章内容全都是有关国际经济学的。

分析问题

在每一个“现实生活中的经济学”和“国际经济学”文本框后面，都提出了一些与所提供材料中的适用概念相关的问题，用以测度学生对相关知识的掌握程度。为便于在课堂讨论或家庭作业中布置这些问题，课文中并没有提供相关答案，而是在教师指南中给出。

要点考查

留意此处！谁说学习经济学不是一件好玩的事情？本书的这一独特特征能激发你对经济学的学习兴趣，促使你思考。这些问题以一种类似游戏的发问方式促使学生检查其学习进度。学生享受思考和答题的过程，然后再核对该章末尾的答案。回答正确的学生会心满意足于他对概念的掌握和了解。

图解

任何一本经济学教科书要取得成功，都少不了一些用网格线和真实世界中的数据来刻画的吸引人的大量图形。对每一个图形都要加以认真分析，以确保主要概念都被清楚地阐述出来。图形中还有一些简单的描述，以便在学生研究图形时给予他们指导。在使用真实数据时，还提供了这些数据的网络链接，以便学生很容易就能找到数据源。

图形专题研究

对大多数学生来说，图形是经济学原理课程中最难的部分之一。图形专题研究为帮助你掌握图形语言提供了一站式的学习资源，主要图形贯穿整本教材。你还可以通过自己画图和分析不同情形来巩固你所学知识。

因果链

这可能是你最喜欢的内容之一。在本书中很多图形的下方都显示了非常成功的因果链。这种教学上的设置有助于学生从视觉上以简单的方框图来理解复杂的经济关系，这些方框图解释了一个变化如何导致另一个变化。

主要概念

每章所包含的主要概念都列在该章末尾。

直观的小结

每章最后都有一个对主要概念的逐一小结。在本版中，很多这样的小结都附有重要图形的简化版本和解释主要概念的因果链。这些都旨在在学生学习完该章后，以一种直观方式引起学生注意，同时它们也有助于对该章内容的复习及对问题和难题的解决。

问题思考

每章最后的问题思考都提供了不同难度级别的问题，包括直观的内容回顾和需要深思熟虑的应用性问题。附录 A 中给出了奇数题号的答案。这一特点使得学生无须询问指导教师就能立即得到对学习成效的反馈信息。

在线练习

这些练习通过要求学生查看经济数据，然后回答与章节内容相关的问题的方式来激发学生进行网上学习的兴趣。所有在线练习在塔克博士的网页上的互动学习中心都能找到直接链接，这样学生不必经历乏味而容易出错的网址链接过程。

测试

测试之前已经作了大量的准备工作。很多教师喜欢用多项选择题来测试学生。为此，每章的最后一部分提供了多项选择题型。所有这些问题的答案在教材最后给出。

致谢

作者对所有评阅人的专业意见致以深深的谢意。所有的评论和意见都经作者仔细推究以完善本书。对所有五个版本的每一位评阅人，我都致以最诚挚的谢意。

约翰逊·S. 阿达日（得克萨斯理工大学）、约翰·P. 达尔奎斯特（阿拉米达学院）、弗雷德里克·M. 阿诺德（麦迪逊区技术学院）、詹姆士·L. 迪斯（加州富乐敦州立大学）、乔·H. 阿塔拉赫（德锐大学）、约翰·W. 道尔西（马利兰大学）、詹姆士·Q. 艾尔斯沃思（湖泊社区学院）、罗伯特·德拉高（威斯康星大学）、丹·巴拉兹克斯（杜佩奇大学）、陈·H. 道（莱特州立大学）、威廉·L. 比蒂（塔尔顿州立大学）、约翰·B. 艾格（陶森大学）、杰拉尔德·E. 布雷格（南卡罗来纳大学）、默罕默德·埃尔-霍迪里（堪萨斯大学）、戴尔·布莱莫（罗斯-豪曼理工学院）、卡罗利·恩德雷斯（莱特州立大学）、德博拉·布里奇斯（布拉斯加大学康宁市分校）、玛丽安·弗博（伊里诺斯大学）、罗伊·坎贝尔（奥立佛山学院）、亚瑟·弗莱德伯格（莫霍克族谷社区学院）、詹姆斯·E. 克拉克（维奇托州立大学）、汤姆·富乐敦（得克萨斯州大学埃尔帕索分校）、E. 科恩（南卡罗来纳大学）、丹尼尔·加拉格（圣云州立大学）、道格拉斯·W. 科普兰（约翰逊社区学院）、加里·嘉莱士（佩珀代因大学）、罗伯特·D. 科沃夫茨（赛勒学院）、克里斯·D. 金里奇（东方门诺派大学）、保罗·W. 格莱姆斯（密西西比州立大学）、亨利·N. 迈卡尔（阿拉巴马州-伯明翰大学）、威廉·葛瑟理（阿巴拉契亚州立大学）、伯纳德·J. 麦卡尼（伊利诺斯州立大学）、肯·哈里森（新泽西理查德斯托克顿学院）、迈克尔·P. 麦克盖（特拉华州威明顿学院）、盖尔·霍克斯（迈阿密达德学院）、Z. 爱德华·奥瑞丽（北达科塔州立大学）、阿里·海克马特（东犹他学院）、米切尔·瑞德诺（圣安东尼奥学院）、阿美拉·S. 霍普金斯（格林斯博罗的北卡罗来那州大学）、泰瑞·瑞德（维吉尼亚中央社区学院）、克里斯廷·瑞德（圣约翰大学)、亚瑟·J. 詹森（恩波利亚州立大学)、M. 约翰逊夫人（北爱荷华州大学)、道格拉斯·F. 雷诺兹（阿拉斯加-费尔班克斯大学)、罗杰·F. 瑞夫勒（内布拉斯加大学林肯分校)、乔治·H. 琼斯（威斯康星州大学)、布鲁斯·罗伯特（海兰社区学院)、尼古拉斯·卡洛特加斯（宾夕法尼亚州印第安那大学)、詹森·凯斯勒（曼卡托州立大学)、詹姆斯·罗伯特（潮水社区学院-弗吉尼亚海滩校区)、比尔·F. 科克（南卡罗来纳州立大学)、罗斯·M. 鲁宾（孟斐斯大学)、比尔·基罗（得克萨斯理工大学)、南希·鲁摩尔（西南路易斯安那大学)、约翰·D. 拉夫克（加利福尼亚州立大学)、威廉·H. 斯莫尔（史伯肯社区学院)、玛格丽特·兰德曼（布兰奇沃特州立学院)、珍妮·M. 坦斯基（新墨西哥州立大学)、安德鲁·拉金（圣克劳州立大学)、罗伯特·W. 托马斯（爱荷华州立大学)、乔·B. 里尔（加州工业大学)、D. 尼特（加州州立大学-弗雷斯诺)、达宁·沃尔茨（罗彻斯特社区技术学院)、罗伯特 范·德·奥谢（洛克福德学院)、斯蒂芬 E. 莉莉（西肯塔基大学)、理查德·B. 沃特森（加州大学圣巴巴拉分校)、肯·龙（新河社区学院)、唐纳德·A. 维尔斯（亚利桑那大学)、皮特·马夫罗科札托斯（塔伦特郡初级学院)、马克·D. 怀特（斯塔滕岛学院/纽约市立大学)

特别感谢

我想要向我北卡罗来纳州立大学的同事皮特·舒瓦茨（Peter Schwarz）致以最诚挚的谢意。很多要点考查题都是我们群策群力的结果。同时，还特别感谢堪萨斯州强生社区大学的道格拉斯·科普兰提供的教师指南。

我要感谢西南出版公司的策划编辑史蒂夫·蒙培尔（Steve Momper)，也要感谢开发编辑米切尔·昆德尔斯伯格（Michael Guendelsberger）和生产项目主管艾米·哈克特（Amy Hackett)，他们发挥了创造性才能，解决了很多难题。莱斯莉·康娜（Leslie Connor）出色地完成了对初稿的排版编辑工作。我还要感谢布赖恩·乔伊纳（Brian Joyner）和约翰·凯丽（John Carey）精巧的营销策划。最后，我还要真诚地感谢西南/圣智学习出版公司的全体工作团队。

亲爱的学生：

教了20多年的经济学原理，我从第一手经验中知道很多学生都对经济学课程充满忧惧。事实上，我还能清晰地回忆起，对想要修我第一学期经济学课的新生，我只能对他们模糊地讲解这门课程是关于什么的。令人高兴的是，我给新生开的经济学原理课程也开阔了我的视野。多年讲授这门推理性极强的课程启发我写一本教材，将我对经济学的热情传达给学生。我认为能达到这一要求的教材应该具备两个方面的突出优点：(1) 它应该能以一种不那么枯燥的方式阐述事实，(2) 能提供一种有助于学生理解和记忆概念的教学范式。为了做到这两点，我按照如下方式编排本书，希望能有助于你尽可能理解第一学期的经济学课程：

- 我的写作风格倾向于生动、清晰和直白。在写作本书时，我就像在办公室向学生解释概念一样。因此，我的书有着一种讨论的语气。为了避免枯燥，本书使用了一种快节奏、充满令人激动情节的方式来解释所有重要概念，而没有落入俗套。
- 认识到现在的学生生活在一个充满视觉音像冲击的环境中，我对大量阅读性材料都强化了视觉效果，结合起来进行应用分析、练习和复习。我在本书中为你们创建的这一教学体系是为了最大化你们对素材的理解和掌握，如果你们有效地利用本书的特点，这些特点将有助于你们备考。

简言之，我的教学包提供了你们在课堂学习中所需要的一切。我还努力使我的教材成为市面上最受学生欢迎的经济学原理教材。如果我能对你的学习有所帮助，通过本书网页链接 http：//tucker. swlearning. com 中的“与作者交流”联系我。

谨致以最诚挚的祝愿。

欧文·B. 塔克

第一部分 经济学入门

开头的两章向你介绍了一些经济学的基础知识，这些知识对于后面其他章节内容的理解至关重要。在这些介绍性的章节里，你会学会一种用来解决经济问题的有价值的推理方式，经济学家称之为“经济学思维方式”。在第一部分里，通过介绍一些基本的经济学模型，阐述诸如稀缺、机会成本、生产可能性以及经济增长之类的重要主题，奠定了经济学逻辑分析的基石。

第 1 章　经济学思维方式导论

本章概述

欢迎你来了解经济学家称为“经济学思维方式”的这一令人兴奋的、大有裨益的主题。当你学习这一推理技巧的时候，你会发现它极具感染力。你会发现满世界都是经济问题，这些问题不是人们的常识所能理解的，需要更有力的工具才能解决。当你掌握了本书所解释的一些方法后，你会发现经济学是一种能解决经济问题的有价值的推理方式。换句话说，经济学思维方式之所以重要，是因为它向人们提供了一种组织思维以及理解经济问题或事件的逻辑框架。这里简单地介绍一下后面的内容，在随后的章节中，你会学习到政府固定汽油和医疗价格有何危害。你会发现为什么学院和大学提供同样的教育却向学生索取不同的学费。你会研究是否应该担心联邦政府不能平衡预算。你会了解到雅浦岛的居民将一些中间有孔的大石头用作货币。在最后一章中，你会研究为什么一些国家变得富裕，而其他国家则保持贫穷或欠发达的状态。而且，诸如此类令人着迷的相关话题会贯穿各个章节。在你阅读这些内容的时候，你的努力会得到回报，你会理解经济理论和政策是如何影响我们的日常生活的——无论是过去、现在，还是将来。

第一章的内容让你了解经济学思维方式的基础。首要的基石是稀缺和选择的概念。其次是建模的步骤，经济学家用建模来研究人们的选择。然后，我们来考虑经济学推理的一些缺陷，解释为什么经济学家之间存在分歧。本章的最后讨论你为什么可能会想主修经济学。

在本章中，你将学会解决这些经济学问题：

- 你能否证明没有人值 10 000 亿美元？
- 当可口可乐的价格增加时，为什么你会买得更多？
- 我们如何解释橄榄球联赛“超级碗”大赛的赢家和股票市场的变化之间的联系？
- 哪些名人主修了经济学？

稀缺问题

稀缺
人类的需要总是超出时间、产品和资源的可行供给的情形。

我们的世界是一个有限的空间，生活在这里的人们，不管是个体还是全体，都面临着**稀缺**问题。稀缺是人类的需要总是超出时间、产品和资源的可行供给的情形。由于稀缺的存在，不可能人们的每一个要求都能得到实现。我们可以列举一些你未得到满足的需要。可能你会喜欢一所大房子，美食，由设计师设计的衣服，清洁的空气，更好的医疗，为无家可归者提供避难所，更多的休闲时间，等等。不幸的是，大自然并没有提供这样一个让每个愿望都能得到实现的伊甸园。相反，有限的经济能力总是不能满足无限的需求。唉，稀缺无所不在，所以“你不能拥有全部”。

你可能会想，如果你有钱了，稀缺问题就会消失，但是财富并不能解决这一问题。不管个体如何富裕，你想要的东西总会不断增加。我们熟悉一些“富人和名人”，他们就从不觉得自己拥有够了。尽管他们生活得很好，他们还是想要更好的房子，更快的飞机，以及更大的游艇。简而言之，稀缺意味着所有个体，不管富裕或贫穷，都不满足于他们的物质福利，都想要更多。对个体来说是这样，对社会来说也同样如此。即便是山姆大叔也不能避免稀缺问题。联邦政府从来都没有足够的钱，用来对穷人、教育、高速公路、警察、国防、社会保障，以及所有其他它想要资助的项目进行支出。

稀缺是整个世界的一种生活事实。在南美、非洲和亚洲的大部分地区，稀缺问题经常危及生命。另一方面，北美、西欧和亚洲的部分地区已经实现了经济的显著增长和发展。尽管在更发达一些的国家，生活不会那么不堪重负，但由于个体和国家所拥有的产品和劳务从来没有他们想要的那么多，因而稀缺问题总是存在着。

稀缺资源和产品

资源
用于生产产品和劳务的几类基本投入品。资源也被称为生产要素。经济学家将资源分为三类：土地、劳动力和资本。

由于经济学上的稀缺问题，没有哪一个社会拥有足够多的**资源**来生产所有必需的产品和劳务，以满足所有人类的需要。资源是用于生产产品和劳务的几类基本投入品。资源也被称为*生产要素*。经济学家将资源分为三类：*土地*、*劳动力* 和*资本*（见图1-1）。

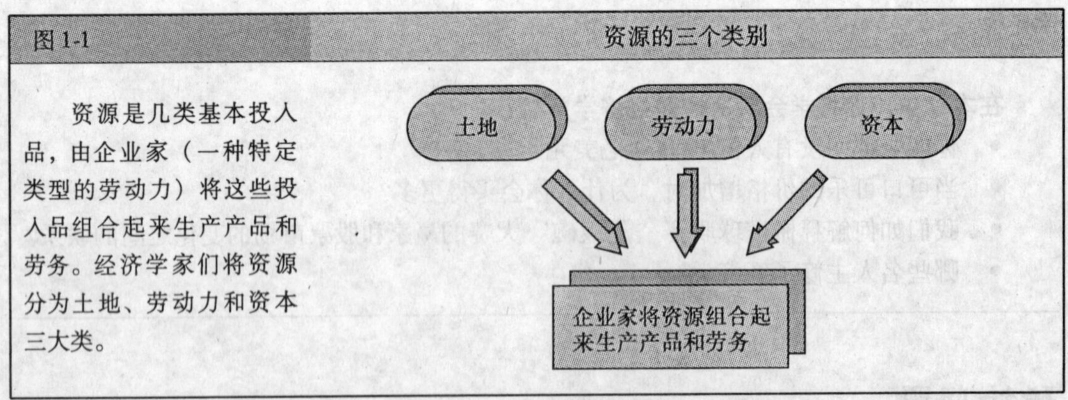

图 1-1 资源的三个类别

资源是几类基本投入品，由企业家（一种特定类型的劳动力）将这些投入品组合起来生产产品和劳务。经济学家们将资源分为土地、劳动力和资本三大类。

土地

土地
由大自然所提供的任何自然资源的简略表述。

土地是由大自然所提供的任何自然资源的简略表述。土地包括那些由大自然馈赠、能在生产过程中使用的资源。没有土地，就不可能从事农业，建造工厂或者石油精炼厂。土地包括地面之上或之下的任何资源，如森林、黄金、钻石、石油、野生动植物以及鱼类；还包括河流、湖泊、海洋、空气、太阳和月亮。自然资源可分为两大类：*可再生资源*和*不可再生资源*。可再生资源是大自然能自动更换的基本投入品，如湖泊、农作物和清洁空气。不可再生资源是大自然不能自动更换的基本投入品。世界上就只有那么多的煤、石油和天然气。如果这些化石燃料消失了，我们必须使用替代品。

劳动力

劳动力
工人用以生产产品和劳务的智力和体格能力。

劳动力是工人用以生产产品和劳务的智力和体格能力。农场主、生产流水线上作业的工人、律师、职业足球运动员以及经济学家们所提供的服务都是*劳动力*。劳动力资源既可以按照参加工作的人的数量来测度，也可以按照工人的技能或质量来测度。国与国之间在生产能力上存在差异的原因之一，就在于国与国之间人的特征不同，如教育、经历、健康以及工人的动机。

企业家精神
个人冒险将资源组合起来生产革新产品以获取利润的创造性能力。

企业家精神是一种特定类型的劳动力。企业家精神是个人冒险将资源组合起来生产革新产品以获取利润的创造性能力。*企业家*是指那些有动机的人，他们通过开创新业务、创造新产品，或者发明完成任务的新方法之类的冒险行为来寻求利润。企业家精神是一种稀缺的人力资源，因为只有相对较少的人愿意或者有能力进行创新，或者作一些失败几率高于常规选择的决策。

企业家代表着变化，他们为社会带来物质上的进步。利维·斯特劳斯公司的诞生是一个典型的企业家的成功故事。1853 年，在利维·斯特劳斯（Levi Strauss）24 岁的时候，他从纽约启航加入了加利福尼亚州的淘金热。他的意图不是要挖掘黄金，而是卖衣服。等他到达旧金山的时候，他已经将大多数衣服卖给了船上的其他人。只剩下一卷搭帐篷和遮掩货车用的帆布。在码头上，他遇见了一名矿工，这位矿工想要一条在挖金子时耐穿的裤子，因此利维用帆布给他做了一条。后来，有一名顾客给利维出了个主意，用小铜铆钉来巩固衔接口。斯特劳斯就此发现了一个好商机。随后，他雇用工人，修建工厂，成为世界上最大的裤子制造商之一。作为进行商业冒险、组织生产和引进产品的回报，利维·斯特劳斯公司赚取了利润，斯特劳斯也名利双收。

资本

资本
物质形态的用于生产其他商品的工厂、机械和设备。资本品是一些并不直接满足人类需要的人为制造的商品。

资本是物质形态的用于生产其他商品的工厂、机械和设备。资本品是一些并不直接满足人类需要的人为制造的商品。在产业革命之前，*资本*意味着工具，如锄头、斧子，或弓箭。在那些岁月里，这些物品作为资本，用来修建房屋，或为餐桌提供食物。今天，资本还包括工厂、办公楼、仓库、机械装置、卡车以及分配装置。学院的建筑、用于印制本书的印刷机，以及铅笔都是资本。

在经济学研究中使用资本这一术语时很容易让人混淆不清。经济学家知道，日常交谈中的资本是指货币或纸质资产如股票、债券、房产契约等的货币价值，这实际上是*金融*

资本。在经济学研究中，资本不是指货币资产。相反，经济学中的资本是指一种生产要素，如工厂或机械。简单地说，你必须特别注意这一点："货币不是资本，因而也不是一种资源。"

结论 金融资本自身不具有生产性；相反，它只是经济资本的一种纸质索偿权。

经济学：研究稀缺和选择

永久存在的稀缺问题促使人们作出选择，这是**经济学**定义的基础。经济学是对社会如何将稀缺资源在商品与劳务的生产中进行分配以满足人们的无限需求的研究。你可能会对这一定义感到惊讶。人们总是认为经济学研究供给和需求、股票市场、货币和银行体系。事实上，有很多种定义*经济学*的方式，但经济学家接受此处给出的定义，因为它包含了稀缺和选择之间的联系。

浏览今日美国(http://www.usatoday.com/),华盛顿邮报(http://www.washingtonpost.com/)和国际先驱论坛报(http://www.iht.com/),你能否找到涉及经济学的标题报道?

经济学
对社会如何将稀缺资源在商品与劳务的生产中进行分配以满足人们的无限需求的研究。

社会可以进行两类选择：整个经济系统或者说宏观的选择，以及个体或微观的选择。宏观（macro）和微观（micro）这一前缀来自希腊语，分别代表"大"和"小"。从宏观和微观的角度看，经济学由两大主要分支学科构成：*宏观经济学*和*微观经济学*。

宏观经济学

宏观经济学
研究整个经济体的决策的经济学分支学科。

俗语"只见森林不见树木"描述了**宏观经济学**。宏观经济学是研究整个经济体的决策的经济学分支学科。宏观经济学从全局的角度考察整个经济系统层面的变量，如通货膨胀、失业、经济增长、货币供给和发展中国家的国民收入。宏观经济的决策考虑这样一些"蓝图性"的决策，如联邦税减免对失业的影响，以及改变货币供给对物价的影响。

微观经济学

微观经济学
研究单一个体、家庭、企业、行业或政府的决策制定的经济学分支学科。

形象地说，就好比研究每一棵树、它的树叶和树皮，而不是考察整个森林，**微观经济学**是研究单一个体、家庭、企业、行业或政府的决策制定的经济学分支学科。微观经济学用显微镜来研究经济体中的特定部分，就如同检查人身体中的细胞一样。考察的重点放在小的经济单位，如特定消费者群体或企业群体的经济决策上。例如，应用微观经济分析方法来研究参与鸵鸟蛋市场的各经济单位。面对市场上鸵鸟蛋价格的变化，供应商会决定供应更多，更少，还是数量不变？在新的价格水平下，这些蛋的个体消费者会决定购买更多，更少，还是数量不变？

访问大众经济学网站http://www.dismal.com/,查找经济学研究中的经济问题概览。

我们已经描述了宏观经济学和微观经济学这两个独立的分支学科，但它们是有联系的。因为整体经济是部分的总和或加总，微观的变化会影响宏观经济，而宏观的变化又引起微观的变化。

经济学方法论

经济学家使用与其他学科，如犯罪学、生物学、化学和物理学等一样的*科学方法*。这种科学方法是一套按部就班地解决问题的程序：建立一种理论，收集数据，并检验这些数据是否与理论相一致。图 1-2 总结了这种建模过程。

图 1-2　建模过程中的步骤

建模的第一步是识别问题。第二步是选择对于解释我们所研究的问题所必需的关键变量。要作一些简化假设以摒除其他会使得分析复杂化的变量。第三步，研究者要收集数据并对模型进行检验。如果经验事实支持理论模型，就接受该模型。否则，就拒绝它。

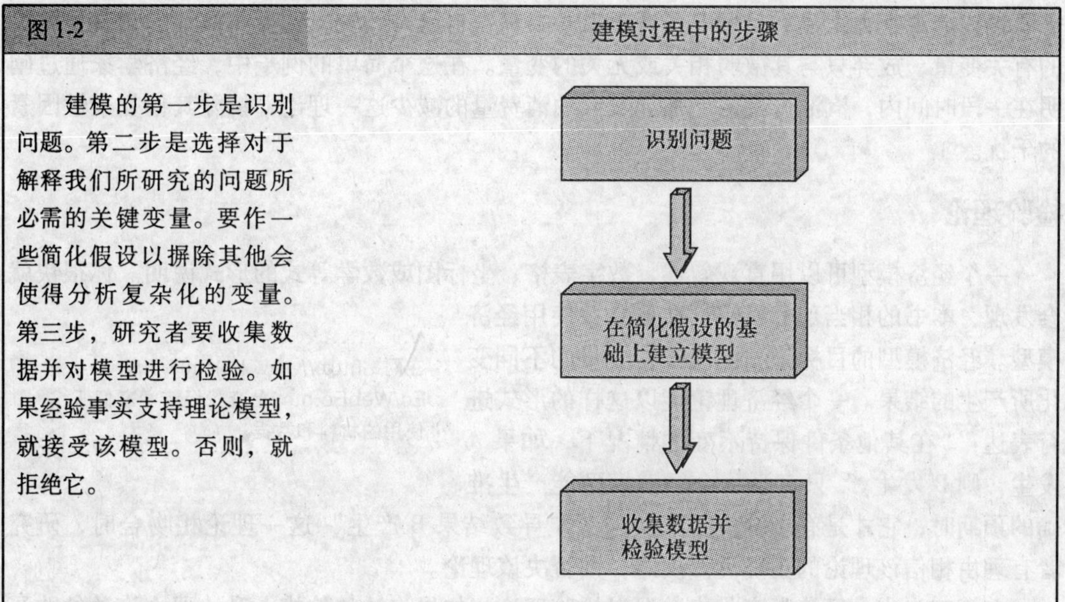

问题识别

应用科学方法的第一步是定义问题。假设有一位经济学家想调查为什么美国开汽车的人会减少汽油的消费量这一微观经济学问题，比如说，调查为什么汽油的消费量从某年 9 月份每月 1 000 亿加仑减少到 12 月份每月 800 亿加仑。

建立模型

模型
对现实世界的简化描述，用以理解和预测变量之间的关系。

对经济学家而言，我们的这一假设案例要找到解释的第二步是建立一个**模型**。模型是对现实世界的简化描述，用以理解和预测变量之间的关系。术语*模型*和*理论*可互换使用。模型只强调那些对解释事件来说最为重要的变量。正如爱因斯坦（Einstein）所说："虽然理论应该尽可能地简单，但也不尽如此。"建立模型的目的是要剥离真实世界的复杂性，使事件一目了然。考虑一架放置在风洞中，用来测试某项新设计的空气动力特性的模型飞机。为实现目标，这个模型必须只具备机翼和机身，它不必要有小座位、电线，或其他内部详细设计。另一个例子是高速公路的地图。为了找到两座相距遥远的城市之间的最好驾驶线路，你不会想要了解所有的公路、街道、路面的凹坑、电话、树木、交通指示灯、学校、医院和消防站这些无关场所的信息。这太繁琐了，这种复杂性会使你很难选出最佳路线。

模型要有用，还需要一些简化的假定。例如，必须有人来决定地图是否只需要包括主要高速公路的标志就够了，还是还需要包括一些能让人徒步穿越群山的羊肠小道的详细信息。在汽油消费量的例子中，有几个变量可能与汽油的消费数量相关，包括消费者的收入、汽油以外的其他商品的价格、汽油的价格、汽车的节油性以及天气状况。由于理论只关注主要的或关键的变量，经济学家必须像歇洛克·福尔摩斯（Sherlock Holmes）一样，需要敏锐的观察力来建立模型。经济学家必须根据自己的经验，选择与汽油的消费量相关的有关变量，放弃只与其微弱相关或无关的变量。在这个简单的例子中，经济学家通过阐明在一段时间内，汽油价格的增加导致汽油消费量的减少这一理论，摈除其他复杂性因素的干扰。

检验理论

一个经济模型可以用直观叙述、数字表格、坐标图或数学等式的形式说明。你很快就会发现，本书的相当部分篇幅都在建立并使用经济模型。经济模型的目标是预测或预告变量的不同变化所产生的结果。一个经济理论能以这样的形式进行表达："在其他条件保持不变的情况下，如果 A 发生，则 B 发生。"只有当一个经济模型能产生准确的预期时，它才是有用的。当事实与"A 导致结果 B 产生"这一理论相吻合时，研究者有理由相信该理论的正确性。反之，则否决该理论。

在网站http://www.helsinki. fi/WebEc/WebEc.html上查找经济学家们所使用的材料和数据。

在第三步中，经济学家收集数据以检验理论：如果汽油的价格上升，那么汽油的购买量会下降——所有其他相关因素保持不变。假设有调查发现，汽油的价格在某年的 10 月份到 12 月份之间急剧上升。假定其他相关因素都没有发生变化，这些数据与当汽油价格上升时每月所消费的汽油量下降的理论相一致。因此，如果说，当消费者的收入或人口规模在汽油价格上升的同时确实不发生变化，则该理论是正确的。

要点考查

你能否证明没有人值 10 000 亿美元?

假设有一种理论说，没有哪一位美国公民值 10 000 亿美元。你决定对这一理论进行检验，你分派研究人员到全国各地的各个角落，根据财务记录来看是否有人具备拥有价值 10 000 亿美元或以上的资产这一资格。经过了几年的核实后，研究人员回来了，并汇报说，没有哪一个个人有至少 10 000 亿美元的身价。你能否据此推断事实证明了理论?

经济学思维方式的危害

模型能帮助我们理解并预测经济变量变化的影响。模型在经济学家的工具箱里是一个很重要的工具，但你必须小心应用它。经济学思维方式努力避免推理错误，但它距离无缺陷的思维还有两个最常见的毛病：(1) 不能理解*其他条件不变*假设，以及 (2) 混淆*关联性*和*因果性*。

其他条件不变假设

其他条件不变

拉丁语，意思是当特定变量变化时，"保持其他条件不变"。

在你建立模型时，想想还有一大群相关变量被假定为"维持不变"，或"保持不动"。**其他条件不变**是一个拉丁语，意思是当特定变量变化时，"保持其他条件不变"。简言之，其他条件不变假设使得我们能分离出或将注意力集中在选定变量上。在前面所讨论的汽油例子中，该模型的一个关键性的简化假设是，消费者的收入和其他特定变量不发生变化，从而简化分析。其他条件不变假设保持其他事物不变，这就使得我们能集中考察两个主要变量之间的关系：汽油价格的变化和每月所购买的汽油数量。

假设现在经济学家想要解释一个可口可乐的价格与购买量之间关系的模型。理论是："其他条件不变，如果可口可乐的价格增加，则其购买量减少。"如果你现在观察到可口可乐的价格整个夏天都在增加，而有些人实际上购买得更多，而不是更少。基于这种真实世界的观察，你宣布该理论是错误的。多想一想！经济学家会回答说，这是一个推理错误，因为模型的正确性建立在其他条件不变的假设基础之上，你的观察不是我们拒绝该模型的理由。这个模型有缺陷的原因在于，另一个因素，气温的急剧上升，导致人们在更高价格时购买的数量更多。如果在可口可乐价格上升时，气温和所有其他因素都保持不变，那么人们事实上会购买更少的可口可乐，正如模型所预测的那样。

结论　只有在其他条件保持不变这个假设得到满足的前提下，理论的正确性才能得到检验。

关联性和因果性

另一个在推理中常见的错误是混淆变量之间的*关联性*（相关性）和*因果性*。换句话说，如果你把相关关系理解成因果关系，你就出错了。一个模型只有在变量之间的因果关系随时间变化保持稳定的时候才是正确的，如果变量之间偶然相关，但最终相关性消失，则说明模型并不正确。假设，有位巫师跨越三个不同的月份施行了一次巫术舞蹈，股票市场的价格在相应的每个月都暴涨。这种巫术舞蹈与股票价格的增加*相关*，但这并不意味着舞蹈导致了股票价格的上升。即使一系列的观察表明，这两个变量之间存在着统计上的相关性，巫术舞蹈最终会表演完，而股票的价格则会下降或保持不变。原因就在于，在巫术舞蹈和股票价格之间不存在真正的经济上的关系。

进一步的调查可能会揭示，股票的价格实际上是对巫术舞蹈表演期间的利率变化做出反应。利率的变化影响借款，然后，又影响利润和股票价格。相反，在巫术舞蹈和股票价格之间不存在真正的经济上的关系，因此，巫术模型是不正确的。

结论 一个事件在另一事件之后发生这一事实并不必然意味着前一事件造成了后一事件。

在本书中，你将学习很多经济模型或理论，它们都包含一些具有稳定的因果关系的变量。例如，一个商品价格的变化导致其购买数量的变化这一理论是一个正确的微观经济学模型；货币供给的变化导致利率的变化这一理论是一个正确的宏观经济学模型。随后的“现实生活中的经济学”还会给出一些“相关性意味着因果性”这一推理错误的有趣例子。

例如，经济顾问委员会（http://www.whitehouse.gov/cea）以及美国银行（http://www.bankamerica.com/）就是专门雇用经济学家来预测经济运行，并提供有关经济绩效的最新数据的两个机构。

要点考查

内布拉斯加州是否应该参加超级运动会?

在宾夕法尼亚州、佛罗里达州、迈阿密州和南加州大学都参加了超级运动会的时候，内布拉斯加州立大学（一所虚构的大学）却在袖手旁观。现在内布拉斯加州立大学的官员正考虑是继续不参与，还是要参加运动会中一些高质量的足球和篮球项目。报纸上的一篇社论建议参加，并举证说明参加大型运动会的大学比非运动会成员的大学具有更高的毕业率。由于教育学生是内布拉斯加州立大学的首选目标，这一证据能否说服内布拉斯加州立大学的官员参加超级运动会?

为什么经济学家之间存在分歧?

可能某位经济学家会说清洁的空气应该是我们最重要的优先考虑事项，而另一位经济学家则认为经济增长是我们最重要的目标。这是为什么？如果经济学家们都采用经济学思维方式，并小心地避免推理错误，那么为什么他们会彼此有分歧？为什么经济学家总是以“如果你这样做，一方面，会产生A，另一方面，也会导致B”这样的建议方式而出名？事实上，哈利·杜鲁门（Harry Truman）总统就曾开玩笑地说，“给我找一位只有一只手的经济学家”。乔治·伯纳德·肖（George Bernard Shaw）也有一句同样有趣的名言：“如果你将世界上所有的经济学家召集在一起，让他们把自己的理论串起来，他们永远也得不出一个结论来。”这些著名的引语暗示着经济学家应该达成一致，但是却忽略了一个事实，物理学家、医生、商界主管、律师和所有专业人士总是达不成一致。

经济学家可能显得比其他专业人士更容易产生分歧，部分原因是，报导分歧意见总是比报导一致意见更有趣一些。实际上，经济学家在很多问题上都达成了共识。例如，很多经济学家对国与国之间的自由贸易、农业补贴的消除、租金上限、政府为从萧条状态中恢复经济而采用赤字支出政策，以及很多其他问题都表示认同。在存在分歧时，分歧原因通常可以用*实证经济学*和*规范经济学*之间的区别来解释。

实证经济学

实证经济学

只陈述可验证的事实的分析方法。

实证经济学描述客观存在的事实，因而强调"是什么"或"可证实的"问题。实证经济学是一种只陈述事实的分析方法。实证的陈述能被确认或证伪。通常，实证陈述的表达方式是："如果 A，那么 B。"例如，如果整个国家的失业率上升到 7%，那么年轻人的失业率会超过 80%。这是一种实证的"如果—那么"预测，它可能是正确的，也可能是错误的。准确性并不是评断一个陈述是否为实证的标准。关键考虑因素是，陈述是否可检验，而不是它是真还是假。假设有数据显示，当整个国家的总体失业率接近 7% 时，年轻人的失业率从未达到 80%。例如，1993 年的整体失业率为 6.9%，年轻人的失业率为 19%——远远低于 80%。根据这些事实，我们能推断这一实证陈述是错误的。

现在，对于经济学家的预测为什么会出现分歧，我们能给出一种解释。陈述"如果事件 A 发生，那么事件 B 就会发生"可以被认为是一种条件性的实证陈述。例如，两个不同的经济学家可能都会认同：如果联邦政府今年削减 10% 的政府支出，明年的物价水平会下降 2%。但是，他们对于物价下降的预测可能有所不同，因为其中一名经济学家假定国会不会削减支出，而另一名经济学家则假定国会会削减 10% 的支出。

结论　之所以经济学家采用同样的方法论却得到不同的预测结果，是因为经济学家能认同事件 A 导致事件 B，但是他们对于事件 A 是否会发生的前提假定存在着不同看法。

现实生活中的经济学

清洁用品，波士顿降雪指数，橄榄球联赛"超级碗"大赛，以及其他经济指标

适用概念：相关性与因果性

尽管商务部、沃顿（Wharton）学院、联邦储备委员会以及其他机构都会公布经济形势预测以及主要经济指标的相关数据，但它们并非不存在激烈的竞争。例如，斯丹迪斯国际公司的首席执行官，丹尼尔·E. 霍根（Daniel E. Hogan）报告说，他的公司能从位于马萨诸塞州斯普林菲尔德的国家金属工业下属公司报导的销售额数据中预测经济的衰退和复苏。国家金属工业下属公司为美国 300 多家清洁用品制造商生产金属部件。在消费者支出下降一定比例之前，国家金属工业下属公司的销售额就先下降了。在消费者的支出上升之前，公司的销售额总是先小幅回升。①

波士顿降雪指数（BSI）是纽约的一家证券企业的副总裁想到的。如果波士顿圣诞节那天地面上有雪，意味着来年经济会上升。过去 30 多年来，BSI 在 73% 的时间里都预测正确。但是，它的创建者大卫·阿普肖（David L. Upshaw）并不怎么把它当一回事，只是用它来作为嘲讽其他预测者的方法。

贺年片的销售额是另一种被尝试使用的指标，它是美国贺卡制造公司副总裁的创意。在衰退开始之前，较高价格的贺年卡的销售额会上升。看起来似乎人们用贺年卡来代替礼物，既然没有礼物，贺卡就成为人们的兴趣所在。

“超级碗”大赛由国家橄榄球联合会（NFC）一支球队赢得，则预示着次年12月份的股市会高过前一年。如果由一支原来的美国国家橄榄球联盟（AFL）球队赢得，则预示着股市要下跌。

其他几个指标也被提出来过。例如，有位经济学家说服务员的粗鲁是一种逆向指标。如果他们态度良好，预示着不景气就要来了，但如果他们态度粗鲁，则预示着景气。但另一方面，服务员则反驳说，平均小费的下降通常预示着经济的下滑。

最后，安东尼·陈（Anthony Chan），第一银行投资咨询公司的首席经济学家，研究了34年间的结婚趋势。他发现，当结婚的人数增加时，经济显著上升，当结婚的人数减少时，经济随后会下降。陈解释说，通常在结婚率的变化与经济的变化之间存在着一年的时滞。②

分析问题

上述指标哪一个是因果关系的例子？试解释。

注释：

①“经济指标，海龟，蝴蝶，僧侣和服务员”，华尔街日报，1979年8月27日，pp. 1, 16.

② 桑德拉·布洛克，“焦虑？看看婚礼钟表指针”，夏洛特观察员，1995年8月15日，p. 8A.

规范经济学

规范经济学
建立在价值判断基础上的分析方式。

论据还能被主观地表达，而不是采用客观的陈述方式。**规范经济学**尝试确定“应该怎样”。规范经济学是一种建立在价值判断基础上的分析方式。规范陈述表达了个人或集体对某一主题的看法，它不能被事实证明为正确或者错误。特定的词语或短语，如好、坏、必需、应该和应当，能清楚地告诉我们，我们已经进入了规范经济学的领域。

此处应强调，戴不同颜色眼镜的人对同一事实的看法会有所不同。我们每个人都有个人的主观偏好，这种偏好会体现在对特定事物的看法上。一位动物权益保护者认为不应该有人购买毛皮外套。或者一位参议员辩论说，“我们应当看到每一位想要工作的年轻人都有一份工作”。另一位参议员则反唇相讥，“保持货币的购买力比年轻人的失业问题更为重要”。

结论 当观点或看法不是基于事实时，它们是不能按科学的方法来加以检验的。

在考虑一场争论时，要将论据的实证部分和规范部分分离开来。这一区分能让你确认你所选择的行动是基于事实证据还是基于主观判断。本书中所介绍的材料，像大多数经济学教科书一样，很难停留在实证经济学分析的范畴内。但是，在我们的日常生活中，政客、商界主管、亲戚和朋友大多使用规范陈述来讨论经济问题。经济学家还可能兼任某一政治职务，从而会采用规范论据来赞成或反对一些经济政策。在进行价值判断时，经济学家的论据可能不会比其他人更正确。偏见或先入为主也可能会干扰经济学家对预算赤字或是否需要增加汽油税的看法。与初学经济学的学生一样，经济学家也是人。

现实生活中的经济学

提高最低工资是否有助于贫困工人?

适用概念：实证和规范分析

1938 年，国会实施了联邦公平劳动标准法案，也即人们通常所说的《最低工资法》。今天，一位全职工作拿最低工资的工人所挣的年收入仍然低得可怜。帮助这些贫困工人获得维持生命的工资的途径之一就是提高最低工资。

有关最低工资的更多信息，参见http://www.dol.gov并点击工资。

国会的两难之处在于，如果法律规定受雇工人获得更高的最低工资，一部分非熟练工人就会失去工作。反对者预测，最低工资的较大增幅所带来的劳动力成本增加会危及成百上千个非熟练工人。例如，雇主会倾向于购买更多的资本和更少的昂贵劳动力。由于担心会导致大规模工作机会的丧失，国会不得不在两者之间保持一种艰难的平衡，以确保最低工资的增加幅度大到足够帮助贫困工人，但又不至于威胁到他们的工作机会。

一些政客宣称，提高最低工资是一种既不增加纳税人的负担而又能帮助贫困工人的办法。其他人则认为成本隐藏在通货膨胀和边际工人（如年轻人，老年人和少数群体）失去就业机会的威胁之中。

提高最低工资来帮助贫困工人存在的另一问题是，最低工资是再分配财富的一种直接武器。研究表明，只有小部分最低工资领取者是家庭收入在贫困线下的全职工人。这就意味着大部分最低工资的增加部分到了那些并不贫困的工人手中。例如，很多拿最低工资的工人是那些住在家里的学生，或配偶能获得较高收入的工人。为了只帮助那些贫困工人，一些经济学家认为，政府应该只针对那些需要帮助的人，而不是采用提高最低工资这种一刀切的方式。提高最低工资的支持者对这些论点并不信服。他们认为，工人全职工作但仍然生活在贫困中是令人不可容忍的。而且，支持这一论点的人认为，反对者夸大了提高最低工资的经济危害。例如，马萨诸塞州科技协会的经济学家莱斯特·瑟洛（Lester Thurow）就辩称，更高的最低工资会促使雇主提升工人的技能和生产率。因此，增加最低工资可能会是一种双赢局面，而不是一种输赢对立的结局。瑟洛教授的观点得到了大卫·卡德（David Card）和艾伦·B. 克鲁格（Alan B. Krueger）的研究的支持。这些经济学家研究了大量资料，包括 1992 年新泽西州最低工资的增加，1988 年加利福尼亚州最低工资的上升，以及 1990～1991 年联邦最低工资的增加。在各个案例中，他们都有证据显示，最低工资的适度增加所导致的工作机会的减少更少，或几乎不会减少。① 而且在整个美国，许多地方都实施了最低工资政令，更多的地方正在考虑。注意，我们在第四章还会回到这一问题，作为对供给和需求分析的应用。

分析问题

1. 在上述有关提高最低工资的陈述中，找出两条实证陈述、两条规范陈述。列举一些在此处“现实生活中的经济学”中没有讨论的其他有关最低工资的论点，并将它们按实证经济学或规范经济学分类。

2. 给出一个实证论点和一个规范论点，解释为什么企业领导会反对提高最低工资。给出一个实证论点和一个规范论点，解释为什么劳工领袖会支持提高最低工资。

3. 解释你在这一问题上的立场。为你的决定找到实证理由和规范理由。还有没有其他可供选择的能帮助贫困工人的办法？

注释：

① 大卫·卡德和艾伦·B. 克鲁格，神话和测量：最低工资的新经济学（新泽西州普林斯顿：普林斯顿大学出版社，1995）.

经济学职业生涯

作为本书的作者，我不得不承认我上大学是在很多年前。那时候，高中还没有经济学课程，所以我对这门课知之甚少。和其他很多上这门课的学生一样，我不知道应该主修什么，但是我选择了电气工程学，因为我是一名业余的无线电通讯操作员，我喜欢建造无线电接收器和传送器。我的工程学课程需要选修一门经济学科目。我在签名上课的时候都在想“经济学很枯燥”。相反的是，学这门课是一次让人开阔眼界的经历，它激发我将主修专业转换为经济学，并开始了经济学教学的职业生涯。

经济学研究吸引了大量的知名人士。例如，滚石乐队的主唱米克·杰格（Mick Jagger）进了伦敦经济学院，泰格·伍兹（Tiger Woods）在斯坦福大学学习经济学。其他主修经济学的名人包括最高法院的大法官桑德拉·戴·奥康纳（Sandra Day O'Connor），加州的州长阿诺德·施瓦辛格（Arnold Schwarzenegger），还有三位前总统——乔治·H. 布什（George H. Bush）、罗纳德·里根（Ronald Reagan）以及杰拉尔德·福特（Gerald Ford）。

主修经济学专业能通向多种职业道路。大多数的经济学专业学生为商业企业服务。由于经济学家所接受的训练就是分析金融资料，他们能找到管理、销售方面的好工作，也能作为分析家来解释与企业的市场相关的经济环境。具有经济学大学文凭的人，可以在银行业、证券经纪业、管理咨询业、计算机和数据处理公司、公用事业行业、统计和市场的研究和分析行业、财政、医疗以及很多其他行业的私人部门找到工作机会。其余的人可以为政府部门、学校和大学等研究机构服务。

政府经济学家为联邦、州和地方政府服务。例如，政府经济学家可能要编撰和汇报经济增长方面的国家统计数据，或者要从事一些项目研究，如研究如何对测度消费者物价变动趋势的指数加以完善。学院经济学家不仅享受经济学教学过程中的挑战，还在选择研究项目方面拥有很大的自主权。

同时，要从事其他职业，学习经济学也是一项必要的准备工作。例如，那些准备进入法学院的人就发现经济学是一门很不错的主修课，因为它强调解决问题的逻辑思维方式。

对工商管理硕士（MBA）来说，经济学的学习也是必不可少的准备工作。事实上，不管你主修什么专业，你都能在日常生活中运用经济学思维方式来分析真实世界的经济问题，从中，你会受益匪浅。

最后，经济学专业的学生毕业后的薪水也颇为可观。图 1-3 给出了 2004 年夏季不同专业学士学位的人的年平均薪水。

图 1-3	选定专业的年平均薪水
大学的专业	平均薪水，2004 年夏季
计算机工程	$ 51 572
电气工程	51 372
计算机科学	49 691
数学	44 638
管理信息系统	42 098
经济学	40 906
护理专业	38 594
企业管理	38 188
营销学	35 321
环境科学	33 562
政治科学	32 999
外国语学	32 553
形象和行为艺术	32 388
中等教育	30 328
社会学	29 693
刑事审判	29 466
自由主义的艺术和科学	28 735
动物学	28 255
心理学	27 791
社会服务	27 133
新闻学	26 032

资料来源：National Association of Colleges and Employers，Salary Survey，Summer 2004，pp. 4-5.

主要概念

稀缺	企业家精神	宏观经济学	其他条件不变
资源	资本	微观经济学	实证经济学
土地	经济学	模型	规范经济学
劳动力			

小结

- **稀缺**是指人类的需要总是高出时间、产品和资源的可行供给这一基本经济问题。因此，个人和社会不可能拥有他们想要的一切。

- **资源**是生产要素，可分为土地、劳动力和资本三类。企业家精神是一种特定类型的劳动力。企业家通过冒险将资源组合起来生产革新产品以获取利润。
- **经济学**研究社会如何将稀缺资源在商品与劳务的生产中进行分配以满足人们的无限需求。面对着无限的需求和稀缺的资源。我们必须进行选择。

- **宏观经济学**从全局的角度考察整个经济系统层面的变量，如通货膨胀、失业和经济增长。
- **微观经济学**研究经济体内个体的决策行为，如消费者对咖啡的价格变动的反应，以及研究个人电脑的市场价格变动的原因。
- **模型**是对现实世界的简化描述，用以理解和预测经济事件。一个经济模型可以用直观叙述、数字表格、坐标图或数学等式的形式加以说明。如果事实与模型不相吻合，就否决该模型。

- **其他条件不变**是保持那些可能影响某种特定关系的“所有其他因素不变”。如果违背了这一假设，模型就不能被检验。另一个推理错误是认为*关联性*就意味着*因果性*。
- 使用**实证和规范的经济学分析**是经济学家之间存在分歧的主要原因。**实证经济学**使用可检验的陈述。“*如果 那么*”陈述方式是最典型的实证陈述。**规范经济学**建立在价值判断或主观观点的基础之上，通常使用*好*、*坏*、*应当*和*应该*之类的词语。

问题思考

1. 解释为什么生活水平高的国家和生活水平低的国家都会面临稀缺问题。如果你抽奖赢了 100 万美元，你是不是就能避免稀缺问题了？
2. 为什么货币不能被视为经济学中的资本？
3. 计算机软件程序属于
   a. 资本。
   b. 劳动力。
   c. 自然资源。
   d. 以上都不是。

4. 解释宏观经济学和微观经济学的区别。试举一些涉及经济学各分支领域的例子。
5. 下列哪个是微观经济学问题？哪个是宏观经济学问题？
   a. 可口可乐价格的增加对百事可乐的销售量会有怎样的影响？
   b. 什么因素会导致整个国家通货膨胀率的下降？
   c. 纺织品进口配额对纺织行业有何影响？
   d. 较大的联邦预算赤字能不能减少经济中的失业率？
6. 模型被定义为
   a. 变量之间关系的价值判断。
   b. 表现了真实世界中事件的所有相关方面。
   c. 对现实世界的简化描述，用以理解变量之间的相关方式。
   d. 用于调整人们的非理性行为的数据集。
7. 解释为什么对真实世界的抽象表达对经济模型来说很重要。
8. 解释“其他条件不变”假设对经济模型的重要性。
9. 在冷战胜利后，国会削减了军事支出，当时美国国防工业的失业率上升。此种情形属于因果关系，还是我们只观察到事件之间的相关性？
10. 下列哪一个属于实证经济学陈述？
   a. 如果艾尔·戈尔（Al Gore）当选为总统，纳税人会比在乔治·W. 布什（George W. Bush）领导下获得更公平的对待。
   b. 乔治·W. 布什任期内的平均通货膨胀率高于比尔·克林顿（Bill Clinton）时期。
   c. 从经济条件来看，乔治·W. 布什是一个比比尔·克林顿更好的总统。
   d. 对穷人来说，比尔·克林顿的政策比乔治·W. 布什更公平。
11. “政府应该从富人处征收更高的税收，并将额外的收入用于向穷人提供更大的福利。”这一陈述是典型的
   a. 可检验的陈述。
   b. 经济学的基本原则。
   c. 实证经济学的陈述。
   d. 规范经济学的陈述。
12. 分析下列案例中的实证和规范论述。用了什么样的实证经济学论述和什么样的规范论证来支持要求使用气囊？

政府是否应该要求使用气囊？

气囊的倡导者说，气囊能挽救生命，政府应该要求所有的汽车都装备这一装置。气囊使得汽车的成本增加约 600 美元，而常规的汽车座椅安全带的成本只要约 100 美元。反对者则论证说，气囊是电子装备，容易出现问题并导致伤害和死亡的发生。例如，气囊就曾经导致大人和小孩的死亡，因为在展开时裹住了他们的头。因此，反对者认为，政府应该将是否支出额外的 600 块钱用于装气囊这一决策交由消费者来决定。政府的作用应该只限于提供有关装或不装气囊所存在的风险之类的信息。

在线练习

练习1

互联网是提高还是降低了交朋友的成本？在你考虑这一问题的时候，访问一个虚拟的聚会场所：美国不同文化间的学生交流会所（http://www.aise.com)。或者你可能会希望与互联网上的其他人进行实况聊天——如果这样，访问雅虎！(http://chat.yahoo.com)。解释稀缺如何与互联网相关。

练习2

访问世界概况的站点（http://www.odci.gov.cia/publications/factbook/index.html）并遵循如下步骤：

1. 选择美国。
2. 注意美国的领土面积和人口总量。
3. 用美国的领土面积除以人口总量，计算人均土地拥有量。
4. 选择日本，重复第2步和第3步。
5. 土地的稀缺如何影响土地的使用决策？你在日本能否找到与美国一样多的高尔夫球场？试解释。

练习3

访问经济学家的职位空缺站点（http://www.aeaweb.org/joe）并选择“最新空缺职位”。浏览学术界、国际上和非学术界留给经济学家的空缺职位，研究对经济学家的职位和收入的描述。

练习4

访问白宫的主页（http://www.whitehouse.gov/)，查看当前新闻。选择一个你认为属于经济学的主题。这个主题属于宏观经济学还是微观经济学？对它的分析主要是实证的还是规范的？

要点考查答案

你能否证明没有人值10 000亿美元？

研究人员如何能确定他们已经见过了全美国的富人？可能某个地方就有这么一个符合资格的人，这种可能性总是存在的。如果研究人员找到了一个这样的人，你就能拒绝该理论。但由于他们没有找到，你就不能拒绝这一理论。如果你说事实可以支持但不能证明该理论，那么你是正确的。

内布拉斯加州立大学是否应该参加超级运动会？

假设参与了超级运动会的大学确实比其他非运动会成员具有更高的毕业率。这并不是毕业率和超级运动会成员资格之间在统计上相关的唯一可能的解释。更合理的解释是，改善教学变量（如学费，师资力量和学生—老师比率）而不是运动会成员资格，会增加毕业率。如果你说相关性并不意味着因果性，因此内布拉斯加州立大学的官员并不必然会接受毕业率这一证据，那么你是正确的。

测试

1. 稀缺存在于
   a. 当人们的消费超出其需要时。
   b. 只存在于富国。
   c. 世界上所有国家。
   d. 只存在于穷国。
2. 下列哪一项能消除作为经济学问题的稀缺？
   a. 人们竞争本能的减缓。
   b. 发现了足够大的新能源储备。
   c. 恢复稳步的生产率增长。
   d. 非以上选项，因为稀缺不可能被消除。
3. 下列哪一项不是资源？
   a. 土地。
   b. 劳动力。
   c. 货币。
   d. 资本。
4. 经济学是研究
   a. 如何赚钱。
   b. 如何经商。
   c. 由于稀缺问题所导致的人们的选择行为。
   d. 政府的决策过程。
5. 微观经济学研究经济学的视角是
   a. 个体或特定市场。

b. 美联储的运作。

c. 全局经济的影响。

d. 国民经济。

6. 对整个 20 世纪 90 年代美国经济绩效的回顾主要涉及

a. 宏观经济学。

b. 微观经济学。

c. 宏观和微观经济学。

d. 既非宏观经济学，也非微观经济学。

7. 一个经济理论宣称，在其他条件不变的前提下，汽油价格的上升会导致汽油购买量的下降。*其他条件不变*意味着

a. 像消费者收入这样的其他相关因素保持不变。

b. 汽油价格一定要首先经过通货膨胀的调整。

c. 该理论被普遍接受但不能被准确检验。

d. 不管价格如何，消费者对汽油的需求保持不变。

8. 一位经济学家注意到，太阳黑子的活动在经济就要衰退之前很频繁，由此他得出结论：太阳黑子导致经济衰退。这位经济学家

a. 混淆了相关性和因果性。

b. 错误理解了其他条件不变假设。

c. 使用规范经济学来回答实证问题。

d. 建立了一个不可检验的模型。

9. 下列哪一项是实证经济学的陈述？

a. 所得税体系收取较低比例的穷人收入。

b. 富人税率的降低使得所得税体系更加公平。

c. 税率应该被提高到能为医疗融资。

d. 上述都是实证经济学陈述。

10. 下列哪一项是实证经济学的陈述？

a. 失业率高于 8% 是件好事，因为价格会下降。

b. 7% 的失业率是一个严重的问题。

c. 如果总失业率达到 7%，非裔美国人的失业率平均为 15%。

d. 失业率是一个比通货膨胀更为严重的问题。

11. 下列哪一项是规范经济学的陈述？

a. 最低工资之所以好，是因为它提高了贫困工人的工资。

b. 最低工资得到工会的支持。

c. 最低工资减少了非熟练工人的工作机会。

d. 最低工资鼓励企业用资本来代替劳动力。

12. 选择规范陈述来完成下列句子：如果最低工资急剧增加，那么

a. 通货膨胀会增加。

b. 工人会拿到他们在总收入中该得的那份。

c. 利润会下降。

d. 失业会增加。

第1章附录　运用坐标图分析经济学

经济学家以善用坐标图而闻名，原因是“图形胜似千言万语”。本书中也使用了大量的图表来刻画经济学模型。通过画直线，你可以用一个二维坐标图来分析一个变量的变化对另一个变量的影响。你也可以用其他的模型形式来描述同样的信息，如直观叙述、数字表格和数学等式，但是坐标图是刻画和理解经济变量之间关系的最简单的方式。

不要担心坐标图“会给你造成混乱”。放松一点！本附录解释了你所需要的所有基础的坐标图语言。下面给出了在经济学分析中使用坐标图的最简单的例子。

直接关系

基本的经济学分析总是以涉及两个正值变量之间的关系为特点。因此，我们将图形界定在数字坐标图象限的右上方（东北方）。在图1A-1中，注意横轴（x轴）和纵轴（y轴）不一定测度同一数值。

图1A-1中的横轴测度年收入，纵轴显示了每年在个人电脑（PC）上的支出额。我们也可以用纵轴来测度收入，用横轴来测度支出，不存在任何已确立的传统。横轴和纵轴相交于*原点*，该点处的收入和支出都是零。在图1A-1中，每一个点都是一个坐标，对应着收入的美元值和PC的相应支出。例如，图形上的点A显示了，年收入为10 000美元的人每年会花费1 000美元在PC上。其他的收入水平与不同的支出水平相联系。例如，在每年30 000美元的收入水平（点C），每年会有3 000美元用于支出PC。

直接关系
两个变量之间的正相关性。当一个变量增加时，另一个变量也增加；当一个变量减少时，另一个变量也减少。

图1A-1中的直线使我们能确定PC的支出随年收入的变化而变化的方向。这是一种*正*的关系，因为以纵轴来测度的PC支出，与以横轴来测度的年收入同方向变动。PC的支出随年收入的增加而增加。随着收入的下降，用于PC的支出额也下降。因此，反映收入和PC支出之间关系的直线是一种**直接关系**。直接关系是两个变量之间的正相关性。当一个变量增加时，另一个变量也增加，当一个变量减少时，另一个变量也减少。简言之，两个变量的变动同方向。

最后，需要牢记：一个两变量的图形，和其他模型一样，是在其他条件不变的假设前提下保持所有其他变量不变，将两个变量之间的关系分离出来。例如，在图1A-1中，PC的价格和教育之类的因素被假设保持不变。在第3章中，你会学到，让图形中没有反映出来的变量发生变化会改变曲线的位置。

图 1A-1　变量之间的直接关系

图形专题研究

具有正斜率的直线表明，在其他条件不变的前提下，每年对个人电脑的支出额与年收入具有直接关系。随着水平轴上年收入的增加，以纵轴测度的花费在个人电脑上的支出金额也随之增加。沿着该直线，年收入每 10 个单位的增加会导致个人电脑的支出增加 1 个单位。由于直线的斜率是固定的，我们能测度出任意两点之间的相同斜率。点 *B* 和点 *C* 之间或者点 *A* 和点 *D* 之间的斜率 = $\Delta Y/\Delta X = (+3)/(+30) = (+1)/(+10) = 1/10$。

个人电脑的支出随年收入水平的变化

点	个人电脑的支出(每年千美元)	年收入(千美元)
A	$ 1	$ 10
B	2	20
C	3	30
D	4	40

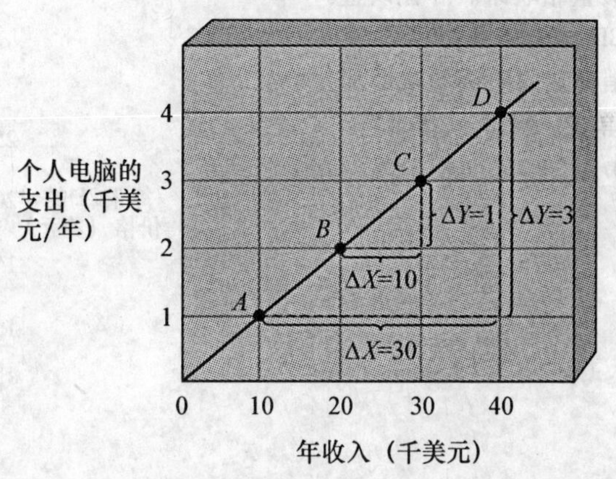

反向关系

现在考虑光盘（CD）的价格和消费者每年的购买量之间的关系，如图 1A-2 所示。这些数据显示了价格和数量变量之间*负* 的关系。当价格很低时，消费者比在价格较高时购买的 CD 数量更多。

反向关系

两个变量之间的负相关关系。当一个变量增加时，另一个变量会减少；当一个变量减少时，另一个变量会增加。

在图 1A-2 中，每张 CD 的价格和消费者购买的数量之间存在着**反向关系**。反向关系是两个变量之间的负相关关系。当一个变量增加时，另一个变量会减少；当一个变量减少时，另一个变量会增加。简单地讲，变量反方向变动。

图 1A-2 中所画的直线是一种反向关系。遵循传统方式，经济学家用纵轴代表价格，横轴代表数量。在第 3 章中，我们会更详细地研究价格和数量之间的关系，它称为*需求法则* 。

除了观察到反向关系（斜率）外，你还必须解释图中 *A* 点的截距。在本例中，这一截距意味着，在价格为 25 美元时，没有消费者愿意购买 CD。

图 1A-2 变量之间的反向关系

图形专题研究

具有负斜率的直线表明，在其他条件不变的前提下，每张 CD 的价格和消费者对 CD 的购买量之间具有反向关系。随着 CD 价格的上升，对 CD 的购买量下降。较低的 CD 价格与消费者对 CD 较多的购买量相联系。沿着该直线，CD 的价格每下降 5 美元，消费者的购买量就增加 25 个单位。斜率 = $\Delta Y/\Delta X$ = (−5) / (+25) = −1/5。

消费者在不同价位下购买的 CD 数量

点	每张 CD 的价格	CD 的购买量(百万张/年)
A	$ 25	0
B	20	25
C	15	50
D	10	75
E	5	100

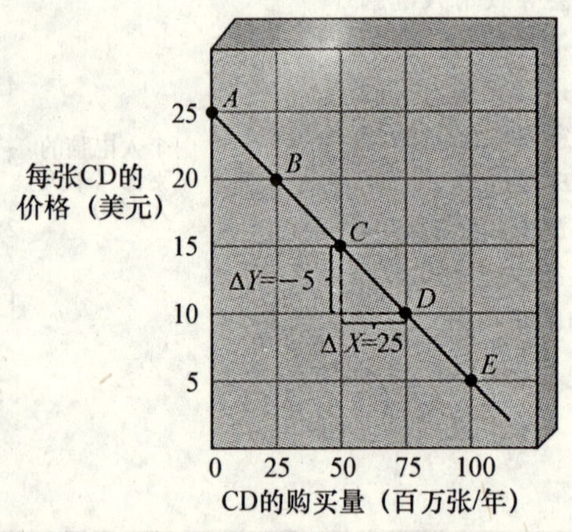

直线的斜率

斜率
纵轴上变量的变化（上升或下降）相对于横轴上变量的变化的比率。

坐标值清晰、直观地反映了两个变量之间的关系，但知道一个变量如何随另一个变量的变化而变化也很重要。为此，我们计算**斜率**。斜率是纵轴上变量的变化（上升或下降）相对于横轴上变量的变化的比率。从代数上讲，如果纵轴用 Y 表示，横轴用 X 表示，则斜率可用如下方式表达（Δ 符号代表“变化”）：

$$\text{斜率}=\frac{\text{垂直方向的变化}}{\text{水平方向的变化}}=\frac{\text{纵轴的变化}}{\text{横轴的变化}}=\frac{\Delta Y}{\Delta X}$$

考虑图 1A-1 中 *B* 点和 *C* 点之间的斜率。PC 支出的变化，Y，等于 +1（从每年 2 000 美元增加到 3 000 美元），年收入的变化，X，等于 +10（从每年 20 000 美元增加到30 000 美元）。因而，斜率是 +1/ +10。符号是正的，因为电脑的支出与年收入直接或正相关。直线越陡峭，斜率就越大，因为 ΔY 对 ΔX 的比率就上升。反过来，直线越平坦，斜率就越小。图 1A-1 还显示了，直线的斜率是固定的。也就是说，沿直线任何两点间，如 *A* 点和 *D* 点间的斜率等于 +3/ +30 = 1/10。

1/10 的斜率意味着什么？它告诉你，每年 PC 的支出每增加（减少）1 000 美元，年收入就会增加（减少）10 000 美元。图 1A-1 中所标出的每一个点都具有*正的斜率*，我们将直线画成“上斜的”。

另一方面，图 1A-2 中的直线具有*负的斜率*。*C* 点和 *D* 点之间 *Y* 的变化等于 -5（从 15 美元下降到 10 美元），*X* 的变化等于 25（每年所购买的 CD 量从 5 000 万张增加到 7 500万张）。因此，斜率等于 -5/ +25 = -1/5，这条直线被画成“下斜的”。

-1/5 的斜率意味着什么？它表示，每张 CD 的价格每提高（下降）1 美元，光盘每年的购买量就会减少（增加）500 万张。

独立关系
两个变量之间的不相关。当一个变量发生变化时，另一个变量保持不变。

假设我们要计算一条平坦直线的斜率——比如说，图 1A-3 中的 *B* 点和 *C* 点。在这种情况下，随着年收入的增加，*Y*（牙膏的支出）没有发生变化。不管年收入如何，消费者每年在牙膏上的支出都是 20 美元。也就是对任何 *X* 的变化，Δ*Y* 都等于零，因此斜率为零。平坦直线上（水平或纵向）的两变量之间具有**独立关系**。独立关系是指两个变量之间的不相关。当一个变量发生变化时，另一个变量保持不变。

图 1A-3　变量之间的独立关系

图形专题研究

具有零斜率的平坦直线表明，每年对牙膏的支出额与年收入无关。随着年收入沿水平轴的增加，每年用于牙膏的支出额保持在 20 个单位不变。如果年收入增加 10 个单位，相应的牙膏支出额的变化为零。斜率 = Δ*Y*/Δ*X* =0/（+10）=0。

牙膏的支出随年收入水平的变化

点	牙膏的支出(美元/年)	年收入(千美元)
A	$ 20	$ 10
B	20	20
C	20	30
D	20	40

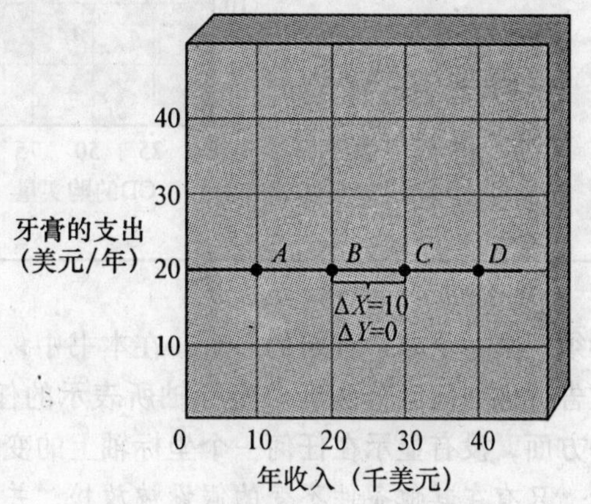

一个坐标图中的三变量关系

迄今为止所画的两变量关系适合二维平面。例如，纵轴测度每张 CD 价格的变化，横轴测度 CD 购买量的变化。所有其他因素，如消费者收入，可能会对价格和数量的变化有一定影响，但在其他条件不变的假设前提下，它们并不发生变化。但现实似乎总不那么尽如人意。通常一个模型必须在二维的平面坐标图中考虑进第三个变量（消费者收入）的变化所产生的影响。

图 1A-4 展示了经济学家对这种三变量关系最喜欢的描述方式。早些时候我们曾解释过，CD 的价格和购买量之间的因果关系确定一条下斜的曲线。每张 CD 价格的变动导致沿两条独立的曲线中的任一条向下的运动。随着价格的下降，消费者增加了对 CD 的需求量。但是，坐标图中每条曲线的位置取决于消费者的年收入。随着年收入变量从 3 万美元增加到 5 万美元，消费者的承受能力更强，价格—需求量曲线会向右方移动。相反，随着年收入变量的减少，消费者的支出更少，价格—需求量曲线向左移动。

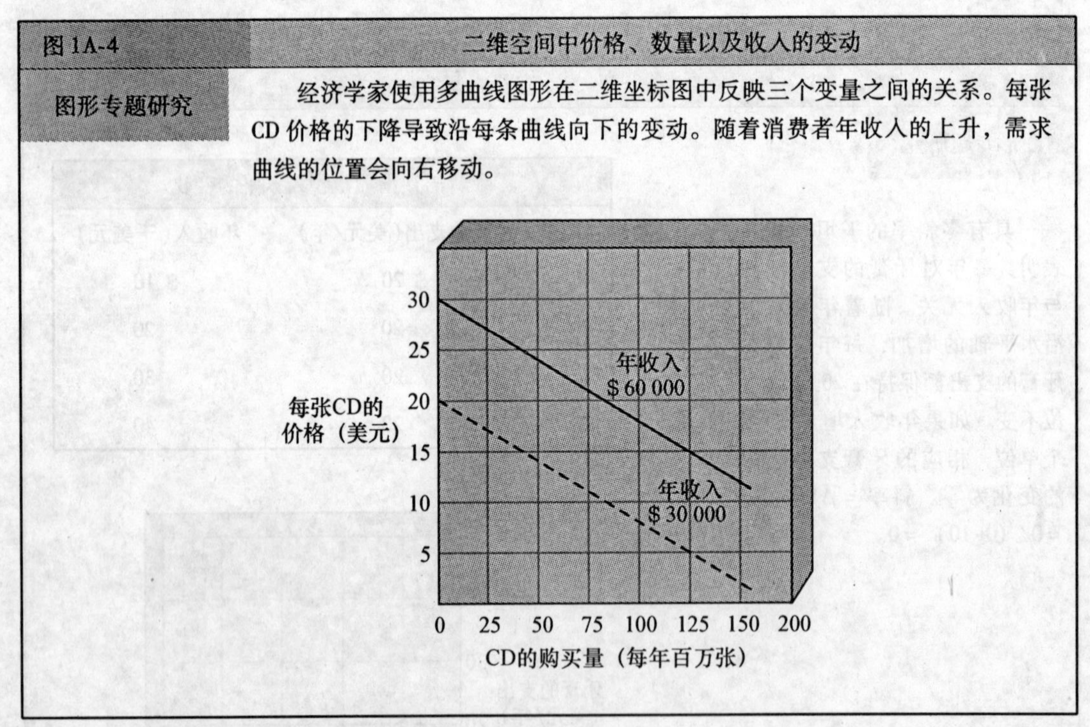

图 1A-4 二维空间中价格、数量以及收入的变动

图形专题研究 经济学家使用多曲线图形在二维坐标图中反映三个变量之间的关系。每张 CD 价格的下降导致沿每条曲线向下的变动。随着消费者年收入的上升，需求曲线的位置会向右移动。

你必须理解一个非常重要的概念：在本书中，你必须区分*沿曲线的运动*和*曲线的移动*。现在告诉你如何区分两者。坐标轴所表示的任何一个变量的变化都导致沿曲线的移动。另一方面，没有显示在任何一个坐标轴上的变量的变化都导致曲线位置的移动。

结论 只有在其他条件不变的假设被放松，并且没有显示在坐标轴上的第三方变量被允许变化时，曲线的位置才会发生移动。

使用坐标图时的一个有用的研究提示

对有些学生而言，经济学研究有点恐怖，因为很多章节都充满了坐标图。在备考时一个很容易犯的错误是试图记住坐标图中的线条。当打分试卷被发还回来时，使用这一策略的学生很可能会惊呼，“怎么回事?”对此的回答是，如果你首先学会了经济学概念，那么你就能理解潜在反映这些概念的图例。简单地说，死记硬背经济学问题并不起作用。对那些担心坐标图的使用的学生来说，除了本附录中对坐标图分析的简要概括外，还可以参考塔克个人网页上的图形专题，它和学习指南一步步地告诉你如何解释坐标图。

主要概念

直接关系　　斜率　　反向关系　　独立关系

小结

- **坐标图**提供了一种能清楚地在二维空间反映经济关系的方式。经济学分析总是涉及界定在数字坐标系统的右上方象限中的两个变量。
- **直接关系**发生在两个变量同方向变动时。
- **独立关系**发生在两个变量不相关时。

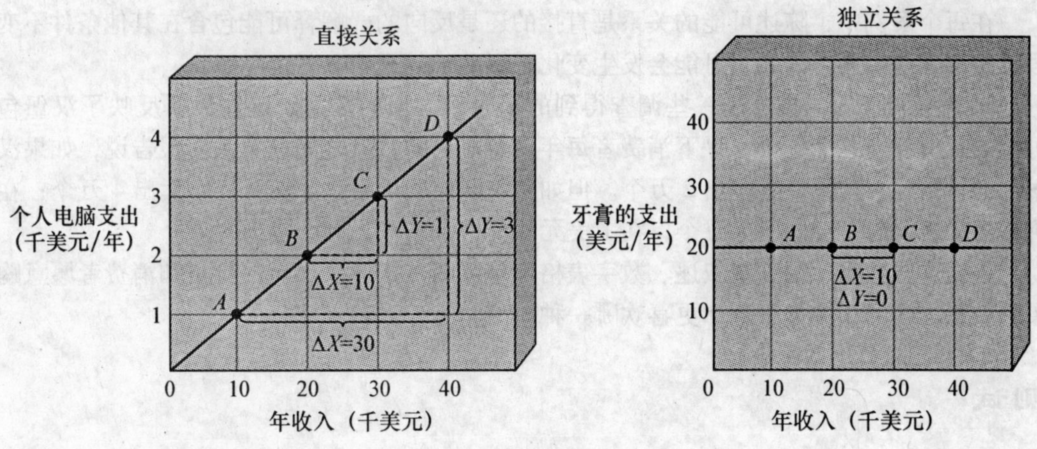

- **反向关系**发生在两个变量反方向变动时。
- **斜率**是垂直方向的变化（上升或下降）对水平方向的变化的比率。*上斜的*直线的斜率是正的，*下斜的*直线的斜率是负的。
- **三变量关系**是当放松其他条件不变这一假设，允许图形中坐标轴之外的第三个变量（如年收入）发生变化时图形中曲线的移动。

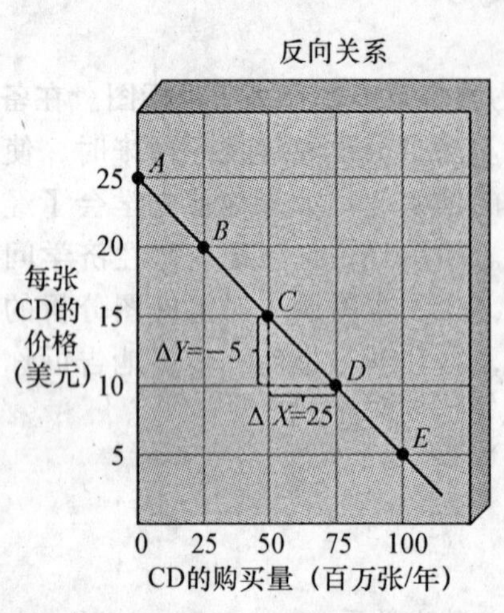

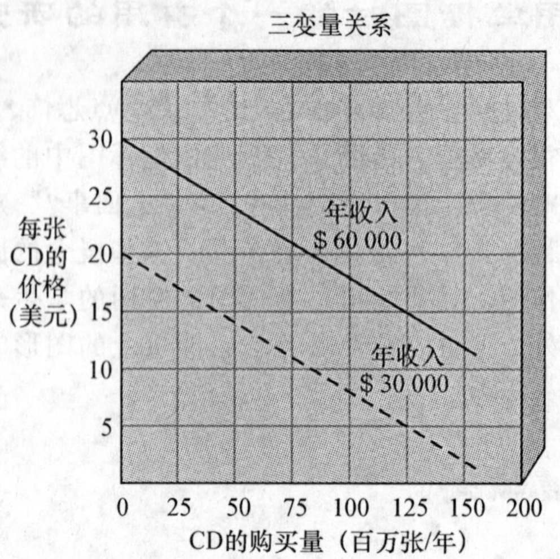

问题思考

1. 画图反映下列变量之间的可能关系，无需特定数据：

   a. 生命与年龄的可能关系。

   b. 年收入和受教育年限。

   c. 雪的厚度和游泳衣的销售额。

   d. 赢得足球比赛的次数和用于运动的预算。

在每个案例中，陈述可能的关系是直接的还是反向的。解释可能包含在其他条件不变假设中的其他因素，因为它可能会发生变化并影响你的理论。

2. 假设调查公司搜集了一些调查得到的销售额方面的数据，这些数据反映了汉堡包可能的售价和在各个价格水平下消费者每年愿意购买的数量之间的关系。报告说，如果汉堡包的价格是 4 美元，会卖出 2 万个。但如果汉堡包的价格是 3 美元，会卖出 4 万个；在价格为 2 美元时，会卖出 6 万个；在 1 美元的价格水平下，则会卖出 8 万个。

根据这些数据，用直观叙述、数字表格和坐标图来描述汉堡包的价格和消费者愿意购买的数量之间的相关关系。你更喜欢哪一种模型？为什么？

测试

1. 图 1A-5 中的直线 *CD* 显示了

   a. *X* 值的增加会导致 *Y* 值的增加。

   b. *X* 值的减少会导致 *Y* 值的减少。

   c. *X* 和 *Y* 之间存在着直接关系。

   d. 以上都是。

2. 在图 1A-5 中，直线 *CD* 的斜率是

a. 3。
b. 1。
c. −1。
d. 1/2。

3. 在图 1A-5 中，直线 *CD* 的斜率是
   a. 正的。
   b. 零。
   c. 负的。
   d. 可变的。

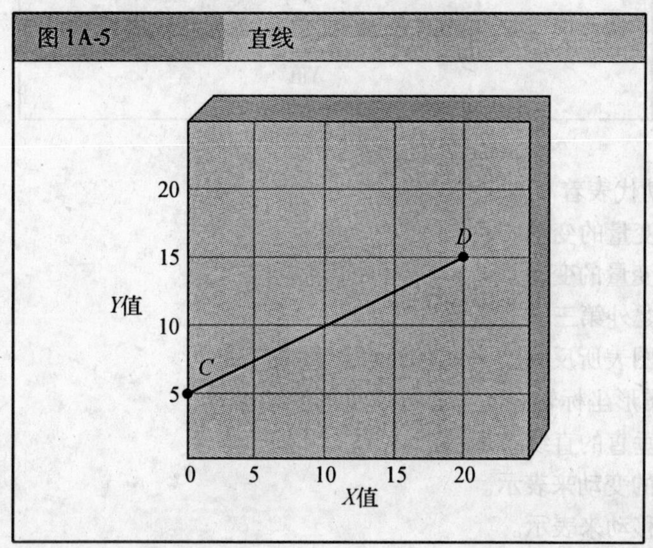

图 1A-5　直线

4. 图 1A-6 中的直线 *AB* 显示了
   a. *X* 值的增加会导致 *Y* 值的减少。
   b. *X* 值的减少会导致 *Y* 值的增加。
   c. *X* 和 *Y* 之间存在着反向关系。
   d. 以上都是。
5. 正如图 1A-6 所示，直线 *AB* 的斜率
   a. 随着 *X* 的增加而减少。
   b. 随着 *X* 的增加而增加。
   c. 随着 *X* 的减少而增加。
   d. 随着 *X* 的变化保持不变。
6. 在图 1A-6 中，直线 *AB* 的斜率是
   a. 3。
   b. 1。
   c. −1。
   d. −5。

图 1A-6 直线

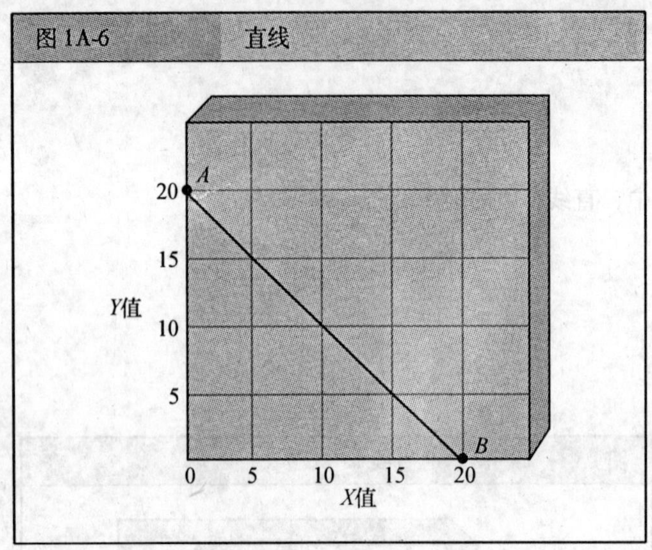

7. 曲线的移动代表着
   a. 横轴上变量的变动。
   b. 纵轴上变量的变动。
   c. 坐标轴之外第三方变量的变动。
   d. 任何与图表所反映的关系有关的变量的变动。
8. 不反映在图形坐标轴上的第三方变量的变动由
   a. 水平或垂直的直线来表示。
   b. 沿曲线的变动来表示。
   c. 曲线的移动来表示。
   d. 交叉点来表示。
9. 用什么来表示两个变量之间的独立关系?
   a. 上斜的曲线。
   b. 下斜的曲线。
   c. 山峰状的曲线。
   d. 水平或垂直的直线。
10. 用图形表示反向关系时,画出的直线或曲线是
    a. 水平的。
    b. 垂直的。
    c. 上斜的。
    d. 下斜的。
11. 下列哪一组选项最有可能展示反向关系?
    a. 你的学习时间和你的平均成绩。
    b. 人们的年收入和他们用于个人电脑的支出。
    c. 棒球运动员的薪水和他们的平均击球次数。
    d. 音乐会门票的价格和人们购票的数量。

12. 下列哪一组选项最有可能展示直接关系？
   a. 汽油的价格和人们购买汽油的数量。
   b. 胆固醇的水平和患心脏病的概率。
   c. 户外的气温和民用燃料油的销售额。
   d. 年收入和每周去抵押店的次数。

第2章　生产可能性、机会成本和经济增长

本章概述

本章在前一章的基础上继续打基础。在了解了*稀缺*促进人们不得不进行*选择*后，现在你要更详细地研究人们的选择行为。本章的开始要考察三个基本选择：生产什么、如何生产和为谁生产。在回答这些基本问题的过程中，我们要介绍在经济学思维方式中存在的其他两个关键概念——*机会成本*和*边际分析*。一旦你理解了这些用语言来陈述的重要概念，再来解释我们第一个规范的经济学模型——*生产可能性曲线*会更容易一些。这个模型显示了经济学家如何将坐标图作为有力的工具来弥补语言描述的不足，来帮助人们理解基本经济原理。你会发现，生产可能性模型向我们阐述了经济学中最重要的一些概念，包括稀缺、机会成本递增规律、效率、投资和经济增长。例如，本章通过生产可能性曲线的运用，总结了为什么欠发达国家没有能实现经济增长，因而也不能提高他们的生活水平。

在本章中，你将学会解决这些经济学问题：

- 为什么很少有摇滚明星和电影明星上大学？
- 为什么你会花额外的一小时来看本书而不是去看电影或睡觉？
- 为什么投资和经济增长如此重要？

三个基本的经济学问题

不管是富裕还是贫穷，每个国家都要回答三个同样的基本经济学问题：(1) 什么产品会被生产出来？(2) 它们是如何被生产出来的？(3) 它们都是为谁生产的？稍后，在有关转型经济的第二十二章中会介绍各种类型的经济体制，并描述它们各自是如何处理这三个经济选择的。

生产什么？

社会是否应该将有限的资源致力于更多军事产品的生产，而为消费者生产较少的产品和服务？社会是否应该生产更多的 CDs，少生产一些电脑软件程序？是否应该生产更多的小型汽车、更少的运动型多用途车，或者应该生产更多的公共汽车而不是小汽车？稀缺问题限制了既定时期内我们想要生产的产品的能力，因此选择生产“更多的”某种产品必然要求生产“更少的”另一种产品。

如何生产？

在确定了生产哪些产品后，社会要决定的第二个问题是，如何将技术和稀缺资源组合起来生产这些产品。例如，毛巾可以主要由手工（劳动力）缝制而成，也可以部分手工部分机械加工而成（劳动力和资本），或者主要由机械（资本）加工而成。简言之，如何生产这一问题问及是否采用更加资本密集型的生产技术。

在回答如何生产这一问题时，教育发挥着重要的作用。教育提高了工人完成工作的能力。不同国家之间教育质量和数量上的差异，是各经济体运用资源和技术来回答如何生产这一问题的能力存在差异的原因之一。例如，美国努力在使用机器人技术方面赶上日本。回答“我们如何提高我们的机器人技术？”这一问题，需要受过适当训练的安装和操作机器人的工程师和员工。

为谁生产？

一旦解决了生产什么和如何生产的问题，第三个问题是为谁生产。在所有想得到生产品的人中，谁事实上能得到它们？谁最能得到满足？谁驾驶奔驰？谁得到移植的器官？经济学教授是否应该拿到每年百万的薪水，其他人是否应该缴纳更高的税收来养活经济学家？为谁生产的问题意味着社会必须要有某种方式来确定谁会成为“有名有利的”人，谁会成为“无名无利的”人。第十章中我们会重新回到为谁生产这一问题并详细讨论。

机会成本

由于稀缺的存在，这三个基本问题不可能在不涉及牺牲或成本的情况下得到解决。但是，*成本*这一术语到底意味着什么？人们通常的反应是，购买物品的价格就是成本。一张电影票的成本是8美元，或者一件衬衫的成本是50美元。然而，在运用经济学思维方式时，*成本*有不同的定义方式。有一句名言来自诺贝尔奖获得者、经济学家弗里德曼·米尔顿（Friedman Milton），他说“天底下没有免费的午餐”，这个表达概括了稀缺、选择和成本概念之间的联系。由于稀缺，人们必须做出选择，每个选择都有成本（牺牲）。一旦你选择了某个选项，其他的选项就必须放弃。你花费在电影票上的钱不可能再被你用来买DVD。一家企业可能会购买一台新的纺织品机器来制造毛巾，但同样的这笔钱不能再被用来为员工购买新的休闲娱乐设施。

机会成本
进行一项选择所放弃的其他最佳选择。

DVD和休闲娱乐设施的例子解释了这些选择的真实成本是选择的**机会成本**，而不是购买价格。机会成本是进行一项选择所放弃的其他最佳选择。换句话说，它是不选择下一个最佳选择的成本。这一原理说明了，在所有的经济决策中都必须放弃一些高度有价值的机会。在选择产品或时间的使用时，所放弃的实际产品或时间的使用就测度了机会成本。我们可以忽略成本之前的机会一词，但不改变这个概念的含义。图2-1显示了稀缺、选择和机会成本之间的因果链。

上大学的机会成本是什么？要了解更多的关于上大学的成本和收益的信息，访问美国教育部网站（http://www.ed.gov/）。

图 2-1 稀缺、选择和机会成本之间的联系

稀缺意味着没有哪一个社会拥有足够多的资源，能生产出满足所有人需要的产品和劳务。因此，社会总是面临着选择问题。这一概念能用一句名言加以阐述："天底下没有免费的午餐"。这意味着，每一个决策都会牺牲另一项被放弃的选择。

这样的例子有无数个，但我们来考虑一些具体的。假设你们的经济学教授决定成为摇滚乐队的摇滚歌星。现在他/她所有的工作时间都致力于创作打击乐曲，机会成本就是不再提供的教育服务。举一个个人的例子：与名模特或影星（你最喜欢的）约会的机会成本可能是你会失去现在的女朋友或男朋友。机会成本还运用于国民经济的决策上。假设联邦政府决定对太空站征收税收收入。机会成本是下一个最好项目可能得不到融资。假设道路和桥梁是由于决定修建太空站而被放弃的最有价值的项目。那么，这一将资源用于太空站决策的机会成本是放弃的道路和桥梁，而不是实际用于修建太空站的货币支出。

为了使时间和机会成本之间的联系更个性化，问问你自己如果你不阅读本书你会做些什么。你的回答可能是看电影或者睡觉。如果睡觉是你的选择，学习本书的机会成本就是你所牺牲的睡眠时间。另一方面，摇滚明星和电影明星上大学会损失大量的收入。现在，你知道为什么在教室里很少能看到这些明星的身影了。

决策通常会涉及时间和产品的牺牲。假设你决定去离校园 15 分钟路程的电影院看电影。你可以用花在电影院的钱购买一台 DVD 在家里看。往返电影院花在路上的时间可以用来准备你的经济学考试。看电影的机会成本由（1）一台 DVD 和（2）经济学考试获取高分所必需的学习时间构成。

边际分析

边际分析
对当前状况的增加或减少的效应的考察。

本书中使用的很多重要的决策技巧的核心是**边际分析**。边际分析是对当前状况的增加或减少的效应的考察。这在经济学思维方式的工具箱里是非常有价值的一件工具，因为它考察变化的"边际"效应。理性的决策者只有在边际收益超过边际成本时才会决定某一选择。例如，你必须决定如何使用你有限的时间。你应该多花一个小时用于阅读本书，还是该去看电影，去看电视，煲电话粥，或者去睡觉？你有很多种消磨时间的方式。你会选择哪一项？答案取决于边际分析。如果你决定更好的经济学成绩这种收益超过了睡觉这一机会成本，那么，你会把这额外的一小时用于学习经济学。极好的选择！

商业活动也使用边际分析。例如，旅馆租场所给学生团体用于舞会或其他事情。假设你是旅店经理，一个学生团体支付给你 400 美元租用舞厅来举办聚会。要决定是否接受这个租金需要用到边际分析。租出空场所的边际收益是 400 美元；边际成本是 300 美元，用于额外的电力和看门服务。由于边际收益超过边际成本，显然经理会接受。

同样，生产者也使用边际分析。例如，一个农夫要决定是否要在种植谷物时使用化

肥。使用边际分析，该农夫估计不用化肥时每英亩地产生的谷物收益大约为75美元，而使用化肥时的收益大约为100美元。如果化肥的成本是每英亩20美元，边际分析告诉这位农夫，他应该使用化肥。使用化肥会使得每英亩地的收益增加5美元，因为化肥的使用使得每英亩地增加了20美元的成本和25美元的收益。

在第二部分中，你会使用边际分析来评估企业这一微观经济体为了使利润最大所作的生产决策。在政府考虑不同政策项目的变动时，边际分析也是一个很重要的概念。例如，正如下一节所阐述的那样，知道这一点很重要：增加军事产品的生产的机会成本是，会导致更少的消费者产品。

生产可能性曲线

生产可能性曲线
反映经济体在既定时间内利用其可得资源和技术所生产的两种产出的最大组合的曲线。

稀缺这一经济问题意味着社会生产产品组合的能力受到有限资源的约束。这一条件可以用一个叫做**生产可能性曲线**的模型来表达。生产可能性曲线反映了经济体在既定时间内利用其可得资源和技术所生产的两种产出的最大组合的曲线。生产可能性曲线模型暗含了三个基本假设：

1. *固定资源*。所有投入资源的数量和质量在既定时间内保持不变。但是“游戏规则”确实允许一个经济体将资源从一种产品的生产转向另一种产品的生产。例如，一个经济体可能将从事消费品的生产的工人转向从事资本品的生产。尽管工人的数目保持不变，这种劳动力的转移会造成更少消费品和更多资本品的生产。
2. *充分就业的资源*。经济体中所有的生产要素都得到充分利用，生产出可能的最大产出，不存在浪费或管理失当的情形。
3. *不变技术*。维持现有**技术**条件不变，这限制了一个经济体所能生产的产品的数量和种类。技术是指导如何生产产品的知识和技能。

技术
应用到产品的生产中去的知识和技能。

图2-1是一个假想的经济体，生产可能性曲线（*PPC*）上的每一点，包括点*A*、点*B*、点*C*和点*D*，显示了该经济体每年能生产的军用品（“枪支”）和消费品（“黄油”）的所有可行组合。例如，如果这个经济体将所有资源用于军用品的生产，它最多能生产1 600亿单位的军用品和零单位的消费品（*A*点的组合）。另一种可能是，该经济体将所有资源用于生产消费品，则最多能带来1 000亿单位的消费品和零单位的军用品（点*D*）。在这两个极端*A*点和*D*点之间，是军用品和消费品的其他可行生产组合。如果组合*B*被选择，该经济体会生产1 400亿单位的军用品和400亿单位的消费品。另一个可行组合（点*C*）能带来800亿单位的军用品和800亿单位的消费品。

如果这个经济体并没有充分使用其所有资源，情形会如何？例如，一些工人并没有找到工作，或者工厂和设备出于某些原因被闲置。结果会是，我们假想中的这个经济体不可能达到任何沿*PPC*的生产组合。在图2-2中，点*U*显示了该经济体在没有充分利用其所有资源情况下的一个无效率的产出水平。在*U*点，我们模型中的这个经济体每年生产800亿单位的军用品和400亿单位的消费品。这样一个经济体生产不足，因为如果它沿着*PPC*上的某一点进行生产，它能满足社会的更多需要。

即便一个经济体充分利用了所有的资源，它也不可能达到特定的产出数量。任何位于生产可能性曲线之外的点都是*达不到的*，因为它超出了该经济体现有的生产能力。例如，点 Z 代表着 1 400 亿单位的军用品和 800 亿单位消费品这样一个达不到的产量水平。社会可能更倾向于选择这一组合，而不是沿 *PPC* 或在 *PPC* 内部的产量组合，但是在现有资源和技术条件下，该经济体不可能达到这一点。

结论 稀缺限制了一个经济体只能选择生产可能性曲线上的点或其内部的点。

由于曲线上的每一点都是在既定资源和技术水平所能达到的最大产出水平，它们都被称作*有效率的*点。在曲线上有效率的两点间的任何移动都意味着，要增加一种产品的生产，就必须减少另一种产品的生产。在图 2-2 中，从点 A 移到点 B 每年消费品的生产增加了 400 亿个单位，但这是以军用品的产量减少 200 亿个单位为代价的。这样，任何两个有效率的点之间的移动从图形上都说明了"没有免费的午餐"。

图 2-2　军用品和消费品的生产可能性曲线

图形专题研究

沿生产可能性曲线（*PPC*）上的所有点都是军用品和消费品的最大可能组合点。一种可能性组合如 A 点，每年能生产 1 600 亿单位的军用品和零单位的消费品。在另一个极端点 D 点，该经济体将所有的资源用于生产每年 1 000 亿单位的消费品和零单位的军用品。将一些资源分别用于两类产品的生产得到点 B 和点 C。如果该经济体不能充分利用其资源，会导致无效点 U。点 Z 超出了该经济体当前的生产能力，因而是达不到的点。

军用品和消费品每年的生产可能性计划表

产量(10 亿单位/年)	生产可能性			
	A	*B*	*C*	*D*
军用品	160	140	80	0
消费品	0	40	80	100

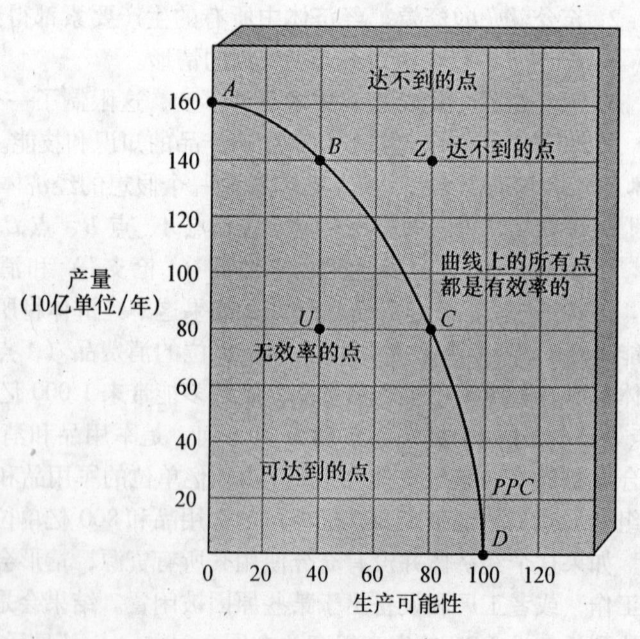

结论 生产可能性曲线由所有有效率的产出组合构成，在这些组合下，一个经济体要生产更多的某种产品，只能以减少另一种产品的生产为代价。

机会成本递增规律

为什么生产可能性曲线是这样的形状？图 2-3 会帮助我们回答这一问题。它表示一个假想经济体的生产可能性曲线，这个经济体必须在生产坦克和帆船之间进行选择。考虑将帆船的产量增加 2 万个单位。从 *A* 点移到 *B* 点，机会成本是 1 万辆坦克；从 *B* 点到 *C* 点，机会成本是 2 万辆坦克；在 *D* 点而不是 *C* 点生产的机会成本是 5 万辆坦克。

机会成本递增规律
机会成本随着某种产品生产的扩张而增加的法则。

图 2-3 图示了**机会成本递增规律**，它表明机会成本随着某种产品生产的扩张而增加。保持资源存量和技术水平不变（其他条件不变假设），机会成本递增规律导致生产可能性曲线呈现弓状。

图 2-3　机会成本递增规律

图形专题研究

随着我们从生产可能性曲线（*PPC*）上的点 *A* 渐次移动到点 *D*，某假想经济体每年会等额增加 2 万艘帆船。如果该经济体从 *A* 点移到 *B* 点，2 万艘帆船的机会成本是坦克的产量每年减少 1 万辆。如果该经济体从 *B* 点移动到 *C* 点，这一机会成本上升到 2 万辆坦克。最后，如果在 *D* 点而不是 *C* 点从事生产，每年的机会成本是 5 万辆坦克。机会成本的上升是由于工人并不是同等地擅长制造坦克和帆船。

坦克和帆船每年的生产可能性计划表

产量（千单位/年）	生产可能性			
	A	*B*	*C*	*D*
坦克	80	70	50	0
帆船	0	20	40	60

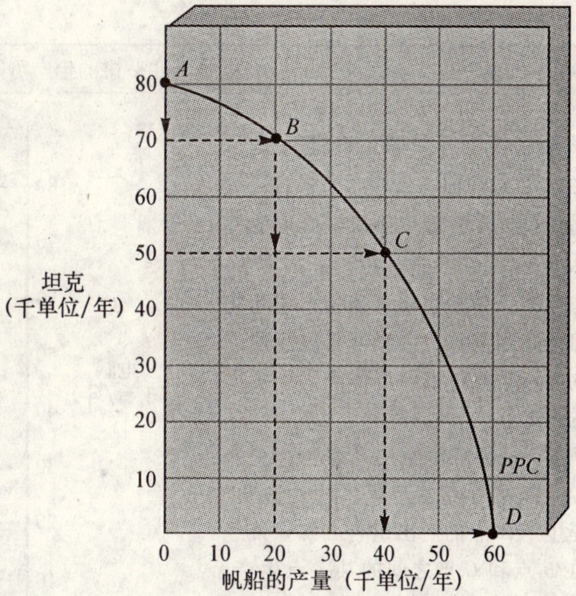

坦克（千单位/年）

帆船的产量（千单位/年）

为什么我们假想中的这个经济体每增加 2 万个帆船的生产必须要牺牲越来越多数量的坦克呢？原因在于，相对于另一种产品来说，并不是所有的工人都同等地擅长生产同一种产品。扩大帆船的产出要求使用一些适合生产坦克而不适合生产帆船的工人。假设我们假想中的经济体完全不生产帆船（点 *A*），但决定要开始生产它们了。起初，技能最差的坦克工人被转移到帆船的生产中去，1 万辆坦克的产量被牺牲了。随着经济体从 *B* 点移动到 *C* 点，更多高技能的坦克工人开始成为帆船制造者，机会成本上升到 2 万辆坦克。最后，该经济体决定从 *C* 点移动到 *D* 点，机会成本增加到 5 万多辆。现在，剩下的坦克工人都是生产坦克的能手，但他们不擅长制造帆船，他们必须要适应帆船的生产技术。

最后，值得注意的是，生产可能性曲线模型可能会假设资源是可替代的，因而机会成本可能保持不变。在这种情况下，生产可能性曲线会是一条直线，这是在第二十一章中有关国际贸易和国际金融的内容中所要用到的模型。

经济增长的源泉

经济增长

一个经济生产更大的产量水平的能力，体现在生产可能性曲线的向外移动。

经济体的生产能力不是永久固定的。如果资源量增加或技术进步了，经济会经历**经济增长**，生产可能性曲线会向外移。经济增长是一个经济生产更大的产量水平的能力，体现在生产可能性曲线的向外移动。图 2-4 图示了向外移动的重要性（注意因果链，本书通常会关注模型的因果关系）。在 PPC_1 上的 *A* 点，一个假想的充分就业的经济每年生产 4 万台电脑和 2 亿个比萨饼。如果该曲线向外移动到新的 PPC_2，该经济能扩大其充分就业的产出选项。一个选项是在 *B* 点从事生产，每年电脑的产出增加到 7 万台；另一种可能是每年比萨饼的产量增加到 4 亿个；还有一种选择是在 *B* 点和 *C* 点之间的某一点两种产量都增加。

图 2-4　电脑和比萨饼的生产可能性曲线的向外移动

该经济体刚开始的生产能力是沿 PPC_1 生产可能性曲线生产产品组合。资源的增加或技术的进步使得生产可能性曲线从 PPC_1 向外移动到 PPC_2。沿 PPC_2 上的点代表了新的生产可能性，这是先前不可能达到的点。生产可能性曲线的这一向外移动使得该经济体能生产更大数量的产出。

例如，该经济体能在 *B* 点生产更多的电脑，或在 *C* 点生产更多的比萨饼，而不是生产 *A* 点的产出组合。如果该经济体在 *B* 点和 *C* 点之间的某一点生产，较 *A* 点来说，它能生产更多的比萨饼和更多的电脑。

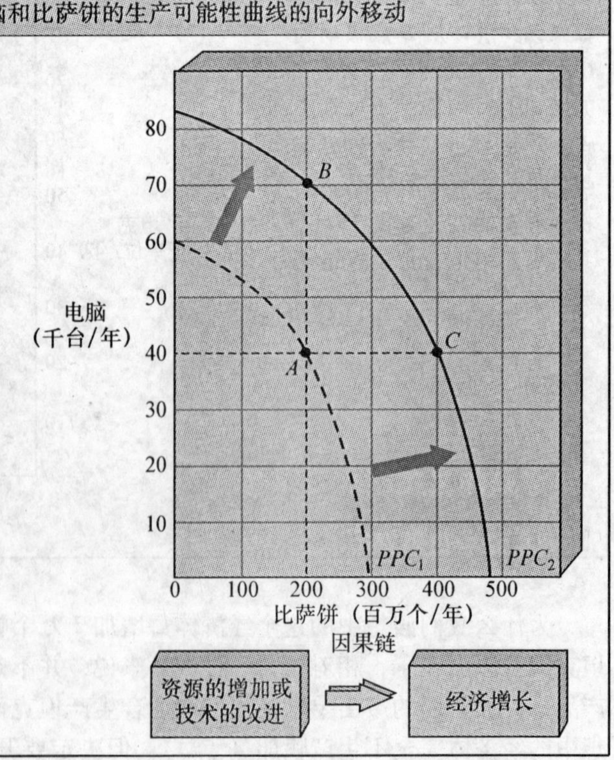

资源的变动

加速经济增长的一种方式是获得额外的资源。任何资源的增加——比如说，更多的自然资源，一次生育高峰，或者更多的工厂设施——都会使得生产可能性曲线向外移。在图2-4中，假定PPC_1代表着既定年份日本的服装和食品的生产可能性曲线。突然，日本在其本土内发现了新的劳动力和其他资源。新资源导致日本的生产能力得到扩张，它能沿着一条扩张的曲线，例如PPC_2来生产产品组合。

农业研究服务(ARS)部(http://www.ars.usda.gov)是联邦政府主要的农业研究机构。ARS会传导何种类型的研究，这一研究如何能达到推动生产可能性曲线外移这一研究目标?

资源的减少会导致生产可能性曲线向内移动。假定PPC_2描述了日本第二次世界大战前的经济，战争中其生产要素的损毁导致日本的生产可能性曲线向左移动到PPC_1。这些年来，日本培训其劳动力，修建新的工厂和设备，采用新的技术使得曲线向外移动，并超过了它原来的生产可能性曲线PPC_2。

技术上的变化

实现经济增长的另一种方式是新技术的研究和开发。如何将石头转化为轮子的知识极大地提高了史前的生活标准。技术上的变化使得同样的资源能生产更多的产品，使生产可能性曲线向外发生移动。技术变化的一个来源是*发明*。日光灯、晶体管、计算机芯片、卫星和互联网都是从科学和工程学的应用中获得技术进步的例子。

技术上的变化还来源于前文提到过的企业家的创新精神。创新涉及新产品或新生产程序的创建和开发。在寻求利润的过程中，企业家创造了新的、更好的，或者更便宜的产品。这要求改进资源组合，从而扩张生产可能性曲线。

曾经有一位企业家，亨利·福特（Henry Ford）在制造汽车的过程中引进了生产流水线从而改变了整个汽车工业。另一位企业家，切斯特·卡尔森（Chester Carlson），一位法学院学生，异常苦恼于文件复印的不便，于是他自己努力发明了复印机。在历经多年的挫败后，一家叫做施乐公司的小企业接受了卡尔森的发明，将这一好点子转化为革新性产品。这些，以及无数个其他的商业成功的事例，都揭示了企业家的重要性，因为他们将自己的新想法转化为产品和实际用途。

要点考查

一场针对恐怖主义的战争实际上意味着什么?

随着前苏联的解体以及冷战的结束，美国成为世界上唯一的超级大国，不再有任何国家与之开展军备竞赛。因此，在20世纪90年代，国会和白宫有机会减少预算中的军备份额，将更多的资金用于非军用品。这一情形就是人们所说的“和平红利”（peace dividend）。现在，假设与恐怖主义作斗争需要将资源重新转向军工和安全产品的生产。和平红利或者向更多军事支出的逆转代表着生产可能性曲线的移动，还是沿曲线的移动?

*新经济*一词是指来自技术进步的经济增长，技术进步使得企业和工人更具有生产性。新经济中成功的事例层出不穷。技术的变化令人目不暇接，使得成本得到降低，生产力和利润得到提升。例如，石油公司采用新的计算机技术生成三维地图，它们现在只需要钻以前一半数量的“干洞”（dry holes）就能钻取到石油。麦当劳现在使用的计算机系统能立即将柜台的订单传达给厨师。该系统还能预测供给方面的需求，这样餐厅扔掉的食物就更少了。新技术甚至能拯救宠物商店的热带鱼。由计算机控制的监控器能追踪水的温度、酸性和含氯水平，使得每家商店死亡的鱼的数量更少。这些普遍存在的来自技术上的收获意味着我们工作和生活方式的实质性进步。

有人争论说新经济这一概念并不真正的“新”。通观历史，技术上的进步总是通过增强国家的生产能力从而促进经济的增长。今天，互联网和计算机是新技术，但是铁路、电和汽车这些例子在它们各自产生的时代里也曾是新技术。

现在的投资和将来的生产可能性曲线

当一个经济体的决策涉及资本品和消费品的权衡取舍时，现期的产出组合能决定将来的生产能力。

图 2-5 比较了具有不同资本品和消费品组合的两个国家。(a) 部分显示了低投资的α国的生产可能性曲线。这个经济体在 2000 年生产产品组合 A，每年这一组合生产 C_a 单位的消费品和 K_a 单位的资本品。假定 K_a 单位的资本品刚好只能弥补每年的资本磨损（折旧）。结果，α 国得不到工厂和设备的净收益上的积累，而这些是α国未来年份里扩张其生产可能性曲线所必需的①。如果α国将更多的资源转移到资本品的生产中去，为什么它不会只是简单地沿着生产可能性曲线移动呢？牺牲消费品来换取资本的形成也存在一个问题：会导致生活水准的下降。

查找更多有关联邦快递公司的信息，访问http://www.fedex.com/.

比较α国和β国，显示能生产更多产品、不只是替换已耗损的资本的重要性 (b) 部分中的β国 2000 年在 A 点处从事生产、也即 C_b 单位的消费品和 K_b 单位的资本品。假定 K_b 足以替代磨损的资本，而且还绰绰有余，β国是一个高投资的经济体，它增加了资本存量并创造了额外的生产能力。这一积累资本（*资本形成*）的过程就是**投资**。投资是用来生产产品和劳务的资本的积累，如工厂、机器设备和存货。当前新修建的工厂和机械为该经济体提供了在将来扩大生产的能力。例如，β国生产可能性曲线的向外移动使得它能够在 2010 年的 B 点处生产 C_c 单位的消费品。这意味着，β国生产了 C_c-C_b 单位额外的消费品，从而有能力提高该国人民的生活水准，而α国的消费品的生产保持不变，因而该国人民的生活水准也保持不变。

投资
用来生产产品和劳务的资本的积累，如工厂、机器设备和存货。

① 回忆第一章的附录，第三方变量能影响纵轴和横轴所测度的变量。在本例中，第三方变量是每年损耗的资本品的数量。

图 2-5 α国和β国在当前和将来的生产可能性曲线

在（a）部分，每年α国只生产足够的资本（K_a），刚好替换现有损耗的资本。在没有更大的资本存量和假定其他资源保持不变的情况下，α国不能向外移动其生产可能性曲线。在（b）部分，每年β国生产K_b的资本，远远超过补充其折旧资本所需要的数量。在2010年，这一扩大的资本使得β国具有额外的生产能力，β国能将其生产可能性曲线向右移。如果β国选择在曲线上的B点从事生产，在不减少资本品生产的前提下，它具有能将消费品的生产从C_b增加到C_c的生产能力。

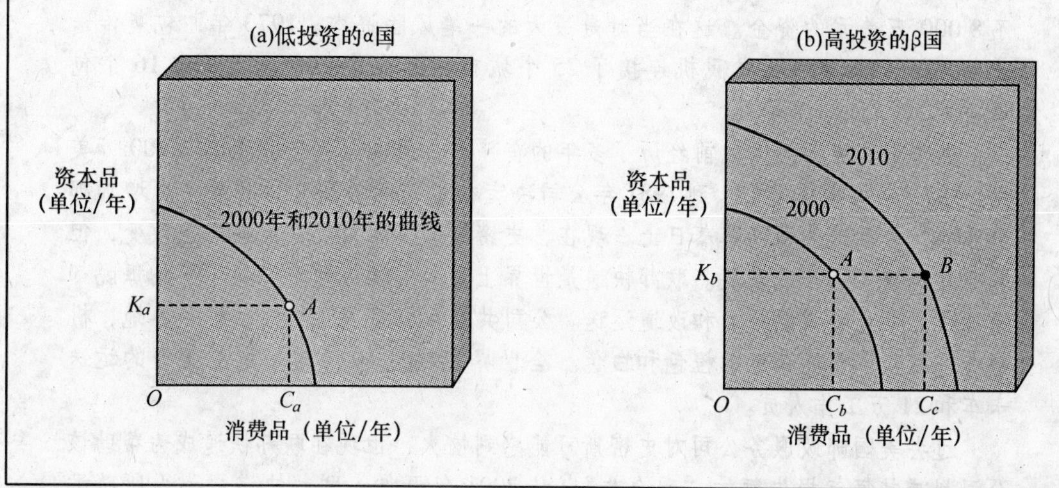

结论　一国能通过将资本品的生产增加到超过其生产过程中的磨损量的水平从而加速经济增长。

现实生活中的经济学

联邦快递并不是一夜成名

适用概念：企业家精神

弗雷德里克·史密斯（Frederick W. Smith）的故事是一个典型的企业家的成功故事。年轻的弗雷德里克进入耶鲁大学，有了一个好的想法，获得了风险资本的帮助，他狂热地工作，赚得了财富，史密森学会给予其至高无上的荣誉。他抢购了一架早期的联邦快递喷气式飞机（Federal Express jet）作为收藏，在华盛顿特区的太空科学博物馆内距离怀特兄弟制造的首架飞机不远处展览了一段时间。

史密斯的传奇开始于大学时的一篇经济学学期报告，这篇报告阐述了全国范围的隔夜包裹传递系统能“绝对、肯定”地打败美国邮政服务公司。他说，如果包裹能在第二天早上就送抵人们的目的地，他们肯定愿意支付更多的费用。为了实现他的计划，飞机每夜都要集中在田纳西州的孟斐斯将包裹运送到全国各地。史密斯选择美国中部的这一城市是因为，其机场的气候很少出现不良状况，不会导致飞机着陆的延误。在早上的时间段里，所有包裹都必须卸载下来，分类并改道发送到其他机场，那儿会有货车接货，绕过高峰时间的交通拥挤并在中午之前送抵包裹。

史密斯的大学学期报告只拿了一个C。可能教授认为他的想法过于冒险，其他很多人肯定也这么认为。1969年，在大学毕业并作为舰队引水员经历了越战后，24岁的史密斯开始向一些最具怀疑精神的金融家兜售他的包裹传递计划。不过，在家庭出资400万美元的帮助下，他说服了一些风险资本家筹措了8 000万美元的资金。这在当时是最大的一笔风险资本。1973年，包裹传送业务开始，14架喷气式飞机连接了25个城市，但在第一个晚上只有16个包裹业务。

史密斯在成为天才之前经历了多年的奋斗。公司在第一年损失了2 700万美元，1976年才出现转机，到1981年公司决定在基础的包裹传送服务之上增加邮递业务，生意这才开始蒸蒸日上。现在，史密斯的基本策略并没有发生改变，但其业务规模呈爆炸式发展。联邦快递是世界上最大的快递运送公司，平均每晚都有320万个包裹需要分类和改道运送。公司共有650多架飞机飞往世界各地，机身喷有与众不同的紫色、橙色和白色。全世界有超过10万辆用电脑管理的运送卡车和21万工作人员。

过去美国邮政服务公司对史密斯可能感到恼火，但现在联邦快递成为帮助该公司削减其每年损失额的“现金牛”。从2001年开始，联邦快递那为人所熟悉的橘色、白色和紫色的升降梭箱（drop boxes）可以共享美国邮政服务公司的蓝色邮箱。同时，美国邮政服务公司能通过联邦快递的飞机运输特快和重要邮件。这一历史性的联盟意味着联邦快递在7年的时间里要向美国邮政服务公司支付2.3亿美元，联邦快递也得到了收益，因为顾客从升降梭箱得到更多的便利。2002年，联邦快递宣布与柯达公司协作，用柯达在北京和中国其他城市的快递贮备来提供快递服务。2004年，联邦快递开始尝试使用新设计的混合电动传送卡车，这使得燃油成本节省了50%。

分析问题

画一条只生产比萨饼和电脑的经济体的生产可能性曲线。解释弗雷德里克·史密斯和其他企业家如何影响该条曲线。

资料来源：尤金·卡尔森（Eugene Carlson），联邦快递并不是一夜成名，华尔街日报，1989年6月6日，p. B2.

主要概念

生产什么、如何生产以及为谁生产的问题　边际分析　机会成本递增规律
经济增长　机会成本　生产可能性曲线　技术　投资

小结

- 任何一个经济体都会面临的**三个基本的经济学问题**是：生产什么产品、如何生产以及为谁生产这些产品。生产什么这一问题问的是哪些类型的产品会被生产出来，它们的产量是多少。如何生产这一问题要求社会确定生产产品的资源组合。为谁生产的问题涉及产品在社会公民之间的分配。
- **机会成本**是进行一项选择所放弃的其他最佳选择。这意味着所有决策都有成本。

- **边际分析**考察当前状况发生变化的影响，它是经济学中被广泛使用的一种技巧。它的基本方法是比较一种变化所产生的额外收益与这种变化的额外成本。
- **生产可能性曲线**显示了一个经济体生产产品的能力，它受稀缺的限制。生产可能性曲线是反映一个经济体在既定时间内所能生产的两种产出的最大可能的组合的图形，它有三个条件：(1) 所有资源都得到充分运用；(2) 在所考虑的时间期限内资源总量不发生变化；(3) 作为知识和技能的载体被应用到产品的生产中去的**技术**保持不变。生产可能性曲线内的任何一点都表示**无效率**的生产。曲线上的任何一点都表示**有效率**的点，因为每一点都代表了最大可能的产出。

国际经济学

日本经济的下滑如何反映在曲线上?

适用概念：生产可能性曲线

尽管日本最近处于经济困难中，但它还是以生产高质量的产品而著称，工人们都致力于寻求节约资源的生产方式——管理层也善于听取他们的意见。虽然终身雇用制正在发生变化，大型工业企业的工人还是享有相当大的工作安全感，这削弱了工人对技术变化的抵触情绪。日本的工业生产中所使用的机器人的数量是美国和西欧总和的两倍。

日本生产中的一个关键之处在于“及时送货”的管理特征。这种管理方式的目标是务求在生产产品时手头的存货量最少。这种根据需求来进行存货的生产体系使得行业巨头侧重最终产品的生产装配，而小企业则生产零部件。例如，马自达的工人在生产线旁边放一小箱汽车前灯，这样零部件能很快拿到并被组装。生产负责人不断地检查前灯和其他零部件的供给，以确保不存在过剩物资。只要生产线上的小箱子需要填充更多的前灯，马自达就会从位于东京的小分包商那里订购。车前灯在几个小时内就被送抵。这样，马自达只需要关注能否很快地装置前灯，不需要存储大量的前灯和其他汽车配件。

很多向行业巨头供给部件的分包商在家里开展业务。妈妈、爸爸和小孩在公寓内的厨房餐桌上或卧室地板上开办小型工厂。小一点的孩子由家庭中的女性成员来负责照顾，而当孩子睡着时，她们就工作。妇女和儿童通常负责送货，使得男人能继续在家生产零配件。

住房的稀缺在日本是一个很严峻的问题。事实上，美国普通穷人的生活空间要比日本普通穷人的大三分之一。例如东京很少有公共停车场，因为修建公共停车场的机会成本是无法再修建工厂和公寓建筑。在日本东京，一个典型的四口之家生活在一个厨房极小、两个小房间和没有庭院的公寓中。其中一个房间白天当起居室，晚上当卧室。每天早上，家庭成员简单地卷起他们的床垫，放入壁橱中。除了空间有限，很多房子还缺乏中央供暖设施，因此日本人只得用小电加热器取暖。而且，日本的很多地方都没有排水沟，所以很多日本人只得使用带腐味的水箱。这些缺陷解释了为什么日本的夫妇都储蓄得多；这是他们有望买更好房子的唯一方式。

分析问题

画一条生产可能性曲线来表示日本汽车和住房的生产。假定日本经济处于低迷时期，在你的图中用 X 点来表示日本的经济状况（提示：比较无效率的点和有效率的点）。举例解释你所选择的 X 点的位置。同时，根据上文，解释日本怎样才能将生产可能性曲线向外移动。

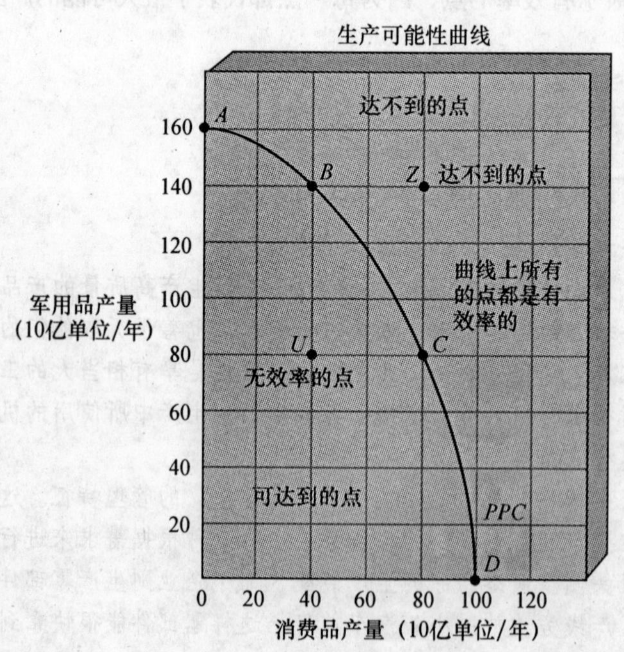

- **机会成本递增规律**陈述了随着产量的扩张，生产的机会成本会增加这一事实。对这一规律的解释是，随着更大的资源量从一种产出的生产转移到另一种产出的生产中去，资源的适宜性会急剧下降。

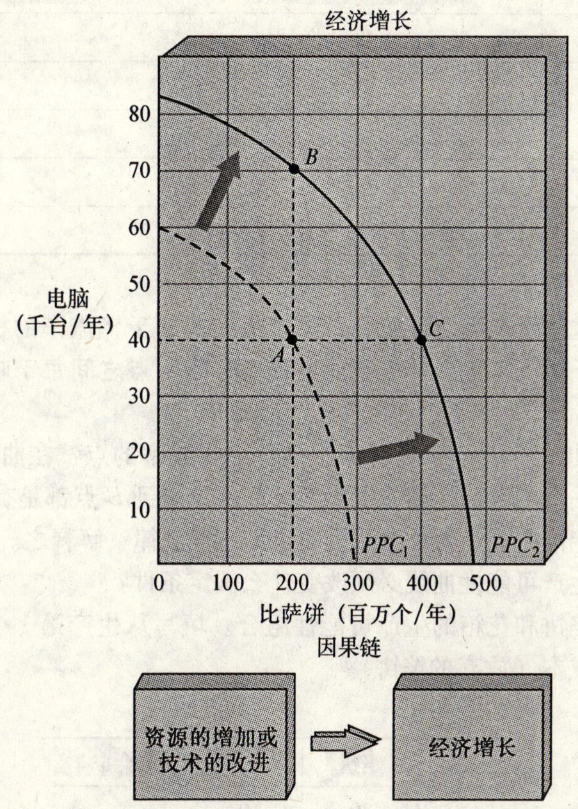

- **经济增长**用生产可能性曲线的向外移动来表示，它是资源增加或技术进步的结果。**新经济**这一术语即指来自使得企业和工人更具生产性的技术进步的经济增长。
- **投资**意味着一个经济体对资本的生产和积累。投资由工厂、机械和当前生产的存货（资本）构成，它使得未来的生产可能性曲线向外移动。

问题思考

1. 解释为什么稀缺使得个人和社会产生机会成本，给出具体的例子。
2. 假定一位零售商通过广告宣传抽奖赠送免费汽车从而促进了销售。由于得到车的人没有花钱，这辆车是不是免费的？
3. 解释"天底下没有免费的午餐"与稀缺资源之间的联系。
4. 下列哪一项决策的机会成本更大？为什么？
   a. 决定使用东京金融区一块尚未开发的土地来修建公寓楼。
   b. 决定使用沙漠中一平方英里的土地来修建汽油站。
5. 上大学昂贵而耗时，而且还需要努力。既然如此，为什么人们还是决定上大学？
6. 下表是假想的一个国家的生产可能性组合。

组合	汽车（单位：千辆）	牛肉（单位：千吨）
A	0	10
B	2	9
C	4	7
D	6	4
E	8	0

a. 在图上标出这些生产可能性组合。生产最初的 2 千辆汽车的机会成本是什么？哪两点之间每千辆汽车生产的机会成本最高？哪两点之间每千吨牛肉生产的机会成本最高？

b. 在曲线内标出一个 *F* 点，为什么它是一个无效率的点？在曲线外标出一个 *G* 点，为什么它是一个不可能达到的点？为什么从 *A* 点到 *E* 点都是有效率的点？

c. 这条生产可能性曲线是否反映了机会成本递增规律？解释之。

d. 要移动这条生产可能性曲线必须改变什么假定条件？

7. 下表显示了馅饼和花箱的生产可能性组合。填写从生产第 1 个花箱到生产第 5 个花箱的机会成本（放弃的馅饼）。

组合	馅饼	花箱	机会成本
A	30	0	
B	26	1	
C	21	2	
D	15	3	
E	8	4	
F	0	5	

8. 为什么生产可能性曲线具有弓状形状？

9. 用生产可能性曲线来解释“天底下没有免费的午餐”和“免费的午餐是可能的”这两句话。

10. 假设，很不幸地，你的数学和经济学教授决定两天后举行测试，你总共只有 12 个小时用来备考这两门考试。经过思索，你决定在两门考试的复习上平均分配时间，这样你每门课都只预期得到一个 *C*。如果一门课你多复习 3 个小时，你在这门课上的评级会高一个等级，而另一门课的成绩会降低一个等级。

    a. 构建一个生产可能性图表，给出在此种情形下相应的学习小时数。

    b. 在图上标出这些生产可能性组合。

    c. 这条生产可能性曲线是否反映了机会成本递增规律？解释之。

11. 为一个假想中生产资本品和消费品的经济体画一条生产可能性曲线。假定资本品行业发生了一次重大的技术突破，但新技术只在这个行业中普及。画出新的生产可能性曲线。现在假定技术进步发生在消费品的生产中，而不是在资本品的生产中。画出新的生产可能性曲线。

12. 当前在投资资本品和生产消费品两者之间所作的选择会影响经济体未来的生产能力。请解释。

在线练习

练习1

访问美国劳动统计局的网站（http：//www. bls. gov/ces），点击“就业状况概览”。失业状况如何？如何将它反映在国家的生产可能性图形中？

练习2

访问http：//www. commondreams. org/headlines02/0603-02. htm。按照该文中作者的观点，修建更多监狱的机会成本是什么？它对国家的生产可能性曲线有何长远影响？

练习3

访问经济学家的网上资源（http：//rfe. org/）。不要只顾着看好玩的东西或有关经济学家和经济学的笑话。

要点考查答案

一场针对恐怖主义的战争实际上意味着什么？

和平红利意味着资源从军事生产中被转移出来用于更多的非军事产品的生产。针对恐怖主义的战争毫无疑问将资源转向与和平红利相反的方向。如果你说任何一种情形都代表着沿着生产可能性曲线的移动，那么你是正确的。

测试

1. 下列哪一项决策是所有经济体都必须面临的？
   a. 生产多少？何时生产？成本多大？
   b. 价格多少？谁来生产？由谁消费？
   c. 生产什么？如何生产？为谁生产？
   d. 以上都不是。
2. 一个学生只有一个晚上的时间来复习第二天的两门考试，下面是两项选择：

   可能性　　经济学的分数　　会计学的分数

A	95	80
B	80	90

会计学考试得到90分而不是80分的机会成本如何用经济学考试的分数来表示？

a. 15分。

b. 80分。

c. 90分。

d. 10分。

3. 机会成本是

a. 产品或劳务的购买价格。

b. 休闲时间的价值加上掏出口袋的货币成本。

c. 做出一项选择而放弃的其他最佳选择。

d. 购买产品所必需的令人不快的牺牲。

4. 在一条生产可能性曲线上，产品X以产品Y来表示的机会成本是

a. 曲线距离纵轴的距离。

b. 曲线距离横轴的距离。

c. 沿曲线的移动。

d. 以上都是。

5. 如果一个农夫每英亩土地增加1磅的化肥使用量，收获谷物的价值从每英亩80美元增加到100美元。按照边际分析法，该农夫应该增加化肥的使用量，如果成本低于

a. 12.5美元每磅。

b. 20美元每磅。

c. 80美元每磅。

d. 100美元每磅。

6. 在一条生产可能性曲线上，从经济上无效率的状态向经济上有效率的状态的变化需要

a. 沿着曲线的移动。

b. 从曲线外的点向曲线上的点的移动。

c. 从曲线内的点向曲线上的点的移动。

d. 曲线斜率的变化。

7. 生产可能性曲线内的任一点是一个

a. 有效率的点。

b. 不可行的点。

c. 无效率的点。

d. 最大产出组合的点。

8. 失业状况可用生产可能性曲线图形中哪一处的点来表示？

a. 曲线中点附近。

b. 曲线上端角落。

c. 曲线下端角落。

d. 曲线外部。

e. 曲线内部。

9. 在生产可能性曲线上，一种产品生产的增加可通过哪种渠道实现？

a. 另一种产品生产的减少。

b. 另一种产品生产的增加。

c. 另一种产品的生产保持不变。

d. 在曲线角落处的点从事生产。

10. 提高劳动力技能水平的教育和培训可以通过生产可能性曲线的何种变化来加以表示？

a. 沿着曲线的移动。

b. 曲线的向内移动。

c. 曲线的向外移动。

d. 从外部的点向曲线的移动。

11. 一个国家能通过何种方式加速其经济增长？

a. 减少被允许进入该国的移民人数。

b. 增加资本存量。

c. 印制更多的货币。

d. 对进口商品实行关税和配额。

第二部分 微观经济学

第二部分的章节建立在第一部分所学的基础概念基础上，旨在学习微观经济学。第3章和第4章解释了市场需求和供给模型，这些模型在真实世界中有着广泛的应用。第5章更深入地考察了第3章中所介绍的需求曲线上沿曲线的移动。第6章对供给概念进行了扩展，解释不同的生产成本如何随产出的变化而变化的理论。第7章描述了由极其大量相互竞争的企业所构成的高度竞争型市场，第8章解释了只有一个卖方的市场理论。第9章考察位于这两种极端之间的情形，讨论了同时具有竞争和垄断两种特征的两类市场。第10章介绍劳动力市场理论，考察有关收入和贫困的真实数据，并对第二部分做出总结。

第 3 章　市场需求和市场供给

本章概述

美国经济的一个基石是运用市场来回答前面章节中所讨论的一些基础的经济学问题。想一想棒球卡、光盘、健身、汽油、软饮料和网球鞋。在市场经济中，所有这些物品都由个人来买卖，这些个人合起来形成了市场中的买方和卖方。本章极其重要，因为它引入了基础的供给和需求分析。这一技巧被实践证明是很有价值的，因为它适用于真实世界中面临稀缺问题的大量买方和卖方的抉择。例如，国际经济学总要你思考人体器官的国际贸易这一极具争议性的话题。

需求代表着消费者的选择行为，而供给代表着生产者的选择。本章开始先仔细考察需求，然后是供给。最后，将这两方面因素结合起来，分析市场中的价格和数量是如何确定的。市场需求和供给分析是微观经济学分析的基础工具。

在本章中，你将学会解决这些经济学问题：

- “需求量的变动”和“需求的变动”有何区别？
- 国会能否否定供给法则来控制石油价格？
- 价格体系能否消除稀缺？

需求法则

需求法则
在其他条件不变的前提下，既定时间内产品的价格和买方愿意购买的数量之间的反向相关关系。

人们可能会说经济学就是“图形和笑声”，因为经济学家总是喜欢使用图形来说明需求、供给和很多其他的经济学概念。不幸的是，一些学习经济学课程的学生说他们听不到笑声。

图 3-1 揭示了经济学中一个重要的“法则”，称为**需求法则**。需求法则是说在其他条件不变的前提下，既定时间内产品的价格和买方愿意购买的数量之间的反向相关关系。需求法则很好理解。在遇到削价处理时，当商品价格减少时，消费者会购买更多。

在图 3-1 中，将商品可能的价格和个体消费者相应的购买量连接起来所形成的轨迹就是*需求曲线*。因此需求曲线使你能够找到买方在任一可能的卖价下的需求数量，你只需要沿曲线移动即可。例如，鲍勃（Bob），这位市场大学二年级学生，喜欢一边学习一边听立体声音乐。鲍勃的需求曲线显示了，在每张录音光盘的价格为 15 美元时，他的年需求量是 6 张光盘（点 *B*）。在价格为较低的 10 美元时，他的需求量增加到每年 6 张（点

C)。遵循这一过程，其他价格水平和鲍勃可能的需求量组合都可以在需求曲线上找到。

需求
在其他条件不变的前提下，反映既定时间内消费者在产品任何可能的价格水平下所愿意购买的不同数量的曲线。

注意，除非我们知道真实的价格水平，我们才能知道鲍勃实际上每年购买的光盘数量。需求曲线只是简单地总结了鲍勃的购买意图。一旦我们知道市场价格，很快地看看需求曲线，它能告诉我们鲍勃会购买多少光盘。

结论 **需求**是一条曲线或图表，它显示了在其他条件不变的前提下，既定时间内消费者在产品任何可能的价格水平下所愿意购买的不同数量的曲线。

图 3-1 个体买方对光盘的需求曲线

图形专题研究

鲍勃的需求曲线显示了在不同的可能价格下他所愿意购买的光盘数量。随着光盘价格的下降，需求量增加。价格和需求量之间的反向关系符合需求法则。

个体买方对光盘的需求表

点	每张 CD 的价格	需求量(每年)
A	$ 20	4
B	15	6
C	10	10
D	5	16

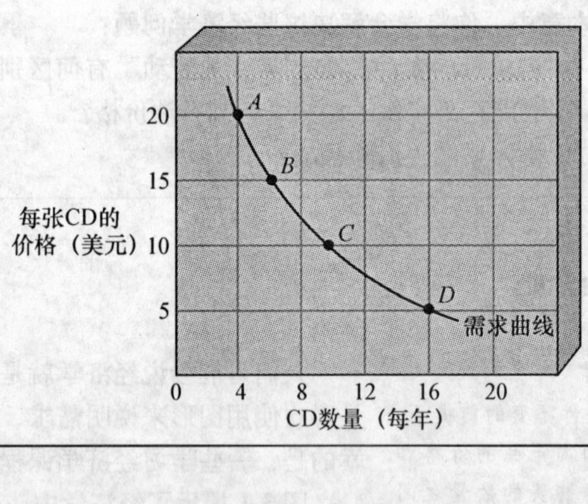

市场需求

要实现从*个体*需求曲线到*市场*需求曲线的转化，我们只需对个体需求表进行加总。假定音乐城（一家在几个州都开有连锁分店的音乐光盘零售店）的所有者想要确定 CD 的价格，他雇用了一家消费者调查公司来进行这一调查。为简化起见，我们假定音乐城市场上只有弗雷德和玛丽（Mary）两个买家，调查公司发给他们一份调查问卷，向他们询问在几个可能的价格水平下他们每个人愿意购买的 CD 数量。图 3-2 以表格

访问互联网拍卖网站易趣（http://www.eBay.com/）。都有些什么类型的产品在被拍卖？看看一些产品的历史出价过程。从这一信息中，你对各种产品的需求有何结论？

和图形形式报告了他们的价格和需求量的对应关系。

图 3-2 中的市场需求曲线 D_{total} 是在各个可能的价格下将两个个体的需求曲线 D_1 和 D_2 *水平*加总而成的。例如，在价格为 20 美元时，我们加总弗雷德每年 2 张 CD 的需求量和玛丽每年 1 张 CD 的需求量，从而发现，在价格为 20 美元时总的需求量是每年 3 张 CD。在其他价格水平下，重复这一过程就得到了市场的需求曲线 D_{total}。例如，在价格为 5 美元时，总的需求量是 12 张 CD。

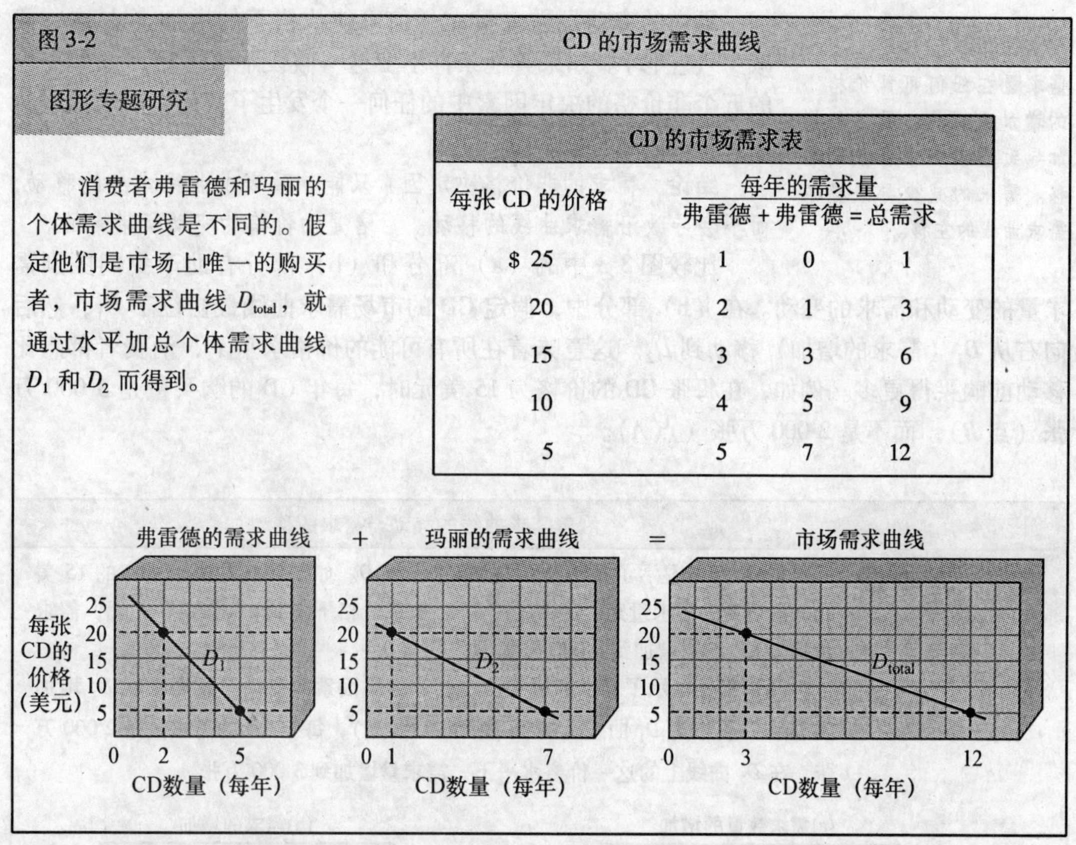

图 3-2　CD 的市场需求曲线

图形专题研究

消费者弗雷德和玛丽的个体需求曲线是不同的。假定他们是市场上唯一的购买者，市场需求曲线 D_{total}，就通过水平加总个体需求曲线 D_1 和 D_2 而得到。

CD 的市场需求表

每张 CD 的价格	每年的需求量		
	弗雷德 +	弗雷德 =	总需求
$ 25	1	0	1
20	2	1	3
15	3	3	6
10	4	5	9
5	5	7	12

需求量的变动与需求的变动之间的区别

价格并不是确定消费者愿意购买的产品或劳务数量的唯一变量。回忆附录 1 的图 1A-4，模型中的价格和数量变量受限于其他条件不变的假设。如果我们放松这一假设，允许其他保持不变的变量发生变化，一系列因素可以影响需求曲线的位置。由于这些因素是商品价格之外的其他因素，这些变量被称为*非价格的决定因素*或简称*需求移动器*。最主要的非价格决定因素包括（1）买方的数目；（2）品味和偏好；（3）收入；（4）对价格、收入和商品可得性的未来变化的预期以及（5）相关商品的价格。

在讨论需求的这些非价格的决定因素之前，我们必须先停下来解释一个很重要而且可能导致混淆的术语问题。我们已经提过**需求量的变动**，它仅仅是由价格的变动所引起的。它是在其他条件不变的前提下，沿着固定需求曲线的各点之间的移动。在图 3-3（a）中，

需求量的变动
在其他条件不变的前提下，沿着固定需求曲线的各点之间的移动。

在15美元的价位下，每年对CD的需求量是2 000万张。在需求曲线D上，它显示为A点。在一个较低的价位下，比如说10美元的价位，每年CD的需求量增加到3 000万张，显示在B点。从口头上解释，我们将价格下降的影响描述为CD的年需求量增加了1 000万张。在需求曲线上，我们可以用从A点到B点沿曲线的移动来反映这一关系。

结论 根据需求法则，纵轴上价格的任何下降都会导致横轴上需求量的增加。

需求的变动
需求量在任何可能价格下的增加或减少。需求的增加导致整条需求曲线的右移。需求的减少导致整条需求曲线的左移。

需求的变动是需求量在任何可能价格下的增加（右移）或减少（左移）。如果其他条件不变这一假设不再适用，如果需求的五个非价格的决定因素中的任何一个发生了变化，需求曲线的位置都会发生移动。

结论 需求的非价格决定因素只能导致需求曲线本身的移动，而不会导致沿需求曲线的移动。后者是由价格的变动所带来的。

比较图3-3中的（a）部分和（b）部分有助于我们区别需求量的变动和需求的变动。在（b）部分中，假定CD的市场需求曲线最初位于D_1，然后向右从D_1（需求的增加）移动到D_2。这意味着在所有可能的价格水平下，消费者都想比移动前购买得更多。例如，在每张CD的价格为15美元时，每年CD的购买量是3 000万张（点B），而不是2 000万张（点A）。

图3-3 沿着需求曲线的移动与需求的移动

图形专题研究

（a）部分显示了每年对CD的需求曲线D。如果价格是位于A点的15美元，消费者的需求量是2 000万张CD。如果价格下降到B点的10美元，需求量从2 000万张增加到3 000万张。

（b）部分图示了需求的增加。一些非价格因素的变动导致需求从D_1增加到D_2。在价格为D_1曲线上的15美元时（A点），每年CD的需求量是2 000万张。在D_2曲线上的这一价格水平下，需求量增加到3 000万张。

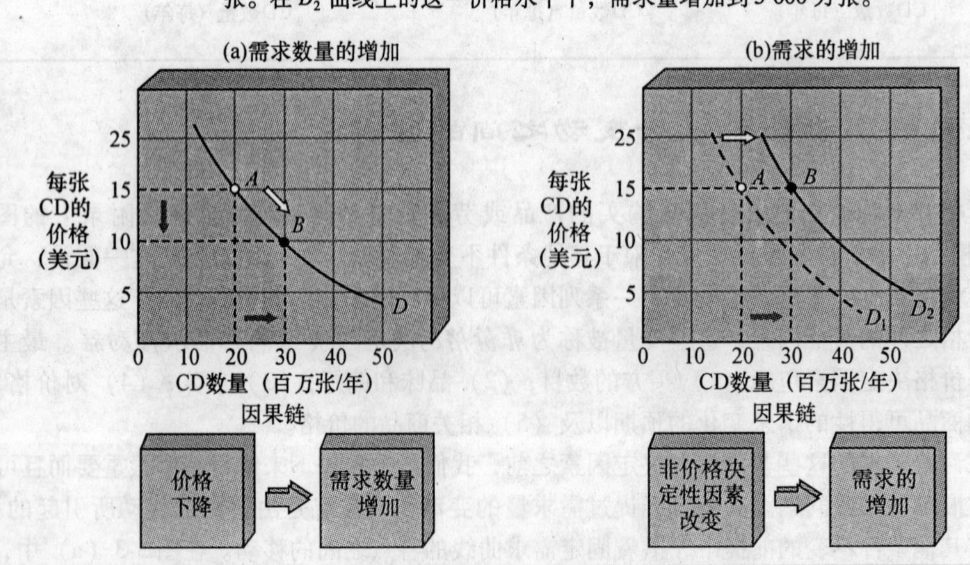

现在假设某种非价格因素的变动导致需求曲线 D_1 向左移动（需求减少）。此种情况下的解释是，在所有可能的价格水平下，消费者都想比移动前购买得更少。

图 3-4 用术语总结了需求曲线上价格和非价格决定因素变动的影响。

图 3-4 术语：需求价格的变动和需求的非价格决定因素的变动

图形专题研究

变动	影响	术语
价格增加	沿着需求曲线向上移动	需求量的增加
价格减少	沿着需求曲线向下移动	需求量的减少
非价格的决定因素	需求曲线的左移或右移	需求量的减少或增加

注意！区分需求量的变动和需求的变动很重要！前者由价格的变动所致，表现为沿着需求曲线 D_1 的移动；后者表现为需求曲线自身的移动。需求的增加（移动到 D_2）或减少（移动到 D_3）不是由价格的变化引起的。相反，这种移动是由任何一种非价格的决定因素的变化所导致。

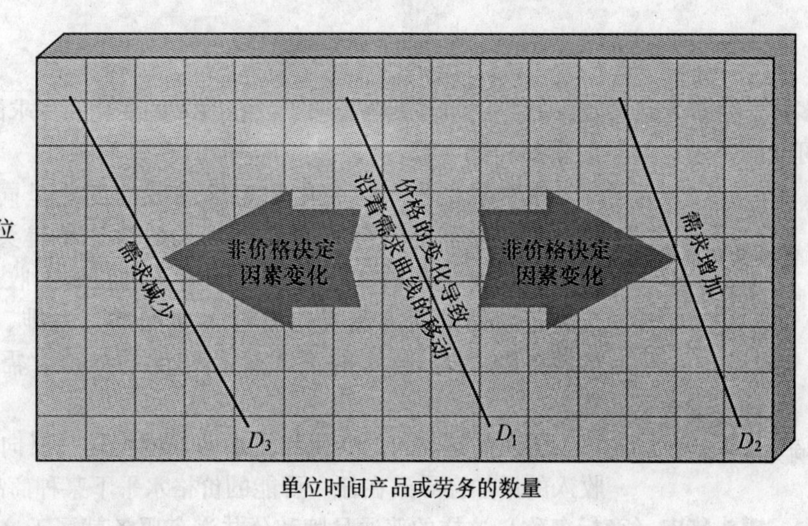

需求的非价格决定因素

区别需求量的变化和需求的变化需要一些耐心，也需要经验。下面对非价格因素的特定变化的讨论会澄清各种非价格变量是如何影响需求的。

买方的数目

回头看看图 3-2，想象一下在弗雷德和玛丽的个体需求曲线基础上再增加一些个体需求曲线的影响。在所有可能的价格水平下，新顾客产生了额外的需求量，CD 的市场需求曲线向右移动（需求的增加）。因此，人口的增长往往会增加买方的数目，使得产品或劳务的市场需求曲线右移。反过来，人口的减少使得大多数市场需求曲线左移（需求的减少）。

买方的数目可以明确地包括国外和国内的买方。假定图3-3（b）中的市场需求曲线 D_1 是美国国内和国外的消费者对CD的购买量，同时还假定日本限制CD的进口。日本取消这一贸易限制会产生什么样的影响？答案是当日本的消费者将其个人的需求曲线加入到美国对CD的市场需求时，需求曲线会从 D_1 右移到 D_2。

为什么橘子的主要生产者新奇士公司(http://www.sunkist.com)会向消费者提供免费的橘子烹饪法？当然是为了增加对橘子的需求。

品味和偏好

时尚、流行、广告和新产品能影响消费者对某一特定产品或劳务的购买偏好。芭比娃娃在20世纪90年代流行起来，这些产品的需求曲线向右移。当人们厌倦了一种产品时，需求曲线会左移。注重身体健康的趋势增加了对健康俱乐部和健身设施的需求。另一方面，你注意到了没有，很多商店都在卖呼啦圈？

广告的设计是为了增加需求。克里奥广告奖(http://www.clioawards.com/html/main.isx)注重运用报纸、无线电广播和电视这些最好的广告宣传方式。

收入

大多数学生都太熟悉收入的变化如何影响需求了。在收入的变化和需求的变化之间存在两类可能的关系：（1）**正常品**；和（2）**劣质品**。

正常品
收入的变化和需求曲线的变化呈同向关系的商品。

劣质品
收入的变化和需求曲线的变化呈反向关系的商品。

正常品是收入的变化和需求曲线的变化呈同向关系的商品。对很多商品和劳务来说，收入的增加使得买方在任何可能的价格水平下购买得更多。随着买方得到的收入越来越高，这类正常品的需求曲线向右移，如汽车、牛排、葡萄酒、清洁服务和CD。收入的下降具有相反的效应，需求曲线向左移。

劣质品是收入的变化和需求曲线的变化呈反向关系的商品。收入的增加会导致在任一可能的价格水平下某种商品或劳务购买量的减少。罐头猪肉（商标名称）这样的普通品牌和公共汽车服务就属于这样的劣质品。较高的收入使得消费者能够买品牌产品、牛排或汽车，而不再购买这些劣质品。相反，收入的下降使得劣质品的需求曲线向右移。

买方的预期

当消费者预期到价格、收入或商品可得性的未来变化时，它对当前的需求有何影响？当中东爆发一场战争时会发生什么情况？预期存在的汽油短缺会促使消费者抓住每一个机会去充油，需求增加。假设学生了解到下个学期他们要上的几门课的教材的价格马上要翻番了。他们的可能反应是现在就购买，使得这些教材的需求曲线增加。另一个例子是天气的变化，它能间接导致使得某些产品的需求发生移动的预期。假定一场冰雹摧毁了大部分桃子。消费者会推断，供给的减少很快会拉动价格的上升，他们会赶着多储备一些。预期的变化导致桃子的需求曲线增加。

相关商品的价格

可能最令人困惑的非价格因素是其他商品的价格对某一特定商品或劳务需求的影响。*非价格*这一术语排除了*任何*产品价格的变化所导致的需求的移动。如果你不能区分需求量的变动和需求的变动，你就会出现这种困惑。记住，其他条件不变假设使得所有其他商品的价格保持不变。因此，沿着一条需求曲线的移动只发生在一种产品“自身的”价格发生变化时。例如，当我们画可口可乐的需求曲线时，我们假定百事可乐和其他可乐的价格保持不变。如果我们放松这一其他条件不变假设，让百事可乐的价格上升会出现什么情况？很多百事可乐的购买者会转而购买可口可乐，可口可乐的需求曲线会右移（需求的增加）。可口可乐和百事可乐是一种相关类型的商品，被称作**替代品**。替代品是与另一种商品竞争消费者购买的商品。结果，一种商品的价格变化和其“竞争品”的需求数量之间存在同向关系。替代品的其他例子包括人造黄油和黄油、国产汽车和国外汽车、录像带和数字化视频光盘（DVD）、电子邮件和美国邮政服务公司。

替代品

与另一种商品竞争消费者购买的商品。结果，一种商品的价格变化和其“竞争品”的需求数量之间存在同向关系。

光盘和光盘播放器揭示了第二种类型的相关商品，被称作**互补品**。互补品是与另一种商品一起消费的商品。因而，一种商品价格的变化与其“互补”品需求的变化之间存在反向相关关系。尽管购买CD和CD播放器可以是单独的决策，但消费者购买的CD播放器越多，对CD的需求量就越大。如果CD播放器的价格急剧下降，比如说从150美元下降到30美元，会出现什么情况？由于在已经拥有播放器和购买CD的人的基础上加入了新的CD播放器的所有者的个体需求曲线，CD的市场需求曲线会右移（需求的增加）。反过来，大学学费的急剧上升会减少对教科书的需求。

互补品

与另一种商品一起消费的商品。因而，一种商品价格的变化与其“互补”品需求的变化之间存在反向相关关系。

图3-5总结了需求的非价格决定因素的变动和需求曲线的变动之间的关系，还给出了各种类型非价格因素变动的例子。

要点考查

汽油能否成为被排除在需求法则之外的一个特例?

1990年伊拉克对科威特的入侵导致了随后汽油价格的急剧攀升。消费者担心如果战争切断了石油的供给未来会出现石油短缺，他们争相储备汽油。在这种情况下，随着汽油价格的增加，消费者购买得更多，而不是更少。这是不是需求法则的一个例外？

图 3-5	总结需求的非价格决定因素的变动对需求曲线的影响	
需求的非价格决定因素	与需求曲线的关系	例子
1. 买方的数目	同向相关关系	● 日本解除了对美国 CD 的进口限制，日本的消费者增加了对美国 CD 的需求。 ● 出生率的下降减少了对婴儿服装的需求。
2. 品味和偏好	同向相关关系	● 出于不明原因，消费者想要芭比娃娃，需求增加了，但狂热过后，需求下降了。
3. 收入		
a. 正常品	同向相关关系	● 消费者的收入增加，对牛排的需求增加。 ● 收入的下降减少了对航空旅行的需求。
b. 劣质品	反向相关关系	● 消费者的收入增加，对汉堡包的需求减少。 ● 收入的下降增加了对公共交通的需求。
4. 买方的预期	同向相关关系	● 消费者预计下个月汽油的供给不足，价格会急剧上升。结果，这个月消费者就给汽车加足了油，汽油的需求增加了。几个月后，消费者预期汽油的价格很快会下降，汽油的需求减少了。
5. 相关商品的价格		
a. 替代品	同向相关关系	● 茶叶价格的下降会减少咖啡的需求。 ● 机票价格的增加导致更高的公共交通需求。
b. 互补品	反向相关关系	● CD 播放器价格的下降会增加可刻录 CD 的需求。 ● 更高的花生油价格减少了对果子冻的需求。

供给法则

供给法则
在其他条件不变的前提下，既定时间内产品的价格和卖方愿意并能够提供的销售量之间的同向相关关系。

供给
在其他条件不变的前提下，反映特定时间内在各种可能的价格水平下卖方愿意生产并销售某一产品的不同数量的曲线。

在日常交谈中，*供给*这一术语指的是某一特定的数量。在运动品商店里高尔夫球棍的“有限供给”意味着只有一定数量的待卖商品，那就是全部。供给的这一解释并不是经济学家的定义。对经济学家而言，供给是价格的可能范围和供给数量之间的关系，也称作**供给法则**。供给法则是说在其他条件不变的前提下，既定时间内产品的价格和卖方愿意并能够提供的销售量之间的同向相关关系。对图 3-6 中所显示的音乐城的个体供给曲线的解释基本上与图 3-1 中对鲍勃的需求曲线的解释一样。曲线上的每一点都代表着某一特定价格（以纵轴测度）下的供给量（以横轴测度）。例如，在每张 CD 的价格为 10 美元时（点 C），卖方音乐城的供给量是每年 35 000 张 CD。在 15 美元较高的价位，每年的供给量增加到 45 000 张（点 B）。

结论 **供给**是在其他条件不变的前提下，反映特定时间内在各种可能的价格水平下卖方愿意生产并销售某一产品的不同数量的曲线。

图 3-6　单个卖方对 CD 的供给曲线

图形专题研究

单个卖方如 Rap 城的供给曲线，显示了在各种可能的价格水平下 CD 的供应数量。随着 CD 价格的上升，零售店有动机增加 CD 每年的供应量。价格和供给量之间的同向相关关系符合供给法则。

单个卖方对 CD 的供给表

点	每张 CD 的价格	供给量(千张/年)
A	$ 20	50
B	15	45
C	10	35
D	5	20

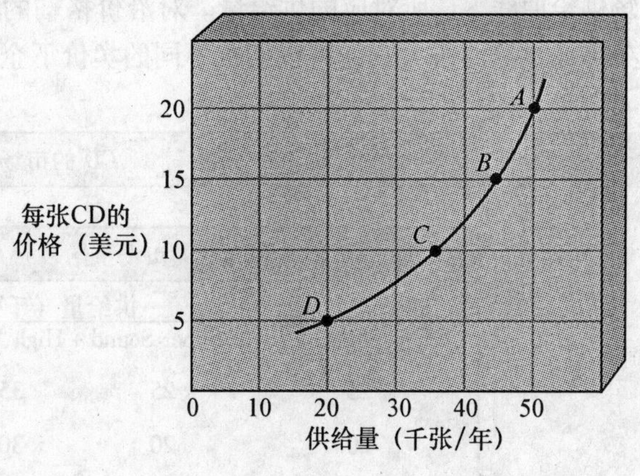

要点考查

供给法则能否被违背？

20 世纪 70 年代中东的紧张局势使得美国经历了两次石油危机。为抵制石油的高价格，国会通过了一项法律，禁止石油价格超出法定限额。这一价格控制法案的支持者说，这是一种确保石油得到充足的供给而又限制石油生产商获得超额利润的办法。价格控制增加还是减少了 70 年代美国的石油产量？抑或对其没有影响？

为什么在更高的价位时卖方愿意销售更多？假定农夫布朗（Brown）想要确定是否要将更多的土地、劳动力和谷仓用于生产大豆。回忆第二章中的生产可能性曲线和图 2-3 中所揭示的机会成本递增的概念。如果农夫布朗投入到大豆的生产中的资源很少，机会成本（比如说生产牛奶）很小，但增加大豆的产量意味着以不被生产的牛奶量来计算的机会成本更高。问题在于，是什么导致农夫布朗生产更多的大豆以供销售，并克服了生产较少的牛奶这一较高的机会成本？你自己猜一猜，肯定是大豆较高的价格这一激励因素。

结论 只有在较高的价格下，卖方才能克服生产和供给更大数量的产品所带来的较高机会成本，并获取利润。

市场供给

我们按照推导市场需求曲线的同一步骤来构建*市场*的供给曲线。也就是，将不同价格水平下市场中存在的所有供给量进行水平加总。

让我们假定 Super Sound 公司和 High Vibes 公司是某一特定市场上唯一两家卖 CD 的企业。正如你在图 3-7 中所看到的，市场供给曲线 S_{total} 的斜率向右上方倾斜。在价格为 25 美元时，Super Sound 公司每年会供应 25 000 张 CD，High Vibes 公司每年会供应 35 000 张 CD。这样，*水平*加总这两条个体供给曲线 S_1 和 S_2，总共 60 000 张 CD 就是在这个价格水平下市场供给曲线 S_{total} 所对应的供给量。对沿价格轴的其他价格水平作同样的计算，可以产生一条市场供给曲线，它告诉我们在不同的卖价下企业愿意销售的 CD 的总数。

图 3-7　CD 的市场供给曲线

CD 的市场供给表

每张 CD 的价格	供给量（千张/年）		
	Super Sound +	High Vibes =	总供给
$ 25	25	35	60
20	20	30	50
15	15	25	40
10	10	20	30
5	5	15	20

Super Sound 公司和 High Vibes 公司是两家销售 CD 的个体企业。如果 CD 市场上只有这两家企业，市场供给曲线 S_{total} 可以通过水平加总个体供给曲线 S_1 和 S_2 而得到。

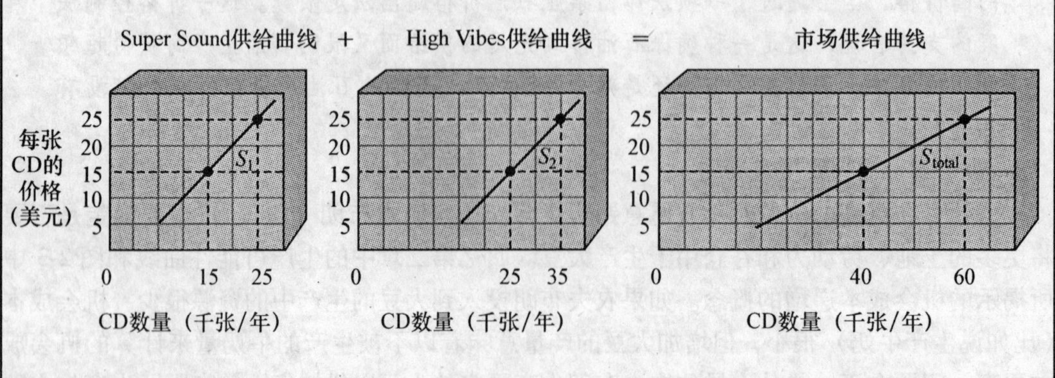

供给量的变动和供给的变动之间的区别

供给量的变动
在其他条件不变的前提下，沿着固定的供给曲线的各点之间的移动。

供给的变动
供给量在任何可能价格下的增加或减少。供给的增加导致整条需求曲线的右移。供给的减少导致整条需求曲线的左移。

和需求理论一样，产品的价格并不是影响卖方供应量的唯一因素。一旦我们放松其他条件不变的假设，有六个重要的能移动供给曲线位置的非价格决定因素（也称作供给的移动器）：（1）卖方的数目；（2）技术；（3）资源的价格；（4）税收和补贴；（5）预期，以及（6）其他商品的价格。我们马上会详细讨论这些非价格决定因素，但首先我们必须区分**供给量的变动**和**供给的变动**。

供给量的变动是在其他条件不变的前提下，沿着固定的供给曲线的各点之间的移动。在图 3-8（a）中，在 10 美元的价格下，供给量是每年 3 000 万张 CD（点 *A*）。在 15 美元较高的价格下，卖方提供了更大的“供给量”：每年 4 000 万张 CD（点 *B*）。经济学家将价格上升的影响描述为每年 CD 的供给量增加 1 000 万张。

结论　根据供给法则，任何纵轴上价格的增加都会导致横轴上供给量的增加。

图 3-8　沿供给曲线的移动和供给的移动

图形专题研究

（a）部分代表了 CD 每年的市场供给曲线 *S*。如果价格是 *A* 点的 10 美元，企业的供给量是 3 000 万张 CD。如果价格增加到 *B* 点的 15 美元，供给量会从 3 000万张增加到 4 000 万张。

（b）部分显示了供给的增加。某些非价格决定因素的变化可能导致供给从 S_1 增加到 S_2。在 S_1 曲线上 *A* 点处于 15 美元的价格下，每年的供给量是 3 000万张 CD。在 S_2 曲线上的同一价位下（*B* 点），供给量增加到 4 000 万张。

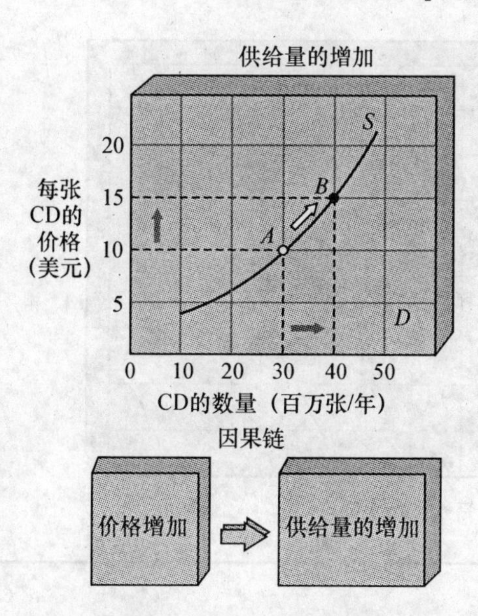

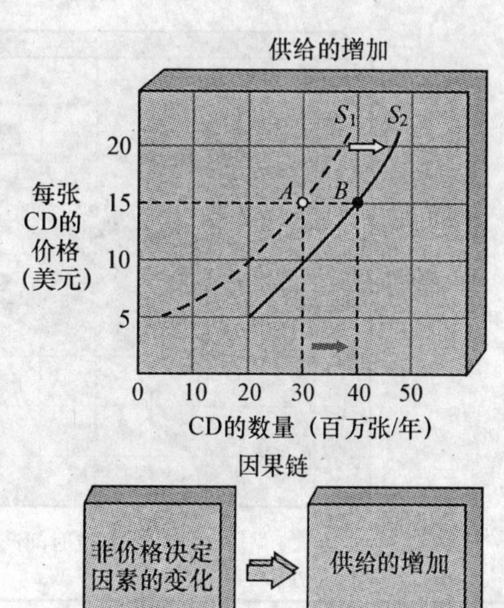

供给的变动是供给量在任何可能价格下的增加（右移）或减少（左移）。如果其他条件不变的假设不再适用，如果6个非价格因素之一发生变动，其影响是改变供给曲线的位置。

结论 非价格决定因素的变动只能使供给曲线位移，而不会导致沿供给曲线的移动。

在图3-8（b）中，从 S_1 到 S_2 的右移（供给的增加）意味着在任何可能的价格下，卖方都提供更大的销售量。例如，在每张CD的价格为15美元时，卖方每年提供4 000万张（点 B）而不是3 000万张（点 A）。

另一种情形是，一些非价格因素发生变化并导致供给曲线 S_1 的左移（供给的减少）。结果，任何价格水平下的供给量都更少。

图3-9用术语总结了供给曲线上价格和非价格决定因素变动的影响。

图3-9 术语：供给价格的变动和非价格决定因素的变动

图形专题研究

变动	效应	术语
价格上升	沿供给曲线的向上移动	供给量的增加
价格下降	沿供给曲线的向下移动	供给量的减少
非价格决定因素	供给曲线的左移或右移	供给的减少或增加

注意！和需求曲线一样，你必须区分供给量的变动和供给的变动，前者是价格的变动所导致的沿一条供给曲线（S_1）的移动，后者是某些非价格决定因素的变动，而不是价格的变动所引起的供给的增加（移动到 S_2）或减少（移动到 S_3）。

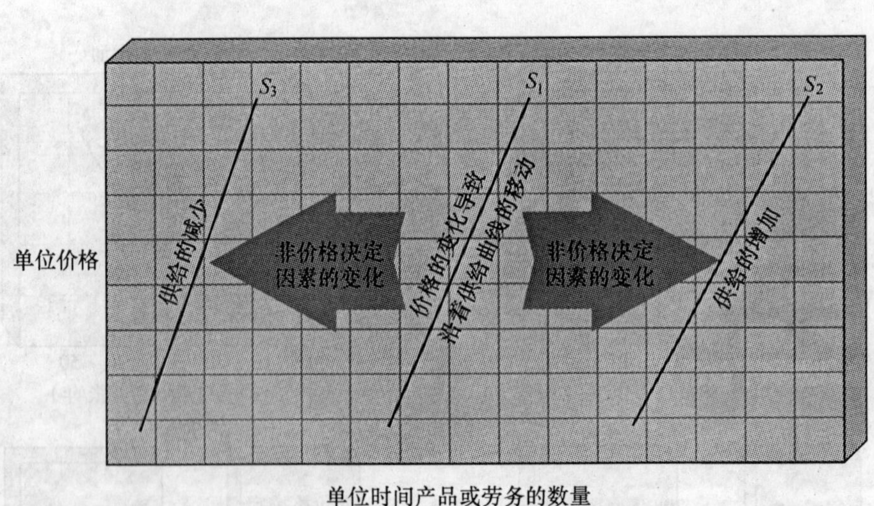

供给的非价格决定因素

现在我们分别来看6个基本的非价格因素是如何影响到供给的。

卖方的数目

当一场严重的干旱毁坏了小麦或者一场严寒冻坏了橘子，这时会出现什么情况？天气的破坏效应可能使得一些橘子种植者破产，供给减少。当政府放松对捕杀鳄鱼的限制时，捕鳄者的人数增加，鳄鱼肉和鳄鱼皮的供给曲线右移。从国际上讲，美国可能会决定降低对纺织品进口的关税壁垒，这一行为使得新的国外企业的个体供给曲线融入到美国纺织品的市场供给曲线中来，从而使得供给增加。反过来，美国对纺织品进口更高的关税壁垒会使美国纺织品的市场供给曲线左移。

技术

我们从未经历过新的生产技术像现在这样层出不穷。纵观整个世界，新的、更有效率的技术使得在任何可能的卖价下制造出来的产品越来越多。新的、功能更强大的个人电脑降低了生产成本，增加了各类产品和劳务的供给。例如，电脑现在能给母牛挤奶。电脑控制母牛进入挤奶区，然后激活激光，将牛奶杯置放在合适的位置上。牛奶场的农夫不用每天早上5点半就起床，他们能在任何时候给牛挤奶，不管是白天还是晚上。随着这种技术在美国的普及，在各种可能的价格下，可能会有更多的牛奶供应，牛奶的整个供给曲线都会向右移。

资源的价格

自然资源、劳动力、资本和企业家精神都是生产产品所必需的，这些资源的价格影响供给。假设很多企业都竞相需要计算机程序员来设计软件，这些高技能工人的薪水会增加。劳动力价格的这种上升增加了生产的成本。结果电脑软件的供应减少了，因为对同一数量的供应量，卖方此时要比从前索取更高的费用。由资源价格的下降所导致的任何生产成本的减少则具有相反的效应，会增加供给。

税收和补贴

特定的税收，如销售税，对供给产生的影响与资源的价格增加的影响一样。销售税增加的影响与电脑程序员薪水的上升相似。更高的销售税增加了（比如说CD）额外的生产成本，供给曲线向左移。相反，政府对每张CD生产的支付（虽然不可能会有这样的补贴）与资源价格的下降或技术的进步具有相同的效应。也就是说，CD的供给曲线右移。

生产者的预期

预期能同时影响当前的需求和当前的供给。假定中东的一场战争导致石油生产者认为石油价格将会急剧上升。他们最初的反应可能是在储存罐里保留一部分石油，留待价格上升后卖出更多，赚取更多的利润。大型石油公司可能会采用的一种方式是限制发送给各独立批发商的石油量。石油行业的这一反应使得当前的供给曲线向左移。现在假设农夫们预期小麦的价格很快会大幅度下降。他们的反应会是在明天价格下降之前，今天就多销售一点存货。这样的反应使得小麦的供给曲线向右移。

现实生活中的经济学

个人电脑的价格：它们会降到多低?

适用概念：需求和供给的非价格决定因素

无线电通讯在有5 000万听众收听之前已经存在了38年；电视机在经过了13年的发展之后才开始普及；第一台个人电脑问世后，经过了16年才有5 000万使用者；而互联网技术走过这段过程向公众开放只过了4年的时间。①

美联社1998年的一篇文章报道说：

个人电脑在18个月以前才刚跌破1 000美元价位，现在则正在突破400美元——使得它们能进入美国普通老百姓的家庭。个人电脑价格的跳水反应了电脑零部件如微处理器、存储芯片和硬盘批发价格的下降。"我们已经见证了个人电脑行业的大量变革。"波士顿Cowen&Co.公司的分析家安德鲁·派克（Andrew Peck）如是说。预计将有很多新的购买者，他们都来自年收入低于3万美元的家庭，这扩大了传统的来自年收入在5万美元或以上家庭的购买群。

现在成本低于1 000美元的电脑，在功能上它们等于甚至强于几年前花费在1 500美元或以上的电脑——可以很好地满足文字处理、电子数据表的应用和互联网接入这些最常见的电脑用途。②

1999年，*华尔街日报*的一篇文章报道说，电脑制造商和分销商打破了这个行业历史悠久的销售渠道。电脑制造商如康柏电脑公司和惠普公司现在正使用互联网直接面对消费者进行销售。他们这样做，是吸取了戴尔电脑公司的成功策略。戴尔公司多年来绕过传统的店面零售商和电脑分销商直接与800多名消费者和互联网上的消费者打交道。③

2001年，*纽约时报*的一篇文章描述了一场电脑价格战：

我们面临的境况是，市场在2000年就达到了饱和。需要电脑的人们已经拥有了电脑。卖主靠更新换代的销售来维持生计，至少在美国是如此。而且电脑销售的增长率并没有过去那么快。过去，大多数削价来自处理器和其他电脑配件的价格下降。此外，过去几年来，制造商的利润空间不断缩小。但是，当需求在上个秋季枯竭之时，更多富有进取精神的制造商决定通过将价格压到极点来获得市场份额。这是一场对市场份额的全力拼搏战。④

2003年*电脑周刊*的一位分析家观察到，在电脑芯片价格下降后，用户能买到更好的台式机和笔记本电脑。例如，英特尔和AMD将台式机芯片的成本减少了35%。该文章推断，"价格正在适时下降，用户能买到更好的产品。⑤"2004年，戴尔公司、Gateway公司和CompUSA引入了不超过400美元的电脑，这些电脑比前三年生产的大多数电脑都要好。

分析问题

确认文中描述的需求量的变动、需求的变动、供给量的变动和供给的变动、对需求或供给的变动，同时确认引起这些变动的非价格决定因素。

注释：

① 新兴的数字经济（美国商务部，1998），第 1 章，1.1.

② 大卫·卡利什，"个人电脑的价格下降到低于 400 美元，吸引着讨价还价者"，美联社/夏洛特观察员，1998 年 8 月 25 日，p. 3D.

③ 乔治·安德斯，"在线网络卖方询问：电脑价格会降到多低?"华尔街日报，1999 年 1 月 19 日，p. B1.

④ 巴纳比·菲德，"对马丁·雷诺兹提出的五个问题：价格战令买方喜笑颜开"，纽约时报，2001 年 5 月 13 日.

⑤ 安东尼·阿德素，"现在就购买，电脑使用者如是说"，电脑周刊，2003 年 11 月 4 日，p. 20.

企业能生产的其他商品的价格

企业总是要考虑将资源从一种产品的生产转移到另一种产品的生产中去。一种产品的价格相对于其他产品价格的上升发给供给者这样的信号，转向生产相对价格更高的产品能产生更高的利润。如果西红柿的价格上升而谷物的价格保持不变，很多农夫会将更多的土地转向种植西红柿，更少的土地种植谷物。结果西红柿的供给增加，谷物的供给减少。这是由于种植谷物的机会成本，按放弃的西红柿的利润来计算，增加了。

图 3-10 总结了供给的非价格决定因素的变动和供给曲线的变动之间的关系，同时还给出了各类非价格因素变动的例子。

图 3-10　总结供给的非价格决定因素的变动对供给曲线的影响

供给的非价格决定因素	与供给曲线的关系	例子
1. 卖方的数目	同向相关关系	• 美国降低了对外国纺织品的关税限制，美国纺织品的供给增加了。 • 严重的干旱摧毁了橘子的种植，橘子的供给减少了。
2. 技术	同向相关关系	• 汽车的新生产方式减少了生产成本,汽车的供给增加了。 • 技术在战争中被摧毁，生产成本增加；结果商品 X 的供给减少了。
3. 资源的价格	反向相关关系	• 电脑芯片价格的下降增加了电脑的供给。 • 农场设备成本的增加减少了大豆的供应。
4. 税收和补贴	反向相关关系和同向相关关系	• 每包香烟税的增加减少了香烟的供给。 • 政府对牛奶场农夫按产奶量给予的补贴增加了牛奶的供给。
5. 预期	反向相关关系	• 石油公司预期将来石油价格会大幅度增加，这种预期导致这些公司减少他们当前的石油供给。 • 农夫预期小麦的将来价格会下降，因此他们增加当前的小麦供应。
6. 其他产品和劳务的价格	反向相关关系	• 品牌药价格的上升导致制造公司和相关服务部门减少普通药品的供给。 • 西红柿价格的减少使得农夫增加黄瓜的供给。

市场供给和需求分析

市场
买卖双方相互作用共同确定产品和劳务的交易价格和数量的一种安排。

过剩
在现有任何价格水平下供给量都大于需求量的情形。

请注意！买卖双方在市场这个大舞台上寻求一种平衡。市场是买卖双方相互作用共同确定产品和劳务的交易价格和数量的一种安排。想一想网球鞋的零售市场。图 3-11 显示了这一产品假设的市场需求和供给数据。注意该图中第 1 栏是能同时影响供给和需求关系的共同变量——价格。第 2 栏和第 3 栏列举了每年对网球鞋的需求和供给数量。

市场供给和需求分析中存在的一个重要问题是，市场会采用哪一种卖方价格和数量？试问如果零售店只供给 75 000 双网球鞋，每双 105 美元，情况会如何。在网球鞋这一相对较高的价格水平，消费者愿意而且只能够购买 25 000 双。结果，还剩 50 000 双鞋（第 4 栏）在卖方的货架上作为未销售的存货保留下来，市场状况是出现过剩（第 5 栏）。过剩是在现有任何价格水平下供给量都大于需求量的情形。

零售商如何应对过剩情形？竞争促使卖方压低销售价格以吸引更多的销售额（第 6 栏）。如果他们将卖价减少到 90 美元，仍剩 40 000 双网球鞋，卖方削减卖价的压力仍然存在。如果价格下降到 75 美元，仍有 20 000 双多余的网球鞋作为存货保留着，索取更低价格的压力会持续下去。

图 3-11 网球鞋（每年双数）的需求、供给和均衡

(1)每双的价格	(2)需求量	(3)供给量	(4) (3)-(2)的差	(5)市场状况	(6)对价格的压力
$ 105	25 000	75 000	+50 000	过剩	下降
90	30 000	70 000	+40 000	过剩	下降
75	40 000	60 000	+20 000	过剩	下降
60	50 000	50 000	0	均衡	不变
45	60 000	35 000	-25 000	短缺	上升
30	80 000	20 000	-60 000	短缺	上升
15	100 000	5 000	-95 000	短缺	上升

短缺
在现有的任何物价水平下，供给量总是少于需求量的情形。

现在假定卖方将网球鞋的价格大幅削减到 15 美元一双。这一价格对消费者非常具有吸引力，每年对网球鞋的需求量是 100 000 双。但是，在这一价格下，卖方只愿意而且也只能够生产 5 000 双。好消息是有些消费者以 15 美元一双的价格购买了这 5 000 双网球鞋。坏消息是在这一价格下，潜在购买者愿意多购买 95 000 双，但他们没有购买是因为货架上没有待售的鞋子了。这种存货不足的状况显示了短缺的存在。短缺是在现有的任何物价水平下，供给量总是少于需求量的情形。

为了统计人体器官短缺的数据，访问 http://www.mayo.edu/.同时访问美国人体器官共享网进行核对(http://www.unos.org/).

在短缺情况下，没有得到满足的消费者竞相抬高价格来获得产品。由于卖方寻求更高的利润，而更高的价格更有可能达到这一目的，于是他们可以高兴地将价格制定在一个更高的水平，比如说30美元，每年的供给量也增加到20 000双鞋子。在价格为30美元时，由于需求量仍然超过供给量，短缺仍旧存在。这样，30美元的价格也会是暂时的，因为没有得到满足的需求量向卖方提供了进一步抬高卖价供给更多销售量的激励。假设网球鞋的价格上升到45美元一双。在这一价位下，短缺下降到25 000双，市场仍旧给予卖方沿市场供给曲线向上移动的信号，卖出更好的价格。

均衡价格和数量

均衡
在任何价格和产量水平下，使得需求量和供给量相等的市场条件。

假定卖方可以自由地以各种价格销售自己的产品，反复试验会使得所有可能的价格—数量组合都不稳定，除了**均衡**组合。均衡是在任何价格和产量水平下，使得需求量和供给量相等的市场条件。经济学家也将均衡叫做*市场出清*。

在图3-11中，60美元是均衡价格，每年50 000双网球鞋是均衡数量。均衡意味着供给和需求的力量达到平衡，在其他条件不变的前提下，价格或数量没有任何理由会发生变化。简言之，除了一个独一无二的均衡价格和数量，所有的价格和数量都是暂时的。一旦网球鞋的价格是每双60美元，这一价格不会再发生变化，除非某一非价格因素改变了需求或供给。

英国的经济学家阿尔弗雷德·马歇尔（Alfred Marshall，1842～1924）将供给和需求比喻成一把剪刀的两片刀刃。他写道，“就像我们有理由争论到底是剪刀的上刃还是下刃减断了纸一样，我们同样有理由争论到底是效用（需求）还是生产成本（供给）控制着产品的价值。①”结合图3-12中的市场供给和市场需求，我们能清楚地看到这“两片刀刃”，也就是需求曲线D和供给曲线S。我们可以通过需求曲线和供给曲线之间的水平距离来测度过剩或短缺的数量。在高于均衡的任何价格水平下，比如说90美元，存在着60 000双的过剩需求量（短缺）。当价格为60美元一双时，市场供给曲线和市场需求曲线相交于E点，需求量等于供给量为每年50 000双。

结论　从图形上讲，供给曲线和需求曲线的交点就是市场的均衡价格—数量点。当所有其他非价格因素保持不变时，这是图形中唯一不动的坐标。

价格体系
利用供给和需求的力量通过价格的上涨和下跌来创造均衡的机制。

我们的分析推导出一个重要的结论。在网球鞋例子中，可预知的或者稳定的结果是，价格最终会停留在60美元一双。在所有其他因素保持不变的情况下，价格可能会高于或者低于60美元，但过剩或短缺的力量会确保均衡价格之外的任何价格都是暂时的。这就是**价格体系**如何运作的理论。价格体系是利用供给和需求的力量通过价格的上涨和下跌来创造均衡的机制。简单地说，价格发挥着配给的作用。价格体系非常重要，因为它是分配稀缺产品和劳务的一种机制。在60美元的均衡价格下，只有那些愿意支付60美元的人得到了网球鞋，那些不愿意支付这一价格的买方则没有鞋子。

① 阿尔弗雷德·马歇尔．经济学原理．第8版．纽约：麦克米兰出版社，1982：p. 348.

图 3-12 网球鞋的供给和需求

图形专题研究

供给和需求曲线代表了网球鞋的市场。需求曲线 D 和供给曲线 S 在 E 点处相交，暗示着每年买进和卖出的均衡价格为 60 美元，均衡数量为 50 000 双。高于 60 美元的任何价格都会导致过剩的出现，过剩压力会推动价格下降。比如在价格为 90 美元时，多余的 40 000 双供应量没有卖出去。低于 60 美元的任何价格都会导致短缺的出现，短缺的压力会推动价格上升。比如在价格为 30 美元时，多余的 60 000 双鞋子的需求量鼓励消费者抬高价格。

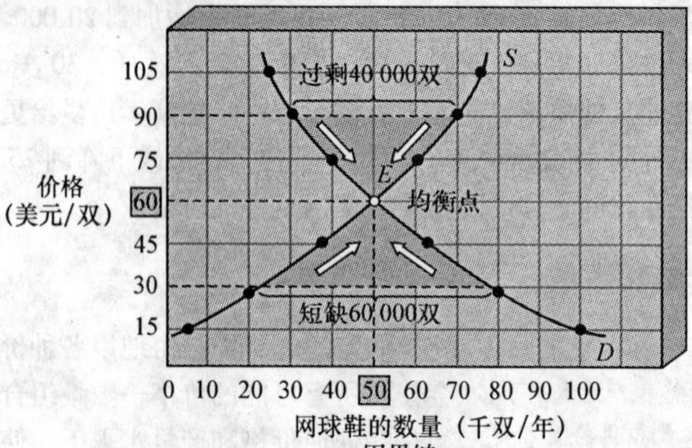

价格（美元/双）
105
90
75
60
45
30
15
过剩40 000双
均衡点
短缺60 000双
S
E
D
0 10 20 30 40 50 60 70 80 90 100
网球鞋的数量（千双/年）

因果链

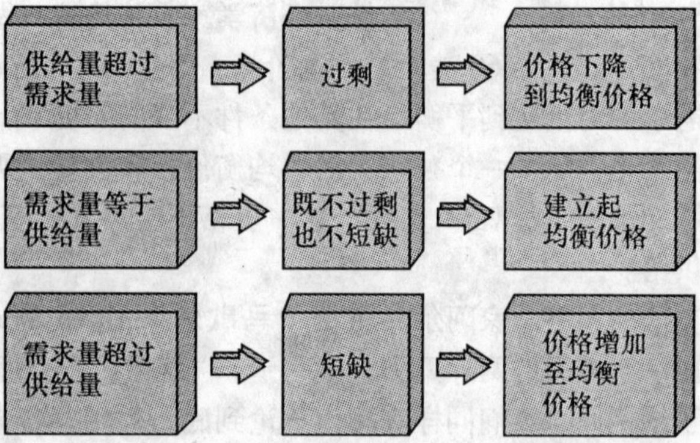

供给量超过需求量 ⇨ 过剩 ⇨ 价格下降到均衡价格

需求量等于供给量 ⇨ 既不过剩也不短缺 ⇨ 建立起均衡价格

需求量超过供给量 ⇨ 短缺 ⇨ 价格增加至均衡价格

要点考查

价格体系能否消除稀缺?

你访问古巴，并注意到在“官方”价格下，政府的商店里存在着固定的消费品短缺现象。人们解释说，古巴的稀缺是由政府制定的低价格和低的生产配额所导致。很多古巴市民说，如果政府允许市场对供给和需求作出反应，稀缺状况就会被消除。价格体系能否消除稀缺?

国际经济学

用市场方式来解决器官短缺问题

适用概念：价格体系

中国政府一直被指控售卖被处以死刑的政治犯和刑事犯的器官。目击者报告说，在囚犯被枪击致死后，在附近的车中等候的外科医生会移除其器官。在中国文化中，极少有自愿的器官捐献者，因为人们相信这种行为亵渎了身体。

1984年的《全国器官移植法案》使得销售人体器官在美国成为非法活动。经济学家詹姆士·兰哈特（James R. Rinehart）对这一问题写了如下一段话：

> 如果你负责一项肾器官移植项目，而潜在接收者的数目多于捐赠者。你会如何分配由你管理的器官的分配？生和死的决策不可避免。不管这些器官如何分配，由于数量不足，总有些人得不到肾器官。负责这样的项目的人会受到各方面的影响。他/她很难不去偏向朋友、亲戚、有影响力的人和那些新闻界所支持的人。芝加哥大学临床医学道德中心的John la Puma医生最近建议，我们应该通过随机抽取方式选择受植病患。他认为当前的分配体系并不公平。
>
> 选择过程总是以这样的形式出现：患者在家里等待，直到找到合适的捐赠人。这就意味着，在任何时点，很多潜在的器官接受者就只是在等待可利用的器官。实质上讲，器官被分配给那些能熬过这段等待时间的人。在很多情况下，患者就只是由于不具备器官移植的条件而被剔除出去。例如，患有心脏病和明显精神病的病人通常被排除在外。其他肝功能紊乱的晚期患者也没机会接受新器官的移植，其理由是对这种体质的人可能危及身体的康复……
>
> 根据当前的安排，器官所有者不会得到任何经济上的补偿，因此，供给者愿意提供的器官数总是少于潜在接受者需要的数量。从经济上补偿供给者会鼓励更多的人出售其器官。让人们好好照顾自己的器官也是个不错的激励。毕竟，谁会想要一个扩大了的肝脏或一个脆弱的心脏呢…？①

下面一段引自报刊文章的话就是这场论战的例证：

> 棒球明星米其·曼托（Mickey Mantle）暂时脱离了死亡的威胁，感谢肝脏移植！它显示了器官捐赠体制如何严重不利于那些贫困的潜在接受者，因为这些人并不能通过宾夕法尼亚大学医学伦理学家亚瑟·开普兰（Authur Caplan）所说的“钱包的考察”……这样，像米其·曼托这样富裕的患者就能同时在几个不同的地区获得资格评估和等待资格，这增加了他们找到捐赠人的几率。这位纽约人在得克萨斯州的第4区找到了器官捐赠人。这样的体系不仅高度不公，它还会导致其他一些陋习。②

如果还按照利他主义原则，器官捐赠人的分配体系会继续造成短缺。2004年，器官分享网络（the United Network for Organ sharing，UNOS）报告说上一年美国约有20 000例器官移植手术，而等待器官的患者超过80 000人次。另一组数据也能说明问题。免疫疗法周刊报道说，把猪器官用于人体的器官移植正引起人们的注意：

> 科学家们说，尽管存在很多科学和道德问题，将猪的心脏和其他器官进行基因改进，并用于人体的移植在5到7年内是可能实现的。研究者正在改变猪的基因以人性化它们的器官，使之更像人类的器官，这样就可以用它们来取代从人类的尸体上获得的移植器官。在由美国科学促进会主办并在波士顿召开的一次会议上，科学家们将这一朝向动物资源的努力过程称为异种移植。该会议紧随于2002年1月一项里程碑式的成果。有两家公司声称他们已经克隆了两只小猪仔，这两只小猪仔缺少一种与人类的免疫系统不相容的基因。③

最后，巴西和南非的警察于2003年逮捕了一群声称参与了国际器官贩卖组织的人。贫困的巴西人卖出他们的肾器官只得到了1万美元，而这些器官则以20万美元的价格被卖给器官移植接受者。④

分析问题

1. 画出美国人体器官市场的供给曲线和需求曲线，将美国市场和那些售卖器官是合法行为的国家的市场作比较。

2. 反对通过价格体系来分配器官的论据是什么？

3. 外国人是否应该具备购买美国的器官的权力？美国公民是否应该具备购买国外器官的权力？

注释：

① 詹姆士·兰哈特，“用市场方式来解决器官短缺问题”，健康营销杂志，第1期（1988年3月）：pp. 72-75.

② 卡尔·塞纳，“钱包的考察”，普罗维登斯新闻报，1995年6月13日，p. 87.

③ 免疫疗法周刊，2002年3月27日，p. 12.

④ 尼尔·康南，“人体器官的道德和经济学追踪分析”，面向全国的讲话，公共电视台，2003年12月9日.

主要概念

需求法则	正常品	供给	过剩
需求	劣质品	供给量的变动	短缺
需求量的变动	替代品	供给的变动	均衡
需求的变动	互补品	市场	价格体系
供给法则			

小结

- **需求法则**讲述了在其他条件不变的前提下，价格和需求量之间的反向相关关系。市场需求曲线是对个体需求曲线的水平加总。
- **需求量的变动**是由价格变动所导致的沿着固定需求曲线的各点之间的移动。当需求的任何非价格决定因素发生变化时，需求曲线会发生位移。需求的增加（右移）或减少（左移）是由任一非价格决定因素的变动所造成的。
- **需求的非价格决定因素**如下：
  a. 买方的数目
  b. 品味和偏好
  c. 收入（正常品和劣质品）
  d. 对未来价格和收入变动的预期
  e. 相关品的价格（替代品和互补品）
- **供给法则**讲的是在其他条件不变的前提下，价格和供给量之间的同向相关关系。市场供给曲线是对个体供给曲线的水平加总。

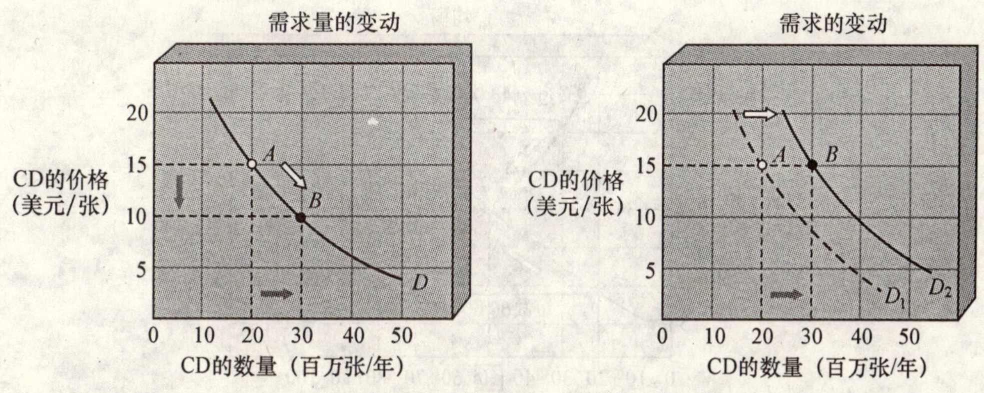

- **供给量的变动**是由价格变动所导致的沿着固定供给曲线的各点之间的移动。当供给的任何非价格决定因素发生变化时，供给曲线会发生位移。供给的增加（右移）或减少（左移）是由任一非价格决定因素的变动所造成的。

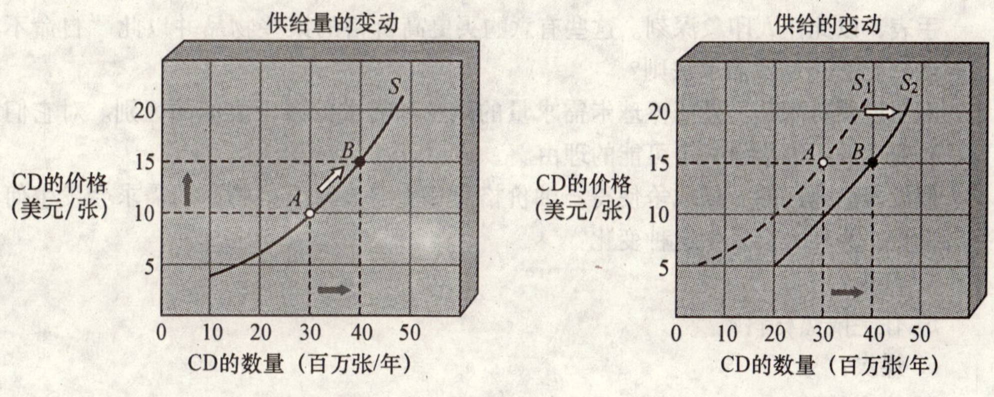

- **供给的非价格决定因素**如下：
  a. 卖方的数目
  b. 技术
  c. 资源的价格
  d. 税收和补贴
  e. 对将来价格变动的预期
  f. 其他商品和劳务的价格
- **过剩**或**短缺**存在于任何使得需求量和供给量不相等时的价格水平。当一种商品的价格高于其均衡价格时，存在着多余的供给量，或者说过剩。当价格低于均衡价格时，存在着多余的需求量，或者说短缺。
- **均衡**是供给曲线和需求曲线相交时所确定的唯一的价格和数量。只有在均衡状况下，需求量才等于供给量。
- **价格体系**是通过价格的上升或下降使得供给和需求达到平衡的一种机制。

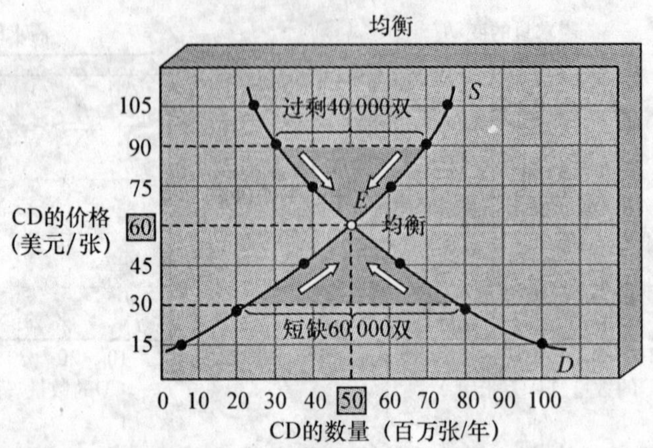

问题思考

1. 有些人会为品牌商品支付更高的价格。比如，有些人购买劳斯莱斯汽车和劳力士手表，以此让人印象深刻。这些有意购买更高价格的某些物品并以此“自命不凡者”是否违反了需求法则？
2. 画图说明对米其·曼托棒球卡需求量的减少和需求的减少之间的区别。对它们各自变动的原因给出一个可能的理由。
3. 假设海湾地区的一场战争使得石油价格急速上升。对下列物品的需求会发生何种变化？为什么会发生这种变化？
   a. 汽车？
   b. 住宅隔热材料？
   c. 煤炭？
   d. 汽车轮胎？
4. 画图说明公寓房间供给量的减少和供给的减少之间的区别。对它们各自变动的原因给出一个可能的理由。
5. 使用供给和需求分析解释为什么交换式文字处理软件的数量一年间增加了？
6. 预测下列各种情况下供给或需求的变动方向：
   a. 几家新公司进入家庭电脑行业。
   b. 消费者突然认为大型汽车过时了。
   c. 美国医事总署发布了一个报告，称西红柿有助于御寒。
   d. 严寒危害了咖啡作物，消费者预期咖啡的未来价格会急剧上升。
   e. 茶叶的价格下降了，这对咖啡市场有何影响？
   f. 糖的价格上升了，这对咖啡市场有何影响？
   g. 烟草说客说服国会取消了对卖方按销售香烟的包数进行征税的税收方案。
   h. 新发明了一种能采摘桃子的机器人。
   i. 任天堂（Nintendo）公司预测其游戏将来的价格会远低于现在的价格。
7. 解释并用图形说明下列情形的影响：

a. 人口快速增长。

b. 生产产品 X 所使用的资源的价格增加。

c. 政府对某种产品的生产给予每单位 1 美元的补贴。

d. 购买正常品 X 的消费者的收入增加。

e. 购买劣质品 Y 的消费者的收入减少。

f. 农夫们要决定种植何种作物，他们了解到谷物的价格相对于棉花的价格下降了。

8. 解释为什么市场价格与均衡价格并不是一样的。

9. 如果制造业的一项新技术突破将 CD 唱机的生产成本减少了一半，下列各项会发生什么情况？

a. CD 唱机的供给？

b. CD 唱机的需求？

c. CD 唱机的均衡价格和均衡数量？

d. 对 CD 的需求？

10. 美国邮政面临着提供包裹和信件的隔夜快递公司日益增加的竞争压力。新的竞争压力的出现是由于信息能通过电脑和传真机来发送。这种竞争对邮局信件传递的市场需求有何影响？

11. 有些场次的大学篮球赛和足球赛的入场券存在短缺，而有些则存在过剩。为什么不同的比赛会出现短缺和过剩的不同状况？

12. 用产品 X 的需求曲线和供给曲线来解释“人们总是对激励和障碍因素做出反应”这句话。

在线练习

练习 1

访问美国劳工部劳工统计署（http：//www. bls. gov/bls/newsrels. htm）。

1. 点击主要“经济指标”条目下的“实际收入”。最近工人的收入发生了什么变化？

2. 这可能对罐头猪肉（商标名称）的需求产生何种影响？作图反映这一变化。

练习 2

访问美国劳工部劳工统计署（http：//www. bls. gov/bls/newsrels. htm）。

1. 点击“生产率”和“成本”。生产率和生产成本最近发生了什么变化？

2. 生产率的变化是否会影响到某种产品的供给曲线或需求曲线？作图说明生产率和成本的变化对需求或供给曲线的影响。

练习 3

如果水很廉价而且随处可得，对于一瓶 12 盎司售价超过 2 美元的水，为什么还存在着需求，而且这种需求还保持强劲？为什么消费者愿意花大价钱购买这样的瓶装水？访问伊云水网站（http：//www. evian. com/）寻求参考。

要点考查答案

汽油能否成为被排除在需求法则之外的一个特例？

随着汽油价格的上升，人们预期价格还会更高，这导致买方现在购买得更多，因此需求增加。如图 3-13 所示，假设每加仑汽油的价格最初位于需求曲线 D_1 上（A 点）P_1 的价格和 Q_1 的需求量处。然后，伊拉克的入侵导致需求曲线右移到 D_2。沿着这条新的需求曲线 D_2，在更高的价格水平——每加仑 P_2 的价格下（点 B），消费者的需求量增加到 Q_2。

图 3-13

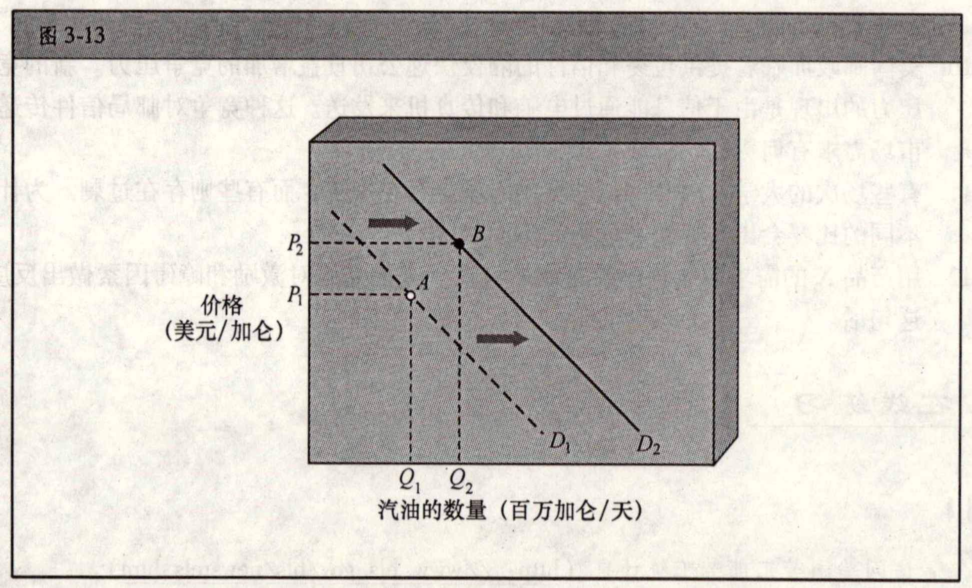

对未来汽油价格上升的预期导致面对更高的价格，“需求增加”而不是“需求量增加”。如果你说不存在违反需求法则的事物，那么你是正确的。

供给法则能否被违背？

在特定的某一天，世界上不可能只存在一个唯一的石油销售量，比如说 300 万桶。石油的供给曲线不是垂直的。正如供给法则所说，更高的石油价格会导致更大数量的石油供应。在价格较低时，石油生产者会缺乏动力去开采那些更深的石油，因为这样做的成本更高。

政府不可能违背供给法则。价格控制打消了生产者对石油勘探和生产的积极性，这导致供给量的减少。如果你说在 20 世纪 70 年代，当美国政府对石油价格进行限价时，石油的生产会减少，那么你是正确的。

价格体系能否消除稀缺?

回忆第一章中的内容，我们知道稀缺是人类的需要总是高出能满足这些需要的现有资源的情形。不受政府干预的市场也解决不了稀缺问题。不管一种产品或劳务处于何种价格水平，都会出现稀缺。这意味着稀缺既存在于出现短缺或过剩的任何非均衡的价格水平下，也存在于不存在短缺或过剩的任何均衡价格水平下。

尽管价格体系能消除短缺（或过剩），如果你说它不能消除稀缺，那么你是正确的。

测试

1. 如果商品 X 的需求曲线是下斜的，价格的增加会导致
   a. 对商品 X 的需求增加。
   b. 对商品 X 的需求减少。
   c. 对商品 X 的需求量不发生变化。
   d. 对商品 X 的需求量更大。
   e. 对商品 X 的需求量更小。
2. 需求法则是说，在其他条件相同的情况下，一种商品需求量的变动发生在
   a. 商品的价格发生变动时。
   b. 消费者的收入发生变动时。
   c. 其他商品的价格发生变动时。
   d. 其他商品的购买量发生变动时。
3. 下列哪一项是在其他条件相同的情况下，茶叶价格下降的结果?
   a. 茶叶的需求曲线左移。
   b. 沿茶叶需求曲线向下移动。
   c. 茶叶的需求曲线右移。
   d. 沿茶叶需求曲线向上移动。
4. 下列哪一项会导致沿着商品 X 的需求曲线的移动?
   a. 替代品价格的变动。
   b. 商品 X 价格的变动。
   c. 消费者对商品 X 的品味和偏好发生变动。
   d. 消费者的收入发生变动。
5. 假设牛肉和猪肉是替代品，猪肉价格的下降会导致牛肉的需求曲线
   a. 随着消费者从牛肉的购买转向猪肉的购买，牛肉的需求曲线会左移。
   b. 随着消费者从牛肉的购买转向猪肉的购买，牛肉的需求曲线会右移。
   c. 保持不变，因为牛肉和猪肉各自在不同的市场上出售。
   d. 以上都不是。

6. 假设咖啡和茶叶是替代品，在其他条件相同的情况下，咖啡价格的下降会导致
   a. 沿着茶叶的需求曲线向下的移动。
   b. 茶叶的需求曲线左移。
   c. 沿着茶叶的需求曲线向上的移动。
   d. 茶叶的需求曲线右移。
7. 假设牛排和马铃薯是互补品，牛排价格的下降会
   a. 减少对牛排的需求。
   b. 增加对牛排的需求。
   c. 增加对马铃薯的需求。
   d. 减少对马铃薯的需求。
8. 假设牛排是正常品，在其他条件相同的情况下，消费者的收入减少会
   a. 导致沿牛排需求曲线向下的移动。
   b. 牛排的需求曲线向左位移。
   c. 导致沿牛排需求曲线向上的移动。
   d. 牛排的需求曲线向右位移。
9. 在其他条件相同的情况下，消费者收入的增加会
   a. 使得正常品的供给曲线向右位移。
   b. 导致沿劣质品的需求曲线向上的移动。
   c. 使得劣质品的需求曲线向左位移。
   d. 导致沿着正常品的供给曲线向下的移动。
10. 昨天卖家 A 以 10 美元每单位的价格供给了 400 个单位的商品 X。今天，卖家 A 以 5 美元每单位的价格供给了同样数量的商品 X。根据这一事实，卖家 A 经历了
    a. 供给的减少。
    b. 供给的增加。
    c. 供给量的增加。
    d. 供给量的减少。
    e. 需求的增加。
11. 技术的改进导致
    a. 供给曲线向左位移。
    b. 沿着供给曲线向上的移动。
    c. 在任何价格水平下企业都提供更大的数量。
    d. 沿着供给曲线向下的移动。
12. 假设汽车工人的工资大幅度增加，在其他条件相同的情况下，汽车的价格会上升，因为
    a. 对汽车的需求增加。
    b. 汽车的供给曲线向右位移。
    c. 汽车的供给曲线向左位移。
    d. 对汽车的需求减少。

13. 假设在同一块土地上可以种植大豆或烟草，在其他条件相同的情况下，烟草价格的增加会导致

a. 沿着大豆的供给曲线向上的移动。

b. 沿着大豆的供给曲线向下的移动。

c. 大豆的供给曲线向右位移。

d. 大豆的供给曲线向左位移。

14. 如果在给定价格下，Q_d = 需求量，Q_s = 供给量，市场短缺发生在

a. Q_s 大于 Q_d。

b. Q_s 等于 Q_d。

c. Q_d 小于或等于 Q_s。

d. Q_d 大于 Q_s。

15. 假设某种商品的均衡价格是 10 美元。如果市场价格是 5 美元，则

a. 短缺会导致价格保持在 5 美元。

b. 过剩会导致价格保持在 5 美元。

c. 短缺会导致价格上升至 10 美元。

d. 过剩会导致价格上升至 10 美元。

16. 在图 3-14 所显示的市场中，商品 X 的均衡价格和数量是

a. \$ 0.50，200。

b. \$ 1.50，300。

c. \$ 2.00，100。

d. \$ 1.00，200。

图 3-14　供给和需求曲线

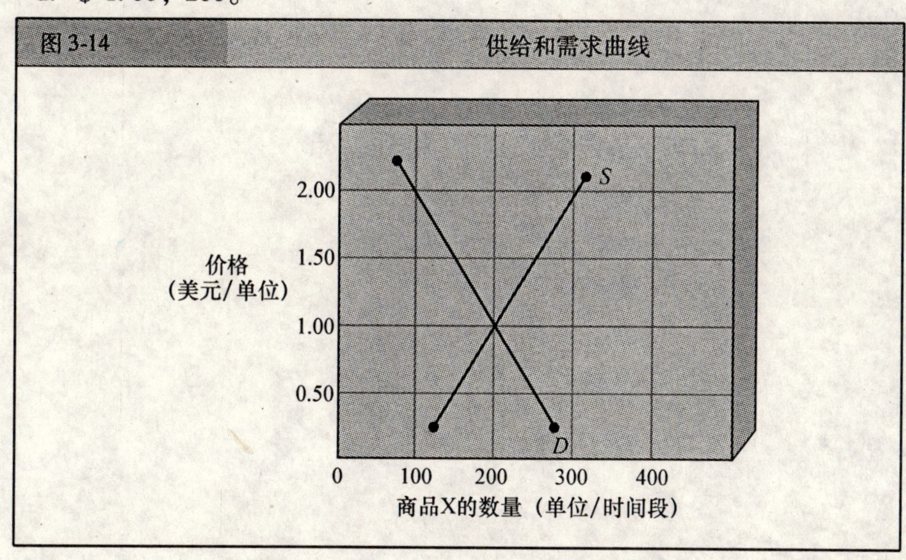

17. 在图 3-14 中，当价格为 2 美元时，商品 X 的市场经历着

a. 150 单位的短缺。

b. 100 单位的过剩。

c. 100 单位的短缺。

d. 200 单位的过剩。

18. 在图 3-14 中，如果商品 X 的价格从 1 美元增加到 2 美元，新的市场条件会

a. 对价格形成上升的压力。

b. 对价格的变化没有压力。

c. 对价格形成下降的压力。

d. 对数量的变化没有压力。

第4章 市场行为

本章概述

一旦你理解了买方和卖方如何对均衡价格的变化做出反应，你就在领会经济学的思维方式上取得了巨大的进步。本章从一开始就以一些日常生活中的商品和服务为例，分析了供给和需求的变动对均衡价格和数量的影响。比如，将研究供给和需求曲线的变动对加勒比海游艇、新房子和艾滋病疫苗市场的影响。同时，你也会明白为何供给法则和需求法则不会失效。运用市场供求分析，你将明白政府采取措施控制市场是可以达到预期效果的。例如，你将理解政府对房租制定最高限价会造成什么结果、谁是政府最低工资法的受益者、谁又是受害者。

本章还将研究市场机制失灵的情形。你可曾在游览洛杉矶时，因美景被烟尘环绕而扫兴？你是否本想在溪水中嬉戏或垂钓却因工业废水而作罢？这些都是市场机制失灵的实例，政府将想办法对市场失灵进行治理以达到社会期望的效果。

通过本章的学习，你将学会解决以下经济学问题：

- 斑点猫头鹰是如何影响房价的？
- 为什么国库中的奶酪和牛奶会过量？
- 倒票和控制房租有什么共同点吗？

市场均衡的变化

运用市场供求分析就像给近视的你戴上眼镜，突然，你身边模糊的世界变得清晰了。在下面的例子中，你将发现经济理论对解释现实生活中的许多事情都非常重要。

需求的变化

图4-1（a）中表示了加勒比海游艇的市场供给。假定供给S不变，但市场需求由D_1增加到了D_2。为什么需求曲线会向右移动？我们可以假设由于广告的宣传力度加大，影响了消费者的偏好，导致了度假胜地的游艇需求量突然增加。根据供给曲线S和需求曲线D_1，均衡点为E_1，每艘游艇的初始均衡价格为600美元，初始均衡数量为8 000艘。在广告的影响下，新的均衡点为E_2，均衡价格为900美元，每年的均衡数量为1 200艘。因此，需求的增加导致了均衡价格和均衡数量的增加。

图 4-1 需求移动对市场均衡的影响

图（a）中，由于宣传力度加大，加勒比海游艇的需求增加，需求曲线从 D_1 向右移动到 D_2。需求的移动导致在初始均衡点 E_1 处每年暂时存在 8 000 艘游艇的短缺，这一非均衡条件诱使从事游艇生意的厂商增加游艇的供给，沿着供给曲线向上移动，形成一个新的均衡点 E_2。

图（b）表示了由于油价迅速上升，耗油量大的汽车（SUV_S）的需求下降的情形。需求曲线从 D_1 向左移动到 D_2，导致在初始均衡点 E_1 处每月暂时存在 20 000 辆汽车的剩余。这一非均衡条件使得汽车厂商减少供给，沿着供给曲线向下移动，形成一个新的均衡点 E_2。

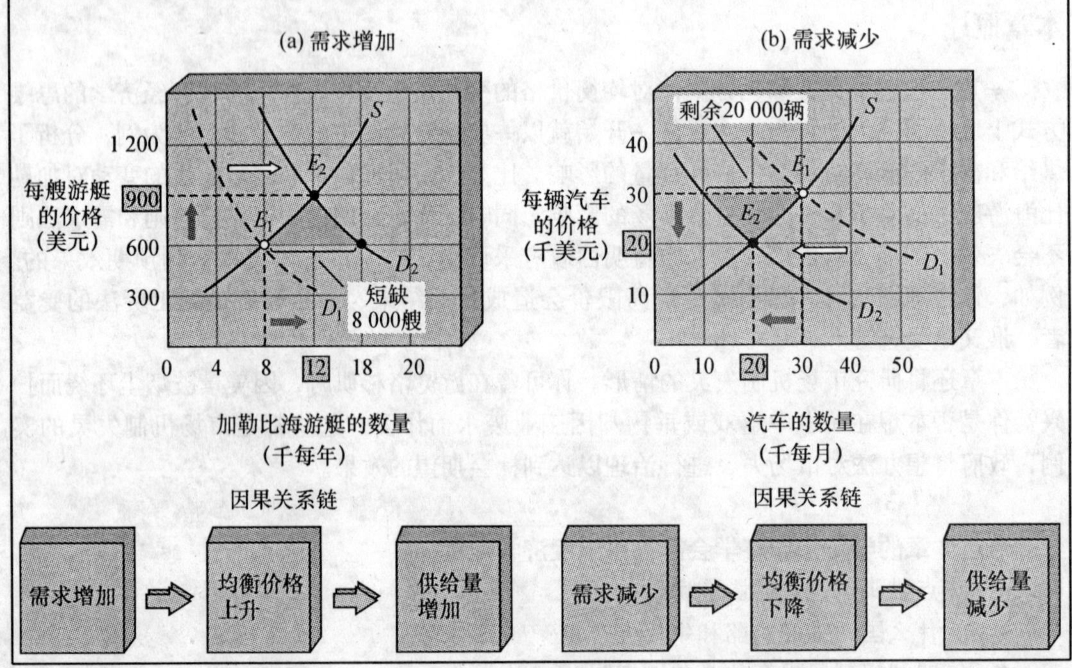

理解导致均衡点从 E_1 移动到 E_2 的因素非常重要。当需求由 D_1 增加到 D_2 时，每艘游艇的初始均衡价格为 600 美元，存在 8 000 艘游艇的短缺。游艇公司会对这些多余的需求做出反应，如增雇工人、向加勒比海提供更多的游艇、提高价格等。因此，需求的增加导致了均衡价格和均衡数量的同时增加。

如果石油的价格上涨至原来的 3 倍，耗油量大的汽车（如 SUVs）的需求会发生什么变化呢？如图 4-1（b）所示，由于石油和汽车是互补品，石油价格的上涨将导致该汽车的需求由 D_1 下降到 D_2。在初始的均衡价格下（E_1 点的 30 000 美元），汽车供过于求，剩余量为每个月 20 000 辆。这种非意愿存货导致汽车生产商降低价格和减少供给量。结果均衡点沿着供给曲线向下移动，从 E_1 点移动到 E_2 点。均衡价格从 30 000 美元下降到 20 000美元，均衡产量从每月 30 000 辆下降到每月 20 000 辆。

供给的变化

现在我们反过来分析需求不变，其他非价格因素变动使得供给曲线移动的情形。在图 4-2（a）中，以 E_1 点为起点，音响租赁行业的均衡价格为每台 3 美元，每月能出租4 000 万台。这就向其他厂商传递了一个信息，音响租赁是一个非常赚钱的行业。于是新的厂商会进入音响租赁行业，市场供给曲线由 S_1 移动到了 S_2，导致在均衡点 E_1 存在 4 000 万的超额供给。所以，整个行业不得不压缩价格和供给量来应付积压的库存。随着价格的下降，消费者便可以沿着其需求曲线向下移动，每个月可以租到更多的设备。当租赁费用下降到 2 美元时，市场均衡点则是 E_2，而不是 E_1。消费者平均每月能租 6 000 万台音响设备。

图 4-2　　供给曲线移动对市场均衡的影响

（a）图中，以音响租赁行业的均衡点 E_1 为初始点，假定音响租赁厂商的数量增多，供给曲线从 S_1 向右移动到 S_2。供给曲线的移动导致每个月暂时存在 4 000 万台音响租赁设备的剩余。这一非均衡条件导致均衡点沿着需求曲线向下移动，在 E_2 处形成新的均衡，均衡价格下降，均衡数量增加。

（b）图中，环境保护措施使得木材的供给曲线从 S_1 向左移动到 S_2。供给的移动导致每年暂时存在 40 亿板英尺木材的短缺。消费者竞价以获得木材，从而提高了木材的价格。结果均衡点沿着需求曲线移动至 E_2 点，需求量下降。

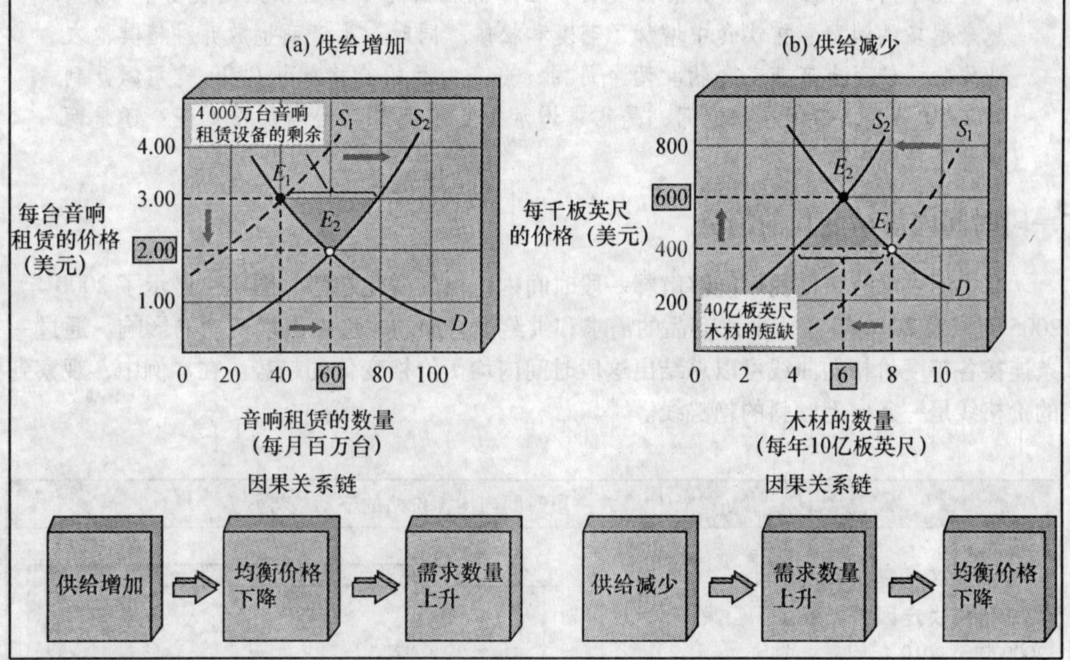

图 4-2（b）说明了木材市场的情形。假定市场在 E_1 点实现均衡，木材价格为每板英尺 400 美元，每年的销售量为 800 万板英尺。假定现在通过了一项新的濒危物种法，联邦政府留出大量的森林资源以保护斑点猫头鹰和其他野生动物。这就意味着市场供给曲线由 S_1 向左移到 S_2，在 E_1 点有 400 万板英尺的短缺。供给商会将其价格由每板英尺 400 美元哄抬至 600 美元，在 E_2 点形成新的均衡，此时均衡数量为每年 600 万板英尺。反过来，木材的成本越高，一个面积为 1 800 平方英尺的新房子的价格与前年的价格相比就会增加 4 000 美元。图 4-3 简单总结了需求与供给对市场均衡的影响。

图 4-3	供给或需求变动对市场均衡的影响	
变化	对均衡价格的影响	对均衡数量的影响
需求增加	增加	增加
需求减少	减少	减少
供给增加	减少	增加
供给减少	增加	减少

要点考查

为什么低胆固醇食物的价格更高？

几年前，许多畅销书声称燕麦食物在降低胆固醇方面有很大的优势。于是，越来越多的消费者在饮食中增加了燕麦和松饼。同时，生产商也放弃种植其他农业作物，转而生产燕麦食物。两个月内，燕麦食品的价格就从 0.99 美元飙升到了 2.59 美元。请问在此期间，是需求增加得更多还是供给增加得更多？还是两者都不是呢？

一段时间内价格变化的趋势

基本的供求分析使我们能够解释一段时间内价格的变化趋势。图 4-4 显示了 2000 年、2005 年以及 2010 年，导致 X 商品的需求和供给都增加的非价格因素变动的影响。通过一条连接各年度价格的曲线可以总结出这段时间内均衡价格变化的趋势。在本例中，观察到的价格线是一条向上倾斜的趋势线。

图 4-4 一段时间内均衡价格的变动趋势

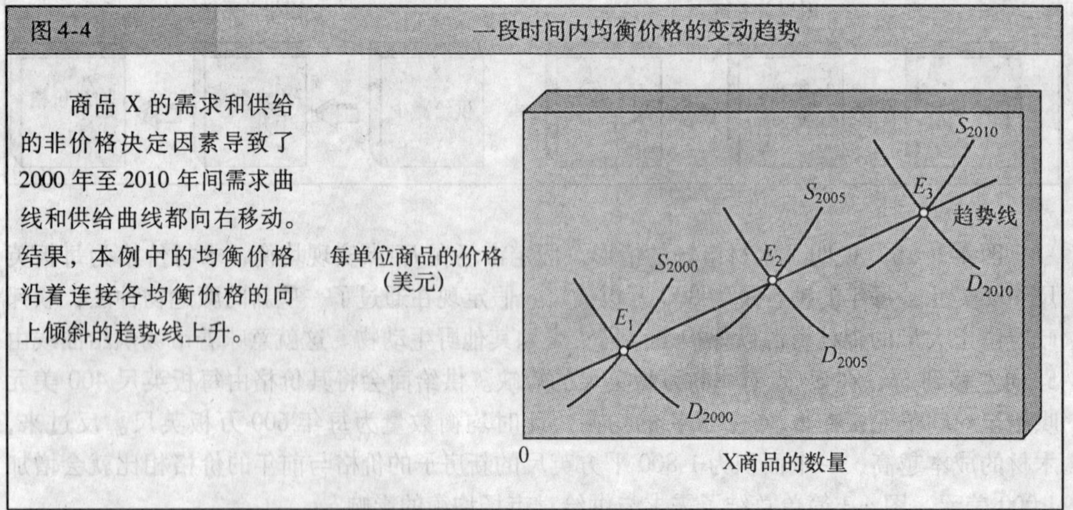

供求法则能被取消吗？

政府有时会对某些市场进行干预，以防止价格高于均衡价格。在另一些市场，政府干预的目标是维持市场价格高于均衡价格。市场供求分析对于理解政府控制价格是一个相当有价值的工具。有两种价格控制方法：价格上限和价格下限。

登录网站http://www.londongroup.com/，了解火奴鲁鲁城市和农村进行租金管制所产生的影响。

价格上限

价格上限 法律上规定的卖方所能索取的最高价格。

如果政府为了防止价格"过高"而设立一个**价格上限**，将会发生什么呢？价格上限是法律规定的卖方能够收取的最高价格。租金控制就是在租赁市场上实行价格上限的例子。纽约、华盛顿、洛杉矶、旧金山和美国的其他地区都采取这种形式进行租金控制，第一次世界大战后，欧洲也广泛使用租金控制，其原理在于很多人在均衡价格水平下租不起房子，而租金控制则能提供"实质性的服务"。让我们看看为什么大多数经济学家认为租金控制是不利于生产的。

图4-5是一个供求表，说明了在一个假想的城市里每个月出租房的供需数量。我们首先假定没有租金控制，均衡点为E，每个月的租金为600美元，出租房的数量为600万套。其次，假设市政府实行租金控制（价格上限），禁止供给方将月租金制定在400美元以上。运用市场供求理论分析将会发生什么事情。当价格上限为400美元时，出租房的需求量为800万套，但供应量只有400万套。结果，价格上限导致了持续的市场短缺（短缺量为400万套），因为供应商不能提高价格，否则会受到法律制裁。

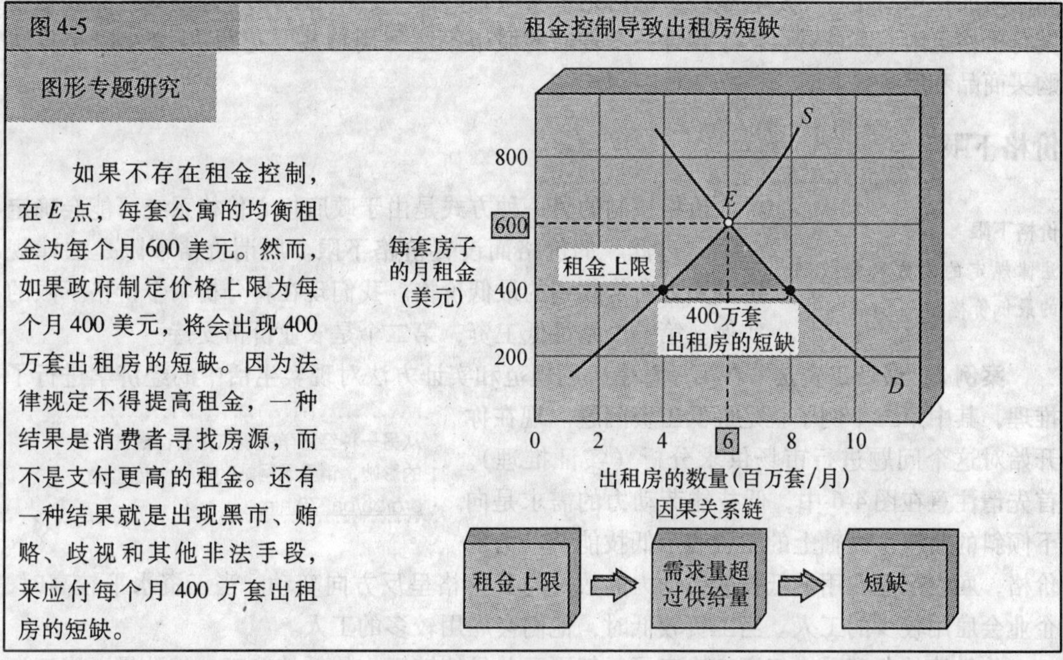

图4-5 租金控制导致出租房短缺

图形专题研究

如果不存在租金控制，在E点，每套公寓的均衡租金为每个月600美元。然而，如果政府制定价格上限为每个月400美元，将会出现400万套出租房的短缺。因为法律规定不得提高租金，一种结果是消费者寻找房源，而不是支付更高的租金。还有一种结果就是出现黑市、贿赂、歧视和其他非法手段，来应付每个月400万套出租房的短缺。

值得注意的是，若价格上限为每月600美元或超过600美元的时候，这个限价是无效的。如果制定的价格上限为每个月600美元，那么无论是否存在租金控制，出租市场的需求量和供给量都相等。如果价格上限超过了均衡价格，那么供给量会超过需求量，从而导致市场均衡价格回到600美元。

租金控制会对消费者产生什么影响呢？首先，为了不支付更高的价格，消费者必须花费更多的时间来等待和搜寻房源。这意味着由于政府制定了价格上限为400美元，消费者的*机会成本*增加了。其次，由于存在超额需求，会催生*非法市场*，或者*黑市*。因为表面上看租金很低，那么在利益的驱使下，有些租户可能会不惜违法将其房子以每个月高于400美元的价格转租出去。

从供给方的角度出发，租金控制会产生两种不良影响。首先，面对过低的租金，房主也许会削减维护费用，而房屋的加速折旧也会打击长期的房产投资。第二，房主也许会采用一些歧视性措施来取代价格系统。一旦房主意识到在价格上限下存在超额需求，他们可能会考虑房子所有权、家庭规模，或者重新配置稀缺的出租房资源。

在第二次世界大战期间，政府对大多数的非农产品实行了价格上限，在朝鲜战争期间，也实行了较轻程度的价格上限。1971年，尼克松持续“冻结”了所有薪金和房租达90天之久，试图控制通货膨胀。结果到1973年末，石油被禁运，政府对石油制定了价格上限，为每加仑55美分。1974年，为应付石油短缺，政府实行了非价格配额计划。有些州遵循先来先服务的原则，而有些州规定持有偶数号执照的消费者只能在偶数天购买石油，持有奇数号执照的消费者只能在奇数天购买石油。加油站必须在星期五关闭，星期一早上开放。如同供求模型所预测的那样，无论采取哪种方案，都存在排长队购买石油的局面。最后，以前还对天然气运输和商业贷款的利率实施价格上限。最大利率法被称为“高利贷法”，以前州政府采用价格上限来管制房产抵押和其他形式的贷款。从国际上看，如同后面在第二十二章对转型经济的讨论中所谈到的那样，在前苏联，普遍对食品和租金实行价格上限。苏联社会学家预计一个普通的城市家庭每周总共要花费40个小时来排队购买商品和服务。

价格下限

价格下限
法律规定的卖方所能收到的最低价格。

价格控制的另一种方式是由于政府担心价格系统可能会确定一个“过低”的价格而设置**价格下限**。所谓价格下限是法律规定的卖方所能收到的最低价格。我们现在将分析两个价格下限的实例。第一个是最低工资，第二个是农业价格支持。

案例1：最低工资法 在第一章中，用规范和实证方法对现实生活中的经济学进行了推理，其中第二个例子就是最低工资问题。现在你开始对这个问题进行市场供求分析（实证推理）。首先请注意在图4-6中，低技能劳动力的需求是向下倾斜的曲线。纵轴上的工资表示低技能劳动力的价格，雇主愿意雇用的低技能劳动力的数量与其价格呈反方向变动。当工资水平较高时，企业会雇用较少的工人。当工资较低时，他们会雇用较多的工人。

从另一种经济学的观点来看待最低工资的影响，请登录网站http://www.ncpa.org/ba/ba270.html。

从供给的角度看，工资率决定了每年愿意并且能够工作的低技能工人的数量。当工资较高时，工人愿意放弃闲暇或者上学的时间来工作，当工资较低时，则只有少量工人愿意工作。图4-6中向上倾斜的曲线表示了劳动力的供给。

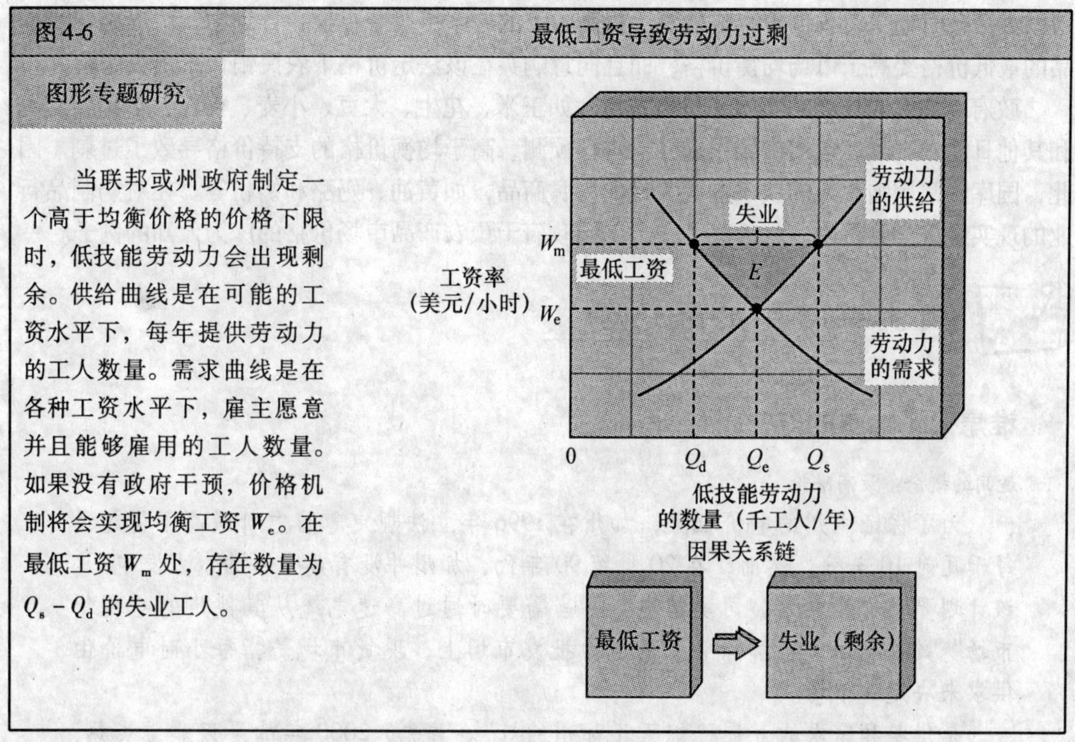

假设可以自由议价，价格系统会确定均衡工资率 W_e 和均衡劳动力数量 Q_e。假设政府规定了最低工资为 W_m，该工资高于均衡工资水平 W_e。立法的目的在于吸引那些当工资水平为 W_e 时不愿意工作的人参与工作，提高低收入的工人的工资水平，从而改善他们的境况。但是，制定最低工资也存在一些不良后果。人为的制定较高的最低工资水平的一个结果是愿意劳动的工人数量会沿着供给曲线上升至 Q_s 点，但是工作岗位较少，因为厂商愿意雇用的工人数量会沿着需求曲线下降至 Q_d 点。低技能劳动力存在剩余，有数量为 Q_s-Q_d 的低技能工人失业。而且，在均衡工资为 W_e 时，商家更倾向于用机器和高技能工人来代替以前雇用的低技能工人。因此，最低工资被认为是不利于生产的，因为雇主解雇了技能最低的工人，而这些人恰恰又是最低工资法想要帮助的人群。同时，对那些希望进入劳动力市场的工人来说，失去了最低工资的工作意味着不能进入劳动力市场。

最低工资法的支持者很快进行辩解，认为在业工人（Q_d）的境况得到了改善。部分经济学家认为即使最低工资法导致了就业量的减少，但它换来了更公平的收入分配制度，这足以抵消就业量减少所带来的损失。并且，劳动力需求曲线的形状会比图4-6中显示的曲线更垂直。如果是这种情况的话，最低工资导致的失业率的上升的影响就非常小。另外，他们还认为反对者忽视了低技能工人缺乏与雇主的议价能力。

最后，如果最低工资等于或低于均衡工资 W_e 的话，则是无效的。在均衡工资处，不管最低工资是多少，工人的需求数量和供给数量都相等。如果最低工资低于均衡工资，也是由劳动力的供求双方来确定均衡工资，同样不会受到最低工资的影响。

案例2：农产品价格支持 农产品价格支持是价格下限的一个耳熟能详的例子，其结果是政府以高价来购买过剩的粮食。农业价格支持计划始于20世纪30年代，当时是为了帮助大萧条时期受市场低价影响的农民提高收入的一个手段。在这一计划中，政府确保农产品的最低价格要高于市场均衡价格，而且同意购买在该法定价格下农民销售不出去的粮食。

政府对许多农作物都实施了价格扶持，如玉米、花生、大豆、小麦、棉花、水稻、烟草和其他日用农产品。运用市场供求分析进行预测，高于均衡价格的支持价格导致了过剩。因此，国库经常用纳税人的钱来购买大量的易腐商品，如黄油、奶酪和奶粉等。在对奶制品行业的现实经济学分析中，就考察了一个美国政府干预农产品市场价格的广为人知的例子。

现实生活中的经济学

谁熄灭了加州的灯?

适用的概念：最高限价

为了保证本州的电价低廉，加州在1996年立法规定零售电价最高不得超过每千瓦时10美分。然而，在20世纪90年代，加州并没有建立新的水力发电厂。该计划要求加州电力公司卖掉电厂，当需要时通过高速电缆从其他州的“现货市场”购买电力。在解除管制的电力批发市场上，现货市场是指每小时电价由供求来决定的市场。

是供给和需求的力量“熄灭了加州的灯”。首先，2000年的夏天非常炎热，消费者纷纷启用家里的空调，电力的需求猛增。其次，供给曲线左移。高昂的天然气价格增加了各州电力的生产成本。同时，美国西北部的积雪较少以及干旱降低了该地区水力大坝发电的能力。

面对需求增加和供给减少的矛盾，加州电力公司除了以高出正常价格10倍以上的高价购买电力之外别无选择。因为消费者价格有上限，消费者支付的价格要低于电力公司所支付的价格。电力公司很快意识到它们面临着破产的威胁，而且还会导致现货市场的价格进一步上升。比如，北卡罗来纳州电力公司提出要在市场价格上加价8%，作为保证金以防范加州无法支付电费的风险。同时，联邦能源制度协会（FERC）随后调查显示，一些电力公司（如安然）在采取措施，提高价格。

面对这些危机，加州州长Gray · Davis呼吁制定更多的价格上限。他说服了联邦能源制度协会，指出在用电的高峰期，实施每日轮流断电的制度并提倡节约用电，限制西部电力的最高批发价格是可行的。2001年4月，他废止了1996年以来实施的价格上限，急剧提高了零售电价。

分析问题

用纵轴表示电价（分/每千瓦时），用横轴表示电量（百万瓦/时），用图形表示上述加州电力的供求变化。（提示：图表从价格上限以下的均衡价格开始。）

市场失灵

市场失灵
市场均衡导致在某种产品和服务的生产过程中使用的资源太多或太少的情形。这种无效率证明了政府干预的合理性。

在本章和前一章中，你已经了解了市场是如何运作的。社会通过价格机制来调节经济行为，但市场并不是“青蛙王子”。现在是时候退一步用批判的观点来看市场了，市场可能会低效率地配置资源，从而成为一只“丑陋的青蛙”。如果市场均衡导致在产品和服务的生产过程中使用了过多或者过少的资源，那么就会发生**市场失灵**。本节我们将研究市场失灵的四种主要情形：缺乏竞争、外部性、公共产品和收入不平等。注意：不要认为政府干预总能纠正所谓的市场失灵。政府失灵的问题我们将在第十六章进行讨论。

要点考查

售票处存在价格限制吗？

在许多音乐会、体育比赛或者其他活动的售票处，总有一些持票者试图以高于其买价的价格来转售他们的票——这就是我们通常所说的倒卖。当倒卖发生时，法定的原始票价是由价格下限、均衡价格，还是价格上限决定的呢？

现实生活中的经济学

操纵牛奶市场

适用的概念：价格支持

每年牛奶行业都面临一个重要问题。联邦政府从1949年开始实施的，以提高农民收入为目的的奶制品价格支持计划会采取些什么措施呢？在价格支持计划中，联邦政府会购买可储存的奶制品如奶酪、黄油和奶粉等。如果农民不能以超过支持价格的价格将产品全部卖给消费者，那么政府会将卖不出去的A级奶制品收购进来。虽然每个州的奶制品协会都制定了本周的牛奶最低价格，但是各州的支持价格与联邦政府制定的支持价格水平接近，相邻州的价格的浮动范围控制在3%以内，以避免州与州之间的牛奶价格竞争。

有些国会议员担心这些过剩的牛奶花费了纳税人太多的钱，倡议改变价格支持计划。每年，政府都要向奶制品企业支付上百万美元来购买奶制品，花费巨大成本储存牛奶。而且，政府鼓励奶农使用现代化的技术来增加每头奶牛的产量，这个问题就变得更严重了。另一个担心来自于，政府大量的资金都用于帮助大型农场，奶农的数量越来越少了。

国会正在想办法解决牛奶价格支持计划中产生的问题。以下是一些被提到的想法：

- 维持目前的支持价格水平。这一提议将使那些希望政府在食品、电力和其他资源上增加开支的农民感到沮丧。
- 在接下来的5年中，逐渐取消价格支持计划。这会导致牛奶的价格随市场供求关系自由波动，在牛奶价格很低的年份，农民的利益将会受到损害。
- 农民每生产100磅牛奶，农业部便从中收取50美分的税金。农民非常反对这一提议，因为它会阻碍生产，将小规模农户逐出市场。
- 联邦政府实行"大型收购"计划。问题是用纳税人的钱将农民逐出奶制品市场，会提高奶制品价格，使那些大规模奶农场主受惠。另外，政府购买奶牛以后，如何处理它们呢?

最终，奶产品价格支持计划的反对者认为：牛奶市场是一个竞争行业，如果政府不对牛奶实行价格支持，消费者和纳税人可能会得到更好的服务。

分析问题

1. 画出一个供求关系图来说明上述案例所描述的问题，并提出你的解决方案。
2. 你认为什么建议能够更好地保障小规模奶农场主的利益？为什么？
3. 你认为什么建议能够更好地保障消费者的利益？为什么？
4. 你认为什么建议能够更好地保障国会议员的利益？为什么？

缺乏竞争

市场要能正常运作，生产商和消费者内部就必定存在竞争。但是，如果生产商之间不竞争会发生什么呢？在《*国富论*》中，亚当·斯密曾指出："即使在娱乐消遣的时候，从事相同贸易的也很少能达成一致。但是在共同对付公众、提高价格时，他们很容易达成共谋。"① 这一名言强调了在现实世界中，商人们总是想方设法地用"巨大的商业权利"来取代"消费者权利"。当部分厂商操纵了市场，成为市场主人的时候，又会发生些什么呢？通过人为限制产量来制约供给，商人们就能提高价格，得到更大的利润，结果导致资源的浪费，还阻碍了技术创新。

外部性

外部性
由某商品或服务的消费者和生产者之外的其他人承担的成本或享受到的收益。

即使在完全竞争市场，如果存在**外部性**的副作用，也会出现市场失灵。外部性是指由某商品或服务的消费者和生产者之外的其他人承担的成本或享受到的收益。外部性有时也称为"溢出效应"或是"邻里效应"。那些除消费者和生产者之外的受到市场变化影响的其他人被称为*第三方*。外部性可能为正，也可能为负；换句话说，它可能是有害的，也可能是有益的。假设你正要学习，而你的室友却将音响开到最大音量，听

① 亚当·斯密，国民财富的性质和原因的研究（1776；重印本，纽约：蓝登书屋，现代图书馆，1937），p. 128.

Steel Porcupines 乐队的歌。你室友的行为给你和其他想学习或睡觉的第三方强加了一种有害的外部成本或负外部性。外部性也能给非参与者带来外部收益或正外部性。当某个社区骄傲地展示它整洁的草地、美丽的花和新粉刷的房子时，参观者（或者说第三方）未做任何工作，却能享受到宜人的风景带来的好处。

> 登录世界银行的网站(http://www.worldbank.org/nipr/),可以阅读到一些关于污染管制的新观点。

污染的图形分析 图 4-7 对两个市场进行了图形分析。这两个市场的价格都没考虑到外部性，除非政府采取措施进行纠正。图 4-7（a）表示的是钢铁市场，钢铁公司燃烧高硫煤，造成了环境污染。需求曲线 D 和供给曲线 S_1 相交，形成钢铁市场的低效率均衡 E_1。S_1 曲线中没有考虑公众的外部成本，因为钢铁公司并没有对其排放黑烟造成的危害进行补偿。如果钢铁公司将黑烟和灰尘排放到大气中，污浊空气会降低财产的价值，增加医疗成本，从而降低了生活质量。由于供给曲线 S_1 没有考虑这些外部成本，最终形成的钢铁价格 P_1 也不包含这些外部成本。简言之，钢铁价格中不包含污染成本，意味着厂商制造的钢铁和污染都超过了社会需要量。

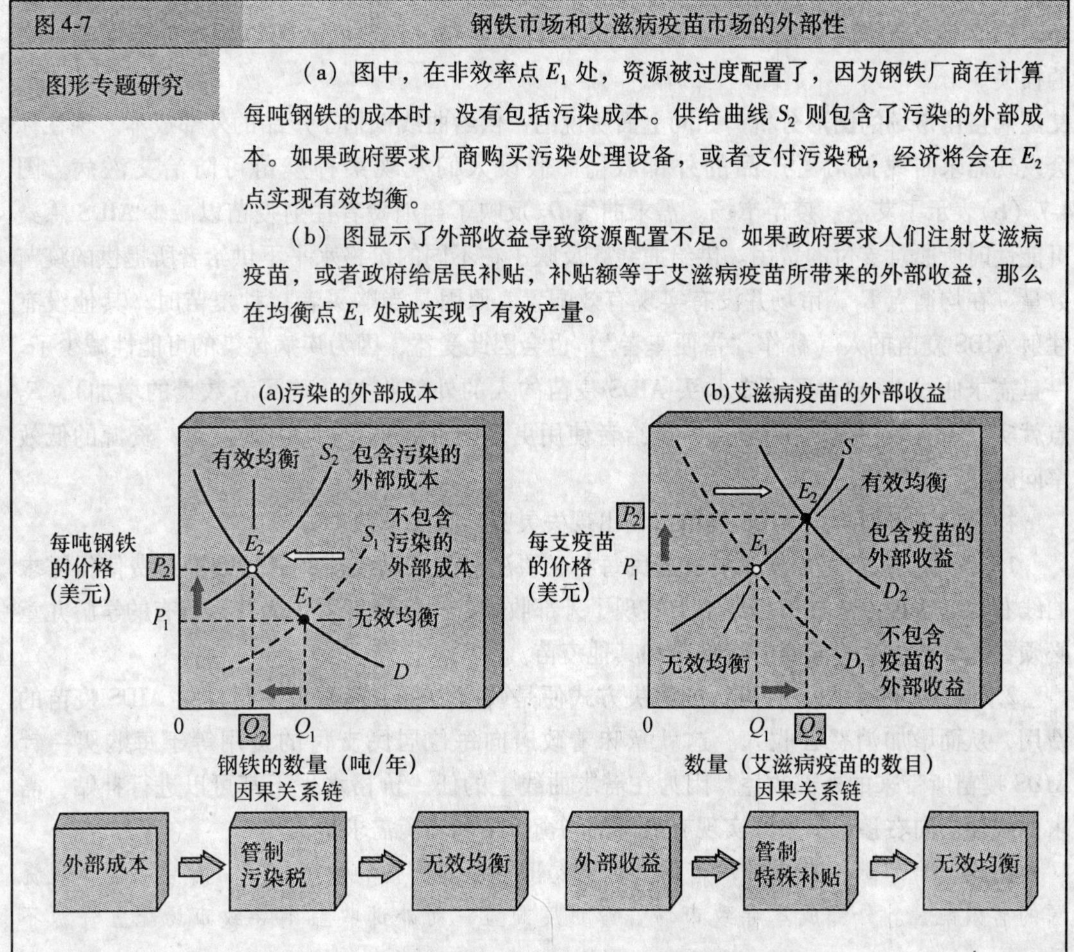

图 4-7 钢铁市场和艾滋病疫苗市场的外部性

图形专题研究

（a）图中，在非效率点 E_1 处，资源被过度配置了，因为钢铁厂商在计算每吨钢铁的成本时，没有包括污染成本。供给曲线 S_2 则包含了污染的外部成本。如果政府要求厂商购买污染处理设备，或者支付污染税，经济将会在 E_2 点实现有效均衡。

（b）图显示了外部收益导致资源配置不足。如果政府要求人们注射艾滋病疫苗，或者政府给居民补贴，补贴额等于艾滋病疫苗所带来的外部收益，那么在均衡点 E_1 处就实现了有效产量。

如果考虑呼吸道疾病、脏的建筑物和其他一些令人不快的负面影响所导致的外部成本，供给曲线应该为S_2。一旦S_2包含环境破坏所带来的费用，均衡价格就会变为P_2，均衡需求量为Q_2。在有效的均衡点E_2，钢铁市场配置是有效率的。在E_2点，钢铁公司需支付所有成本，并利用更少的资源来生产更少的钢铁（数量为Q_2）。

结论 当需求曲线不包含外部成本时，均衡价格会人为偏低，而均衡数量会人为偏高。

社会纠正污染这种市场失灵的两种方法是实行管制和污染税。

1. *管制*。通过立法制定标准，强迫厂商对其排放物进行处理，并将此作为其继续经营的条件。这就意味着厂商必须购买、安装和维护污染控制设备。若将污染控制设备所带来的额外成本包含在每吨钢铁的生产成本中，那么初始的供给曲线S_1会向左移至S_2。也就是说，管制迫使市场均衡由E_1点变化至E_2点。在E_2点，公司使用更少的资源来生产Q_2单位的钢铁，相对于每年钢铁产量Q_1单位而言，厂商的运作效率更高。

2. *污染税*。当厂商向大气中排放污染物时，政府的另一个解决途径是向每吨钢铁征税，征税额等于公司向社会施加的外部成本。这一措施以污染税的方式增加厂商的生产成本，从而抑制了生产，供给曲线从S_1左移至S_2。再者，该措施的目标是使均衡点由E_1移至E_2，消除在钢铁生产过程中资源的过度消耗和污染。税收收入可以用来弥补污染带来的损失。

艾滋病疫苗市场的图形分析 如同上面所说的，供给曲线低估了产品的外部成本。现在你会发现需求曲线低估了产品的外部收益。假设人们发现某种疫苗可防治艾滋病。图4-7（b)表示了艾滋病疫苗市场。需求曲线D_1反映了当消费者注射疫苗以减少AIDS感染可能性时所愿意支付的费用。供给曲线S反映了在不同的价格水平下供给者所提供的疫苗数量。在均衡点E_1，市场并没有实现有效配置。原因是当购买者接种疫苗时，其他没有注射AIDS疫苗的人（称作“搭便车者”）也会因此受益，因为疾病传染的可能性减少了。一旦需求曲线D_2包含了没有购买AIDS疫苗的人的外部收益（购买者数量的增加），E_2点就实现了有效均衡。在Q_2点，供给者使用更多的资源来生产AIDS疫苗，资源的低效率问题得到了解决。

社会应该如何防止AIDS疫苗市场出现失灵呢？有如下两种方法：

1. *管制*。政府可以要求所有居民每年必须注射艾滋病疫苗，通过鼓励消费使得需求曲线右移。这种方法在市场需求上实现了外部收益，很好地解释了为什么所有的学龄儿童必须在入学前注射小儿麻痹症疫苗和其他疫苗。

2. *特殊补贴*。另一种可行的解决方式便是政府为每个消费者支付注射AIDS疫苗的费用，从而增加消费者收入。这就意味着政府向每位居民支付的费用等于每购买一针AIDS疫苗所带来的外部收益。因为在需求曲线上的任一价格水平下都可以进行补贴，需求曲线便会向右移动，最终实现有效率的均衡价格和均衡需求量。

结论 当外部性存在时，市场失灵会发出错误的价格和数量信号，导致不能实现资源的有效配置。外部成本导致市场资源过度配置，而外部收益则导致市场配置资源不足。

公共产品

公共产品
具有以下两种属性的商品或劳务:(1)使用者共同消费获益,(2)没有办法阻止不付费的人(搭便车者),对该商品和服务的消费。

私人产品的生产是由价格机制来调节的。相反，**公共产品**因其特殊性是由政府提供的，如国防。公共产品是具有以下两种属性的商品或服务：(1) 使用者共同消费获益，(2) 没有办法阻止不付费的人（搭便车者），对该商品和服务的消费。

为了弄清楚为什么市场会失灵，我们假设爱国者导弹公司向需要自我保护以抗击来袭导弹的人出售导弹防御系统。首先，一旦系统开始运作，在防御区域的每个人都能从增加的安全性中受益。其次，公共产品的*非排他性*意味着爱国者导弹防御系统的所有者不可能或者要花费很高成本才能将非所有者，即搭便车者排除在受益者之外。

要点考查

应该发动禁毒大战吗?

美国政府采取多种方式禁止大麻、可卡因等毒品的使用，如向种植毒品的田地喷洒有毒化学物质，对交易者和使用者判刑，查抄毒品运输车辆、船只和飞机等。是哪种市场失灵促使政府干预毒品市场呢？是缺乏竞争、外部性、公共产品，还是收入不平等呢？

既然公共产品具有这两种特性，那怎么还会有私人愿意购买爱国者导弹防御系统呢？他们为什么不选择搭便车，等待其他人购买导弹防御系统？因此，每个人都希望拥有爱国者导弹防御系统，但都不愿在其他人享受利益时独自承担成本。结果，市场就不会提供爱国者导弹防御系统，所有人都只有祈祷在别人购买这套系统之前，不会有导弹袭击事件发生。政府可通过生产爱国者导弹防御系统并向公众征税的方式来解决公共产品问题。与个体居民不同，政府可运用其强制力来征收费用，制止搭便车现象。其他的公共产品的例子还有司法系统、国家紧急警报系统、空中交通控制、监狱和交通灯等。

结论 如果仅仅只能通过市场获得公共产品，人们会等待其他人购买，结果导致公共产品的产量不足或者为零。

收入不平等

在不完全竞争、外部性及公共产品的情形下，市场资源会配置过度或配置不足。市场也会导致收入的不平等分配，这是一个颇具争议的问题。在不计人情的价格机制下，汤姆·克鲁斯（Tom Cruise）靠拍电影获得了不菲收入，同时也有人身无分文、无家可归而在街头流浪。争议的焦点在于收入分配应达到何种公平程度，以及为了实现这一目标，政府应该采取何种程度的干预。有些人认为应该消除大多数的收入差距。有些人认为政府应该向所有公民提供“安全的、净的”最低收入水平。也有一些人认为高收入是对生产资源的激励和“公平”回报。

为了构建一个更为公平的收入分配体系，政府采用了多种手段，希望能将一部分财富从高收入人群转移到低收入人群，如失业补贴和食物券。联邦最低工资也是政府尝试提高低收入工人所得的另一种手段。

现实生活中的经济学

代金券可以解决学校的问题吗？

适用概念：公共物品与私人物品

经济学家米尔顿·弗里德曼和他的妻子萝丝·弗里德曼在他们1980年出版的《自由选择》一书中针对学校提出了代金券的计划。① 该计划的目标是依然保留政府的资助，但同时让家长有更多的为孩子选择学校的自由。弗里德曼夫妇指出在现行体制下父母有较强的动机让孩子留在公立学校里。这是因为，如果家长决定将孩子从公立学校转到私立学校，他们必须私人支付学费，另外还要缴税资助那些在公立学校就读的孩子们。

政府可以给家长发放代金券以消除为限制父母自由择校所处的罚金，这种代金券是一种可赎回的纸质凭证，可以代替一笔现金支付给那些经过许可的学校。举个例子，如果政府每年在每个学生的教育上花费6 000美元，那么就可以发放价值6 000美元的代金券。该计划实际上和向退伍军人提供教育资助的GI bill法案是一样的。退伍老兵会收到一份只能用于支付教育费用的代金券，而且可以在任何符合某种标准的学校使用。

弗里德曼夫妇认为可以并且应该允许家长不仅能在私立学校使用代金券，也能在公立学校使用代金券——而且也不能仅仅限于他们所在的那个区、那个城市或者那个州的学校，而应该允许家长在愿意接收其孩子的任何学校都能使用代金券。这样会给每个家长更多的选择机会，同时公立学校也可以收取学费。学费的收取将会是有竞争性的，因为公立学校不仅相互之间要竞争生源，还要与私立学校竞争生源。需要指出的是，这个计划不会减轻任何一个人在教育上的税收负担。它只是在社会为每个学生负担的既定教育费用的前提下，给父母创造更多的机会，为孩子选择一个更具竞争力的学校。该计划也不会影响私立学校现行的办学标准，从而能确保私立学校的学生达到义务教育法的要求。

1990年，密尔沃基进行了教育代金券的试点，给部分低收入家庭的孩子发放由纳税人融资的代金券，使他们可以就读于私立学校。该计划在很长一段时间内都是家长、政客和教育学家们讨论的热点话题。1998年，威斯康星州最高法院以4比2通过一个法案，允许密尔沃基用公众的钱向那些没有违反政教分离的教会学校的学生发放代金券。②

---

① 米尔顿·弗里德曼和萝丝·弗里德曼，自由选择：一个个人陈述（纽约：Harcourt Brace Jovanovich，1980），pp. 160-161.

② Mary Beth Marklein，“宪法规定的威斯康星州教会学校的代金券”，今日美国，9月11日，1998，p. 1A.

2002年《今日美国》有一篇文章写道：

"教育代金券计划的反对者认为代金券会损害公立学校的利益，会造成它们的资源和较好的学生的外流。但是，哈佛经济学家卡罗琳·赫克斯柏最近所做的一项关于密尔沃基代金券计划的研究证实了相反的观点。她写道，'那些由于使用代金券而面临最激烈潜在竞争的学校的效率提高得最明显。'毫无疑问，尽管布鲁克协会最近所做的一份报告中有证据证明教育代金券计划对年轻的非裔美国人有利，但是美国关于教育代金券的试点非常有限。"①

分歧还在继续，在2002年一个具有里程碑式意义的法案中，联邦最高法院规定政府提供的用于私立学校和教会学校的代金券是合法的。然而在2003年，丹佛的一个法官驳回了科罗拉多州的新教育代金券计划，理由是该计划剥夺了当地教育机构委员会对教育的管理权，违反了州宪法。② 2004年，科罗拉多州议会通过了一项法案，使得科罗拉多州成为了美国通过代金券计划向高等教育提供相当数额的公共资金的第一州。③

分析问题

1. 最近几年，择校成为热门话题。请解释教育是不是公共物品，如果教育不是公共物品，为什么政府还要提供它？

2. 弗里德曼夫妇指出代金券计划的优势，但其他经济学家并不同意代金券计划的潜在效率。你是否同意代金券计划？说明你的理由。

主要概念

价格上限　价格下限　外部性　公共物品　市场失灵

小结

- **价格上限和价格下限**是由法律所规定的最高和最低价格，而不是由市场供求力量所决定的价格。价格上限是政府制定的最高价格；价格下限，或者说农产品的支持价格是法律规定的最低价格。如果价格上限低于均衡价格，就会发生短缺；如果价格下限高于均衡价格，就会出现剩余。
- 当市场机制不能实现资源的有效配置时，就会发生**市场失灵**。市场失灵的原因包括不完全竞争、外部性、公共物品和收入不平等。尽管存在争议，政府干预仍是纠正市场失灵的可行之道。

---

① Robert J. Bresler，"代金券和宪法"，今日美国，2002年5月，p. 15.

② Josephe E. Meyer，"科罗拉多州的新教育代金券计划被法院驳回"，纽约时报，2003年12月4日，p. A. 24.

③ Sara Hebel，"科罗拉多州的法律制订者通过了一项法案，将州政府的经费拨给学生"，高等教育年鉴，2004年4月28日，p. 2.

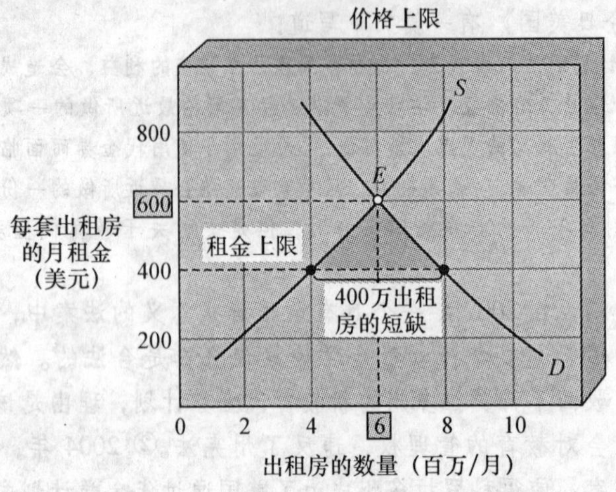

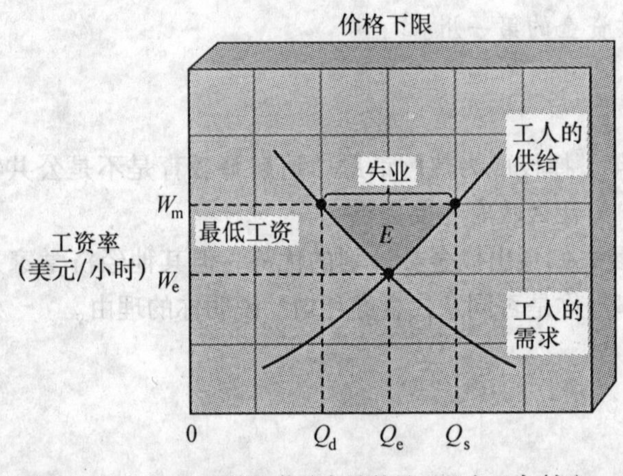

- **外部性**是指某产品会给消费和生产该种产品以外的人带来成本和收益。污染就会带来外部成本，这意味着太多资源被用于生产，生产出来的产品就要对污染负责。解决外部成本的两个基本办法是管制和收取污染税。疫苗会产生外部收益，

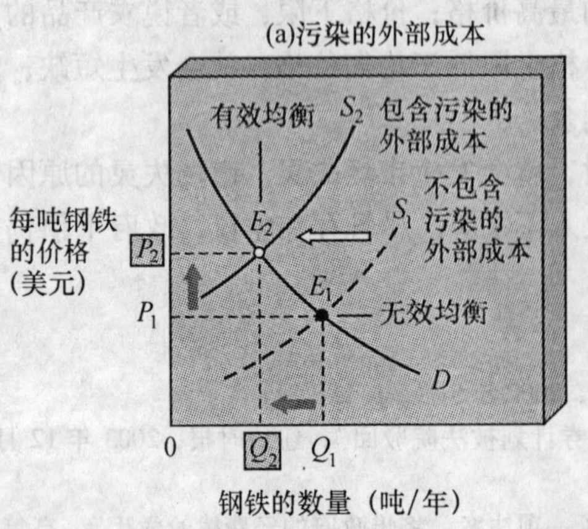

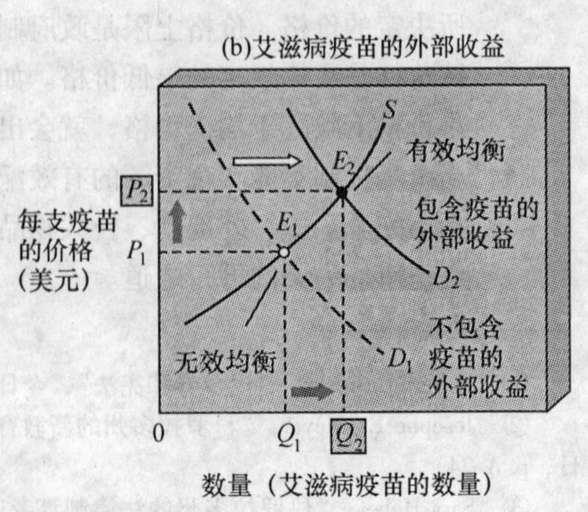

这意味着生产者只用了很少一部分资源来生产这一产品。解决外部收益的两个基本办法是强制消费者购买这种产品和对该产品的生产者进行补贴。

- **公共物品**是全体社会成员都可以消费的产品，无论他们是否支付费用。国防、交通和其他公共物品都是由政府提供并使许多人同时受益。

问题思考

1. 市场调查人员研究了牛奶市场，他们对于每月牛奶的供给和需求的估计如下表：

价格（每加仑）	需求数量（百万加仑）	供给数量（百万加仑）
$ 2.50	100	500
2.00	200	400
1.50	300	300
1.00	400	200
0.50	500	100

a. 利用上面所给出的数据，画出牛奶的需求和供给曲线。确定均衡点 E，用虚线连接 E 点和价格轴上代表均衡价格的点以及数量轴上代表均衡数量的点。

b. 假设政府限定牛奶的最低价格为每加仑 2 美元。在图形中标出这一行为，并解释它对牛奶市场的影响。为什么政府要制定这个支持价格？

c. 现在假设政府制定一个价格上限为每加仑 1 美元，指出并解释这个价格上限会如何影响牛奶市场。政府制定这个价格上限想达到什么目的？

2. 画图说明如果美国政府对日本汽车实行进口配额，会对在美国销售的日本汽车的价格产生怎样的影响。再用另一幅图说明在美国市场上，日本汽车的价格变化会对美国本土生产的汽车的价格产生怎样的影响。解释两幅图中的市场结果以及两幅图的联系。
3. 运用市场供求分析解释为什么工会领导会强烈要求将最低工资提高到均衡工资以上。
4. 价格机制的优缺点各是什么？
5. 假设市场正处于均衡状态，需求和供给都增加了，如果需求比供给增加得多，均衡价格会发生怎样的变化？
6. 你同意“政府干预市场注定是无效的”这种说法吗？解释你的理由。
7. 假设一家以煤为燃料的工厂排放了过多的废气，提出两种政府解决这种市场失灵的方案。
8. 解释外部成本和外部收益对资源配置产生的影响。
9. 为什么私人市场生产不出足够的公共物品？
10. 以下哪些是公共物品？

a. 气囊。

b. 铅笔。

c. 摩托车头盔。

d. 交通信号灯。

e. 隐型眼镜。

在线练习

练习 1

登录 2003 年总统经济报告（http://www.access.gpo.gov/eop/）。点击“总统经济报告”，翻到 343 页，浏览表 B-60（附录 B），按照下列步骤操作：

1. 查看过去 10 年娱乐、食品、饮料的几则资料。

2. 将这几列数据绘制到另一张图上。

3. 根据每列数据，解释在过去 10 年里供求是如何影响价格走势的。

练习 2

登录劳工统计署网站，查看其发布的生活必需品的数据（http://www.bls.gov/data/top20.htm）。在既定的价格及生活水平下，选定平均价格的资料，并选择“牛奶”、“所有的品种”、“每加仑”，按照下列步骤操作：

1. 选择所有年份，观察每年 1 月份牛奶平均价格的变化。

2. 单击后退键，并选定鸡蛋。选择“大号”、“每打”，并选中所有年份，然后观察每年 1 月份平均价格的变化。

3. 运用供求分析，解释所观察到的鸡蛋和牛奶价格变化的差异。

练习 3

为了缓解大学校园里的停车问题，人们经常会提出的解决方案是推行交通方式的多样化。举个例子，有些人提出增加自行车的使用以缓解高峰期的汽车停放问题。请阅读《工作地点的自行车停放》报告（http://www.bts.gov/NTL/DOCS/mapc.html），该报告是由大都市规划委员会主持的一项研究。这项研究提供了怎样的建议？这项研究中的提议可行吗？为什么？

练习 4

许多乡村地区都存在缺水的情况，特别是在炎热干燥的夏季。这些地区的政府当局都广泛征求意见，并提出了水资源保护的方案。大概了解一下这些方案，并阅读环保机构所做的报告：《怎样保护水资源并有效地利用它》（http://www.epa.gov/OW/you/chap.\3.html）。说明政府当局会采取怎样的经济措施来防止水资源的短缺，并更好的保护水资源？

要点考查答案

为什么低胆固醇食物的价格更高?

如图4-8所示，需求的增加导致价格上涨，供给的增加会导致价格下跌。因为燕麦的市场价格的总体趋势是上升的，因此需求的增加量肯定大于供给的增加量。如果你认为由于消费者比生产者的反应更快，因而导致需求比供给上升得更快的话，你就对了。

图4-8

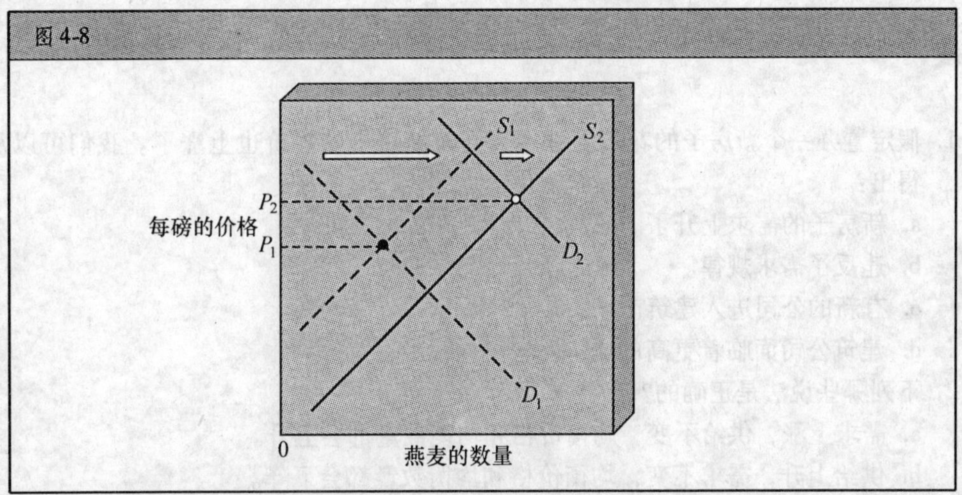

售票处存在价格限制吗?

票贩子的存在证明了票的短缺，也说明购票者无法以官方价格买到票。如图4-9所示，票贩子（通常是非法的）以高于官方的价格出售短缺的票而获得利润。

图4-9

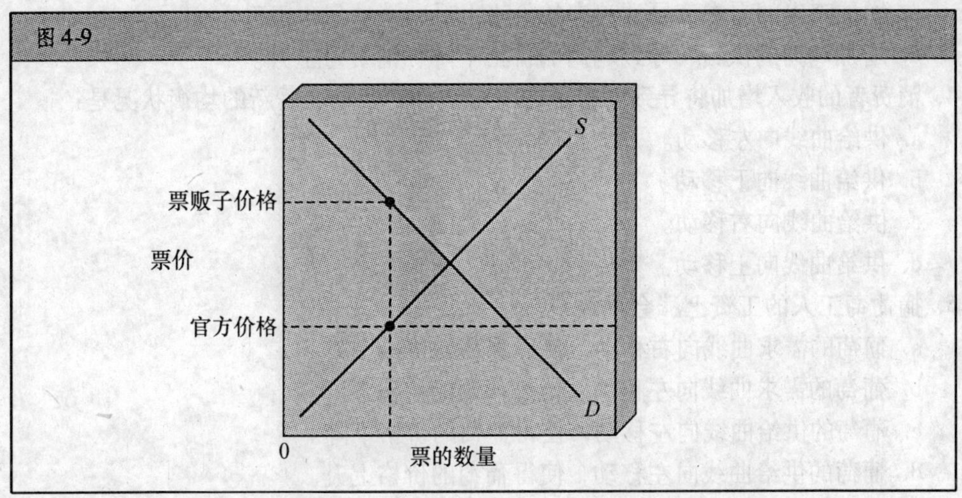

当价格被限定在均衡价格以下时就会出现短缺，这就是价格上限会出现的情况。如果你认为因为票贩子总是会收取高于官方价格上限的价格，因此只要存在价格上限就会存在票贩子，那么你就是对的。

应该发动禁毒大战吗？

滥用毒品不仅会影响使用毒品的人，也会对其他社会成员产生影响。举例来说，犯罪率的大幅度上升很大程度上可归咎于吸毒者的增加，艾滋病的传播也常常是因为吸毒人员使用了没有消毒的针头。如果一个人的行为对旁观者产生了影响，市场就会失灵，从而导致非效率。如果你认为因为吸毒者向非吸毒者施加了成本，所以是外部性这种市场失灵导致了政府干预毒品市场，那么你就对了。

测试

1. 假定置办一个新房子的花费上涨了，同时新房子的售价也上涨了。我们可以从中得出：
   a. 新房子的需求上升了。
   b. 违反了需求规律。
   c. 有新的公司进入建筑市场。
   d. 建筑公司面临着更高的成本。
2. 下列哪些说法是正确的？
   a. 需求上涨，供给不变，均衡价格和均衡数量都会上升。
   b. 供给上升，需求不变，均衡价格和均衡数量都会下降。
   c. 供给下降，需求不变，均衡价格下降，均衡数量上升。
   d. 以上三种说法都正确。
3. 下面考察鸡肉市场。牛肉价格的上涨将会：
   a. 减少鸡肉的需求，导致鸡肉的价格和消费量都下降。
   b. 减少鸡肉的供给，导致鸡肉的价格上升，消费量下降。
   c. 增加鸡肉的需求，导致鸡肉的价格上升，消费量也上升。
   d. 增加鸡肉的供给，导致鸡肉的价格下降，消费量上升。
4. 消费者的收入增加将导致对橙子的需求上升。调整之后新的均衡状况是：
   a. 供给曲线向左移动。
   b. 供给曲线向下移动。
   c. 供给曲线向右移动。
   d. 供给曲线向上移动。
5. 摘葡萄工人的工资上涨会导致：
   a. 葡萄的需求曲线向右移动，使得葡萄的价格上升。
   b. 葡萄的需求曲线向左移动，使得葡萄的价格下降。
   c. 葡萄的供给曲线向左移动，使得葡萄的价格下降。
   d. 葡萄的供给曲线向左移动，使得葡萄的价格上升。

6. 如果联邦政府打算提高奶酪的价格，将会：
   a. 使得政府储备的奶酪都能销售出去。
   b. 鼓励农民寻找增加奶酪产量的新方法。
   c. 对农场的设备进行补贴。
   d. 鼓励农民减少奶酪的产量。
7. 如果将房屋的租金限制在市场均衡价格以下，下列哪种情况最不可能发生：
   a. 会出现短缺和黑市交易。
   b. 现有出租房的状况会恶化。
   c. 出租房的供给将会迅速增加。
   d. 人们对于公寓的需求量将会超过其实际供给量。
8. 假设政府规定的价格上限高于由供求决定的均衡价格，将会出现：
   a. 短缺。
   b. 供给量和需求量相等。
   c. 过剩。
   d. 黑市。
9. 一个对社会产生正外部性的商品
   a. 在生产中只使用了很少的资源。
   b. 在生产中使用了太多的资源。
   c. 生产过程中达到了最佳的资源配置。
   d. 没有为其生产者提供利润。
10. 汽车尾气的污染属于以下哪种情况：
   a. 负面的机会成本。
   b. 负外部性。
   c. 生产的无效配置。
   d. 以上都不是。
11. 下面哪个是公共产品的最好实例：
   a. 铅笔。
   b. 教育。
   c. 国防。
   d. 卡车。
12. 公共物品被定义为某种产品或服务：
   a. 可以让使用者共同获得福利。
   b. 必须在公民中平均分配。
   c. 从来都不由政府提供。
   d. 包含 a 和 c。

第4章附录　医疗市场的供给和需求分析

在美国，人们每年所花的7元钱中，就有1元花费在医疗上。相对其他发达国家而言，这是个很高的比例。关于医疗的话题引起了强烈的反响，并且经常见诸于媒体。我们要如何来理解如此重要的医疗问题呢？一种方法是聆听政治家和其他相关人士规范的陈述。另一种方法是运用供求理论来分析这一问题。在这里我们要再一次地将书本上的理论知识应用于实际生活之中，从而对医疗市场有更深刻的理解。

医疗保险的影响

如同其他产品和服务一样，医疗服务的需求曲线也是向下倾斜的。需求定理适用于汽车、服装、娱乐以及其他产品和服务，同样也适用于医疗服务。医疗的需求曲线的移动是由于消费者对于医疗服务的价格做出了反应。如图4A-1所示，我们假设医疗服务（包括门诊、药物、医院的账单和其他医疗服务）可以看作一个整体。如果没有医疗保险，消费者每年会在价格为P_1时消费数量为Q_1个单位的医疗服务。假设供给曲线S代表供给的数量，市场在A点达到均衡。在此点上，医疗的成本可以用医疗的价格P_1乘以需求的数量Q_1或者用图形$0P_1AQ_1$的面积来表示。

由于医疗服务的付费方式比较复杂，关于医疗服务的需求曲线的分析也相应地比较复杂。大约有80%的医疗服务是由第三方付费的，这个第三方包括私人保险公司和政府在医疗方面的福利计划（如联邦医疗保险 Medicare 和医疗辅助保险 Medicaid）。医疗服务的价格取决于共同付费的比率，也就是消费者自己支付的比例。为了更好地理解这种影响，我们假定消费者都买了保险，并运用图4A-1来进一步加以分析。由于病人只需支付医院账单的20%，当价格降为P_2时，需求数量上升到Q_2。在需求曲线的B点上，买了保险的消费者所支付的金额为四边形$0P_2BQ_2$的面积，保险公司支付的金额为四边形P_2P_3CB面积。医疗服务的提供者会增加其供给量，在供给曲线S上由A点移动到C点，使得供给量等于需求量Q_2。由于消费者和保险公司共同支付的金额与供给曲线移动之后所要求的金额相等，所以医疗市场上没有出现短缺。用四边形表示的话，就是总的医疗支付金额$0P_3CQ_2$等于消费者支付的金额$0P_2BQ_2$加上保险公司支付的金额P_2P_3CB。

若想了解更多关于联邦医疗保险的信息，可以登录联邦政府关于联邦医疗保险的官方网站(http：//www.medicare.gov)。

结论　与没有保险的医疗市场相比，共同支付的医疗保险使得医疗服务的需求量和供给量以及医疗服务的总成本都增加了。

最后要说明图4A-1表示的是医疗市场的总体模型。单个医疗市场则会受到市场失灵的影响。例如，如果医院、医生、健康维护组织（HMOs）或者药品公司共同操纵价格，医疗市场就会缺乏竞争。如第四章中的图4-7所阐述的疫苗的例子一样，外部性也是市场失灵的原因之一。我们还认为人们应该公平地获得医疗服务。这也解释了为什么政府的联邦医疗保险（Medicare）和医疗辅助保险（Medicaid）计划要帮助老年人和穷人，使他们可以负担得起医疗费用。

图4A-1　保险对医疗市场的影响

图形专题研究

如果没有医疗保险，市场在A点实现均衡，均衡价格为P_1，均衡数量为Q_1，总支出为$0P_1AQ_1$。如果消费者购买了共同付费医疗保险，则只需支付较低的价格P_2，需求量增加为Q_2。总医疗成本上升为$0P_2CQ_2$，其中$0P_1BQ_2$由消费者支付，P_2P_3CB由保险公司支付。结果，供给量从A点上升到C点，并等于需求量Q_2。

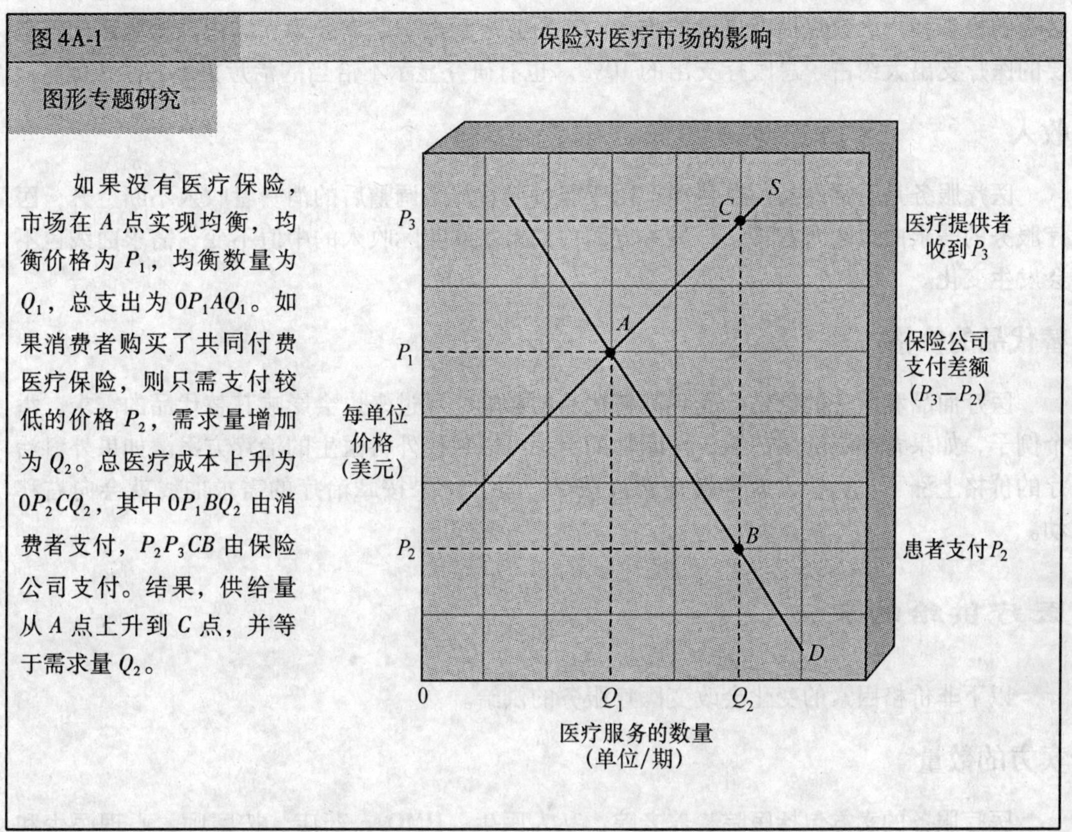

医疗需求的变化

当医疗服务的价格变化使得其需求量沿着需求曲线发生变化时，其他因素的变动也会使得需求曲线发生移动。下面列举了一些影响医疗需求的非价格性因素。

买方的数量

当人口数量增加时，医疗的需求也会随之增加。当人口总量不变时，老年人在总人口中所占的比例就十分重要。由于老年人比较容易生病，当越来越多的人进入65岁以上的年龄段时，医疗的需求就会增加。另外酗酒、吸烟和吸毒也会使得医疗的需求增加。举个例子，如果出生于吸毒者家庭的婴儿的比例上升了，医疗的需求曲线将会向右移动。

品味和偏好

消费者对于医疗的态度发生改变也会影响需求。举个例子，电视、电影、杂志和广告可能都会影响人们对整形手术的偏好。并且，医学进步得非常快，以至于我们相信大多数疾病都是可以治愈的。结果，在各个价格水平上消费者都会愿意购买更多的医疗服务。

医生们也会通过开处方来影响消费者的偏好。要谨防医生玩忽职守，或者通过增加不必要的检查和门诊数量提高自己的收入。有研究显示由于欺诈行为和滥用药物导致的不必要的医疗支出大约占了总医疗支出的10%。也有研究显示不恰当的治疗方案占了1/3。

收入

医疗服务是正常商品。在美国，由于经过通货膨胀调整后的消费者收入不断上升，医疗服务的需求曲线会向右移动。另一方面，如果家庭实际收入的中值不变，需求曲线也不会发生变化。

替代品的价格

医疗商品和服务的价格会受到其替代品的影响，反过来也会影响其替代品的需求。举个例子，如果背部不舒服的话，按摩师的治疗可以替代外科医生的治疗方案。如果外科治疗的价格上涨了，有些人就会转而选择按摩疗法。结果按摩治疗的需求曲线就会向右移动。

医疗供给的变化

以下非价格因素的变化会改变医疗服务的供给。

卖方的数量

医疗服务的卖方包括医院、养老院、私人医生、HMOs、药店、按摩师、心理医生和其他一些供给商。为了确保医疗服务的安全和质量，事实上此行业的方方面面都要受到政府或者美国医学联合会（AMA）的监管和许可。AMA 主要根据医学院的鉴定和许可要求来限制医疗执业者的数量。联邦食品药品监管局（FDA）对新药进行测试，从而会推迟新药的上市时间。对于卖方数量更严格的控制会使得医疗的供给曲线向左移动，放松控制则会使供给曲线向右移动。

生产资源的价格

用于生产医疗服务的资源的价格上升，会使得其供给曲线向左移动。迄今为止，使得医疗费用上升一个最重要的因素是技术进步。新的诊断设备、新的手术设备、新的治疗设备在医疗行业的广泛应用导致了成本的上涨。工资、薪水以及其他成本（医生玩忽职守所导致的成本）也会影响供给曲线。举个例子，如果医院在提供医疗服务时，为其投入品支付了更高的价格，那么供给曲线就会向左移动，因为只有在更高的价格水平下，医院才能提供相同数量的医疗服务。

医疗改革

1993 年 10 月，克林顿政府向议会提交了一份长达 1 336 页的关于医疗改革的提案。经过激烈讨论之后，国会驳回了这份复杂又具有争议的提案。克林顿总统的这一提案的核心是大众医疗问题。首先，此提案要求所有的雇主都要为他们的雇员提供健康保险，其次，失业人员和非劳动人口可以通过在各州建立的区域健康联盟获得医疗保障。另外，该提案还认为应该向有不良习惯的个人（例如吸烟者和酗酒者）征税，因为他们增加了医疗的成本。

克林顿计划的批评者认为如果没有大笔的额外开支，医疗服务的数量就不可能满足所有人的需要，结果就会产生价格控制和配额限制（回顾图 4-5）。总之，批评者认为，克林顿的提案如同建立了一个新的官僚体系，进一步加强了政府对医疗行业的干预。

2003 年，议会通过了这项法案，这使得 1965 年就写入法律的医疗保障方案产生了深刻的变革。一开始，政府将投入 4 亿美元补贴处方药，补贴形式是向在药店购买药品的老年人发放打折卡，从而可以享受 15%~25% 的折扣。接下来，在 2006 年将对联邦医疗保险进行改革，届时将对药品发放补贴。如同大家所想象的那样，保险公司将会销售处方药保险，老年人可以选择每月大概交纳 35 美元的保险方案。这项法案最有争议的内容就是从 2010 年开始，允许保险公司在六个大城市试验区同联邦医疗保险竞争，批评者声称这就是医疗保障方案私有化的开端。

第 5 章 需求价格弹性

本章概述

假如你是一个摇滚乐队的经理。你正在考虑提高票价，但又不知道歌迷会作何反应。假定你学习过经济学，并且了解需求规律。当票价升高的时候，需求量就会下降，反之亦然。因此，你必须要知道如果乐队的票价上涨，有多少歌迷会买票。如果票价为 25 美元，销量是 20 000 张，当票价上涨到 30 美元的时候，只能卖出 10 000 张。这样一来，票价上涨 5 美元，销售量就会下降一半。

你应该如何制定票价呢？是高价少销还是低价多销呢？答案要取决于当乐队的需求曲线上的点移动时总收入的变化量。当票价为 30 美元时，总收入可能是 300 000 美元，如果你将票价定为 25 美元，一场演出的总收入能达到 500 000 美元。你认为当票价定在 20 美元时会怎样？

本章将会教你如何计算当价格变动一个百分比时，需求量的变动的百分比，然后再将其与总收入联系起来。关于价格敏感程度的知识对于商品和服务的定价以及定位其目标市场是至关重要的。本章结尾将会分析价格弹性的决定因素，比如商品的可替代性、该商品的支出占消费者预算的份额。

在本章，你将学会解决以下经济学问题：

- 不论票价如何变化，乐队演出的总收入都能保持不变吗？
- 香烟的需求对于其价格的敏感程度是怎样的？
- 如果议会禁止在美国销售日本产的豪华汽车，那么梅赛德斯、宝马、捷豹等高级汽车的销量会发生怎样的变化？

需求价格弹性

我们在第三章学习需求曲线时，重点考察需求规律。需求规律表明商品和服务的价格与其需求量呈反方向变化。本章将会重点考察价格变动和需求量变动之间的相关程度。现在我们要问，当价格下降 n 个百分点时，需求量会上升多少个百分点？会是 10 个吗？

需求价格弹性的中点公式

经济学家运用需求价格弹性来衡量消费者对于价格变动的反应或者说是敏感程度。需求价格弹性是需求量变动的百分比与该商品价格变动的百分比之间的比率。假设某大学的

需求价格弹性
需求量变动的百分比与价格变动的百分比之间的比率。

注册人数因为学费上涨了 10% 而下降了 20%。这样，需求价格弹性就是 2（-20%/+10%）。这个 2 意味着当价格（学费）每变动 1 个百分点时，需求量（注册人数）就变动 2 个百分点。在这个 2 之前要加上一个负号，是因为需求量和价格呈反方向变化。然而，经济学家们通常会去掉负号，这是因为我们都知道价格与需求量是负相关的。

数字 2 就是一个弹性系数，经济学家通常用这个系数来衡量弹性大小。弹性的公式是：

$$E_{\mathrm{d}}=\frac{\text{需求数量变动的百分比}}{\text{价格变动的百分比}}$$

这里 E_{d} 代表需求弹性系数。我们在使用这个公式的时候要小心，有一个问题需要注意。我们回过头分析本章概述中所提到的摇滚乐队的例子。假设该乐队将票价从 25 美元提高到 30 美元，销售量将会由 20 000 张下降到 10 000 张。我们来计算一下弹性系数：

$$E_{\mathrm{d}}=\frac{\%\Delta Q}{\%\Delta P}=\frac{\dfrac{10\,000-20\,000}{20\,000}}{\dfrac{30-25}{25}}=\frac{-50\%}{20\%}=-2.5$$

现在我们来计算当价格下降时，需求曲线上相同点之间的弹性系数。若起始点票价为 30 美元，当票价下降至 25 美元时，销售量由 10 000 张上升到 20 000 张。此时，乐队可以计算出一个截然不同的弹性系数，如下式：

$$E_{\mathrm{d}}=\frac{\%\Delta Q}{\%\Delta P}=\frac{\dfrac{20\,000-10\,000}{10\,000}}{\dfrac{25-30}{30}}=\frac{100\%}{-17\%}=-5.9$$

需求曲线上的相同两点之间的弹性系数不同是有原因的（价格上升时弹性为 2.5，价格下降时弹性为 5.9）。一般的方法是选择起始点作为基准，然后计算变动的百分比。但是，需求价格弹性涉及了两个可能的起始点（P_1，Q_1 或者 P_2，Q_2）。为解决这个问题，经济学家采用价格和需求量的中点作为变动的起始点。需求价格弹性的中点公式如下：

$$E_{\mathrm{d}}=\frac{\text{需求量的变动}}{\text{总的需求量}/2}\div\frac{\text{价格的变动}}{\text{总的价格}/2}$$

也可以表示为：

$$E_{\mathrm{d}}=\frac{\%\Delta Q}{\%\Delta P}=\frac{\dfrac{Q_2-Q_1}{(Q_1+Q_2)}}{\dfrac{P_2-P_1}{(P_1+P_2)}}$$

Q_1 代表第一个需求量，Q_2 代表第二个需求量，P_1 和 P_2 分别代表第一个和第二个价格。这样一来，我们就可以用需求量的变化量除以平均需求量，再除以价格的变化量除以平均价格的值。

因为我们找到了平均值，所以无论 Q_1 或 P_1 是第一个还是第二个数字都没有关系。需要注意的是，我们去掉了（Q_1+Q_2）和（P_1+P_2）中的数字 2，因为 2 在分子分母中都有，所以消去了。现在我们可以利用中点公式计算弹性系数，不管乐队的价格是由 25 美元上升到 30 美元还是由 30 美元下降到 25 美元，其需求价格弹性均为 3.7。

$$E_d = \frac{\frac{Q_2 - Q_1}{Q_1 + Q_2}}{\frac{P_2 - P_1}{P_1 + P_2}} = \frac{\frac{10\ 000 - 20\ 000}{20\ 000 + 10\ 000}}{\frac{30 - 25}{25 + 30}} = \frac{-33\%}{9\%} = -3.7$$

和

$$E_d = \frac{\frac{Q_2 - Q_1}{Q_1 + Q_2}}{\frac{P_2 - P_1}{P_1 + P_2}} = \frac{\frac{20\ 000 - 10\ 000}{10\ 000 + 20\ 000}}{\frac{25 - 30}{30 + 25}} = \frac{33\%}{-9\%} = -3.7$$

需求价格弹性的总收入计算

如同中点公式反映的那样，需求量对于价格的反应程度决定了弹性系数的大小。弹性系数的大小有三种可能性：(1) 分子大于分母，(2) 分子小于分母，(3) 分子等于分母。图 5-1 表明了摇滚乐队面临的三种情况。

需求富有弹性

需求量变动比率大于价格变动比率的一种情况。

总收入

公司在销售某种商品或服务时获得的收入总数，等于价格乘以需求量。

需求富有弹性（$E_d > 1$）假设摇滚乐队的需求曲线如图 5-1 (a) 所示。运用上述中点公式，去掉 2 这个除数，如果乐队将票价从 30 美元降到 20 美元，需求量就会由 10 000 张增加到 30 000张。这意味着每当票价下降 20%，需求量就会上涨 50%。因此，$E_d = 2.5$，需求是富有弹性的。所谓**需求富有弹性**是指需求量变动比率大于价格变动比率的一种情况。当弹性系数大于 1 时，需求是富有弹性的。因为需求量变动的百分比大于价格变动的百分比，价格下降会导致**总收入（TR）**增加。总收入是公司在销售某种商品或服务时所获得的收入总数，等于价格乘以需求量。也许区分需求是有弹性的、单一弹性的还是无弹性的最简单的方法就是观察当价格变化时，总收入的反应。举个例子，在图 5-1 (a) 中，当价格为 30 美元时，总收入为 300 000美元。当价格为 20 美元时，总收入为 600 000美元。比较需求曲线下方的阴影四边形，它代表每个价格对应的总收入。灰色区域是不受价格变化影响的总收入数额。请注意当票价为 20 美元时，阴影区域的面积（400 000 美元）比票价为 30 美元时损失的白色区域的面积（100 000 美元）要大。当乐队将票价由 30 美元降为 20 美元时，就增加了 300 000 美元的净收入。

为什么Delta航空公司在假期来临之前降低票价？Delta航空公司认定机票是富有弹性的，它认为当票价降低时，其需求量会更高，并足以抵消机票下降带来的损失。若想获得更多Delta航空公司的信息和其价格策略，请登录该公司的网站(http://www.delta.com/)。

需求缺乏弹性

需求量的变化率小于价格变化率的情形。

需求无弹性（$E_d < 1$）图 5-1 (b) 中的需求曲线是缺乏弹性的，需求量的变化率小于价格变化率。当乐队票价从 30 美元降到 20 美元时，销售量只增加了 5 000 张（从 20 000 张到25 000 张）。运用中点公式，票价下降 20% 使得需求量上升 11%。这意味着 $E_d = 0.55$，需求是缺乏弹性的。所谓**需求缺乏弹性**是指需求量的变化率小于价格变化率的情形，此时弹性系数小于 1。当需求缺乏弹性时，价格的下降使得总收入从600 000

美元下降到 500 000 美元。请注意阴影部分的净减少量。

图 5-1　价格下降对总收入的影响

图形专题研究

这三幅不同的需求曲线图显示了音乐会票价下降和总收入变动之间的关系。在图（a）中，需求曲线在 A 点和 B 点之间是富有弹性的。需求量变动的百分比大于价格变动的百分比，$E_d > 1$。随着票价从 30 美元下降到 20 美元，总收入从 30 万美元增加到 60 万美元。

图（b）显示了在 C 点和 D 点之间需求曲线缺乏弹性的情形。需求量变动的百分比小于价格变动的百分比，$E_d < 1$。随着票价从 30 美元下降到 20 美元，总收入从 60 万美元下降到 50 万美元。

图（c）表示的是单位弹性的需求曲线。在 E 点和 F 点之间，需求量变动的百分比等于价格变动的百分比，$E_d = 1$。随着票价下降，总收入不变，仍然为 60 万美元。

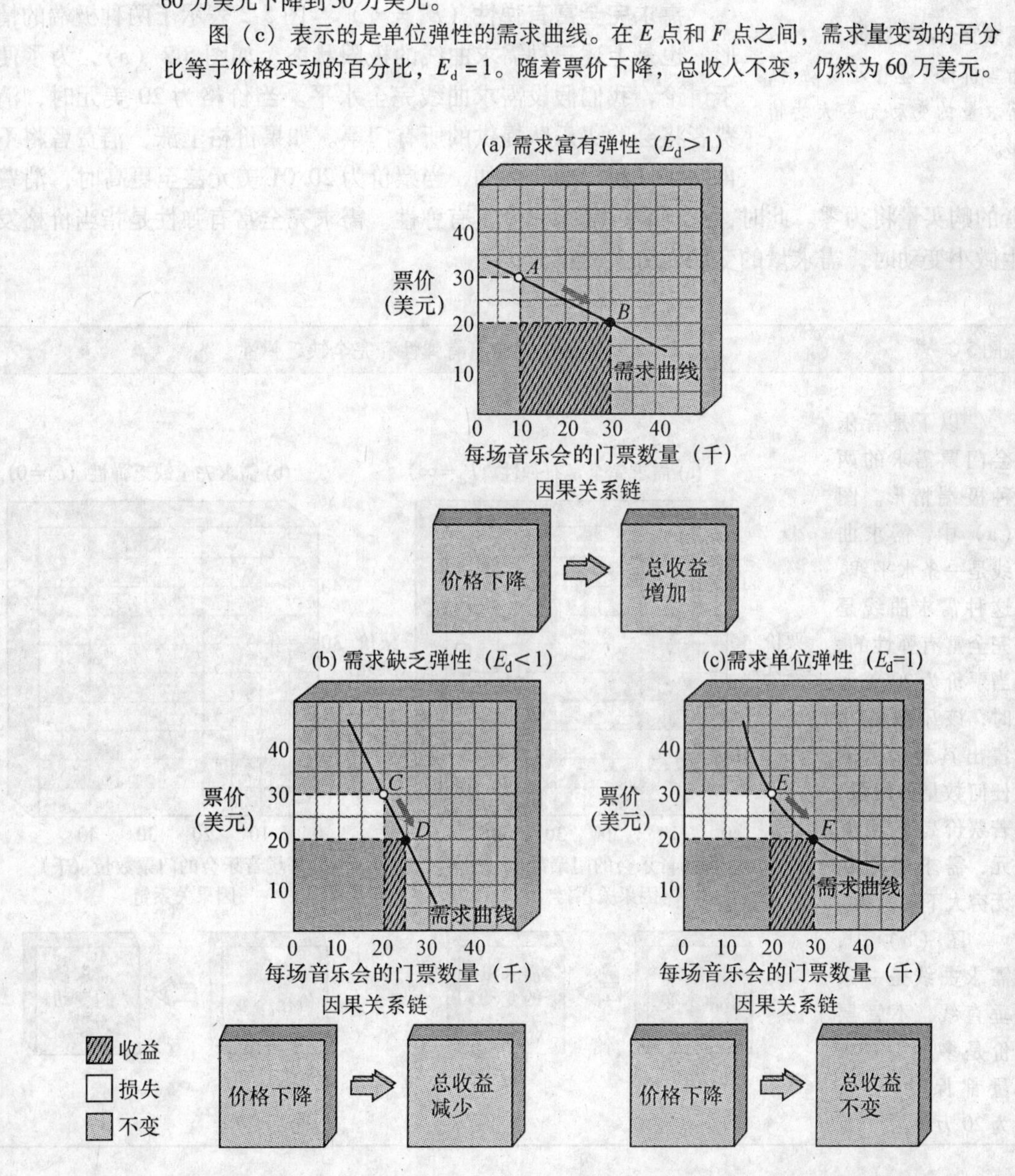

需求单位弹性
需求量的变化率等于价格变化率的情形。

需求单位弹性（$E_d = 1$） 还有一种非常有意思的情形，就是需求曲线既不富有弹性，也不缺乏弹性。图 5-1（c）表示无论价格变动率是多少，需求量都发生相同比率的变化。当这种情况发生时，该种商品和服务的总支出不会因为价格的改变而改变。如果乐队将票价从 30 美元降到 20 美元，需求量就从 200 000 张增加到 300 000 张。因此，运用中点公式，价格减少 20% 会使得需求量上升 20%。在这种情况下，需求是单位弹性的（$E_d = 1$），同时总收入保持在 600 000 美元不变。**需求单位弹性**被定义为需求量的变动率等于价格的变动率的情形。因为价格变动的百分比等于需求量变动的百分比，因此无论价格怎样变化，总收入都不变。

需求完全富有弹性
指当价格发生微小变动时，需求量的变动无穷大的情形。

需求完全富有弹性（$E_d = \infty$） 图 5-2 表示了两种极端的情形，也是上述三种需求曲线的极限状态。如图 5-2（a），为了便于讨论，我们假设需求曲线完全水平。当价格为 20 美元时，消费者将会购买乐队提供的所有门票。如果价格上涨，消费者将不再购买任何门票。例如，当票价为 20.01 美元甚至更高时，消费者的购买量将为零。此时，$E_d = \infty$，需求完全富有弹性。需求完全富有弹性是指当价格发生微小变动时，需求量的变动无穷大的情形。

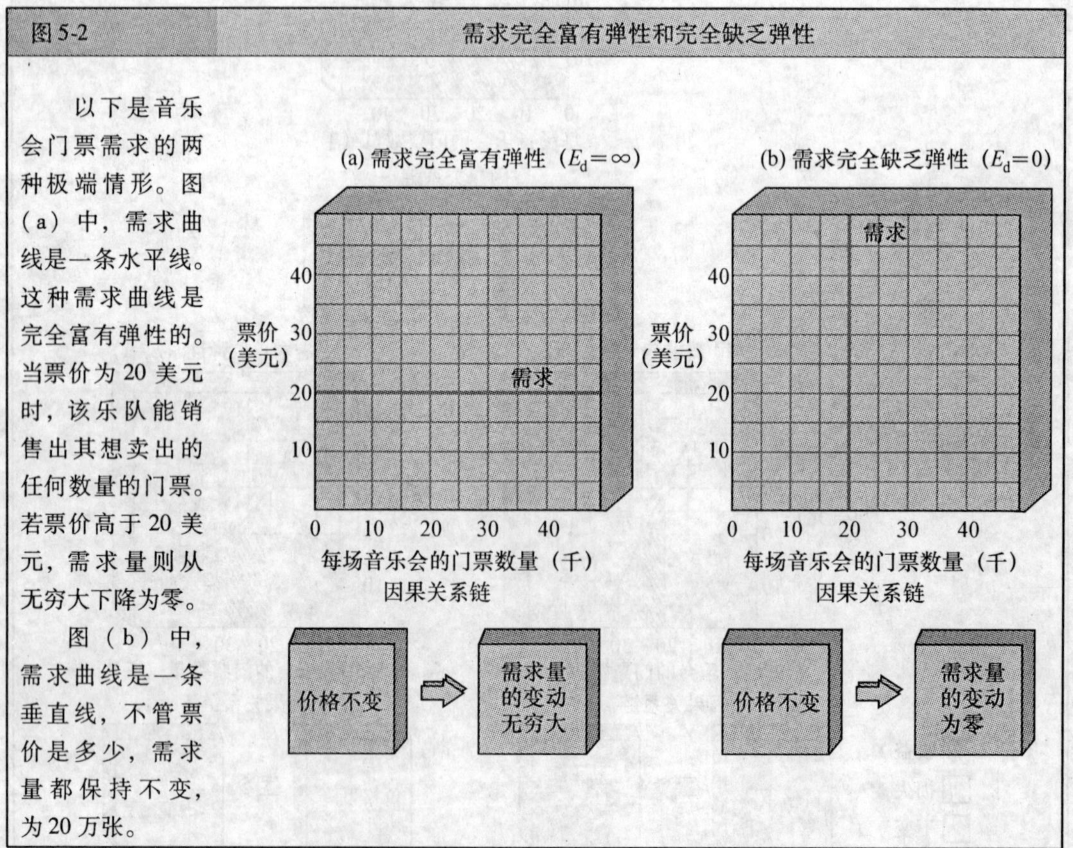

图 5-2 需求完全富有弹性和完全缺乏弹性

以下是音乐会门票需求的两种极端情形。图（a）中，需求曲线是一条水平线。这种需求曲线是完全富有弹性的。当票价为 20 美元时，该乐队能销售出其想卖出的任何数量的门票。若票价高于 20 美元，需求量则从无穷大下降为零。

图（b）中，需求曲线是一条垂直线，不管票价是多少，需求量都保持不变，为 20 万张。

需求完全缺乏弹性

指当价格发生变动时，需求量始终不变的情形。

需求完全缺乏弹性（$E_d=0$）　表 5-2（b）表示的是另一种极端情形，是一条完全垂直的需求曲线。不论乐队的票价是高还是低，需求量均为 20 000 张。这样的需求曲线是完全没有弹性的，$E_d=0$。需求完全缺乏弹性是指当价格发生变动时，需求量始终不变的情形。

图 5-3 总结了需求价格弹性的变化区域。

图 5-3　需求价格弹性的术语

弹性系数	定义	需求	图形
$E_d>1$	需求量变动的百分比大于价格变动的百分比	富有弹性	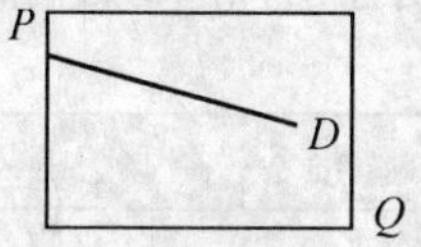 P D Q
$E_d<1$	需求量变动的百分比小于价格变动的百分比	缺乏弹性	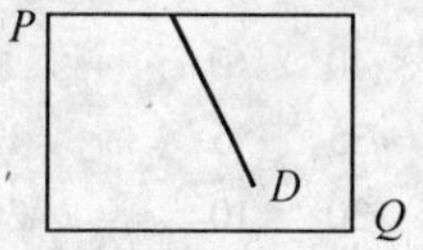 P D Q
$E_d=1$	需求量变动的百分比等于价格变动的百分比	单位弹性	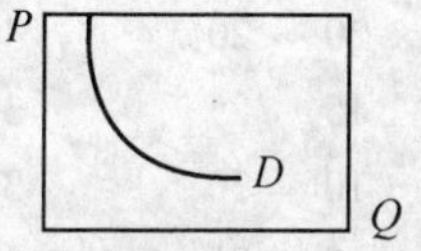 P D Q
$E_d=\infty$	当价格变动时，需求量的变动是无限的	完全富有弹性	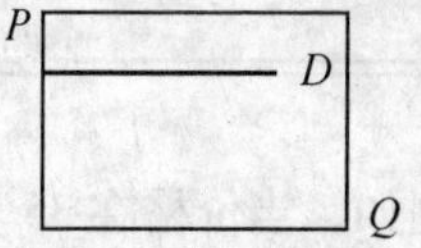 P D Q
$E_d=0$	当价格变动时，需求量不变	完全缺乏弹性	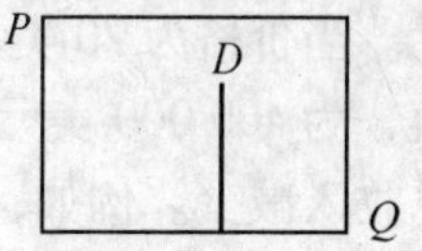 P D Q

需求价格弹性沿着同一条需求曲线的变化

当我们沿着一条向下倾斜的线性需求曲线移动时，需求价格弹性也会随着变化。图 5-4（a）表示的就是一条线性需求曲线，（b）则是相应的总收入曲线。沿着需求曲线，价格由 40 美元下降至 35 美元，再降至 30 美元，再到 25 美元，依此类推。图 5-4 中的表格列出了不同价格水平下的总收入和弹性系数（E_d）。当沿着需求曲线的上段向下移动时，需求价格弹性降低，总收入增加。

图 5-4 沿着一条假想的需求曲线弹性和总收入的变化

图形专题研究

图（a）显示了线性的需求曲线及其三个弹性区域。当价格位于40美元和20美元之间时，需求是富有弹性的。当价格为20美元时，需求是单位弹性的，总收入达到最大值。当价格在20美元和5美元之间时，需求缺乏弹性。若价格在这一区间下降，总收入也随之而减少。

图（b）描绘出了总收益（*TP*）曲线，可以看出它与价格弹性之间的关系。

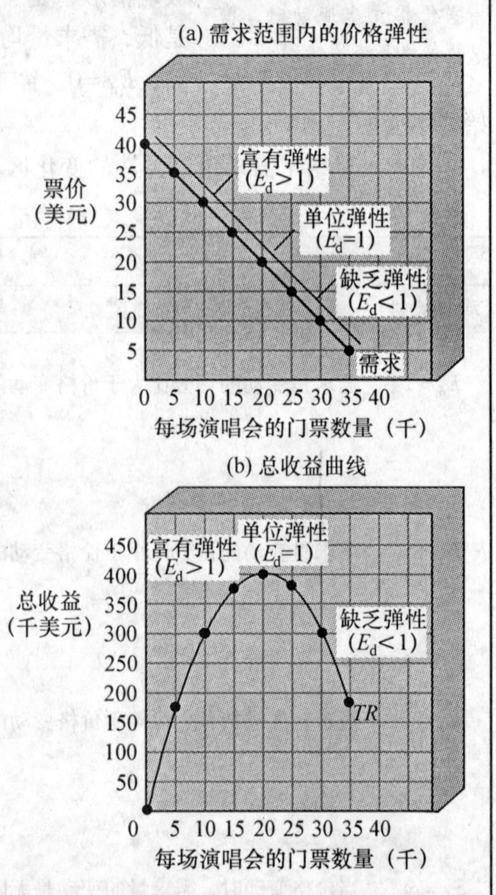

沿着一条假想的需求曲线计算总收益和弹性

价格	数量	总收益（千美元）	弹性系数（E_1）	需求价格弹性
$ 40	0	$0		
			15.00	富有弹性
35	5	175		
			4.33	富有弹性
30	10	300		
			2.20	富有弹性
25	15	375		
			1.29	富有弹性
20	20	400		
			1.00	单位弹性
15	25	375		
			0.78	缺乏弹性
10	30	300		
			0.45	缺乏弹性
5	35	175		
			0.23	缺乏弹性

例如，当价格在35美元和30美元之间变化时，需求价格弹性为4.33，因此，这一段需求曲线富有弹性（$E_d>1$）。在这两个价格之间，总收入由175 000美元增加至300 000美元。当价格为20美元时，需求具有单位价格弹性（$E_d=1$），此时对应的总收入达到最大值，为400 000美元。当我们继续移动至需求曲线的下段时，需求的价格弹性系数小于1，总收入减少。例如，当价格在15美元和10美元之间变化时，需求的价格弹性是0.45，因此，该段曲线的需求是缺乏弹性的（$E_d<1$）。在这两个价格之间时，总收入由375 000美元减少至300 000美元。

结论 需求的价格弹性系数仅适用于特定的价格区间。

如图5-4（a）那样，在需求曲线上富有弹性、单一弹性、缺乏弹性的区间同时存在的情况并非巧合。事实上，*任何一条向下倾斜的线性需求曲线都有这三种类型的价格弹性区间*。当我们沿着曲线向下移动的时候，首先是富有弹性区间；其次是单一弹性区间；再次就是缺乏弹性区间。为什么会呈现这样的情况呢？不妨回忆一下前面的知识，需求价格弹性是变化百分比的比率。在需求曲线的上端，需求量较低而价格较高。需求量每变化1单位会导致较大的百分比变化，反之，价格每变动1美元只会导致相对较小的百分比变化。在曲线的下端，则情况相反。1单位需求量的变化会意味着较小的百分比变化，而价格每变动 1 美元则意味着相对较大的百分比变化。现在，我们停下脚步，回过头看图 5-1 中的（a）和（b）。如果沿着整条需求曲线来观察价格的变化，我们就会发现富有弹性、单位弹性以及缺乏弹性的区间。

图 5-5 概括了弹性、价格变动及总收入之间的关系。

图 5-5　弹性，价格变动和总收益之间的关系

需求价格弹性	弹性系数	价格	总收益
富有弹性	$E_d > 1$	↑	↓
富有弹性	$E_d > 1$	↓	↑
单位弹性	$E_d = 1$	↑↓	不变
缺乏弹性	$E_d < 1$	↑	↑
缺乏弹性	$E_d < 1$	↓	↓

需求价格弹性的决定因素

经济学家估计了多种商品和服务的需求价格弹性。图 5-6 列出了部分估计结果，从中可以看出弹性系数的差异较大。比如，汽车和瓷器的需求是富有弹性的；相反，珠宝、手表及电影院和歌剧院入场券的需求是缺乏弹性的。轮胎、电子管的需求则近乎单位弹性。为什么这些产品的需求价格弹性会有如此大的差异？这些差异是由如下因素引起的。

> 可口可乐和百事可乐是相近的替代品，而且都是需求相对富有弹性的。可口可乐公司(http://cocacola.com/)和百事可乐公司(http://pepsi.com/)采用什么策略使它们的产品相对缺乏弹性呢？

图 5-6　估计的需求价格弹性

项目	弹性系数	
	短期	长期
汽车	1.87	2.24
瓷器	1.54	2.55
电影	0.87	3.67
轮胎和电子管	0.86	1.19
铁路运输	0.62	1.59
珠宝和手表	0.41	0.67
医疗	0.31	0.92
住房	0.30	1.88
汽油	0.20	0.70
电影院和剧院的票价	0.18	0.31
国外旅游	0.14	1.77
航空旅行	0.10	2.40

资料来源：Robert Archibald and Robert Gilingham，“使用家庭用户调查数据对汽油的短期消费需求的分析”，经济与统计评论 62（Nov，1980）：pp. 622-628；Hendrik S. Houthakker and Lester D. Taylor. 英国的消费需求：分析和展望（马萨诸塞州剑桥，哈佛大学出版社，1970），pp. 56-149；Richard Voith“铁路运输的长期需求弹性”，城市经济学杂志 30（Nov. 1991）：pp. 360-372。

要点考查

各航空公司会纷纷降低夏季机票价格吗?

美国航空公司考虑到其销售额不理想，宣布今年夏季降低票价。比如，由纽约飞往洛杉矶的机票由原来的500美元降至420美元。从美国航空公司提出的优惠来看，它们认为需求是富有弹性、单位弹性、还是缺乏弹性?

替代品的可获得性

对需求价格弹性影响最大的就是其替代品的可获得性。如果一个商品有相似替代品，其需求弹性会更大。如果轿车的价格上涨，人们就会转而使用公汽、火车、自行车或步行。可用的公共运输工具越多，当轿车价格改变时，其需求量变动的反应程度越大。当消费者拥有的选择有限时，则商品或服务的需求更加缺乏价格弹性。如果烟草制品的价格上涨，人们仍不会放弃购买，因为它的替代品极少，而且对大多数烟民而言，不吸烟是难以忍受的。

结论 产品的需求价格弹性系数直接取决于好的替代品的可获得性。

价格弹性还取决于衡量需求的市场。比如，有研究表明雪佛莱牌汽车的价格弹性比普通汽车的价格弹性大。雪佛莱汽车不仅要与通用、福特、戴姆勒·克莱斯勒、丰田等厂商生产的汽车竞争，还要与公共汽车及火车竞争——它们都是雪佛莱汽车的替代品。但是，对于大众品牌的汽车而言，这些品牌的汽车就不再是其竞争者。相反，汽车的替代品如公共汽车、火车，同样也是雪佛莱牌汽车的替代品。简言之，与其他汽车相比，雪佛莱汽车有更多相似的替代品。

要点考查

贸易制裁会影响汽车的需求弹性吗?

假设国会禁止在美国市场上销售日本豪华汽车，如雷克萨斯、阿库拉。这样的贸易制裁会如何影响美国市场上的奔驰、宝马、捷豹等品牌汽车的需求价格弹性?

国际经济学

全球吸烟问题

适用概念：需求的价格弹性

吸烟是可预防的导致死亡的原因之一。下面这则短小的报告调查了世界上某些国家的吸烟情况。

- *加拿大*。在所有的公共场所、公共汽车及加拿大航空公司的所有航班上，都是禁止吸烟的。严禁一切烟草广告，联邦和省级政府都对烟草征收高额营业税。将征得的烟草税用于投资建设国家医疗保健项目。每盒包装的中间位置必须标示吸烟危害健康的图解说明，诸如满嘴黄牙、肺癌。
- *欧盟*。欧洲议会要求在香烟包装上印刷一些图片来描述吸烟的危害，并禁止各种形式的烟草广告。在所有成员国的香烟包装盒上均印刷有如下警告语：吸烟会导致慢性和痛苦死亡。
- *英国*。英国政府对焦油和尼古丁含量高的香烟征收附加税。禁止一切香烟广告，但在公共场合吸烟是合法的。然而，有些餐馆（如必胜客）的全国范围的连锁店都禁止吸烟。
- *日本*。吸烟是日本人的恶习。吸烟适合他们疯狂的生活方式，大多数20岁以下的日本男性都吸烟。政府是日本烟草公司的最大投资者，而且日本烟草公司是世界第三大跨国烟草公司。禁止在电视、广播、电影、报纸及其他媒体上做烟草广告，但是广告牌除外。2003年，一项限制吸烟的法律的颁布促进了吸烟室的建设，用以隔离公众中的吸烟者。
- *美国*。自1964年开始，政府要求在烟草广告（包括广告牌和印刷广告）上增加健康警示。1971年，电视烟草广告被禁播。绝大多数州都禁止在州级建筑物内吸烟。联邦政府也限制人们在联邦政府办公室和军用设施等地吸烟。1998年，参议院对立法限制青少年吸烟展开了热烈讨论。这一提案的通过将使每包香烟的价格在5年内上涨1.10美元，烟草行业在未来25年也将多支付3 690亿美元。反对者表示，价格上涨对低收入者而言将是很沉重的税负，而政府会将这笔巨额税收收入用于其额外项目和开支。支持者反驳道，这一提案并非意在税收，而是针对美国人过早死于烟草所致疾病的问题。最终，由于参议院内部对此问题分歧过大，以致当年该烟草提案未能通过。

在美国和其他高收入国家，烟草的需求价格弹性的估计值为0.62，即缺乏弹性。这意味着如果香烟价格上涨10%，其消费量会减少约6%。①香烟的需求价格弹性也会因为教育水平的不同而呈现差异。与受教育水平高的成年人相比，受教育水平较低的人对价格更为敏感。这正好印证了“短视”理论，即受教育水平低的人比受教育水平高的人更看重现在，或者称之为“短视”。因而，受教育水平低的个人更容易受香烟价格变动的影响。②另一项2000年的研究证实，教育对香烟的使用量有很强的负面影响，尤其是对高收入的消费者而言。由于众所周知的危害，家有婴幼儿的妇女会减少吸烟量。③

发表在《健康经济学》上的一项研究，对34 145个年龄在15到29岁之间的人进行了调查，以评估吸烟量和香烟价格之间的关系。香烟的需求是缺乏价格弹性的，且与年龄负相关。15岁到17岁之间人群的价格弹性为0.83，18到20岁间为0.52，21岁到23岁间为0.37，24岁到26岁间为0.20，27岁到29岁间为0.09。因此，年龄小的人更容易因为价格上涨而减少吸烟量。④

分析问题

根据上面的讨论，说明影响香烟的需求价格弹性的因素是什么？还有哪些本文没有提及的因素会影响它？

注释：

① Jon P. Nelson,"Cigarette Demand , Structural Change, and Advertising Bans: Interriational Evidence, 1970-1995," Contribution to Ecouomic Analysis and Policy 2, no. 1

② Frank Chaloupka et al., "Tax. Prile and Cigarette Smoking," Tobacco Control 11, no. 1 (March 2002): 62-73.

③ Joni Hersch, "Gender, In come levels, and Demand for cigarettes," Jourral of Risk and Uncertainty 21, no. 2-3 (Nov. 2000): 263-282

④ Jeffrey E. Harris and Sandra W. Chan, "The Continuum of Addiction: Cigarette Smoking in Relation to Prile amorg Americans Aged 15-29," Health Economics 8, no. 1 (Feb. 1999): 81-86

该商品在消费者预算支出中的比重

当食盐的价格变化时，消费者并不在乎。他们为什么要在乎呢？即使盐或火柴的价格翻倍，它们的开支在消费者的预算中也只占很小份额。然而，如果大学学费、餐馆的就餐费或住房价格翻倍，人们就会转而寻找替代品，因为这些商品和服务在人们总预算中占较大比例。

结论 商品或服务的需求价格弹性与其占消费者预算支出的比重直接相关。

价格随时间变化的调整

图 5-6 将弹性系数分为短期和长期两类。时间越长，消费者越能找到更多的替代品，从而能对产品的价格变化做出充分反应。不妨考虑汽油的需求。短期内，当汽油价格骤涨时，人们很难减少汽油的使用量，因为人们已经习惯了独自驾车上下班。一般来说人们在短期的反应就是减少不必要的旅程及减速行驶。如果汽油价格长时间居高不下，购车者就能找到节油的方法。他们会购买更省油（一加仑汽油能行驶更远路程）的车型，或合伙使用汽车，或选择乘坐公共汽车或直达火车。这就解释了为什么图中的长期弹性系数是 0.7，而短期弹性系数相对更小，仅为 0.2。

结论 一般而言，价格变化的持续时间越长，需求的价格弹性系数就越大。

主要概念

需求价格弹性　需求缺乏弹性　需求完全富有弹性

需求富有弹性　需求单位弹性　需求完全缺乏弹性　总收入

小结

- **需求价格弹性**衡量的是需求量对价格变动的反应程度。具体来说，需求价格弹性是需求量变动的百分比与价格变动的百分比的比率。

$$E_d = \frac{\% \Delta Q}{\% \Delta P} = \frac{\dfrac{Q_2 - Q_1}{(Q_1 + Q_2)}}{\dfrac{P_2 - P_1}{(P_1 + P_2)}}$$

- **需求富有弹性**是指当价格变化 1% 时，需求量的变化量大于 1% 的情形。需求弹性系数大于 1，意味着需求富有弹性，总收入（价格和需求量的乘积）与价格呈反方向变化。
- **需求缺乏弹性**是指当价格变化 1% 时，需求量的变化量小于 1% 的情形。需求弹性系数小于 1，意味着需求缺乏弹性，总收入随着价格的变化同方向变化。
- **单位需求弹性**是指当价格变化 1% 时，需求量的变化量也为 1% 的情形。需求弹性系数等于 1，意味着需求具有单位弹性，当价格变化时，总收入保持不变。

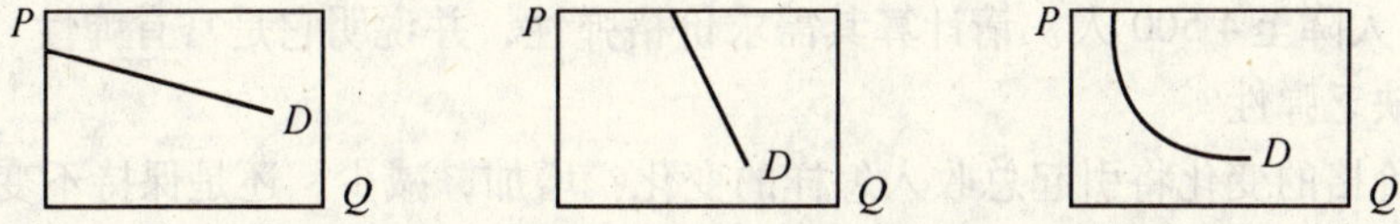

- **需求完全富有弹性**是指任何微小的价格变动都将使需求量立即下降至零的情形。在这种极端情况下，需求曲线呈水平状，弹性系数无穷大。
- **需求完全缺乏弹性**是指需求量不随价格的变化而变化的情形。在这种极端情形下，需求曲线垂直，弹性系数为 0。

- **需求价格弹性的决定因素**包括：（a）替代品的可获得性，（b）该商品在消费者预算支出中的比重，（c）允许调整的时间长度。上述因素都会直接影响需求弹性系数。

问题思考

1. 如果某一商品或服务的价格上涨，卖方的总收入减少，那么在这段需求曲线上，该商品是富有弹性还是缺乏弹性？解释原因。
2. 假定农产品的需求缺乏价格弹性。联邦政府可以采取哪些措施来提高农民收入？
3. 假定二手车的需求价格弹性系数为 3。这意味着什么？如果二手车的价格上涨 10%，将对其需求量产生什么影响？
4. 完成下列需求表格并分析

价格	需求量	弹性系数
$ 25	20	______
20	40	______
15	60	______
10	80	______
5	100	______

请指出当需求量位于下面两者之间时，对应的弹性系数是多少？

a. $p=25$ 美元和 $p=20$ 美元？

b. $p=20$ 美元和 $p=15$ 美元？

c. $p=15$ 美元和 $p=10$ 美元？

d. $p=10$ 美元和 $p=5$ 美元？

5. 假设某所大学将其学费由 3 000 美元提高至 3 500 美元。结果，注册的学生人数由 5 000 人降至 4 500 人。请计算其需求价格弹性，并说明它是富有弹性、单位弹性，还是缺乏弹性？
6. 下述价格的变化将引起总收入怎样的变化？增加，减少，还是保持不变？

   a. 价格下降，需求富有弹性。

   b. 价格上升，需求富有弹性。

   c. 价格下降，需求单位弹性。

   d. 价格上升，需求单位弹性。

   e. 价格下降，需求缺乏弹性。

   f. 价格上升，需求缺乏弹性。
7. 假设一家电影院将爆米花的价格提高了 10%，但是消费者并没有减少爆米花的购买量。从以上叙述中，你能判断出爆米花的需求价格弹性是怎样的？这样的价格上涨又将引起总收入怎样的变化？
8. 查理偏爱 Mello Yello 牌软饮料，而且不管价格高低，他每星期都会花 10 美元来购买。那么他对该饮料的需求价格弹性如何？
9. 说出下列每对商品中，哪个具有较高的需求价格弹性？

   a. 橙子或新奇士橙子。

   b. 汽车或食盐。

   c. 短期国外旅游或长期国外旅游。
10. 劲量兔的那句“keeps on going and going”广告语成为电池产品广告的经典。试解释该广告语、公司的需求价格弹性及总收入三者之间的关系。

在线练习

练习 1

登录一些大型反吸烟组织的网站：美国肺科协会（http://www.lungusa.org/），烟草资源控制中心（http://www.tobacco.neu.edu），以及由健康和人类服务协会美国分部主办（http：//www. cdc. gov/tobacco/sports_initiatives_splash. htm）的“不吸烟的孩子”（Smoke-Free Kids）。这些组织采取了哪些措施来提高香烟的需求价格弹性？

练习 2

在制订能源和环境政策时，联邦政府会考虑经济概念（如弹性）吗？登录国家环境保护总局（EPA）网站，浏览经济和环境相关资料（http：//yosemite1. epa. gov/ee/epa/eed. nsf/pages/homepage? 0pendocument）。再登录能源部门，即能源信息管理局网站（http：//www. eia. doe. gov/）。

练习 3

The Kelley Blue Book 汽车价格指南（http：//www. kbb. com/）是新车及二手车价格的重要参考。找出最新流行的两款车型——本田雅阁、福特金牛的最新报价。这两款车的价格接近吗？你认为物理属性相似的商品，在定价较接近时替代性更强，还是定价差异较大时替代性更强呢？还是你认为商品的替代程度与它们的价格差异无关？试说明你的理由。你认为本田雅阁和福特金牛两者的需求交叉价格弹性是正的还是负的？请说明理由。

要点考查答案

各航空公司会纷纷降低夏季机票价格吗？

美国航空公司肯定认为，夏季机票的需求量对价格下跌的反应很敏感。想要降价以增加总收入，则需求量增加的幅度要大于价格下降的幅度。在这种情况下，需求的价格弹性必定大于1。如果你回答，美国航空公司认为需求是富有弹性的，那你就对了。

贸易制裁会影响汽车的需求弹性吗？

由于美国消费者买不到替代品（日本豪华汽车），因此在美国市场上，奔驰、宝马、捷豹汽车的需求量对日本豪华车的价格变化不那么敏感。若你认为，消费者对奔驰、宝马和捷豹汽车的需求缺乏价格弹性，则回答正确。

测试

1. 如果在北卡罗来纳州的夏洛特，公交车费上涨，导致公共交通系统的总收入减少，这表明需求是：
   a. 富有弹性的
   b. 缺乏弹性的
   c. 具有单位弹性的

d. 完全富有弹性的

2. 下列哪一项将导致总收入的增加?

a. 当需求对价格富有弹性时，价格上涨。

b. 当需求对价格富有弹性时，价格下跌。

c. 当需求具有单位价格弹性时，价格上涨。

d. 当需求对价格缺乏弹性时，价格下跌。

3. 如果你参与的某个委员会正在研究如何提高所在城市的交响乐团的收入，你会建议提高观看交响乐票价，前提是你认为门票的需求曲线是:

a. 缺乏弹性的。

b. 富有弹性的。

c. 单位弹性的。

d. 完全富有弹性的。

4. 水平状需求曲线的需求价格弹性是:

a. 完全富有弹性。

b. 零弹性。

c. 单位弹性。

d. 缺乏弹性。

e. 富有弹性。

5. 假设对琼斯家庭来说，若每磅肉的价格为2.10美元，则其一年的购买量为110磅；当肉的价格上升至每磅3.90美元时，他们每年对肉的需求量降至90磅。那么这个家庭对肉的需求价格弹性系数是:

a. 0.33。

b. 0.50。

c. 1.00。

d. 2.00。

6. 如果某种商品的价格下跌5%，导致需求量增加3%，那么这一段需求曲线的需求价格弹性是:

a. 富有弹性的。

b. 完全富有弹性的。

c. 具有单位弹性的。

d. 缺乏弹性的。

e. 完全缺乏弹性的。

7. 芭比娃娃的制造商聘请了一位经济学家来研究其产品的需求价格弹性。他估算，在接近售价的价格范围内，该产品的需求价格弹性系数大于1。那么在此段需求曲线上，价格变化和需求量变化的关系是:

a. 富有弹性的。

b. 缺乏弹性的。

c. 完全富有弹性的。

d. 完全缺乏弹性的。

e. 单位弹性的。

8. 一个向下倾斜的线性需求曲线会出现下列哪种情况？

a. 在需求曲线上端，需求价格弹性系数较大。

b. 在需求曲线上端，需求价格弹性系数较小。

c. 在整条需求曲线上，需求的价格弹性系数为常数。

d. 斜率为正。

9. 在下列哪种情况下，商品的需求价格弹性较低？

a. 没有或只有少数的替代品。

b. 该类商品的消费占总开支的比重小。

c. 短期的需求价格弹性比长期的更低。

d. 上述答案均正确。

第6章 生产成本

本章概述

假设你一直梦想拥有一家自己的公司。这是正确的！也就是说你想成为一名企业家。你对于自己开公司异常兴奋，并渴望做出一番事业。你想自己做自己老板，而不是为他人打工。你并不仅仅止于想想而已，真正辛苦的工作和牺牲即将开始了。

你是一名电子工程师，专长于自动提款机及类似产品的电子元件的设计工作。你辞去了现有工作，将积累的资金投资于 Computech 公司（一个假想的公司）。你要租用厂房，雇用员工，购买原材料。很快，你公司的产品就生产出来了。没多久，你便发现成本影响着你对新投资项目所做出的每个决策。

本章的学习目的是研究生产及其与各种成本之间的关系。不管你的公司是新兴的小规模企业还是跨国巨型企业，熟悉成本是企业经营成功的必要条件。在本章及接下来的两章中，我们将跟随 Computech 公司，学习生产的基本原理，以及各种成本如何随产量的变化而变化。

在本章中，你将学会解决以下经济学问题：

- 会计说公司是盈利的，而经济学家则认为公司是亏损的。为什么会出现这样的差异？
- 短期和长期之间的区别是什么？
- 为什么多银幕电影院替代了单银幕电影院？

成本和利润

经济学的一个基本假设是企业决策动机为利润最大化。经济学家也意识到，企业的经营者有时会追求其他目标，如向联合慈善基金会捐款或为追求自我满足而建立集团帝国。然而，利润最大化理论能最好的解释公司经营者为何会选择某一特定生产规模和价格水平。为了更好地理解企业的原始驱动力——利润，我们必须区分经济学家和会计对成本的不同理解。

显性成本和隐性成本

显性成本
向厂商以外的生产要素所有者支付的费用。

经济学家将总机会成本定义为显性成本与隐性成本之和。**显性成本**是向厂商以外的生产要素所有者支付的费用。在 Computech 公司的例子中，显性成本包括支付给劳动力的工资、支付给工厂的租金、电费、原材料费用及医疗保险费，这些费用是对厂商以外的生产要素所有者的实际支付。

隐性成本
使用企业自有资源的机会成本。

隐性成本是使用企业自有资源的机会成本。由于企业没有对外发生实际支付，因而是资源的机会成本。当你创建 Computech 公司时，你放弃了在其他公司担任电子工程师并获得薪水的机会。当你将自己的资金投资于新创建的公司时，你放弃了获取利息的机会。同时你还使用自己的房子来贮存公司产品。虽然你没有向其他人支付费用，但你却放弃了获取租金的机会。

经济利润和会计利润

在日常的使用中，利润一词的定义如下：

利润 = 总收入 - 总成本

经济学家们将上述概念称为*会计利润*。这个被普遍使用的公式在经济学中表达为：

会计利润 = 总收入 - 总的显性成本

经济利润
总收入减去显性成本和隐性成本。

由于经济决策不仅与显性成本有关，还与隐性成本有关，因此，经济学家采用经济利润的概念，而非会计利润。经济利润等于总收入减去显性成本和隐性成本，可以是正数、零或负数（经济损失）。经济利润可以用以下等式表达：

经济利润 = 总收入 - 总机会成本

或

经济利润 = 总收入 - （显性成本 + 隐性成本）

图 6-1 举例说明了会计利润与经济利润之间区别的重要性。你聘请了一家财务公司来做会计报表，以了解 Computech 公司的经营状况。图表显示，该公司在开业第一年赚取的总收入为 500 000 美元。显性成本包括工资、材料费用、利息及其他开支，总计为470 000 美元。运用标准的会计核算程序，计算出会计利润为 30 000 美元。

图 6-1 Computech 公司的会计利润和经济利润

项目	会计利润	经济利润
总收入	$ 500 000	$ 500 000
减去显性成本：		
工资和薪水	400 000	400 000
原材料	50 000	50 000
利息	10 000	10 000
其他费用	10 000	10 000
减去隐性成本：		
放弃的薪水	0	50 000
放弃的租金	0	10 000
放弃的利息	0	5 000
等于利润	$ 30 000	- $ 35 000

如果按照会计利润来分析，Computech 公司是盈利的，但实际上会计核算出的利润偏高。由于隐性成本存在主观性而难于核算，在计算会计利润时往往会忽视隐性成本。很多例子都可以说明隐性成本的重要性。作为 Computech 公司的所有者，你为了全心投入新事业而放弃了做电子工程师的 50 000 美元年薪，同时你也放弃了在此期间出租你的房子所能获取的 10 000 美元租金收入，以及将你的储蓄存入银行所能获得的 5 000 美元利息收入。将显性成本和隐性成本从总收入中扣除，Computech 公司亏损 35 000 美元。可见该公司将其资源用于电子行业，并没有收回机会成本。如果将公司资源用于其他方面或许能有更高回报。

正常利润
维持企业正常运营所必需的最低利润。赚取正常利润的企业其总收益等于其总机会成本。

你如何理解经济利润为零？它其实并不像听起来那样糟糕。经济学家们称这种情形为**正常利润**。正常利润是维持企业正常运营所必需的最低利润。经济利润为零意味着总收入刚好能支付显性成本和隐性成本。换句话说，如果将资源挪做他用，也不会带来更多收益。例如，假设某企业主获取的经济利润为零，其中包括他为别人工作可赚取的每年 50 000 美元的隐性（已放弃的）成本。这意味着所有者所赚取的收入与次优就业机会所赚取的一样多。

结论 因为企业的决策是以经济利润而非会计利润为基础，那么在教材中出现的利润一词通常指的是经济利润。

要点考查

教授该去还是该留？

马丁教授正考虑从大学辞职，创建一家咨询公司。若她从事咨询师工作，每年可以赚取 75 000 美元。为了成立公司，马丁教授必须收回一套每年能给她带来 10 000 美元租金收入的房屋，转而用作办公室。还要雇用一位秘书，每年支付给他 15 000 美元的工资。同时，她还需要从储蓄中拿出 10 000 美元作为杂费开支，附带每年会损失 1 000 美元的利息收入。另外，马丁教授在大学任教，年薪为 50 000 美元。仅仅从经济决策的角度分析，你预测教授会离开学校自己创业吗？

短期生产成本

在介绍了总成本的基本定义后，下一步我们就来学习成本理论。在本节，我们将找出短期内产量和成本之间的关系。在下一节，将介绍长期的情形。

短期和长期

固定投入
在既定的时期内数量不发生变化的投入。

如果我问你，“短期和长期的区别在哪里？”你的回答可能是，短期指时间不到 1 年，长期则是指 1 年以上。这是一个好的猜测，实际上却是错误的。经济学家是不会以特定的天数、月数或年数来区分生产决策的。相反，短期和长期的区别在于是否能够改变生产中使用的投入品或资源的数量。投入品可以分为两类——固定投入和可变投入。**固定投入**是指在既定的时期内数量不发生变化的投入。例如，厂房的规模、重型机械的生产能力等在短期内都是不能轻易改变的。当经营者决定改变产量时，这些投入依然固定不变。除了固定投入之外，厂商在生产过程中也会使用**可变投入**。可变投入是指在既定的时期内数量可以发生变化的投入。例如，经营者可以在某年雇用更少的或是更多的工人。他们也可以调整生产过程中使用的原材料数量和用电量。

可变投入
在既定的时期内数量可以发生变化的投入。

现在我们将固定投入、可变投入的概念与短期、长期结合起来理解。所谓**短期**，意味着时期非常短，至少有一种投入要素不能改变。例如，在短期中，企业能通过雇用更多的工人（可变投入）来提高产出，而企业的厂房（固定投入）规模不变。企业的厂房是最难以迅速改变的投入要素。**长期**意味着时间足够长，所有投入要素都可以改变。在长期，企业可以建造新工厂，购买新的机器设备。新的企业可以进入该行业，现有企业也可以离开这个行业。

短期
时期非常短，至少有一种投入要素不能改变。

长期
时间足够长，所有投入要素都可以改变。

生产函数

生产函数
企业所能生产的最大产出与各种要素投入量之间的关系。

在定义了投入之后，我们就可以利用生产函数的概念来描述投入是如何转化为产出的。生产函数描述的是企业所能生产的最大产出与各种要素投入量之间的关系。在研究生产函数时，我们假定技术状况是既定的。技术进步意味着既定的投入量能够带来更高的产出。

图6-2（a）显示的是鹰冠葡萄园的短期生产函数。可变投入为每天雇用的工人数，假定每个工人的工作能力相同，而且假定工厂占地面积、肥料施用量及其他投入要素都是固定不变的，因此我们的生产函数为短期函数。如果不雇用任何工人，则葡萄产量为0蒲式耳。每个工人每天能生产10蒲式耳葡萄，但在仅有一名工人的情况下，采摘、装箱、运至葡萄园等工作将耗费大量时间。若再增加一名工人，每天的产量可增加至22蒲式耳，因为分工协作及专业化可以提高工作效率。再增加4名工人则每天的产量可达到50蒲式耳。

边际产量

边际产量
在其他投入要素不变的情况下，每增加一个单位的可变投入所带来的总产出的变化。

边际产量反映的是总产量的变化与劳动力投入的变化之间的关系。其具体含义为，在其他投入要素不变的情况下，每增加一个单位的可变投入所带来的总产量的变化量。当鹰冠葡萄园雇用的工人数由0增加到1时，产量由每天0蒲式耳增加至10蒲式耳。这是多雇用1个工人所带来的结果。因此，边际产量为每人10蒲式耳。用类似的方法可以计算出不同的边际产量水平，从而描绘出如图 6-2（b）中的边际产量曲线。需要注意的是，表中的边际产量都在中点标示，这是因为总产量的变化都发生在每个增加的单位劳动力之间。

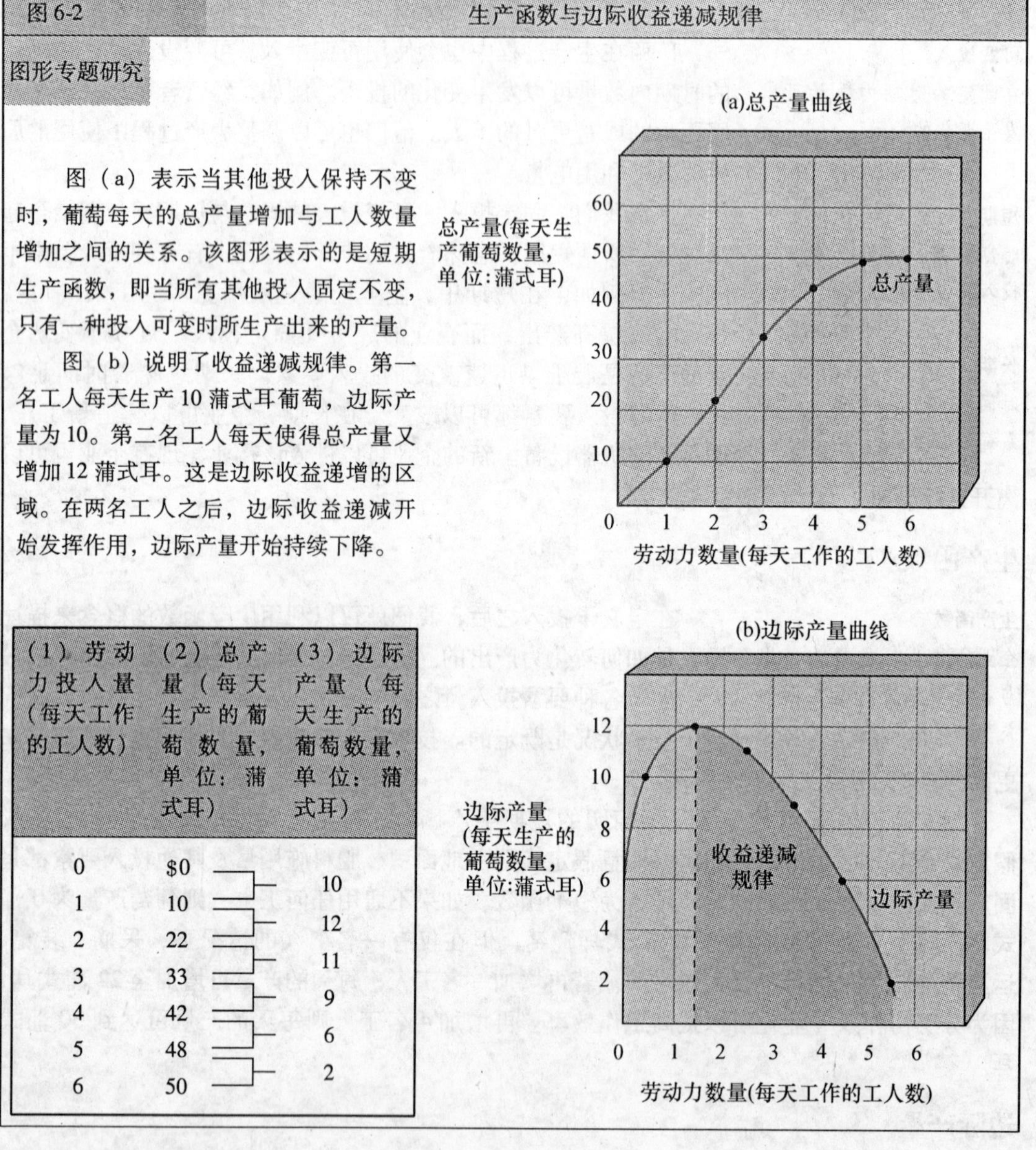

图 6-2 生产函数与边际收益递减规律

图形专题研究

图（a）表示当其他投入保持不变时，葡萄每天的总产量增加与工人数量增加之间的关系。该图形表示的是短期生产函数，即当所有其他投入固定不变，只有一种投入可变时所生产出来的产量。

图（b）说明了收益递减规律。第一名工人每天生产 10 蒲式耳葡萄，边际产量为 10。第二名工人每天使得总产量又增加 12 蒲式耳。这是边际收益递增的区域。在两名工人之后，边际收益递减开始发挥作用，边际产量开始持续下降。

（1）劳动力投入量（每天工作的工人数）	（2）总产量（每天生产的葡萄数量，单位：蒲式耳）	（3）边际产量（每天生产的葡萄数量，单位：蒲式耳）
0	$0	
		10
1	10	
		12
2	22	
		11
3	33	
		9
4	42	
		6
5	48	
		2
6	50	

边际收益递减规律

边际收益递减规律

对于某个固定要素，随着每单位可变要素的增加，超过某一点后，边际产品递减的规律。

边际收益递减规律决定了边际产量曲线的形状，是对于某个固定要素，随着每单位可变要素的增加，超过某一点后，边际产品递减的规律。由于边际收益递减规律假设固定投入不变，因此该规律是一个短期而非长期的概念。

该规律既适用于农产品，也适用于非农产品。回到图 6-2，我们可以用鹰冠葡萄园的例子来认识和解释边际收益递减规律。起初，当公司只雇用两名工人时，总产量曲线快速上升。边际产量曲线反映了总产量曲线的变化率，因为边际产量是总产量曲线的斜率。如图6-2（b）所示，从零到两个工人的区间被称为边际收益递增区间。在这个产量范围内，每增加雇用一名工人所带来的总产量的增量比前一名工人的多。

在雇用了第二名工人之后，边际收益开始出现递减，边际产量达到最大值。若雇用量超过了两名工人，边际产量也开始下降。短期生产保证这一假设条件。最终，边际产量下降，因为随着更多的工人与固定数量的土地以及生产葡萄酒的其他要素投入相配合，每个工人所拥有的土地数量下降。同样的道理也适用于在本章概述中所介绍的Computech公司的例子。假设在该公司的生产过程中，除了工人的数量可变之外，厂房规模、机器设备以及其他投入都固定不变。公司雇用的第一批工人分担了最重要的任务，进行专业化生产，因此边际收益是递增的。若该公司雇用更多的工人，边际收益开始并持续递减。原因在于随着工人数量的不断增加，他们必须与固定投入，如机器设备相配合。有些工人由于没有机器可用而不得不等待，处于就业不足的状态。同时，随着雇用工人的不断增加，他们所能分配的任务不断减少。结果，边际产量下降。在极端情况下，边际产量为负。工人们共同使用有限的厂房、机器设备和其他固定投入，就会出现越俎代庖、相互干扰的现象。没有哪个厂商会在边际产量为零或为负数时还会继续增加雇用工人。第十章更加详细地分析了劳动力市场，并说明了Computech公司到底应该如何决定雇用工人的数量。

短期成本公式

厂商必须根据不同产量水平的成本来进行短期和长期的生产决策。以Computech公司为例，你将学习短期成本和产量的两个“曲线簇”之间的关系：首先学习总成本曲线，其次学习平均成本曲线。

总成本曲线

总固定成本（TFC）
不随产量的变化而变化，即便产量为零也必须支付的成本。不管产量为多少，企业在短期内都必须承担。

总固定成本 在短期内，随着生产的不断扩大，成本可以分为两个基本类别——总固定成本和总可变成本。**总固定成本**（TFC）是不随产量的变化而变化，即便产量为零也必须支付的成本，不管产量为多少，企业在短期内都必须承担。即使一家企业（如Computech公司）不生产任何东西，它也必须支付租金、贷款利息、财产税和火险。因此，在短期内，企业主不能控制不变成本。如图6-3第二栏所示，Computech公司的总固定成本是100美元。

总可变成本（TVC）
当产量为零时也为零，随产量的变化而变化的成本。

总可变成本 当企业的产量超过零时，除了要承担总固定成本之外，还要承担总可变成本。总可变成本是当产量为零时也为零，随产量的变化而变化的成本。它包括工人每小时的工资、电费、燃料费、原材料费用等。当企业在生产过程中使用更多的投入时，其可变成本就会增加。在短期内，企业主可以通过改变产出水平来控制可变成本。图6-3的第三栏列出了Computech公司的总可变成本。

总成本（TC）
在任一产量水平下，总固定成本和总可变成本的总和。

总成本 给定总固定成本和总可变成本，企业就可以计算出**总成本（TC）**。总成本是在任一产量水平下，总固定成本和总可变成本的总和。用公式表达为：

$$TC = TFC + TVC$$

图 6-3 的第四栏列出了 Computech 公司的总成本。图 6-4（a）使用图 6-3 中的数据用图形表示出了总成本、总固定成本和总可变成本之间的关系。请注意 *TVC* 曲线随产量的变化而变化，*TFC* 曲线却不变。*TC* 曲线是 *TVC* 曲线与 *TC* 曲线和 *TVC* 曲线之间的垂直距离（即 *TFC*）的简单相加。

图 6-3 短期成本计算表

(1) 总产量 (*Q*)	(2) 总固定成本(*TFC*)	(3) 总可变成本(*TVC*)	(4) 总成本 (*TC*)	(5) 边际成本 (*MC*)	(6) 平均固定成本(*AFC*)	(7) 平均可变成本(*AVC*)	(8) 平均总成本 (*ATC*)
0	$ 100	$ 0	$ 100		—	—	—
1	100	50	150	$ 50	$ 100	$ 50	$ 150
2	100	84	184	34	50	42	92
3	100	108	208	24	33	36	69
4	100	127	227	19	25	32	57
5	100	150	250	23	20	30	50
6	100	180	280	30	17	30	47
7	100	218	318	38	14	31	45
8	100	266	366	48	13	33	46
9	100	325	425	59	11	36	47
10	100	400	500	75	10	40	50
11	100	495	595	95	9	45	54
12	100	612	712	117	8	51	59

平均成本曲线

除了总成本以外，企业还非常关注*单位成本*或者说*平均成本*。平均成本如同产品的价格一样，是按照每单位来计算的。图 6-3 最后三栏分别是平均固定成本（AFC）、平均可变成本（AVC）和平均总成本（ATC）。图 6-4（b）也描绘出了这些平均成本（或者说是单位成本）曲线。接下来分别定义这三个概念。

平均固定成本（AFC）
总固定成本除以总产量。

平均固定成本 随着产量的增加，**平均固定成本（AFC）**不断下降，平均固定成本等于总固定成本除以产量。用公式表达为：

$$AFC = \frac{TFC}{Q}$$

如图 6-4（b）所示，当产量无限增加时，*AFC* 曲线接近水平。这是因为分母 *Q* 越来越大，从而导致 *AFC* 越来越小。

图 6-4 短期成本曲线

图形专题研究

本图中的曲线是根据图6-3中的数据描绘而成的。图（a）表示每一产量水平下总成本（*TC*）是总可变成本（*TVC*）和总固定成本（*TFC*）之和。因为*TFC*曲线不随产量的变化而变化，*TC*曲线的形状由*TVC*曲线的形状决定。*TC*与*TVC*之间的垂直距离就是*TFC*。

图（*b*）中，边际成本（*MC*）曲线起初随着产量的增加而递减，达到最小值，然后再递增。*MC*曲线分别与平均可变成本（*AVC*）曲线和平均总成本（*ATC*）曲线相交，交点为各自的最低点。随着产量的增加，平均固定成本（*AFC*）曲线持续下降。*AFC*也是任一产量水平下*ATC*曲线与*AVC*曲线之间的距离。

(a)总成本与总可变成本和总固定成本之间的关系

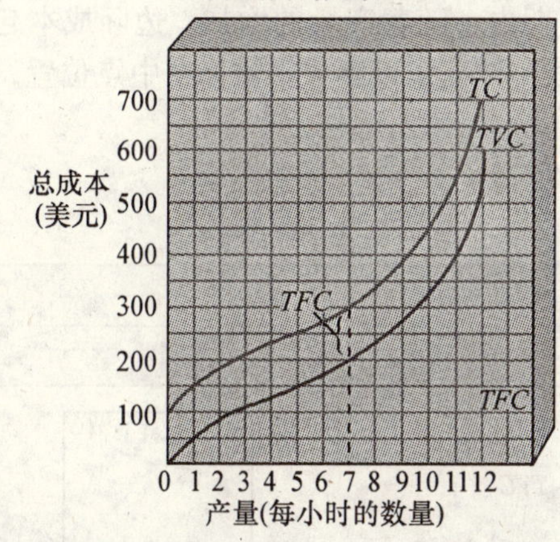

(b)边际成本与平均总成本、平均可变成本、平均固定成本之间的关系

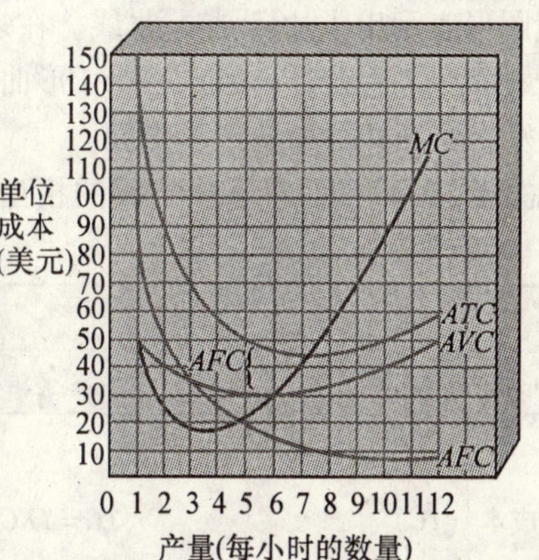

平均可变成本（AVC） 总可变成本除以总产量。

平均可变成本 在我们的例子中，**平均可变成本（*AVC*）**曲线是一条U形曲线。平均可变成本等于总可变成本除以总产量。用公式表达为：

$$AVC = \frac{TVC}{Q}$$

图6-4（b）中也描绘出了*AVC*曲线。起初，*AVC*曲线呈下降趋势，在每小时产量为6单位之后，*AVC*曲线开始上升。因此，*AVC*曲线是U形的。下一节将会解释*AVC*曲线呈U形的原因。

平均总成本（ATC） 总成本除以总产量。

平均总成本 **平均总成本（ATC）**有时候也称为单位成本。平均总成本等于总成本除以总产量。用公式表达为：

$$ATC = AFC + AVC = \frac{TC}{Q}$$

如图6-4（b）所示，*ATC*曲线与*AVC*曲线一样也呈U形。起初，*ATC*曲线下降是因为其组成部分——*AVC*和*AFC*均呈下降趋势。随着产量不断增加，*AVC*曲线开始上升，同时*AFC*曲线持续下降。当每小时产量超过7单位之后，*AVC*的增加量大于*AFC*的减少量，从而导致 *ATC* 曲线上升，从而呈 U 形。

边际成本（MC）
每增加 1 单位产量时总成本的变化量。

边际成本　边际分析要求知道每增加 1 单位产量所增加的成本。图 6-3 的第五栏表示的是**边际成本（MC）**。边际成本是每增加 1 单位产量时总成本的变化量。换句话说，边际成本是总成本的变化与产量变动的比率。用公式表达为：

$$MC=\frac{TC\text{ 的变化量}}{Q\text{ 的变化量}}=\frac{TVC\text{ 的变化量}}{Q\text{ 的变化量}}$$

请注意边际成本也可以用 *TVC* 的变化量算出。这是因为，总成本和总可变成本之间的差异在于总固定成本。因此，每当产量变化 1 个单位时，*TC* 和 *TVC* 发生等量变化。观察图 6-3 中 *TC*、*TVC* 和 *MC* 的变动情况，可以更清楚地理解这一关系。

在 Computech 公司的例子中，每次只改变 1 单位产量以简化边际成本的计算。边际成本的数据列在两个产量水平之间，表明边际成本是当产量水平变化时总成本的变化量。图 6-4（b）用图形表示出了边际成本曲线。在短期内，随着产量的增加，边际成本起初会下降，达到最低点之后上升，形成一个 J 形曲线。请注意边际成本被标在中点位置，因为成本的变化发生在额外增加的产量之间。

图 6-5 总结了厂商的短期成本之间的相互关系。

图 6-5　短期成本公式

成本概念	公式	图
总成本（*TC*）	$TC=TFC+TVC$	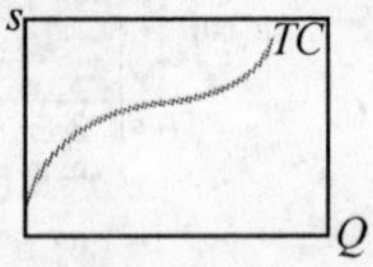 s, TC, Q
边际成本（*MC*）	$\frac{TC\text{ 的变化量}}{Q\text{ 的变化量}}=\frac{TVC\text{ 的变化量}}{Q\text{ 的变化量}}$	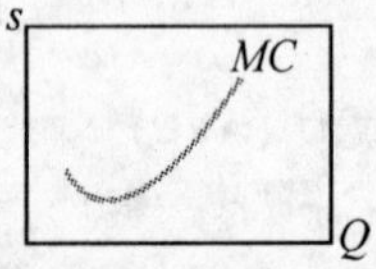 s, MC, Q
平均固定成本（*AFC*）	$AFC=\frac{TFC}{Q}$	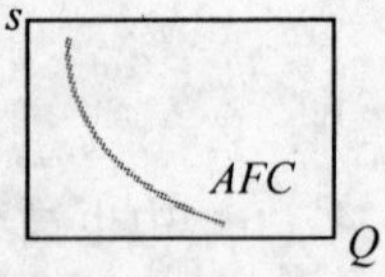 s, AFC, Q
平均可变成本（*AVC*）	$AVC=\frac{TVC}{Q}$	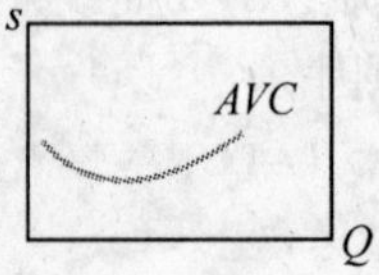 s, AVC, Q
平均总成本（*ATC*）	$ATC=\frac{TC}{Q}$	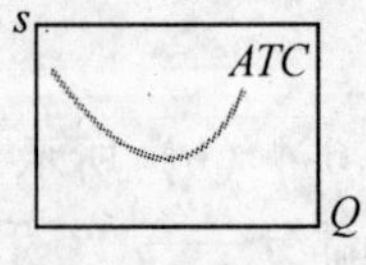 s, ATC, Q

长期生产成本

如同本章前面所解释的那样，所谓长期是指时间足够长，可以改变所有不变要素的投入量。例如，在长期内，厂商能建立一个更大或更小的工厂，也可以改变其机器设备的数量。本节我们将讨论在长期中，厂商规模以及所有其他投入要素的变动如何影响生产和成本之间的关系。

长期平均成本曲线

假设 Computech 公司正在制定将来的生产计划。从长期生产的角度看，公司的规模并不固定，可以是小型公司，也可以是中型或大型公司。然而，一旦厂商的规模确定即处于短期经营，因为厂房是固定投入。

结论 厂商在短期中没有足够的时间去改变某些固定投入。在长期生产中，所有投入都是可变的。

图 6-6 假定 Computech 公司只有三种规模可供选择。这三种规模的短期成本曲线分别记为 $SRATC_s$、$SRATC_m$ 和 $SRATC_l$。其中 *SR* 表示短期，*ATC* 表示平均总成本。*s*，*m* 和 l 分别表示小、中和大三种规模。在上一节中没有用 *SR* 表示短期，是因为我们只讨论短期成本曲线，而没有讨论长期成本曲线。

图 6-6　三种生产规模和长期平均成本曲线之间的关系

图中的三条短期 *ATC* 曲线对应不同的生产规模。假定只有三种生产规模可供选择，厂商在长期中可以选择其中任意一种生产规模。例如，一个初建立的厂商可以选择 U 形的短期平均成本曲线 $SRATC_s$ 所代表的小生产规模。当厂商日趋成熟，其产品的需求不断增加时，它就会决定扩大生产规模，如选择 $SRATC_m$ 和 $SRATC_l$ 代表的生产规模。长期平均成本曲线（*LRAC*）是将位于交点下方的短期成本曲线连接起来的圆齿形曲线。

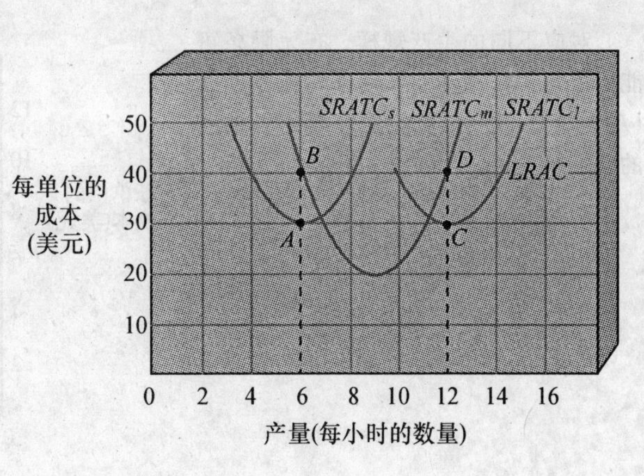

假设 Computech 公司估计以后将以每小时 6 单位的产量水平进行生产。该公司应选择哪种工厂规模？企业将会选择 $SRATC_s$ 代表的生产规模，因为该规模的平均成本为 30 美元（*A* 点），低于 $SRATC_m$ 的平均成本（*B* 点所示，40 美元）。

如果预计每小时的产量为 12 单位呢？在这种情况下，企业会选择 $SRATC_l$ 所代表的生产规模。在生产规模为 $SRATC_1$ 时，C 点的平均成本是 30 美元，要低于 D 点所示的 40 美元。

结论 在长期中，企业对生产规模的选择取决于预期的产量水平。

长期平均成本（LRAC）曲线
该曲线描绘了当企业能建立具有适宜生产规模的工厂时，企业生产任意产量水平时的单位最低成本。

运用图 6-6 中的三条短期成本曲线，我们能构造出企业的**长期平均成本**（LRAC）**曲线**。该曲线描绘了当企业能建立具有适宜生产规模的工厂时，企业生产任意产量水平时的单位最低成本。**LRAC** 通常被称为企业的计划曲线。在图 6-7 中，**高亮的曲线代表 LRAC** 曲线。

图 6-7 表明在长期，厂商实际上可以选择无限多种生产规模。当短期平均成本 *ATC* 曲线的交点越来越靠拢时，图 6-7 中 *LRAC* 曲线上的间隙便消失了。随着生产规模的变化，相应的短期 *ATC* 曲线在图 6-8 中形成一条平滑的 *LRAC* 曲线。当 *LRAT* 曲线下降时，切点在短期 *ATC* 曲线最低点的左边。当 *LRAC* 曲线上升时，切点在短期 *ATC* 曲线最低点的右边。

不同的生产规模

图 6-7 中长期平均成本曲线是一条 U 形曲线。本节我们将讨论在长期中，当产量增加时，为什么 *LRAC* 曲线先下降而后上升。另外，我们将了解到 *LRAC* 曲线有不同的形状。请注意原因并不在于边际收益递减规律，因为在长期中没有固定投入。

图 6-7 当厂商有无限种生产规模可供选择时的长期平均成本曲线

对应不同的生产规模，有无限条可能的短期 *ATC* 曲线。长期平均成本曲线（*LRAC*）是每一个可能的短期 *ATC* 曲线的切点的连线。

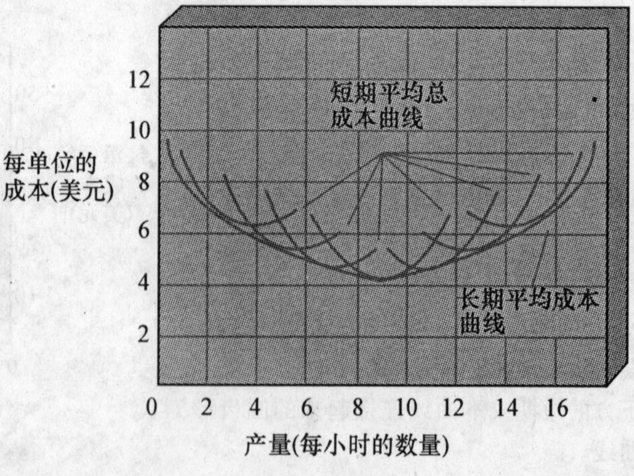

规模经济
当企业产量增加时，长期平均成本曲线下降的情形。

为简便起见，图 6-8 忽略了与 *LRAC* 曲线相切的 *ATC* 曲线。通常，一家企业在初创时期规模比较小，随着其日趋成熟，规模便日益扩大。随着生产规模的扩大，*LRAC* 曲线可以遵循三种不同的模式。从零到 Q_1 的产量范围为**规模经济**。若长期平均成本曲线随着企业产量增加而下降，即意味着存在规模经济。

规模经济有几种原因。首先，厂商规模更大可以进行更加细致的**劳动分工**和**专业化生产**。亚当·斯密在1776年出版的《国富论》中指出，若第一个工人把金属拉成丝，第二个工人把金属丝拉直，第三个工人打磨，第四个工人钻孔，第五个工人做针头，制针厂的产量会大大提高。随着企业规模的不断扩张，工人的数量逐渐增多，管理者就可以把工作分解成若干个小任务。然后每个工人包括管理者都专门从事特定的任务，而不是成为百事通。① 典型的例子是福特公司的生产流水线，该生产线大大降低了汽车的生产成本。现在麦当劳在“汉堡包大学”里培训工人：一些工人专门准备食物，一些工人专门负责点餐，一些工人专门负责窗口服务。

虽然麦当劳在全世界拥有上千个连锁店，但这些连锁店都采用标准化的菜单和操作程序，以充分利用规模经济。登录http://www.mcdonalds.com/.

规模报酬不变
当企业增加产量时，长期平均成本保持不变的情形。

其次，*资本效率*的提高也会导致规模经济。假设机器A的价值为1 000美元，每天能生产1 000单位产品。机器B的价值为4 000美元，但具有更高的生产效率，每天能生产8 000单位产品。小企业会认为机器B过于昂贵，因此它会购买机器A，从而平均成本为1美元。大企业有能力购买机器B，每单位产品的成本只有0.5美元，从而具有更高的生产效率。

在图6-7中，*LRAC* 曲线没有向上弯曲呈U形。在某些产量水平上，如在图6-8中的 Q_1 和 Q_2 之间，*LRAC* 曲线不再下降。在此产量范围内，厂商扩大其生产规模，但是 *LRAC* 曲线依然平坦。经济学家称这种情况为**规模报酬不变**。规模报酬不变意味着当企业增加产量时，长期平均成本保持不变。经济学家认为现实中，大多数行业的 *LRAC* 曲线都是这种形状。生产规模是企业竞争成功的重要因素。若一个产量低于 Q_1 的新兴企业与一个在规模报酬不变的产量范围内生产的成熟企业竞争，根据 *LRAC* 曲线可以看出成熟企业具有平均成本优势。

图6-8　规模报酬不变的长期平均成本曲线

长期平均成本（*LRAC*）曲线表明在产量达到 Q_1 之前，厂商都经历着规模经济。在产量水平为 Q_1 和 Q_2 之间时，*LRAC* 曲线是扁平的，规模报酬不变，当产量超过 Q_2 时，厂商经历着规模不经济，*LRAC* 曲线上升。

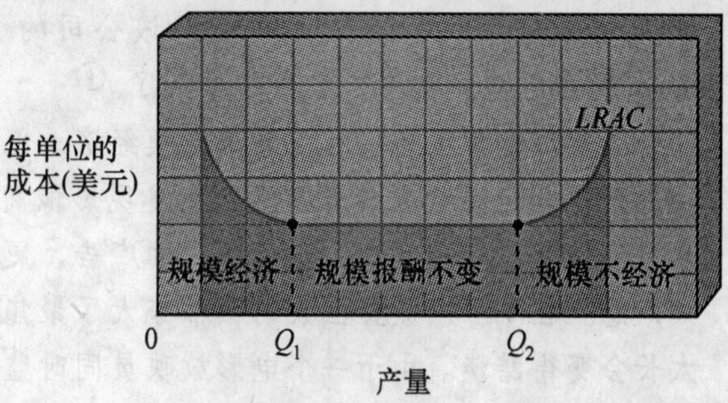

① 亚当·斯密，国民财富的性质和原因的研究（1776；重印本，纽约：蓝登书屋，现代图书馆，1937），pp. 4-6.

规模不经济

长期平均成本曲线随着企业产量的增加而上升的情形。

随着企业的规模继续扩大，产量超过某一水平，如图6-8中的Q_2，就会出现**规模不经济**。规模不经济意味着长期平均成本随着企业产量的增加而上升。大企业更难管理，当企业规模变大时，工作链条变长，沟通变得更加复杂。人们通过各种方式沟通而不是直接交流。企业会过于官僚主义，对出现的问题久拖不决。企业支付大量薪水给各级管理者，而这些管理者的工作大多只是管理文件，基本与生产无关。因此，企业规模过大，管理效率低下而导致产品的平均成本增加就不足为奇了。

苹果公司的创始人Steven Jobs说道：

当企业规模增长（过大）时，你开始疯狂地增加中层管理者……中层管理者不了解业务，因此他们可能盲目沟通。对他们而言，那仅仅是工作而已。若中层干部僵化，企业会走向灭亡。①

有些行业正经历着规模不经济。阅读以下资料，http://www.publicpurpose.com/ut-us97mbecsc.htm,可以发现美国公共交通运输业存在规模不经济。

现实生活中的经济学

新型电影院的出现

适用概念：规模经济和规模不经济

几十年前，多数电影院都只有一个银幕，只能提供一部电影，小卖部也很少见。现在的电影院比以往的更大更好。综合多厅影院（megaplexes）是拥有16个或更多屏幕的电影院，它能同时提供多部电影、意式咖啡（Espresso）、爆米花、哈根达斯冰淇淋，有时还代客泊车。这些超大影城都有高起坡座位，能提供较清晰的视觉享受，已成为行业的标准。

20世纪90年代后期，当电影院被改造成综合多厅影院时，联美电影公司的执行副总裁Kurt Hall担心会发生规模不经济：

在新建电影院时，联美公司将其银幕限制为15个，约为美国多媒体电影院[AMC]的一半。公司担心影院的规模太大，可能上座率不高，甚至还会遭遇类似Tandy公司的不可思议的命运。该公司的“大盒子”电子链今年就关闭了。若影城超过16个屏幕，就会不景气了。①

虽然综合多厅影院可以带来规模经济，但也不是没有问题的：

当观众坐在舒适的座位上时，发现影像可能会失真，画面可能会不够明亮，声音可能会太大或太小。由于夸张的广告、更高的价位，综合多厅影院往往不尽如人意。在小房间放置巨大的银幕夸大了聚焦问题。投影机灯泡超出其额定寿命太长会变得黯淡。由于一个电影放映员同时监视20台自动投影仪，②如果出了问题，通常没有人会注意到。

---

① Debarah Wise和Catherine Harris，“苹果公司的新征程”，商业周刊，1984年11月26日，p. 156.

这些问题可能会消除你对附近电影院将采用的新技术（数字投影电影院）的感激之情。行业分析师预测到2011年，美国将有近一半的电影院使用这种新系统。想象一下！没有噪声，没有干扰，有的只是绚丽的色彩和高度聚焦。卫星信号将会从太空传向电影院，从而节省巨大的制作成本和环绕世界的海运成本。目前，电影院每年都要花费超过10亿美元用于运送重型电影卷轴。③

与此同时，电子行业的规模经济也推动了“大装备”家庭影院的出现。2004年《今日美国》上的一篇文章指出：

科技的成本在下降，电器的尺寸在缩小，质量在提高。更多的住宅建筑包括了电影院，配备了更多的椅子。更多的人从朋友家里和商店里体验电影。更多的人只是怕麻烦，不想出去看电影。很多人正联合起来。从2000年至2003年，美国人用于家庭影院的支出翻了三番，一年约10亿美元。估计有1/4的美国家庭拥有家庭影院，37%的家庭拥有30英寸或更大的电视屏幕。大约8%左右的新家正在兴建家庭剧院或多媒体房间。④

分析问题

1. 解释为什么当电影院的银幕增加时，其长期平均成本曲线会下降（规模经济）？

2. 解释为什么当电影院的银幕超过一定数量后，其长期平均成本曲线会上升（规模不经济）？

注释：

① Kevin Helliker, “Monster Movie Theaters Invade the Cinema Land scape,” The Wall Street Jourral, May 13, 1997, p. B1.

② Brain D. Johnson, “Movies Ofter Look Worse at Megaplex, Thanks to Technology Stretched to the Limit,” Maclean's, Jan. 22, 2001, p. 30.

③ Steve Persall, “On the Big screen, Some Want to keep it Reel,” St. Petersburg Times, April 12, 2002, p. 1D.

④ Maria Puente, “The Multiplex Is as Close as the Next Room: For Fans of ‘Big Rig’ Home Theaters, the Experience Is Worth Every Cent,” USA Today, Jan. 2, 2004, p. D. 08.

主要概念

显性成本	短期	总可变成本（TVC）	长期平均成本（LRAC）
隐性成本	长期	总成本（TC）	规模经济
经济利润	生产函数	平均固定成本（AFC）	规模报酬不变
正常利润	边际产量	平均可变成本（AVC）	规模不经济
不变投入	边际收益递减规律	平均总成本（ATC）	
可变投入	总固定成本（TFC）	边际成本（MC）	

小结

- **经济利润**等于总收入减去显性成本和隐性成本。隐性成本是企业使用自有资源而放弃的收益所导致的机会成本。经济利润对于企业决策至关重要，因为它包含了隐性成本而会计利润不包含。会计利润等于总收入减去显性成本。
- **短期**是指一段企业至少有一种投入不变的时期，如工厂的规模。在**长期**中，所有投入都是可变的。
- **生产函数**描述了投入和产出之间的关系。假定其他生产要素不变，生产函数表示一种投入如劳动力的总产量。
- **边际产量**是每1单位可变投入（如雇用工人的数量）的变化所引起的总产量的变化量。**边际收益递减规律**说明在短期内，产量达到某一既定水平之后，每增加1单位可变投入所带来的边际产量越来越小。边际产量减少的区域就是收益递减的区域。
- **总固定成本（TFC）**指不随产量的变动而变动的成本，如办公室的租金。在短期内，当企业改变产量时，总固定成本保持不变。**总可变成本**随产量水平的变动而变动，如工资。总可变成本是生产中使用的可变投入要素的成本。**总成本**是总固定成本和总可变成本的总和。

总成本曲线

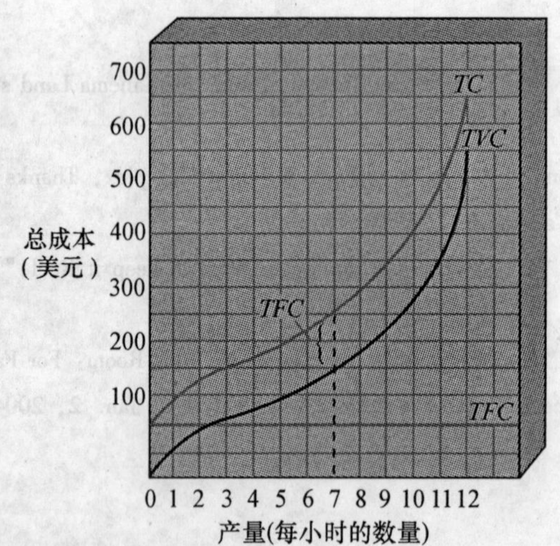

- **边际成本（MC）**是每增加1单位产量所引起的总成本的变化量。**平均固定成本（AFC）**是总不变成本除以总产量。**平均可变成本（AVC）**是总可变成本除以总产量。平均总成本（ATC）是总成本除以产量，或者说是平均固定成本和平均可变成本的总和。

平均成本和边际成本曲线

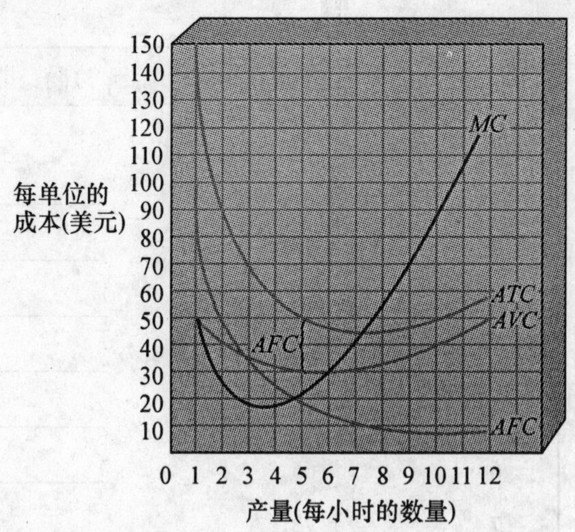

- **长期平均成本曲线（LRAC）**是所有短期平均成本曲线切点的连线。当长期平均成本曲线随着产量增加而下降时，意味着存在**规模经济**。如果长期平均成本曲线随着产量增加而保持不变，意味着**规模报酬不变**。如果长期平均成本曲线随着产量的增加而增加，意味着存在**规模不经济**。

长期平均成本曲线

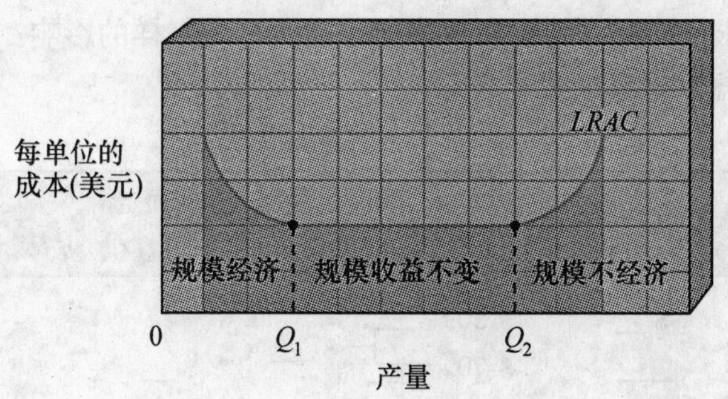

问题思考

1. 指出以下各项哪些是隐性成本，哪些是显性成本：
   a. 管理者的工资。
   b. 购买 IBM 电脑的支出。
   c. 企业所有者经营管理自己的企业所放弃的工资。
   d. 使用自己的资金所放弃的利息。
   e. 为员工支付的医疗保险。
   f. 上大学所放弃的收入。

2. 假设你有一间录影带出租店，列出经营该店将会使用的固定投入和可变投入。

3. a. 填写以下生产函数的边际产量：

劳动力	总产量	边际产量
0	0	
1	8	____
2	18	____
3	30	____
4	43	____
5	55	____
6	65	____
7	73	____
8	79	____
9	82	
10	80	

b. 画图表示总产量曲线和边际产量曲线，并说明边际收益是递减还是递增。

4. 当收益递减时总产量开始下降，这句话是对还是错？请说明理由。

5. 录影带的需求下降会对其短期平均成本曲线产生怎样的影响？

6. a. 填写企业短期经营的成本表：

总产量（Q）	总固定成本（*TFC*）	总可变成本（*TVC*）	总成本（*TC*）	边际成本（*MC*）	平均固定成本（*AFC*）	平均可变成本（*AVC*）	平均总成本（*ATC*）
0	$ 50	$__	$ 50				
1	____	____	$ 70	$ ____	$__	$__	$__
2	____	____	$ 85	____	____	____	____
3	____	____	$ 95	____	____	____	____
4	____	____	$ 100	____	____	____	____
5	____	____	$ 110	____	____	____	____
6	____	____	$ 130	____	____	____	____
7	____	____	$ 165	____	____	____	____
8	____	____	$ 215	____	____	____	____
9	____	____	$ 275	____	____	____	____

b. 画出平均可变成本、平均总成本和边际成本的曲线。

7. 解释为什么当产量增加时，平均总成本曲线和平均可变成本曲线越来越接近？

8. Ace 公司每天生产 1 000 个锤子，每天的总固定成本是 5 000 美元，总可变成本为 15 000 美元。请计算在目前的产量水平下的平均固定成本、平均可变成本、平均总成本和总成本。
9. 企业所有者估计在目前的产量水平下的平均总成本和边际成本都为 6.71 美元。请解释此时边际成本曲线和平均总成本曲线之间的关系。
10. 自动提款机的电子元件的需求下降会对 Computech 公司的平均总成本曲线产生什么影响?
11. 数学基础较好的学生请思考：图 6-2 中产量方程和边际产量方程之间的代数关系是什么?

在线练习

练习 1

登录网站（http：//www.moviefone.com/）。解释电影院如何对规模经济和规模不经济做出反应。

练习 2

了解生产成本是企业成功的前提。登录网站http：//toolkit.cch.com/text/P06_7510.asp之后，你会更清楚这点。为什么企业的有些成本是固定成本和可变成本的结合呢?

练习 3

美国航空运输协会出版了一个在线航空公司手册，向读者提供关于航空公司的经济信息及成本结构。登录http：//www.airlines.org/home/default.aspx。点击"航空公司手册"，然后再点击第四章：航空公司经济学。总结航空公司成本的主要组成部分。

练习 4

在信息技术时代，收益递增和规模经济不易区分。看看网站 http：//www.useit.com/alertbox/9704b.html 上的文章是否混淆了这两个概念?

要点考查答案

教授该去还是该留?

如果创建咨询公司，会计利润为 60 000 美元。会计是用每年 75 000 美元的收入减去每年支付给秘书 15 000 美元的显性成本计算得出利润。然而，会计忽略了隐性成本。马丁教授的商业风险是其隐性成本，其中包括所放弃的10 000美元租金收入、50 000美元的工资收入和储蓄10 000美元的年利息收入1 000美元。用利润60 000美元减去总隐性成本61 000美元，他的经济利润为 – 1 000美元。如果你认为这位教授会放弃潜在的会计利润，选择留在大学避免经济损失，那么你就是对的。

测试

1. 显性成本是支付的以下费用：
   a. 员工每小时的劳动。
   b. 公司保险。
   c. 公司公用事业。
   d. 以上都是。
2. 隐性成本是使用以下资源的机会成本：
   a. 外部人。
   b. 企业所有者。
   c. 银行。
   d. 留存收益。
3. 以下哪个等式是正确的？
   a. 经济利润 = 总收入 – 会计利润。
   b. 经济利润 = 总收入 – 显性成本 – 会计利润。
   c. 经济利润 = 总收入 – 隐性成本 – 显性成本。
   d. 经济利润 = 机会成本 + 会计成本。
4. 固定投入是
   a. 厂商的生产规模所决定的。
   b. 随产量的变化而变化的。
   c. 不随产量变化的。
   d. 以上都不是。
5. 下列哪个属于可变投入？
   a. 原材料。
   b. 能源。
   c. 以小时计的劳动力。
   d. 以上都是。
6. 假设一个洗车厂有2个洗车台和5个工人，每天能洗100辆车。若增加1个洗车台，但不增加工人，每天能洗150辆车。那么第3个洗车台的边际产量是：
   a. 每天100辆汽车。
   b. 每天150辆汽车。

c. 每天5辆汽车。

d. 每天50辆汽车。

7. 如果生产过程中可变投入分别为1、2、3、4和5，相应的总产量是10、22、33、42和48。第4单位投入的边际产量是：

a. 2。

b. 6。

c. 9。

d. 42。

8. 总固定成本曲线是

a. 向上倾斜的。

b. 向下倾斜的。

c. 先向上倾斜然后向下倾斜。

d. 不随产量变化。

9. 假设边际产量曲线是平滑的J形曲线，相应的总成本曲线呈

a. 直线形。

b. S形。

c. U形。

d. 反S形。

10. 如果边际成本曲线和平均可变成本曲线都是J形，在平均可变成本的最低点，边际成本会

a. 大于平均可变成本。

b. 小于平均可变成本。

c. 等于平均可变成本。

d. 在它的最低点。

11. 在收益递减处，下列说法正确的是

a. 边际产量和边际成本都达到最大。

b. 边际产量和边际成本都达到最小。

c. 边际产量最大，边际成本最小。

d. 边际产量最小，边际成本最大。

12. 如图6-9，企业的总固定成本是

a. 0。

b. $250。

c. $500。

d. $750。

e. $1 000。

图 6-9 总成本曲线

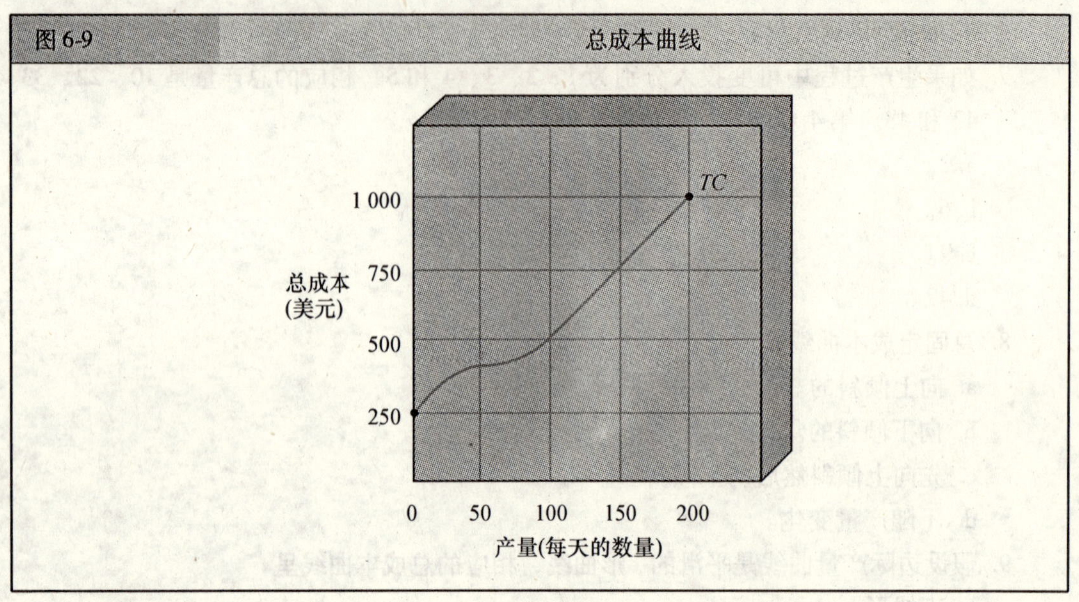

13. 如图 6-9，每天生产 100 单位产品的总成本是
    a. 0。
    b. $250。
    c. $500。
    d. $750。
    e. $1 000。
14. 图 6-9 中，如果每天生产 99 个单位产品的总成本是 475 美元，那么每天生产第 100 个单位产品的边际成本大约是：
    a. 0。
    b. $25。
    c. $475。
    d. $500。
15. 每个潜在短期平均总成本曲线与长期平均成本曲线相切于
    a. 使短期平均总成本最小的产量水平。
    b. 平均总成本曲线的最低点。
    c. 长期平均成本曲线的最低点。
    d. 短期平均总成本曲线上的唯一一点。
16. 假设一家企业每天生产 x 单位的产品。如果采用其他生产规模，长期平均成本将会增加。企业会选择哪点进行生产？
    a. 长期平均成本曲线的最低点。
    b. 短期平均总成本曲线的最低点。
    c. a 和 b 都对。
    d. a 和 b 都不对。

17. 长期平均成本曲线向下倾斜的部分对应于
    a. 规模不经济。
    b. 规模经济和规模不经济。
    c. 平均可变成本下降。
    d. 规模经济。
18. 以下哪种情形存在长期规模不经济？
    a. 短期平均总成本曲线下降。
    b. 长期边际成本曲线上升。
    c. 长期平均总成本曲线下降。
    d. 短期平均可变成本曲线上升。
    e. 长期平均成本曲线上升。
19. 以下哪种情形存在长期规模报酬不变？
    a. 短期平均总成本曲线不变。
    b. 长期平均成本曲线上升。
    c. 长期平均成本曲线水平。
    d. 长期平均成本曲线下降。

第7章 完全竞争

本章概述

美国中西部的爱荷华、得克萨斯、俄克拉荷马州以及其他州的鸵鸟养殖户对丰厚的利润翘首以待。众多养殖户曾投资上百万美元将自己农场的一部分改建为鸵鸟养殖场。这是因为处于交配期的鸵鸟在当时能卖75 000美元。在20世纪80年代后期，鸵鸟养殖户四处宣传鸵鸟肉是一种低胆固醇、低脂肪的健康食品。没过多久，鸵鸟价格就应声而起。这激发了人们的淘金欲望，许多畜牧农场主纷纷退出原来经营的畜牧业转而进军鸵鸟养殖业。

欢迎光临蓝色天堂鸵鸟大牧场(http://www.gourmetostrich.com/index.htm)并预订一顿美味的鸵鸟大餐。

亚当·斯密曾经指出竞争的力量就像一只指引人们追求自身利益的“看不见的手”，与此同时，这只“看不见的手”也服务于整个社会的利益。在一个竞争市场中，当鸵鸟养殖业的利润前景一片大好之时，厂商就会蜂拥而至，鸵鸟供应也会随之增加。随着时间的推移，越来越多的鸵鸟养殖户进入该市场，供应的鸵鸟数量也随之暴涨。结果，价格和利润下滑，鸵鸟养殖场的数量在20世纪90年代末开始减少。2001年由于疯牛病席卷欧洲，人们用鸵鸟肉代替牛肉，这使得对鸵鸟的需求陡增。该行业的利润再次上涨，促使农场主加大对鸵鸟养殖的投资，增加供应。2005年由于禽流感的爆发，欧盟（EU）禁止从南美进口鸵鸟。整个行业随之担心消费者会不愿意购买鸵鸟肉，这种状况将导致该行业大规模的失业。

本章将结合前面章节中的需求、生产成本和边际分析等概念就竞争市场如何决定价格、产量和利润进行解释。此处所论及的企业是小企业，就像一家鸵鸟或者鳄鱼养殖场，而不是像西尔斯百货（Sears）、埃克森（Exxon）、美孚（Mobil）或者IBM之类的大企业。其他几种存在多家大型、有影响力企业运营的市场我们将会在随后的两章中予以讨论。

在本章中，你将学会解决下列经济学问题：

- 在完全竞争市场中，单个企业的需求曲线为什么是水平的？
- 为什么即使亏损，企业仍然会继续经营？
- 在长期，众多的鳄鱼养殖场能获得经济利润吗？

完全竞争

市场结构
对市场主要特征的分类体系，包括企业数量、企业所销售产品的相似性和企业进入或退出该市场的难易程度。

完全竞争
该市场结构具有以下特征：(1) 很多个小规模企业；(2) 同质产品；(3) 很容易进入和退出市场。完全竞争有时也称为*纯粹竞争*。

企业在不同的市场条件下销售产品或提供服务。经济学家将市场条件称为**市场结构**。市场结构描述的是某一市场的重要特征，包括企业数量、企业所销售产品的相似性和企业进出该市场的难易程度。细心观察一下整个经济的商业部门，你就会发现众多企业是在不同的市场结构中运营的。我们将在本章以及随后的两章中考察四种市场结构。第一种市场结构是**完全竞争**，本章的全部内容都将用于对该市场的考察。完全或纯粹竞争是一种市场结构，它具有的特征有：(1)很多个小规模企业；(2)同质产品；(3)很容易进入和退出市场。现在就让我们开始逐一讨论这些特征。

完全竞争的特点

很多个小规模企业 多少个销售者才算是很多个呢？多小的规模才算是小规模企业呢？显然，一个、两个或者三个企业不会是很多个企业。事实上，这个具体数量是无法得知的。当某一市场中的每个企业在该市场总产量所占份额无足轻重，因而也不具有影响产品价格的能力时，“很多个小规模企业”的条件就被满足。每个企业的活动都是独立的，而不是集体协调的结果。比如说，在美国有成千上万个独立的生产禽蛋的农民。即使某个生产禽蛋的农民抬高价格，禽蛋的市场价格也不会受到影响。

结论 当每个企业的规模相对整个市场而言非常小，以至于任何单个企业都无法影响市场价格时，很多个小规模企业条件就能够得到满足。

同质产品 在一个完全竞争市场，所有企业都生产一种标准化或者同质产品。这意味着每个企业生产的产品或提供的服务是完全一样的。农民甲生产的小麦和农民乙生产的小麦完全一样。购买运输服务的买方认为相互独立的卡车司机提供的服务是相同的。该假设排除了企业间在广告和产品品质差异方面的竞争。

结论 如果一种产品是同质的，购买者就不会关心其所购产品的销售者。

很容易进入和退出市场 很容易进入和退出市场意味着一家新企业不会面对进入障碍。这些障碍可以是资金方面、技术方面或者政府施加的障碍，比如执照、许可证和专利。任何打算在鸵鸟养殖业一试身手的人只需要一块地和一些饲料。

结论 完全竞争要求资源能够完全流动，自由进入和退出市场。

现实世界中，没有一个市场完全符合完全竞争的三个假设。完全竞争市场结构是一个理论或理想模型，但还是有些市场非常接近该模型。这方面的例子包括农产品市场、股票市场以及外汇市场。

作为价格接受者的完全竞争企业

价格接受者
对所销售产品的价格没有控制权的卖方。

出于建模的目的，我们假设有一家在市场运营的企业，并且该市场符合完全竞争的三个要求。这意味着该完全竞争企业是一个**价格接受者**。价格接受者就是对所销售产品的价格没有控制权的卖方。从单个企业的角度看，其产品价格是由市场供给与需求条件决定，而它无法影响这些条件。再看看完全竞争企业的特征：众多企业中的一家小规模企业，销售同质产品，同时面对该市场新进企业的竞争。这些条件使得完全竞争企业无法具有影响市场价格的力量。相反，完全竞争企业只能适应或者“接受”市场价格。

图 7-1 利用图形描述了电子元件的市场供给与需求关系和完全竞争市场中某个企业面对的需求曲线。现在我们再假设电子元件行业是完全竞争的。记住，现实世界的市场并不完全符合这种模型。图 7-1（a）给出了每小时电子元件产量的市场供给和需求曲线。该模型的理论框架已在第 4 章给予了解释。电子元件的均衡价格为每个 \$70，均衡产量为每小时 60 000 个。

> 拍卖通常被认为是完全竞争市场。如今,网上拍卖尤为普遍。比如说，浏览一下eBay(http://www.ebay.com/),然后再点击拍卖直播(Live Auction)。如果想再多了解一下拍卖是如何进行的,那你可以浏览一下拍卖协会(AMI)。它是一个非赢利的专业教育机构(http://www.auctionmarketing.org/)。

由于完全竞争企业“接受”了均衡价格，单个企业的需求曲线在图 7-1（b）中落在市场均衡价格 \$70 处，具有*完全弹性*（水平状）。（请注意单个企业和整个行业每小时产量的差异）回忆一下第 5 章的内容，面对一条完全弹性需求曲线的企业试图抬高其产品价格，即使只高出 \$70 一美分，那也不会再有人购买它的产品［见第 5 章的图 5-2（a）］。原因就在于有其他企业仍以每单位 \$70 的价格销售相同的产品。因此，完全竞争企业不会将价格定在市场主导价格之上而承担卖不出去产品的风险。同样，企业也不会将价格设在市场价格之下，因为企业能在现行的价格下销售其所有产品，所以更低的价格会减少企业收入。

图 7-1　完全竞争企业的市场价格和需求曲线

在图（a）中，市场均衡价格为每单位 \$70，图（b）中的完全竞争企业是一价格接受者，因为其规模相对于整个市场而言非常小。在 \$70 处，单个企业面对一条水平需求曲线 *D*。这意味着企业的需求曲线是完全弹性的。即使企业把价格抬高 1 美分，它也无法销出产品。

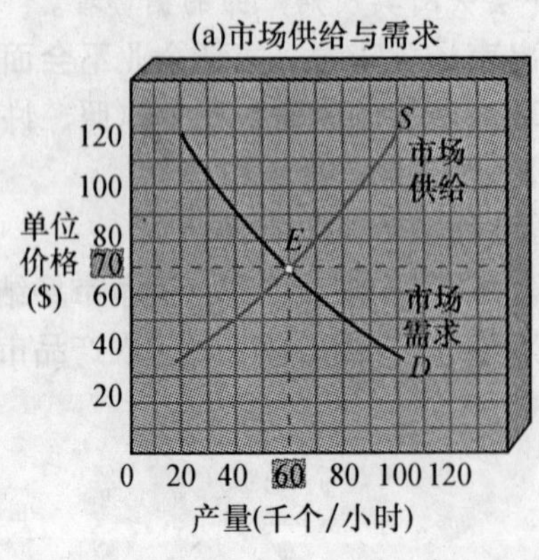

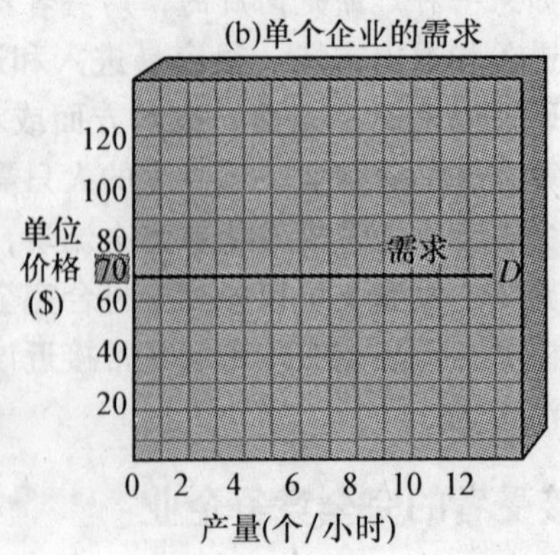

完全竞争企业的短期利润最大化

完全竞争企业无法控制价格，那它能控制什么呢？完全竞争企业只需做一个决策——最大化利润的产品数量是多少。我们在本节会给出两种利润最大化方法，它们可以确定竞争性企业的产出水平。为了找到最大化利润的产出水平，我们先考察总收入——总成本方法。然后，我们利用边际分析方法给出另外一种确定利润最大化产出水平的方法。我们分析的框架是具有固定投入（比如工厂规模）的短期分析。

总收入—总成本法

图7-2给出了一家典型电子元件制造商——Computech假设的产量、总收入、总成本和利润数据。将Computech作为例子可以让我们对该例子在前几章的数据和分析进一步拓展。成本数据取自第6章的图6-3。产量为零时，总固定成本是$100。总收入列在图7-2的第三列，由产品价格乘以产量得出。在该例子中，我们假设市场均衡价格为单价$70，由图7-1所示方式决定。由于Computech是一价格接受者，销售1单位产品的总收入为$70，销售两个单位产品的总收入为$140，依此类推。用第三栏的总收入减去第六栏的总成本，就可以得到该企业在每个产出水平获得的总利润或损失（第九栏）。产量从0到2个单位，Computech减少了损失，并在产量为每小时生产3单位处达到了*盈亏平衡点*（零经济利润）。如果Computech每小时生产9单位产品，它就能获得最大利润，每小时$205。当产量上升至每小时9单位和12单位之间，利润则会减少。图7-3给出的图例显示，利润最大化落在总收入和总成本曲线之间的垂直距离最大处。

图7-2　完全竞争企业Computech的短期利润最大化表

(1) 产量（每小时单位数）(*Q*)	(2) 单位价格 (*P*)	(3) 总收入 (*TR*)	(4) 边际收益 (*MR*)	(5) 边际成本 (*MC*)	(6) 总成本 (*TC*)	(7) 平均可变成本(*ATC*)	(8) 平均总成本(*ATC*)	(9) 利润(+)或损失(-) ([3]-[6])
0	$70	$ 0			$100	—	—	—$100
			$70	$ 50				
1	70	70			150	$50	$150	—80
			70	34				
2	70	140			184	42	92	—44
			70	24				
3	70	210			208	36	69	2
			70	19				
4	70	280			227	32	57	53
			70	23				
5	70	350			250	30	50	100
			70	30				
6	70	420			280	30	47	140
			70	38				
7	70	490			318	31	45	172
			70	48				
8	70	560			366	33	46	194
			70	59				
9	70	630			425	36	42	205
			70	75				
10	70	700			500	40	50	200
			70	95				
11	70	770			595	45	54	175
			70	117				
12	70	840			712	51	59	128

图 7-3 完全竞争企业 Computech 短期利润最大化（总收入—总成本法）

图形专题研究

该图给出了完全竞争企业 Computech 利润最大化的产出水平。图（a）给出了在既定的市场价格为单价 $70 时的总收入、总成本和产量之间的关系。当 Computech 每小时生产 9 单位产品时可获得最大的短期利润。在该产出水平上，总收入与总成本之间的垂直距离达到最大。在产量水平低于每小时 3 单位的时候，Computech 会遭受亏损。

图（b）也给出了利润最大化图示。每小时 $205 的最大利润与每小时生产 9 单位产品的利润最大化产量相对应，如图（a）所示。

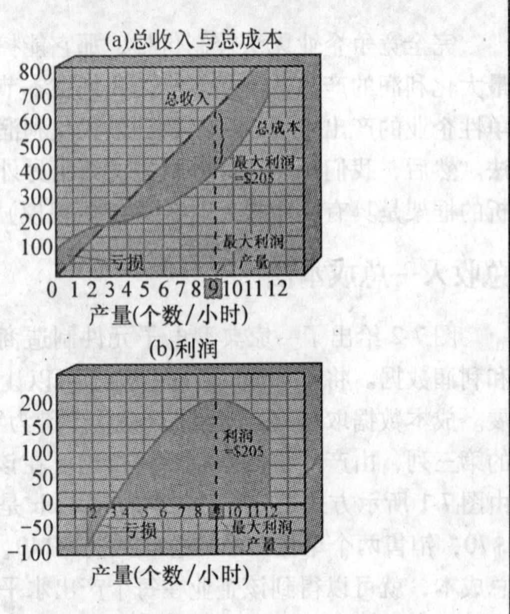

边际收入等于边际成本法

第二种方法是运用边际分析，该方法通过比较边际收入（边际收益）和边际成本确定利润最大化产出水平。回忆一下前面的章节，边际成本就是产出水平变化 1 个单位导致的总成本变动量。回顾一下，边际成本数据就列在产出水平线之间。这是因为边际成本就是增加 1 单位产品引起的总成本变化量，而不是图中所列的每个产出水平对应的总成本。

边际收益 每增加 1 单位产出的销量所带来的总收益的变化。

现在我们再引入**边际收益（MR）**，一个与边际成本相似的概念。边际收益是指每增加 1 单位产出的销量所带来的总收益的变化。换种说法，边际收益就是总收益变化与 1 单位产量的变化的比值。

用数学公式表示为：

$$MR=\frac{\text{总收益变化}}{\text{1 单位产量的变化}}$$

如图 7-1（b）所示，完全竞争企业面对一条完全弹性的需求曲线。由于竞争性企业是价格接受者，销售额外 1 单位产品增加的总收入数额等于产品价格（平均收益，TR/Q）。在我们的例子中，Computech 每销售 1 单位产品，总收益就可以增加 $70。因此，$70就是图 7-2 中第四栏中新增的每单位产品的边际收益。和 MC 一样，MR 也列在两个产出水平线之间。这是因为边际收益就是新增 1 单位产品导致的总收入变化。

结论 在完全竞争中，企业的边际收益等于产品价格，该价格被企业视为一条水平的需求曲线。

图 7-2 中的第三和第六栏显示，随着产出水平的增加，总收益和总成本也随之上升。现在我们再比较一下第四和第五栏中的边际收益和边际成本。如前所述，边际收益保持不变，等于产品价格，但边际成本却遵从第 6 章图 6-4 介绍过的 J 形模式。开始的时候，边际成本低于边际收益，这意味着生产额外 1 单位产品所增加的总成本低于所增加的总收益。因此，每小时的产量从零开始直到 9 单位，经济利润随着产量的增加而上升。在该产量范围内，Computech 从每小时亏损 \$100 变为赢利 \$20。当产量超过每小时 9 单位水平时，边际成本就超过了边际收益，利润下降。这是因为新增的每单位产品所增加的总成本高于其所增加的总收益。在该例子中，当产量从每小时 9 单位上升到 12 单位时，Computech 的利润则从每小时 \$205 降到 \$128。

我们的例子随之会产生这样的问题：Computech 如何运用边际收益和边际成本曲线确定利润最大化的产出水平？答案就是该企业会遵从所谓的 *MR* = *MC* 法则：*企业所生产的产量落在边际成本等于边际收益处，便最大化了利润。*图 7-4 将边际收益曲线等于边际成本曲线的条件与利润最大化相联系起来。在图 7-4（a）中，完全弹性需求曲线落在行业决定的价格 \$70 处。根据图 6-2 我们再画出平均总成本（ATV）曲线和平均变动成本（AVC）曲线。运用边际分析，我们可以在 *MR* = *MC* 法则与图 7-2 中利润数据之间建立起联系。在产量落在 8 单位和 9 单位之间时，*MC* 曲线低于 *MR* 曲线（\$59 < \$70），并且利润曲线也在 \$205 处升至最高点。当产量超过 9 单位时，*MC* 曲线则高于 *MR* 曲线，利润曲线随之下降。比如说，当产量处于 9 单位和 10 单位之间，边际成本为 \$75，边际收入为 \$70。因此，如果企业生产的产量为 9 单位，而不是 8 个或者 10 个单位，那么 *MR* 曲线等于 *MC* 曲线，利润就实现了最大化。

图 7-4　完全竞争企业短期利润最大化（边际收益 = 边际成本法）

图形专题研究

除了比较总收入和总成本的方法之外，企业也可以通过比较边际收益（*MR*）和边际成本（*MC*）确定利润最大化的产出水平。如图（a）所示，当边际收益在单位价格 \$70 处等于边际成本时，利润落在其最大值处。边际收益曲线与边际成本曲线的交点构成了最大化利润的产量，其落在每小时 9 单位处，短期利润为每小时 \$205。

图（b）单独绘制的利润曲线显示，当企业生产的产量对应于边际收益等于边际成本所处的点时，企业获得最大利润。当每小时产量低于 9 单位时，企业遭受亏损。

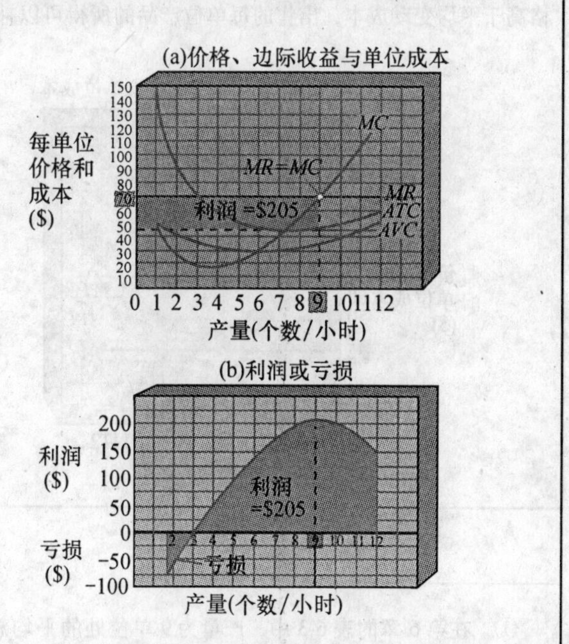

你也可以直接根据表7-4（a）计算企业获得的利润。在9单位的利润最大化产出水平处，需求曲线与*ATV*曲线的垂直距离就是单位产量的平均利润。将单位产量的平均利润乘以产量就得到了利润［（$70－$47.22）×9＝$205.02］①。图中的阴影矩形也代表每小时$205的最大利润。请注意，通过比较总收益和总成本曲线，我们已经得到了相同的利润最大值（$205）。

完全竞争企业短期损失最小化

完全竞争企业不得不接受由市场供给和需求力量决定的价格，而市场条件是可以改变市场价格的。当市场价格下降，企业唯一要做的就是调整产量，充分利用价格下降获得最大利润。这里我们只用边际分析法去预测企业的产量决策。因此，我们的模型假设企业经理通过比较产量的边际变动对利润所造成的边际影响来制定产量决策。

完全竞争企业面临的短期亏损

假设电子元件的市场需求下降导致市场价格下跌到$3.5。结果，企业水平的需求曲线下移至图7-5（a）所示的位置。在该例子中，由于沿着需求曲线的任何价格都低于*ATV*曲线，所以不存在能够让企业获得利润的产出水平。

图7-5 运用边际收入等于边际成本确定完全竞争企业短期亏损最小化

如果市场价格低于平均总成本，企业将在其亏损最小处进行生产。在图（a）中，给定的单价为$35，边际收益（*MR*）等于边际成本（*MC*）落在每小时6单位产量处，短期亏损为每小时$70。

图（b）显示，除了边际收益和边际成本曲线的交点，其他任何产量引起的亏损都更大。由于价格高于平均变动成本，出售的每单位产品的所得可以补偿平均变动成本和部分平均固定成本。

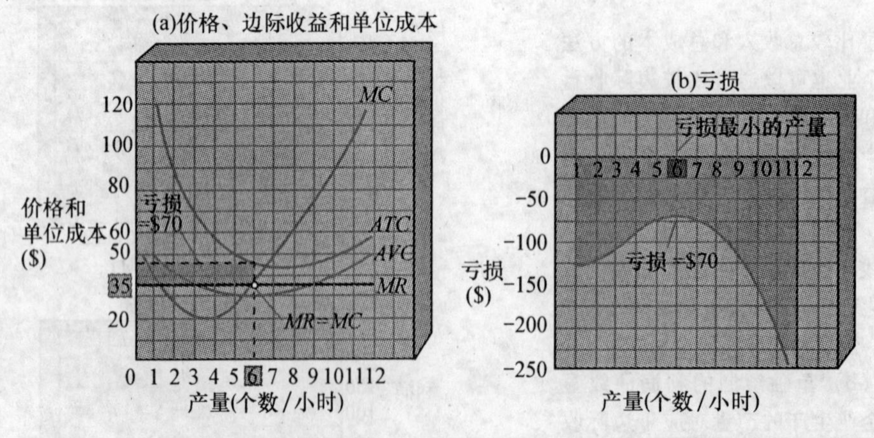

① 在第6章的表6-3中，产量为9单位处的平均总成本数据大约为$47。需要注意的是，当我们将产量作为整数处理时，通常并不存在边际收益恰好等于边际成本的产量。

由于 Computech 无法获得利润，那它应该选择哪个产出水平呢？利润最大化例子中给出的 *MR* = *MC* 法则所包含的逻辑在此处同样适用。在价格 \$35 时，*MR* = *MC* 落在每小时生产6 单位处。比较一下图 7-5 中的（a）和（b）就可发现，在该产出水平上，企业的损失最小。每小时 \$70 的最小损失等同于图中的阴影区域。该区域就等于单位平均亏损乘以产量［(\$35 - \$46.66) ×6 = - \$70］。

请注意，尽管该价格不够高，不足以补偿平均总成本，但该价格还是高得足以补偿平均可变成本。售出的每个产品同时也能补偿部分平均固定成本，其数额等于 *ATC* 和 *AVC* 曲线之间的垂直距离。该分析指引我们拓展了 *MR* = *MC* 法则：*在边际收益等于边际成本处生产，企业可实现利润最大化或亏损最小化。*

完全竞争企业的关闭

如图 7-6 所示，如果市场价格低于 *AVC* 曲线，会发生什么事情呢？比如说，如果价格为每单位 \$25，Computech 应该在某个产出水平上生产吗？回答是不。此时对企业而言，最优行为就是关闭。如果价格低于 *AVC* 曲线的最低点，企业所生产的每单位产品无法补偿它的可变成本；因此，运营将会增添亏损。关闭并停产可使得企业得到改善。当关闭停止生产，企业也许会维护工厂，付出固定成本，期待价格不久可以回升。如果企业认为市场条件不会改善，那它就会退出该行业，避免固定成本损失。

图 7-6　完全竞争企业的短期关闭点

单价 \$30 的关闭点就是平均可变成本曲线（*AVC*）的最低点。如果价格低于该价格，企业就会关闭。原因就在于，此时企业的运营损失会超过总固定成本。在本图中，单价 \$25（*MR*）低于任何产出水平上的平均可变成本，所以企业在该价格上会关闭。

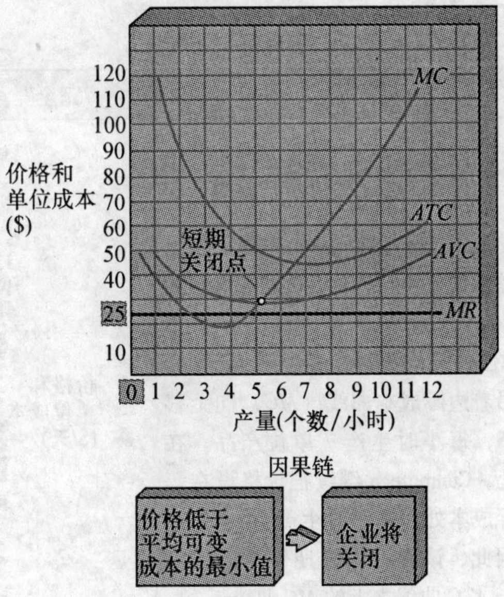

要点考查

每晚价格只有 $50，海滩汽车旅馆也应该继续经营吗？

南卡罗来纳州的美特尔海滩（Myrtle Beach）拥有闻名遐尔的大海岸和美味的海鲜。海滩边，一间间汽车旅馆鳞次栉比，沿街而起。这些旅馆基本上都是一样的。夏季，这些旅馆大约每晚 $200；冬季，你可以找到 $50 一晚的房间。假设包括了保险费、税收以及折旧在内每间房每晚的平均固定成本为 $50，包括清洗服务和床单的客服平均成本在内每间房每晚的平均成本为 $45。那在淡季，对这些汽车旅馆而言，以 $50 租给客户或是干脆关闭至夏季，哪个更好呢？

完全竞争短期供给曲线

和第 3 章相比，上述例子提供了一个解释供给曲线的更加完整的框架。现在我们先构建单个企业的短期供给曲线，然后再导出整个行业的短期供给曲线。

完全竞争企业的短期供给曲线

图 7-7 复制了 Computech 例子中的成本曲线。图中给出了该企业可能面对的三条需求曲线——MR_1、MR_2 和 MR_3。当边际收益曲线沿着边际成本曲线向上移动，$MR = MC$ 的点也随之变动。

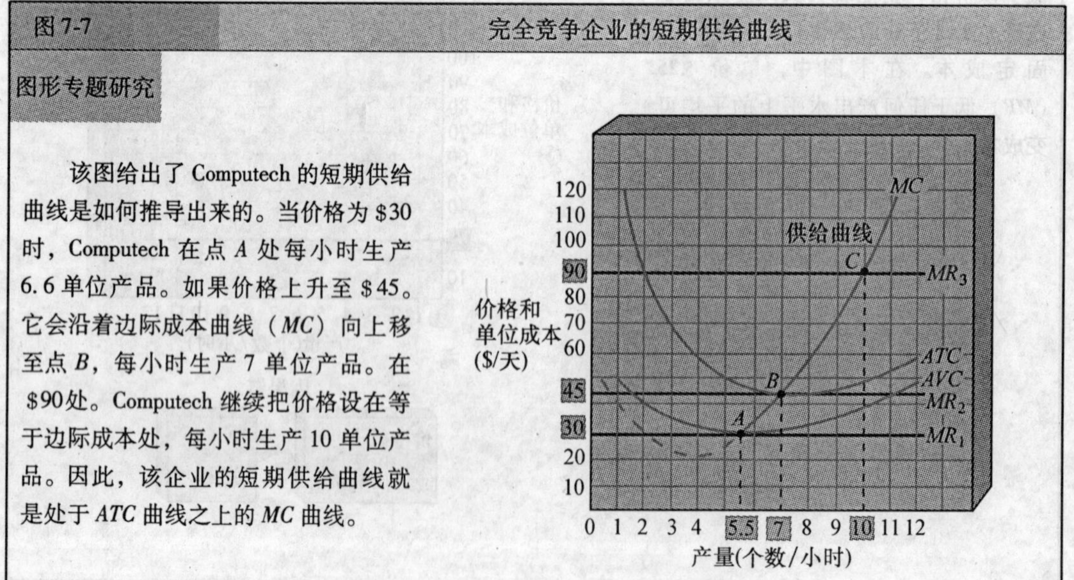

图 7-7 完全竞争企业的短期供给曲线

图形专题研究

该图给出了 Computech 的短期供给曲线是如何推导出来的。当价格为 $30 时，Computech 在点 *A* 处每小时生产 6.6 单位产品。如果价格上升至 $45。它会沿着边际成本曲线（*MC*）向上移至点 *B*，每小时生产 7 单位产品。在 $90 处。Computech 继续把价格设在等于边际成本处，每小时生产 10 单位产品。因此，该企业的短期供给曲线就是处于 *ATC* 曲线之上的 *MC* 曲线。

假设电子元件的需求始于接近 $30 的市场价格。因此，点 *A* 就对应于 MR_1 的价格，

而且 MR_1 在 AVC 曲线最低点处等于 MC。对于任何低于该水平的价格，Computech 都可以通过关闭而降低亏损。但是，在单价 $30 处，企业则会每小时生产 5.5 单位。因此，点 A 是单个企业短期供给曲线的最低点。

如果价格升至 $45，由 MR_2 表示，Computech 就能收支平衡，在点 B 处获得正常利润，每小时生产 7 单位。当边际收益曲线上升，沿着 MC 曲线向上移动就可以画出 Computech的供给曲线，并在价格 $90 处，达到 C 点。现在，$MR_3$ 和 MC 曲线相交于每小时 10 单位产量处，Computech 赚得经济利润。如果价格再上升，超过 $90，Computech 会继续提高供给的数量并提高其最大利润。

完全竞争企业的短期供给曲线
企业的边际成本曲线位于平均可变成本曲线的最低点之上的部分。

现在，我们可以定义一条**完全竞争企业的短期供给曲线**。完全竞争企业的短期供给曲线就是企业的边际成本曲线位于平均可变成本曲线的最低点之上的部分。

完全竞争行业的短期供给曲线

完全竞争行业的短期供给曲线
对所有企业的边际成本曲线位于各自平均可变成本曲线的最低点之上的部分的水平加总所得的供给曲线。

企业的短期供给曲线是 MC 曲线中高于 AVC 曲线的部分，这为我们推导出**完全竞争行业的短期供给曲线**打下了基础。完全竞争行业的短期供给曲线就是对所有企业的边际成本曲线位于各自平均可变成本曲线的最低点之上的部分的水平加总所得的供给曲线。

在第 3 章的图 3-7 中，我们曾经画出了市场供给曲线。现在我们更精确地重构该市场（或行业）的供给曲线。尽管在完全竞争中存在很多企业，为简单起见，我们假设只有两家企业，Computech 和 Western Computech Co.。图 7-8 画出了这两个企业的 MC 曲线。对于高于 AVC

图 7-8 行业短期供给曲线的推导

图形专题研究

假设产量提高时，投入要素价格不变，对所有企业的边际成本曲线位于各自平均可变成本曲线的最低点之上的部分的水平加总可以推导出行业的短期供给曲线。在该图中，我们假设整个行业只有两家企业。在价格 $40 处，Computech 供给 7 单位产品，而 Western Computech Co. 供应 11 单位产品。因此，该行业供应的产量为 18 单位，与之相似，我们可以得到其他构成行业短期供给曲线的点。

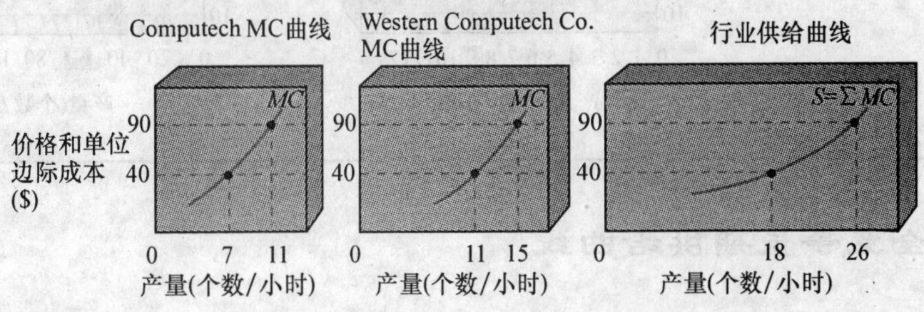

最低点的价格，我们画出了每个企业的 *MC* 曲线。在价格 $40 处，Computech 供应 7 单位产量，Western Computech Co. 供应 11 单位产量。现在，我们将这两个产量水平相加，就得到了对应于价格 $40 的行业供给曲线上的一点，18 单位产量。对所有价格水平，依此类推，我们就画出了行业的短期供给曲线。

请注意，上面推导出的行业供给曲线基于的假设：产量提高，但投入要素价格保持不变。在下一节，我们将学习投入要素价格变动如何影响供给曲线的推导。

完全竞争企业的短期均衡

图 7-9 图示了完全竞争的短期均衡条件。图 7-9（a）画出了一个行业中某个企业的均衡价格和成本状况。如图所示，该企业生产 9 单位产量，在短期中获得经济利润。图 7-9（b）画出了该行业的短期均衡。如前所述，行业供给曲线是每个企业位于 *AVC* 曲线最低点之上 *MC* 曲线的加总。结合行业需求，我们就得到了均衡价格 $60，行业中所有企业都接受该价格。行业供应的均衡产量为 60 000 单位。除非某生产要素变动，从而形成该行业的新均衡条件，上面的短期均衡条件将会保持不变。

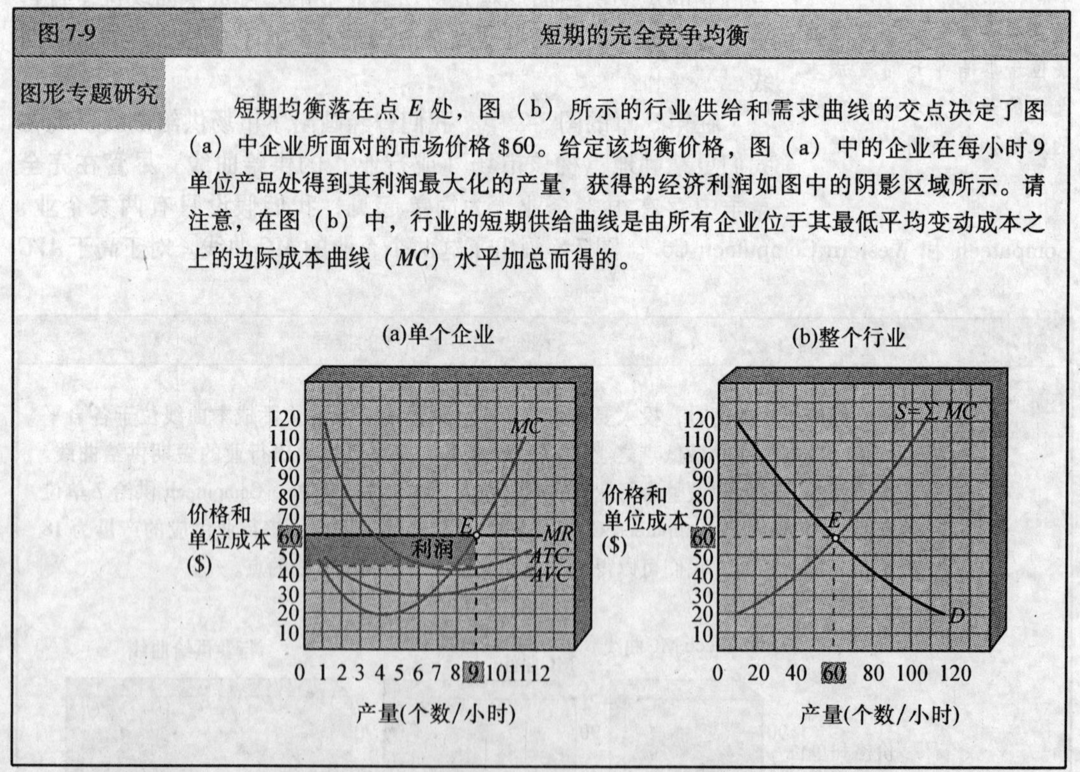

图 7-9 短期的完全竞争均衡

图形专题研究

短期均衡落在点 *E* 处，图（b）所示的行业供给和需求曲线的交点决定了图（a）中企业所面对的市场价格 $60。给定该均衡价格，图（a）中的企业在每小时 9 单位产品处得到其利润最大化的产量，获得的经济利润如图中的阴影区域所示。请注意，在图（b）中，行业的短期供给曲线是由所有企业位于其最低平均变动成本之上的边际成本曲线（*MC*）水平加总而得的。

完全竞争长期供给曲线

回忆一下第 6 章，我们知道在长期中，各种投入要素都是可变的。某一行业的现存企业会根据利润前景进行调整，扩大或缩小厂房，买入或卖出土地和设备，调整短期中固定不变的其他投入要素。利润还会吸引新企业进入该行业。同样，亏损也会引起某些现存企业退出该行业。下面你就会看到，完全竞争的自由进入和退出特征是决定长期供给曲线形状的关键因素。

完全竞争企业的长期均衡

如第6章所述，在长期中，企业可以调整其厂房规模、任何用于生产的投入要素。这意味着，当现存企业所获的利润不及正常利润（负的经济利润）时就会退出其所在行业；当现存企业所获的利润超过了正常利润（正的经济利润）时就会吸引新企业加入其所在行业。对于长期均衡而言，企业进入和退出的过程至关重要。一方面，如果某行业存在经济利润，新企业就会进入该行业，这会向右推动短期供给曲线。短期供给的提高引起价格下降，直到在长期中，经济利润变为零。另一方面，如果某行业存在亏损，现存企业就会退出该行业，造成短期供给曲线向左移动，引起价格上升。该调整过程一直会持续到长期中的经济亏损消失，经济利润变为零的时刻。

图7-10描述了长期均衡中的一家代表性企业。市场的供给和需求共同确定均衡价格。因此，该企业在长期中面对$60的均衡价格。根据 *MR* = *MC* 法则，该企业生产的均衡产量落在每小时6单位处。在该产出水平上，由于边际收益（价格）等于短期平均总成本曲线和长期平均成本曲线（*LRAC*）共同的最低点，企业获得正常利润（零经济利润）。给定U形的 *LRAC* 曲线，该企业会在其最优生产规模处生产。

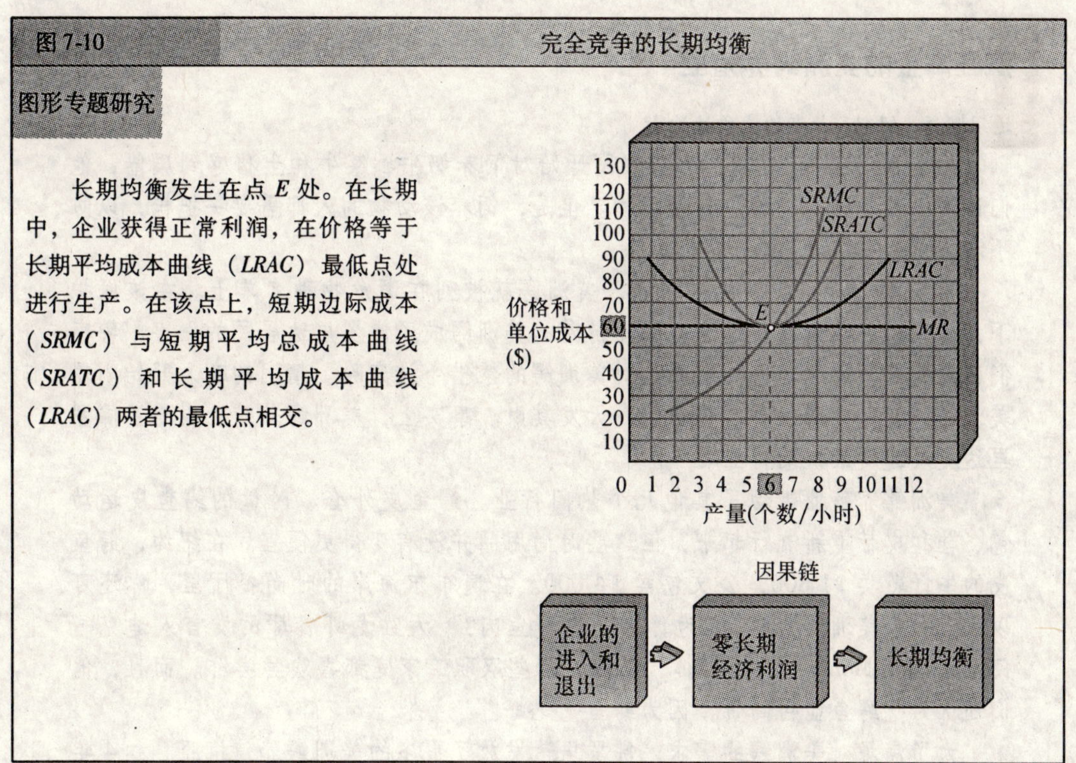

图7-10 完全竞争的长期均衡

长期均衡发生在点 *E* 处。在长期中，企业获得正常利润，在价格等于长期平均成本曲线（*LRAC*）最低点处进行生产。在该点上，短期边际成本（*SRMC*）与短期平均总成本曲线（*SRATC*）和长期平均成本曲线（*LRAC*）两者的最低点相交。

这些长期完全竞争均衡条件也可以用等式表示：

$$P = MR = SRMC = SRATC = LRAC$$

只要上面公式中的变量都不发生变动，完全竞争企业就没有理由调整其产出水平，生产规模以及其他和生产有关的因素。一切都恰到好处！由于代表性企业处于均衡状态，整个行业也处于均衡状态。在长期均衡条件下，既不存在正经济利润吸引新企业进入该行业，也不存在负经济利润驱使现存企业退出该行业。在长期均衡中，整个经济实现了最优的效率。企业进入和退出行业的调整过程是充分的，企业向消费者索取最低价格。

要点考查

你在长期中还会继续经营吗?

假设你正在考虑创办一项个人储存箱租用服务。你可以选择三种规模：建50个存储箱，总经济成本为$200 000；建100个存储箱，总经济成本为$300 000；建200个存储箱，总经济成本为$700 000。如果你打算长期经营，那会选择哪个规模呢?

现实生活中的经济学

疯狂淘金的美洲鳄养殖业

适用概念：短期和长期的竞争性均衡

20世纪80年代后期，有些农民开始对饲养奶牛、菜牛和生猪感到厌倦，他们试图一展拳脚，饲养一种新动物。但是，饲养该动物的人都需要一把枪，以防不测？

早在20世纪70年代末之前，美洲鳄就被列在濒危物种名单上。在该保护下，美洲鳄的数量增长迅速。到处游荡的美洲鳄成了佛罗里达居民的一害，警察们四处搜寻，疲于奔命。因此，对美洲鳄的禁猎令被废除。精明的商人开始驯养美洲鳄，使之变成一种家畜动物，大发其财。事实上，美洲鳄养殖业成为了佛罗里达发展速度最快的行业之一。

美洲鳄养殖业带动了其他几个热门行业。鳄鱼皮外套、时髦的鳄鱼皮运动包、鞋和皮带重新流行起来，但这些时尚用品并没有变得更便宜。在纽约，鳄鱼皮的牛仔靴卖$1 800，公文包卖$4 000。在遍布东海岸的时尚餐厅里，你还可以点上一顿美洲鳄大餐。“为什么不选鳄鱼肉?”大红龙虾餐厅的发言人迪克·门罗（Dick Monroe）反问到。“如今，那些双职工家庭都喜欢尝尝鲜。而且，他们还认为吃鳄鱼显得高贵，因为鳄鱼吃龙虾。”

为了满足对美洲鳄的需求，佛罗里达发放了更多的美洲鳄养殖执照。和4年前相比，执照数量翻了1倍，而且当时发放执照几乎都是为了吸引游客。1985年，佛罗里达的农民饲养了37 000头美洲鳄。1986年，该数量提高了50%。美洲鳄养殖业的收入也随之暴涨。奥兰多的一位美洲鳄养殖场主弗兰克·戈德温（Frank Godwin）每年收获1 000头美洲鳄，净赚$270 000。为了获得更高的利润，先进技术也被运用到了美洲鳄养殖中。比如说，坐落在雅芳公园（Avon Park）中的希尔托普农场（Hilltop Farms）的农场主劳拉·维尔斯（Lawler Wells）在一个黑漆漆的暖房中饲养了7 000头美洲鳄。无光的暖房有利于美洲鳄的生长。①

7年之后，1993年一篇刊在《华盛顿邮报》（*The Washington Post*）上的文章继续报道了美洲鳄养殖业的传奇："20世纪80年代末，美洲鳄养殖场如雨后春笋，该行业就像一个永不枯竭的金矿，人们蜂拥而至。许多农民一夜暴富。"②

1995年，《今日美国》（*USA Today*）对一位美洲鳄捕猎者的采访提供了该行业长期均衡的证据："美洲鳄猎手比尔·卓别林（Bill Chaplin）的枪管抵在8英尺长的木棒底端，一枪打烂了自己的'饭碗'，卸下了六英寸长的弹夹。这对他有何好处呢？从经济的角度看，他损失不多。每磅鳄鱼肉是$3.5，每英寸鳄鱼皮是$45，美洲鳄大约是每英寸$100。除去剥鳄鱼皮和进行其他处理的费用，猎手和地主都没有赚到钱。"③

《达拉斯晨报》（*The Dallas Morning News*）2000年的一篇文章提供了进一步的证据：曾在1995年在北亚特兰大饲养美洲鳄的马克·格拉斯（Mark Glass）说到："老实说，我还没有赚到钱，但我希望有转机。"④《商业新闻骑士论坛》（*Knight Ridder/Tribune Business News*）2003年的一篇文章也对佛罗里达美洲鳄养殖业予以悲观的报道："美洲鳄养殖业收入近年来一泻千里，尽管佛罗里达力图推动美洲鳄养殖业，使之成为一种可持续繁荣的水产业，但困难重重。"⑤

分析问题

1. 美洲鳄养殖业是一完全竞争行业，画出其鳄养殖户数量翻倍前，企业和行业短期的长期均衡。为了简化，假设美洲鳄养殖户获得零经济利润。然后，再给出对美洲鳄需求上升引起的短期效应。

2. 假设美洲鳄养殖业是完全竞争的，请分别给出代表性美洲鳄养殖户和整个行业长期的竞争均衡条件。

---

① Ron Moreau and Penelope Wang，"美洲鳄养殖业：疯狂淘金"，新闻周刊，1986年11月8日，p. 68.

② William Booth，"*Bag a Gator And Save the Species*"，华盛顿邮报，1993年8月25日，p. A1.

③ J. Taylor Buckley，"*S. Carolina Lets Hunters Go for Gators Again*"，*USA Today*，sept. 21，1985，p. A1.

④ "More Bite for the Buck" 达拉斯晨报，2000年11月6日，p. 2A.

⑤ Jerry W. Jackson，"Alligators are Growing part of Florida's Agricultural Landscope"，商业新闻骑士论坛，2003年1月26日.

主要概念

市场结构　　完全竞争　　价格接受者　　边际收益
完全竞争企业的短期供给曲线　　完全竞争行业的短期供给曲线

小结

- **市场结构**由三个市场特征构成：（1）销售者数量；（2）产品的品质；（3）进出市场的难易程度。
- **完全竞争**是一种市场结构，该市场中的单个企业无法影响产品的价格。相对整个市场而言，行业中的每个企业是小的，所有的企业出售同质产品，并且企业自由进入和退出该行业。
- 作为**价格接受者**的企业在完全竞争中面对完全弹性的需求曲线。在市场决定的价格上，它可以出售其希望的全部产品；但高于该价格，它就无法卖出产品。这是因为有非常多的竞争性企业愿意以现行价格出售相同的产品。
- 总收入—总成本法是一种企业确定利润最大化产出水平的方法。当总收入和总成本曲线之间的垂直距离处于最大值时，利润就达到了其最大值。

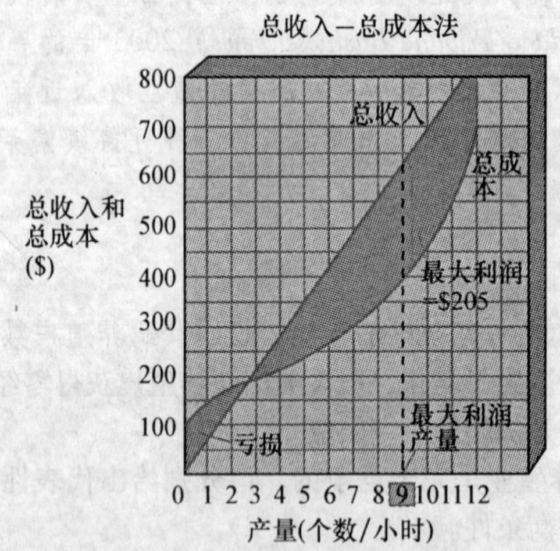

- 边际收益等于边际成本法是第二种确定企业在何处实现利润最大化的方法。**边际收益（MR）**是总产量变化一个单位导致总收益的变化。对完全竞争企业而言，边际收益等于市场价格。$MR=MC$ 法则说的是企业生产的产量落在边际收益等于边际成本处，那就实现了利润最大化或者亏损最小化。如果市场价格（平均收益）低于平均可变成本的最低点，$MR=MC$ 法则不再适用，企业会关闭，最小化其损失。
- 完全竞争企业的短期供给曲线显示了企业短期中所供应产量与产品价格之间的关系。单个企业总是沿着其高于平均成本曲线之上的边际成本曲线进行生产。完全竞争行业短期供给曲线则是行业中所有企业短期供给曲线的水平加总。

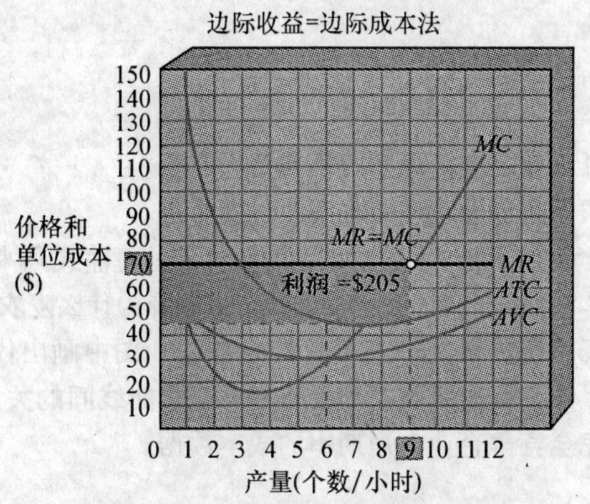

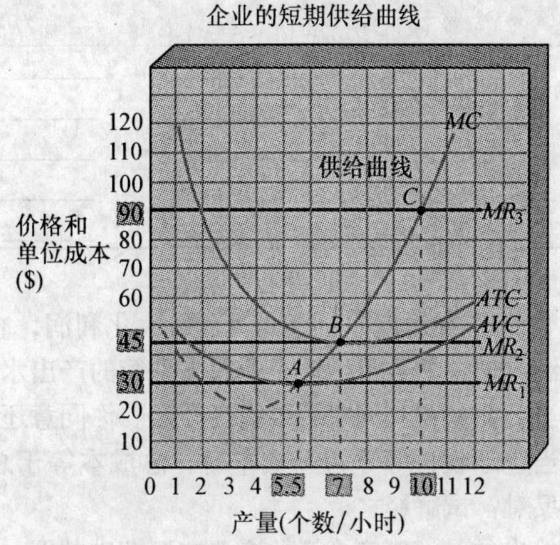

- 长期完全竞争均衡发生在企业获得正常利润之时，企业的生产落在价格等于长期平均成本最小值、等于短期平均总成本、等于短期边际成本处。

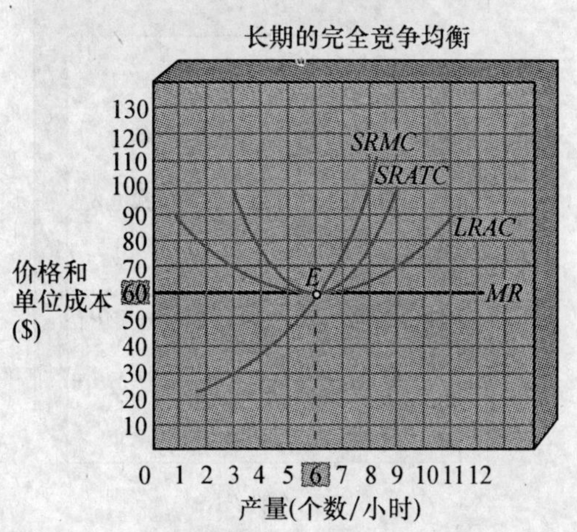

问题思考

1. 试解释完全为什么竞争企业愿意或不愿意做广告。
2. 堪萨斯州的麦农符合完全竞争市场吗？试解释之。
3. 假设在一个完全竞争行业，小麦的市场均衡价格是每蒲式耳 \$2。请画出行业的供给和需求曲线、单个麦农的供给和需求曲线。试解释为什么麦农是一个价格接受者。
4. 假设小麦的市场均衡价格是每蒲式耳 \$5，在同一图中画出代表性麦农的总收益和边际收益曲线。试解释边际收益和价格与总收益曲线间的关系。
5. 考虑下面一个完全竞争企业在短期中的成本数据。

产量（*Q*）	总固定成本（*TFC*）	总变动成本（*TVC*）	总成本（*TC*）	总收益（*TR*）	利润
1	\$ 100	\$ 120	\$ ______	\$ ______	\$ ______
2	100	200	______	______	______
3	100	290	______	______	______
4	100	430	______	______	______
5	100	590	______	______	______

   如果市场价格为 \$150，在短期中，企业为了最大化利润，企业要生产多少单位产品？填写经济利润或损失的数量。该企业收支平衡的产出水平是多少？
6. 考虑下面陈述：当企业获得利润时就要提高产量。你同意还是反对？试解释之。
7. 考虑下面陈述：当边际收益等于边际成本时，总成本等于总收益，企业获得零利润。你同意还是反对？试解释之。
8. 考察图 7-11，它给出的是一家完全竞争企业在短期中的图。

图 7-11 完全竞争企业

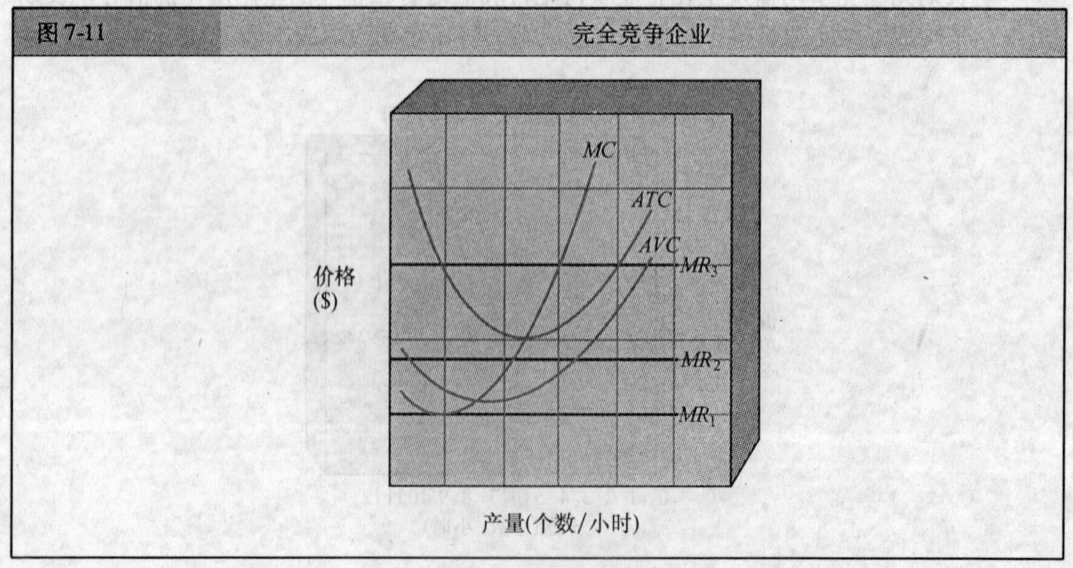

a. 如果企业的需求曲线是 MR_3，该企业是获得经济利润还是亏损？

b. 哪条或哪几条需求曲线表明该企业发生亏损？

c. 哪条或哪几条需求曲线表明该企业将会关闭？

d. 确定企业的短期供给曲线。

9. 考虑下面陈述：完全竞争企业可以出售消费者在市场价格下愿意购买的所有产量。你同意还是反对？试解释之。

10. 假设一个完全竞争企业的需求曲线低于其平均总成本曲线。试解释在何种条件下，该企业在短期中会继续生产。

11. 假设居民住房的行业均衡价格是每平方米 \$100，对于居民住房建筑承包商而言，每平方米的最低可变成本为 \$110。你会向该企业的所有人提供怎样的建议呢？试解释之。

12. 假设多个独立的卡车运输公司在一个完全竞争行业提供运输服务。如果这些企业获得正的经济利润，在长期中，卡车运输服务价格、整个行业提供的运输量以及运输企业所获的利润会如何变化？

在线练习

练习1

阅读总统经济报告（http://www.access.gpo.gov/eop/）。点击一下“总统经济报告”，然后翻到343页的表B-60，再进行下面步骤。

1. 注意过去20年中服装和能源价格。
2. 为什么能源价格的波动较服装价格波动更剧烈呢？

练习2

浏览一下《今日美国》（http://www.usatoday.com）。点击“市场”菜单，然后了解一下图中道琼斯工业平均指数的波动情况。为什么股票价格波动如此之大？

练习3

许多人的梦想就是创办自己的企业，成为一名企业家。浏览下面这些网站并回答后面的问题。商业资源网（http://www.abusinessresource.com/）提供了许多关于创办并经营家庭作坊式企业的信息。一群20或30出头的企业代理人、金融专业人士和企业业主共同创办了一家企业家资助黄页网站（http://www.tannedfeet.com/）。

1. 在创办企业时，企业家需要考虑的经济要素有哪些？
2. 企业家如何才能最大化自己企业的利润？
3. 企业家和他们的小企业可以得到哪些资源？

要点考查答案

每晚只有 $50，海滩汽车旅馆也应该继续经营吗？

只要价格超过平均可变成本，对于汽车旅馆而言，继续经营会比关闭好。由于 $50 足以补偿每间客房客服相关的变动成本 $45，所以企业会继续经营。补偿可变成本所剩的 $5 能弥补 $50 的固定成本。如果旅馆关闭的话，这些已经投入的成本就会毫无用处。如果你认为美特尔海滩边的汽车旅馆应该在冬季继续经营，因为它们接受的价格高于平均可变成本，那你就对了。

你在长期中还会继续经营吗？

在长期中，存活的企业将会在长期平均成本曲线的最低处运营。50 个存储中心的平均成本为 $4 000（$200 000/50），100 个存储中心的平均成本为 $3 000（$300 000/100），200 个存储中心的平均成本为 $3 500（$700 000/200）。在给定的这三个存储中心规模中，平均成本最低的那个规模最接近 *LRAC* 曲线的最低点。如果你选择了 100 个存储中心，那你就对了。

测试

1. 完全竞争市场不具有的特征有
   a. 大量小规模企业。
   b. 品种繁多的异质产品。
   c. 很容易进入和退出市场。
   d. 上述任何一个。
2. 下面哪个是完全竞争的特征？
   a. 进入障碍。
   b. 同质产品。
   c. 广告开支。
   d. 服务质量。
3. 在完全竞争中，下列哪个在所有产出水平上都是相同的？
   a. 边际成本和边际收益。
   b. 价格和边际收益。
   c. 价格和边际成本。
   d. 以上全是。
4. 如果一个完全竞争企业在市场价格为每单位 $100 处出售 100 单位产品，该企业的每单位产品的边际收益是
   a. $1。
   b. $100。

c. 大于 $1，小于 $100。
d. 大于 $100。

5. 对完全竞争企业而言，短期利润最大化发生在企业边际成本等于（　　）处。
   a. 平均总成本
   b. 平均可变成本
   c. 边际收益
   d. 以上都是
6. 一个完全竞争企业以每单位 $100 出售其产品，最低平均可变成本为每单位 $150。该企业应该
   a. 提高产量。
   b. 降低产量，但不关闭。
   c. 维持目前的产量。
   d. 关闭。
7. 位于（　　）之上的边际成本曲线斜向上部分是完全竞争企业的供给曲线。
   a. 平均总成本曲线。
   b. 平均可变成本曲线。
   c. 平均固定成本曲线。
   d. 平均价格曲线。
8. 假设图 7-12 中企业的产品价格为每单位 $15。

图 7-12　边际收益和单位成本曲线

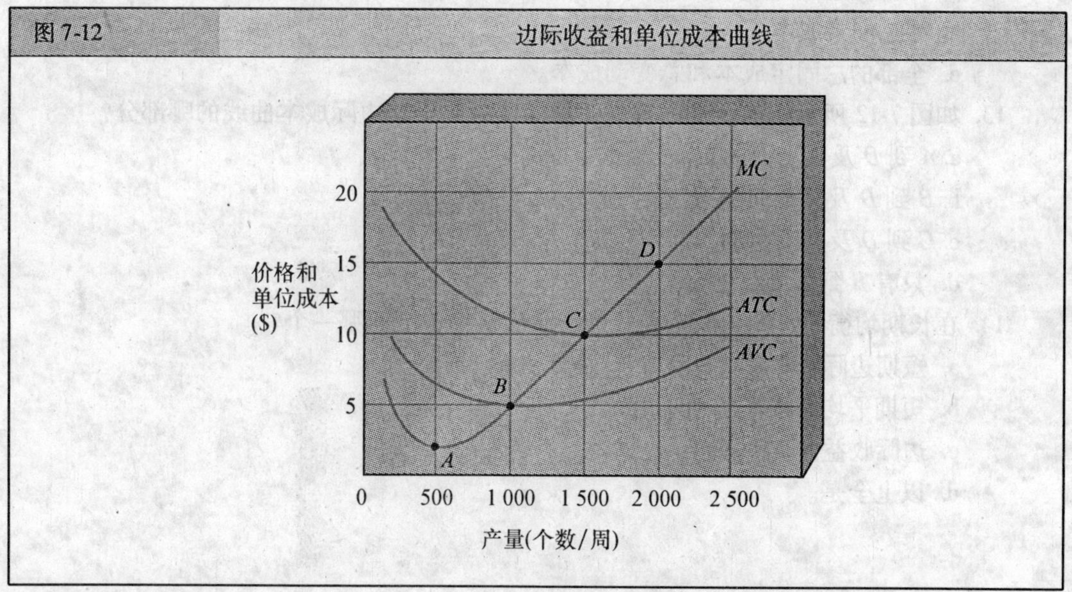

该企业应该生产
   a. 每周 500 单位。
   b. 每周 1 000 单位。
   c. 每周 1 500 单位。

d. 每周 2 000 单位。

e. 每周 2 500 单位。

9. 在图 7-12 中，企业在短期中获得零利润处的最低价格是

a. 每单位 \$5。

b. 每单位 \$10。

c. 每单位 \$20。

d. 每单位 \$30。

10. 假设图 7-12 中企业的产品价格为每单位 \$6。该企业应该

a. 继续生产，因为它获得经济利润。

b. 继续经营一段时间，尽管它会遭遇经济损失。

c. 暂时关闭。

d. 永久关闭。

11. 假设图 7-12 中企业的产品价格为每单位 \$10。企业获得的最大利润是

a. 0。

b. 每周 \$5 000。

c. 每周 \$1 500。

d. 每周 \$10 500。

12. 在图 7-12 中，在单价 \$10 时，企业的总收入可以补偿

a. 一部分总可变成本。

b. 一部分总固定成本。

c. 零总固定成本。

d. 全部的总固定成本和总变动成本。

13. 如图 7-12 所示，该企业的短期供给曲线对应于其边际成本曲线的哪部分？

a. *A* 到 *D* 及其上面的点。

b. *B* 到 *D* 及其上面的点。

c. *C* 到 *D* 及其上面的点。

d. 只有 *B* 到 *C*。

14. 在长期均衡中，完全竞争企业的产品价格等于下面哪一个？

a. 短期边际成本。

b. 短期平均总成本的最小值。

c. 边际收益。

d. 以上全是。

第8章 完全垄断

本章概述

玩一玩流行的桌上游戏“大富翁”，你就会学到许多本章论及的完全垄断理论的特征。在该游戏中，参赛者通过得到尽可能多的经济实力赢得胜利。参赛者要努力经营自己的铁路、公用设施、街道、停车场以及其他价格不菲的不动产。然后，再通过拥有收取高价的旅馆让对手破产。参赛者掷完骰子后，如果走到了其他对手的领地，那就别无选择了——要么交买路费，要么输掉比赛。

在上一章，我们学习了被视为经济学问题范式的完全竞争。原因何在？完全竞争中存在众多的销售者，他们都缺乏任何影响价格的力量。完全竞争和完全垄断都是极端例子。“垄断”一词来自两个希腊单词“独家卖方”。一个垄断者拥有制定产品价格的市场力，并且无须担心竞争对手的行为。也许你所在的大学就只有一家购买教材的书店。如果确实如此，那和有多家书店竞争的校内教材市场相比，你们学校的学生就要付更高的价格买教材。

本章会解释为什么许多企业无法或不能进入某个特殊市场，与垄断者进行竞争。接着我们会考察现实世界中一些有趣的真实垄断者。我们还会学习垄断者是如何决定其应索取的价格和产量的。最后，我们会讨论完全垄断的利弊。本章所要求的大多数分析工具都已在前面章节有所介绍。

在本章中，你将学会解决下列经济学问题：

- 为什么垄断者不会通过索取最高的价格搜刮消费者？
- 价格歧视怎样才能是公平的？
- 纽约出租车是垄断者吗？

完全垄断市场结构

完全垄断
一种市场结构，具有以下特征：(1)唯一卖方；(2)唯一产品；(3)不可能进入市场。

和完全竞争相反的极端模型是**完全垄断**。在完全垄断中，消费者只有一个选择——买或不买该垄断者的产品。完全垄断是一市场结构，具有以下特征：（1）唯一卖方；（2）唯一产品；（3）不可能进入市场。和完全竞争不同，市场中不存在垄断者产品的相近替代产品。和完全竞争相似，完全垄断也仅仅是对现实世界中某些行业的近似，但它充当了一个有用的参照模型。以下内容是完全垄断各个特征的简要描述。

唯一卖方

在完全竞争中，大量的企业构成了行业。与之相反，完全垄断意味着一家企业就是整个行业。在某个既定市场中，一家企业提供某一产品的全部供给。与全国性或全球性完全垄断相比，地方性完全垄断更为普遍。它是对完全垄断模型的真实近似。比如说，校园书店、地方电话服务公司、有线电视公司和电力公司都可能是一个地方性完全垄断例子。犹他州诺维尔郡唯一的加油站和足球场边的热狗亭同样也是完全垄断的例子。就全国性完全垄断而言，美国邮政局（UPS）垄断了所有的航空邮件。

国会授权美国邮政局(http://www.usps.com)独家邮递航空信件。

唯一产品

唯一产品意味着不存在对垄断者产品的近似替代品。因此，垄断者很少或不会面临竞争。但是，在现实中还是存在一些近似替代品，虽然很少。比如说，除了校园书店，学生可以从其他渠道购买用过的教材，而且某些教材也可以通过因特网买到。天然气炉和油炉就是电热产品不错的替代品。与之类似，传真机和电子邮件也是邮政服务的替代品，卫星接收器也能替代地方性有线电视服务。

不可能进入市场

在完全竞争中，不存在阻碍新企业进入某一行业的约束条件。在完全垄断的情况中，某些极端的壁垒会使得新企业进入某一行业变得非常困难或者不可能。下面就是阻碍新企业进入某一市场和垄断者竞争的三种主要壁垒。

核心资源的所有权 独家控制某一战略性投入要素的全部供给是垄断者防止新企业进入该行业的一种方法。美铝公司（Alcoa）自19世纪末到第二次世界大战结束期间对美国铝业市场的垄断就是历史上的一个著名例子。美铝公司的垄断来源于它对矾土的控制。对于炼铝而言，矾土是不可或缺的。如今，对于某个新的职业体育联盟而言，它要和国家橄榄球联盟（NFL）和全美篮球协会（NBA）相抗衡是非常困难的。为什么？NFL和NBA的各球队已经与最顶尖的球员和最好的体育场馆签订了合约。

法律壁垒 保护某一企业免于潜在对手竞争的最古老、最有效的壁垒就是政府特权和执照。政府通过法律许可某一企业独家提供某种产品，并将其他竞争对手排除在外。比如说，自来水、天然气、有线电视等公司都是在州或地方政府授予的垄断特权下运营的。在许多州，州政府会垄断经营酒精饮料和彩票。美国邮政局就拥有邮递航空信件的政府特权。

政府颁发的执照限制企业进入某些行业和从事某些职业。比如说，广播电视台必须有美国联邦通信委员会（FCC）发放的执照。在大部分州，内科医生、律师、牙医、护士、教师、地产经纪、理发师、出租车、酒精饮料商店、火葬场以及其他一些职业或商业行为都需要执照。

专利和版权是另外一种政府准入壁垒。政府向发明人授予专利，以法律的形式禁止其他企业销售专利产品，时效达 17 年之久。版权也赋予文学、艺术、音乐和电影作品的创作者销售或许可使用其作品的特权。授予专利和版权的目的在于，通过授予一定时限内获得由新方法所创利润的特权，可以鼓励创新和开发新产品。

美国专利商标局(http://www.uspto.gov/)向产品或生产流程的发明者授予专利。浏览者也可以搜索专利(http://patents.uspto.gov/)。全美专利者协会(NAPP)是一个非赢利组织，它向专利人提供与专利法、专利实施和技术改良方面的帮助。

规模经济 企业间的竞争也许并不持久，使得某家企业成为一个垄断者。为什么会这样？请你回忆一下生产成本那章的*规模经济*概念。大规模的生产会引起生产的长期平均成本下降。由于平均成本与经营规模之间的关系，这意味着一个垄断者会自然而然地出现。当一个企业的规模变大，和规模更小的竞争对手相比，其每单位产品的成本更低。在长期中，这种“适者生存”式的成本优势迫使其他小企业退出该行业。由于新企业不可能生产和销售与现有垄断者相同或接近的产量，从而无法获得垄断者的低成本，所以它们不会进入该行业。因此，一个垄断者即使不拥有核心资源或得到法律上的壁垒保护，它也会逐渐强大，维持其在行业中的统治地位。

自然垄断
整个市场的长期平均生产成本下降的行业。结果，单一企业能比两个或更多小规模的企业以更低的成本来满足整个市场的需求。

由于规模经济使得某行业中出现独家卖方，经济学家将之称为**自然垄断**。自然垄断就是整个市场的长期平均生产成本下降的行业。结果，单一企业能比两个或更多小规模的企业以更低的成本来满足整个市场的需求。诸如天然气、自来水、地方性电信公司之类的公共设施都是自然垄断的例子。政府就会赋予某些行业在某一地域范围内具有特权，使得消费者从成本节约中获益。当一个具有巨大规模经济的行业中有一个企业能够销售非常多的产品的时候，就会发生这种事情。

图 8-1 画出了一个自然垄断企业的 *LRAC* 曲线。单独 1 家企业以平均成本 \$15 生产 100 单位产品，总成本为 \$1 500。如果 2 家企业各生产 50 单位产品，总成本将上升到 \$2 500；如果 5 家企业各生产 20 单位产品，总成本则上升到 \$3 500。

图 8-1 自然垄断中的成本最小化

在自然垄断中，某行业中单个企业能比两个或更多个企业以更低的单位成本进行生产。这种情况的产生是由于任何企业的 *LRAC* 在一定范围内是下降的。比如说，某家企业以平均成本 \$15 生产 100 单位产品，总成本为 \$1 600。该行业中的 2 家企业以总成本 \$2 500 生产 100 单位产品（各生产 50 单位产品）；5 家企业以总成本 \$3 500 生产相同的产量。

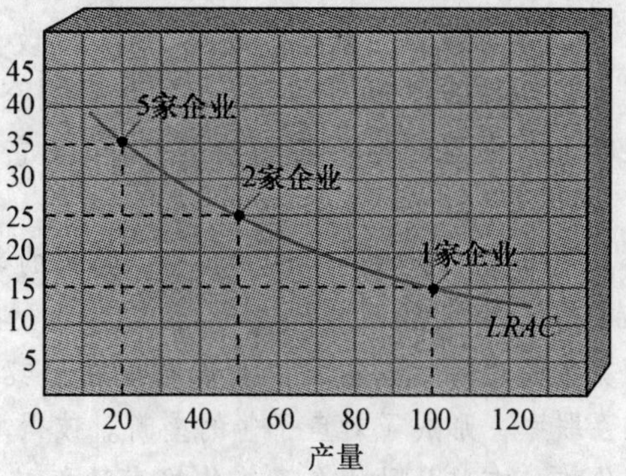

结论 由于规模经济的原因，某行业中单个企业能比两个或更多个企业以更低的单位成本生产产品。

国际经济学

全球范围的完全垄断

适用概念：完全垄断

有趣的完全垄断例子在其他国家也能找到。让我们从历史上的例子开始吧。在16～18世纪，许多君主都会授予某些企业各种垄断权。比如说，伊丽莎白女王Ⅰ世授予大不列颠东印度公司特权独家垄断英格兰与印度之间的贸易。该公司甚至获得铸币权以及与非基督教国家的议和或开战权力。该垄断权导致它从与印度的棉织品、丝绸、香料的贸易中获益颇丰。该公司逐渐膨胀的权力以及公司职员个人的巨额财富引起了政府越来越多的管制。最终，该公司在1858年被关闭，贸易垄断权、其他特权和特派员的身份都被废除。

> 60多年来，戴比尔斯联合矿业公司(http://www.debeers.com/)努力维持它在钻石贸易中的全球垄断。它囤有全球大部分的钻石矿藏。

"钻石恒久远"，或许钻石垄断也是如此。南非的戴比尔斯（DeBeers）曾经就几乎是钻石的全球垄断者。戴比尔斯通过其总部设在伦敦的中央销售组织（CSO）控制了全球80%的钻石销售量。戴比尔斯要求俄罗斯、澳大利亚、刚果、博茨瓦纳、纳米比亚和其他国家的钻石供应商需通过它的中央销售组织出售自己的毛坯钻石。利用这种方式，戴比尔斯控制珠宝级钻石的价格。为什么这些毛坯钻石供应商允许戴比尔斯对他们销往全球的钻石检验级别并定价呢？答案是中央销售组织会把那些不合作的钻石销售商踢出钻石行业。中央销售组织所要做的就是囤积大量钻石，然后在市场中大量投入独立销售商所售品种。结果，在竞争对手的市场中，钻石价格急转直下，迫使对手停止出售。

近年来，戴比尔斯丧失了部分市场控制权。澳大利亚的钻石矿主变得更加独立自主，来自加拿大和俄罗斯的钻石开始销售给一些独立钻石经销商。为了对付这种新形势，戴比尔斯在2001年改变了策略，关闭了中央销售组织，推广自己品牌的钻石，而不是试图去控制全球的钻石供给。戴比尔斯宣称自己的策略就是成为"钻石经销商的选择"。它的垄断会继续吗？这是一个有趣的问题。

正宗的鱼子酱是一种咸咸的、黑黑的美食。由于它来自渔民在接近伏尔加河入口的里海所捕获的鲟鱼卵，因此它自然就很紧缺。1917年俄罗斯爆发布尔什维克革命之后，苏维埃渔业部与建在巴黎的彼得罗辛公司（Petrosian Company）相互联手，形成了对鱼子酱的垄断。彼得罗辛属下的公司限制鱼子酱的出口，抬高价格。有些品种的鱼子酱价格高达每磅$1 000。这种全球垄断为苏维埃政府和彼得罗辛公司带来了丰厚的利润。

随前苏联解体，渔业部无法再控制鱼子酱的所有出口。各前苏联加盟共和国都声称自己具有在该海域的捕捞权，独自签订出口合同。鱼子酱的出口价格急转直下，但鱼子酱的爱好者也不应高兴得太早。如今，由于伏尔加河的污染和过度捕捞，鱼子酱的供应正日益减少。

完全垄断企业的价格和产量决定

价格制定者
企业面临向下倾斜的需求曲线，因而它能沿需求曲线在不同的价格和产量组合之间进行选择。

完全竞争和完全垄断的主要区别在于需求曲线的形状，而不是成本曲线的形状。如前所述，完全竞争企业是一个*价格接受者*。与之相反，下一节我们会对完全垄断企业是一个**价格制定者**做出解释。价格制定者就是一个面临向下倾斜需求曲线的企业。

这意味着完全垄断企业具有选择产品价格的能力。简单地说，完全垄断企业设定的价格对应于相应的产量水平，而不是无助地接受现行的市场价格。为了理解完全垄断企业，我们再次运用边际方法分析我们假设的例子：Computech 电子公司。

边际收益、总收益和需求的价格弹性

假设 Computech 公司的工程师发明了一种低廉的神奇电子设备“SAV-U-GAS”。任何人都可以轻松地把它装到轿车引擎上。轿车一旦装置了它，该设备可以提高燃气里程，使之超过每加仑 100 英里。政府授予了 Computech 该项专利，该公司成为销售这种节油设备的垄断企业。由于该进入壁垒，Computech 成为该行业的唯一卖家。尽管其他企业力图与该发明进行竞争，但它们发明的替代品不够好。这意味着行业和垄断企业面对的向下倾斜的需求曲线是相同的。

图 8-2（a）画出了一家完全垄断企业的需求和边际收益（MR）曲线，比如说 Computech。当该完全垄断企业降低价格、提高需求的产量时，价格和产量的变化会共同影响企业的总收益（价格×产量），如图 8-2（b）所示。如果 Computech 定价为 $150，消费者购买的数量为零，因此总收益为零。为了销售 1 单位产量，Computech 必须将价格降至 $138，总收益也随之由 0 升至 $138。由于边际收益是产量变化 1 单位引起的总收入增加额，所以 *MR* 曲线在销售第一个单位产品时落在 $138（$138 -0）处。因此，此时销售 1 单位产品的价格和边际收益都等于 $138。为了销售 2 个单位产品，该垄断企业需要把价格降至 $125，所以总收益升至 $250。销售第二个单位产品带来的边际收益为 $112（$250 - $138），它比收取的价格低 $13。

如图 8-2（a）所示，在第一单位产量后，当该完全垄断企业降价时，产品的价格高于边际收益。和所有其他边际值一样，边际收益在两个产量之间的位置上给出。

结论 和完全竞争企业面对的水平需求和相应的边际收益曲线不同，完全垄断企业的需求和边际收益曲线是向下倾斜的［请比较图 8-2（a）和上一章的图 7-1（b）］。

从零产量起，随着价格下降，总收益一直上升，直到最大值，该值落在 6 单位产量处。随后，总收益沿着图（b）所画的“收入小山”轨迹下降。个中原因我们在第 5 章的需求价格弹性的讨论中已经解释过了。回忆一下直线型的需求曲线，在其上半部分是具有

弹性的（$E_d>1$），在其中点处是单位弹性的（$E_d=1$），在其下半部分是缺乏弹性的（$E_d<1$）（参见第5章中的图5-4）。回忆一下第5章，当 $E_d>1$ 时，总收益随着价格下降而提高，并在 $E_d=1$ 达到最大值。当 $E_d<1$ 时，总收益随着价格下降而下降。

如图8-2（b）所示，完全垄断企业的总收益与边际收益相关。当 *MR* 曲线处于数轴之上时（弹性需求），总收益是递增的；而在 *MR* 曲线和数轴的交点处（单位弹性需求），总收益达到最大值；当 *MR* 曲线处于数轴之下时，总收益是递减的（缺乏弹性需求）。完全垄断企业不会在需求曲线缺乏弹性段进行生产，因为该段需求曲线对应于负的边际收益。原因就在于，在该缺乏弹性的区间，完全垄断企业可以通过减产提价提高总收益。在我们的例子中，Computech 的定价不会低于 \$75，生产的产量也不会高于每小时6单位。现在，我们再回到完全垄断企业制定的利润最大化价格是多少的问题上。

图 8-2　完全垄断企业的需求、边际收益和总收益

图形专题研究

图（a）给出了需求和边际收益曲线的关系。*MR* 曲线落在需求曲线下方，在0~6单位产量段，$MR>0$；在6单位产量处，$MR=0$；超过6单位产量段，$MR<0$。

图（b）给出了需求与总收入的关系。当价格为 \$160时，总收入为0。当价格订在0处，总收入也等于0，在这两个极端的价格之间，价格 \$76 最大化了总收入，该价格对应于6单位产量，落在 *MR* 曲线和产量轴的交点处，并位于原点和需求曲线与产量轴交点之间的中点上。

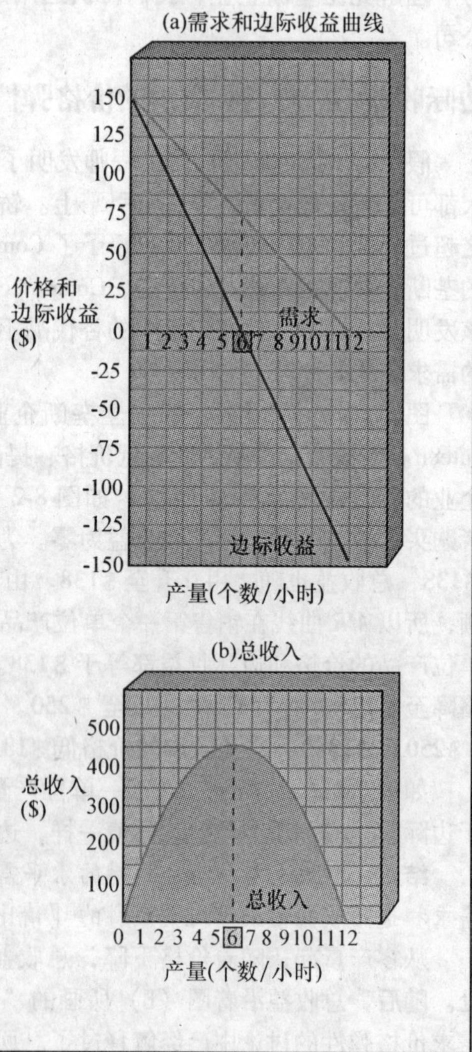

完全垄断企业 Computech 的需求、边际收益和总收入

每小时产量	价格	总收入	边际收益
0	\$ 150	\$ 0	
1	138	138	\$ 138
2	125	250	112
3	113	339	89
4	100	400	61
5	88	440	40
6	75	450	10
7	63	441	0
8	50	400	-9
9	38	342	-41
10	25	250	-58
11	13	143	-92
12	0	0	-107
			-143

在图 8-2（a）中，我们可以观察到 MR 曲线与产量轴交于 6 单位处，刚好是 12 单位的一半。下面就是帮助我们确定边际收益等于零时，产量轴上所处位置的简易法则：*直线型的需求曲线的边际收益曲线与产量轴的交点，位于原点与需求曲线和产量轴交点之间的中点上*。

完全垄断企业短期利润最大化：总收益—总成本法

图 8-3 复制了图 8-2 所列的需求、总收益和边际收益数据，并加入了前两章给出的成本数据。这些数据给出了 Computech 在短期中所获的垄断经济利润状况。用第三栏的总收益减去第六栏的总成本，我们就得到第八栏所示的 Computech 在各产量水平上得到的总利润或亏损。从 0 到 1 单位产量，Computech 遭受了损失，接着在每小时 2 单位产量之前实现了收支平衡。如果 Computech 每小时生产 5 单位产量，它获得最大利润，每小时 \$190。在 5 单位到 8 单位产量之间，随着产量的提高，该完全垄断企业的利润不断减少。超过了 8 单位的产量后，存在另一个收支平衡点，并且亏损随产量提高而增大。图8-4用图形给出了总收益和总成本曲线垂直距离最大值所处的位置，它对应于利润最大化的产量。请注意，总收益最大化的产量为 6 单位产量，它大于利润最大化的产量，即 5 单位产量。

图 8-3　完全垄断企业 Computech 短期利润最大化表

(1) 每小时产量 (Q)	(2) 单位价格 (P)	(3) 总收益 (TR)	(4) 边际收益 (MR)	(5) 边际成本 (MC)	(6) 总成本 (TC)	(7) 平均总成本(ATC)	(8) 利润(+)或亏损(-)
0	\$ 150	\$ 0			\$ 100	—	—\$ 100
			\$ 138	\$ 50			
1	138	138			150	\$ 150	-12
			112	34			
2	125	250			184	92	66
			89	24			
3	113	339			208	69	131
			61	19			
4	100	400			227	57	173
			40	23			
5	88	440			250	50	190
			10	30			
6	75	450			280	47	170
			-9	38			
7	63	441			318	45	123
			-41	48			
8	50	400			366	46	34
			-58	59			
9	38	342			425	47	-83
			-92	75			
10	25	250			500	50	-250
			-107	95			
11	13	143			595	54	-452
			-143	117			
12	0	0			712	59	-712

图 8-4 完全垄断企业的短期利润最大化（总收益—总成本法）

图形专题研究

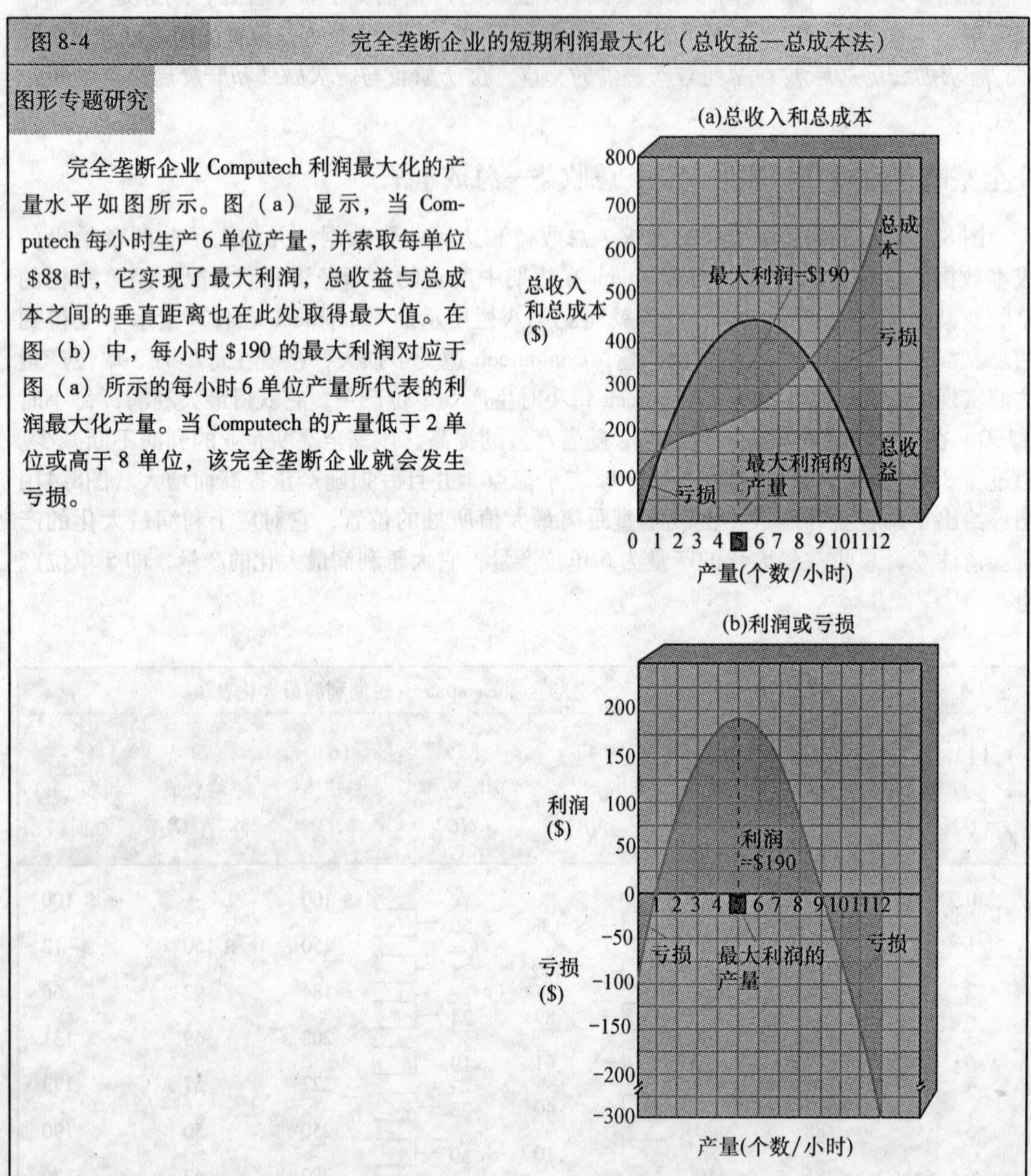

完全垄断企业 Computech 利润最大化的产量水平如图所示。图（a）显示，当 Computech 每小时生产 6 单位产量，并索取每单位 $88 时，它实现了最大利润，总收益与总成本之间的垂直距离也在此处取得最大值。在图（b）中，每小时 $190 的最大利润对应于图（a）所示的每小时 6 单位产量所代表的利润最大化产量。当 Computech 的产量低于 2 单位或高于 8 单位，该完全垄断企业就会发生亏损。

完全垄断企业短期利润最大化：边际收益等于边际成本法

图 8-5 复制了图 8-3 中的表所代表的需求和成本曲线。和完全竞争企业一样，完全垄断企业生产的产量落在 $MR = MC$ 处并索取需求曲线上相应的价格时就实现利润最大化。在该例子中，5 单位产量落在 $MR = MC$ 处。如需求曲线上的点 A 所示，5 单位产量处的价格为 $88。点 B 代表 5 单位产量时的 $50 平均总成本（$ATV$）。由于在 $MR = MC$ 产量处，价格 $88 位于 ATV 曲线之上，该完全垄断企业每单位获得 $88 利润。在每小时 5 单位产量处，总利润为 $190，如图中阴影区域所示（每单位 $38 ×5 单位）。

图 8-5 完全垄断企业短期利润最大化（边际收益 = 边际成本法）

图形专题研究

图（a）显示完全垄断企业 Computech 每小时生产 6 单位产品时实现了最大化利润，该产量落在边际收益（*MR*）和边际成本（*MC*）交点处。完全垄断企业在 6 单位产量处索取的利润最大化价格为 $88，该价格就是需求曲线上的点 *A*。由于 $88 高于 $60 平均总成本（*ATC*）的点 *B*，该完全垄断企业获得短期利润为每小时 $190，如图中阴影区域所示（每单位利润 $58 × 6 单位）。

在图（a）的价格 $88 和每小时 6 单位产量处，图（b）的阴影区域显示利润曲线在每小时 $190 处达到最大值。当该完全垄断企业每小时的产量低于 2 单位或高于 8 单位时，遭受亏损。

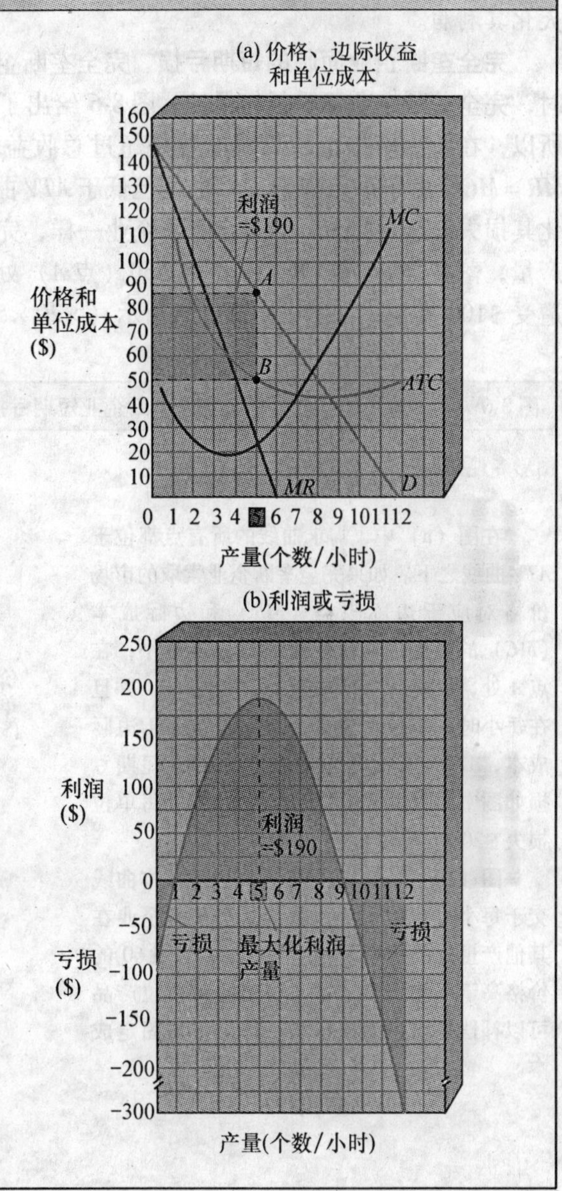

我们可以观察到，完全垄断企业索取的价格既不是最高的可行价格，也不是总收益最大化的价格。在图 8-5（a）中，$88 不是最高的可行价格。由于 Computech 是一个价格制定者，它可以索取高于 $88 的价格，并销售低于 5 单位的产量。但是，完全垄断企业索取最高的可行价格时并不能最大化其利润。任何高于 $88 的价格都不对应于 *MR* 和 *MC* 曲线的交点。请注意，5 单位产量低于 *MR* 与产量轴交点所处的产量，而且此处的总收益达到最大值。当总收益在 6 单位产量处，由于 $MR=0$ 和 $E_d=1$，为了同时最大化收益和利润，$MC=0$ 就必须满足。在零边际成本处进行生产的完全垄断企业是不可能的情况。所以，需求曲线上实现最大化利润所索取的价格会高于最大化总收益的价格。

结论 完全垄断企业总是在其需求曲线中的具有弹性部分的某一价格处生产，从而最大化其利润。

完全垄断企业面临的短期亏损 完全垄断企业并不确保赢利。当需求和成本条件变化时，完全垄断企业不受任何保护。图 8-6 给出了需求曲线低于 *ATV* 曲线任何一点的情形。所以，在任一价格上，总成本总是超过总收益。在需求曲线上的价格 $50（点 *A*）处，*MR* = *MC*。由于该点高于 *AVC* 曲线但低于 *ATV* 曲线，所以 Computech 的最优选择就是最小化其损失。这意味着，像完全竞争企业一样，完全垄断企业在短期中会每小时生产 5 单位产量，落在 *MR* = *MC* 处。在价格 $50（点 *A*）处，*ATC* 为 $70（点 *B*），Computech 每小时遭受 $100 亏损，如图中阴影区域所示（$20 × 5 单位）。

图 8-6 完全垄断企业短期亏损最小化（边际收益 = 边际成本法）

图形专题研究

在图（a）中，需求曲线的所有点都位于 *ATV* 曲线之下。如果完全垄断企业索取的市场价格对应于边际收益（*MR*）和边际成本（*MC*）的交点，它就能保证其亏损最小，在点 *A* 处，亏损最小的价格为每单位 $60，并且在每小时 6 单位产量处，边际收益等于边际成本，*ATV* 等于每单位 $70（点 *B*）。短期亏损如图中的阴影区域所示，为 $100（每单位损失 $20 × 6 单位）。

图（b）显示，边际收益和边际成本曲线交于每小时 6 单位产量处，完全垄断企业在其他产量处的短期亏损会更大。由于 $60 的价格高于平均可变成本，售出的每单位产品可以补偿平均可变成本和一部分平均固定成本。

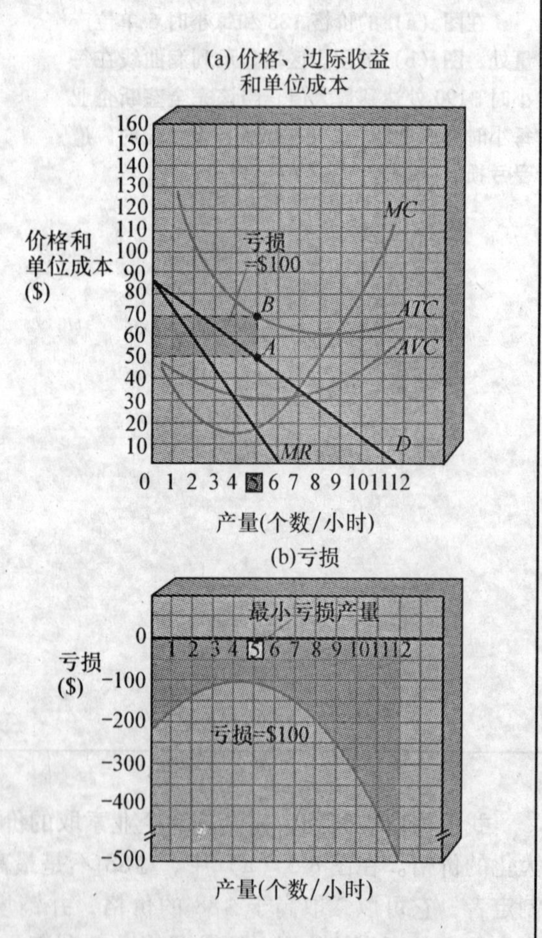

如果 *MR* = *MC* 对应的需求曲线上的价格低于完全垄断企业的 *AVC*，那会怎样呢？如同完全竞争的情形一样，完全垄断企业将会关闭。继续生产的话，完全垄断企业只会增加亏损。

长期的完全垄断

在完全竞争中，企业在长期中获得经济利润是不可能的。行业中新企业的进入会驱使产品价格下降，直到利润为零。但是，极其困难的进入壁垒可以保护完全垄断企业。

结论 如果完全垄断企业的需求和成本曲线状况能带来利润，而且没有其他因素影响这些曲线，那么完全垄断企业在长期中仍会获得经济利润。

在长期中，完全垄断企业具有非常大的灵活性。完全垄断企业可以调整生产规模以降低成本，如同完全竞争企业所做的那样。但是，像 Computech 这样的完全垄断企业如果持续亏损，无论它是否具有行业完全垄断地位，它们都会退出所在行业。面对长期亏损，完全垄断企业会把自己的资源投入到利润更为丰厚的行业中去。

现实生活中，没有任何一家完全垄断企业可以在长期中完全凭借进入壁垒避免竞争。形形色色的企业家会寻求各种创新方法与完全垄断企业进行竞争，这就是完全垄断企业所面临的一种威胁。比如说，Computech 肯定会担心其他企业会运用自己的创造力和新的电子产品研发出更好、更便宜的节油设备。为打消潜在竞争对手的积极性，完全垄断企业采用的一个方法就是牺牲短期利润，以便在长期中获得更多的利润。回到图 8-5 中的图 (a)，完全垄断企业也许愿意索取低于 $88 的价格，生产多于每小时 5 单位的产品。

价格歧视

价格歧视
卖方对同一产品索取不同价格的行为，这种行为是成本差异无法解释的。

迄今为止，我们所有的讨论都假设完全垄断企业向消费者索取相同的价格。在某些条件下，为了最大化利润，完全垄断企业会实施**价格歧视**。当卖方对同一产品索取不同价格，且这种行为是成本差异无法解释的，这时就产生了价格歧视。

现实生活中的经济学

标准石油公司垄断

适用概念：完全垄断

埃文 L. 德雷克上校于 1859 年在宾夕法尼亚州的西部发现了石油，国内战争之后，石油钻井处处皆是。由于石油非常丰富，整个行业竞争非常激烈，结果油价和利润都很低。当时，曾经以卖蛋谋生的约翰 D. 洛克菲勒还是克里弗兰一个 20 出头的农产品批发商。虽然在该行业干得非常出色，但他意识到炼油会赚更多的利润。因为炼油的竞争不如钻井采油那样激烈。所以，洛克菲勒在 1869 年尽其所能四处借钱，创建了两家小规模的炼油厂。

为了增强自己的市场影响力，洛克菲勒建在俄亥俄州的标准石油公司和铁路公司签订了秘密协议。除了要得到有关其竞争对手的货运信息外，洛克菲勒还和铁路公司签订协约，要求铁路公司不仅对标准石油公司的货运，也对其竞争对手的货运向标准石油公司支付回扣。没过多久，标准石油公司就收购了克里弗兰地区26家石油精炼竞争对手中的21家。随着利润的增长，标准石油公司通过收购自己的油田、铁路、石油管道和货船，扩张自己的石油精炼王国，其目的就是要对从钻探油井到各种石油产品的消费者进行全面控制。随着时间的推移，洛克菲勒占领了石油行业的很大一部分市场。洛克菲勒公司的竞争对手发现铁路和输油管道就在自己身边。那些不愿意退出石油行业的竞争对手也被标准石油公司兼并了。

标准石油公司在1870年控制了美国石油行业10%的市场，而到了1880年，它控制的市场超过了90%，它的石油也运往世界各地。标准石油公司对石油行业的垄断程度越高，它获得的利润也越高，击溃竞争对手的实力也越强。随着竞争对手退出市场，洛克菲勒成了价格制定者。他提高价格，标准石油公司利润高涨。最终，根据1890年的谢尔曼反托拉斯法，标准石油公司在1911年被拆分。

实行价格歧视的条件

不是所有的完全垄断企业都能实行价格歧视的。卖方若想实行价格歧视，必须先有下面三个条件：

1. 卖方必须是一个价格制定者，因此面对一条向下倾斜的需求曲线。这意味着完全垄断不是价格歧视可能发生的唯一市场结构。

2. 卖方必须能通过分离愿意支付不同价格的消费者，从而分割市场。这就是说，该消费者的划分体现了消费者不同的需求价格弹性

套利
通过低价买进高价卖出而获利的行为。

3. 消费者无法进行**套利**，或者套利的成本非常昂贵。套利是一种通过低价买进高价卖出而获利的行为。比如说，假设你们学校的书店为了提高利润，向老生以50%的折扣出售教材。那要不了多久，老生们就会让书店的利润下降，因为他们可以低价买入教材，然后以书后所列的价格卖给其他学生。如果这样做的话，即使老生们不知道套利这个词，他们也会让书店的价格歧视方案付之一炬。

大学的学费政策虽然不属于完全垄断，但符合价格歧视的条件。第一，更低的学费会提高各种需求的数量。第二，申请学生的高中成绩和SAT分数使得入学申请机构可以根据不同的需求价格弹性对“消费者”进行分类。高中成绩和SAT分数较低的学生选择较少，和那些高中成绩和SAT分数较高的学生相比，他们的需求曲线的弹性更小。如果X大学的学费提高，流失的高中成绩和SAT分数低的学生不会很多，因为这些学生很少能从其他大学那里拿到入学通知书。相反，流失的高中成绩和SAT分数较高的学生数量会较多，因为他们有更多的其他入学机会。第三，产品的性质阻止了套利行为。向X大学支付了某笔学费而获得入学通知书的学生不能以更高的价格向其他学生出售他的入学通知书。

图8-7对X大学如何实行价格歧视进行了分析。出于简单的考虑，假设向学生提供教育的边际成本不变，因此可以用一水平 MC 曲线表示。为了最大化利润，X大学会遵从每个市场都适用的 $MR=MC$ 法则。给定需求的不同价格弹性，$MR=MC$ 处的价格也会因普通学生和优秀学生而异。因此，由于普通学生市场的需求对于高价格更不敏感，所以X大学可以在该市场上设定一更高的学费 T_1。在优秀学生市场中，需求是更敏感的，所以这些学生可以收到奖学金，他们的学费也更低，落在 T_2 处。

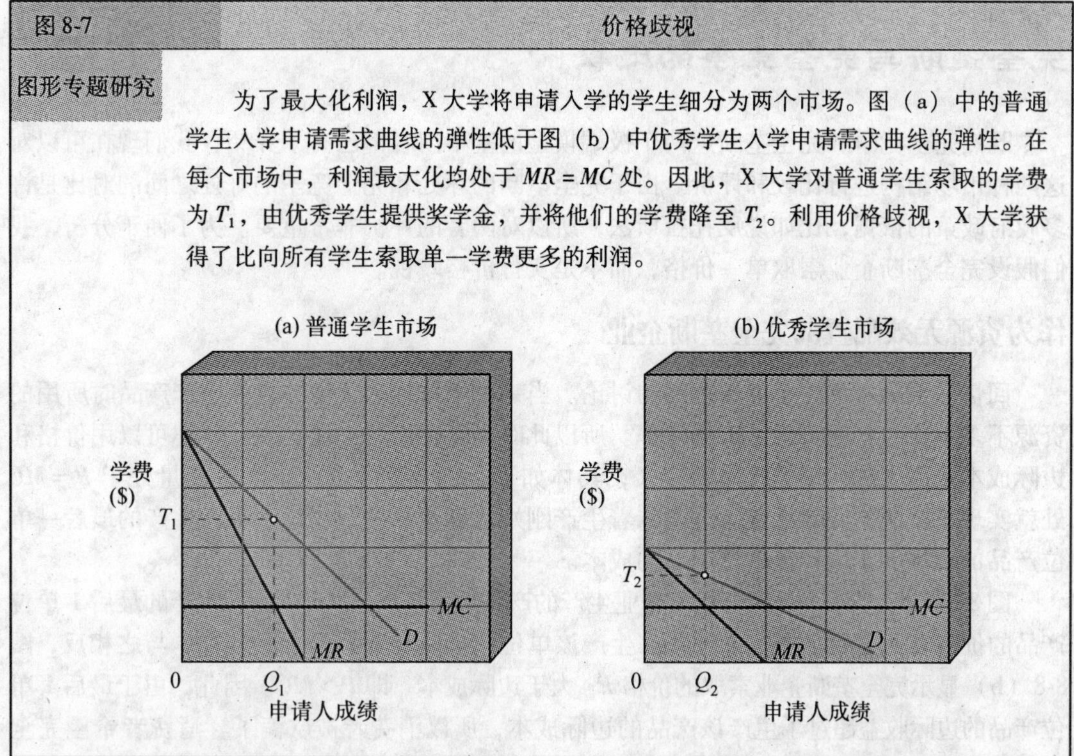

图 8-7 价格歧视

图形专题研究

为了最大化利润，X 大学将申请入学的学生细分为两个市场。图（a）中的普通学生入学申请需求曲线的弹性低于图（b）中优秀学生入学申请需求曲线的弹性。在每个市场中，利润最大化均处于 $MR = MC$ 处。因此，X 大学对普通学生索取的学费为 T_1，由优秀学生提供奖学金，并将他们的学费降至 T_2。利用价格歧视，X 大学获得了比向所有学生索取单一学费更多的利润。

价格歧视不公平吗？

价格歧视的例子比比皆是。电影院向儿童提供的票价低于成人。作为完全垄断企业的电力公司向工业用电者索取的价格低于向居民用电者索取的价格。旅馆和酒店经常给高级客户折扣。航空公司也向团体游客提供价格更低的机票。

价格歧视不公平，这是对价格歧视的典型反应。从支付高价的买方角度看，确实如此；但我们也要看看价格歧视的另外一面。第一点，由于价格歧视提高了利润，所以卖方乐于此道。第二点，许多买方也能从中受益，因为他们能够买到产品而不会被排除在外。在图 8-7 中，价格歧视使得那些付不起学费的优秀学生可以进入 X 大学。价格歧视也能让退休人士享受他们原本消费不起的酒店和餐馆，让更多的儿童走进电影院。

要点考查

为什么在电影院成人不需要为爆米花多付钱？

在电影院，成人的票价高于儿童，两类人拿着不同颜色的电影票。但是，当成人和儿童去电影院的小吃部时，他们支付相同的价格购买爆米花和其他快餐食品。下列哪个陈述最恰当地解释了价格歧视只适用于购票窗？（1）爆米花的需求曲线是完全弹性的。（2）电影院无法根据需求的不同价格弹性区分爆米花的购买者。（3）电影院无法禁止爆米花的转售。

完全垄断与完全竞争的比较

既然完全竞争和完全垄断这两个极端模型的基本内容都已有了介绍，我们现在可以对这两种市场结构进行比较和评价。由于完全垄断的坏处和完全竞争的好处之间的对比是许多政府政策的依据，比如说反托拉斯法，所以对两者的评价非常重要。为了便于分析，我们假设完全垄断企业索取单一价格，而不是实行价格歧视。

作为资源无效配置的完全垄断企业

回忆一下第 4 章关于市场效率的讨论。当一家索取均衡价格的企业生产产品时所用的资源不多不少时，就实现了市场效率。所以此时不存在市场失灵。现在，你可以用价格和边际成本术语来陈述市场效率的定义，具体如下：完全竞争企业生产的产量处于 $P=MC$ 处就实现了资源的有效配置。这意味着生产刚好达到这样一个产量水平，生产的最后一单位产品的价格等于生产该单位产品的成本。

图 8-8（a）显示一个完全竞争企业生产的产品数量落在 $P=MC$ 处。生产的最后 1 单位产品的价格 P_c（边际收益）等于用来生产该单位产品所耗资源的边际成本。与之相反，图 8-8（b）显示完全垄断企业索取的价格 P_m 大于边际成本，即 $P>MC$。因此，由于最后 1 单位产品的边际收益超过了生产该产品的边际成本，所以消费者被欺骗了。消费者希望完全垄断企业利用更多的资源生产出更多产品，但完全垄断企业为了最大化利润而限制产出。

图 8-8　完全竞争企业与完全垄断企业的比较

图形专题研究

图（a）中的完全竞争企业将价格设在 $P=MC$ 处，并生产产量 Q_c。因此，在最后 1 单位产出上，边际收益等于用来生产该产品所耗资源的边际成本，该条件意味着完全竞争实现了效率。

图(b)显示完全垄断企业生产的产量为 Q_m，在该处 $P>MC$。这样做的话，消费者被欺骗了，因为最后 1 单位产品的边际收益超过了生产该产品的边际成本。完全垄断缺乏效率，因为完全垄断企业对生产产品的资源没有进行有效配置。所以，Q_m 小于 Q_c。

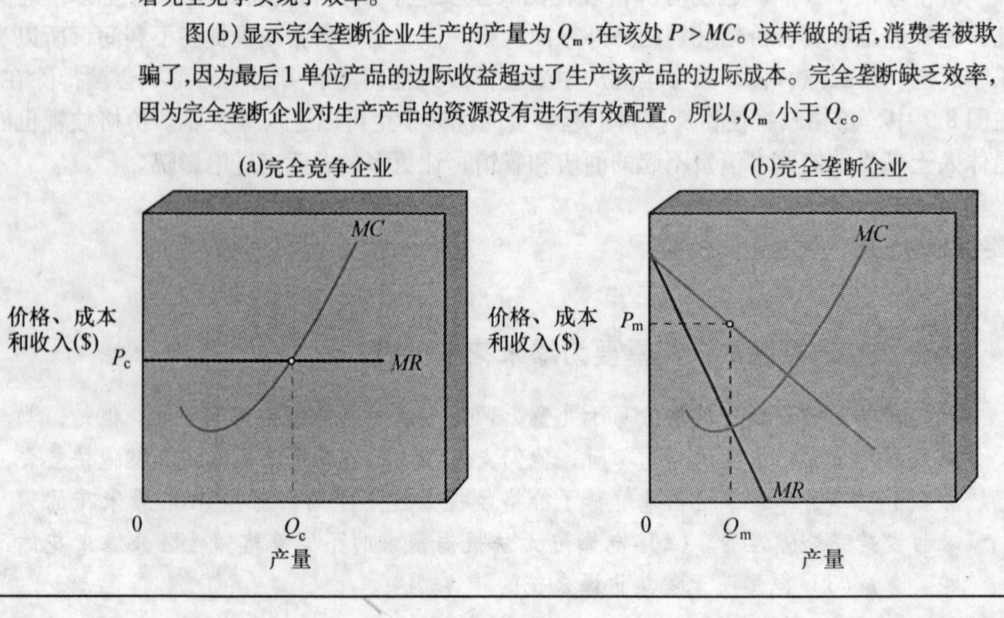

(a)完全竞争企业

价格、成本和收入($)　MC　P_c　MR　0　Q_c　产量

(b)完全垄断企业

价格、成本和收入($)　MC　P_m　MR　0　Q_m　产量

结论 完全垄断企业的特征就是缺乏效率，因为资源未能有效地配置到产品的生产中。

完全竞争意味着更多的产品、更低的价格

图8-9给出了完全竞争和完全垄断在同一张图中的对比。假设某行业一开始是完全竞争的。市场需求曲线 D（等于 MR）和市场供给曲线 S 形成了完全竞争价格 P_c 和产量 Q_c。回忆一下上一章的图7-8，完全竞争行业的供给曲线 S 是行业中所有企业边际成本（MC）曲线的水平加总。

图8-9 垄断某个行业的影响

假设某行业是完全竞争的，市场需求曲线为 D，供给曲线为 S。市场供给曲线是所有企业高于最低可变成本之上的水平加总。市场的供求曲线的交点形成均衡价格 P_c 和均衡产量 Q_c。现在假设整个行业突然变成完全垄断行业。该垄断企业在 $MR = MC$ 处生产的产量为 Q_m，少于 Q_c。通过将产量限制在 Q_m，该垄断企业可以索取更高的价格 P_m。

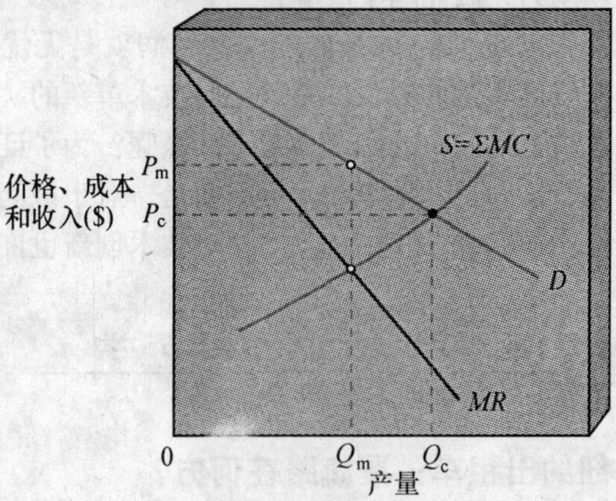

现在假设该市场结构发生变化，某家企业买下了所有的竞争对手。该行业变成了完全垄断行业。进一步假设需求曲线和供给曲线未受该重大变化的影响。在完全垄断情形中，行业的需求曲线就是完全垄断企业的需求曲线。由于该单一企业是价格制定者，MR 曲线位于需求曲线的下方。行业的供给曲线现在成为完全垄断企业的 MC 曲线。为了最大化利润，完全垄断企业会将产量限制在 Q_m 处，并将价格抬高至 P_m，从而使得 $MR = MC$。

结论 完全垄断在两方面损害了消费者利益。和完全竞争的市场结构相比，完全垄断企业索取的价格更高、生产的产量更少。

反对和支持完全垄断的例子

到现在为止，上述例子是反对完全垄断、支持完全竞争。现在到了稍作休息，总结一下经济学家反对完全垄断的例子的时候了：

- 完全垄断企业通过索取高价“搜刮”消费者，该价格高于完全竞争企业索取的价格。
- 为了实现利润最大化，完全垄断企业限制产量，用来生产产品的资源太少了。换个说法，由于完全垄断企业索取的价格高于边际成本，它未能有效地配置资源。在完全竞争行业中，价格等于边际成本，结果实现了资源的最优配置。

- 完全垄断企业长期的经济利润大于完全竞争企业在长期中所获的零经济利润。
- 打个比方，在一定程度上，完全垄断企业就是富甲一方的约翰 D. 洛克菲勒，而石油的消费者都是口袋瘪瘪的穷人。完全垄断改变了收入分配，使之偏向完全垄断企业。

并不是所有的经济学家都认同完全垄断是不好的。已故的约瑟夫·熊彼特（Joseph Schumpeter）和约翰·肯尼思·加尔布雷斯（John Kenneth Galbraith）就推崇垄断力量。他们认为垄断下的技术创新速度快于完全竞争下的技术创新速度。按照他们的观点，完全垄断利润为这些巨型完全垄断企业提供了巨大财力，这些钱都投资于革新技术所必需的设备先进的实验室和熟练的劳动力。

反对的观点则认为完全垄断企业会阻碍创新。缺乏直接的竞争意味着完全垄断企业缺乏创新动力，因此趋于故步自封，对“传统技术”抱残守缺。就如诺贝尔奖得主约翰·希克斯指出的那样，“最好的垄断利润就是无忧无虑的生活。”简单地说，完全垄断提供了一个安逸享受的机会，无须担心技术革新的“残酷竞争”。

有关上述问题的研究表明了什么呢？为了证实或反驳市场结构对技术变化影响的研究非常多，这一点不足为奇。不幸的是，对于该问题，现在还没有定论。就我们所知，在某个行业中，大企业和小企业共存对技术创新也许是最优的组合。

现实生活中的经济学

纽约出租车：票旗路在何方?

适用概念：完全竞争和完全垄断

19 世纪 20 年代，纽约的出租车竞争激烈。当时不存在对出租车数量的限制，出租车的执照费也只有 $10。司机可以在三种不同的小旗中选择其一，插在车身上。插红旗的出租车对额外乘客会加收车费，插白旗的出租车则表示对额外乘客不收费，插绿旗的出租车则意味着对额外乘客收取折扣价。三种出租车之间的价格战经常发生，绝大多数的出租车通常会插上绿旗与乘客自行议价。出租车司机曾经采用的策略是在高峰时段插红旗（高档车），在非高峰时段插绿旗提供折扣。出租车公司也会提供各种类型的出租车——旧车、新车、大车和小车。①

多年之后，该出租车收费制度有了变动。出租车和轿车管理委员会（Taxi and Limousine Commission）现在设定了出租车的等级并制定了某些法规。有项规定要求同意上街揽客的出租车必须漆成黄色并持有一徽章。1937 年的一项规定则限制了徽章的数量。这种给予出租车上街揽客权利的铝制徽章费用超过了 $300 000。另外，无徽章的出租车在街上游弋并搭载向其招手的乘客是违法的，尽管出租车司机经常对该项法规不屑一顾。法律规定无徽章的出租车只能搭载通过电话和其他方式预约的消费者。对于无徽章的出租车的数量以及司机收取的费用并没有任何限制。但是，现有的无徽章出租车公司要求纽约市严格限制进入无

① “You'll Wonder Where the Yellow Went”, New York Times, July 12, 1998, Section 6, p. 18.

徽章出租车市场的新公司。罗伯特·麦克尔是地平线出租车公司的一位官员，该公司是一家无徽章出租车业主和司机的联合企业。他曾说过："我们想要的就是政府给我们那么一点点垄断帮助。"①

在我进行的采访中，爱华德·乐戈夫（Edward Rogoff）教授（巴鲁赫管理学院教授）曾估计超过 12 000 辆黄色出租车聚集在第 125 街的下曼哈顿区，同时还有大量用无线电指挥载客的出租车聚集在上曼哈顿区和其他几个街区。出租车通常在外围街区提供的服务更好，因为这些地段的竞争非常激烈。一般而言，无徽章出租车档次更高，司机也更有经验，它们购买的保险也比黄色出租车多。总的来看，无徽章出租车司机索取的车价要比有徽章出租车低 25%。②

2001 年，经济衰退迫使无徽章出租车更加努力搭载招车的乘客。有徽章出租车司机利用电台广告予以回击，告诉消费者不要搭乘无徽章出租车，因为无徽章出租车司机不如他们合格、训练有素。这场战争在 2002 年仍在持续：一群无徽章出租车司机联合要求出租车和轿车管理委员会主席辞职，因为当他们在街上停下来搭载乘客时，警察总是对他们抄牌、开罚单。③

最后，2004 年《经济学家》杂志的一篇文章报导指出纽约市拍卖了 300 个新出租车徽章，在未来两年还将售出 600 多个徽章。这将会是自 1937 年以来新出租车增幅最大的一次。出售新的出租车徽章的目的在于缓解出租车运力，并为纽约市每年获取 $1 亿，平衡政府预算④。

分析问题

利用图形比较 20 世纪 20 年代前后的纽约有徽章黄色出租车的价格和数量。

主要概念

完全垄断　　自然垄断　　价格制定者　　价格歧视　　套利

小结

- **完全垄断**就是一个面对整个行业需求曲线的独个卖家，因为该卖家就是该行业。
- **进入壁垒**就是阻碍新企业进入某一行业的（1）核心资源的所有权，（2）法律障碍和（3）规模经济。政府专卖、执照、专利和版权是最常见的法律进入壁垒。
- **自然垄断**源于规模经济的存在。因为随着产量的提高，长期平均成本曲线下降。如果不存在政府干预，规模经济可以让单个企业以更低的成本进行生产，其生产

① Winston Williams, "*Owners Bewail Flood of Cabs in New York*", The New York Times, Apr. 10, 1989, p. 81.

② *Personal Review*, 2001.

③ *EFE World News Service*, April 17, 2002.

④ "*Taken for a Ride? New York Cabs*", The Economists, April 24, 2004, p. 30.

成本比其他生产规模更小的企业要低。因此，规模更小的企业会退出该行业，新企业担心与完全垄断企业竞争。结果，完全垄断就自然而然地形成了。

自然垄断

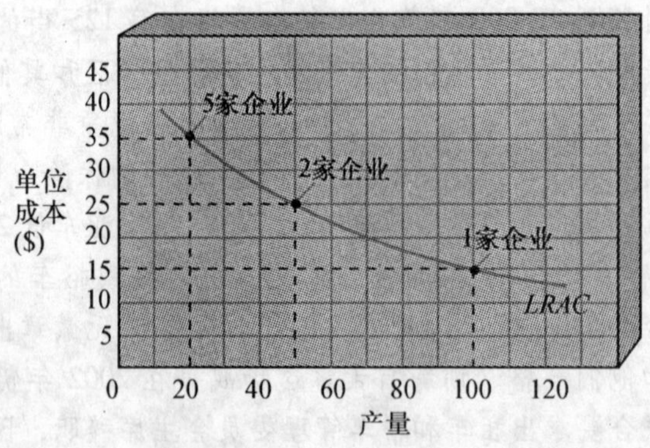

- **价格制定者**企业面对一条向下倾斜的需求曲线。因此，它会在其需求曲线上寻找最大化利润和最小化损失的价格—产量组合。
- **边际收益**和需求曲线对完全垄断企业来说都是向下倾斜的。完全垄断企业的边际收益曲线位于需求曲线之下，总收益曲线在边际收益等于零处达到其最大值。
- **需求的价格弹性**和边际收益曲线的各段相对应。当 *MR* 为正时，需求的价格弹性是有弹性的，$E_d > 1$。当 *MR* 等于零时，需求的价格弹性为单位弹性，$E_d = 1$。当 *MR* 为负时 $E_d < 1$，需求的价格弹性是缺乏弹性的。
- **完全垄断企业的短期利润最大化**，和完全竞争企业一样，落在利润最大化的价格处。此时，生产的产量刚好落在 *MR* 和 *MC* 曲线的交点上。如果该价格低于平均可变成本（*AVC*）曲线，该完全垄断企业就会关闭以最小化亏损。

完全垄断企业的短期利润最大化

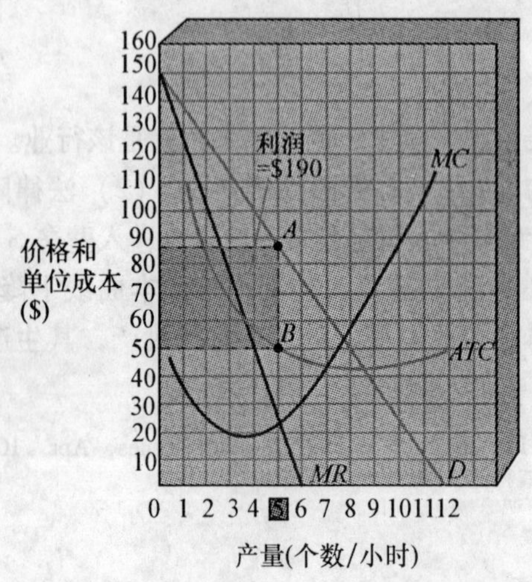

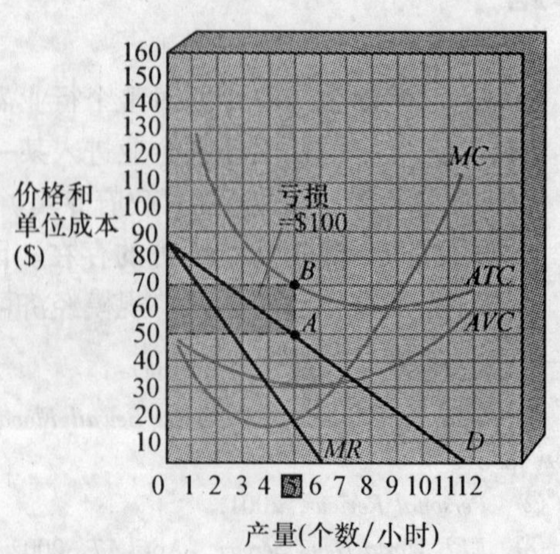

- **长期利润最大化的完全垄断企业**获得利润是由于进入壁垒。如果需求和成本条件阻碍完全垄断企业获取利润，它就会退出该行业。
- **价格歧视**可以让完全垄断企业通过向买方索取不同的价格而非单一价格而提高利润。价格歧视三个必备条件是（1）需求曲线是向下倾斜的，（2）不同市场的买方具有不同的需求价格弹性和（3）买方被禁止以高于买入价的价格转售产品。

价格歧视

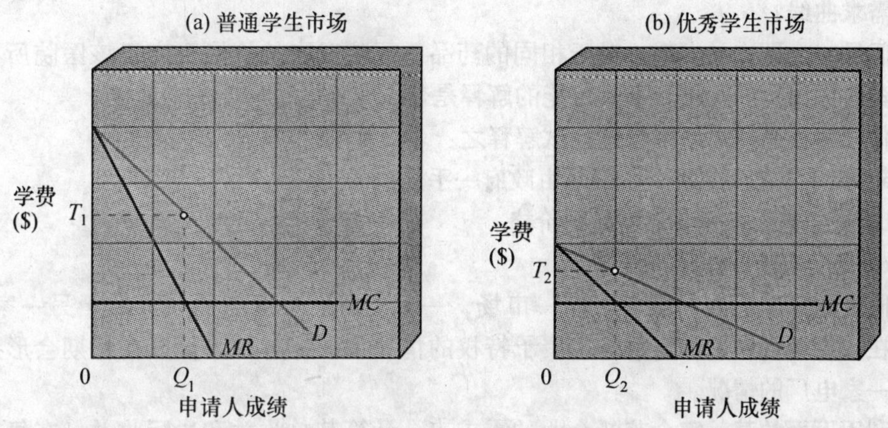

- **完全垄断的劣势**包括下面几方面：（1）完全垄断企业索取的价格高于完全竞争企业，生产的产量低于完全竞争企业；（2）由于完全垄断企业产量低于存在竞争的情况，资源配置是无效率的；（3）完全垄断获得的利润高于存在竞争的情况；（4）完全垄断将收入从消费者手里转到生产者手里的比重大于完全竞争的情形。

完全垄断的不足

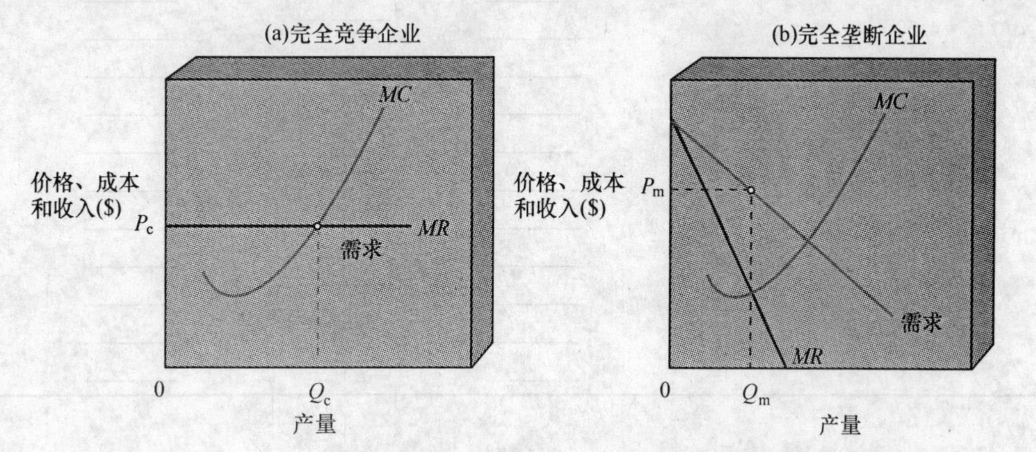

问题思考

1. 利用完全垄断的三个特征解释下列各选项为什么都是完全垄断企业：
   a. 地方性电话公司。
   b. 圣弗朗西斯科 49 人足球队。
   c. 美国邮政局。
2. 为什么完全垄断企业面对向下倾斜的需求曲线，而完全竞争企业面对一条水平的需求曲线？
3. 假设一个调查员发现，对于相同的药品，医院索取的价格要高于该医院所在地区药店的出售的价格，那么可能的解释是什么？
4. 你同意还是反对系列陈述？试解释之：
   a. 所有的完全垄断企业都是由政府一手造成的。
   b. 完全垄断企业会索取最高价格。
   c. 完全垄断企业从不亏损。
5. 假设两家电厂共同服务于同一市场，一家电厂发 1 度电的成本低于另一家电厂。在政府不会向这些竞争电厂授予特权的情况下，试解释为什么在长期会形成只有一家电厂的情况。
6. 利用下面的某一完全垄断企业的需求表，计算其总收益和边际收益。在每个价格上标明其需求是有弹性、单位弹性或缺乏弹性。利用该需求表中的数据，画出需求曲线、边际收益曲线和总收益曲线，并确定需求曲线哪些部分是有弹性的、单位弹性和缺乏弹性的。

价格	需求数量（Q）	总收益（TR）	边际收益（MR）	需求的价格弹性（E_d）
\$ 5.00	0	\$______		______
			\$______	
4.50	1	______		______
			______	
4.00	2	______		______
			______	
3.50	3	______		______
			______	
3.00	4	______		______
			______	
2.50	5	______		______
			______	
2.00	6	______		______
			______	
1.50	7	______		______
			______	
1.00	8	______		______
			______	
.50	9	______		______
			______	
0	10	______		______

7. 对问题 6 中的完全垄断企业作一个理论假设：市场是无成本的。给定上面需求表的数据，完全垄断企业索取的价格是多少，生产的产量是多少？该企业获得多少

利润？当边际成本大于零时，对该完全垄断企业的价格和产量有何影响？

8. 试解释完全垄断企业为什么不会在需求曲线缺乏弹性的部分进行生产。
9. 请问下列例子中，完全垄断企业会提高还是降低产量：
   (1) 边际收益大于边际成本的产量处。
   (2) 边际成本大于边际收益的产量处。
10. 假设一个完全垄断企业的需求和供给曲线如图 8-10 所示。试解释该完全垄断企业索取的价格和生产的产量。

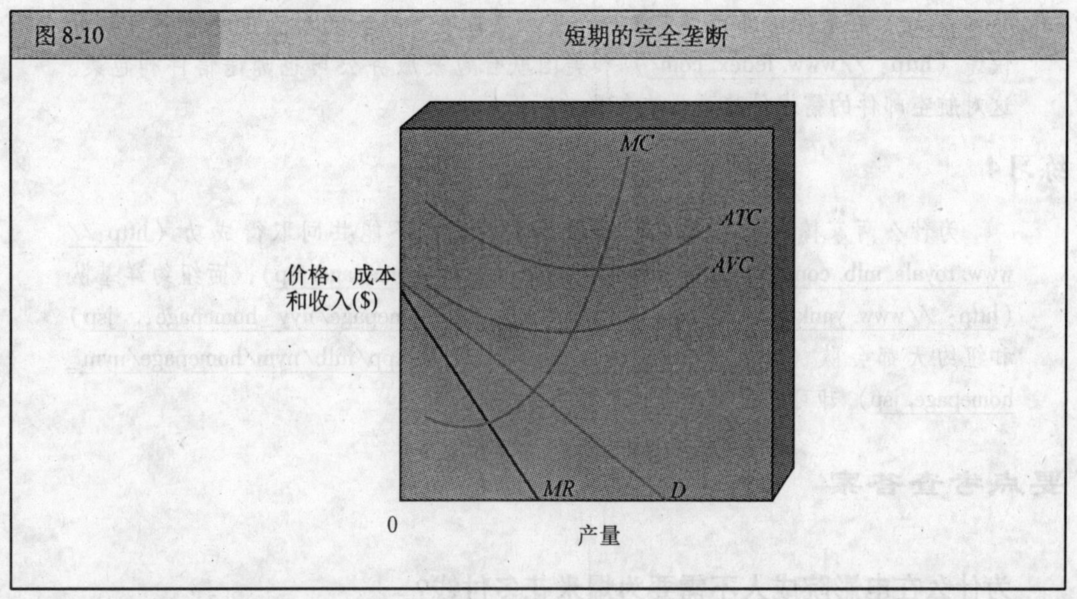

11. 下列哪项形成了价格歧视？
    a. 一家打 7.5 折的百货公司。
    b. 一个出版社在北卡罗来纳以比纽约更低的价格出售经济学教材。
    c. 日本企业在美国以高于日本的价格出售轿车。
    d. 电话公司在某些特定时间收取更高的长途费。
12. 假设糖果行业近似一个完全竞争市场。再假设有一家企业买下了所有糖果企业的资产，形成一个完全垄断企业。比较一下这两种市场结构的价格、产量和资源配置的情况。画出糖果在兼并前后的市场需求和市场供给。

在线练习

练习 1

浏览一下钻石合约的常见问题（http://www.wam.umd.edu/~sek/wedding/mlynek.html），并点击“板块 3：从钻石矿到手指上的戒指”。戴比尔斯是如何维持其在钻石行业的全球垄断地位的？

练习2

浏览你所在大学的网站。如果你不知道网址，请浏览（http：//www. universities. com/）。你所在大学的网站上规定了入学标准吗？有关于奖学金事宜的内容吗？你所在大学有没有实行价格歧视？

练习3

思考一下完全垄断企业的定义。你认为美国邮政局（http：//www. usps. com/）在航空邮件市场中是一个完全垄断企业吗？为什么是或不是？联邦快递（http：//www. fedex. com/）和美国联合包裹服务公司也邮递信件和包裹。这对航空邮件的需求价格弹性有何影响？

练习4

为什么两家棒球队在像堪萨斯城此类的城市不能共同取得成功（http：//www. royals. mlb. com/NASApp/mlb/kc/homepage/kc_homepage. jsp），而纽约洋基队（http：//www. yankees. mlb. com/NASApp/mlb/nyy/homepage/nyy _homepage，. jsp）和纽约大都会队（http：//www. mets. mlb. com/NASApp/mlb/nym/homepage/nym_homepage. jsp）却可以在纽约同时取得成功？

要点考查答案

为什么在电影院成人不需要为爆米花多付钱？

第一，在电影院的休息区没有其他的爆米花小卖部，所以电影院是一个价格制定者，其需求曲线向下倾斜。第二，电影院可以很容易为买爆米花的成人和儿童开设两条不同的购买队伍，并索取不同的价格。第三，存在禁止转售的方法吗？电影院能禁止儿童将爆米花转售给父母、朋友和其他成年人吗？如果你说电影院由于无法禁止转售，不能在小吃部实行价格歧视，那你就对了。

测试

1. 完全垄断企业面对的需求曲线是
   a. 完全没有弹性的。
   b. 完全弹性的。
   c. 单位弹性的。
   d. 和市场需求曲线相同的。
2. 完全垄断企业将价格设在
   a. 边际收益等于零处。
   b. 最大化总收益处。

c. 需求曲线上的最大价格处。

d. 边际收益等于边际成本处。

3. 完全垄断企业将价格设在

a. 最高价格处。

b. 对应于平均总成本最低点的价格处。

c. 等于边际收益的价格处。

d. 需求曲线某一产量对应的价格，该产量落在边际收益等于边际成本处。

e. 以上都不是。

4. 对于一个完全垄断企业而言，下面哪个是正确的?

a. 长期中，获得经济利润是可能的。

b. 边际收益低于索取的价格。

c. 利润最大化或成本最小化发生在边际收益等于边际成本处。

d. 以上都正确。

5. 如图 8-11 所示，该完全垄断企业最大化利润或最小化亏损的产量是

a. 每天 100 单位。

b. 每天 200 单位。

c. 每天 300 单位。

d. 每天 400 单位。

图 8-11　完全垄断企业的利润最大化

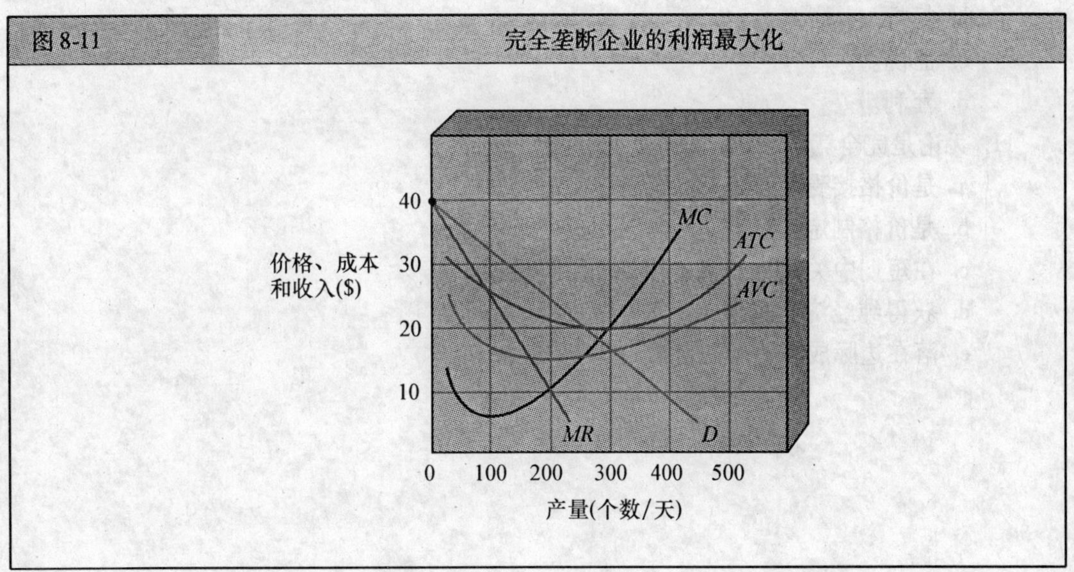

6. 如图 8-11 所示，该完全垄断企业

a. 在短期中关闭。

b. 在长期中关闭。

c. 获得零经济利润。

d. 获得正经济利润。

7. 为了最大化利润或者最小化损失，图 8-11 中的完全垄断企业应该将价格定为
   a. 每单位 $30。
   b. 每单位 $25。
   c. 每单位 $20。
   d. 每单位 $10。
   e. 每单位 $40。
8. 如图 8-11 所示，该完全垄断企业在其利润最大化产量处生产，它获得的总收入可以用来补偿多少总固定成本？
   a. 0。
   b. 1/2。
   c. 2/3。
   d. 全部。
9. 对完全垄断企业来说，有效实行价格歧视的必要条件是
   a. 各类买方具有相同的需求曲线。
   b. 各类买方具有不同的需求价格弹性。
   c. 同质产品。
   d. 以上都不对。
10. 低价购入某一商品，再高价卖出的行为是什么？
   a. 买空。
   b. 打折。
   c. 征税。
   d. 套利。
11. 无论是完全竞争，还是完全垄断，企业
   a. 是价格接受者。
   b. 是价格制定者。
   c. 在短期中关闭，如果价格低于平均总成本。
   d. 获得纯经济利润。
   e. 落在边际成本等于边际收益处。

第9章　垄断竞争和寡头垄断

本章概述

假设你偏爱的餐馆是伊万牡蛎餐厅。它不属于我们前两章研究过的两种极端模型。相反，伊万牡蛎餐厅兼具完全垄断和完全竞争的特征。首先，像完全垄断企业那样，伊万牡蛎餐厅的需求曲线是向下倾斜的。这意味着伊万牡蛎餐厅是一个价格制定者，因为它可以对海鲜大餐索取更高的价格，虽然流失一些顾客，但许多忠实客户仍会频频光顾，原因在于伊万牡蛎餐厅凭借广告、一流服务、美味色拉以及其他卖点使得自己的产品在竞争中脱颖而出。简言之，伊万牡蛎餐厅像完全垄断企业那样具有一定的市场力，为了实现利润最大化可以限制产量。但伊万牡蛎餐厅与完全竞争企业相似，与完全垄断企业不同的地方在于伊万牡蛎餐厅不是小镇中品尝海鲜大餐的唯一地方。伊万牡蛎餐厅不得不和方圆一小时车程范围内的其他餐馆共同瓜分该市场。

伊万牡蛎餐厅这样的小餐厅和通用汽车这样的巨头代表了我们研究的大部分企业。此类企业竞争于两种市场结构：垄断竞争和寡头垄断。伊万牡蛎餐厅在前一种市场结构中经营，通用汽车所在的市场结构则属于寡头垄断。前两章的完全竞争和完全垄断理论有助于我们理解垄断竞争和寡头垄断市场结构对真实世界中企业价格和产量决策的影响。

在本章，你将学会解决以下经济学问题：

- 伊万牡蛎餐厅为什么在长期获得零经济利润？
- 为什么 OPEC 和其他卡特尔会趋于分裂？
- 早餐食品行业中销售的商品品牌有切里奥斯（Cheerios）、Rice Krispies 和其他一些品牌，生产这些产品的企业属于垄断竞争还是寡头竞争？
- NCAA 篮球四强总决赛存在不完全竞争吗？

垄断竞争市场结构

垄断竞争
一种市场结构，该市场结构具有以下特征：（1）很多小规模的卖方；（2）差异化产品；（3）容易进入和退出市场。

经济学家将**垄断竞争**定义为一种市场结构，该市场结构具有以下特征：（1）很多小规模的卖方；（2）差异化产品；（3）容易进入和退出市场。现实世界中大量的行业符合垄断竞争的市场结构。接下来，我们逐个对这些特征给予一个简略的解释。

很多小规模的卖方

如同完全竞争情形，在垄断竞争中，企业的确切数目是无法知晓的。如在本章概述中描述的伊万牡蛎餐厅就是一个垄断竞争的例子。伊万牡蛎餐厅认为自己可以独自把价格向上抬高一点点，或者改善自己的服务而不用担心竞争对手也会采取行动调整价格或者改善服务。所以，假如任何一家海鲜餐馆提高价格，那么海鲜晚餐的市场价格只会提高一点点。

结论 当行业中各企业的规模相对整个市场是如此之小，使得他们的定价决策对市场价格的影响微不足道，那么很多小规模卖方的条件就被满足。

差异化产品

产品差异化
在产品和劳务之间创造真实或明显区别的过程。

垄断竞争的关键特征就是**产品差异化**。产品差异化就是在产品和劳务之间创造真实或明显区别的过程。差异化产品就是一些非常近似，但不是完全的替代品。尽管各企业的产品非常相似，但消费者还是认为它们具有一定的区别或差异。在某个城市里，也许有25家海鲜餐厅，但它们都不是完全一样的。这些餐厅在地理位置、就餐气氛、食物品质、服务态度以及其他方面都有区别。

产品差异可以是实际的，也可以是虚幻的。只要消费者相信存在差异，这种差异是否真的存在并不重要。比如说，许多顾客认为伊万牡蛎餐厅有镇上最好的海鲜食品，尽管其他的餐厅实际上也能提供相似的海鲜食品。该观点的关键之处在于消费者愿意为伊万牡蛎餐厅的海鲜支付稍高一些的价格。这促使伊万牡蛎餐厅愿意上当地的电视台的烹饪秀节目并打广告，展示自己提供的美味食品。

结论 当一产品是差异化产品时，买家对其所买产品的卖家不是无所谓的。

非价格竞争
企业利用广告、包装、产品开发、更好的质量和更好的服务而不是更低的价格相互竞争的情形。

伊万牡蛎餐厅的例子很清楚地表明，在垄断竞争中，除了价格竞争外，企业间的竞争还集中于**非价格竞争**。企业会利用广告、包装、产品开发、更好的质量和更好的服务，而不是更低的价格进行非价格竞争。垄断竞争区别于完全竞争的一重要特征就是非价格竞争。在完全竞争中，由于各企业的产品是同质的，所以不存在价格竞争。类似地，完全垄断企业几乎没有动力进行非价格竞争，因为它们销售的产品是独一无二的。

容易进入和退出市场

和完全垄断企业不同，在垄断竞争市场中的企业面对较低的进入壁垒。但是，企业进入垄断竞争市场不像进入完全竞争市场那么容易。由于垄断竞争企业销售差异化产品，新企业的进入具有一定的困难。许多打算进入海鲜餐饮业的业主不会遇到很多困难就可以得到贷款、租到地方、开始经营海鲜餐馆。但是，这些新的海鲜餐馆首先会遇到的困难是吸引顾客，因为伊万牡蛎

虽然由于有线电视和各种卫星技术产品，规模小的光碟出租屋提供的服务非常相似，但是百事达光碟公司(Bl-ackbuster Video)还是可以提高它的市场份额的(http://bloclbuster.com)。

餐厅已经在小镇里建立起了最好的海鲜餐馆的名声。

迄今为止，垄断竞争是美国最普遍的市场结构。这方面的例子包括食品杂货店、理发店、加油站、光碟出租店、减肥中心和餐馆之类的零售企业。

作为价格制定者的垄断竞争企业

给定垄断竞争这些特征，你也许会认为垄断竞争企业是一个价格接受者，但并非如此。主要的原因就在于垄断竞争市场的产品是有差异的。这使得垄断竞争企业可以像完全垄断企业那样控制自己的价格。当价格上升时，品牌忠诚度可以留住一些消费者。如同完全垄断企业那样，垄断竞争企业的需求曲线以及相应的边际收入曲线是向下倾斜的。但由于存在许多相近的替代品，这导致垄断竞争企业的需求曲线比完全垄断企业的需求曲线更具弹性。当伊万牡蛎餐厅提价 10%，海鲜晚餐的需求数量会下降，比如说下降 30%。相反，如果伊万牡蛎餐厅是一个完全垄断企业的话，由于不存在相似的替代品，消费者对于价格的变化会更不敏感。作为完全垄断企业，同样 10% 的提价，仅会失去比如说 15% 的海鲜晚餐数。

结论　垄断竞争企业的需求曲线比完全竞争企业的需求曲线更缺乏弹性（更陡峭），比完全垄断企业更具有弹性（更平坦）。

现实生活中的经济学

广告竞争

适用概念：广告，进入壁垒

广告的支持者认为差异化产品的竞争会导致更低的价格、更多的品种和更高质量的产品。你也许对报纸、电台或者电视的商业广告，甚至黄页广告都耳熟能详。这些广告基本上都能保证它们提供的合法服务。*律师过去是不允许打广告*的。直到 1977 年，最高法院解除了地方政府禁止律师为自己做广告的律师守则。该案件牵涉到菲尼克斯的两位年轻律师，约翰·贝特斯（John Bates）和范·奥斯特恩（Van O'Steen）。他们曾经由于为自己的法律服务做广告而违反了亚利桑那州的律师守则。该律师守则的立场认为“乱哄哄的市场”会让“律师职业的体面公众形象受损。”高等法院否决了该观点，并规定律师享有为自己职业做广告的宪法权利。在 1983 年的一项研究中，联邦贸易委员会（FTC）在 17 个州调查了 3 200 名律师。FTC 指出在对广告限制最少的城市中，办理遗嘱、破产、协议离婚和简单事故案件的律师费要比别的地方低 5% 到 13%。① 理查德

① Ruth Marcus, “*Practicing Law in the Advertising Age*,” The Washington Post, June 30, 1987, p. A6.

·J. 塞布拉（Richard J. Cebula）利用盖洛普民意调查数据进行的一项研究表明那些相信律师是公正的调查对象认为律师做的广告提高了法律职业的公众尊敬度①。

广告的反对者则声称广告并没有提供多少实质性的内容，它充当的是妨碍新企业进入的壁垒。品牌忠诚度使得企业可以提高价格和利润，而不会流失顾客。比如说，一家研发企业调查了300个电脑购买者，问他们哪些是购买个人电脑的最重要因素。结果，性能列居首位，品牌紧随其后，价格则排在第五位。另一个问题则是问购买者愿意为某些品牌的电脑支付高于平均价位的价格吗？IBM、苹果和戴尔位于该品牌名单的前三甲。对于排位靠后的品牌，消费者认为除非它们打折，不然不会购买这些品牌的电脑。该项调查指出在计算机行业的小企业要想生存下去会遇到困难，因为在计算机行业价格不如品牌形象重要。②

广告支持者则认为广告不是行业进入壁垒。相反，广告能让新企业渗透到老牌企业主导的市场。广告给新企业提供了介绍自己产品、从强大对手中赢取客户的机会。

分析问题

广告是毫无意义的、令人讨厌的，是一种资源浪费，因此，所有的广告都应该禁止。请给出三条反对该观点的理由。

垄断竞争企业的价格和产量决定

现在，我们准备构建垄断竞争的短期和长期图示模型。在短期，你会看到垄断竞争类似于完全垄断。但在长期，新企业的进入会导致一个更加竞争性的市场结构。本节会给出一个图形分析，它会证明垄断竞争企业为什么既是完全竞争的，又是完全垄断的。

短期中的垄断竞争

图 9-1 显示了在垄断竞争中，一家代表性企业——伊万牡蛎餐厅的短期均衡状况。如前所述，由于消费者认为，伊万牡蛎餐厅做的菜比其竞争对手好吃那么一点点。消费者喜欢伊万牡蛎餐厅气氛、位置和服务质量。这些非价格因素让伊万牡蛎餐厅做的菜脱颖而出，使得它至少能稍微提高爆炒鳄鱼、清蒸小虾和美味牡蛎等菜的价格而不会失

---

① Richard J. Cebula, "Does Adversely Influence the Image of Lawyers in the United States?" Journal of Legal Studies 27, Part 1 (June 1998): 503-516.

② Kyle Pope, "Computers: They's No Commodity," The Wall Street Journal, Oct. 15, 1993, p. A6.

去大量的销售额。像完全垄断企业一样，垄断竞争企业依据 *MR* = *MC* 法则最大化短期利润。在该例子中，边际成本（*MC*）曲线和边际收益（*MR*）曲线交于每周 600 顿海鲜餐的产量处。需求曲线上每顿 \$18 的价格对应于该产量水平。由于该价格高出每顿 \$15 的平均总成本（*ATC*），伊万牡蛎餐厅获得每周 \$1 800 的短期经济利润。如同完全垄断那样，如果该价格与 *ATC* 曲线相交，那么该企业就获得短期正常利润。如果该价格低于 *ATC* 曲线，该企业就会遭受短期亏损。而且，如果该价格低于平均可变成本（*AVC*），该企业就会关闭。

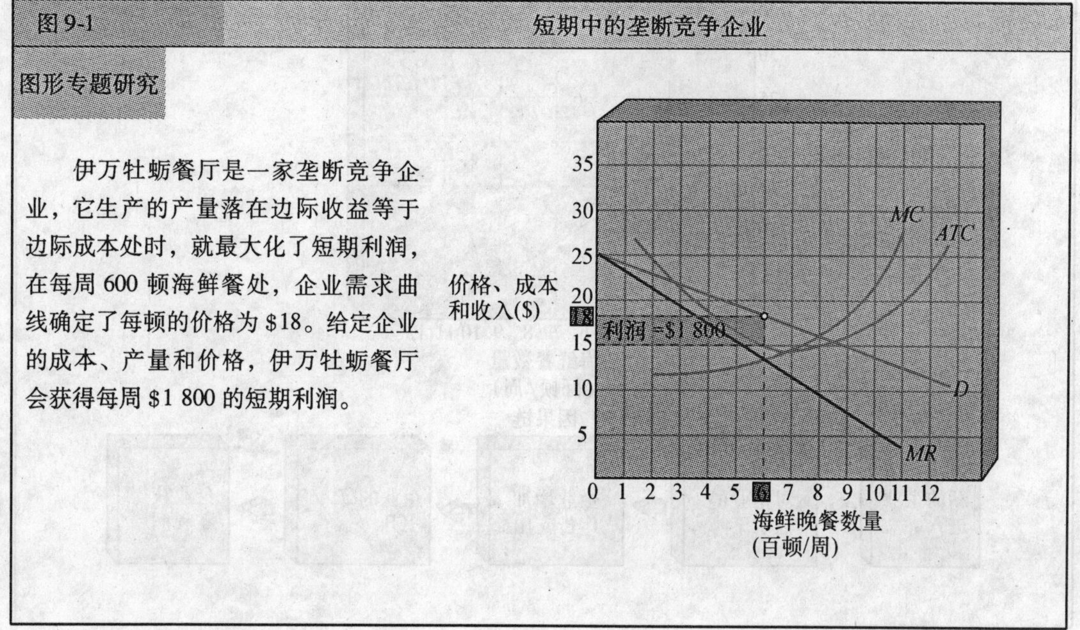

图 9-1　短期中的垄断竞争企业

图形专题研究

伊万牡蛎餐厅是一家垄断竞争企业，它生产的产量落在边际收益等于边际成本处时，就最大化了短期利润，在每周 600 顿海鲜餐处，企业需求曲线确定了每顿的价格为 \$18。给定企业的成本、产量和价格，伊万牡蛎餐厅会获得每周 \$1 800 的短期利润。

长期中的垄断竞争

和完全垄断企业不同的是，垄断竞争企业在长期中不会获得经济利润。像完全竞争企业那样，垄断竞争企业在长期中恰恰只获得正常利润（也就是说，零经济利润）。原因就在于短期利润和容易的行业进入会吸引新企业进入该行业。当伊万牡蛎餐厅获得短期利润的时候，如图 9-1 所示，随之会发生两件事情。第一件，由于每家海鲜餐厅的一小部分市场份额被逐利的新企业获得，伊万牡蛎餐厅的需求曲线会向下移动。第二件，伊万牡蛎餐厅和其他海鲜餐厅一样会利用广告、改善餐厅装修和其他各种非价格竞争方法力图收回市场份额。结果，长期平均成本提高，企业的 *LRAC* 曲线向上移动。

企业需求曲线向左移动和 *LRAC* 曲线向上移动在长期中会同时进行，直到垄断竞争企业获得零或正常经济利润。这样的结果就是长期均衡条件，如图 9-2 所示。在每顿 \$17 价格处，需求曲线与 *LRAC* 曲线相切于 *MR* = *MC* 处的产量，每周 500 顿海鲜晚餐。一旦长期均衡在某一垄断竞争行业实现，就会不存在新企业进入或者现有企业退出的动力。

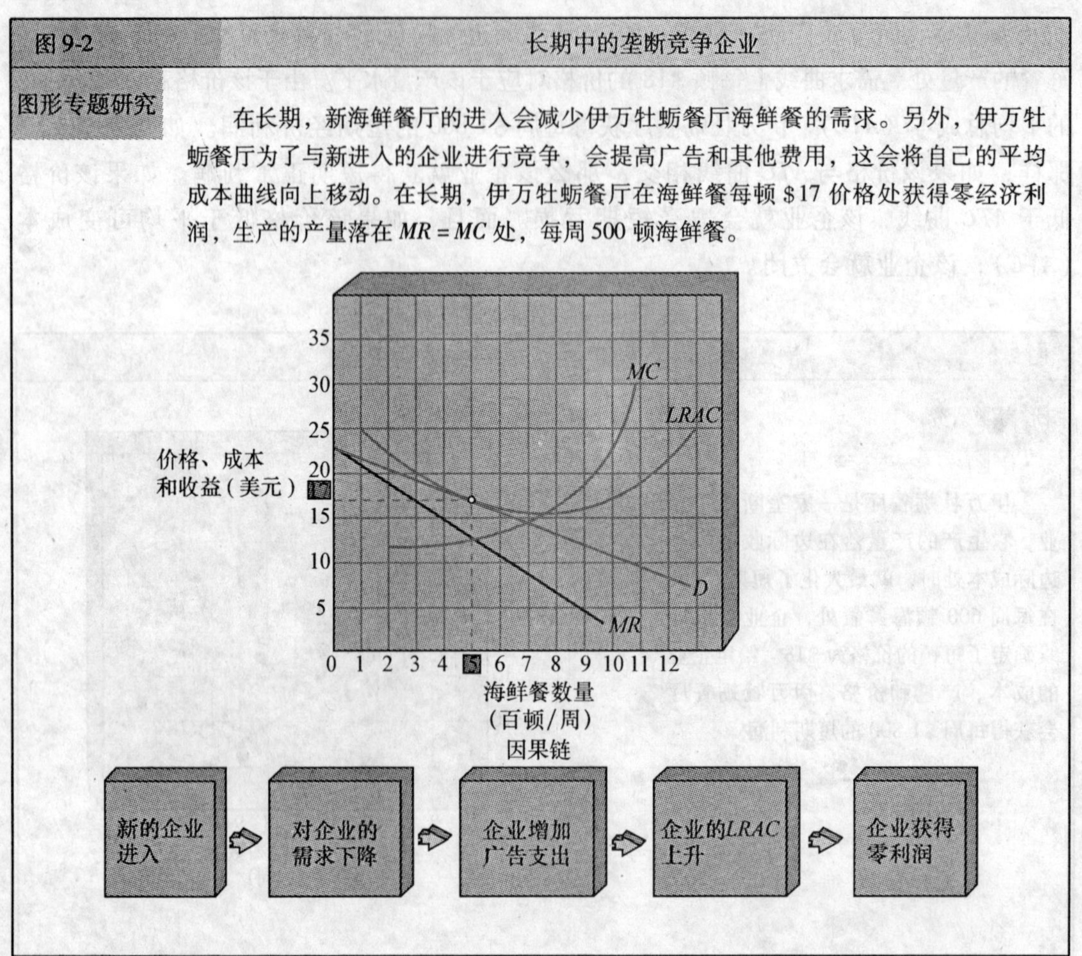

图 9-2　长期中的垄断竞争企业

图形专题研究

在长期，新海鲜餐厅的进入会减少伊万牡蛎餐厅海鲜餐的需求。另外，伊万牡蛎餐厅为了与新进入的企业进行竞争，会提高广告和其他费用，这会将自己的平均成本曲线向上移动。在长期，伊万牡蛎餐厅在海鲜餐每顿 $17 价格处获得零经济利润，生产的产量落在 *MR* = *MC* 处，每周 500 顿海鲜餐。

垄断竞争和完全竞争的比较

许多经济学家认为垄断竞争企业的长期均衡条件（如图 9-2 所示），会导致不佳的经济绩效。另一些经济学家则坚持垄断竞争行业的收益大于成本。我们在本节会再次以完全竞争作为标准去分析上述两种观点。

资源配置无效率的垄断竞争者

像完全垄断企业那样，垄断竞争企业在效率的评判中是不合格的。如图 9-2 所示，在垄断竞争中，伊万牡蛎餐厅索取的价格高于边际成本。因此，最后一顿海鲜餐对于消费者的价值超过了这餐的生产成本。伊万牡蛎餐厅本可以投入更多的资源，提供更多的海鲜餐。为了出售这些额外的产量，伊万牡蛎餐厅必须沿着需求曲线向下移动，将价格降至每顿 $17。结果，消费者会为获得消费新增海鲜餐所带来的利益而花费。但是，伊万牡蛎餐厅为了在 *MR* = *MC* 处实现利润最大化，它会使用更少的资源，并将产量限制在每周 500 顿海鲜餐处。

垄断竞争意味着更少的产量、更高的价格

图 9-3（a）复制了图 9-2 的长期均衡条件。图 9-3（b）假设海鲜餐厅市场是完全竞争的。回忆一下第 7 章，完全竞争的特征包括了消费者认为所有的海鲜餐都是同质的条件。所以，没有企业会打广告。出于讨论的目的，我们现在假设伊万牡蛎餐厅的产品和其他海鲜餐厅的产品完全一样，所以伊万牡蛎餐厅成为了一个价格接受者。在这种情况下，行业长期供给曲线和需求曲线确定的均衡价格为每顿 \$16。因此，伊万牡蛎餐厅面对水平的需求曲线，且该价格等于边际收入。再回忆一下第 7 章，新企业不断进入，直到企业 *LRAC* 曲线的最低点，每顿海鲜餐 \$16。这恰好等于价格、*MR* 和 *MC*，从而实现完全竞争企业的长期均衡，用公式表示就是：$P = MR = MC = LRAC$。

图 9-3 中的图（a）和图（b）的比较揭示了两个重要特点。第一，垄断竞争企业和完全竞争企业在长期都获得零经济利润。第二，垄断竞争企业的长期均衡产量位于 *LRAC* 曲线最低点的左边，价格高于 *MC*。像完全垄断企业那样，垄断竞争企业因此可以比完全竞争企业索取更高的价格，生产更少的产量。

图 9-3　垄断竞争和完全竞争在长期中的比较

图形专题研究

在图（a）中，伊万牡蛎餐厅是一家垄断竞争企业，它将每顿海鲜餐的价格设在 \$17 处，并每周提供 500 顿。作为一个垄断竞争企业，伊万牡蛎餐厅在长期获得零经济利润，而且不在 *LARC* 曲线的最低点处进行生产。

在图（b）中的完全竞争条件下，伊万牡蛎餐厅成为一个价格接受者，而不是价格制定者。它在这里面对一水平需求曲线，该曲线落在每顿海鲜餐价格为 \$16 处。因此，当伊万牡蛎餐厅像一家完全竞争企业，而非完全垄断企业那样经营时，价格会更低，每周 300 顿海鲜餐的过剩生产能力也会被利用。

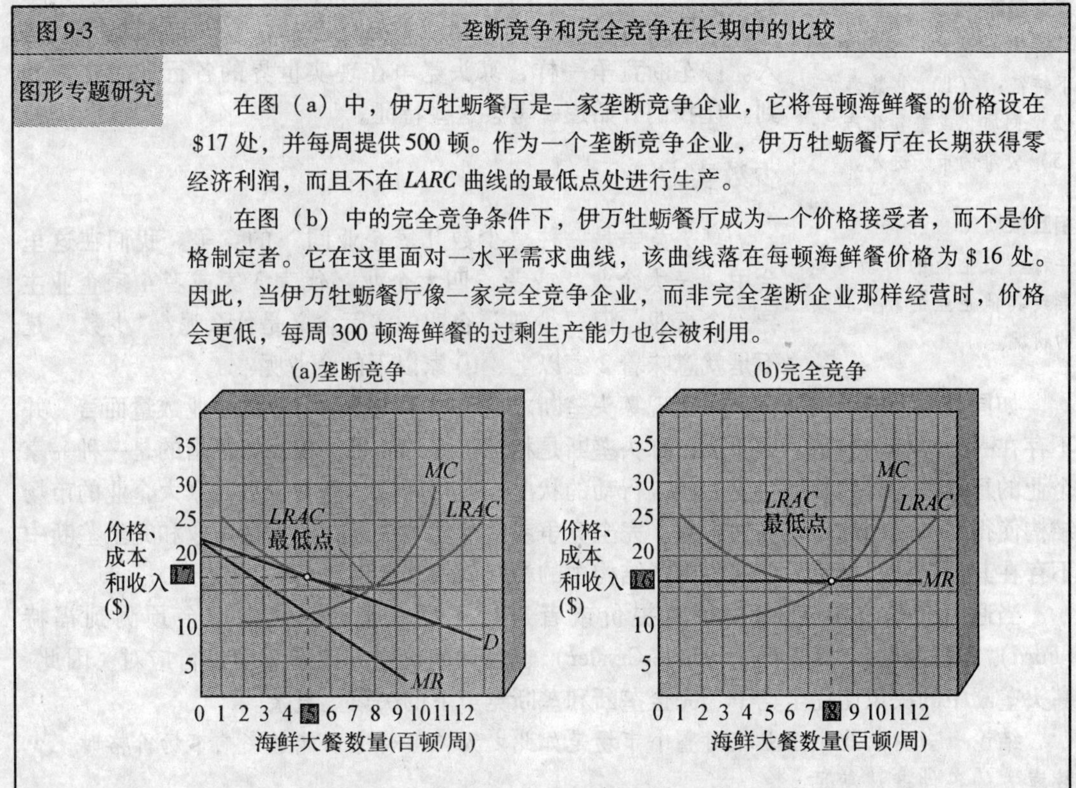

在我们的例子中，伊万牡蛎餐厅在完全竞争市场中每餐会降低 \$1，每周多生产 300 顿。这额外 300 顿没有生产的就是*过剩生产能力*，它代表资源没有充分利用。因此，对垄断竞争的批评就是：在过高的价格下，存在过多的企业生产过少的产量，并且在该过程中浪费了整个社会的资源。比如说，在很多夜晚，对于小镇中的所有餐厅来说，没有足够

多的消费者。服务、炒菜、餐桌以及其他资源未被使用。如果有更少的企业的话，每家企业就可以更低的价格生产更多的产量，并降低平均成本。

关于垄断竞争的收益是否大于成本，众人的观点并不统一。更多的海鲜餐厅为消费者提供了更多的选择。伊万牡蛎餐厅和众多相似的竞争对手给了消费者不同的品质和服务选择。如果你不喜欢伊万牡蛎餐厅的爆炒鳄鱼，你也许可以在另外一家餐厅享受这道菜。另外，市场中大量的餐厅可以节约消费者宝贵的时间。由于享用一顿鳄鱼餐所需的搜寻时间减少了，你会不在意其他成本。

寡头垄断市场结构

现在我们转向寡头垄断，它是一种只有少数几家大型企业主导市场的不完全竞争市场结构。许多制造行业，比如说钢铁、铝业、汽车、航空产品、药品和烟草都可以很好地被描述为寡头垄断。这是“大企业”的市场结构。市场中的各家企业主动相互竞争，利用电视广告和挤爆邮箱的垃圾邮件对我们狂轰乱炸。

寡头垄断
一种市场结构，它具有以下特征：（1）少数卖方；（2）同质化或差异化产品；（3）较难的市场进入。

相互依赖
一种一家企业的行动可能导致其他企业的相应行动的状况。

经济学家将**寡头垄断**定义为一市场结构，它具有以下特征：（1）少数卖方；（2）同质化或差异化产品；（3）较难的市场进入。像垄断竞争一样，寡头竞争在现实世界的各行业中也能找到。让我们开始逐一考察这些特征。

少数卖方

寡头竞争是一种“少数几家企业间”的竞争。我们在这里会用“三大企业”或者“四大企业”代表3家或者4家企业主导一个行业。但“少数”企业的实际含义是什么呢?“少数”是不是就意味着2家以上、10家以下的企业呢?

如同其他市场结构那样，在出现寡头垄断之前，对于主导某行业的企业数量而言，并不存在一个具体的数字。本质上，寡头垄断是相互依赖的结果。**相互依赖**指的是一种一家企业的行动可能导致其他企业的相应行动的状况。换句话说，只有少数几家大企业的市场结构使得寡头之间的合谋更加容易。完全竞争或垄断竞争中存在的大量企业和完全垄断中不存在其他企业，排除了在这些市场结构中的相互依赖和合谋。

当通用汽车公司（GM）打算提价或者进行车型改造时，它肯定会预测到福特（Ford）和戴姆勒-克莱斯勒（DaimlerCrysler）也会调整价格并改造车型进行应对。因此，寡头垄断中的决策比完全竞争、完全垄断和垄断竞争下的决策更复杂。

结论 当少数几个企业相对整个市场是如此之大，使得它们能够影响市场价格时，少数卖方的条件就被满足。

同质化或差异化产品

在寡头垄断中，企业或者可以生产同质产品，或者可以生产差异化产品。美国钢铁联合公司（USX）生产的钢材与共和钢铁公司（Republic Steel）生产的钢材完全一样。沙特阿拉伯卖的石油和伊朗卖的石油也别无二致。相似地，锌、铜、铝也都是标准化产品。但是，几家大型汽车制造商生产的轿车就是差异化产品。寡头垄断企业销售的轮胎、去污剂、快餐食品也是差异化产品。

结论　在寡头垄断市场中，买方可能会、也可能不会关心其所买的是哪家销售的产品。

较难的市场进入

和完全垄断相似，进入寡头垄断市场的强大壁垒可以保护这些企业免于新企业的竞争。这些壁垒包括特殊的财务要求、对核心资源的控制、专利和其他法律壁垒。但是，进入寡头垄断市场最关键的壁垒是*规模经济*。比如说，大型汽车制造商比小型汽车制造商有更低的平均总成本。因此，美国汽车行业经过多年之后，从 60 多家企业演变到现在的两家主要企业。

强大的累计里程点数计划(Frequent flier programs)有助于大型航空公司主导整个市场，并阻碍小型航空公司扩张市场份额。请浏览一下德尔塔航空公司(Delta)(http://www.delta.com/home/index.jxp)和联合航空公司(United)(http://www.united.com)提供的累计里程点数计划。

寡头垄断企业的价格和产量决定

寡头垄断中企业间的相互依赖使得该市场结构比完全竞争、完全垄断和垄断竞争更加难以分析。寡头垄断企业的价格和产量决定并不是在 $MR = MC$ 处索取价格这样小事一桩。寡头垄断企业进行价格和产量决定就像进行一场国际象棋比赛。一方的行动取决于对手的预期反应。棋手会考虑，“如果我把车移到这里，那对手会把马走到那里。”同样地，寡头垄断中的一家企业对于另一家企业的价格、非价格和产量变化会做出不同的反应。因此，存在不同的寡头模型，没有一个模型可以包括所有的情况。以下内容是对四种众所周知的寡头模型的分析。它们包括：（1）非价格竞争模型；（2）价格领导模型；（3）卡特尔模型；（4）博弈模型。

非价格竞争模型

大部分的寡头垄断企业通常利用广告和生产差异化产品进行竞争。不同于利用降价“铲除”对手的手段，寡头垄断企业也许会尝试通过广告的推广活动和改进的产品从竞争对手那里抢夺生意。这种行为模式解释了为什么广告费用在烟草、软饮料、运动鞋和汽车行业是非常高的。这也解释了为什么研发部门对寡头垄断企业如此重要。比如说，大部分技术人员的精力都集中于开发新产品和改良现有产品。

为什么寡头垄断企业通过非价格竞争，而不是通过价格竞争呢？答案就是每个寡头垄断企业都认为自己的对手对于降价能够很容易做出快速的反应。与之相反，与更聪明的或者关键的产品改良进行对抗则要困难得多。

价格领导模型

价格领导
支配性企业制定行业价格，其他企业跟随的定价策略。

在没有正式的协议下，许多企业可以跟随主导者采取行动，经济学家将该主导者称为**价格领导**。价格领导是一种支配性企业制定行业价格，其他企业跟随的定价策略。根据这种策略，行业中的企业只需要对行业中最大企业可能的，但不是必然的价格变化进行调整。价格领导很常见。美国钢铁联合公司（钢铁）、美铝公司（铝）、杜邦公司（Dupont）（尼龙）、固特异轮胎橡胶公司（轮胎）和美国烟草公司（香烟）都是美国各行业的价格领导者。

卡特尔模型

> 卡特尔
> 正式同意控制产品的价格和产量的企业团体。
> OPEC是最成功的卡特尔之一，请浏览它们的网站(http://www.opec.org/)。

价格领导模型假设不会合谋而避免价格竞争。与之相反，通过建立定价规定，并按照该规定进行生产，企业就可以避免价格战。对寡头垄断企业来说，另外一种避免价格战的方法就是达成某项和平协议。和相互依赖导致的竞争状况不同，企业公开或秘密合谋形成的垄断被称为**卡特尔**。卡特尔是正式同意控制产品的价格和产量的企业团体。卡特尔的目的就是用合作替代竞争，获取垄断利润。卡特尔在美国是非法的，但在其他国家却并不一定是。石油输出国组织（Organization of Petroleum Exporting Countries）（OPEC）就是最著名的卡特尔例子。OPEC 成员根据 OPEC 石油部长会议公开商议的配额分配各自的原油产量。沙特阿拉伯是最大的原油生产国，拥有最高的生产配额。对于今天某些主要的全球性卡特尔，国际经济学会提供了一个简洁的总结。

利用图 9-4，我们可以说明卡特尔如何运行并避免成员间进行欺骗的问题。我们的分析首先从产油企业形成卡特尔之前开始。假设各家企业具有相同的成本曲线，如图中所示。价格战会驱使每家企业索取每桶 \$30，该价格等于它们 *LRAC* 曲线的最低点。由于原油是一种标准化产品，如同在完全竞争条件下，每家企业担心提高自己的价格会失去所有的顾客。因此，代表性企业会落在长期竞争性均衡处，每桶价格为 \$30（MR_1），每天生产 600 万桶。在该条件下，经济利润为零，因此企业决定组织所有产油企业召开会议建立卡特尔。

图 9-4　为什么卡特尔成员没有作弊动机

在完全竞争行业中经营的一家代表性石油企业会处于长期均衡处，每桶原油价格为 \$30，每天生产 600 万桶，并获得零经济利润。卡特尔则可以协商将每桶原油价格从 \$30 抬高到 \$45，并将每个企业每天的产量限制在 400 万桶。该生产配额的后果就是，卡特尔制定的价格高于 *LRAC* 曲线上的 \$35，该企业每天获得 \$400 万的利润。但是如果该企业违反卡特尔协议，它就会让卡特尔价格等于 *MC* 曲线，加上这额外的 \$4 000 万，它获得的总利润为 \$8 000 万。如果所有企业都作弊，原来的长期均衡将会重新建立起来。

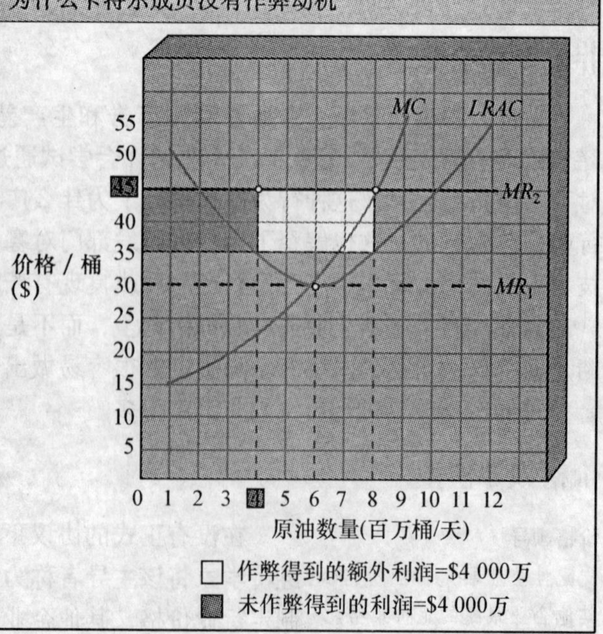

现在假设卡特尔已经建立。每家企业同意将自己产量降至每天400万桶，并索取每桶$45。如果没有企业作弊，每家企业面对一条更高的水平需求曲线，用 MR_2 表示。在卡特尔制定的价格上，每家企业获得经济利润 $4 000 万，而不是正常利润。但是，如果有一家企业决定违背卡特尔协议，慢慢提高自己的产量，而其他企业停在自己的产量配额处不变，那会发生什么事情呢？对应于 $MR_2 = MC$ 的产量是每天800万桶。如果作弊的企业将其产量提高到该水平，它就能获得额外的 $4 000 万，将自己的利润翻倍。当然，如果所有企业都作弊，卡特尔就会破裂，价格和每家企业的产量都会回到最初的水平上，经济利润再次降到零。

国际经济学

全球市场中的重要卡特尔

适用概念：卡特尔

20世纪的前半叶，卡特尔在德国和其他欧洲国家非常盛行。许多卡特尔都拥有国际会员。第二次世界大战后，欧洲国家通过法律反对这种有碍于贸易的做法。下面就是当今一些最重要的卡特尔组织。

- 石油输出国组织（OPEC）。OPEC是由伊朗、伊拉克、科威特、沙特阿拉伯和委内瑞拉于1960年在巴格达创建的。今天，OPEC的成员包括11个国家，它们控制了全球石油储备的80%。卡特尔是不利于消费者的。OPEC的目标就是为每个成员制定一个石油产量的配额，进而影响全球的石油和汽油价格。如果俄罗斯和OPEC相竞争的话，那它的影响力在未来会变得更弱。俄罗斯拥有世界上最大的石油储备，也许它不久就可以得到高效生产石油产品必需的西方先进技术。
- 国际电信联盟（ITU）。ITU也许是最不为人们所知，但却是最有效率的卡特尔。它的总部建在瑞士的日内瓦。ITU创建于1865年，并在1947年成为联合国的一个机构。它负责管理电信事务的国际监督和标准化。ITU设定国际电话的最低价格。因此，国际电话的费率高于竞争性的美国国内长途电话费率。
- 国际航空运输协会（IATA）。IATA创始于1919年，绝大多数航空公司都属于IATA。该卡特尔设定乘客和货物运输的安全和保险标准。它的控制范围触及航空运输、稳定航空资费、推动会员的共同目标等事务。

博弈模型

博弈论
研究策略行动和对手的反应的模型。

博弈论是研究策略行动和对手的反应的模型。我们会利用全美航空（US Airways）和美国航空（American Airlines）竞争的非合谋例子加以说明。两家航空公司独立设定机票价格，图9-5是一个支付矩阵，它给出了两家航空公司索取高价和低价时所获得的利润结果。如果两家公司都在方格A中索取高价，它们就可以平分市场，每家企业可以获得 $80 亿利润。如果两家企业都在方格 D 中索取低价，它们也可以平分市场，但各自的利润降为 $50亿。如果像在方格 B 或方格 C 中那样，一方索取高价，而另一方索取低价，索取低价的航空公司可以吸引更多的客户，获得最大的可行利润 $100 亿，而索取高价的航空公司会损失 $20亿。

图 9-5 两个企业的支付矩阵

图形专题研究

博弈论是一种分析寡头垄断问题的方法，全美航空和美国航空有两种资费选择，高价和低价。方格 A—D 中每家企业获得的利润或亏损取决于两个对手的定价决策。在方格 A 中，双方都索取高价，各自获得最大利润 $80 亿，并且两家企业的联合收益最高。但是，一旦其中任何一家航空公司为了获得更高的 $100 亿利润而采取方格 B 或 C 中的低价策略，那么另外一家航空公司会采取与原来相反的策略，即采取低价。这样双方都会采取低价，落在方格 D 中。因此，联合利润为 $50 亿，而不是方格 A 中的 $80 亿。方格 D 是一个均衡结果，因为双方都担心改变价格而导致对手也调整价格。

美国航空公司的决策	全美航空公司的决策：高价	全美航空公司的决策：低价
高价	A 全美航空的利润=$80亿 美国航空的利润=$80亿	B 全美航空的利润=$100亿 美国航空的利润=-$20亿
低价	C 全美航空的利润=-$20亿 美国航空的利润=$100亿	D 全美航空的利润=$50亿 美国航空的利润=$50亿

在我们的例子中，两个对手显然是相互独立的，因为一家企业的行为可能会引起另外一家企业的反应。假设两家航空公司最初选择共同利润最大的方案，同时在方格 A 中索取高价。该方案的结果会诱使任何一家航空公司在方格 B 或 C 中索取低价，从对手那里抢夺客户，获得最大的可行利润。因此，我们假设第二天某家航空公司为了获得更高的利润而降价。为了避免失去客户，上述行为会引起另外一家航空公司采取一样的低价。因此，价格竞争迫使两家航空公司在方格 D 中索取低价，获得的利润低于最大的联合利润。一旦两家企业落在方格 D，那么没有一家航空公司有激励调整自己的价格，提高或降低价格，因为双方都担心对手采取与自己相反的行为。请注意，当两家企业在方格 D 中的均衡点索取低价时，消费者不需要支付其他方格中的高价而获益。

结论 该支付矩阵说明了为什么竞争性寡头垄断会导致双方采用最低价格策略，而该策略不会最大化利润。

寡头垄断企业如何才能避免方格 D 中索取低价导致的结果，而稳定在方格 A 中，索取高价，获得更多高价联合收益的结果呢？一个可行的策略被称为以牙还牙策略（tit-for-tat)。在这种策略中，某个博弈参与人会采取对手上一次所采取的行为。如果某家航空公司为了取得利润优势而降价，退出方格 A，那么另外一个竞争对手也会降价。经过不断尝试，这些降价反应充当了一个信号，“你不想让我获得最大利润，所以你会提高价格”。一旦背叛者用回到高价作为反应，另外一个航空公司也会进行合作，也会回到高价。结果，无需正式的合约，两个博弈参与人都会回到方格A处。

竞争对手根据价格领导模型协调定价决策是另一种非正式的方法。价格领导模型如前所述。比如说，某家航空公司在市场中占有主导地位，其他航空公司会遵从领导者设定的价格。另一种方法则是沿领导者的定价上下浮动。因此，在不存在正式的协议下，领导者会将价格设在方格A中利润最大化的价格上，而其他竞争对手则会跟随领导者，采用相同的行为。但是，这种制度并不排除价格跟随者背叛的威胁。

最后，如果卡特尔在美国是合法的话，航空公司就会合谋，制定一个正式的协议，双方都索取高价。但是，如同前面章节的解释，总是存在某家企业背叛，从方格A移到方格B或C的激励，因此，卡特尔会分裂。对这些竞争对手来说，一个补救卡特尔的方法就是对降价而违反协议的任何一方制定惩罚措施。

结论　只要收益大于成本，背叛就会威胁寡头垄断企业间正式或非正式的最大化联合利润的协议。

寡头垄断的评价

和其他市场结构相比，对寡头垄断的评价是更加困难的。对于寡头垄断环境下的效率问题，没有一个模型可以给出一个明确的答案。依赖所给定的假设，寡头垄断企业可以像完全竞争企业一样行事，也可以像完全垄断企业那样行事。但是，当某一完全竞争行业突然转变为销售差异化产品的寡头垄断行业时，我们还是可以预计到某些会发生的事情。

第一，产品的价格会高于完全竞争下的价格。寡头垄断行业中的企业数量越少，进入该行业越难，和完全竞争价格相比，寡头垄断索取的价格就越高。

第二，寡头垄断企业很可能花钱做广告，进行产品差异化以及其他非价格竞争。这些费用会将需求曲线向右移动。因此，寡头垄断中的价格和产量都可能高于完全竞争中的水平。

第三，在长期中，完全竞争企业获得零经济利润。但是，寡头垄断企业则可以获得更高的经济利润，因为竞争对手进入该行业是更困难的。

四种市场结构的评论

现在，我们已经完成了对完全竞争、完全垄断、垄断竞争和寡头垄断的讨论，你也应该准备对这四种市场结构进行一下比较。图9-6总结了各种市场结构的特征，并给出了例子。

图9-6　市场结构的比较

市场结构	卖方数量	产品类型	进入条件	例子
完全竞争	大量	同质产品	非常容易	农业*
完全垄断	一个	唯一产品	不可能	公用设施
垄断竞争	很多	差异化产品	容易	零售业
寡头垄断	很少	同质或差异化产品	难	汽车、钢铁、石油

* 不存在政府干预

现实生活中的经济学

一位经济学家的四强赛游记

适用概念：寡头垄断和卡特尔

在美国大学生篮球四强赛期间，很多诱人的市场运作得非常成功。作为一个产业组织经济学家，我怀着极大的兴趣对这些市场进行了观察。

我们在明尼阿波利斯机场刚下飞机不久，竞争就开始了。一群高中生摇摆着食指指向天空的充气塑料手指。这些手指印有百事可乐的标语和企业标志，以及四强赛中你所支持的球队。这些高中生还分派免费的罐装百事可乐。哈哈！最新的一场可乐大战正在进行，这只不过是个开头。

可口可乐和百事可乐巨大的充气"罐"在明尼阿波利斯的市区随处可见——在街道两边、加油站顶棚。另外，64 支 NCAA 篮球决赛队伍和所有的胜者名单都用可口可乐的红白两色涂满了一栋三层大楼的整面墙，这就更不用说了。这些队名一个叠着一个，就像报纸上印的那样。到了星期天，第一轮战罢过后，刷广告者站在三层楼的脚手架上，将决赛的两支队伍——杜克大学和密歇根大学球队的传统颜色填进了可口可乐的标语栏中。这是两个行业巨人之间的竞争——产品差异化寡头垄断企业间竞争的生动例子。

一些酒店通过联合预订服务形成了卡特尔。我预订的第一家酒店在周末把标准价格提高了75%。另外一些酒店也一样加价。后来，我发现有一家全国连锁的汽车旅馆没有加入贪婪的疯狂敛财行为中。该旅馆索取的价格适中，但它远在郊区。尽管这样，到了周六中午，该旅店也挤满了四强赛的拥趸。

幸运的是,我在航空公司、汽车出租公司和餐馆没有碰到上述问题。正常的运输资费没有变化。这些全国性的市场导向型公司要么是不愿意为了某种特殊事件引起的地方性高需求而调整价格,要么就是不想为了利用这种机会赚钱而失去自己的老客户。

分析问题

1. 作者说可口可乐—百事可乐的竞争是差异化寡头垄断竞争的例子。他的含义是什么？这两位碳酸饮料巨人用什么方法区别它们的产品？

2. 为什么某些全国性公司面对四强赛带来的需求飙升而没有调整自己的价格？

资源来源：Michael Stoller，"An Economist Goes to the Final Four，" Margin 8 (Spring 1993)：48-49.

要点考查

哪个模型适合谷类食品市场?

当你走在谷类食品通道中，你会发现货架上各种各样的谷类食品。比如说，你可能见到 General Mill 的麦类、全麦类和 Cheerios 麦片；Kellogg 的玉米片，Cracklin 的麦片、冰片、脆米；Quaker 燕麦的嘎吱脆和全天然麦片；Post 的超级金牌脆米等。货架上相同的产品——谷类食品，有多个品牌。每种品牌的产品都与其他品牌的产品略有区别。这些快餐谷类食品行业的市场结构是垄断竞争还是寡头垄断？

主要概念

垄断竞争	非价格竞争	相互依赖	卡特尔
产品差异化	寡头垄断	价格领导	

小结

- **垄断竞争**是一种市场结构，它具有的特征有：(1) 很多小规模的卖方；(2) 差异化产品；(3) 容易进入和退出市场。给定这些特征，垄断竞争中的企业对市场价格的影响微不足道。
- **产品差异化**是垄断竞争的一个主要特征。它是在产品和劳务之间创造真实或明显区别的过程。
- **非价格竞争**包括广告宣传、包装、产品开发、更好的质量和更好的服务。在垄断竞争中，企业也许会利用非价格竞争，而不是价格竞争。
- **垄断竞争企业的短期均衡**会产生经济损失、零经济利润或者经济利润。在长期中，垄断竞争企业获得零经济利润。

垄断竞争企业的短期均衡

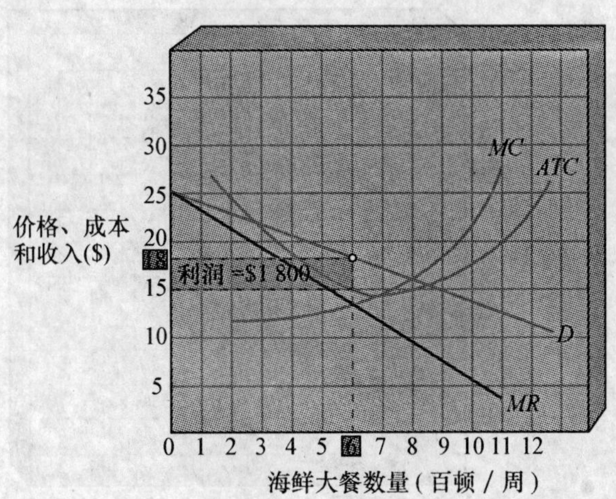

- 通过**垄断竞争和完全竞争的比较**，我们发现，垄断竞争企业在长期中并不能够实现有效配置、索取更高的价格、限制产量，不会在平均成本的最低处进行生产。

垄断竞争与完全竞争的比较

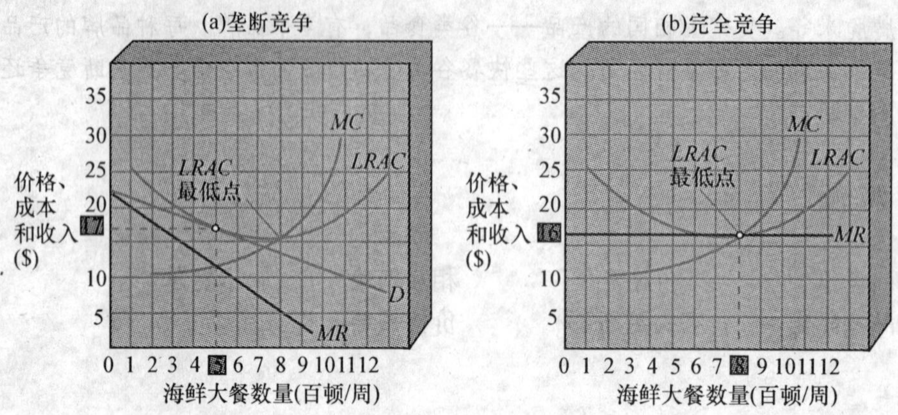

- **寡头垄断**是一种市场结构，具有以下特征：(1) 少数卖方；(2) 同质或差异化产品；(3) 较难的市场进入。寡头垄断是相互依赖的，因为一家企业的行动可能导致其他企业的相应行动的状况。
- **非价格竞争模型**是一种理论，它可以解释寡头垄断行为。在该理论中，企业会利用广告和产品差异化，而不是降价进行竞争。
- **价格领导**是寡头垄断中另一种定价理论。当行业中一个主导企业提价或降价，其他企业也会尾随而行。
- **卡特尔**是多家企业之间的正式协议，该协议设定价格和产量配额。其目标就是最大化利润，但企业有激励背叛该协议，这是卡特尔最常见的威胁。

卡特尔

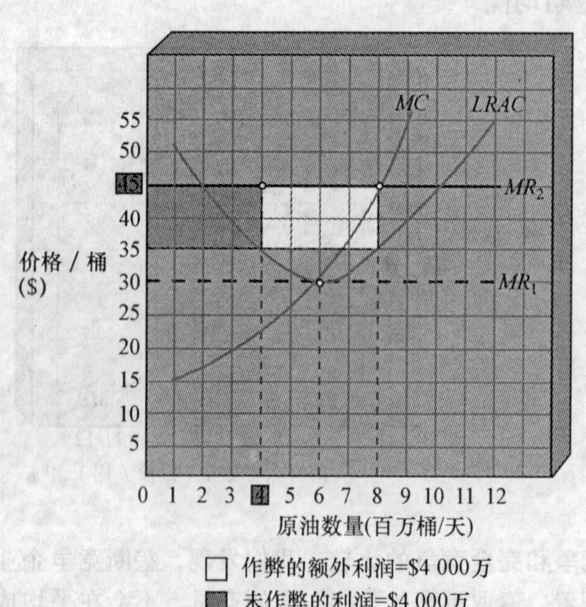

- 博弈论指出：(1) 寡头垄断在定价政策上是相互依赖的；(2) 没有合谋的话，寡头垄断的价格和联合利润会更低；(3) 寡头垄断企业存在背叛任何合谋协议的诱惑。
- 通过**寡头垄断和完全竞争的比较**，我们发现寡头垄断企业对资源的配置是无效率的，它们索取更高的价格，限制产量，使得价格高于平均成本。

问题思考

1. 比较垄断竞争企业、完全竞争企业和完全垄断企业的需求曲线。
2. 假设一个软饮料公司的可乐的 *LARC* 曲线的最低点是每公升 \$1。在垄断竞争条件下，1公升装的可乐价格在长期中会高于 \$1，等于 \$1，低于 \$1，还是无法决定？
3. 图9-7表示一个处于长期均衡的垄断竞争企业。

图 9-7

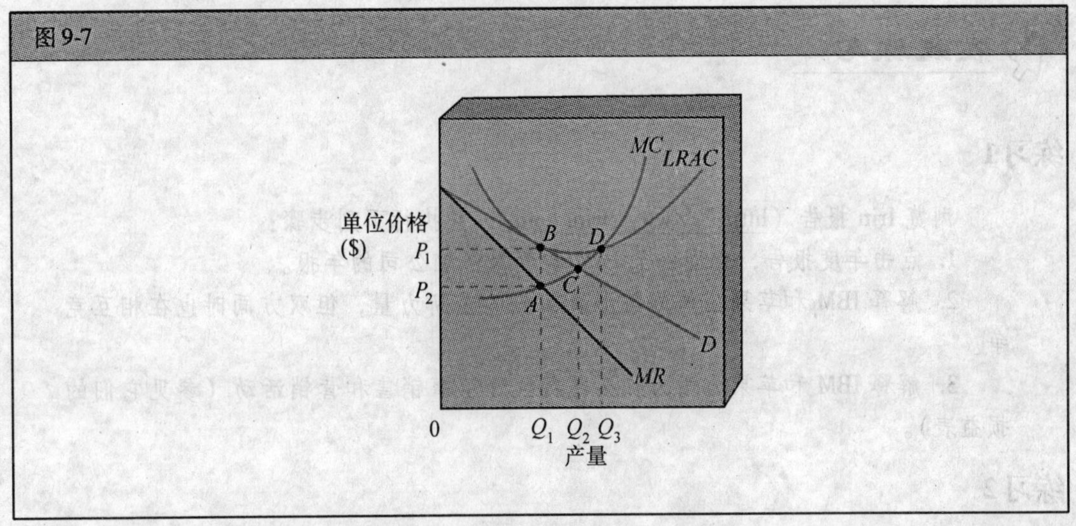

   a. 哪个价格是长期均衡价格？
   b. 哪个产量是长期均衡产量？
   c. *LARC* 曲线最低点对应哪个产量？
   d. 长期均衡价格大于、小于还是等于生产均衡产量的边际成本？
4. 考虑该陈述：由于价格等于长期平均成本，利润为零，所以垄断竞争企业是有效率的。你同意还是反对？试解释之。
5. 假设完全竞争和垄断竞争具有相同的长期成本曲线，请画出两个图，分别标上垄断竞争和完全竞争在长期中的价格和产量。对这两种市场结构的区别进行评价。
6. 作图说明广告如何影响企业的 *ATC* 曲线。解释在垄断竞争行业，广告为什么能导致更低的价格。
7. 列举四种你已经购买的有寡头垄断企业生产的产品。为什么这些行业是寡头垄断，而不是垄断竞争？

8. 为什么在寡头垄断中相互依赖是重要的，而在完全竞争、完全垄断和垄断竞争中则不怎么重要？
9. 做广告的寡头垄断企业和不做广告的寡头垄断企业有何主要区别？
10. 假设 IBM 提高打印机的价格，但惠普（最大的销售者）拒绝服从。两年后，IBM 降价，惠普随之也降价，并降幅更大，对 IBM 进行报复。IBM 被迫把价格降到同样的水平。又过了 5 年，惠普提了 5 次价格，IBM 每一次都在 24 小时内随之进行价格调整。这些计算机行业企业的定价行为符合卡特尔模型还是价格领导模型？为什么？
11. 评判下面陈述：卡特尔会终止价格战，肆无忌惮的竞争不利于任何人。
12. 假设图 9-5 的支付竞争被用来说明广告开支，而不是航空公司的资费。用“不打广告”替换“高价”，用“打广告”替换“低价”。假设每个格子中的利润和损失数据相同，但用“万宝路”替换“全美航空”，用“骆驼”替换“美国航空”。请解释该模型的动态变化，以及为什么烟草公司也许对政府禁止烟草广告感到高兴。

在线练习

练习 1

浏览 Irin 报告（http://www.irin.com），并执行下列步骤：

1. 点击年度报告，查询一下 IBM 和苹果电脑公司的年报。

2. 解释 IBM 和苹果公司如何形成部分的垄断力量，但双方同时也在相互竞争。

3. 解释 IBM 和苹果公司为什么花费巨资从事销售和营销活动（参见它们的损益表）。

练习 2

根据某些分析家的观点，面巾纸是一种客户忠诚度较低的产品。Kleenex 的制造商 Kimberly-Clark（http://www.kimberly-clark.com/）做了哪些提高产品差异化和品牌忠诚度的工作？

练习 3

戴姆勒-克莱斯勒（http://www.chrysler.com/）如何利用因特网为其产品做广告？戴姆勒-克莱斯勒将其产品与通用汽车（http://www.gm.com/）和福特（http://www.ford.com/）的产品区别开来了吗？这些企业是在垄断竞争还是在寡头垄断市场环境中运营？

练习 4

为什么 Morton International（http://www.mortonsalt.com/）生产很多种食用精盐？

要点考查答案

事实上，差异化产品并不一定意味着有许多企业在谷类食品市场中竞争。该例子中所列举的各种谷类食品都是来自下面四家企业：General Mill、Kellogg's、QuakerOats 和 Post。事实上，谷类食品行业中很少有其他企业，所以尽管这些企业销售差异化产品，该市场结构不可能是垄断竞争的。如果你说谷类食品行业是寡头垄断，那你就对了。

测试

1. 具有许多小规模卖方、差异化产品和容易进入特征的行业最合适被描述为下列哪种市场结构？
   a. 寡头垄断。
   b. 垄断竞争。
   c. 完全竞争。
   d. 完全垄断。
2. 下列哪个行业是垄断竞争的最佳例子？
   a. 小麦。
   b. 餐厅。
   c. 汽车。
   d. 自来水服务公司。
3. 下面那一项不是垄断竞争的特征？
   a. 大量的小规模企业。
   b. 差异化产品。
   c. 容易的市场进入。
   d. 同质产品。
4. 垄断竞争企业会
   a. 在 $MR=MC$ 处进行生产，最大化利润。
   b. 在长期中，不会获得经济利润。
   c. 关闭企业，如果价格低于平均可变成本。
   d. 以上都对。
5. 垄断竞争理论预测，垄断竞争企业在长期中会
   a. 在价格等于边际成本处的产量水平上进行生产。
   b. 在长期平均成本最低点处生产。
   c. 过度使用它的不充足的生产能力。
   d. 在价格等于长期平均成本处的产量水平上进行生产。
6. 垄断竞争企业是无效率的，因为它
   a. 在长期中获得正的经济利润。

b. 生产的产量落在边际成本等于价格处。

c. 没有最大化利润。

d. 生产的产量没有落在平均总成本最低处。

7. 垄断竞争企业在长期中和哪个获得相同的经济利润?

a. 完全竞争企业。

b. 完全垄断企业。

c. 卡特尔。

d. 以上都不是。

8. 广告对企业长期平均成本曲线的可能影响是

a. 提高曲线。

b. 降低曲线。

c. 向右移动需求曲线。

d. 向左移动需求曲线。

9. 垄断竞争是一种无效的市场结构,因为

a. 企业在长期获得零经济利润。

b. 边际成本在长期低于价格。

c. 和完全竞争相比,产品有更多的种类。

d. 以上都是。

10. “三巨头”的美国汽车行业可以被描述为

a. 完全垄断。

b. 完全竞争。

c. 垄断竞争。

d. 寡头垄断。

11. 美国的烟草行业可以被描述为

a. 完全垄断。

b. 完全竞争。

c. 垄断竞争。

d. 寡头垄断。

12. 寡头垄断的特征有

a. 在定价决策中相互依赖。

b. 容易进入市场。

c. a 和 b 都是。

d. a 和 b 都不是。

13. 下列哪项是 OPEC 是一卡特尔的证据?

a. 通过石油部长对价格和产量配额达成一致。

b. 具有不顾需求而提高价格的能力。

c. 在定价和产量决策中相互依赖。

d. 有能力完全控制新企业的进入。

14. 假设图 9-8 中两家企业的成本是完全一样的。如果两家企业被允许形成卡特尔,

就价格达成一致，那均衡将会是

图 9-8　两家公司的支付矩阵

		Tucker石油公司 $100	Tucker石油公司 $50
Zeba石油公司	$100	A $25千万 $25千万	B $15千万 $5千万
Zeba石油公司	$50	C $5千万 $15千万	D $10千万 $10千万

a. Zeba Oil 索价 $100，Tucker Oil 索价 $100。
b. Zeba Oil 索价 $100，Tucker Oil 索价 $50。
c. Zeba Oil 索价 $50，Tucker Oil 索价 $50。
d. Zeba Oil 索价 $50，Tucker Oil 索价 $100。

15. 假设图 9-8 中两家企业的成本是完全一样的。假设两家企业都假定另外一家会与自己进行竞争，并索取低价，那均衡将会是
a. Zeba Oil 索价 $100，Tucker Oil 索价 $100。
b. Zeba Oil 索价 $100，Tucker Oil 索价 $50。
c. Zeba Oil 索价 $50，Tucker Oil 索价 $100。
d. Zeba Oil 索价 $50，Tucker Oil 索价 $50。

16. 假设图 9-8 中两家企业的成本是完全一样的。每家企业都假设不存在正式协议，如果有一家企业设定了高价，对手就不会索取低价。在这种“以牙还牙”的条件下，均衡将是
a. Zeba Oil 索价 $100，Tucker Oil 索价 $100。
b. Zeba Oil 索价 $100，Tucker Oil 索价 $50。
c. Zeba Oil 索价 $50，Tucker Oil 索价 $50。
d. Zeba Oil 索价 $50，Tucker Oil 索价 $100。

第 10 章 劳动力市场和收入分配

本章概述

登录http://www.hopshype.com/salaries.htm，考察一下NBA球员的薪水。

高尔夫冠军老虎伍兹在 2004 年赚了令人惊讶的 $8 000 万。但脱口秀主持人欧普拉·温芙瑞（Oprah Winfrey）赚的更多，达 $21 000 万。某头条新闻报导，有一个运动队支付了 $1 000 万签入它的明星队员。在其他一些城市进行的一项调查发现，大部分公司的首席执行官（CEO）的收入高达百万美元。美国总统每年收入 $40 万。具有大学及其以上学位的工人平均收入约为 $5 万，高中毕业生平均赚 $3 万，而其他的人，包括大学生在内，只能为最低工资而拼死拼活地工作。

收入是如何决定的呢？有什么可以解释收入的巨大差异？由于劳动力市场决定了工人的收入和企业雇用工人的数量，所以本章将对各种类型的劳动力市场进行解释，从而给出上述问题的答案。为什么有些人打打棒球（一种儿童游戏）就能变富，扬名立万；而其他的工人也许要被迫接受统治劳动力市场的企业的剥削呢？对企业雇用决策的认识实际上是理解该问题的关键。

贫困是市场经济不平等收入分配的一个令人不快的后果，同时该后果也是第 4 章所介绍的市场失灵之一。为什么有的人赚得很多，而有的人赚得很少？为了解释这个问题，本章首先会对劳动力的供给和需求进行解释。本章还总结了种族和性别收入差异的可能原因。你马上就会了解到，比如说，平均而言，为什么女性的收入低于男性，黑人的收入低于白人。

在本章，你将学会解决以下经济学问题：

- 什么因素决定雇主支付的工资率？
- 工会如何影响工资和就业？
- 保护女性免于“过度劳累”和“过度危险”工作的法律对劳动力市场有何影响？

完全竞争下的劳动力市场

在第 7 章至第 9 章中，你学习了在完全竞争、完全垄断、寡头垄断和垄断竞争等市场结构中运营的企业所生产的产品或提供的服务的价格和产量的决定。如你所学，企业卖给消费者的产品或服务的价格和数量受市场结构影响。相似地，接下来的三小节会证明，劳动力市场是否具有竞争性也会影响企业向劳动力支付的工资和雇用的劳动力数量。

回忆一下第 7 章，我们假设一家被称为 Computech 的虚拟企业，它在完全竞争市场上生产和销售用于自动柜员机的电子元件。现在再假设 Computech 在完全竞争的劳动力市场雇用工人。在完全竞争的劳动力市场，存在大量劳动力服务的买方和卖方。因此，工资和薪水由劳动力的供给和需求的交点决定。

劳动力需求

Computech 应该雇用多少工人呢？要回答这个问题，Computech 必须知道对于自己的产出水平，需投入多少工人。图 10-1 的第一栏列出了 Computech 每天可能雇用的工人数量。和前面第 6 章讨论的生产成本那样，第二栏给出了每天的总产量。1 个工人每天生产 5 单位产品，2 个工人一起每天可以生产 9 单位产品，依次类推。请注意，第一栏和第二栏构成了一个生产函数，我们曾在前面第 6 章用图 6-2（a）表示过。第三栏列出的是所雇工人每人带来的额外产量。被雇的第一个工人每天增加了 5 单位产量，第二个被雇工人生产了额外的 4 单位产量（总产量 9 单位 - 已生产的产量 5 单位），依次类推。回忆一下第 6 章，雇用 1 个单位劳动力所带来的额外产量被定义为*劳动边际产量*［见第 6 章图 6-2（b）］。和*收益递减规律*一样，随着企业雇用更多的工人，边际产量会下降。①

图 10-1　Computech 的劳动力需求

点	(1) 劳动力投入 （工人/天）	(2) 总产量 （单位/天）	(3) 边际产量 （单位/天）	(4) 产品价格	(5) 边际收益产品 [(3) × (4)]
	0	0	—	$ 70	—
A	1	5	5	70	$ 350
B	2	9	4	70	280
C	3	12	3	70	210
D	4	14	2	70	140
E	5	15	1	70	70

边际收益产品
由于多雇用 1 单位劳动力或其他可变资源所导致的企业总收益的增加。

Computech 雇用决策的第二步就是要把边际产量转化成美元，这可以通过计算**边际收益产品**（MRP）得到。MRP 指的是由于多雇用 1 单位劳动力或其他可变资源所导致的企业总收益的增加。简单地说，MRP 就是工人生产率的美元价值。它就是企业销售 1 个新增工人所生产的产量而获得的额外收入。让我们回到第 7 章关于完全竞争的图 7-1，假设单位产品的市场均衡价格为 $70。由于 Computech 在完全竞争市场运营，它能以市场决定的价格 $70 出售自己各种数量的产品。给定这种情况，第 1 单位劳动力每天贡献了边际收益产品为 $350 的收入（每单位 $70 × 5 单位产量）。图 10-1 的第五栏列出了每个被雇的新增工人的 *MRP*。

结论　完全竞争企业的边际收益等于劳动边际产量乘以产品价格。用公式表示为：

① 回忆一下第 7 章。在产量水平较低时，由于劳动力的专业化和分工，边际产量也许会随着劳动力增加而提高。所以，在短期中，随着产量的提高，边际收益递减法则会造成边际产量下降。

$MRP = P \times MP$。

劳动力需求曲线
在其他条件不变的前提下，反映既定时间内雇主在不同工资率下所愿意雇用的不同的劳动力数量的曲线。它等于劳动力的边际收益产品。

现在假设其他投入要素固定不变，Computech 可以导出服从需求法则的**劳动力需求曲线**。我们在第三章解释过需求法则。劳动力需求曲线就是反映雇主在不同工资率下所愿意雇用的劳动力数量的曲线。它等同于劳动力的 MRP。图 10-1 中的 MRP 数据被复制到图 10-2 中。如图所示，纵轴测度的是按照日工资计算的劳动力价格。横轴测度的是 Computech 在各工资率上愿意雇用的日工人数。劳动力需求曲线是向下倾斜的：随着工资率下降，Computech 会雇用更多的日工人数。如果该工资率高于 $350（点 *A*），Computech 就不会雇用工人。这是因为工人的成本大于任何一个工人对总收入贡献的美元价值（MRP）。但是，如果 Computech 付给每个工人每天 $280，那会怎样呢？在点 *B*，Computech 会发现雇用 2 个工人是有利可图的，因为第 1 个工人的 MRP 大于该工资率（新增的成本），而第 2 个工人的 MRP 等于该工资率。如果工资率是落点 *D* 处的每天 $140，Computech 就会发现雇用 4 个工人是有利可图的。在该例子中，Computech 不会雇用第 5 个工人。为什么？第 5 个工人为总收入贡献了 $70 的 MRP（点 *E*），但该值低于企业所支付的 $140 工资率。因此，Computech 雇用第 5 个工人时，无法最大化利润。这是因为新增的成本大于新增的收入。具体来说，Computech 雇用第 5 个工人每天会损失 $70。但在每天 $70 的工资率处，第 5 个工人会被雇用。

图 10-2　Computech 的劳动力需求曲线

图形专题研究

根据劳动力的边际收益产品（MRP）随所雇用的新增工人数量而下降，我们可以推导出 Computech 向下倾斜的劳动力需求曲线。MRP 是多雇用一个工人导致的总收入变化（参见图 10-1）。在点 *B* 处，Computech 每天支付 $280。它发现向 2 个工人支付该工资是有利可图的，因为每个工人的 MRP 等于或大于该工资率。如果 Computech 支付点 *D* 处更低的每天 $140 的工资率，那么它雇用第 5 个工人时就不划算了，因为该工人 $70 的 MRP 低于每天 $140 的工资率。在工资率为每天 $70 处，Computech 会雇用第 5 个工人。

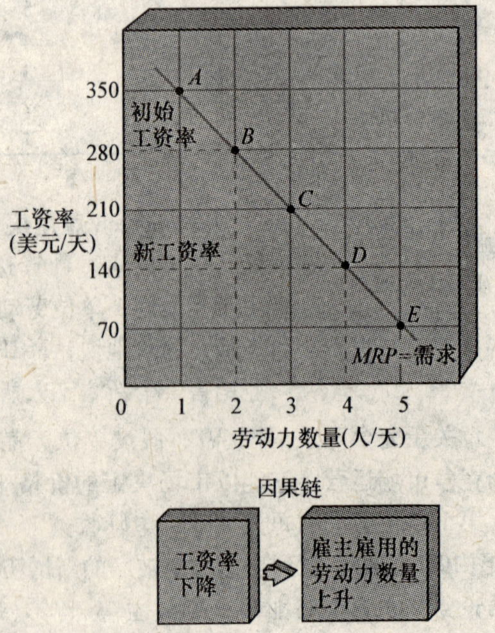

结论　企业会雇用新增工人，直到 *MRP* 等于工资率处。

衍生需求
对劳动力和其他生产要素的需求，这些需求取决于消费者对由生产要素生产出来的最终产品和劳务的需求。

在该市场中，每个企业根据自己的 MRP 数据都会有一个劳动力需求量。加总这些单个企业的劳动力需求曲线就得到了电子元件行业的劳动力市场需求曲线。要注意另外一个重要概念。该劳动力需求被称为**衍生需求**。劳动力和其他生产要素的衍生需求依赖于消费者对这些要素生产出的最终产品和服务的需求。如果消费者不愿意购买需要电子元件的产品，比如银行的柜员机，那就不存在 MRP，企业就不会雇用工人制造电子元件。另外，如果消费者对银行柜员机的需求上升，每台机器的价格也随之上升，电子元件行业的企业的 MRP 也会上升。结果将是劳动力的市场需求曲线向右移动。

劳动力供给

劳动力供给曲线
在其他条件不变的前提下，反映既定时间内在不同工资率下工人愿意向雇主提供的不同劳动力数量的曲线。

劳动力供给曲线也符合第 3 章讨论过的供给法则。劳动力供给曲线反映的是不同工资率下工人愿意向雇主提供的不同劳动力数量。对于生产自动柜员机电子元件的企业来说，加总每个企业的劳动力供给曲线就给出了劳动力的市场供给曲线。如图 10-3 所示，随着工资率的上升，更多的工人愿意提供自己的劳动力。在点 *A* 处，20 000 个工人为了每天 \$140 的工资向电子元件行业提供自己的服务。在更高的工资率每天 \$280（点 *B*）处，劳动力供给的数量是 40 000 个工人。在更高的工资率上，更多的人愿意工作。这是因为，对工人来说，存在更多的工资可以补偿闲暇的机会成本的激励。更高的工资率也会吸引其他一些技能要求相似、但工资率更低行业的工人。

图 10-3　劳动力的市场供给曲线

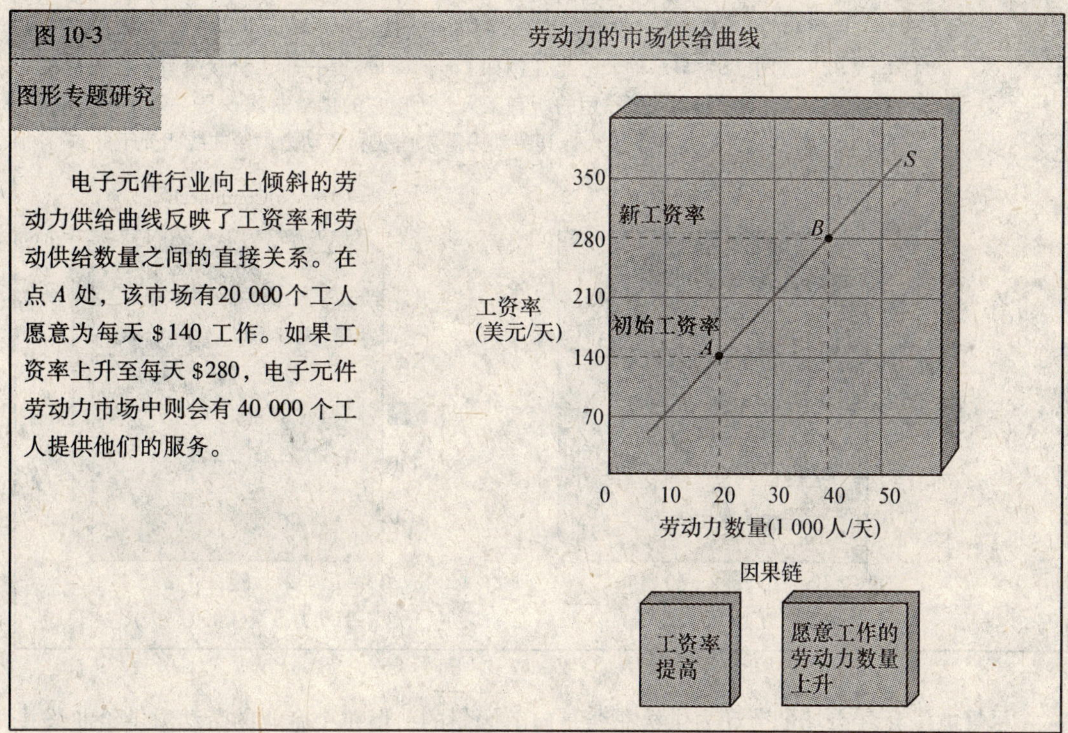

电子元件行业向上倾斜的劳动力供给曲线反映了工资率和劳动供给数量之间的直接关系。在点 *A* 处，该市场有20 000个工人愿意为每天 \$140 工作。如果工资率上升至每天 \$280，电子元件劳动力市场中则会有 40 000 个工人提供他们的服务。

人力资本
有助于工人获得工作和生产能力的教育、培训、工作经验和健康的积累。

如果我们忽略工资标准的差异，为什么低技能工人（木匠）的供给要大于高技能工人（外科医生）？对此差异的解释就是参加各种工作所需的**人力资本**。人力资本就是有助于工人获得工作和生产能力的教育、培训、工作经验和健康的积累。成为木匠所需的人力资本要少于成为外科医生所需的人力资本。因此，木匠工作许多人都可以胜任，木匠的供给大于外科医生的供给。

均衡工资率

在完全竞争市场中，工资率是由劳动力供给和需求的交点决定的。整个电子元件市场的均衡工资率为每天 $210，如图 10-4（a）所示。该工资率能使市场出清，因为所需的 30 000 个工人数量等于在该工资率上愿意工作的 30 000 个工人数量。在一个竞争性的劳动力市场中，没有工人会把他或她的工资定在高于均衡工资的水平上。如果是这样的话，工人就会担心不被雇用，因为有太多的工人愿意为每天 $210 工作。相似地，雇用劳动力的企业如此之多，使得单个企业无法通过支付比市场工资更高或者更低的工资而影响该均衡工资。因此，高于每天 $210 的工资率会造成电子元件市场中求职工人的剩余，低于每天 $210 的工资率会造成求职工人的短缺。

对于最低工资的深度分析可以浏览经济政策中心(http://www.epinet.org/)，点击“最低工资”。

图 10-4 竞争性劳动力市场决定的企业均衡工资

图形专题研究

图（a）中，劳动力的供给和需求曲线的交点决定了电子元件行业的均衡工资率，每天 $210。图（b）显示单个企业（例如 Computech）是一个工资接受者。在均衡工资处，该企业可以雇用它想雇用的所有工人，所以它的供给曲线 S 是一条水平直线。Computech 会选择雇用 3 个工人，其劳动力需求曲线和劳动力供给曲线相交于此。

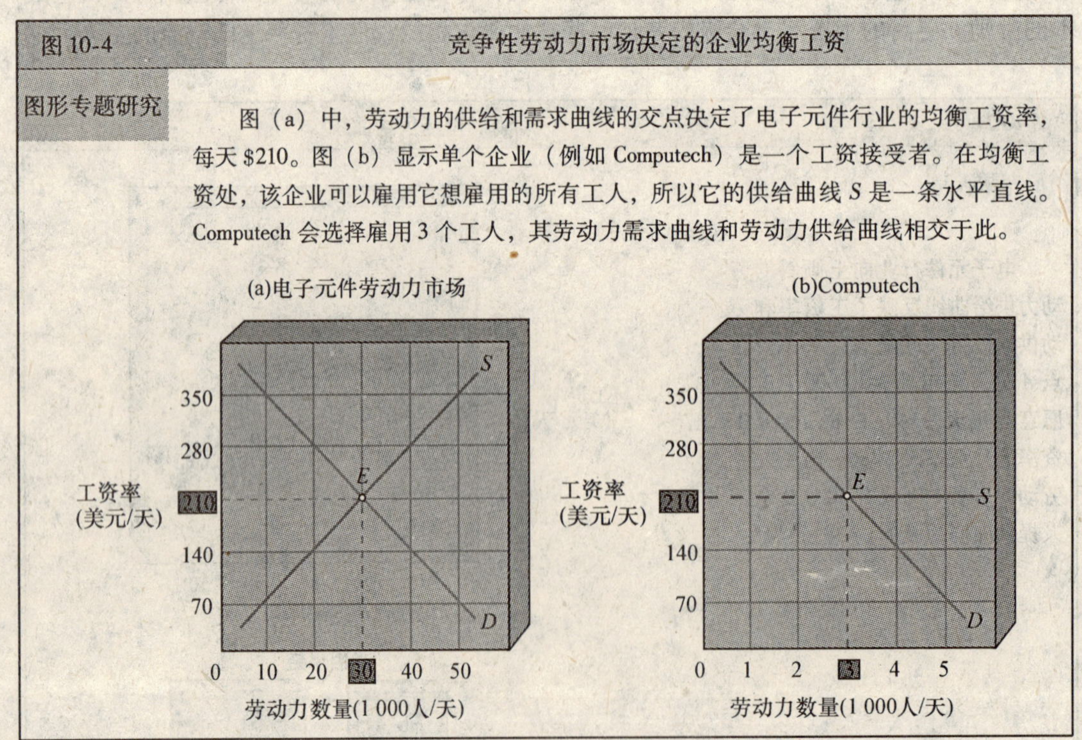

尽管电子元件市场的劳动力供给曲线是向上倾斜的，但单个企业的劳动力供给曲线并

非如此，比如 Computech，如图 10-4（b）所示。由于竞争性劳动力市场假设每个企业规模太小而无法影响工资率，Computech 是一个工资接受者。因此，无论其雇用的劳动力数量是多少，它只需支付市场决定的工资率，每天 \$210。由于这个原因，Computech 的劳动力供给可以用落在均衡工资率处的水平直线表示。给定每天 \$210 的工资率，Computech 雇用的劳动力会达到均衡点 E。在此处，工资率等于第 3 个工人的边际收益产品。

工会

完全竞争模型不适用于加入工会的工人。工会的产生是因为工人认识到集体行为比受制于雇主的个人行为具有更强大的谈判能力。卡车司机工会（Teamsters）、美国汽车工人联合工会（United Auto Workers）、全国教育工作者协会（National Education Association）和美国政府雇员联合会（Amercian Federation of Government Employees）都是全美最大的工会组织。改善工作环境和把工会成员的工资提高到竞争性劳动力市场工资水平之上是工会的两大主要目标。为了提高工资，工会会运用三种基本策略：（1）提高劳动力需求；（2）降低劳动力供给；（3）向雇主施压逼迫它们支付高于均衡工资率的工资率。

美国联邦音乐家协会(American Federation of Musicians)(http://www.afm.org)是一个贸易工会组织，全美汽车工人联合会(VAW)(http://www.uaw.org)是一个行业工会组织，美国联邦教师协会(American Federation of Teackers)(http://www.aft.org)是一个公务员工会组织，美国律师协会(ABA)(http://www.abanet.org)则是一个律师组织。

工会提高劳动力需求

假设工人组成了一个工会。提高工资的一个办法就是使用所谓的*额外雇工*方法。这意味着工会会强迫企业雇用比实际需要更多的工人，或者向企业施加限制工人产量的工作规定。另外一个提高国内劳动力需求的方法就是降低海外竞争。工会通过游说国会立法保护美国电子元件行业免遭中国的竞争也许就可以实现这个目标。还有的方法就是通过打广告，说服公众“寻求工会标签”。有效的广告将会提高用工会所产元件的电子产品的需求，进而提高工会劳动力需求，因为它是*衍生需求*。

新西兰的劳工委员会(http://www.union.org.nz/)是一个非营利组织，旨在推动工会事业。该组织是如何提高工会劳动力需求的呢?

图 10-5 显示了如何运用工会力量提高劳动力需求曲线。该图复制了图 10-4（a）电子元件工人的劳动力市场。起初，均衡处于点 E_1，30 000 个工人每人得到 \$210 的工资。然后，工会会促使劳动力需求曲线从 D_1 升至 D_2。在新均衡点 E_2 处，企业雇用了新增的 10 000个工人，并向每个工人每天额外支付 \$70。

工会降低劳动力供给

图 10-6 显示了工会运用它的谈判力量限制劳动力供给而为其会员提高工资率的另一种方法。现假设劳动力市场处于均衡点 E_1，40 000 个工人制造电子元件，每人每天赚

图 10-5 工会可以造成劳动力需求曲线上升

图形专题研究

工会可以通过额外雇工或者其他方法把劳动力需求曲线 D_1 右移至 D_2。结果，均衡工资率从点 E_1 处的每天 \$210升至 E_2 的每天 \$280 处，就业则从 30 000 个工人升至 40 000 个。

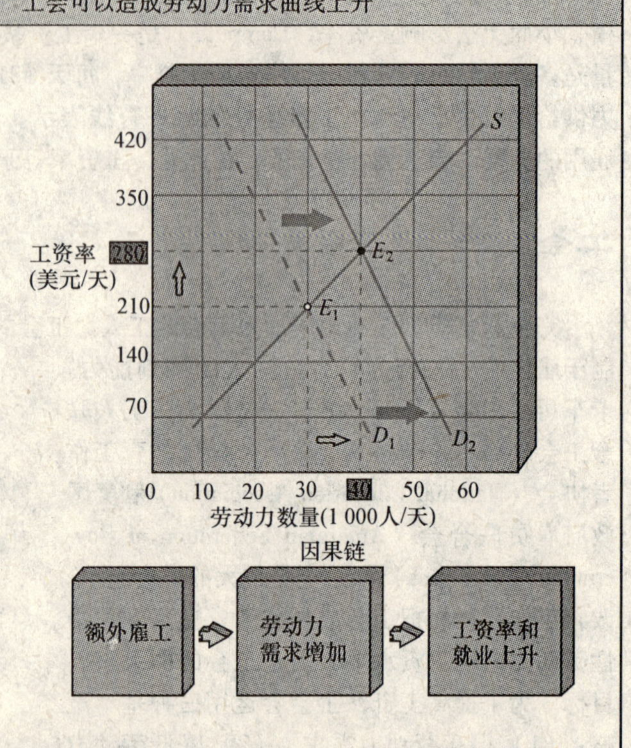

图 10-6 工会可以造成劳动力供给曲线下降

图形专题研究

工会可以通过限制工会成员人数或者其他手段将劳动力供给曲线从 S_1 右移至 S_2。结果，均衡工资率将从点 E_1 处的每天 \$210 升至点 E_2 处的每天 \$280，雇用的工人数量则由 40 000 个下降到 30 000 个。

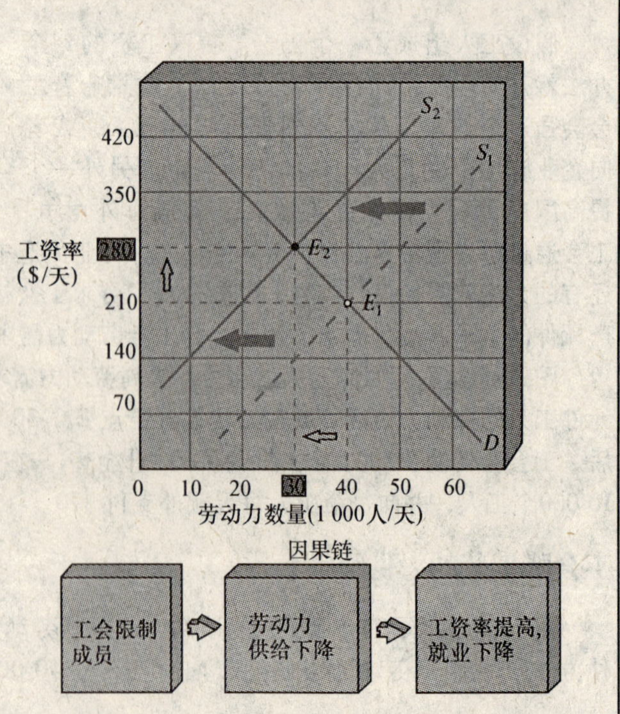

$210。然后，工会会运用它的谈判力量把劳动力供给曲线从 S_1 向左移到 S_2，比如说要求更长的学徒时间、索取更高的费用或者其他用于减少工会成员数量的方法。举个例子，工会也许会游说国会立法限制移民或者规定更短的工作时间。作为工会这些措施的结果，均衡工资率会升至 E_2 处的每天 $280，就业也会被人为地降到 30 000 个工人。需要注意的是，工会的这种自我保护措施限制了劳动力供给，提高了工资。这种状况可以被诸如美国医学协会（American Medical Association）、美国律师协会（American Bar Association）设立的要求、教师资格证书、大学教员博士学位要求等行业标准所掩盖。

工会使用劳资谈判提高工资

劳资谈判
工会与管理层之间就工资和工作条件谈判劳工合同的过程。

第三种将工资提高到均衡水平之上的方法就是运用**劳资谈判**。劳资谈判就是工会与管理层之间就工资和工作条件谈判劳工合同的过程。根据法律，一旦某个工会被认定可以作为大多数工人的代表，雇主就必须和该工会打交道。如果雇主拒绝工会的要求，那么该工会就会罢工，减少利润，直到该企业同意接受一个更高的工资。

劳资谈判的结果如图 10-7 所示。我们再次回到图 10-4（a）所描述的电子元件市场。在每天 $210（点 *E*）的均衡工资率处，工人既不剩余也不短缺。然后，这个行业被工会统一，劳资谈判收到成效，企业同意向工会支付每天 $280 的工资率。在该更高的工资率上，就业从 30 000 个工人下降到 20 000 个。但是，对于每天 $280，有 40 000 个工人愿意工作，所以该行业中存在 20 000 个失业工人的剩余。对于雇用更少的工人、支付更高的工资这种状况，企业该如何应对呢？雇主也许作出的反应就是用资本替代劳动力或者将企业移至劳动力成本低于美国的海外国家。

图 10-7　工会的劳资谈判可以造成工资率提高

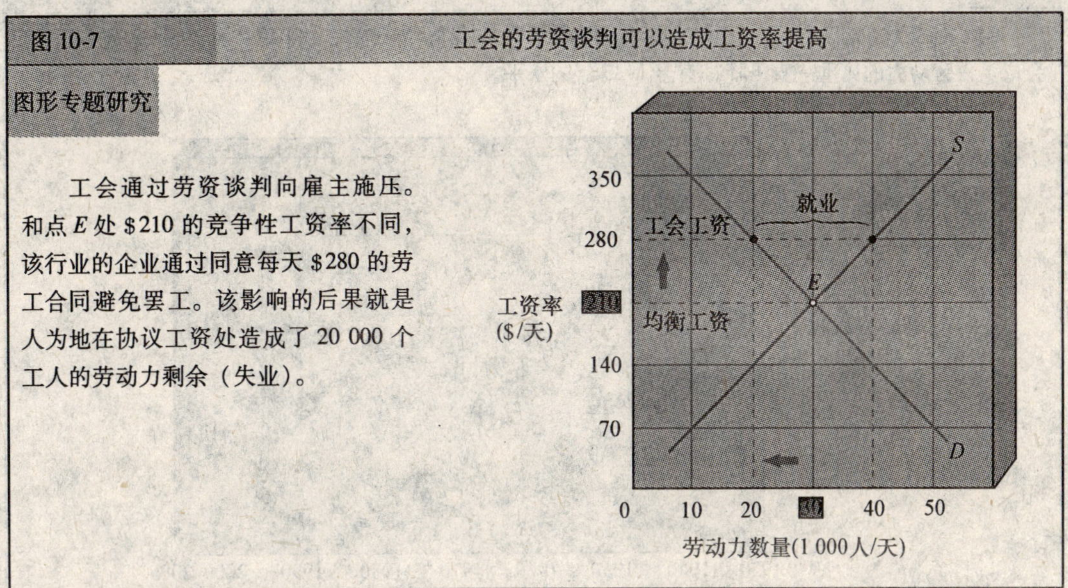

图形专题研究

工会通过劳资谈判向雇主施压。和点 *E* 处 $210 的竞争性工资率不同，该行业的企业通过同意每天 $280 的劳工合同避免罢工。该影响的后果就是人为地在协议工资处造成了 20 000 个工人的劳动力剩余（失业）。

最终，这些因素要么导致劳动力需求曲线移动，要么导致劳动力供给曲线移动。图 10-8 给出了这些因素的名单。

图 10-8	导致劳动力需求和供给变动的因素
劳动力需求的变动	劳动力供给的变动
1. 工会	1. 工会
2. 替代投入要素价格	2. 人口趋势
3. 技术	3. 未来收入预期
4. 最终产品的需求	4. 移民法的变更
5. 劳动力的边际产品	5. 教育和培训

全球范围的工会成员数量

如果我们用属于工会的工人百分比度量工会，那么工会的重要性有多大呢？让我们首先从大萧条（The Great Depression）开始，当时有数以百万的人失业，而工会成员则相对较少（参见图 10-9）。为了提高就业和工资，富兰克林 D. 罗斯福（Franklin D. Roosevelt）1933 年签署的国家工业复兴法（*National Industrial Reconvery Act*）（NIRA），确立了雇员和雇主进行集体谈判的权利，但最高法院在 1935 年宣布该法案违反宪法。不过，1935 年的国家劳工关系法（*National Labor Relations Act*）（NLRA），即大家熟知的瓦格纳法（*Wagner Act*），整合了 NLRA 中的各项劳工权利条款。瓦格纳法保障了工人组成工会并进行劳资谈判的权利。该法案和第二次世界大战的生产需求共同造成 1935～1945 年期间工会成员数量扶摇直上。

图 10-9　工会成员数量（1930～2003）

美国非农工人的工会成员比重在 1935～1945 年这 10 年间增长最快。自 1945 年达到最高值后，工会成员占劳动力的比重一直下降，直至 1935 年的水平。

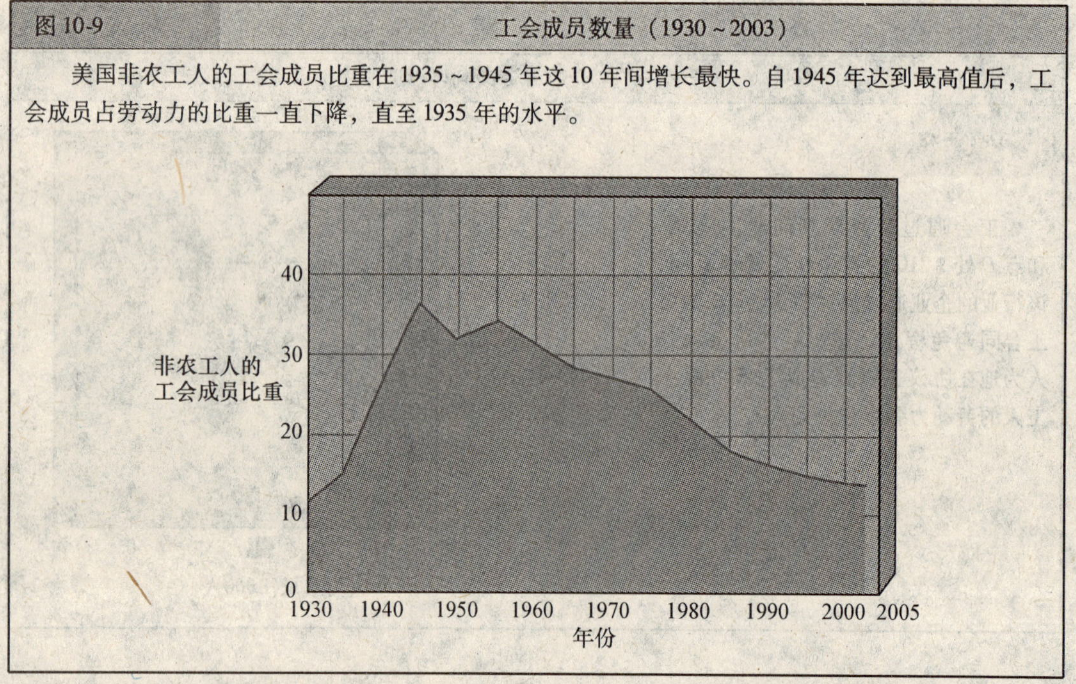

资料来源：美国统计摘要：2004，http：//www. census. gov/prod/www/statistical-abstract-us. html，表 638，p. 419.

自第二次世界大战以来，工会的影响力在下降，工会成员数量一直在下降，工会成员占劳动力比例从 1945 年的 35% 下降到今天的 14% 以下。一方面，自 1983 年以来，公共部门工人的会员数量则小幅度上升，由 36.7% 升至 2004 年的 37.2%。另一方面，私人部门工人的工会成员数量则大幅度下降，在相同期间由 16.5% 降至 8.2%。

图 10-10 给出了其他国家的工会化比率。在瑞典和丹麦，几乎所有的工人都属于工会，美国的工会会员数量远远低于其他工业化国家。

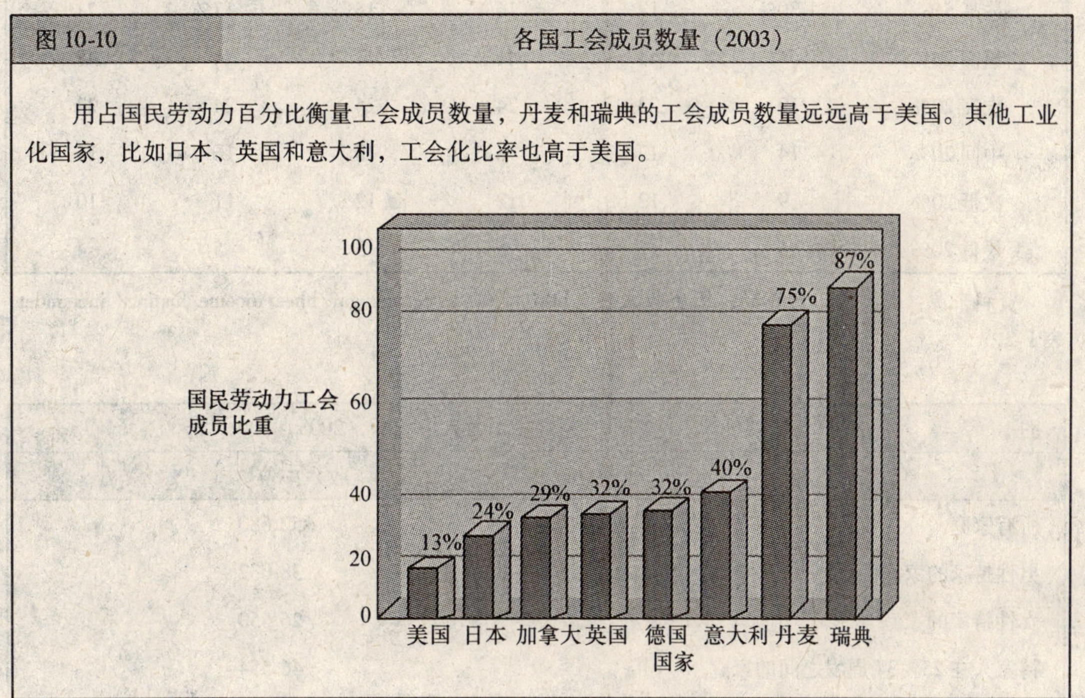

图 10-10　各国工会成员数量（2003）

用占国民劳动力百分比衡量工会成员数量，丹麦和瑞典的工会成员数量远远高于美国。其他工业化国家，比如日本、英国和意大利，工会化比率也高于美国。

收入分配

劳动力市场的一个功能就是决定*收入分配*——换句话说，如何在社会成员中分配工资和薪水？回忆一下第 2 章，为谁服务是任何一种经济系统必须回答的三个基本问题之一。我们在这里就详细地研究一下这个问题。

美国人口普查局(The U.S. Bureau of the Census)提供了收入分配的当期和历史数据(http://www.census.gov/hhes/www/income.html)。

分析美国收入分配的一种方法如图 10-11 所示。在该图的第一栏，根据年度总货币收入比重将所有的家庭分为 6 组。其余各栏分别给出了自 1929 年以来 6 组家庭在所选年份的总货币收入比重。这些数据揭示了家庭间收入分配随时间的变化。比如说，对于收入处于前 5% 的家庭占总收入比重的数据，1929 年数据高出 2003 年数据的 10%。另外，自 1947 年以来，收入分配波动不大。但是，值得注意的是，自 1970 年以来，后 20% 家庭获得的收入比重下降了，而前 15% 和前 5% 家庭获得的收入比重上升了。

如图 10-11 所示，家庭间的收入分配并不平衡。为什么每组 20% 的家庭不是获得

20%的总收入呢？其中的原因很多。比如说，图10-12指出由大学毕业家长持家家庭的收入高于由受教育更少的家长持家家庭。图中的数据也显示出男性持家家庭的收入普遍高于女性持家家庭。

图10-11 年度货币总收入的家庭分布（1929～2003）

各类家庭比重	1929	1947	1970	1980	1990	2003
最高5%	30%	17%	16%	15%	17%	21%
最高20%	54	43	41	41	44	48
次高20%	19	23	24	24	24	23
中间20%	14	17	18	18	16	15
次低20%	9	12	12	12	11	10
最低20%	4	5	5	5	5	4

资料来源：美国人口普查局，历史收入表，http：//www. census. gov/hhes/income/histinc/ incfamdet，表F-2.

图10-12 家庭货币收入中位数（2003）

家庭特征	收入中位数*
所有家庭	$52 680
男性持家的家庭	38 032
女性持家的家庭	26 550
持家人在25～34周岁之间的家庭	46 554
持家人在65周岁及其以上的家庭	35 310
持家人受教育水平不及9年级的家庭	25 313
高中毕业生持家的家庭	44 620
持家人拥有学士及其以上学位的家庭	86 921

*50%的家庭收入小于中间收入，50%的家庭收入大于中间收入。

资料来源：美国人口普查局，历史收入表，http：//www. census. gov/hhes/income/histinc/ incfamdet. html，表F-7、F-11和F-18.

平等还是效率？

图10-11和图10-12显示美国存在收入分配不平等，接下来要讨论的规范问题自然是更平等的收入分配有何利弊。更加平等的收入分配的支持者担心富人和政治权力之间的联系。富人也许可以利用自己的财富左右国家政策，从中受益。他们还认为收入不平等会导致不同群体的机会不平等。比如说，穷人的小孩更难得到大学教育。因此，这些人身上未充分利用的生产能力是一种人力资本浪费。穷人也担负不起健康护理，这是全国人民都关

注的问题。

收入不平等的支持者抛出了下面这个问题。假设你有下列选择：生活在一个平等社会 A，每个人每年赚 \$40 000，或者社会 B，20% 的人赚 \$100 000，80% 的人赚 \$30 000。你可能会选择社会 B。因为相对于赚的更少、生活更差选择的风险而言，你认为赚更多的钱、过更好的生活的激励更大。最后，为什么社会 B 的平均收入更高呢？答案就是收入不平等使得人们有激励变得更能干。与之相反，社会 A 中的人们缺乏这种激励，因为每个人都赚的一样多。收入平等的支持者认为反对者忽略了非货币激励对人们的激励，比如对工作和国家的骄傲感也能激励人们。

一个经常争论的与收入不平等有关的话题就是，是否“富人变得更富”。如我们在前面观察到的那样，图 10-11 中的数据揭示了最高 5% 和最高 20% 家庭总收入的比重在近十年来上升了，而其他各组家庭的收入比重都略有下降。

结论　按照家庭货币分布衡量，在近十年来，最富家庭变得稍微更富，而其他小组的家庭变得稍微更穷了。

用这种简单方式所观察到的收入分布的时间演变并不是故事的全部。这一点很重要，值得注意。图 10-13 回溯了 1980～2003 年期间价格调整后家庭实际收入的中位数。该数据给出了各组家庭收入水平的变化趋势。总的来看，实际收入的中位数自 1980 年以来具有上升趋势。这意味着收入“蛋糕”的规模扩大了，因此，每个部分也增大了。但是，与图 10-1 中收入分布数据相一致的是，最富裕家庭在收入蛋糕中的相对份额也略有增长。在 2001 年以及随后几年，一直到 2003 年的经济衰退之前，实际收入的中位数在 2000 年创了新高。

图 10-13　家庭实际收入的中位数（1980～2003）

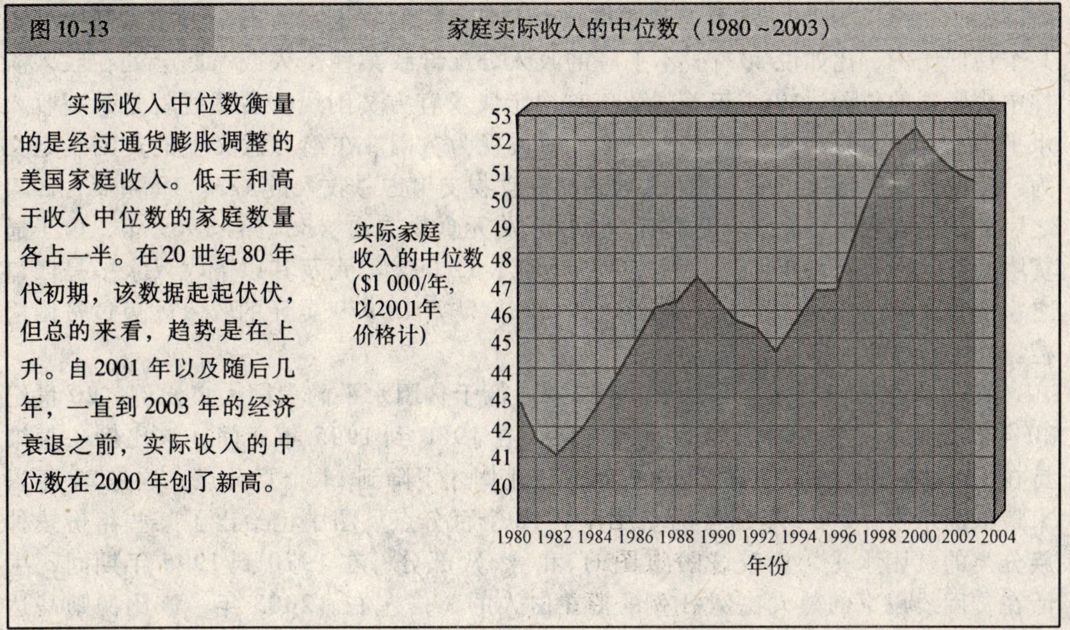

实际收入中位数衡量的是经过通货膨胀调整的美国家庭收入。低于和高于收入中位数的家庭数量各占一半。在 20 世纪 80 年代初期，该数据起起伏伏，但总的来看，趋势是在上升。自 2001 年以及随后几年，一直到 2003 年的经济衰退之前，实际收入的中位数在 2000 年创了新高。

数据来源：美国人口普查局，历史收入表，http://www.census.gov/hhes/income/histinc/incfamdet.html，表 F-6.

贫困

在讨论了测度收入不平等程度这个更广的问题之后，我们现在转向另一个热点：讨论日趋热烈的贫困问题。我们都会被无家可归和挨饿的儿童困扰。贫困怎么能在像美国这样的富裕国家存在呢？经济学家能对改造和完善目前的福利制度提出一些建设性意见吗？大部分的民众都同意福利制度应该承担减少贫困、降低福利依赖和为纳税人节约的任务。理解该问题的第一步就是要问：谁是穷人？

贫困的定义

美国人口普查局(The U.S. Bureau of the Census)提供了收入分配的当期和历史数据(http://www.census.gov/hhes/www/income.html)。

什么是贫困？别人吃牛排，你吃猪肉和蔬菜，这是贫困吗？或者说，别人有两辆或更多的车，而你们家就只有一辆，这就是贫困？贫困标准仅仅是规范经济学的问题吗？事实上，*贫困*一词难以定义。一个在美国相对收入较低的人，也许会被认为比许多欠发达国家的人要好。今天被视为贫困的美国人生活，也许在200年前会被视为奢侈的生活。

贫困线
就是某一收入水平，个人或家庭的收入低于这一水平即被视为贫困。

有两种贫困观点。一种是在绝对意义上定义贫困，另一种是在相对意义上定义贫困。绝对贫困定义为1美元，该数值表示用于购买满足个人或家庭基本需求的最少商品或服务的年收入水平。与之相反，相对贫困可以被定义为某个收入水平，其使得该个人或家庭的收入在所有个人或家庭中处于某个最低比例，比如说20%。不平等的收入分配导致某些个人或家庭会处在收入阶梯中较底端的位置。1964年美国政府首次定义了官方贫困线。**贫困线**就是某一收入水平，个人或家庭的收入低于这一水平即被视为贫困。在绝对意义上的贫困线定义为：最低食物支出乘以3，因为低收入家庭食物支出占总收入的1/3。1964年，四口之家的贫困收入水平为3 000美元（1 000美元食物支出×3）。自1969年，由于通货膨胀贫困线指标每年上调。例如，1988年，12 092美元及其以下收入水平是四口之家的官方贫困收入水平。2003年，四口家庭需要18 979美元的收入才迈过贫困门槛。

图10-14（a）展示了自1959年以来，低于贫困水平的美国人口比例。20世纪80年代之前，贫困率一直呈现下降趋势。在1980到1995年期间，该比例一直维持在13～14个百分点。直到2000年，该比例才下降到11个百分点，这是25年以来最低的水平。2001年，贫困率反弹至12个百分点。图中也给出了某些年份按种族分类的贫困水平。比较该图的（b）和（c）部分，在1970到1995年期间，生活在贫困线以下的黑人比例一直维持在白人的3倍左右。2003年，该比例则高达2.4倍。

图 10-14 生活在贫困水平以下的美国人口比重（1959～2003）

在图（a）中，官方贫困率在 1959 年和整个 20 世纪 70 年代急剧下降。在 2001 年的经济衰退之后，贫困率在 2002 年上升了。对比图（b）和（c），我们看到黑人的贫困率在 1959～1970 年期间大幅度下降，但此后一直到 1995 年则几乎是白人贫困率的 3 倍。2003 年，两者的比值高达 2.4。

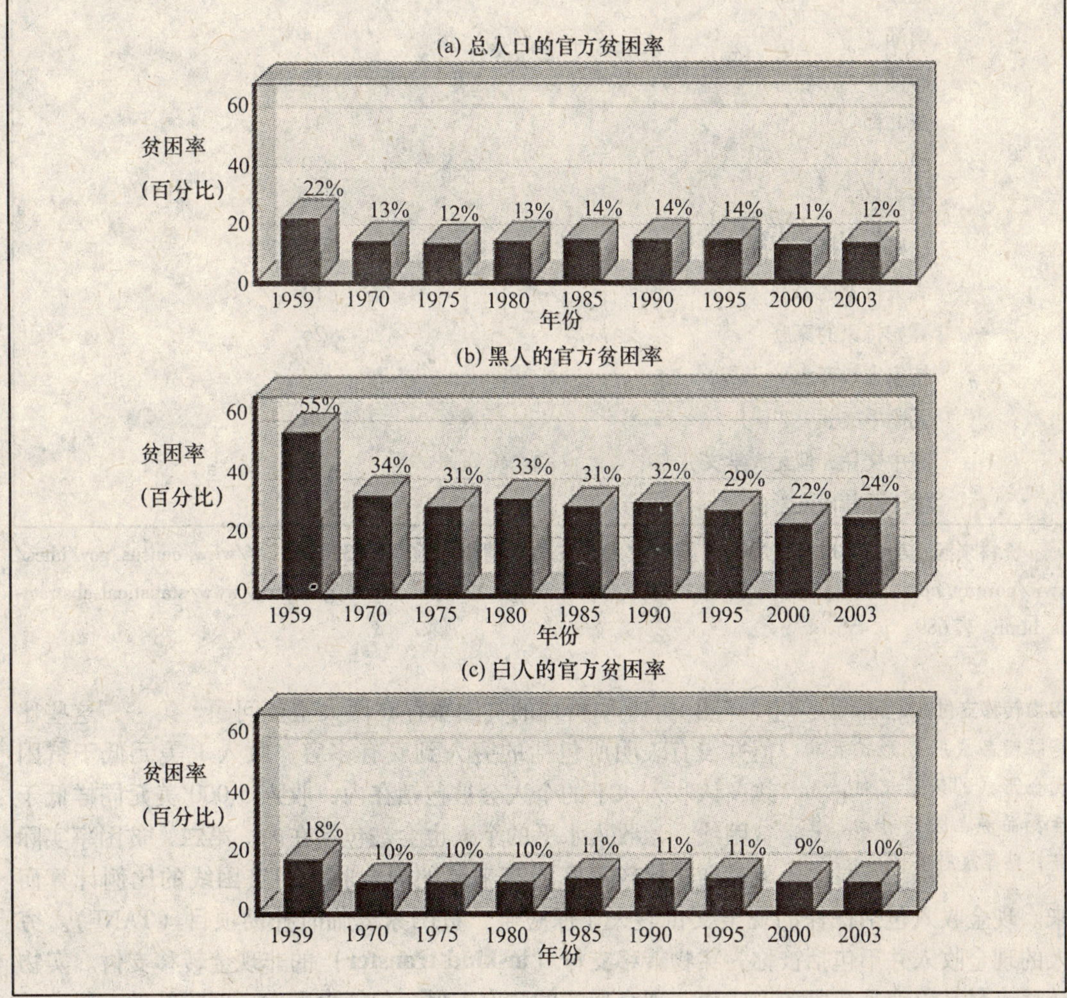

数据来源：美国人口普查局，美国的收入、贫困和健康保险：2003，http://www.census.gov/hhes/www/poverty.html，p. 5；表 A-1，pp. 18-21.

谁是穷人

图 10-15 给出了 2003 年生活在贫困水平之下家庭的某些特征。从地域上看，贫困家庭大部分居住在南部。生活在贫困线之下美国家庭的一个重要特征是家庭结构。和已婚夫妻家庭仅 5% 的贫困率相比，由没有丈夫的女性持家的家庭贫困率为 26%，由没有妻子的男性持家的家庭贫困率为 12%。最后，持家人缺乏教育对贫困有严重的影响。如图所示，持家人至少拥有学士学位的家庭中只有 2% 生活在贫困线以下，与之相比，持家人没有接

受过高中教育的家庭中有20%生活在贫困线以下。

图 10-15	生活在2003年贫困水平之下的美国人口和家庭特征
特征	生活在2003年贫困线之下的人口或家庭百分比
地区	
南部	14%
西部	12
东北部	11
中西部	10
家庭类型	
已婚夫妇持家家庭	5
鳏夫持家的家庭	12
寡妇持家的家庭	26
持家人教育水平	
无高中文凭	20
高中文凭，但无大学文凭	10
学士及其以上学位	2

资料来源：美国人口普查局，美国的收入、贫困和健康保险：2003，http：//www. census. gov/hhes/www/poverty. html，表 1；美国统计摘要：2004，http：//www. census. gov/prod/www/statistical-abstract-us. html，表 689，p. 455.

实物转移支付
是以商品或服务形式而非现金形式的政府支付，包括食品券、医疗补助、住房补贴等政府项目。

图 10-15 中所列的贫困率存在两大主要问题。第一，这些比值并没有表明所包括的穷人到底有多穷。收入 1 美元低于贫困线，该收入水平的个人会被包括在内，收入 5 000 美元同样低于贫困线，该收入水平的个人也会被包括在内。第二，贫困率实际上是通过比较家庭所有来源的现金收入与贫困线的比例计算而来。现金收入包括社保的现金支付、失业保险金、贫困家庭临时补助项目（TANF）。穷人的现金收入并不包括被称为**实物转移支付（in-kind transfer）**的非现金转移支付。实物转移支付是以商品或服务形式而非现金形式的政府支付，包括食品券、医疗补助、住房补贴等政府项目。

反贫困计划

政府制定了大量帮助穷人的专项计划。有资格获得这种补助的对象包括残疾人、老年人、有未成年小孩的贫困家庭。当个人收入低于某一水平时，该水平由经济状况审查测定，那么他就可以享受公共补助。经济状况审查是一种资格要

补充保障收入(SSI)由社会保障局管理，TANF由儿童、家庭管理局管理，HUD则对低收入家庭进行赞助。欲了解详情，可分别浏览它们的网站http://www.ssa.gov,http://www.acf.dhhs.govhttp://www.hud.gov。

求，指的是家庭收入不得超过有资格获得公共补助收入水平。通过经济状况审查的个人能享有政府补助。因此，政府福利计划通常也称为应得权益计划（entitlement programs）。

在美国，补助穷人的联邦计划分为两大类：现金援助和实物转移支付。如前所述，目前贫困门槛的定义不包括实物转移支付。因为该贫困率测度指标是数十年前所采用的，当时这些补助项目并不存在。

现金转账计划

以下是一些主要的消除贫困的政府计划。这些计划向有资格者提供用来购买食物、住房、衣物和其他生活必需品的现金。

社会保障（OASDHI）　我们庞大的社会保险计划的技术名字是老年人、遗属以及残疾健康保险，或 OASDHI。在 1935 年通过的社会保障法案下，每个工人必须交纳与他或她雇主相同的薪资税。查询一下你的账单，你会发现该项扣除处在 FICA 栏目之下，FIAC 代表社会保障法案。大多数的资金用于支付当前的社会保障受益人，余下的将流入社会保障信托基金。在 65 ~67 岁之间退休的工人是否获得全额退休金将由其出生年份决定，62 岁退休的工人只能获得部分退休金。如果工人死亡，社会保障将向其遗属提供退休金。遗属包括配偶、未满 18 岁的子女。另外，残疾工人也将获得退休金。

自从 1935 年社会保障创建以来，该政策的重大变动一直备受争议。流入该计划的资金只投资于生息的政府债券，多数为长期债券。尽管社会保障信托基金在税收和利息中获得的资金大于所支付的退休金支付，该计划未来将无法支付婴儿潮那几代人的退休金。因为，根据最近的估计，信托基金将于 2042 年耗竭。目前最大的争议就是美国能够在投资上获得更高的收益，通过将部分资金投资于股票市场来增加退休金储蓄，因为股票的收益通常明显高于债券。社会保障部分私有化尚未解决的问题包括：（1）工人能将多少资金从社会保障系统转移至他们的私人投资；（2）由于资金转入私人账户造成无法通过征收薪资税支付目前退休人士的退休金，对于该项新的政府债务，其转移成本的具体数额是多少；（3）如果工人投资失败，他们应该如何受到保护。

另外一项改革想法是为社会保障系统覆盖的受益人创建个人投资账户。政府会要求工人每年支付一笔数额略大于其当前薪资税水平的资金。这些账户可以由社会保障系统持有，但是个人能够自由选择将这笔资金投资于股票指数基金、债券指数基金，或者两者的某种组合。当工人退休时，作为社会保障退休金的补充，该账户上所积累的资金以年金的形式支付给受益人。

失业补偿　失业补偿属于政府保险计划，它为短期失业工人提供收入。该失业保险的资金来源于对雇主征收的薪资税，数额依赖于州以及企业薪资税规模。这意味着雇员的账户不会由于失业补偿而有所扣除。尽管联邦政府征收大笔税收并且为该计划融资，但该计划由各州政府管理。任何参保的工人一旦失业，并且不属于辞职，都能够在一段较短的等待期后获得补贴。这段等待期通常为一周时间。

贫困家庭临时补助项目（TANF）　TANF 允许各州对于决定享受该项目的有资格者

及所获得的补贴额度有广泛的自主权。但是，所有家庭获得补贴不能超过 60 个月。未婚的青少年父母必须上学并住在家里，并且由于与毒品相关重罪起诉的个人被禁止接受 TANF 或者食品券补贴。另外，无业成年人必须在接受补贴两个月之内参加社区服务，同时必须在两年之内找到工作。小孩不满 1 岁的家长可免除工作要求（如果找不到儿童看护可以放宽至六岁以下）。

考察一下经济政策研究中心网站上的福利问题(http://www.epinet.org)。

实物转移支付

下列计划是一些主要的意在提高穷人生活标准的政府实物转移支付计划。

食品券 食品券作为一项州政府管理、联邦政府资助的计划始于 1964 年。政府向穷人发放优惠券。他们能在杂货店把优惠券当成货币使用。杂货店可到当地银行按优惠券面值兑换成现金。发放的食品券现金价值因接受者的收入和家庭规模不同而不同。食品券已经成为美国福利系统中的重要组成部分。

医疗保险 社会保障受益人和残疾人士可以获得联邦医疗保险计划。住院治疗和院后护理可以获得该计划的补贴。

医疗补助 它是规模最大的实物转移支付计划。医疗补助向 65 岁以下并通过经济状况审查的穷人提供医疗服务。各州的 TANF 家庭都有资格享受医疗补助。

住房补贴 联邦和州政府拥有众多各种各样的计划为穷人提供廉价住房。美国住房和城市开发部（HUD）是监管大部分此类计划的联邦机构。这些计划包括政府拥有并经营的住房项目、私人租房津贴。在这两种情况中，受益者支付的房租低于市场价，因而获得了实物转移支付。

现实生活中的经济学

紧缩福利安全网

适用概念：福利改革

福利改革凸显成效：享受福利的家庭数量从 1996 年的 440 万锐减至 2004 年的 200 万。①下面是一些选取的文章，描述了 1996 年个人义务与工作机会协调法案下福利改革的后果。

据华盛顿邮报报道，洛杉矶在 1996 年福利改革前后呈现巨大反差。20 世纪 80 年代，洛杉矶进行了一项福利改革尝试，其目的在于向福利计划受益人提供教育和工作训练，使得他们能够有资格胜任更好的工作。该计划在第一年末并没有产生显著的影响。1996 年福利改革法案之后，独立研究人士发现，在被要求参与具有工作要求的洛杉矶新福利改革计划的贫困家庭中，有 43% 的家庭找到了工作。相反，被随机选定的仍维持传统福利计划安排的贫困家庭，仅有 32% 的找到工作。这意味着相比原来的福利计划，找到工作的贫困家庭增加了 1/3。尝试新福利改革的代表性福利受益家庭在该计划的最初 6 个月内能挣到1 286美元，而“受控群体”家庭仅挣到 879 美元，两者相差 46%。该研究所考察的时期为 1996 至 1997 年期间。②

2002 年的一篇洛杉矶时报上的文章对联邦政府一项新福利措施予以了关注。该措施向各州提供整笔补助金，以资助那些积极寻找工作而不是只等着领取福利支票的穷人。

1996 年以前，当时美国的福利法案还没经历根本性变革。享受政府福利的家庭可以在其余生每月领取福利金。玛莎·索亚（Martha Soria）的工作本来大部分都是整理福利家庭的文件资料。但是，新法案对福利金施加了时限，增加了诸多新的、严格的工作要求。如今，虽然索亚仍要处理大量的文件资料，但她的工作却发生了巨大变化，其他州或国内的同行也是如此。这些福利工作人员必须掌握福利改革带来的无数条新的法律法规，并要承担对福利享受者提供诸如咨询、就业信息搜寻、激励、管理等新责任。③

下面的文章则认为，为避免种族歧视，各州在福利改革中还任重道远：

在 1996 年的福利法案下，各州在实施时限方面具有选择权。由于这种灵活性，这为各州公开施行歧视政策留有余地。在整个国内，种族是影响时限长度及其适用对象的决定因素。对强制时限政策的考察显示，非裔和拉丁裔公民比例较高的州所颁布的时限长度比法律规定的 5 年指导时限要短些。超过 20 个州倾向于不允许免除时间限制。享受福利的非裔家庭中，福利时限短于联邦规定的超过 50%，而与之相反，享受福利的白人家庭中，福利时限短于联邦规定的只有 50%。④

2004 年，凯托研究所（Cato Institute）就各州在福利改革中帮助福利接受者摆脱依赖、成为自力更生者所取得的成绩出版了一份报告。该报告认为各州在施行“关键改革措施”方面仍旧任重道远。这些关键改革措施包括对失业福利受益者施行更严格的批准条件，对与工作相关的活动设定更严格的规定，以及不鼓励青少年怀孕。⑤

1996 年签署的福利措施在 2002 年到期。因此，为了使之得以延续，需要通过新法案。然而，国会并没有通过多年重新授权的法案。自 2002 年，福利计划一直通过一系列的短期延展得以持续至今。

注释：

① 美国健康和人类服务部门，http：//www. acf. dhhs. gov/news/stats/index. htm；点击福利栏目下的待处理案件数目.

② Judith Havemann，洛杉矶福利改革成功举例，华盛顿邮报，1998 年 8 月 20 日，p. A1.

③ Carla Rivera，福利改革执行者，洛杉矶时报，2002 年 5 月 28 日，p. A1.

④ Gordon Hurd，福利安全网正面临危机，Colorline 杂志，2002 年夏天，p. 17.

⑤ 福利改革：8 个州战绩欠佳，经济机会报道，2004 年 10 月 25 日，p. 205.

分析问题

当前的福利改革措施意在通过将联邦政府的管理权下放给州政府来削减福利支出增长。采取该想法的原因在于，州和地方官员更加了解当地人，福利计划将得到改善。根据工作激励缺失、无效率以及不平等概念分析上述报告提供的结果。

歧视

贫困与工作中的歧视是密切相关的。由于雇主的偏见阻碍了非白人和妇女获得工作机会，这导致他们的收入更少。即使非白人和妇女的工作性质与白人和男人相同，他们的收入却更低，这种情况下也常常存在歧视。图 10-16 利用劳动力市场理论解释歧视是如何造成非白人的均衡工资低于白人的。

图 10-16（a）假定雇主没有歧视。这意味着雇主雇用工人的依据不是种族，而是工人对收益的贡献（工人的边际收益产品，MRP）。因此，市场需求曲线 D 与市场供给曲线 S 的交点决定了无歧视雇主所支付的日均衡工资 245 美元。白人和黑人受雇用总人数是 14 000。

出于讨论的目的，现在假定雇主对黑人施行就业歧视。如图 10-16（b）显示，这会导致两个不同的劳动力市场——一个是白人的劳动力市场，另一个是黑人的劳动力市场。由于歧视的存在，黑人劳动力的需求曲线在白人劳动力的需求曲线左边，这代表不公平的就业限制。黑人的劳动力供给曲线也位于白人劳动力供给曲线的左边，因为寻找就业机会的黑人数量少于白人。

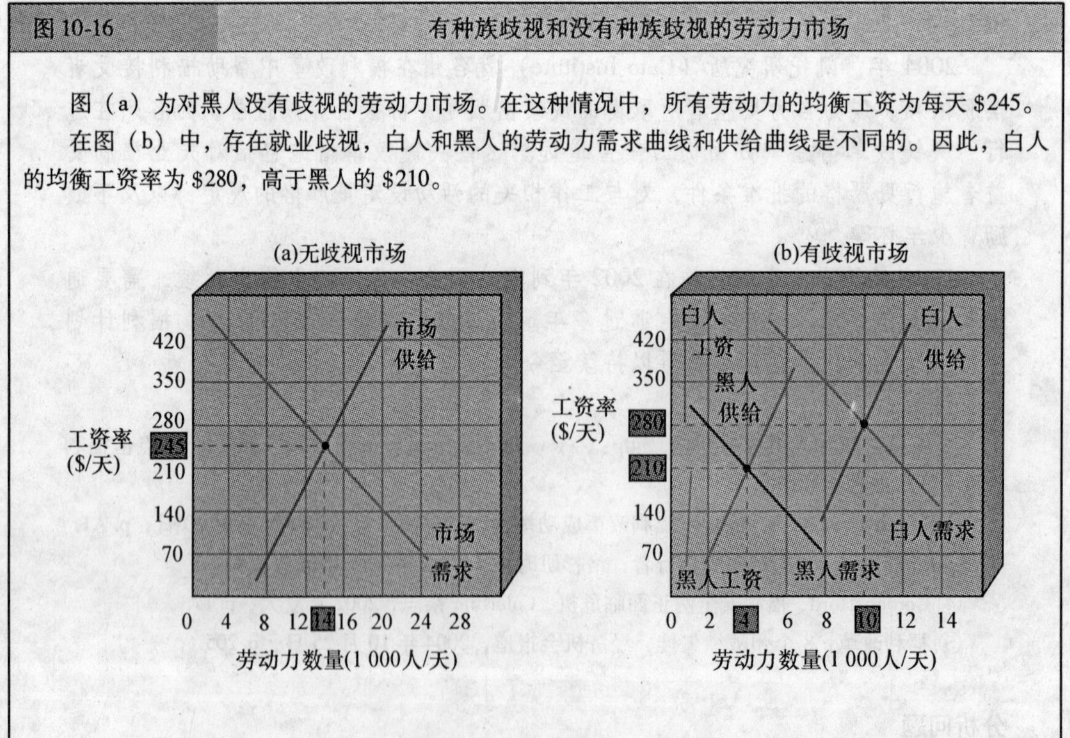

图 10-16 有种族歧视和没有种族歧视的劳动力市场

图（a）为对黑人没有歧视的劳动力市场。在这种情况中，所有劳动力的均衡工资为每天 $245。

在图（b）中，存在就业歧视，白人和黑人的劳动力需求曲线和供给曲线是不同的。因此，白人的均衡工资率为 $280，高于黑人的 $210。

给定劳动力市场供给和需求曲线的差异，白人的均衡工资率为280美元，高于黑人的均衡工资率210美元。与劳动力市场均衡工资率245美元相比，歧视效应导致了白人和黑人工人的相对工资变化。白人的工资率高于他们在非歧视性劳动市场所获得的工资率。相反，由于歧视，黑人的工资率低于他们在非歧视性劳动市场所获得的工资率。

可比价值

可比价值
该原则指的是即便为同一雇主工作的员工的工种有所不同，只要他们的教育程度、培训经历、工作经验和承担的责任相似，他们就应该获得相同的工资报酬。它是一套根据不同工作的分值赋值对工作报酬进行评估和补偿的非市场化的工资制定过程。

可比价值概念是具有争议的公共政策，它旨在消除劳动力市场的工资不平等。可比价值的原则是，为同一雇主工作的雇员应该获得相同的工资水平，即使他们的工作有所差异，只要他们具有相似的教育、培训、经验和责任水平。可比价值是一种非市场的工资修正，其意在解决的问题是：女性主导工作的收入低于男性主导工作的收入。由于女性工作的价值被低估，其解决方法是根据不同工作所分配的得分评估其可比价值，给予相同的工资收入。本质上，可比价值利用政府对不同工作价值的判断取代劳动市场决定的工资。例如，电梯监测员和护士所获得的补偿可以根据工作等级计划的定量评分计算得出。如果工作的得分价值总数相同，根据该原则，普通的电梯监测员和护士必须同酬。

现实生活中的经济学

图书管理员与电工同酬？

适用概念：可比价值

> 有关可比价值的一个观点可以参看国家教育委员会的网页(http://www2.nea.org/he/resolutions/heresF2.html)。

美国福布斯收入排名列举的前100位首席执行官中，女性一般都非常少。平均来说，尽管法律禁止收入歧视，但女性的收入也仅是男性收入的75%。有两条联邦法律规定工资和就业的性别歧视属于违法行为。1963年，国会通过了平等支付法案（EPA），该法案指出对从事本质上相同工作的女性和男性实施收入歧视属于违法行为。这并不意味着对同一工作支付不同工资不能存在，如果工资不相等，这种差异是由除性别以外的因素造成的。这些因素可能包括年功序列制度（seniority system）、绩效考核制度，或者生产质量或数量考核制度。

美国国内的许多州、加拿大、英国、澳大利亚都已经通过了可比价值法案。可比价值的支持者认为同工同酬的观点已经过时。他们发现女性占主导地位的职业中工资较低，同时认为女性主导职业中女性的生产率和经验的报酬低于男性主导职业里男性生产率和经验的报酬。简言之，他们认为由于对女性的歧视，女性大量进入秘书、护士以及零售业。上述行业女性劳动力供给的增加降低了该行业的平均工资。

可比价值提倡者呼吁法庭将劳动力市场中的不平等行为视为违反1964年民权法案第七章性别歧视条例。该条例定义的歧视行为比EPA更为广泛。民权法案第七章认为根据性别、种族、原国籍来分类、分配或晋升员工，拓展或安置装备器材，提供培训、再培训或学徒年限，或附加其他就业条款、条件或特权等都属于歧视行为。

如果法庭接受了可比价值并且扩大民权法案第七章涉及的范围，那他们将不再考虑雇主是否有意向“女性的工作”支付较低工资，相反法庭只需考虑雇主是否与已建立的工作等级计划相容。这方面最有名的案例发生在1983年，当时美国联邦的州、县、市的雇员在第一联邦法庭胜诉了华盛顿州。人们发现该州对女性施行工资歧视，因为该州没有遵守可比价值得分制度。为了服从民权法案第七章，法庭命令华盛顿州提高将近15 000名女性员工工资，并且事后的补偿总值估计总额为3亿7 700万美元。裁决上诉到更高级别法院，该州最终还是输掉了这场官司。

尽管定量工作评估是可比价值运动的基石，但它现已过时。在华盛顿州案件中，独立咨询专家认为注册护士的可比价值得分高于电脑系统分析师，货车司机的可比价值得分少于收银员。在另一起案件中，工作咨询专家调查了明尼苏达州职业分类制度，并且给762个职业类别分配了相应的得分。根据该得分制度，尽管女性工作有更高的“价值”，但男性主导工作的收入仍大于女性主导工作的收入。明尼苏达州收入平等工作小组（Task Force on Pay Equity）推荐立法部门与其降低高估的男性工作级别，不如提高低估的女性工作级别。

2002年，纽约时报文章报道男、女经理人的工资差距扩大了。美国会计总署（General Accounting Office）的一份报告显示出整个女性经理人的工资水平从1995年占男性经理人的73%下降到2000年的71.3%。①其他的一些研究也支持该观点。2003年的一篇文章考察了女性主导职业的工资，其结论为两性之间的工资差距持续扩大，丝毫没有减弱。②

注释：

① Jeffrey L. Seglin，关键问题：如何让公司关注女性的工资，纽约时报，2002年3月17日，p. C4.

② Margate Gibleman，还有多远？明显的、持久的性别工资差距，社会工作，2003年1月，pp. 22-33.

分析问题

假设咨询专家采用工作得分制度，决定秘书的工资率为每小时50美元，而竞争性劳动市场的工资率为每小时10美元。在这种情况下，可比价值原则将产生什么效应？

要点考查

法律应该保护女性吗？

你想要妇女参战，在矿厂、摩天大楼的建筑工地进行工作吗？有些州已经颁布了法律，保护妇女远离那些强度太大或者太危险的职业。这样的法律效应将会降低男性主导职业的收入，增加女性主导职业的收入，或者降低女性主导职业的收入吗？

主要概念

边际收益产品（MRP）	衍生需求	劳资谈判	实物转移支付
劳动力需求曲线	劳动力供给曲线	贫困线	可比价值
人力资本			

小结

- **边际收益产品（MRP）**由工人对企业总收益的贡献决定。代数上，MRP 等于产品的价格乘以工人的边际产品（MP）。
- **劳动力需求曲线**显示出单个企业在不同劳动价格下愿意雇用的劳动力数量。劳动力曲线的边际收益产品（MRP）是企业的劳动力需求曲线。加总个体劳动力需求曲线得出市场劳动力需求曲线。

劳动力需求曲线

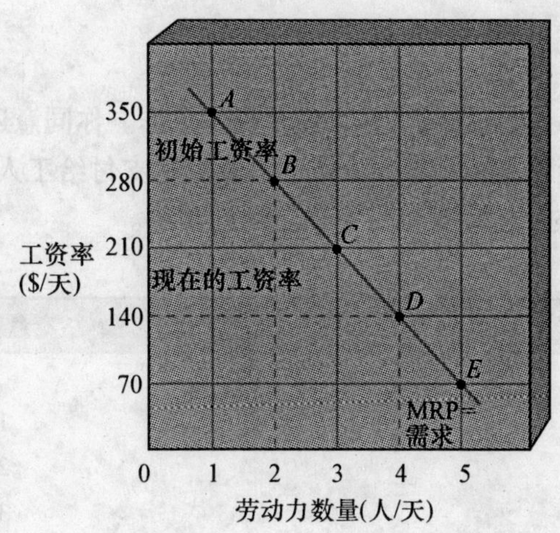

- **衍生需求**指单个企业因劳动力具有生产性而产生的劳动力需求。某一产品的消费需求变化会导致生产该产品的劳动力以及其他资源需求的变化。

- **劳动力供给曲线**显示了在不同劳动力工资水平下愿意工作的工人数量。劳动力的市场供给曲线由加总单个劳动力供给曲线而得。

劳动力供给曲线

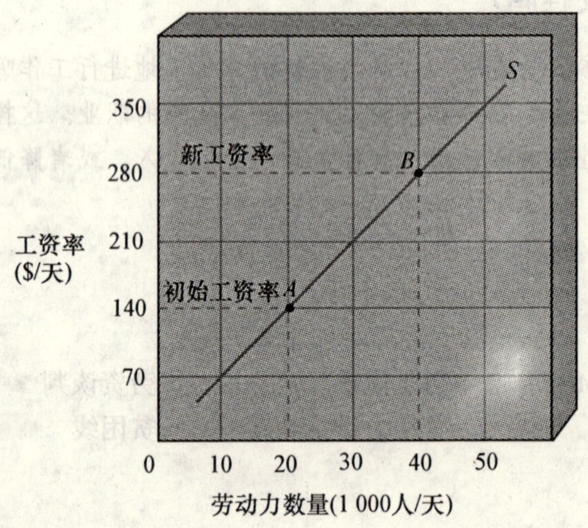

- **人力资本**是指为了使工人更具有生产力而在教育、培训、经验以及健康方面的累积投资。有关收入差异的一个解释就是人力资本差异。
- **劳资谈判**是指工会和管理层协商劳动合约的过程。
- **贫困线**是指某一收入水平，生活在该收入水平以下的家庭被归于贫困。
- **可比价值**是这样一种理论，对于根据得分确定的具有相同价值的工作，从事于这些工作的工人获得相同的工资。与通过劳动力市场决定工作不同，独立的咨询机构根据知识、经验和工作条件等标准确定各种*工作的得分*。

问题思考

1. 考虑下面这句话：工人需要工作，雇主提供工作。你同意还是不同意？请解释。
2. Zippy 纸业公司既不能控制纸的价格也不能控制支付给工人的工资。下面的表格显示了 Zippy 雇用的工人数量与总产出之间的关系。

劳动力投入（人/天）	总产量（盒/天）
0	0
1	15
2	27
3	36
4	43
5	48
6	5

如果每盒的销售价是 10 美元，请回答下列问题：

a. 每个工人的边际收益产品（MRP）是多少？

b. 如果工资率为每天 100 美元，Zippy 雇用的工人数量是多少？

c. 如果工资率为每天 75 美元，Zippy 雇用的工人数量是多少？

d. 假定每天工资率为 75 美元，每盒纸的价格为 20 美元，Zippy 雇用的工人数量为多少？

3. 假定大满贯棒球店（Grand Slam Baseball Store）每天销售价值 100 美元的棒球卡，且只有 1 名雇员经营商店。雇主打算雇用第二名工人，两名工人一起销售棒球卡的价值为 150 美元。第二名工人的边际收益产品（MRP）是多少？如果每张卡的价格为 5 美元，第二名工人的边际产品是多少？

4. 边际收益产品（MRP）和劳动力需求曲线的关系是什么？

5. 劳动市场供给曲线向上倾斜，但是单个企业的劳动力供给曲线却是水平的。请解释为什么。

6. 假定伐木工人的劳动力市场是完全竞争的。下列情况将如何影响伐木工人的工资率？

a. 消费者抵制木制产品。

b. 伐木工人组成工会，要求更长的雇用期、更高的工资，并且利用其他方法减少工会成员。

7. 教育的人力资本投资将如何增加你的收入？

8. 假定州政府通过了要求公立学校教师为了保留其教师资格需拥有硕士学位的法律。该项法律将如何影响教师的劳动力市场？

9. 采用问题 2 的数据，并假定完全竞争的劳动力市场均衡工资为每天 90 美元。请解释通过工会劳资谈判将工资率变为每天 100 美元所造成的影响。

10. 一些经济学家认为美国医疗协会和美国律师协会具有像工会对劳动力市场那样的效应。你认同么？

11. 福利计划的批评者认为政府的角色应该是消除就业的法律障碍，而不是直接提供现金或者实物以及服务等福利计划。比如说，该方案的倡导者认为应该废除最低工资法案、可比价值、工会力量、职业执照以及其他限制性条例。你是否同意？原因何在？

在线练习

练习 1

访问经济政策研究所（economic policy institute）（http://www.epinet.org/），点击“工资与收入趋势”。工人工资如何随时间的变化？

练习 2

美国劳动力市场信息系统（ALMIS）是由美国劳工部门就业与培训管理局

（ETA）赞助的计划，提供在线劳动力市场信息（http：//almis. dws. state. ut. us/）。评论一下为你择业服务的国家计划。在你目前居住的州，有那些择业计划？

练习3

访问美国人口普查局（http：//www. census. gov/ftp/pub/hhes/income/histinc/f02. htm），比较美国各时期的收入分配。其收入分配变化的原因是什么？

练习4

访问美国人口普查局（http：//www. census. gov/ftp/pub/hhes/income/dewb94/index. htm），点击“向上”、“向下”移动收入阶梯。导致贫困的原因是什么？

练习5

访问遗产基金会（http：//www. heritage. org/Research/Labor/cda99-07. cfm），并考察其中的第一张图，该图显示了1997年美国收入分配的统计数据。根据该遗产基金会，上面的数据如何错误表达了收入分配？你同意吗？

练习6

访问经济政策研究所（http：//www. epinet. org）。点击“社会保险”。你对社会保险有何看法？

要点考查答案

法律应该保护女性吗？

限制女性进入特定行业的法律会导致女性蜂拥进入其他的行业。女性在男性主导的职业中所面临的障碍人为地限制了她们与男性的竞争力。如果你认为女性密集型行业里增加的劳动力供给降低了她们的工资，而男性密集型行业里下降的劳动力供给增加了男性的工资，你的答案是正确的。

测试

1. 边际收益产品衡量了以下哪项的增加？
   a. 增加1单位劳动力产生的产量。
   b. 增加1单位产量导致的总收益。
   c. 增加1单位产量导致的单位产品收益。
   d. 增加1单位劳动力产生的总收益。
2. Troll公司在完全竞争市场中按单价10美元销售玩具。工人人数从100增加到101会导致产出从每天500个玩具变为510个玩具。Troll应该雇用第101个工人，仅当工资为：

a. 每天 100 美元或更低。
b. 高于每天 100 美元。
c. 每天 5.1 美元或更低。
d. 以上都不是。

3. 劳动力的衍生需求取决于：
a. 生产产品所用生产要素的成本。
b. 劳动力市场供给曲线。
c. 劳动力所生产的最终产品的消费需求。
d. 公司总收入减去经济利润。

4. 如果产品需求下降，生产产品的劳动力需求曲线将会：
a. 左移。
b. 右移。
c. 上移。
d. 下移。

5. 餐厅老板将雇用服务生，如果：
a. 额外工人的工资接近于最低工资。
b. 边际产品最大。
c. 额外工人工作带来的总收益大于总收入与成本的差额。
d. 服务生不属于工会成员。

6. 在完全竞争市场中，劳动力需求曲线为：
a. 向上倾斜。
b. 由于边际生产力递减而向下倾斜。
c. 在均衡工资率上完全弹性。
d. 以上皆是。

7. 工会能通过下列什么方法影响均衡工资?
a. 额外雇工。
b. 延长雇用期。
c. 对国外产品施行贸易限制。
d. 以上都是。
e. 以上皆不是。

8. 目前，美国最富有的 5% 家庭占所有家庭年度总货币收入的比例为
a. 多于 20%。
b. 少于 10%。
c. 多于 25%。
d. 多于 50%。

9. 自 1929 年，美国所有家庭的收入分配变得：
a. 非常不平等。
b. 非常平等。
c. 稍微不平等。

d. 稍微平等。

10. 为了制定区分贫困和非贫困家庭的贫困线，政府
    a. 用最小食物支出成本乘以3。
    b. 用最小食物支出成本乘以5。
    c. 增加50%的最小食物支出。
    d. 增加100%的最小食物支出。
11. 贫困线
    a. 为平均家庭收入的50%。
    b. 包括实物转移支付。
    c. 包括医疗补助福利。
    d. 由于过分夸大贫困而招致批评。
12. 以下哪种是实物转移支付?
    a. 社会保险支付。
    b. 失业补偿。
    c. 食物券。
    d. 福利支付。
13. 下列哪项是现金补助计划（非实物转移支付）?
    a. 贫困家庭临时补助项目（TANF）。
    b. 医疗保险。
    c. 医疗补助。
    d. 食物券。
14. 下列哪项可能降低劳动力供给曲线?
    a. 歧视黑人。
    b. 歧视妇女。
    c. 严格的执照要求。
    d. 以上皆是。

第三部分　宏观经济与财政政策

本部分的前三章解释了宏观经济运行的主要内容。这些内容包括 GDP、经济周期、失业与通货膨胀。第 14 章介绍了一个以总供给与总需求为基础的重要宏观理论模型，第 15 章阐述了该模型在联邦政府税收与财务支出政策方面的应用。本部分结尾的两章为以下热点问题提供了现实的数据：政府支出与税收、联邦赤字、顺差以及国家债务。

第 11 章　国内生产总值

本章概述

测量经济的运行是生活的一个重要部分。假设一位美国总统候选人声称当今的经济运行是最好的，而另一位总统候选人辩称经济能够运行得更好，你会寻找哪些统计量来判断经济运行得究竟有多好？答案需要你对*国民收入*核算的具体内容有所了解。国民收入核算是一种用于衡量国家总收入与支出的系统。尽管存在某些局限，国民收入核算系统仍然能够为经济的运行提供有价值的指标。比如，你可以浏览互联网并查看年度总统经济报告，比较美国经济在 2004 到 2005 年或其他年份之间的增长规模。

在大萧条以前，我们缺乏国民核算程序对所需的数据作出评估，并估算经济运行。已故的经济学家西蒙·库兹涅茨（Simon Kuznets），“GDP 之父”，1934 年发表了一篇名为《1929—1932 年的国民收入》的报道，提出了宏观数据的核算方法。凭借这一项先驱性的工作，库兹涅茨获得了 1971 年的诺贝尔经济学奖。如今，大多数国家在很大程度上都得益于库兹涅茨，并使用了共同的国民核算方法。国民收入核算对国家的用处类似于会计对企业或家庭的用处。无论在什么情况下，核算方法对于识别经济问题、为了达到一定目标而制定计划都是至关重要的。

在本章中，你将学会解决这些经济学问题：

- 经济增长为何包含福利、社会保障以及失业计划等方面的支出的增长？
- 是否有可能出现这样的情况：一位新闻播报员报道了经济增长而另一位新闻播报员报道同年经济下滑，并且两种报道都是正确的？
- 对环境的损害如何影响国民产出的计算？

国内生产总值

国内生产总值（GDP） 一个国家在既定时间内，通常为 1 年，所生产出来的所有最终产品和劳务的市场价值的总和。

全世界最广泛应用的国民经济运行测量方法就是**国内生产总值（GDP）**。国内生产总值是指一个国家在既定时间内，通常为 1 年，所生产出来的所有最终产品和劳务的市场价值的总和。因此，GDP 不包括由海外的美国企业生产的产品。从 1991 年 11 月起，美国商务部将重心从国民生产总值（GNP），即由一国国民（不管他们居住在何处）所生产出来的所有最终产品和劳务的市场价值的总和，转到国内生产总值上来。比如，一方面，GNP 包括通用汽车公司在国外生产的所得，但 GDP 不包

国民生产总值（GNP）
由一国国民（不管他们居住在何处）所生产出来的所有最终产品和劳务的市场价值的总和。

括。另一方面，GNP不包括丰田汽车公司在肯塔基州的凯美瑞汽车厂的利润，而GDP包括。简言之，强调GDP的一个主要原因是为了反映这样的现实：美国正在变得与全球经济结合得越来越紧密。现在GDP与GNP对美国而言差别并不大。例如，2004年美国的GNP比GDP大约低0.1%。

GDP为什么很重要？

经济分析局（BEA）(http://www.bea.doc.gov/)，商务部下属单位，准备了GDP各组成部分的数据来对国家进行经济核算。BEA同样提供丰富的国际与地区数据的来源，包括其他信息。

GDP的一项优势就在于避免了测量“苹果与橙子”的问题。假如一项经济某年产出10个苹果而次年产出10个橙子，我们是否可以认为产出的价值以某种方式发生了改变？要回答这个问题，我们必须对它们标价，评估苹果和橙子对于社会的相对货币价值。这就是GDP为什么用美元测量价值而不是列举生产的汽车、心脏移植、法律案件、牙刷以及坦克的数量。相反，市场决定的美元价值建立了生产的货币重要性。在GDP的计算中，“钱说了算”。也就是说，GDP靠市场来确定商品和劳务的相对价值。

GDP同样要求我们对以下两点特别关注：（1）GDP只核算国内新生产出来的产品；（2）只核算最终产品。

GDP只核算国内新生产出来的产品

国民收入核算师计算GDP时谨慎地排除了两个重要领域的交易：二手交易与非生产性的金融交易。

当前的二手交易 GDP不包括旧车的销售或者多年前建造的房屋的销售。这些交易仅仅是先前生产的商品的交换而不是增加汽车与房屋的现有存货的新产品的生产。然而，另一GDP时期的旧车或房屋的销售佣金在当前的GDP中进行核算，因为在当前阶段销售人员提供了服务。

转移支付
政府对个人的支付，不需要用当前生产的产品或劳务来交换。

非生产性的金融交易 GDP并不核算纯私人或公共金融交易，例如私人馈赠礼物、购买或销售股票及债券以及进行**转移支付**。转移支付是指政府对个人的支付，不需要用当前生产的产品或劳务来交换。福利、社会保障、退伍军人的救济以及失业救济都是转移支付。这些转移支付被视为非生产性的，是因为它们不代表任何新的或当前的产品生产。相似地，股票市场交易仅仅代表所有权（股票）凭证或债务（债券）凭证的交换而不是当前的新产品交换。

GDP只核算最终商品

最终产品
为最终使用者所生产的最终产品和劳务。

中间产品
作为投入用来生产最终产品的产品和劳务。

大众报纸通常定义GDP仅仅为“生产的所有产品与劳务的价值。”这在学术上说是不正确的，因为GDP只核算**最终产品**，即最终使用者所生产的最终产品和劳务。将所有生产的商品与劳务包含在内则会重复核算（核算许多项目超过一次）而夸大GDP。为了只核算最终商品、避免夸大GDP，国民收入核算员必须注意不要包含**中间产品**。中间产品是指作为投入用来生产最终产品的产品和劳务。换句话说，中间产品不是为了最终使用者的消费而生产的。

假设一个批发商向一家汽车制造商出售玻璃。这项交易不应被计入 GDP 中。玻璃是用于汽车生产的中间产品。当顾客从汽车商人那里购买一辆新车时，玻璃的价格被包含进了汽车的销售价格中，这就是计入 GDP 的最终产品的价值。让我们看另外一个例子。一个批发商向一家五金店出售玻璃。GDP 不包含这项交易，因为五金店并不是最终消费者。当消费者从五金店购买玻璃来修补损坏的窗户时，玻璃的最终购买价格被作为消费者支出加入 GDP 中。

沮丧的科学家(http://www.dismal.com/dismal/default.asp)是一项经济新闻与分析的服务，部分内容用于GDP。

测量 GDP

循环流动模型
反映产品从企业流向家庭以及资源从家庭流向企业的图形。在资源的交换过程中，货币的支付在企业和家庭之间流动。

GDP 正如一个巨大的要将很多碎片拼凑起来的拼图，包含着产品市场、资源市场、消费者支出与收入货币以及企业支出与收入货币等内容。如何将拼图的这些碎片拼凑起来呢？理解所有这些概念如何组合的一种方法就是使用一个简单的宏观模型，名字叫**循环流动模型**。循环流动模型表现了产品从企业到家庭的流动以及资源从家庭到企业的流动。在交换这些资源时，货币支付在企业与家庭之间流动。图 11-1 显示了在一个假设无政府、无金融市场、无国外贸易的经济体中的循环流动。在这种极端简单的纯市场经济中，只有家庭和企业作出决策。

循环流动模型

图 11-1 的上半部分图描绘了产品市场，其中家庭交换货币购买企业生产的商品和劳务。循环顶部的*供给*箭头代表了所有完成的产品以及生产、销售并运送给消费者的劳务的价值。顶部的*需求*箭头则表现出企业为什么要努力满足家庭的消费。当消费者决定购买产品时，他们实际上是在用美元投票。消费支出从家庭的流出就是企业的销售收入与家庭的开支。要注意，标注为产品市场的盒子中包含了供给与需求的图形。这意味着个人市场上供给与需求的力量决定每一种交换产品的价格与数量而不受政府干预。

循环流动表的下半部分由产品市场构成，其中厂商*需求*自然资源、劳动力、资本以及需要生产产品与劳务在产品市场出售的企业家。我们假设的经济体是资本主义的，出于简化的目的，模型假设家庭拥有生产要素。因此，企业必须为其所有资源向家庭支付货币。循环的下半部的*供给*箭头代表了从家庭向厂商流动的资源，*需求*箭头是这些资源的货币支付的流动。这些支付也就是家庭以工资、租金、利息以及利润等形式获得的收入。和在产品市场中一样，市场供给与需求决定要素支付的价格和数量。

我们简单的模型同样假设所有的家庭生活仅能糊口。也就是说，家庭把他们在要素市场上所获得的全部收入都消费在产品上，所以家庭没有储蓄。同样地，所有的厂商将它们在产品市场上获得的收入花在要素市场的资源上。因此，简单的循环流动模型不能反映真实世界，但它能帮助你了解产品市场、要素市场、货币流动以及 GDP 测量背后的理论之间的关系——现在把我们的注意力转向它。

图 11-1 基本循环流动模型

图形专题研究

在这个简单的经济体中，家庭在循环的上部消费所有收入并需求企业的劳务与消费者产品，企业在产品市场为家庭提供产品和劳务来获取利润，个人市场上的价格和数量由市场供给与需求模型决定。循环底部的要素市场上，资源（土地、劳动力以及资本）由家庭所有并对企业供给，企业需求这些要素并以货币支付。供给与需求的力量决定要素的回报，比如，工资与供给劳动力的数量。总的来说，商品与劳务顺时针方向流动，相应的支出逆时针方向流动。

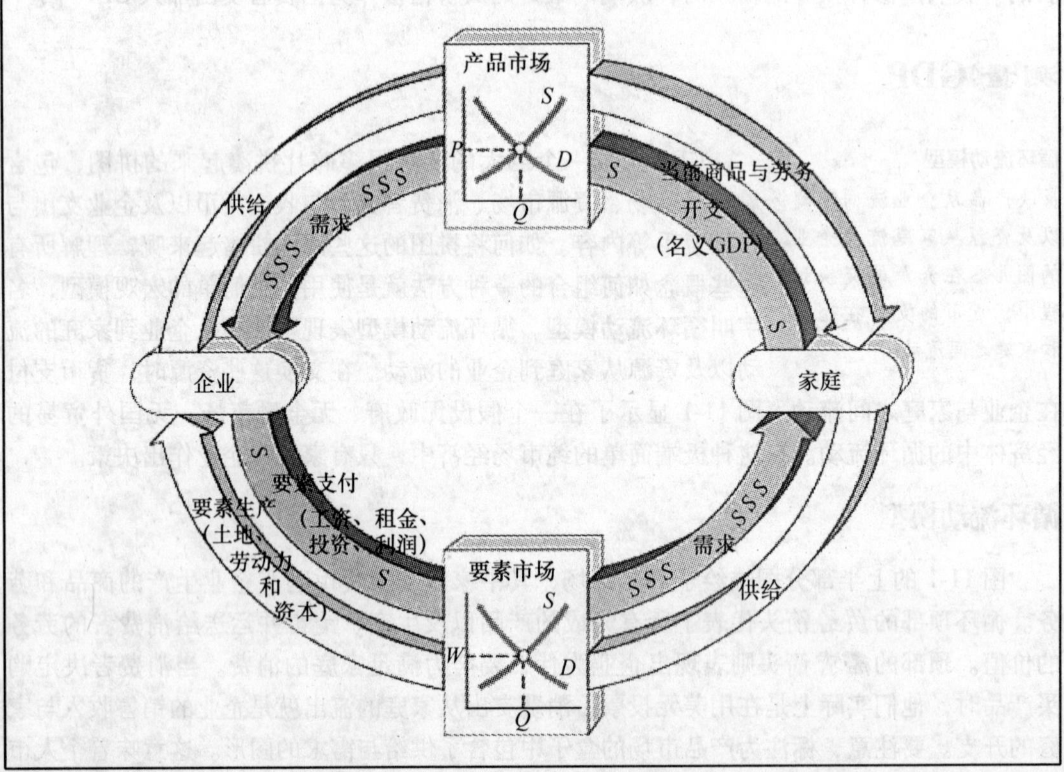

支出法

政府实际上如何计算 GDP？国民收入核算员计量 GDP 的一种方法就是使用**支出法**，通过循环流动图的产品市场来测量总支出流。① 支出法加入所有一段时期内最终产品的消费。图 11-2 展示了使用支出法的 2004 年 GDP，将支出分解为四个部分。表中的数据表现了美国经济中所有产品最终被从家庭、企业、政府或国外的支出所购买。让我们来讨论每一种支出类别。

支出法

通过汇总一段时间内对最终产品的所有支出来测度 GDP 的国民收入核算方法。

① 另一项稍微复杂的办法叫做收入法。这种方法通过汇总家庭在循环流动图中要素市场上获得的生产要素的收入来计算 GDP。支出法与收入法都能得到同样的 GDP，因为模型假设了家庭要消费所有获得的收入。

个人消费支出（C）

2004 年 GDP 的最大组成部分就是*个人消费支出*的 82 290 亿美元，由字母 C 来表示。个人消费支出包含家庭对耐用品、非耐用品和劳务的所有支出。耐用品包括如汽车、家电与家具等项目，因为它们能够被使用 3 年以上。食物、衣服、肥皂与汽油等属于非耐用品，因为它们被视为 1 年内就会用完或消费掉。劳务，作为最大的部分，包括娱乐、法律咨询、医疗、教育以及任何不以有形形式出现的交易。

图 11-2　使用支出法核算的 2004 年国内生产总值

国民收入核算		数量（10 亿美元）	占 GDP 百分比
个人消费支出（C）		\$ 8 229	70%
耐用品	\$ 994		
非耐用品	2 377		
劳务	4 858		
私人国内总投资（I）		1 927	16
固定投资	1 883		
商业存货变动	44		
政府的消费支出和总投资（G）		3 184	19
联邦国家	810		
州及地区	1 374		
商品与劳务的净出口（$X-M$）		−607	−5
出口（X）	1 175		
进口（M）	1 782		
国内生产总值		\$ 11 733	100%

资料来源：经济分析局，国民经济核算，http://www.bea.doc.gov/bea/dn/nipaweb/SelectTable.asp?Selected-N，表 1.1.5.

私人国内总投资（I）

2004 年，19 270 亿美元被花费在官方称为私人国内总投资（I）的项目上。这项国民核算包括“总的”（全部）“私人的”（非政府）“国内的”（非外国）企业对期待未来能够获利的资产进行投资的开支。私人国内总投资是两项之和：（1）用于新生产资本品的*固定投资*支出，如商业住房与住宅、机器、设备与工具；（2）商业存货的变动，即未出售的最终产品开支的净变动。要注意私人国内总投资仅仅是国民收入核算中的“投资”类别，定义在第2章中。唯一的区别在于，第2章图2-5中的投资是物质资本而不是资本的美元价值。

现在我们更仔细地观察私人国内总投资。要注意国民收入核算包含固定投资的18 883亿元中新近建造的住宅房屋的租赁价值。一座新厂房、仓库或机械设备当然是投资的形式，但为什么包含住宅房屋作为商业投资而不是家庭消费呢？存在争议的答案是，一个新家被视为投资是因为它提供未来的服务使所有者能够出租以获得财务利润。在此基础上，无论所有者出租或占据财产，所有新生产的房屋都被视为投资。

最后，440亿美元的商业存货变动意味着2004年这项为出售的最终产品与原材料的净美元价值的数量被加入到存货数量中。存货的减少将降低GDP，因为该年家庭比企业生产的消费了更多。当企业架上存货今年比去年多时，这一年内新的生产比消费的要多。

政府的消费支出和总投资（*G*）

这一类包含了以成本核算的各水平政府支出的商品和劳务价值。例如，支付警察与州立大学教授的工资以政府支付给他们的价格进入GDP核算。另外，政府为资本的存量提供附加投资，如坦克、学校、公路、桥梁以及政府建筑。2004年，联邦政府、州政府以及地区政府的消费支出和总投资是31 840亿美元。正如图11-2的数字揭示的那样，州政府以及地区政府的消费支出与总投资远远超过联邦政府的。了解到消费支出与总投资包含着*转移支付*是非常重要的，因为，正如在本章开头解释的那样，它们不代表新生产的商品与劳务。相反，转移支付被用来支付给那些有资格获得社会保障、退伍军人津贴、福利、失业补偿以及其他项目的救济的人。

净出口（$X-M$）

GDP支出核算的最后一项是净出口，用公式（$X-M$）来表示。出口（X）是外国人对美国国内生产的产品的开支。进口（M）是我们购买日本汽车、法国酒以及其他国外生产的产品付出的美元数量。因为我们用美国的产出支出来计量GDP，有人可能会问为什么是出口减去进口。答案来自于这样的结果：当前政府是如何收集计算GDP的数据的。当消费、投资以及政府消费的支出数据被报导时，是不用减去进口开支的。因此，GDP的这三项组成部分会夸大美国生产的产品的支出价值。

考虑计算消费（C）收集的数据。实际上，报告给美国商务部的个人消费支出同时包括对国内生产的与进口的商品和劳务的支出。例如，汽车经销商报告政府说2004年消费者购买了既定美元数量的新车，但他们并没有被要求将美国汽车与国外汽车的销售数量分开。因为GDP只计量国内经济行为，国外的销售额必须被除掉。在净出口类别中，从消费（C）、投资（I）和政府消费支出（G）中减去进口就去掉了所有外国商品的销售额，其中包括国外的新车。

对2004年GDP支出的夸大通过从11 750亿美元的出口中减去17 820亿美元的进口得到净出口为−6 070亿美元而得到了修正，这个量比GDP的1%稍微多一点。负号表示美国购买国外产品花费的美元比世界其他地方购买美国产品而获得的美元要多。负的净出口数字带来的效应就是降低美国的GDP，因为它是从消费、投资和政府消费支出等组成中被去除的。1980 年早期之前，美国一直是一个净出口者，相对于购买的数量，要出售更多商品和劳务给世界的其他地区。1983 年起，美国成为一个净进口者。第 21 章将更详细地讨论国际贸易。

一个 GDP 的公式

使用支出法，GDP 可以以 10 亿美元为单位表示成数学公式：

$$GDP = C + I + G + (X - M)$$

对于 2004 年（参见图 11-2）：

$$\$11\ 733 = \$8\ 229 + \$1\ 427 + \$2\ 184 + (\$1\ 175 - \$1\ 782)$$

这个简单的公式在宏观经济学中扮演一个重要的角色。它是分析宏观问题和阐释宏观政策的基础。当经济学家研究宏观经济学时，他们可以运用这个公式来预测经济中主要部门的行为：消费（*C*）由家庭支出，投资（*I*）由厂商支出，政府消费支出与总投资（*G*）由政府支出，净出口（*X-M*）完全由外国人支出。

其他国家的 GDP

图 11-3 选择了一些国家 2004 年的 GDP 作为比较。美国拥有世界最高的 GDP。美国的 GDP 比日本高出两倍，大约是俄罗斯的 20 倍。

GDP 的缺陷

出于不同的原因，GDP 遗漏了整个经济存在的某些方面。由于 GDP 是政府经济政策的基础，有人担心 GDP 可能正使我们对国家的物质财富形成错误印象。由于它排除了以下因素，GDP 对把握国家的经济脉搏来说并不是十全十美的计量。

非市场交易

由于 GDP 只核算市场交易，它排除了某些非付费行为，如家务劳动、抚养孩子及自己对房屋进行的维修和服务。比如说，如果你把你的脏衣服送到清洗店，GDP 由于支付清洗单据的数量而增加。但是，GDP 忽略了你自己在家清洗同样衣服的清洗价值。

要点考查

马里奥（Mario）使 GDP 增加了多少？

马里奥在必胜客兼职工作并且收入年均工资加小费 15 000 美元。一年内，他以每个 10 美元的价格出售了 4 000 个比萨。他在这一年的某些时候处于失业，因此他接受了 3 000 美元的失业补偿。去年，马里奥花了 1 000 美元购买旧车。运用支出法，马里奥对 GDP 贡献了多少？

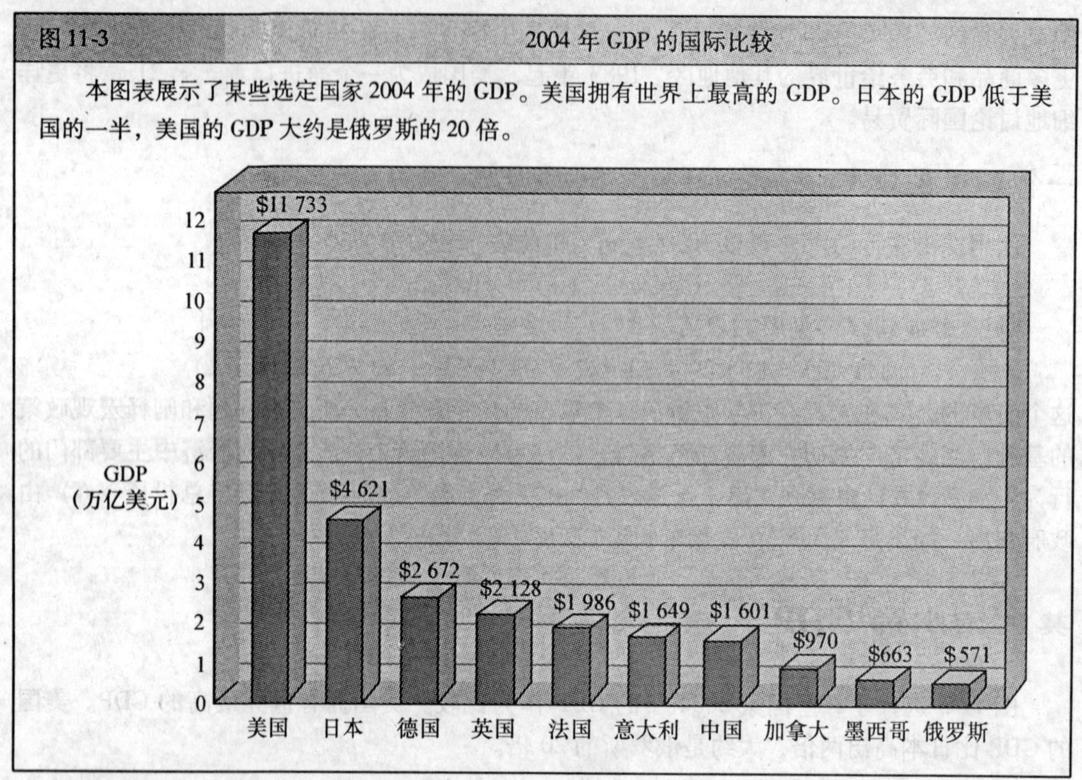

图 11-3　2004 年 GDP 的国际比较

本图表展示了某些选定国家 2004 年的 GDP。美国拥有世界上最高的 GDP。日本的 GDP 低于美国的一半，美国的 GDP 大约是俄罗斯的 20 倍。

资料来源：国际货币基金组织，世界经济观察数据库，http://www. imf. org/external/pubs/ft/weo/2004/02/data/dbginim. cfm.

有两个原因在计量 GDP 时排除非市场行为。首先，对于人们为了他们自己或别人而提供的非付费服务，要收集数据并赋予美元价值是极为不精确的。第二，决定哪个非市场行为要排除，以及哪个要包括是非常困难的。也许维修你自己的屋顶，为你自己的房子刷油漆和修理你自己的车都应该被包含在内。现在我们考虑为自己洗车的价值。如果你为洗车付了款，GDP 就包含了你洗车的价格，因此，GDP 是否包含在清洗自己的车的价值是存在争议的。

非付费的、自己动手的行为的问题影响着不同国家的 GDP 的比较。之所以某些不那么发达的国家比主要工业化国家 GDP 更低，一个原因在于，不发达国家拥有更高比例的人口为自己家庭从事耕作、清洁、修理以及其他家庭任务，而不是雇用其他人工作。

产品的分配、种类与质量

对于是一小部分人口消费了大部分的 GDP，还是消费分配均匀，GDP 对此一无所知。在考虑到商品与劳务的质量和种类时，GDP 同样戴起了眼罩。考虑两个虚构的经济祖巴（Zuba）和伊科纳（Econa）。祖巴拥有 20 000 亿美元的 GDP，伊科纳拥有 10 000 亿美元的 GDP。乍一看，祖巴似乎拥有更高的经济水平。然而，祖巴的 GDP 仅仅由军事商品构成，而伊科纳的产品包含计算机、拖拉机、小麦、牛奶、房屋以及其他消费品。此外，假设祖巴大部分人口不那么关心军事商品的产出，而当国家生产更多消费品的时候，他们会更幸福。

结论　GDP 是对商品与劳务产出的数量、而非质量的一种测度。

忽视休闲时间

一个国家变得越富有，通常其公民就能支付得起更多的休闲时间。工人们经常选择增加他们娱乐和旅游的时间而不是工作更多小时。在 20 世纪，在美国，代表性的一星期工作时间长度从 1900 年的约 50 小时稳定地下降至 2004 年的约 34 小时。①

结论　由于没有考虑人们比以前工作时间少，可以认为 GDP 低估了国民福利。

地下经济

非法赌博、卖淫、高利贷、非法枪支以及毒品都是符合 GDP 各项要求的商品和劳务。它们都是市场决定价值的最终产品，但 GDP 并不包括未报告的犯罪行为。"地下"经济同样包括避税。避免对合法行为交税的一种办法就是交换或兑换商品和劳务，而不是出售它们。某人修理邻居家的车作为帮忙照看孩子的报答，这种交换的价值就是未报告的。还有些个人或企业从事了现金的合法交易，而并不向美国国税局报告所获得的收入。

对地下经济规模的估计经常发生变化。某些经济学家所作的研究评价地下部门的规模占 GDP 的 9% 到 13% 之间。② 这项估计的大小略低于大多数欧洲国家估计的地下经济的规模。

结论　假如地下经济规模相当大，则 GDP 低估了经济的运行。

经济"坏品"

无论生产过程中产生的污染水平有多高，更高的产量都意味着更大的 GDP。回忆第 4 章关于*负外部性*的讨论，如炼钢厂、化学工厂与香烟产生的污染。空气、水和噪声污染都是经济"坏品"，它们强加成本给社会，并且不在私人市场上反映购买或出售的价格和数量。当一家造成污染的公司出售其产品时，这项交易增加了 GDP。然而，GDP 的批评者认为，这样并没有考虑到 GDP 中未报告的"坏品"导致的生活质量的降低。换种方式表述，假如生产导致了污染和环境改变，GDP 就高估了一国的经济。

现实生活中的经济学

GDP 是不是指引我们撞向岩石的错误灯塔？

适用概念：国民收入核算"好品"和"坏品"

假设你社区的一家工厂倾倒危险垃圾在该地区供应的水中，人们饮用了这种污染的水就会逐步患上癌症或其他疾病。美国环境保护署（EPA）察觉了这种污染，依据联邦超级基金法，命令企业清除污染并且对于损害征收罚款。企业通过雇用律师和专家来防止 EPA 把他们告上法庭。若干年的审判后，公司输掉了官司并且要进行清理和损害赔偿。

在 GDP 方面，一项令人惊异的"好"结果发生了：国民经济产出的主要度

① 美国总统经济报告，2005，http://www.gpo.access.gov/eop/，表 B-47.

② Jame S. Proule，另一条路：你的邻居们为何用现金支付？华尔街日报欧洲版，2001 年 2 月 28 日，p. 8.

量，GDP，增加了。GDP 核算了花费于清洁水资源的数百万美元。GDP 甚至包含某人因为饮用被污染的水而患上癌症或其他疾病的医疗费用。GDP 同样包含企业聘请律师和专家来对付 EPA 的花费。GDP 也包含 EPA 管制污染企业的花费。

现在我们来考虑当树木被砍伐、石油和矿产被用来建造房屋、汽车以及其他商品时，会发生什么事情。树木、石油和矿产的价值是暗含在 GDP 中的中间物品，因为最终产品的价值直接计入 GDP。一方面，使用稀缺资源来生产商品和劳务会增加 GDP 并且被视为“好的”结果。另一方面，难道我们在生产过程中没有损失树木、石油以及矿产的价值吗？那么，难道这不是一个“坏的”结果吗？

经济分析局（BEA）是美国商务部的下属机构。BEA 是国家经济的核算师，它发表了《当前商业综览》，本教材所引用的 GDP 数据均来自该综览。批评家提倡使用新的方法来评估上述各种损害。这些新的账户可以调整，以反映空气和水质量的变化以及石油和矿产的损耗。这些账户同样针对可再生自然资源的存量变化做出调整，如森林和鱼类存量。另外，还应该创建衡量全球变暖与臭氧层损害的账户。

正如在本章中解释的那样，从 GDP 中减去资本折旧的美元估价得到国民收入（NI）。对此处的争论在于对环境损害的美元估价同样应该被去掉。批评者认为忽略了此类环境问题的测量将威胁到后代。简言之，常规 GDP 在经济增长与环境保护之间永远存在错误的二分法。

这种方法的批评者声称，对环境伤害和资源耗损赋予美元价值要求极端主观和复杂的方法。然而，国民收入核算师并没有忽略这些批评，并且美国国家科学院审核了 BEA 的建议，以便找到办法来考虑环境与经济之间的相互关系。

分析问题

假设一家核工厂发生灾难。在这种情况下 GDP 如何成为“错误的灯塔”？

其他国民核算

除了 GDP 之外，媒体经常报道若干种其他国民核算方法，它们对于研究宏观经济是非常重要的。我们现在简要关注一下。

国民收入（NI）

国民收入（NI）
资源所有者所挣得的全部收入，包括工资、租金、利息、利润和商业间接税。NI 的计算是，用 GDP 减去生产产品时的资本折旧。

人们会争论折旧是否应该从 GDP 中去除。不妨回忆一下，由于 GDP 包含了用来替换生产过程中消耗的材料的资本品的评估价值，GDP 并不完全是对新生产产品的核算。用于修正这项缺陷的方法叫做**国民收入（NI）**，即国内生产总值减去生产中消耗的资本折旧。用以下公式表示：

$$NI = GDP - \text{折旧（固定资本的消费）}$$

在 2004 年，一年内可归于折旧的 GDP 估价数量为 14 130 亿美元。图 11-4 显示了 2004 年从 GDP 得到的 NI 的现行计算。NI 衡量拥有和供给资源的家庭获得了多少收入。它包括对生产的要素所有者的总支付流，包括工资、租金、利息和利润。图 11-5 显示了从 GDP 到 NI 的转变及其他两种国民收入的核算方法。

图 11-4　从国内生产总值得到的国民收入，2004 年

	数量（10 亿美元）
国内生产总值（GDP）	$ 11 733
折旧	-1 413
国民收入	$ 10 320

资料来源：经济分析局，国民经济核算，http://www.bea.doc.gov/bea/dn/nipaweb/SelectTable.asp?Selected-N,表 1.7.5.

个人收入（PI）

国民收入衡量收入的总货币数量，但决定家庭（非企业）所获得的现行收入的数量要求对个人收入进行测量。个人收入是家庭所获得的用于消费、储蓄和支付个人所得税的总收入。假设我们想测度个人获得的可以用来消费产品、储蓄及支付所得税的货币总量，个人收入基于两个原因不是合适的方法。第一，NI 排除了转移支付，它由可以消费、储蓄或用来支付所得税的收入组成。第二，NI 包含了公司利润，但股东并没有获得这些利润。公司利润的一部分用来支付公司税。同样地，剩余的所得并没有分配给股东，而是回流到公司运转中。

个人收入（PI）
家庭所得到的总收入，可用于进行消费、储蓄和支付所得税。

图 11-5　宏观经济的四种测量方法

四条柱状体表现了 2004 年美国宏观经济以 10 亿美元为单位的四种主要测量方法。首先是国内生产总值，减去折旧得到国民收入。接下来，个人收入等于国民收入减去公司收入和社会保障（FICA 支付）再加上转移支付和其他收入。从个人收入中减去个人税收得到个人可支配收入。

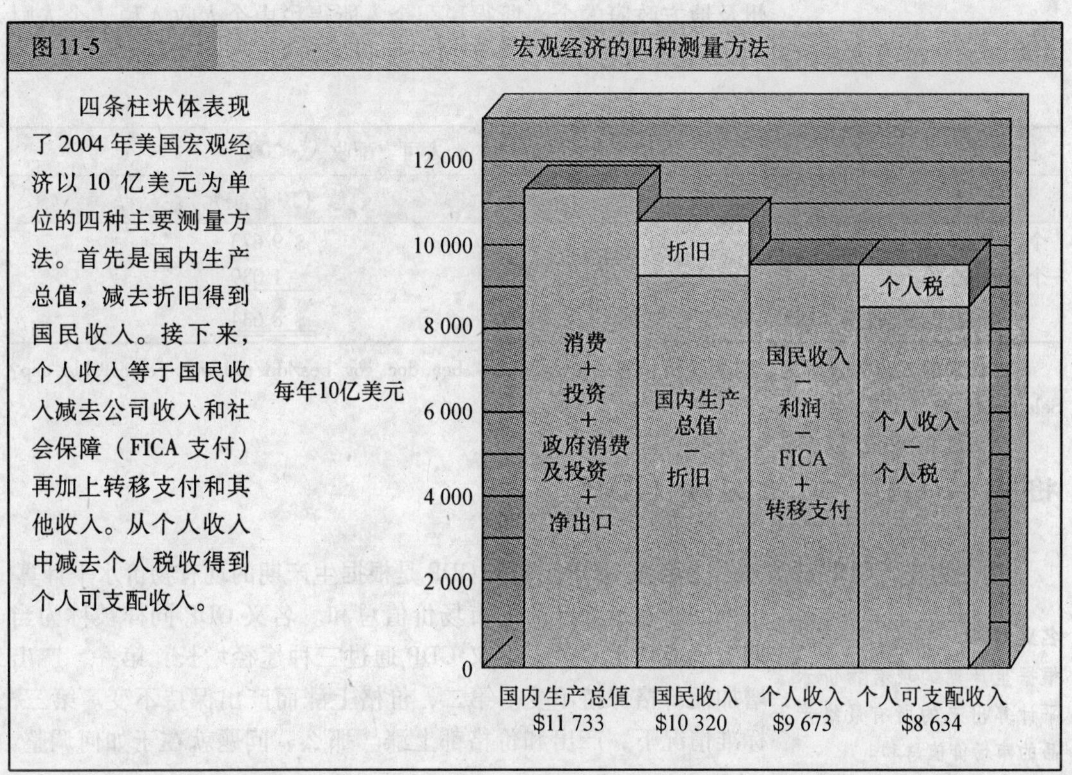

图 11-5 阐释了个人收入和国民收入之间的关系，图 11-6 举了 2004 年的例子。国民收入核算师通过减去公司利润和对社会保障的薪税（FICA 扣除）调整国民收入。接下来，加入转移支付和其他个人从净利息和红利中获得的转移支付。净结果就是家庭获得的个人收入，2004 年的个人收入数量为 96 730 亿美元。

图 11-6	从国民收入得到的个人收入，2004 年
	数量（10 亿美元）
国民收入（NI）	$ 10 320
公司利润	−1 181
对社会保障的贡献（FICA）	−820
转移支付和其他收入	1 354
个人收入（PI）	$ 9 673

资料来源：经济分析局，国家经济核算，http://www.bea.doc.gov/bea/dn/nipaweb/SelectTable.asp?Selected-N，表 1.7.5.

个人可支配收入（DI）

个人可支配收入（DI）
家庭在支付个人所得税后实际能支出或储蓄的收入额。

图 11-5 的最右端显示了一个测量国民收入的最终方法。**个人可支配收入**是家庭在支付个人所得税后实际能支出或储蓄的收入额。可支配的或*税后*收入等于个人收入减去个人付给联邦、州及地方政府的个人所得税。个人所得税由个人收入税、个人财产税和遗产税组成。如图 11-7 中所列的那样，个人可支配收入为 86 340 亿美元。

图 11-7	从个人收入得到的个人可支配收入，2004 年
	数量（10 亿美元）
个人收入（PI）	$ 9 673
个人税收	−1 039
个人可支配收入（DI）	$ 8 634

资料来源：经济分析局，国家经济核算，http://www.bea.doc.gov/bea/dn/nipaweb/SelectTable.asp?Selected-N,表 2.1.

将名义 GDP 变为实际 GDP

名义 GDP
根据生产期的现有物价水平计算出来的所有最终产品的市场价值总和。

迄今为止，GDP 都被表示为**名义 GDP**。名义 GDP 是根据生产期的现有物价水平计算出来的所有最终产品的市场价值总和。名义 GDP 同样被称为当期美元或货币 GDP。名义 GDP 通过三种途径增长：第一，产出增加而价格保持不变。第二，价格上涨而产出保持不变。第三，标准情况下，产出和价格都上涨。那么，问题就在于如何调整

实际 GDP
根据所选基年的物价水平来计算既定时间内生产出来的所有最终产品的价值总和。

GDP 使之只反映产出的变动而不反映价格的变动。这种调整过的 GDP 使价格变动时，长期的比较变得有意义。

变化价格会对我们如何比较货币数量产生巨大的影响。假设报纸的大字标题报道一部名为《经济思想史》的电影是所有电影中最卖座的，你会问为何如此？那么《飘》呢？阅读文章将会发现这种说法是建立在总票房的名义测量的基础上的。这就使得最近的电影因为票价更高而比 1939 年上映的电影更有优势，那时的平均票价只有 25 美分。一个更好的测度流行程度的办法可能是通过将现实上座率与基准年的电影价格相乘来比较每部电影的"实际"票房。

根据扣除了物价因素的票房，搜寻所有时段的最卖座电影，请浏览http://www.the-movie-times.com.

衡量产出变动与价格水平变动之间的差别，十分重要的是区分*名义 GDP* 与**实际 GDP**。实际 GDP 是根据所选基年的物价水平来计算既定时间内生产出来的所有最终产品的价值总和。美国商务部将 2000 年作为基年。实际 GDP 同样被称为以不变价格计算的 GDP。

GDP 链式价格指数

用来抽掉名义 GDP"气球"中的价格水平变动"空气"，并计算实际 GDP 的最常用的基本方法被称为 **GDP 链式价格指数**。GDP 链式价格指数测度既定年份所有最终产品的价格较之于基年这些产品的价格的变化。GDP 链式价格指数是由对移动平均数进行复杂的连锁加权的几何级数计算出的广义"平减"指数。因为这种指数不仅度量消费品的价格变动，还度量企业投资、政府消费支出、出口和进口的价格变动，所以它具有高度的包容性。请不要将 GDP 链式价格指数与消费者物价指数（CPI）混淆，后者经常在新闻媒体上被广泛报道。CPI 是不同的指数，只用来度量消费者价格，我们将在第 13 章中对此进行讨论。

GDP 链式价格指数
测度既定年份所有最终产品的价格较之于基年这些产品的价格的变化。

现在让我们看看 GDP 链式价格指数是如何运用的。我们首先从以下变换公式入手：

$$\text{实际 GDP} = \frac{\text{名义 GDP}}{\text{GDP 链式价格指数}} \times 100$$

以 2000 年作为基年，假设给定 2004 年的名义 GDP 为 117 330 亿美元，2004 年的 GDP 链式价格指数为 108. 22。要计算 2004 年的实际 GDP，我们运用上述公式如下：

$$108\ 420\ \text{亿美元} = \frac{117\ 330\ \text{亿美元}}{108.22} \times 100$$

图 11-8 中的图显示了当前选定年份的美国名义 GDP、实际 GDP 以及 GDP 链式价格指数的计算。第一列是名义 GDP，第二列给出了这些年份的实际 GDP，第三列列举出了相对应的 GDP 链式价格指数。要注意 GDP 链式价格指数 2000 年后都超过了 100。这意味着平均价格从 2000 年开始上升，造成了美元的实际购买力下降。GDP 链式价格指数低于 100 则意味着相对于 2000 年基年而言美元的实际购买力更高。在 2000 年基年，名义 GDP 和实际 GDP 一致，GDP 链式价格指数则等于 100。

图 11-8 选定年份的名义 GDP、实际 GDP 与 GDP 链式价格指数

实际 GDP 反映 2000 年基年价格的评估产出，然而名义 GDP 则是以现行年份的当前价格评估的年度产出。实际 GDP 与名义 GDP 相交在基年 2000 年。要注意到，由于名义数据里包含了通货膨胀，从 2000 年起，名义 GDP 曲线上升得比实际 GDP 更急剧。

年份	(1) 名义 GDP (10 亿美元)	(2) 实际 GDP (10 亿 2000 年美元)	(3) GDP 链式价格指数 (2000 年 = 100)
1960	$ 526	$ 2 501	21.03
1970	1 039	3 772	27.54
1980	2 789	5 162	54.03
1990	5 803	7 112	81.59
2000	9 817	9 817	100.00
2002	10 487	10 075	104.09
2004	11 733	10 842	108.22

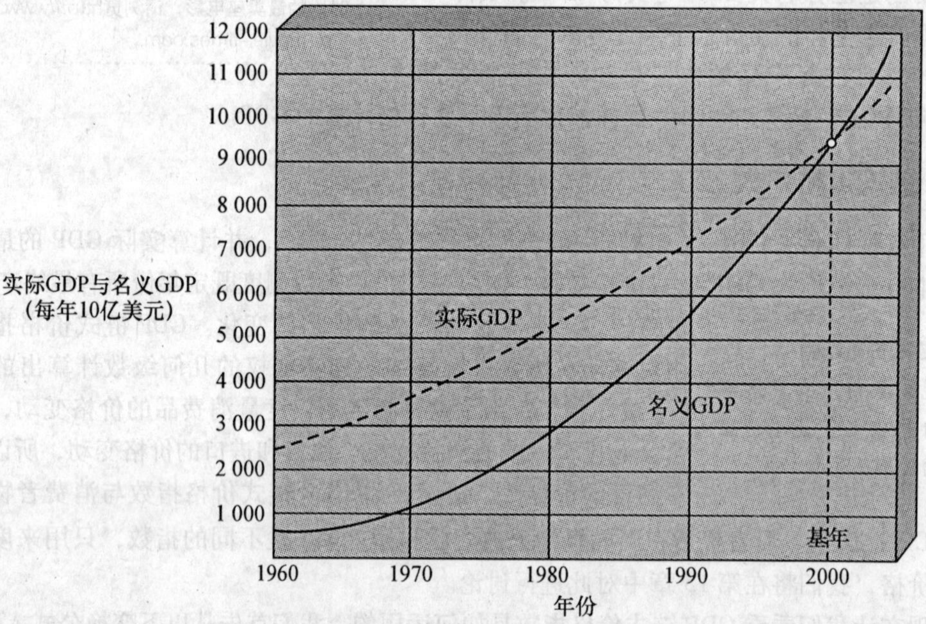

图 11-8 中的图描绘了自 1960 年起经济中的实际 GDP 与名义 GDP。要注意名义 GDP 总是比实际 GDP 增长的快，那是因为名义数据中包含了通货膨胀。例如，假如我们计算 1993 年到 1994 年的名义 GDP 的经济增长率，我们得到 6.2%。如果我们改而计算实际 GDP 在同样年份之间的增长，我们发现增长率为 4.0%。因此，你必须注意分析中使用的是哪种 GDP。

要点考查

经济是上升还是下降了？

有人报道，“GDP 本年上升了 8.5%。”另外一个人说，“GDP 本年下降了

0.5%。”这两种报道可能都正确么？

主要概念

国内生产总值（GDP）	中间品	国民收入（NI）	名义 GDP
国民生产总值（GNP）	循环流动模型	个人收入（PI）	实际 GDP
转移支付	支出法	个人可支配收入	GDP 链式价格指数
最终产品			

小结

- **国内生产总值（GDP）**是最广泛使用的衡量一国经济运行的方法。无论谁拥有生产要素，GDP 都是一段时期内美国生产的最终产品的市场价值。二手市场与金融交易不被计入 GDP。为了避免重复计算，GDP 同样不包含中间品。GDP 用支出法计算。
- **国民生产总值（GNP）**是由美国公民生产的最终产品和劳务的市场价值，无论其住在哪里。为了反映美国与世界经济不断融合的情况，美国商务部 1991 年将强调的重点从 GNP 转向 GDP。
- **循环流动模型**是一个表现企业与家庭通过货币来交换的产品与资源流动的图表。

循环流动模型

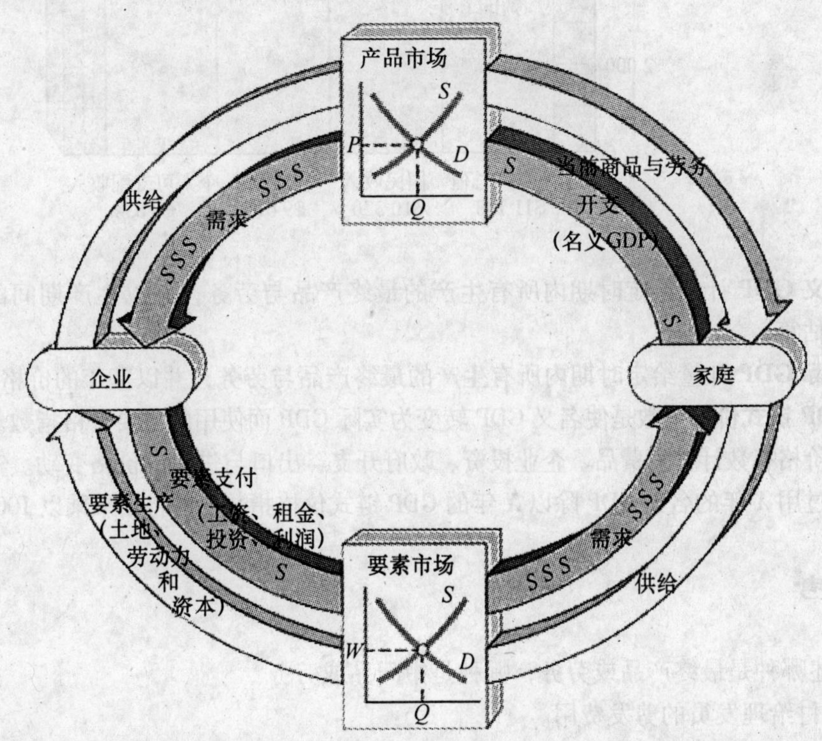

- **支出法**将 GDP 的四个主要支出成分加总起来：消费、投资、政府和净出口。代数式为 $GDP = C + I + G + (X - M)$，$X$ 等于国内出口的国外开支，M 等于国外产品的国内开支。
- **国民收入（NI）**是拥有和供给资源的家庭获得的总收入，由 GDP 减去折旧得到。
- **个人收入（PI）**是家庭获得的总收入，由 NI 减去公司税及社会保障税后加上转移支付和其他收入获得。
- **个人可支配收入（DI）**等于个人收入减去个人税。DI 是家庭可用于消费或储蓄的收入的数量。

宏观经济的度量

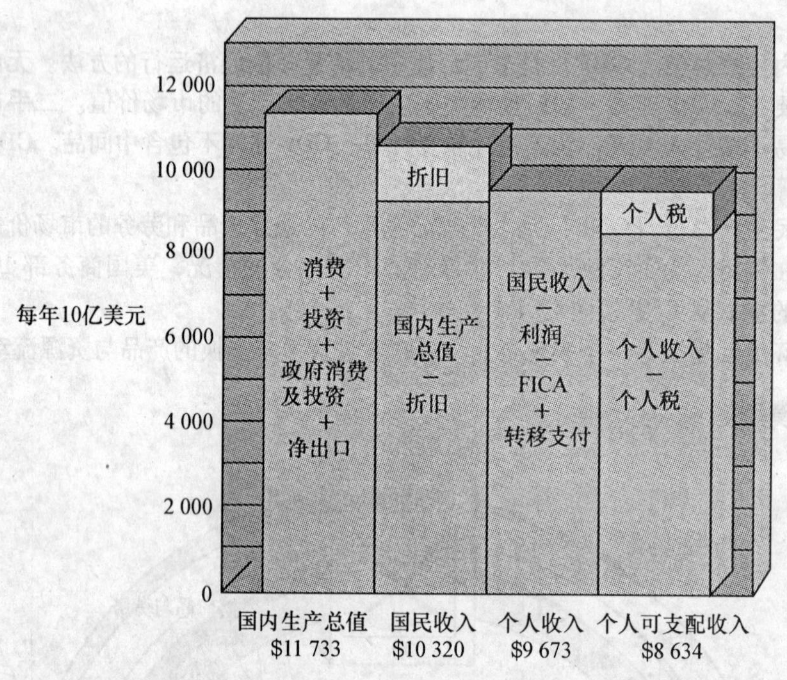

- **名义 GDP** 计量给定时期内所有生产的最终产品与劳务，并以生产期间的现行价格估算。
- **实际 GDP** 计量给定时期内所有生产的最终产品与劳务，并以基年的价格估算。
- **GDP 链式价格指数**是使名义 GDP 转变为实际 GDP 而使用的主要价格指数。GDP 链式价格指数计量消费品、企业投资、政府开支、出口与进口的价格变动。实际 GDP 通过用 X 年的名义 GDP 除以 X 年的 GDP 链式价格指数然后将结果乘以 100 得到。

问题思考

1. 下述哪种是最终产品或劳务，哪种是中间品或劳务？
   a. 付给理发员的剪发费用。
   b. 新汽车。

c. 买给新汽车的滤油器。

d. 原油。

2. 使用基本循环流动模型，解释为什么企业的商品和劳务的产出价值等于家庭的收入。
3. 一个小经济体在给定的一个月内生产如下最终产品和劳务：300 万英镑的食品、50 000 件衬衫、20 栋房子、50 000 小时的医疗服务、一座汽车厂及两辆坦克。以如下市场价格计算产出的价值：

   每磅食品 1 美元

   每件衬衫 20 美元

   每栋房子 50 000 美元

   每小时医疗服务 20 美元

   每家汽车厂 100 万美元

   每辆坦克 500 000 美元
4. 一个经济体在给定的年份生产了市场价值为 50 000 亿美元的最终产品和劳务，但仅仅 45 000 亿美元价值的商品和劳务出售给国内及国外的顾客。这个国家的 GDP 是 50 000 亿美元还是 45 000 亿美元？对你的答案做出解释。
5. 解释为什么出售一辆新叉车用来在仓库使用是最终产品，即使它是生产其他产品的固定投资（资本）。假如销售额计入 GDP 的话是不是存在重复计算的问题？
6. 解释为什么如果缺乏当前政府支出，GDP 的政府消费支出（G）部分就会减少。
7. 解释为什么净出口影响美国经济。描述它对 GDP 的正面和负面影响。为什么国民收入账户使用净出口来计算 GDP，而不是简单的将出口加入其他 GDP 开支的部分？
8. 假设图 11-9 的某年数据来自年度美国总统经济报告。运用支出法计算 GDP。

图 11-9

	数量（十亿美元）
公司利润	$ 305
资本消耗补偿	479
私人国内总投资	716
个人税	565
个人储蓄	120
政府消费支出	924
进口	547
净利息	179
租金收入	19
出口	427
个人消费支出	2 966
红利	87
间接公司税	370
社会保险费（FICA）	394
转移支付	543

9. 使用图 11-9 的数据，从 GDP 中减去必要的部分来计算国民收入。解释为什么国民收入可能比 GDP 更好地度量经济的运行。
10. 使用图 11-9 的数据，从国民收入（NI）得到个人收入（PI）。然后，对 PI 做出必要的调整来得到个人可支配收入（DI）。
11. 假设美国名义 GDP 从一年到另一年增加了。你能得出这样的结论，认为这些数字代表着对经济增长的误导性测度吗？还有什么方法能够对增长率进行更为准确地度量？
12. 下述哪项应该被计入本年的 GDP？对每种情况下的答案做出解释。
    a. 福莱士汽车公司出售旧车。
    b. 胡安妮塔·琼斯为家庭做饭。
    c. IBM 对债券支付利息。
    d. 何塞·苏亚雷斯购买了 100 股 IBM 股票。
    e. 鲍勃·史密斯接受福利金。
    f. 凯瑞基·瑞特出售自有的一栋房子并得到了经纪人手续费。
    g. 政府对持有政府公债的人支付利息。
    h. 空气和水污染增加。
    i. 赌博在所有州合法化。
    j. 退休工人接受社会保障支付。
13. 解释为什么将不同国家的 GDP 作比较可能会告诉你哪个国家更富裕。

在线练习

练习 1

浏览《世界概况》(http://www.odci.gov/cia/publications/factbook/)。选择“美国”。将页面下翻至经济栏，观察美国各部门的 GDP 组成。你的结论是什么？

练习 2

通过美国联邦委员会网站 http://www.federalreserve.gov，回顾对有用的国民经济状况的最新总结，并点击褐皮书。国民经济健康吗？根据你的联邦储备区点击联邦储备区所在的城市。你所在区域的经济健康吗？为什么是或为什么不是？

练习 3

转到经济分析局在 http://www.bea.doc.gov/bea/rels.htm 发表的新闻。往下翻网页并点击国内生产总值。实际 GDP 在今年过去的一季中是怎样变动的？

练习 4

查看经济分析局在 http://www.bea.doc.gov/bea/dn1.htm 发表的新闻。往下翻到表 1。GDP 的组成部分是什么？

要点考查答案

马里奥使 GDP 增加了多少？

使用支出法度量 GDP，由于消费者以每个 10 元的价格支付了 4 000 个比萨，马里奥的生产产出值 40 000 美元。转移支付与其他年份生产产品的购买要被从 GDP 中去除，因此，获得失业补偿的 3 000 美元与消费在旧车上的 1 000 美元不应被计入 GDP。马里奥15 000 美元的收入不是用支出法计量的。假如你回答，使用支出法计量 GDP，马里奥对 GDP 贡献了 40 000 美元，**你就是正确的**。

经济是上升还是下降了？

比如，1973 年到 1974 年之间，名义 GDP 从 13 820 亿美元上升到 15 000 亿美元——增长了 8.5%。在同一时期，实际 GDP 从 43 420 亿美元下降到 43 190 亿美元——下降了 0.5%。假如你回答两种报道可能都是正确的，因为名义与实际 GDP 之间存在差异，**你就是正确的**。

测试

1. 一国内所有生产出的最终产品和劳务的美元价值是
   a. GNP 平减指数。
   b. 国民生产总值。
   c. 国内生产净值。
   d. 国内生产总值。
2. 基于循环流动模型，从企业到家庭的货币流动是在
   a. 要素市场。
   b. 产品市场。
   c. 既不是要素市场也不是产品市场。
   d. 要素市场和产品市场。
3. 循环流动模型不包括下列哪项？
   a. 一月份仓库里的鞋子数量。
   b. 每月支付的工资总数。
   c. 每年支付的部分利润作为红利。
   d. 美国经济每年获得的所有利润。
4. 用支出法测度 GDP，应加总谁对最终产品的支出？
   a. 家庭。
   b. 企业。
   c. 政府。
   d. 外国人。

e. 以上都是。

5. GDP 不是对国家经济脉搏最完美的测度，是因为它
   a. 排除了非市场交易。
   b. 没有测度产品和劳务的质量。
   c. 没有报告非法交易。
   d. 以上都正确。
6. 从国内生产总值中减去对固定资产折旧的补贴得到
   a. 实际 GDP。
   b. 名义 GDP。
   c. 个人收入。
   d. 国民收入。
7. 加总家庭销售资源得到的收入，可得
   a. 中间品。
   b. 间接企业税。
   c. 国民收入。
   d. 个人收入。
8. 个人收入等于可支配收入加上
   a. 个人储蓄。
   b. 转移支付。
   c. 红利支付。
   d. 个人税。
9. 个人可支配收入
   a. 是个人对房屋及汽车等个人项目所支出的收入。
   b. 包含转移支付。
   c. 排除了转移支付。
   d. 包含个人税。
10. 下列哪项陈述是正确的?
    a. 国民收入是家庭赚得的总收入，而个人收入是家庭收到的总收入。
    b. 个人可支配收入等于个人收入减去个人税。
    c. 支出法与收入法得到的是相同的 GDP 数据。
    d. 以上都正确。
11. 反映某年的现行实际价格的国内生产总值的数据用什么来表示?
    a. 固定币值。
    b. 现值美元。
    c. 定值美元。
    d. 现实生活中的美元。
12. GDP 链式价格指数是
    a. 新闻里广泛报道的。
    b. 广泛作为基础的。
    c. 为了政府开支而调整的。

d. 对消费者价格变动的测度。

13. 下列哪项陈述是正确的?

a. 将中间品和劳务包含进 GDP 计算，会低估我们国家的生产水平。

b. 支出法将雇员补偿、租金、利润、净利息、对折旧的非收入花费和间接公司税加总起来。

c. 实际 GDP 对通货膨胀或通货紧缩带来的总价格水平变动进行了调整。

d. 实际 GDP 等于名义 GDP 乘以 GDP 平减指数。

第 12 章　经济周期与失业

本章概述

晨报的新闻标题上写着“经济萧条”。当天晚些时候，一个电台广播员以“连续 4 个月失业率上升”开始进行新闻报道。电视晚间新闻播报了若干经济学家的访谈，他们预测接下来 3 个月里衰退仍将持续。接下来，一位总统候选人出现在荧屏上并发言道：“做出改变的时候到了。”经济的增长率与失业率是抢眼的标题新闻。实际上，对宏观经济不稳定性的这些测量指标是非常重要的，因为它们关系着你的未来。当实际 GDP 上升并且经济“繁荣”的时候，工作岗位更多。经济迫使某些企业濒于破产，工人失去工作，因此，实际 GDP 的下降意味着“萧条”。你想要工作却找不到的痛苦经历真是让人难以忘怀。

本章以一个关乎我们每一个人的故事回顾了宏观经济。我们从讨论经济周期开始。经济周期的扩张与紧缩是怎么测度的？什么会引起经济周期云霄飞车？最后，你将学到失业的类型有哪些，“充分就业”是怎样的，以及失业导致的货币的、非货币的和人口的成本都是什么。

在本章中，你将学会解决这些经济学问题：

- 衰退与萧条的区别是什么？
- 放弃寻找工作的人是不是应该被计入失业人口之中？
- 经济能够比它潜在的能力生产更多吗？

经济周期云霄飞车

经济周期
经济增长和收缩的交替阶段，能用实际 GDP 的变化加以测度。

对宏观经济的一项主要关注是实际产出水平的高涨与下滑，我们称之为**经济周期**。经济周期由经济增长和紧缩的交替阶段组成。经济周期是市场经济内在固有的。经济周期的关键测度在于实际 GDP 的上升和下降，它反映了失业的变动及宏观经济的其他关键指标。回想一下第 11 章中忽略价格水平的变动时，实际 GDP 的变动可以测量国民产出价值的变动。

经济周期的四个阶段

图 12-1（a）阐释了一个理论上的经济周期。尽管经济周期在持续时间和强度上会有差别，但每个经济周期都被分为四个阶段：**高峰**、**衰退**、**低谷**和**复苏**。经济周期看上去

高峰
经济周期中实际 GDP 经过复苏期的上升之后达到其最大值的阶段。

衰退
经济周期中实际 GDP 下降的阶段；也称为紧缩。

就像云霄飞车。从高峰开始，跌到低谷，陡峭上升并到达另一个高峰。一旦跌到低谷，又会重新开始高涨。尽管预报员不能准确地预测周期的阶段，但经济总是沿着其中一个阶段运行的。随着时间的延续，长期向上的趋势与长期趋势周围的短期周期性波动并存。

图 12-1（a）中阐释了两个高峰。每个峰值上，经济接近于充分就业。如第 2 章中解释的那样，经济运行接近于它的生产可能性边界，并且实际 GDP 达到近年来的最高水平。称为**衰退**或**紧缩**的宏观倒退紧随每一个峰值。衰退是经济周期的低迷时期，衰退时，GDP 下降，企业利润下滑，失去工作的劳动力百分比增加，生产能力未被充分利用。一般规律揭示，衰退由至少两个连续季度（6 个月）的 GDP 下降组成。换句话说，在衰退期间，经济远离生产可能性边界，在其内部运行。

衰退与萧条之间的区别是什么？一句老话说得好："衰退是你的邻居失去了他或她的工作，而萧条则是你也丢了你的工作！"这句俏皮话接近了这两个概念之间的真实区别。答案是：因为没有后续的衰退能够接近于 1929 ~ 1933 年大萧条的严峻程度，**萧条**主要是一个针对极度深入和长期的衰退而言的历史说法。在本章结尾、第 14 章关于总供给和总需求的部分、第 20 章关于货币政策的部分讨论大萧条。

低谷
经济周期中实际 GDP 在经过了萧条期的下降后达到最低点的阶段。

复苏
经济周期中实际 GDP 上升的阶段；也称为扩张。

低谷是 GDP"跌到底"的水平。在谷底，失业与多余生产能力都达到近年来的最高水平。高峰和低谷之间的时间长度就是一次衰退的持续时间。从第二次世界大战开始，美国的衰退平均 10 个月一次。正如图 12-2 显示的那样，最近的一次衰退持续了 8 个月，从 2001 年 3 月到 2001 年 11 月。实际 GDP 跌了 0.5 个百分点，全国失业率高达 5.6%。与以前衰退的平均水平相比，2001 年的衰退比较温和。

低谷既是好消息又是坏消息。它同时既是低迷时期的"山谷"底部，又是改善经济状况的复苏或扩张的山脚。在周期的复苏期，利润通常上升，实际 GDP 上升，工作接近完全就业。

> 浏览美国国家经济研究局网站(http://www.nber.org/cycles.html)，了解美国经济周期扩展与紧缩的历史。

图 12-1（b）通过对美国 1990 年到 2001 年的实际 GDP 变动的绘制，列举了现实经济周期。经济最初的高峰和低谷分别发生于 1990 和 1991 年，而强烈的复苏阶段一直持续到 2000 年的第二次高峰。周期指出，实际 GDP 在 2000 年的第四个季度达到峰值，接着在 2001 年的接下来三个季度下降，其中包括了"9·11"恐怖分子袭击。这 10 年的扩张是美国历史上最长的。这项破纪录的经济扩张的主要原因就是新经济。如前面在第 2 章中讨论过的那样，普遍的科技发展减少了用来生产商品和劳务需要的时间和努力，从而提高了生产力。

美国国家经济研究局的经济周期基准日期定期委员会确定，美国经济 2001 年 3 月进入了衰退期，并且衰退结束于 2001 年 11 月。该委员会由 6 名经济学家组成，他们确定基于每月数据而不是实际 GDP 的衰退的起止日期，因为实际 GDP 是每季测量的，并且经常调整。该委员会定义衰退时考虑的因素包括就业率、工业生产、收入与销售的下降。

图 12-1　　假定的和真实的经济周期

（a）部分阐释了一个假定的由四个阶段组成的经济周期：高峰、衰退、低谷、复苏。实际 GDP 的波动可以通过增长趋势线来衡量，增长趋势线显示，实际 GDP 随时间递减。实际上，波动并不像图中定义的那样清晰。

（b）部分阐释了经济周期的当前上升和下降。1990—1991 年的衰退过后，强烈的上涨持续到 2001 年的下一次衰退。扩张持续了 10 年，并且是美国史上最长的。

(a)假定的经济周期

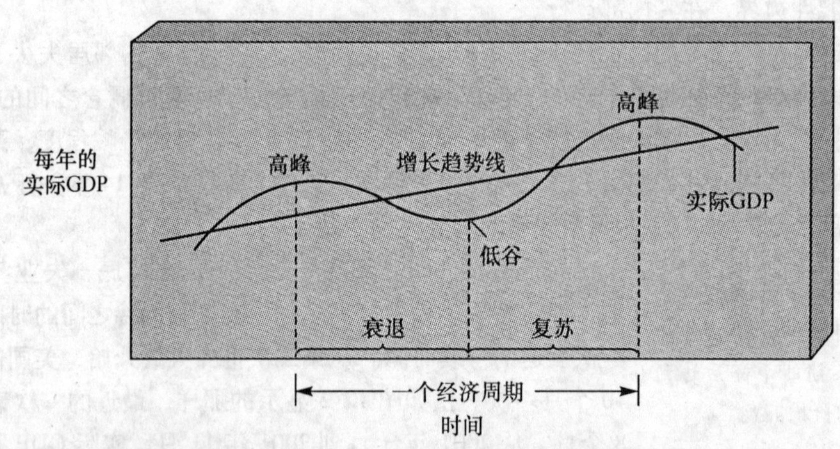

(b)真实的经济周期

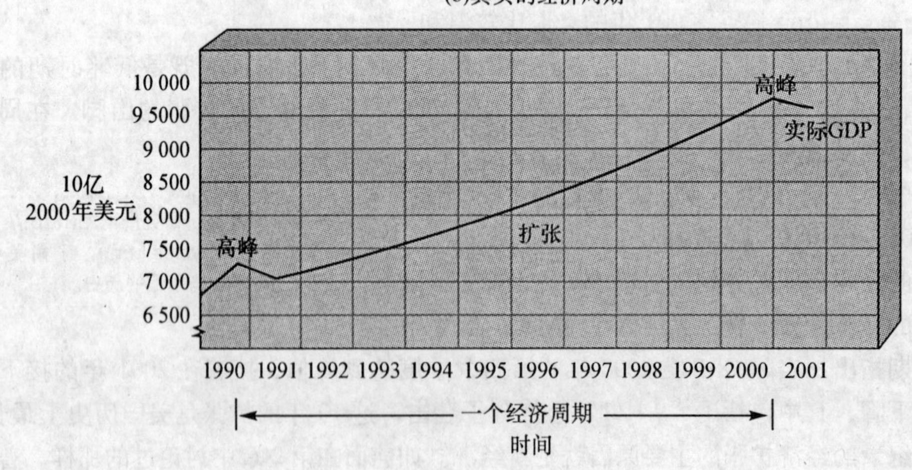

资料来源：经济分析局，国民收入核算，http://www.bea.doc.gov/bea/dn/nipaweb/Select Tables.asp?Selected = N，表 1.2.

图 12-2	第二次世界大战后衰退的严重程度		
衰退日期	持续时间（月）	实际 GDP 下降百分比	最高失业率
1948 年 11 月—1949 年 10 月	11	−1.7%	7.9%
1953 年 7 月—1954 年 5 月	10	−2.7	5.9
1957 年 8 月—1958 年 4 月	8	−1.2	7.4
1960 年 4 月—1961 年 2 月	10	−1.6	6.9
1969 年 12 月—1970 年 11 月	11	−0.6	5.9
1973 年 11 月—1975 年 12 月	16	−3.1	8.6
1980 年 1 月—1980 年 7 月	6	−2.2	7.8
1981 年 7 月—1982 年 11 月	16	−2.9	10.8
1990 年 7 月—1991 年 3 月	8	−1.3	6.8
2001 年 5 月—2001 年 11 月	8	−0.5	5.6
平均	10	−1.8	7.4

资料来源：美国国家经济研究局，http://www.nber.org/cycles/cyclesmain.html. 实际 GDP 与失业率数据由作者加入.

经济增长
国民产出的扩张，由一国实际 GDP 的年增长百分比测度。

最后，我们来扩展第 2 章给出的经济增长的概念。经济增长是国民产出的扩张，由一国实际 GDP 的年增长百分比测度。图 12-1（a）中假设模型的增长趋势线揭示了随着时间变化实际 GDP 的增长趋向。无论高峰、衰退、低谷和复苏是怎样的，实际 GDP 的普遍的长期的向上趋势始终存在。

如图 12-3 中的虚线所示，从 1929 年起，美国的实际 GDP 以约 3% 的平均年增长率增长。这种年均变化可能看起来很小，但约 3% 的年均增长率将使实际 GDP 仅 24 年后就能翻一番。我们具有挑战性的政策目标之一就是维持或增加该增长率。

结论　由于提高了我们的生活水平——创造了更大的“经济馅饼”，我们将经济增长作为我们国家经济目标之一。

对图 12-3 更细致地观察，我们发现美国经济的跨时增长路径并不是平滑的、上升的趋势，而是有一系列实际 GDP 的年际变化。例如，1991 年，经济处于衰退之中，跌到零增长率以下（负增长）。接着，经济 1992 年进入了复苏阶段，并在 2000 年达到峰值。1992 年到 2000 年之间，平均增长率为高于一般水平的约 3.7%。经过 2001 年衰退时的逼近零增长后，增长率 2004 年上升到 4.4%。

要点考查

我们在经济周期云霄飞车上身处何处？

假设经济处于衰退中，每个人都在问经济何时复苏。为了寻找经济健康状况的答案，一个电视记者采访了特伦斯·阿苏德（Terrence Asaud），一个区域汽车零售商。阿苏德说，“我没看见任何复苏。今年的第三个季度我们卖的车比第二个季度多，但是这两个季度的销售量比第一个季度差远了。”阿苏德先生说的对吗？他的观察是否与经济周期的高峰、衰退、低谷或复苏阶段相吻合？

图 12-3 美国经济周期的历史记录，1929 ~2004 年

从 1929 年开始，实际 GDP 以约 3% 的年均增长率增长。高于一般水平的年增长率与低于一般水平的年增长率交替出现。在衰退的年份，如 1991 年，年增长率为负而降到零增长线以下。1992 年，经济进入复苏阶段并在 2000 年达到峰值。在 1992 年到 2000 年之间，平均增长率为 3.7%。2001 年增长率逼近 0，2004 年增长率上升到 4.4%。

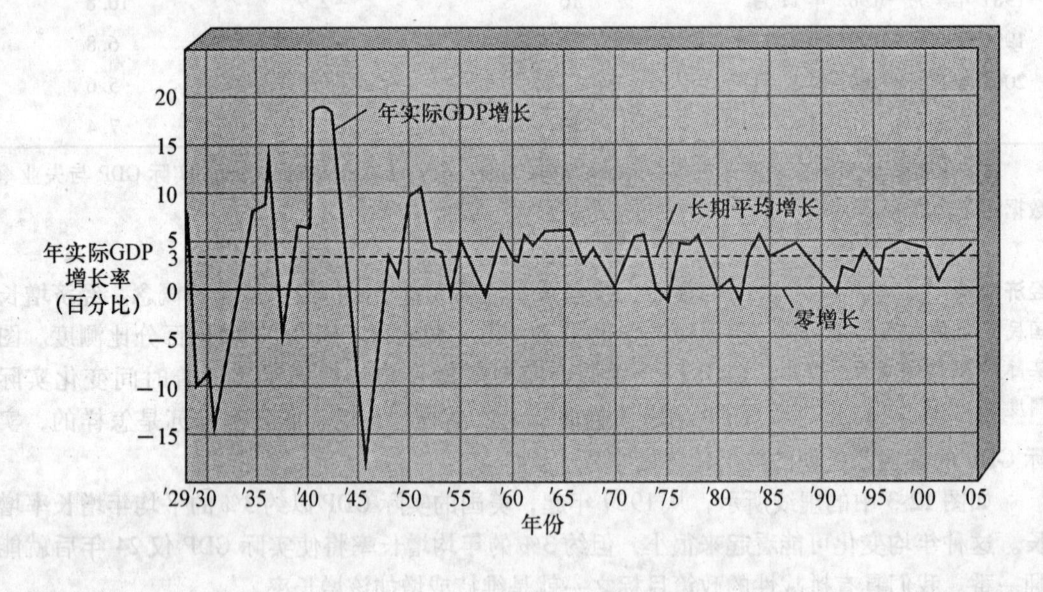

资料来源：经济分析局，国民收入核算，http://www.bea.doc.gov/bea/dn/nipaweb/SelectTable.asp?Selected=N,表 S.1.

其他国家的实际 GDP 增长率

图 12-4 呈现了 2004 年选定国家的实际 GDP 增长率。中国和俄罗斯拥有最高的增长率，分别是 9.0% 和 7.3%。日本、美国、墨西哥和英国的实际 GDP 的增长率为 3.4% 或更多。相反，加拿大、法国、德国与瑞士则低于 3%。

经济周期指标

领先指标
在实际 GDP 变化之前发生变化的变量。

除了实际 GDP 的变动之外，媒体经常报道衡量商业行为的若干其他宏观变量，由美国商务部在《商业状况摘要》上发表。这些经济*指标*变量分为三类：领先指标、同步指标与滞后指标。图 12-5 列举了相对于每个指标系列的变量。

图 12-4　实际 GDP 增长率的国际比较，2004 年

本图展示了 2004 年在选定的国家中，中国和俄罗斯经历了实际 GDP 的最高增长率。日本、美国、墨西哥和英国的实际 GDP 增长率为 3.4% 或更多，而图中其他国家的增长率低于 3%。

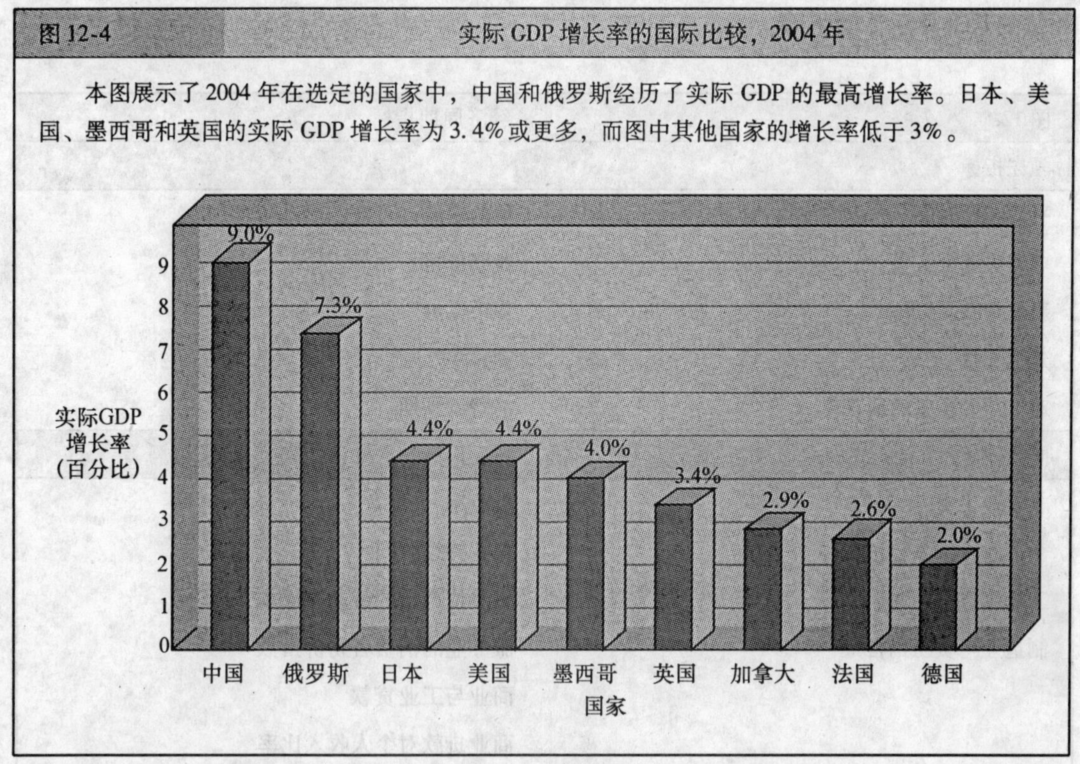

资料来源：国际货币基金组织，世界经济观察数据库，http://www.imf.org/external/pubs/ft/weo/2004/02/data dbginim.cfm.

政府对经济周期的主要预测器就是**领先指标**指数。领先指标是在实际 GDP 变化之前发生变化的变量。当人们担心经济摇摆时，这种指数最为引人注目。图 12-5 中第一部分的 10 个变量用来预测经济周期的月数。比如，当领先指标中的部分数据的下降超过上升时，就预示着未来的衰退。但是要注意！领先指数可能连续 2 个月上升而接下来 3 个月下降。因此，在预测周期变动时，经济学家会非常小心并等待领先指标朝新的方向运动好几个月。

衰退接近了吗？美国大型企业联合会编制的消费者信心指数总是作为对经济健康的重要测度在新闻中报道。它是建立在一项对 5 000 户家庭的调查基础上的，这些家庭被问到他们对下 6 个月经济运行的预期如何。长期的消费者悲观情绪会使得消费者消费更少，以致经济增长变缓。换句话说，由于当消费者对产品的购买减少时企业也减少投资，持久的消费者悲观情绪会引起更低的个人消费支出（C）与企业投资（I）。2001 年美国“9·11”恐怖袭击继续侵蚀了消费者自信并且导致了衰退。

同步指标
在实际 GDP 变化时与之同时变化的变量。

图 12-5 的第二部分数据组是 4 个同步指标。同步指标是指在实际 GDP 变化时与之同时变化的变量。比如，当实际 GDP 上升时，经济学家预期就业、个人收入、工业生产与销售量都会上升。

滞后指标
在实际 GDP 变化之后发生变化的变量。

图 12-5 的第三部分变量是滞后指标。滞后指标是 7 个在实际 GDP 变化之后发生变化的变量。比如，失业的持续时间就是滞后指标。当实际 GDP 增加时，工人失业的平均时间直到复苏

开始的若干月后才会下降。

图 12-5	经济周期指标
领先指标	
平均工作时间	新的房屋许可证
申请失业金人数	股票价格
新的消费品订单	货币供给
延迟交货	利息率
对工厂和设备的新订单	消费者预期
同步指标	滞后指标
非农业工资	失业率
个人收入减去转移支付	失业持续时间
工业生产	每单位产出的劳动力成本
制造业与贸易销售量	服务业的消费者物价指数
	商业与工业贷款
	商业贷款对个人收入比率
	银行基准利率

总支出和经济周期

美国经济增长的不均衡历史模式引起了如下问题：什么导致了经济周期？今天经济学家普遍接受的理论认为，全部或总支出的变动是引起实际 GDP 变化的原因。回顾前一章，总支出等于家庭、企业、政府和外国顾客对最终产品的全部开支。用公式表达是：$GDP = C + I + G +$ $(X\text{-}M)$。

为什么总支出的变动引起 GDP 水平的变动？简单地说，假如总支出增长了，企业会觉得增加产出有利可图。当厂商增加生产时，他们使用更多的土地、劳动力和资本。因此，增加支出导致了产出、就业与收入的经济增长。当总支出减少时，企业会觉得减少商品的生产并避免积累未售存货有利可图。在这种情况下，产出、就业与收入降低。这些紧缩反过来导致了衰退。

上述情形假设了经济低于充分就业运行。一旦经济达到充分就业，总支出的增加就对实际 GDP 没有影响了。这种情况下更多的支出仅仅会使价格水平上升并且使名义 GDP “膨胀”。

下面的章节中，我们将更多地讨论导致经济周期的原因。使用总供给和总需求曲线，你将学会分析为什么国民产出、失业和价格水平会发生变动。

失业

从大萧条的深渊开始，美国的一个主要经济目标就是达到高水平的就业率。1946年的《雇用法案》宣称联邦政府的责任就是采取一切可以采取的、与自由竞争企业相称的方法，使所有能够且愿意并寻找工作的个人都被提供有用的就业机会。稍后，议会通过1978年的《充分就业和均衡增长法》修正了这项法案，建立了关于失业和价格水平的特殊目标。

现实生活中的经济学

股票市场灾难会引起衰退吗？

适用概念：经济周期

股票市场在沸腾的20世纪20年代一路高涨。人们购买精致的衣服，举办奢侈的聚会，跳着流行的查尔斯登歌舞。1929年10月29日，黑色星期四，股票市场暴跌。在大萧条时期，银行垮台，企业关门，实际GDP一落千丈而失业率激增。几年后，关于1929年股票市场灾难仅仅是一个征兆还是经济低迷的主要原因，出现了许多争论。证据显示，1929年股票市场灾难仅仅反映进步中的经济已经出现了下滑。例如，黑色星期四之前的几个月，工业生产已经下降。

2001年9月11日灾难袭向世贸中心大楼时，全美商业经济协会（NABE）正在那里召开年会。"枝形吊灯摇晃，我们听到震荡性的声音，当我们成群而出时，我们发现一座塔楼已经在燃烧"，卡尔·唐纳鲍姆（Carl Tannenbaum），荷兰银行驻芝加哥首席经济学家，当时正在参加会议。① 就在一天前，全美商业经济协会的一组经济学家预测了经济的缓慢增长，但不会衰退。这项预测在第一架飞机撞击的时候就作废了。分析员预测了衰退，一种原因在于对利润的期望降低时股票市场会向下俯冲。确实，作为9·11恐怖袭击的结果，股票市场遭遇了大萧条以来最糟的一周的下跌。9·11刚过，估计股票市值损失达1.2万亿美元之巨。②

9月的袭击之前，道琼斯工业指数在5月达到11 500的高度，但是2001年9月10日跌了2 000点达到9 431的新低。在此期间，经济被网络公司的纷纷倒闭与高科技股票的剧跌折磨不堪。袭击之后，股票市场在当周的剩余日子里被关闭，在次周一，2001年9月17日重新开放，华尔街著名的公牛雕像用美国国旗装饰起来，国民警卫队在街道上巡逻。交易的结果却是证券的巨幅跌价和股票一周内跌了1 371点。当年剩下来的时间，道琼斯工业指数逐渐爬升至9·11之前

① 全世界，恢复的希望，商业周刊，2001年9月24日，p.42.

② 围攻下的经济，财富，2001年10月15日，p.86.

的水平，并且在2001年12月31日以10 022点收盘。实际GDP在2001年的头3个季度紧缩，并在2001年最后3个月上升了2.7个百分点，这在当时是十分令人惊喜的强劲业绩。全美商业经济协会（NABE）的六人组，美国经济周期的国家仲裁者，2001年11月宣称衰退开始于3月并于当年11月结束，自开始后持续了8个月。

股票市场的下跌被新闻头条广泛报道。跌落的一个原因在于，许多美国人因为毕生储蓄面临威胁而觉得自己更穷了。几个钟头之后，可观的账面损失减少了人们打算支付房屋、汽车、学校学费或退休的财富的数量。尽管不是所有美国家庭都持有股票，但每个人都害怕华尔街云霄飞车的急转直下。假如一次股票市场的灾难导致了衰退，那么它也可能引起公司裁员、利润分配和养老金的削减。企业担心由于需要现金帮助度过经济的艰难时期，家庭会推迟购买主要消费品。消费者花钱的犹豫降低了总需求，进而价格和利润都降低了。降低的销售量和对衰退的忧虑可能会使许多企业主管推迟现代化计划。企业使用旧工厂和设备而不是购买新的工厂和设备，这意味着整个经济出现了更低的私人投资支出、就业、产出和收入。

分析问题

1. 要知道9·11袭击和股票市场会计丑闻带来的影响，浏览 http://bigcharts.marketwatch.com 网站并点击DJIA图。要知道实际GDP及其成分的变动，浏览 http://www.bea.doc.gov/bea/dn/nipaweb/SelectTable.asp? Selected = N 网页。

2. 解释股票市场灾难是怎样影响经济的。（提示：考虑对消费者与企业态度的影响。）

3. 研究1987年股票市场灾难及其对经济的影响。

失业率
劳动力中没有工作或正在积极寻找工作的人的比例。

民用劳动力
年满16周岁以上，被雇用或正在积极寻找工作的人口总数，不包括军人、家庭主妇、丧失信心的工人和其他不属于劳动力人口的人。

每个月，美国劳工部的劳动统计局（BLS）都与调查局联合，展开一项对美国约6 000户家庭的随机样本调查。家庭中每个16岁或以上的成员都被问到是否就业或失业。如果一个人每周为获得回报至少工作1小时，或在家庭企业中不拿工资地工作至少15小时，他或她就是被雇用的。假如没有被雇用，问题就变成他或她是否在上个月寻找了工作。如果是的话，那个人就被称为失业的。基于这项调查的数据，BLS每个月发布**失业率**与其他就业相关的统计数据。

失业率是**民用劳动力**中没有工作并正在寻找工作的人数的百分比。然而，现在谁被计入失业人口？谁属于劳动人口？当然，并不是所有没有工作的人都被分类为失业人口。孩童、全日制学生以及退休人员不属于失业。同样地，病人或严重残废的人也不被包含入失业人口。也有其他类别未被计入。转到图12-6。民用劳动力就是年满16周岁以上，被雇用或正在积极寻找工作的人口总数，不包括军人、家庭主妇、丧失信心的工人和其他不属于劳动力人口的人。基于调查数据，BLS 运用下列公式计算了*民用失业率*：

$$\text{失业率} = \frac{\text{失业人口}}{\text{民用劳动力}} \times 100$$

在 2004 年，失业率等于

$$5.5\% = \frac{8\,100\text{ 万人}}{147\,500\text{ 万人}} \times 100$$

图 12-7 绘制了 1929 年以来的美国失业率的历史记录。要注意，最高失业率发生在 1933 年大萧条时期，高达 25%。另一个极端，我们达到的最低的失业率为 1944 年的 1.2%。

图 12-6　人口、就业及失业，2004 年

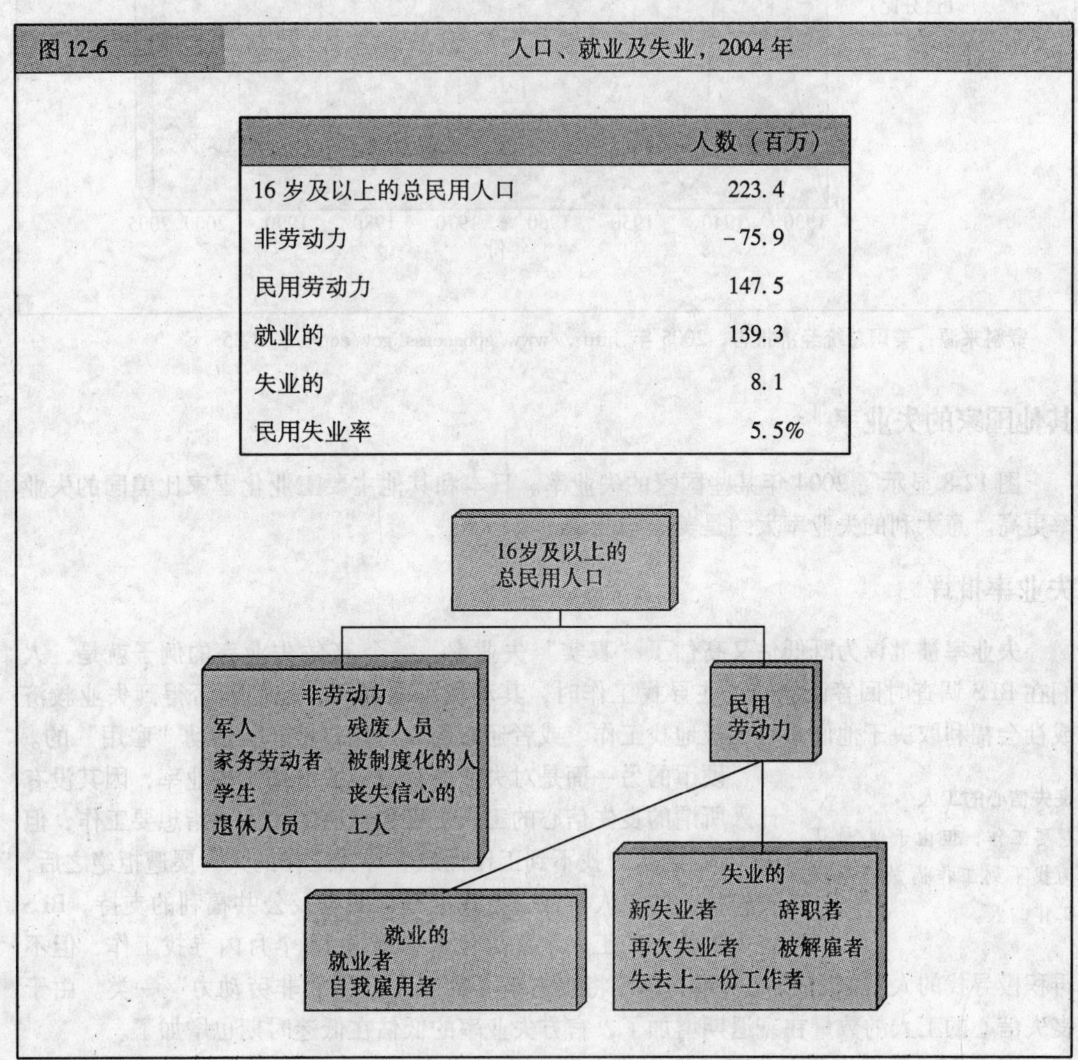

	人数（百万）
16 岁及以上的总民用人口	223.4
非劳动力	−75.9
民用劳动力	147.5
就业的	139.3
失业的	8.1
民用失业率	5.5%

资料来源：美国总统经济报告，2005 年，http://www.gpoaccess.gov/eop，表 B-35.

图 12-7 美国失业率，1929—2004 年

图形显示了 1929 年以来民用失业率的波动，失业率在大萧条时期的 1933 年达到 25% 的高度。最低失业率 1.2% 出现于 1944 年第二次世界大战时期。2004 年，失业率为 5.5%。

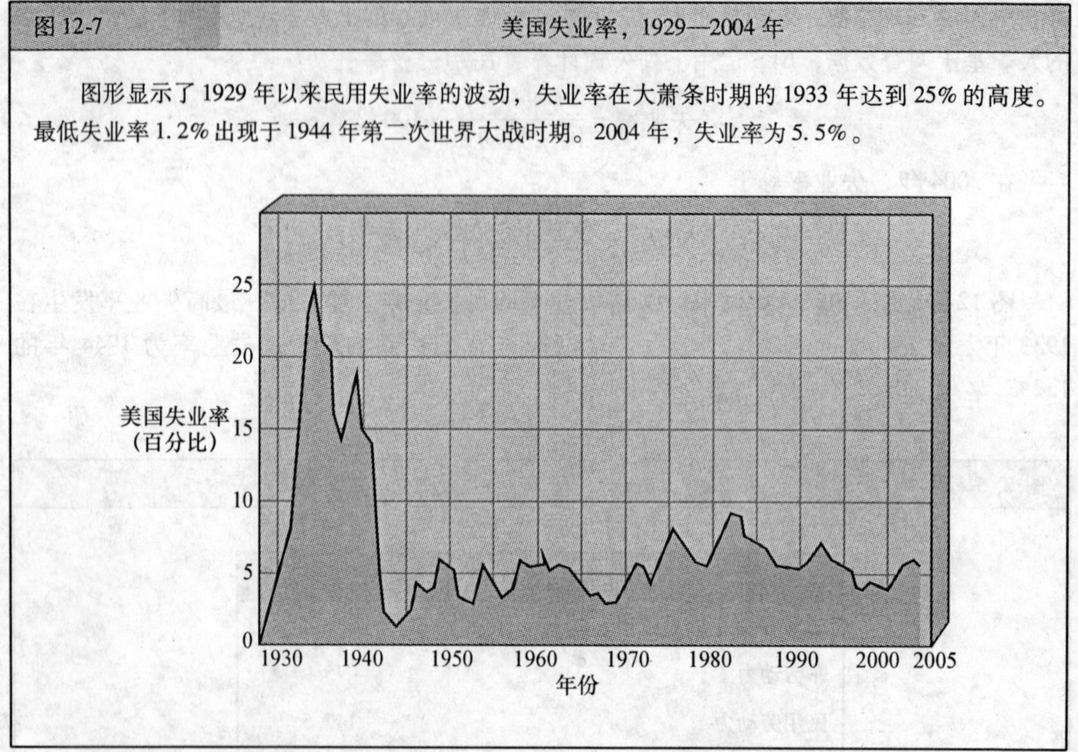

资料来源：美国总统经济报告，2005 年，http://www.gpoaccess.gov/eop/，表 B-35.

其他国家的失业率

图 12-8 显示了 2004 年某些国家的失业率。日本和其他主要工业化国家比美国的失业率更高。意大利的失业率大约是美国的两倍。

失业率批评

失业率被批评为既低估又高估了“真实”失业率。一个*高估*失业率的例子就是，人们在 BLS 调查时回答说他们正在寻找工作时，其动机可能在于，他们能否得到失业救济或社会福利取决于他们是否积极地找工作。或者还有的人可能是被非法活动“雇用”的。

丧失信心的工人
想要工作，但由于他/她认为找不到工作而放弃寻找工作的人。

硬币的另一面是对失业的官方定义低估了失业率，因其没有计入所谓的丧失信心的工人。**丧失信心的工人**是指想要工作，但由于他/她认为找不到工作而放弃寻找工作的人。屡遭拒绝之后，丧失信心的工人常常去寻找家庭、朋友及公共福利的支持。BLS 将丧失信心的工人定义为任何在最近 12 个月内寻找工作，但不再积极寻找的人。如图 12-6 所示，BLS 将丧失信心的工人归为“非劳动力”一类。由于丧失信心的工人的数量在衰退期增加了，官方失业率的低估在低迷时期也增加了。

官方 BLS 数据将所有兼职工作当作专职工作包含在内，这是另一个低估失业率的例子。这些工人实际上是被部分雇用的，如果他们能够找到专职工作的话，他们中的许多人是愿意专职工作的。

最后，失业的统计数据并不能够测度就业不足。假如工作岗位是稀缺的，那么一个大学毕业生就会从事与他或她的技能水平不相称的工作，人力资本未得到充分利用。或者，我们假设一位雇主将雇员的每周工作时间从 40 小时裁减到 20 小时。这样的潜在工作的损失在衰退期变得更大，但并没有在失业率中得到反映。

图 12-8　选定国家的失业率，2004 年

2004 年，主要工业化国家中大部分的失业率都比美国低。意大利的失业率大约是美国的两倍。

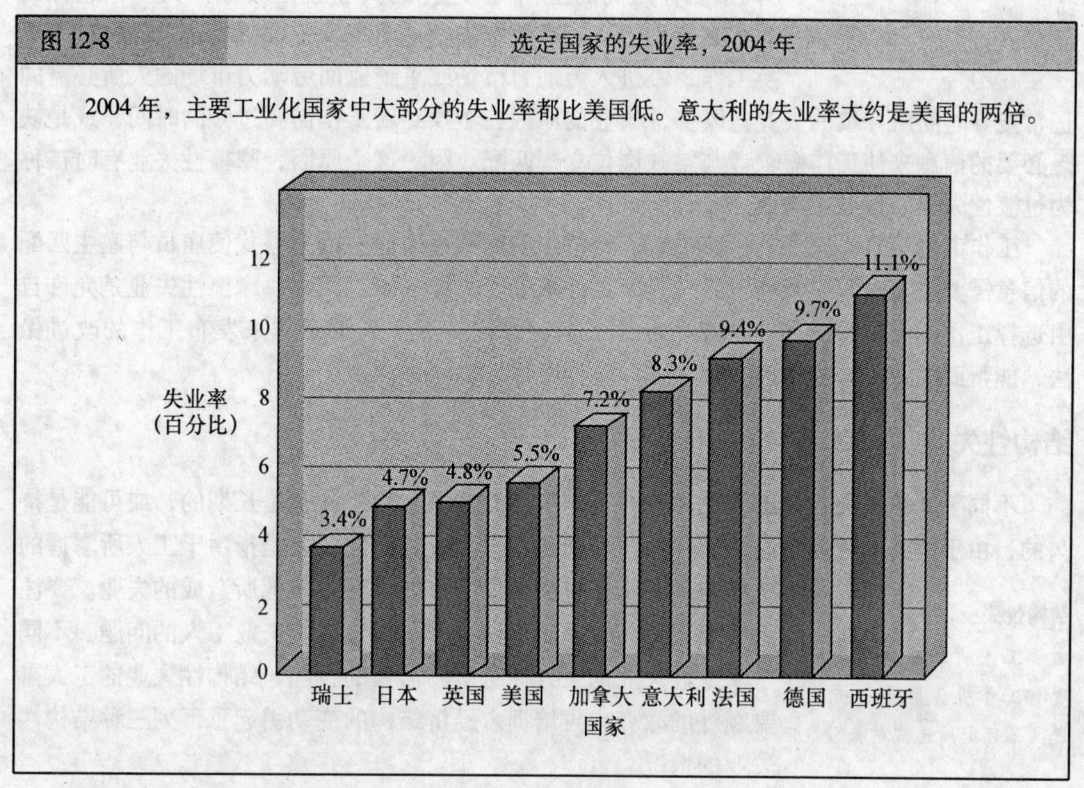

资料来源：国际货币基金组织，世界经济展望数据库，http://www.imf.org/external/pubs/ft/weo/2004/02/data/dbginim.cfm.

失业的类型

失业率由失业的三种不同类型决定：*摩擦性失业*、*结构性失业*与*周期性失业*。了解失业的这些概念类别能帮助我们了解用来缓解失业压力的政策制定。实际上，每种失业都要求不同的政策处方来消除。

摩擦性失业

对于某些失业者来说，工作只是暂时的。在某个给定时刻，某些具有市场需要的技能的人被开除了，其他人自愿离开工作岗位去接受或寻找新工作。总是会有年轻人刚从学校毕业并且寻找第一份工作。建筑类行业的工人在项目之间经历

由于不是自己的原因而失业的工人符合失业救济的条件。想知道相关信息，参见http://www.law.cornell.edu/topics/unemployment_compensation.html.

摩擦性失业
由于具备可市场化技能的工人更换工作，刚进入劳动力市场或重新返回劳动力市场的人所必需的正常搜寻时间所导致的失业，或称季节性失业。

过短期的失业，暂时解雇更是家常便饭。其他工人会季节性失业。比如说，滑雪胜地的工人会在冬天而不是夏天被雇用。某些谷物必须“当令”收割。由于一旦失业与空缺职位相切合，需求这些工人技能的工作是可以找到的，这样的工人被认为处于“两个工作之间的空档”。这样的失业就是摩擦性失业，这种失业不必特别担心。摩擦性失业是由于具备可市场化技能的工人更换工作，刚进入劳动力市场或重新返回劳动力市场的人所必需的正常搜寻时间所导致的失业。摩擦性失业的原因在于找到新工作需要过渡的时间，或是缺乏必要的信息来使工作需求者与空缺岗位立刻匹配。因为这个原因，摩擦性失业有时被称为过渡性失业或搜寻性失业。

工作市场信息不完备的事实引起了经济中的摩擦性失业。因为寻找使雇员与雇主匹配的信息需要花费时间，某些工人总是摩擦性地处于失业之中。因此，摩擦性失业是允许自由选择工作的经济系统的一个正常状况。通过在因特网上列举工作来发布工作的改进做法，能帮助失业工人更快地找到工作并降低摩擦性失业。

结构性失业

不同于摩擦性失业，**结构性失业**并不是短期的情形。相反，它是长期的，或可能是持久的，由于没有给失业工人的工作岗位而引起的失业。结构性失业是指由于工人所掌握的技能与现有工作机会需要的技能之间不匹配所造成的失业。要注意更换工作与缺乏工作信息都不是结构性失业工人的问题。不同于摩擦性失业的工人拥有市场需要的技能，结构性失业的工人需要额外的教育或再培训。经济结构的变动引起了下列三种结构性失业的情况。

结构性失业
由于工人所掌握的技能与现有工作机会需要的技能之间不匹配所造成的失业。

第一，由于缺乏教育或承担现行可获得的工作所需要的相关技能，工人可能会面临失业。这类结构性失业特别侵袭十几岁的青少年以及少数人团体，但其他工人也有可能受到影响。比如，环境意识，如通过限制树木砍伐来保护猫头鹰会使某些伐木工人丢掉工作。要减少此类结构性失业，要求重新培训伐木工人适应新工作，例如，去当护林员。另一个例子与战后削减军费开支而出现的“和平红利”相关。这种情况导致了退伍军人的结构性失业，他们需要重新培训以适应，诸如教学、护士或警察等工作。

第二，消费大众可能会决定增加对保时捷汽车的需求，并且减少对雪佛莱巡洋舰汽车的需求。需求上的变化可能会引起美国汽车工人失去在肯塔基州宝林格林的工作，变成结构性失业者。为了重新获得工作，这些失业的汽车工人必须进行再教育并在其他行业寻找新的工作机会，例如，在北卡罗来纳州 IBM 公司制造电脑打印机。

第三，最新科技的采用也可能会增加某个特定行业和地区的结构性失业人群。例如，美国纺织行业起初位于南部，因为使用了先进机械而能够对抗国外的便宜纺织品进口。这项新的资本品可能会取代纺织工人。但试想有新的工作时，这些失业的纺织工人并不希望搬到新的有工作的定居地。搬家的成本、对未知的恐惧以及与家庭的联系都是工人不愿搬迁的可以理解的原因，相反，工人成为结构性失业者。

结构性失业的例子有很多，包括差的学校、新产品、新科技、国外的竞争、地理差异、工作的限制准入、政府优先的变化等。由于技能与工作之间存在大量的不匹配，经济学家将某种程度的结构性失业视为不可避免的。对雇员进行培训以适应现有的工作岗位的公共与私人项目都将降低结构性失业。相反地，关于最低工资规定的一个担忧在于，它可能会导致结构性失业。第4章的图4-5中，我们发现由立法规定的高于平均工资的最低工资法引起了失业。一种打算消除最低工资的不良影响的方法就是，在培训期间支付给工人半最低工资，使雇主有动机雇用不熟练工人。

周期性失业

周期性失业直接归咎于因经济周期导致的工作缺乏。周期性失业是指在经济萧条时期由于缺乏就业岗位所致的失业。当实际GDP下降时，企业倒闭，工作消失，工人为了很少的工作岗位你争我夺。类似于抢座位游戏，并没有足够数量的椅子（工作）提供给游戏中一定数目的玩家（工人）。

周期性失业
在经济萧条时期由于缺乏就业岗位所致的失业。

大萧条是周期性失业的生动例子。消费、投资、消费支出及净出口突然减少。作为实际GDP显著下降的后果，失业率上升到大约25%（参见图12-7）。现在，我们要注意当实际GDP在第二次世界大战中迅速上升时，失业率发生了怎样的变化。为了消除失业的这些摆动，宏观经济政策的一个焦点就是缓和周期性失业。

充分就业目标

这部分中，我们更进一步观察**充分就业**的含义。由于摩擦性失业和结构性失业在好时期和坏时期都会出现，充分就业并不意味着“百分之零的失业”。充分就业是指失业率等于摩擦性和结构性失业率的总和时的经济运行状况。因此充分就业是不存在周期性失业时存在的失业率。

充分就业
失业率等于摩擦性和结构性失业率的总和时的经济运行状况。

不幸的是，经济学家并不能肯定地陈述在某个特殊的时间点，哪部分劳动力是摩擦性失业或结构性失业。因此，实际上，充分就业很难定义。此外，充分就业的失业率，或自然失业率，会随时间而变化。20世纪60年代，4%的失业通常就被视作代表充分就业。20世纪80年代，可接受的失业率为6%。现今，经济学家普遍认为自然失业率为5%。

充分就业不是固定的，有多种解释。一种解释是，20世纪60年代到20世纪80年代之间，女性和十几岁青少年日渐增多地参与到劳动力中来。由于妇女和年轻人（25岁以下）比男人更具代表性地经历了高失业率，劳动力组成的这种变化增加了充分就业的失业率。另一个关于充分就业的失业率提高的经常被提起并引起争论的理由是，政府给失业者更高的失业救济、食品券、福利以及社会保险收益，使得失业不那么痛苦了。20世纪90年代，由于妇女和十几岁年轻人进入劳动力行业变缓，自然失业率稍有下降。同时，婴儿出生高峰一代长大了，并且中年工人拥有更低的失业率。

要点考查

发明一只轮子引起了哪一类失业?

发明一只轮子会引起摩擦性、结构性或周期性失业吗?

GDP 差距

GDP 差距
充分就业状态下的真实 GDP 与实际 GDP 之间的差距。

当一个经济中的人失业时，社会便损失了商品和劳务的生产。经济学家用 GDP 差距来估测当经济不能达到自然失业率时社会损失的美元价值。GDP 差距是指充分就业状态下的真实 GDP 与实际 GDP 之间的差距。充分就业时可以创造的 GDP 水平被称为*潜在的实际 GDP*。由于 GDP 差距是由充分就业的失业率下的 GDP 和现行失业率下的 GDP 之间的差距来测度的，GDP 差距能够测量周期性失业的成本，用以下公式表示：

GDP 差距 = 潜在的实际 GDP − 实际 GDP

现实生活中的经济学

这是一个机器人世界吗?

适用概念：失业类型

20 世纪 80 年代晚期，一篇文章描述了往复出现的劳动力市场的情形：

> 寻找失业保险的人很少选择音乐行业。但这些日子以来，音乐家说，器械的竞争除掉了曾经有过的不稳定性。现代化的机器能够有效地复制出弦乐、打击乐甚至喇叭声，因此，除了音乐会，留给活着的音乐家的工作就一天比一天更少了。
>
> 这并不是科技第一次打击音乐行业。当有声电影毁灭了轻歌舞剧时，当录制音乐在广播站的播音室里取代了实况音乐时，音乐家的市场遭受到了打击，从那时起就从未完全复原过……音乐家的遭遇并未得到广泛的同情。某些行业的权威人士认为，现在的工作问题在于进步带来的不可避免的代价，音乐家们应该使他们的技能跟上这些新工具……
>
> 然而，其他人坚持认为有比音乐家的生计更为危险的事情。格拉泽（Glasel）先生，[音乐家协会] 802 区主席，警告对音乐过分的计算机化将会最终威胁音乐的质量。例如，自从合成器能够处理出相近的喇叭声效后，喇叭手就会失业。但如果没有了喇叭手，他问道，“下一代到哪里去找他们的迪兹·吉莱斯皮（Dizzy Gillespie）?”①

对音乐家职业的威胁依然存在：丰田汽车公司在 2005 年世界博览会上展示了他们的演奏音乐的类人机器人。这个机器人能够打鼓和演奏如喇叭和大号之类

① James S. Newton，音乐职业的死亡丧钟，纽约时报，1987 年 3 月 1 日，第 3 部分，p. 9.

的管乐器。①

护士的职业也要当心！2002 年的《华盛顿邮报》的一篇文章报道说：

无论什么时候一个新的病人送到退伍军人医疗中心［北卡罗来纳州，达拉谟］，一个有着四只脚八英寸高的会说话的机器人就会出现在离病人房间最近的护士位置上，带来医生开出的药剂。多博（TOBOR），那个机器人，就是一个运送"机器人"。它日夜在走廊上滑行，将药品从医院的中心药房送到各病房。多博比"星球大战"电影中的滑行机器人 R2D2 更大更矮胖，它一天要与病人和探视者同乘好几次医院的电梯。它通过清晰的男中音嗓音表达它的意愿。"我要移动了，"它告诉其他乘客，"请站开一点。"

与人类同事或大众一起工作的机器人相对不多见，然而用于诸如运送药品、食品碟和试验标本之类常规工作的"服务机器人"，却越来越多地被使用在医院里。它们必须一天工作 24 小时和面对高度的劳动力不足和高成本……多博的人类同事更大程度上会忽视这一点。孩子们会惊喜地喊叫，向多博问候。某些病人会在大厅碰到多博时试着干扰它的机器人声纳"视觉"，故意向它发出挑衅。布赖恩·巴比特（Brian Babbitt），伴侣型机器人公司的总经理，说道，"当你意识到看护和药房工作人手存在不足时，你想要尽可能保持熟练工作人员的高技能水平。你肯定不要那些游手好闲和总是在等电梯的人。"②

现在，人们 2003 年在卡内基梅隆大学建立了机器人名人纪念馆。机器人被分为两类——科学机器人与科幻机器人。由一组至少具有两年相关工作经验的专家来挑选每一类中哪些机器人能够进入名人纪念馆。请给我颁奖信封！首批获奖者是：通用机械手，首位工业机器人；来自美国国家航天局火星探险计划的旅居者机器人；R2D2，星球大战系列电影的"类人"；以及 HAL-9000，来自 2001 年电影《星球旅行》的无赖电脑。③

分析问题

1. 音乐家是否经历了摩擦性、结构性或周期性失业？试作解释。
2. 对上文提到过的喇叭手，你有什么解决方案的建议？

美国职业训练局对所有州的职业就业增长采取了一些方案(http://www.doleta.gov/regions/)。最重要的计划之一就是帮助个人做出信息完备的职业决策。

图 12-9 显示了以每年潜在的**实际 GDP** 和**真实的实际 GDP** 为基础的 1990 年到 2004 年的 GDP 差距（以 2000 年价格计量）的规模。当图中的两条线相交时，经济达到峰值。20 世纪 70 年代早期，越南战争带来的刺激导致了加班工作，并且经济创造出实际 GDP 超过潜在的实际 GDP 的差距（负 GDP 差距）。在 1990～1991 年的衰退中，经济在低于其潜力的状态下运行（正的 GDP 差距），社会损失了几百万美元的**潜在的实际 GDP**。1990～1991 年的衰退过后，经济一直低于其潜在的实际 GDP；在 1999 年短暂地超过其潜力，直到 2001 年出现衰退。自 2001 年衰退以来，美国经济经历了正的 GDP 差距。

---

① Mie Sakatmao，丰田展示音乐演奏机器人，日本共同社国际新闻，2004 年 12 月 3 日.
② Susan Okie，机器人帮助降低医院成本，华盛顿邮报，2002 年 4 月 3 日，p. 43.
③ 卡内基梅隆将机器人引入名人纪念馆，联合报，2003 年 12 月，p. 14.

结论 真实的实际 GDP 与潜在的实际 GDP 之间的差距可以衡量在低于充分就业情况下，一国的真实商品和劳务的货币损失。

图 12-9 潜在与实际 GDP，1990～2004 年

GDP 差距是指潜在的实际 GDP 与真实的实际 GDP 之间的差距。由于潜在的实际 GDP 是基于充分就业的基础上的，正的 GDP 差距计量周期性失业在真实的 GDP 方面的成本。负的 GDP 差距计量工人被超时雇用时的经济繁荣，1999 年与 2000 年，美国经济经历了负的 GDP 差距、2001 年的衰退逆转了 GDP 差距，并且直到 2004 年经济运行都低于其潜在值。

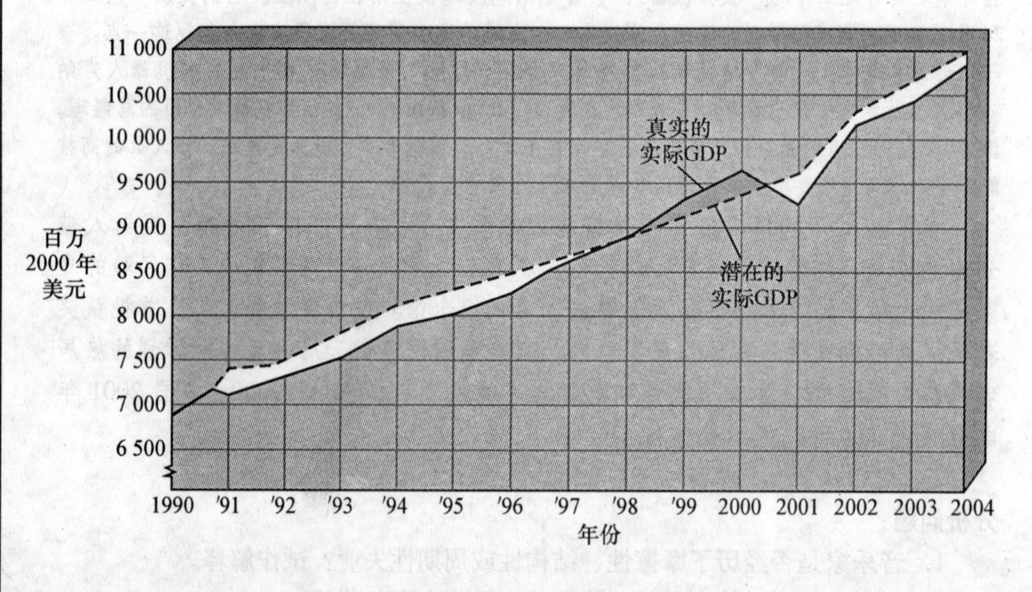

资料来源：Economagic 网站，http://www.economagic.com/；国际货币基金组织，世界经济展望数据库，http://www.imf.org/external/pubs/ft/weo/2004/02/data/dbginim.cfm.

失业引起的非货币的和人口统计学上的后果

失业的负担比 GDP 差距衡量出的潜在产出损失还要大。失业同样有非货币成本。有些人能很好地忍受失业是因为他们还有物质储备可资利用，但其他人则会陷入绝望之中。没有工作，许多人会丧失他们对个人价值的感觉。当他或她不能够养活家庭，不能成为有价值的社会成员时，他或她的自我形象就会受损。研究发现，失业与自杀、犯罪、精神疾病、心脏病发作和其他疾病有高度的联系。此外，严重的失业会引起绝望、家庭破裂与政治动荡。

不同的劳动力市场组对失业的影响不同。图 12-10 展示了选定的人口统计组经历过的失业率。2004 年的总失业率为 5.5%，但图中的数据显示了由种族、年龄以及教育程度带来的不同负荷。第一，我们要注意男性和女性的失业率基本相同。第二，黑人的失业率差不多是白人的两倍，比西班牙裔人的要高。第三，由于青少年作为劳动力的新力量，缺乏劳动经验，辞职率高，工作稳定性差，他们经历了高失业率。此外，种族是一项重要因

素，黑人青少年的失业率比白人青少年的失业率的两倍还高。对此的解释包括：歧视、黑人大多聚集在对缺乏技艺的工人（蓝领）工作机会不够多的市中心以及最低工资法。

最后，根据教育程度对 2004 年失业率的比较显示出教育作为一项对抗失业的保险政策的重要性。厂商不那么可能解雇一个受过大学教育的高技能工人，比起那些仅仅拥有高中文凭的工人来说，他们会以培训和工资的方式对他进行更高的投资。

图 12-10　选定人口统计组的民用失业率，2004 年

人口统计分组	失业率（百分比）
总数	5.5%
性别	
男性	5.6
女性	5.4
种族	
白种人	4.8
西班牙裔	7.0
黑种人	10.4
年轻人（16～19 岁）	
所有	17.0
白人男性	16.3
黑人男性	35.6
白人女性	13.6
黑人女性	28.2
教育	
高中文凭以下	8.5
高中毕业	5.0
大学毕业	2.7

资料来源：美国总统经济报告，2005 年，http://www.access.gpo.gov/eop/，表 B-42 和表 B-43；美国劳工统计局，http://stats.bls.gov/cps/cpsatabs.htm，表 A-4.

主要概念

经济周期	经济增长	民用劳动力	周期性失业
高峰	领先指标	丧失信心的工人	完全失业
衰退	同步指标	摩擦性失业	GDP 差距
低谷	滞后指标	结构性失业	
复苏	失业率		

小结

- **经济周期**是一段时期内实际 GDP 周期性发生的上升和下降。经济周期在持续时间和强度上有很大区别。一个周期由四个阶段组成：高峰、衰退，低谷和复苏。如今普遍接受的理论就是需求与供给力量的变化引起了经济周期。

假定的经济周期

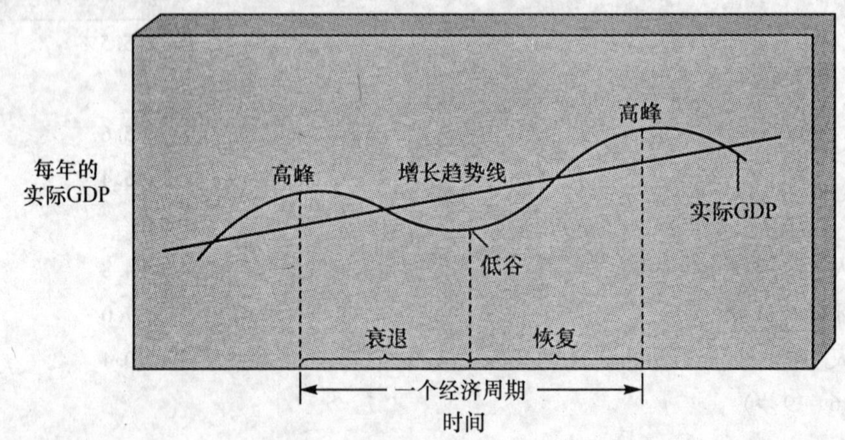

- **衰退**被正式定义为至少连续两季的实际 GDP 的下降。**低谷**是衰退与复苏之间的国民产出的转折点。在**复苏**时，经济周期中出现了好转，这时期实际 GDP 上升。
- **经济增长**由一国实际 GDP 的年度变化百分比来衡量。美国的长期平均年增长率为 3%。
- **领先**、**同步**与**滞后**指标是分别指先于、同时与后于实际 GDP 变化而变化的经济变量。
- **失业率**是失业人口数量对民用劳动力数量的比例再乘以 100。一国**民用劳动力**由被雇用的人口加上失去工作但正在寻找工作的人组成。
- **丧失信心的工人**是失业率被*低估*的批评原因。丧失信心的工人是指那些想要工作，但却放弃寻找工作的人。另一项对失业率的批评在于，由于回答者会不实地报告他们正在寻找工作，失业会被*夸大*。
- 摩擦性、结构性与周期性失业是失业的不同类型。**摩擦性失业**，包括季节性失业，在工人寻找存在的新工作时会发生。问题是，不完全的信息妨碍了申请者与合适岗位的匹配。**结构性失业**是由经济中要素引起的失业，包括缺乏技能、产品需求变动与技术变化。**周期性失业**是由总需求不足引起的失业。
- **充分就业**发生于失业率等于摩擦性与结构性失业率总和的时候。通常地，在美国，充分就业的失业率（自然失业率）被认为接近于 5%。在这个失业率上，经济生产接近于其最大潜力。GDP 差距是充分就业**实际 GDP** 或**潜在的实际 GDP** 与现实 GDP 之间的差距。因此，GDP 差距度量了由于周期性失业引起的产出损失。

问题思考

1. 经济周期的基本原因是什么？
2. 下面是 10 个季度的实际 GDP 数据：

季节	实际 GDP（百万美元）	季节	实际 GDP（百万美元）
1	$ 400	6	$ 500
2	500	7	800
3	300	8	900
4	200	9	1 000
5	300	10	500

绘制这些数据点，并且识别经济周期的四个阶段。给出一个理论来解释观察到的经济周期的原因。持续的实际 GDP 的下降带来的一些后果是什么？实际 GDP 从 100 000 万美元下降到 50 000 万美元是否就是衰退？

3. 在某年，经济中有 100 万失业人口和 120 万就业人口。排除军人、机构中的人的数量，假设这些数据只包括民用人口，计算民用失业率。
4. 描述政府统计员用来决定一个人是否处于“失业”的相关标准。
5. 官方失业率是如何由于夸大和低估失业而被批判的？
6. 为什么经济中由不完全职业信息引起的摩擦性失业不可避免？
7. 结构性失业与周期性失业有什么不同？
8. 期待经济中的失业率下降到零是合理的吗？摩擦性、结构性、周期性失业与充分就业的失业率或自然失业率之间的关系是什么？
9. 20 世纪 60 年代，经济学家使用 4% 作为自然失业率的近似值。如今，充分就业的失业率近似于 5%，解释其升高的主要原因是什么？
10. 思考为何年轻人的失业率超过总人口的失业率。
11. 解释 GDP 差距。

在线练习

练习 1

浏览美国白宫经济统计简报办公室网站（http://www.whitehouse.gov/fsbr/esbr.htm），并且选择“产出”。点击图标和 GDP 数据表，研究实际 GDP 数据。对下年的经济做出预测。

练习2

浏览劳工统计局的州失业数据(http://www.bls.gov/news.release/laus.t03.htm),按下列步骤做:

1. 你所在州的失业率是多少?
2. 将你所在州的失业率与整个国家的失业率做个比较(http://www.bls.gov/cps/)。对差距如何做出解释?

练习3

浏览失业的指标(http://unstats.un.org/unsd/demographic/social/default.htm)。比较美国与其他国家的失业率。

要点考查答案

我们在经济周期云霄飞车上身处何处?

汽车零售商第一个季度的销售与经济周期的衰退阶段相符,第二季度的销售与低谷阶段相符。第三季度的汽车销售低于第一季度,但是比第二季度增加意味着复苏。如果你认为复苏阶段的实际 GDP 可能会低于衰退阶段的实际 GDP,**你就是正确的**。

发明一只轮子引起了哪一类失业?

发明一只轮子对原始人来说意味着一项新科技。即使是在原始时期,许多运输产品的人也会因为装有轮子的大车更有效率而失掉他们的工作。如果你说轮子的发明会引起结构性失业,**你就是正确的**。

测试

1. 经济周期的阶段是
   a. 向上和向下摆动。
   b. 充分就业与失业。
   c. 高峰、衰退、低谷与复苏。
   d. 充分就业、萧条、扩张与稳定。
2. 实际 GDP 在经济周期的哪个阶段达到其最低水平?
   a. 衰退。
   b. 萧条。
   c. 复苏。
   d. 低谷。
3. 下列哪项不是领先指标指数中的变量?

a. 新的消费品订单。

b. 延迟交货。

c. 新的建筑许可证。

d. 银行基准利率。

4. 下列哪项是同步指标?

a. 个人收入。

b. 工业生产。

c. 制造业与贸易销售量。

d. 以上都是。

5. 劳动力由所有____的人组成。

a. 21 岁及以上。

b. 正在工作的 21 岁及以上。

c. 16 岁及以上。

d. 正在工作或积极寻找工作的 16 岁及以上。

6. *不在*工作却被计入就业的人是因为他们

a. 在度假。

b. 由于坏天气而不在岗。

c. 由于劳资纠纷而不在岗。

d. 以上都是。

7. 官方的失业人员数量与找不到工作的人员数量*不同*是因为

a. 已经有工作的人继续寻找更好的工作。

b. 军人也被包含在内。

c. 丧失信心的工人没有被计入。

d. 以上都是。

8. 摩擦性失业适用于

a. 拥有技能却不被现有工作需要的工人。

b. 用来匹配工作与寻找工作的人的短暂失业期。

c. 失业很久的人。

d. 由于经济周期的上升或下降带来的失业。

9. 结构性失业是由____引起的。

a. 经济的变动使得工作技能变得无用。

b. 建筑之类行业的短期失业。

c. 经济周期对工作机会的影响。

d. 经济的短期变动。

10. 由衰退引起的失业是

a. 非自愿失业。

b. 摩擦性失业。

c. 结构性失业。

d. 周期性失业。

11. 摩擦性与结构性失业率相加的总和等于
    a. 潜在失业率。
    b. 现实失业率。
    c. 周期性失业率。
    d. 充分就业的失业率。
12. 下列哪项陈述是*正确*的?
    a. 经济周期的四个阶段，按顺序是高峰、复苏、低谷与衰退。
    b. 当失业上升时，然后实际 GDP 也上升。
    c. 与复苏相联系的典型经济问题是失业率上升。
    d. 当失业率等于摩擦性与结构性失业率之和时，经济中存在充分就业。
13. 下列哪组代表性地拥有最高失业率?
    a. 白人男性与女性组。
    b. 非裔美国男性与女性组。
    c. 青少年组。
    d. 完成中学学位的人。
14. 下列哪项陈述是*正确*的?
    a. GDP 差距是充分就业**实际 GDP** 与**真实的实际 GDP** 之间的差距。
    b. 我们想要经济增长是因为它增加了国家的实际 GDP。
    c. 经济增长由国家实际 GDP 的年增长百分比来度量。
    d. 以上都正确。

第13章 通货膨胀

本章概述

除了前一章讨论过的充分就业与经济增长的目标以外，保持价格稳定也是一国面对的最重要的经济问题之一。在美国，20世纪30年代的大萧条给我们的生活带来了深刻的变化。相似地，20世纪70年代与80年代早期的“大通胀”给人们留下了对通货膨胀灾难的痛苦回忆。事实上，自弗兰克林·罗斯福后的每一任美国总统都决心要保持价格水平的稳定。政治家们意识到，一旦出现高失业率，投票者就会立刻指责政府未能控制通货膨胀。

本章对什么是通货膨胀做出了解释。你将学到政府实际上是如何衡量价格水平的变动以及计算通货膨胀率的。本章包含了对通货膨胀的结果以及原因的讨论，解释了谁是赢家、谁是输家。例如，你将看到当通货膨胀率达到116 000%时，玻利维亚发生了什么。在学习了本章之后，你将会更清楚地了解到为什么人们对通货膨胀如此畏惧。

在本章，你将学会解决以下经济学问题：

- 你的大学教育的通货膨胀率是多少？
- 可能出现即使他或她得到了加薪却收入减少的情况吗？
- 贝比·鲁斯（Babe Ruth）的工资今天值多少钱？
- 利息率可能为负吗？
- 通货膨胀对每个人的危害都相同吗？

通货膨胀的含义与测度

通货膨胀
经济体中产品和劳务一般（平均）物价水平的增加。

通货紧缩
经济体中产品和劳务一般（平均）价格水平的下降。

第二次世界大战以后，一瓶12盎司的百事可乐售价为5美分。现在，一瓶12盎司的百事可乐售价超出10倍还不止。这并不是**通货膨胀**。通货膨胀是经济体中产品和劳务一般（平均）物价水平的增加。通货膨胀的反面是**通货紧缩**。通货紧缩是经济体中产品和劳务一般（平均）价格水平的下降。我们要注意，通货膨胀并不意味着一定时期内经济中所有产品的所有价格都上涨。例如，20世纪70年代，平均总价格水平的年度变化百分比达到了两位数，但便携式计算器和数字表的价格却是下降的。20世纪70年代平均价格水平上升的原因在于，百事可乐、房屋及其他产品的价格上涨超过了便携式计算器、数字表和其他产品的价格下降。

结论 通货膨胀是平均价格总水平的增加，而不是某种特殊产品价格的增加。

消费者物价指数

消费者物价指数
测度消费者所消费的商品和劳务的平均价格的变动的指数。

最广泛报道的测量通货膨胀的方法就是**消费者物价指数（CPI）**，它测度消费者所消费的物品与劳务的平均价格的变动。CPI有时被称为*生活费用指数*。它仅仅包含消费者所消费的商品与劳务，用来决定升高的价格是如何影响消费者收入的。不同于第11章解释的GDP的链式价格指数，CPI并不考虑由企业和政府购买的产品。

美国劳工统计局提供消费者物价指数的数据（http://www.bls.gov/data/top20.htm）。用于通货膨胀计算的同样还有一系列不同的价格指数。这些指数可以通过美国白宫经济统计简报办公室的网站获得（http://www.whitehouse.gov/news/fsbr.html）。

美国劳工部的劳工统计局（BLS）筹备CPI数据。每个月，局里的“价格采集员”会遍及美国的选定城市去接触零售店、私房主以及房客。基于这些每月进行的调查，劳工统计局记录代表性家庭消费的不同商品的“市场篮”的平均价格。这些商品包括以下类别：食物、房屋、衣物与维修、交通、医疗、娱乐以及其他开支。图13-1展现了这些类别的更为详细的分类，由各类别在总支出中所占的百分比表现出其相对重要性。例如，调查显示，每个消费者花出的美元中有40.9美分用于房屋，17.1美分用于交通。市场篮的组成从一个时期到下一个时期通常保持不变，因此CPI被称为*固定权重价格指数*。假如1982～1984年40.9%的消费者支出用于房屋，那么我们就称2004年消费的39.8%仍然用于房屋支出。CPI的特殊项目会随时间发生变动。例如，经过修订加入了个人电脑、DVD播放器及CD播放器。基期周期性地发生变动。

图13-1 消费者物价指数构成

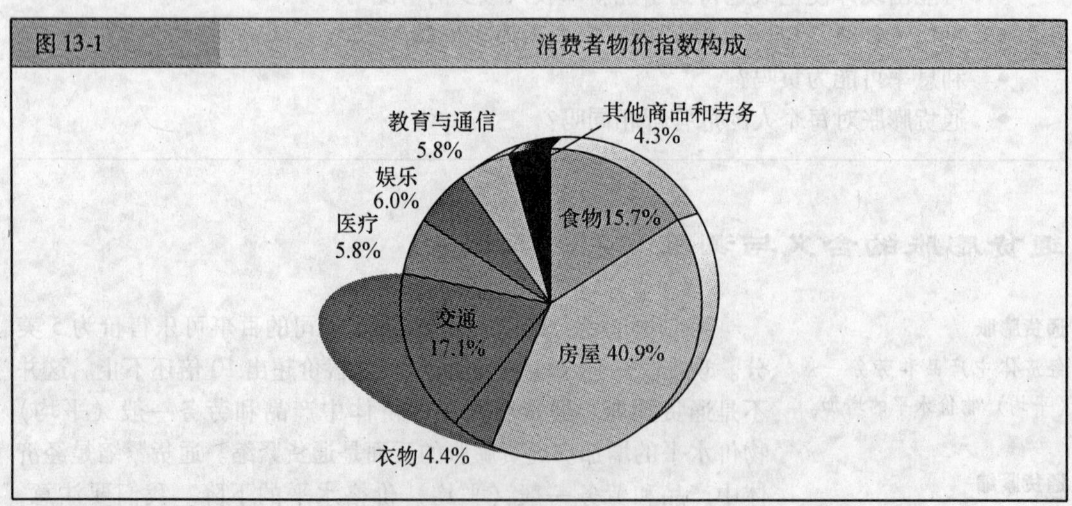

资料来源：美国总统经济报告，2005年，http://www.gpoaccess.gov/eop，表B-60.

如何计算CPI

图13-2说明了CPI的基本含义，并且显示了这项价格指数是如何测度通货膨胀的。假设1982年一家美国的代表性家庭生活十分贫困，并且只支付汉堡、汽油和牛仔裤的市

场篮。第 1 列是每项商品购买的数量，第 2 列则列举了相对应的平均出售价格。将价格与数量相乘就得到了第 3 列中列出的 1982 年每个消费者消费的产品的市场篮成本。这个代表性家庭对市场篮支付的总成本，基于 1982 年支出的价格和数量计算，是 245 美元。

图 13-2　一个简单经济的消费者物价指数

消费者市场篮里的产品	(1) 1982 年购买数量	(2) 1982 年价格	(3) 1982 年的市场篮成本 [(1) * (2)]	(4) 1996 年价格	(5) 1996 年的市场篮成本 [(1) * (2)]
汉堡	50	$ .80	$ 40	$ 1.00	$ 50
汽油加仑数	250	.70	175	.90	225
牛仔裤	2	15.00	30	30.00	60
			1982 年总成本 = $ 245		1996 年总成本 = $ 335

$$1996\text{ 年 CPI} = \frac{1996\text{ 年市场篮成本}}{1982\text{ 年市场篮成本}} \times 100$$

$$1996\text{ 年 CPI} = \frac{\$\ 335}{\$\ 245} \times 100 = 136.7$$

基年
被选取为参照点的某个年份，以便与之前或之后的其他年份相比较。

12 年后是 1994 年，我们希望知道价格上升对消费者购买带来的影响。为了计算 CPI，我们需要确定以 1994 年的*当年价格*计价的*同样*市场篮的成本，并将其与 1982 年*基年价格*计价的成本作比较。*基年*是指被选取为参照点的某个年份，以便与之前或之后的其他年份相比较。用一般公式这样表述：

$$\text{CPI} = \frac{\text{以当年（1994）价格计算的市场篮成本}}{\text{以基年（1982）价格计算的市场篮成本}} \times 100$$

如图 13-2 所示，我们市场篮的 1994 年成本是将第 4 列中 1994 年每件商品的价格乘以第 1 列中 1982 年的购买数量，得到的 1994 年总市场篮成本是 335 美元。图 13-2 计算出的 CPI 价值 136.7 为 1994 年市场篮成本（335 美元）与同样市场篮的 1982 基年成本（245 美元）的比值再乘以 100。

CPI 的基年价值总是 100，因为 CPI 公式的分子和分母在基年是同一的。现在 CPI 使用 1982～1984 的消费形态作为基年。一旦 BLS 选定了基年并使用了市场篮技术得到 CPI 数字，年通货膨胀率就可以通过一年到下一年的官方 CPI 的变动百分比来计算。数学表述为：

$$\text{年通货膨胀率} = \frac{\text{给定年份的 CPI} - \text{前一年的 CPI}}{\text{前一年的 CPI}} \times 100$$

图 13-3 列举了《美国总统经济报告》上报道的当前 CPI 数据。你可以运用上述公式并计算以 1982～1984 年为基年的任意给定年份的通货膨胀率。例如，2004 年，CPI 为 188.9；而 2003 年的 CPI 为 184.0。2004 年的通货膨胀率按如下计算：

$$2.7\% = \frac{188.9 - 184.0}{184.0} \times 100$$

反通货膨胀
通货膨胀率的下降。

1932 年的负通货膨胀率 -9.9% 就是通货紧缩，1980 年的 13.5% 的通货膨胀率表现了美国最近历史上相对较高的通货膨胀率。2001 年到 2002 年的通货膨胀率从 2.8% 降至 1.6% 就是**反通货膨胀**。反通货膨胀是指通货膨胀率的下降。反通货膨胀并不意味着价格下降；相反，它意味着价格上升的速度下降。

图 13-3 选定年份的消费者物价指数与通货膨胀率

年份	CPI	通货膨胀率
1931	15.2	—
1932	13.7	-9.9%
1979	72.6	—
1980	82.4	13.5
1990	130.7	—
2000	172.2	—
2001	177.1	2.8
2002	179.9	1.6

资料来源：美国总统经济报告,2005 年,http://www.access.gpo.gov/eop/,表 B-60.

美国通货膨胀率史

图 13-4 显示了从 1929 年起美国的价格是如何变动的，以 CPI 的年度变化为度量。在大萧条的起初几年，国家经历了通货紧缩，CPI 几乎以两位数的速度下降。相反，CPI 在第二次世界大战结束后立刻达到两位数的通货膨胀率。1950 年以后，通货膨胀率一般低于3%，直到 20 世纪 60 年代晚期越南战争带来了通货膨胀的压力为止。事实上，1950 年至 1968 年间的平均通货膨胀率仅为 2%。接着通货膨胀率在 1974 年、1979 年、1980 年和 1981 年上升到超过 10%，并在 1980 年达到 13.5% 的高度。在 1973—1982 年期间，平均年通货膨胀率为 8.8%。紧跟着 1981—1982 年的衰退，年通货膨胀率趋向缓和，在 1984 年到 2001 年之间平均仅为 3.3%。我们要注意 1980 年到 1983 年以及 1990 年到 1992 年之间，通货膨胀率的下降意味着反通货膨胀的发生。反通货膨胀是指通货膨胀率的降低。2004 年，通货膨胀率仅为 2.7%。

要点考查

大学教育价格指数

假设你对于大学教育的市场篮仅仅由下表列出的四部分构成：

项目	2005年	2006年
学杂费[1]	$ 2 500	$ 3 000
食宿[2]	6 000	6 200
书籍[3]	1 000	1 200
软饮[4]	150	200

1. 两学期学费。
2. 九个月的开支。
3. 20本800页的全彩页书籍。
4. 300杯12盎司的可口可乐。

将2005年作为你的基年，2006年大学教育价格指数的变化百分比是多少？

现实生活中的经济学

笑的成本是多少？

适用概念：消费者物价指数

我们是否为大笑支付了过多的美元？或者欢笑的价格过低？橡皮小鸡的价格有问题吗？格劳乔（Groucho）的眼镜会让你眉毛上扬，《疯狂杂志》会让你疯狂吗？那么，很好，你有想法了。

马尔科姆·库什纳（Malcolm Kushner），一位以加利福尼亚的圣克鲁斯为根据地的从律师转行的幽默咨询师，以领先幽默指标的编纂为基础制造了一种指数，用以测度使我们发笑的物品在价格上的变化。库什纳创建了笑成本指数，探究笑的倾向是如何影响净盈利的。他也是一个建议公司领导要使职员在工作中得到诙谐感的幽默咨询师。例如，幽默能让高层经理成为更好的演讲人，笑能缓解紧张，甚至能治愈疾病。库什纳相信，幽默是美国最好的资产。他的咨询公司也在指数发布之后获得了民心。他最近的一本书，《对假想听众的演讲与大笑领导术》，还附带了6盘美国总统成功运用幽默的演讲磁带。为了对抗幽默成本的不断提高，库什纳建立了一个网站 http://www.kushnergroup.com。网站为公司发言人和作者们准备了各种幽默笑话、奇闻轶事、俏皮话及其他素材的数据库链接。

画有格劳乔脸的图表追溯了库什纳向媒体报道的笑成本的年度变动百分比。以年度为基础，笑的通货膨胀率从1995年的4.4%急剧跳水至1996年的3%，而直到2001年都保持烤薄饼一样的平坦。接下来，从2001年到2004年间，幽默指数急剧下滑至2.6%。

通过对这些年份的笑成本指数的近距离观察，我们会同时发现欢乐和沮丧的脸。2004年的好消息是《疯狂杂志》的价格下降了，但坏消息却是跳舞小鸡的价格上升了。幽默变得更昂贵的主要原因在于撰写半小时电视情景喜剧的价格。正如CPI一样，库什纳这样回答了问题：“那么，我希望这个指数真正做到全国化。这项价格对指数起到支配作用的事实表明，我们国家的文化被电视喜剧表演主导了。假如你会因为一部免费的连续剧而发笑，你当然不需要去购买橡皮小鸡或是去喜剧俱乐部。"

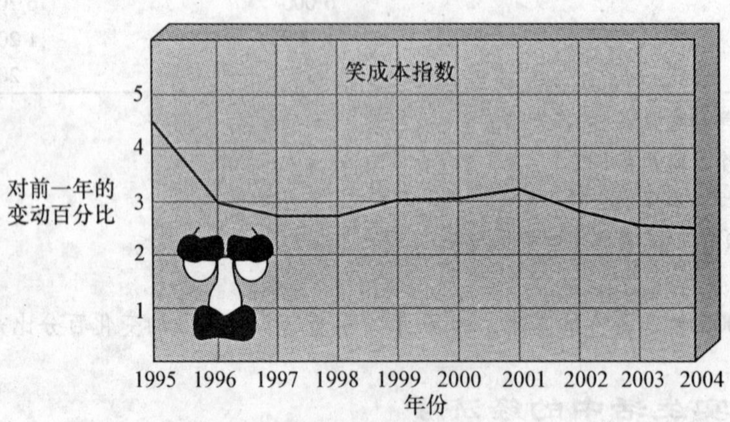

笑成本指数

项目	2001 年	2002 年	2003 年	2004 年
橡皮小鸡[1]	$ 48.00	$ 48.00	$ 48.00	$ 51.00
格劳乔眼镜[1]	15.00	15.00	15.00	15.00
波波垫[1]	5.40	5.40	5.40	5.40
疯狂杂志[2]	2.99	2.99	3.50	2.99
会唱歌的电报[3]				
粉色大猩猩	85.00	95.00	95.00	105.00
会跳舞的小鸡	85.00	95.00	95.00	105.00
写一集电视剧的费用[4]	13 025.00	13 383.00	13 718.00	14 061.00
喜剧俱乐部[5]				
亚特兰大：妙语	18.15	22.00	14.00	22.00
芝加哥：第二城市	17.00	17.00	15.00	19.00
丹佛：喜剧俱乐部	15.00	15.00	11.00	22.00
休斯敦：滑稽演出	12.50	18.75	12.50	21.49
印第安纳波利斯：疯狂喜剧	10.00	11.00	10.00	11.00
洛杉矶：笑工厂	12.00	12.00	12.00	15.00
纽约：喜剧带	15.00	15.00	14.00	17.00
匹兹堡：滑稽感	12.00	12.00	12.00	15.00
旧金山：妙语	15.00	15.00	15.00	15.00

续表

项目	2001 年	2002 年	2003 年	2004 年
西雅图：地下喜剧	10.00	10.00	10.00	12.00
幽默篮的总成本	$ 13 403.04	$ 13 792.14	$ 14 142.90	14 514.88
年通货膨胀率	3.2%	2.9%	2.5%	2.6%

1. 一打 12 个批发自纽约长岛市的法裔美籍新奇物品公司。
2. 四月刊。
3. 购自纽约曼哈顿岛的 Bellygrams。
4. 美国作者行业公会基本协议规定的最低酬金。
5. 周六晚被许可。

资料来源：数据由马尔科姆·库什纳提供。

分析问题

这里没有问题，仅仅为博一笑。

消费者物价指数批判

正如存在对失业率的批判一样，CPI 并不是完美的对通货膨胀的度量，并且成为了公众讨论的话题之一。对这种批判有以下三种原因：

1. CPI 的变动的基础是典型的消费产品的市场篮，而它与许多消费者购买的实际市场篮并不匹配。假设你将你的年度名义收入全部花在柠檬水、热狗以及牛仔裤上，在这一年中，通货膨胀率为 5%。但我们设想柠檬水、热狗与牛仔裤的价格现在降低了。在这种情况下，你的实际收入将会上升，但是基于 CPI 的官方通货膨胀率将会*夸大*通货膨胀对你的生活标准的影响。例如，退休人员购买了一系列不同于“典型”家庭的产品。由于退休人员按比例地比典型家庭购买了更多的医疗服务，那么通货膨胀率可能低估了通货膨胀对老年人的影响。
2. BLS 很难调整 CPI 来反映*质量*变化。将过去的电视节目与新的电视节目作比较。新的电视节目可能价格稍微更高，但是比旧的电视节目更好。那么，价格上升的一定比例反映了更好的质量，而不仅仅是同一项目的价格更好。假如项目的质量得到改善，CPI 的增加就*夸大*了通货膨胀。相似地，变差的质量*低估*了通货膨胀。BLS 尝试对汽车、电子设备及市场篮中的其他产品的质量变动做出调整，但是这些调整很难被准确地确定下来。
3. 单一基年市场篮的使用忽视了需求法则。假如一件产品的价格上升，消费者购买了替代品，那么只需要更小数量的该产品。假设橙子生产者遭受了严重的霜冻，橙子的供给下降。因此，橙子价格会急剧上涨。根据*需求法则*，消费者将会降低对橙子的需求数量并且用比如苹果等替代橙子。由于市场篮并不会自动减少橙子比重的百分比而增加苹果比重的百分比，那么 CPI 将会*夸大*橙子的更高价格对价格水平的影响。为了解决*替代*偏误问题，为了跟上消费模式的变化并且对 CPI 的固定市场篮局限作出修正，BLS 每年都会进行调查。

图 13-4 美国通货膨胀率，1929—2004 年

大萧条期间，经济遭受了价格跳水时的通货紧缩。第二次世界大战期间及结束之后，年度通货膨胀率达到了两位数。1950 年以后，通货膨胀率一般低于 3%，直到 20 世纪 60 年代晚期越南战争带来了通货膨胀的压力为止。在 1950—1968 年时期，平均通货膨胀率仅为 2%。相反，通货膨胀率在 1969 年至 1982 年间迅速攀升至平均 7.6%。1983 年至 2001 年间，通货膨胀减缓并且年平均值为 3.3%。2004 年，通货膨胀率为 2.7%。

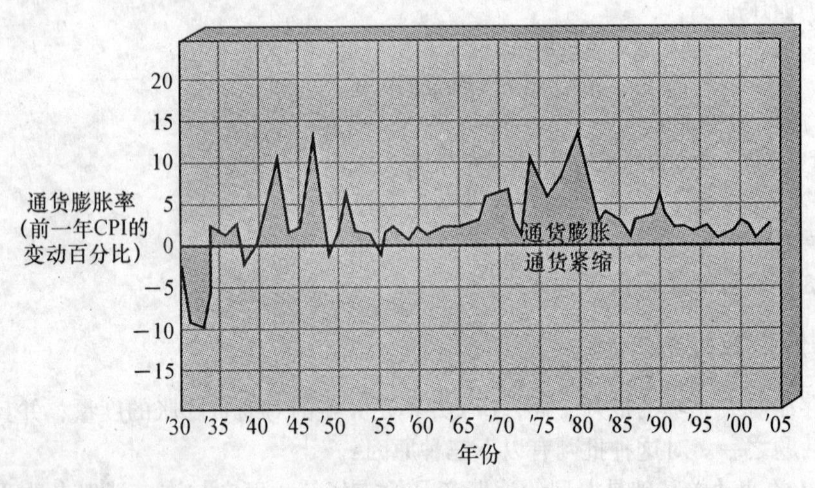

资料来源：美国总统经济报告，2005 年，http://www.gpoaccess.gov/eop/，表 B-64.

通货膨胀的后果

我们现在从对通货膨胀的测度转向其对个人收入与财富的影响。为什么通货膨胀会引起关注？在本章中你将学到，通货膨胀之所以令人恐惧，是因为它能显著地改变人们的生活标准。在本章中，你将看到，通货膨胀既能够创造享受国民收入馅饼更大一块的赢家，也能创造因为通货膨胀而接受更小一块的输家。

通货膨胀减少收入

经济学家亚瑟·奥肯（Arthur Okun）曾经说过，“这个社会是建立在隐性和显性的合同之上的……它们与这样的观念连接起来，那就是：钱至关重要。如果你不能信赖金钱的价值，那么这个系统就会被破坏。人们就会经常觉得他们被愚弄和欺骗了。”当价格上升时，人们担心他们的收入是否会跟随通货膨胀一起上升。并且价格上升得越快，人们从通货膨胀及其不确定性中会感受到更大的压力。

名义收入
一段期间内所得到的实际货币额。

通货膨胀似乎会通过货币购买力的减少来降低你的生活标准。通货膨胀率越高，在给定**名义收入**或*货币收入*的前提下我们能够购买的产品数量的减少就越快。名义收入是指一段时期内所得到的实际货币额。收入的来源可以是工资、薪水、租金、股

息、利息或养老金。

实际收入
所得的货币量（名义收入）按 CPI 的变化进行调整后的实际值。

名义收入并不能测量你的实际购买力。要找出随时间变化，你变得更富裕或更穷的真相，就得将名义收入转化为**实际收入**。*实际收入*是所得的货币量（名义收入）按 CPI 的变化进行调整后的实际值。假如 CPI 增加而你的名义收入保持不变，那么你的实际收入（购买力）就会降低。简言之，假如你的名义收入跟不上通货膨胀，你的生活标准就降低了。假设你 2003 年的名义收入是 40 000 美元并且 2003 年的 CPI 价值是 184，相对于基年你的实际收入是

$$实际收入 = \frac{名义收入}{CPI（小数，或 CPI/100）}$$

$$2003\text{ 年实际收入} = \frac{\$40\ 000}{1.84} = \$21\ 739$$

现在假设你的实际收入在 2004 年上升了 10%，从 40 000 美元上升到 44 000 美元，并且 CPI 增加了 2.7%，从 184 增加到 189。那么，你赚了更多钱，但是你富裕了多少呢？为了回答这个问题，你必须如下计算你的 2004 年实际收入：

$$2004\text{ 年实际收入} = \frac{\$44\ 000}{1.89} = \$23\ 280$$

使用我们计算的实际收入数字，你在 2003 年至 2004 年间实际收入的变动百分比为 7.1%（\$1 541/ \$21 739 乘以 100）。这意味着你的生活标准提高了，因为你有额外的 1 541美元用来看电影、买衣服或旅行。即使总价格水平上升，你的购买力仍然是增加的，因为实际收入的上升百分比更多地抵消了通货膨胀率。我们可以通过以下简单的公式而不用进行准确的计算来获得近似的关系：

我们应该注意到，接受社会保障支票的人和有工会合同的工人很大程度上不受通货膨胀的影响，因为他们的社会保障支付或工资会随着 CPI 的增加而自动增加，这被称为*生活费用调整*（*COLA*）。例如，在 COLA 规定与工会合同保障下，某年 3% 的通货膨胀率将使工资自动上升 3%。

结论　名义收入比通货膨胀率上升更快的人增加购买力，而名义收入跟不上通货膨胀的人则损失购买力。

现在我们假设某人询问你以下问题：1932 年，贝比·鲁斯，纽约扬基队的本垒强击手，赚了 80 000 美元。如果以 2004 年货币计量他赚了多少钱？经济学家按照下列公式将以前的薪水转换为今天的薪水：

$$某年的薪水 = 前一年的薪水 \times \frac{某年的 CPI}{前一年的 CPI}$$

$$以 2004\text{ 年货币计量的薪水} = \$80\ 000 \times \frac{188.9}{13.7} = \$1\ 103\ 066$$

换言之，1932 年赚的 80 000 美元与 2004 年赚的超过 100 万美元相等。

通货膨胀与财富

收入是一项测度经济福利的方法，财富是另一种。收入是通过销售生产要素获得的资金流。财富是某一时点所拥有的资产存量的价值。财富包括房地产、股票、债券、银行存款、人寿保险、现金和汽车。一个人可能拥有高收入和少量的财富，或是巨大的财富和少量的收入。

财富
某一时点所拥有的资产存量的价值。

通货膨胀能够使财富的所有者获益，因为当价格上升时，资产的价值倾向于增加。考虑一栋 1980 年用 100 000 美元购买的房屋。在 2000 年早期，这栋房屋可能售价为 200 000 美元，很大程度上是通货膨胀带来的后果。那么，拥有价值比通货膨胀增加快的资产形式的人，如房地产所有者，总是赢家。

另一方面，通货膨胀对财富的影响也会使人失去财富。考虑一对年轻的夫妇想要购买一栋房屋。当价格上升时，对他们而言，购买房屋或获得其他资产变得更困难了。

通货膨胀与实际利率

名义利率
未经通货膨胀率调整的真实利率。

实际利率
名义利率减去通货膨胀率。

借款人和存款人可能是赢家或输家，取决于通货膨胀率。了解这种情况是如何发生的需要我们对**名义利率**和**实际利率**作出区分。名义利率是指未经通货膨胀率调整的真实利率，比如，指定的贷款或存款账户的利率。假如你从银行以 5 年 10% 的年利率借了 10 000 美元，名义利率就被更准确地称为 10% 的名义年利率。相似地，一笔能获得 10% 年利率的 10 000 美元的存款保证金被称为能获得 10% 的年名义利率。

实际利率是名义利率减去通货膨胀率。通货膨胀的发生意味着实际利率比名义利率要低。假设本年的通货膨胀率是 5%。这就是说对 10 000 美元贷款支付的 10% 的年利率等于 5% 的实际利率，获得 10% 的年名义利率的贷款保证金同样得到的是 5% 的实际利率。

对实际利率的另一种观点，参见金融管道网站（http://www.finpipe.com/rintrate.htm）。

为了理解通货膨胀是如何使借款人成为赢家的，我们假设你从你父母那里接受了一年期的贷款创办一家公司。赚钱并不是你父母的目的，而且他们也知道你会偿还贷款。他们唯一担心的是他们给你的贷款的购买力会下降。你和你的父母都期待今年的通货膨胀率为 5%，那么你得到贷款，并且同意归还本金加 5% 以抵消通货膨胀。简言之，两方都同意支付零实际利率（5% 的名义利率 - 5% 的通货膨胀率）。现在，考虑假如在贷款的那年通货膨胀率为 10%，那么会发生什么。明显的无心赢家就是你（借款人），因为你支付给贷款者你的父母本金加 5% 的利息，但由于现实的通货膨胀率为 10%，他们的购买力仍然下降了 5%。换句话说，支付给贷款的实际利率为 -5%（5% 的名义利率 - 10% 的通货膨胀率），而不是 0。实际上，你的父母因为你从他们那里借款而付钱给你。

20 世纪 70 年代末期，通货膨胀率经常上升，这就迫使抵押贷款人保护他们自身不因贷款而受到实际利率降低的损失，在常规的固定利率抵押之外还要附加可调利率抵押（ARMs）。

为了未雨绸缪而储蓄的储备金同样会受到通货膨胀的影响。例如，如果 10 000 美元大额存单的一年期利息率为 5% 而通货膨胀率为 0（5% 的实际利率），该存单持有人将因为其储蓄获得 5% 的收益。如果通货膨胀率超过名义利率，实际利率为负，那么储蓄者就会受到伤害，因为获得的利息不足以弥补通货膨胀率。理由是：假设一年后，储蓄者提取了原来的 10 000 美元和获得的 500 美元利息，而该年的通货膨胀率为 10%。对 10 500 美元进行购买力损失的调整后得到的真实价值仅为 9 500 美元 [$10 000 + $10 000 × （-0.05）]。

最后，我们必须注意到，名义利率从不为负，但实际利率可以为正也可以为负。

结论　当实际利率为负时，贷款人和存款人都会受到损失，因为获得的利息不能弥补通货膨胀率。

需求拉动型和成本推动型通货膨胀

经济学家通过其根源是在市场的购买方或销售方来区分两种基本的通货膨胀类型。本章作出的分析回到了前一章所讨论过的总支出与经济周期的因果关系。

需求拉动型通货膨胀

最熟悉的通货膨胀类型也许就是**需求拉动型通货膨胀**，即由总投资（需求）过剩所导致的一般物价水平的上升。需求拉动型通货膨胀总是被表述为“过多货币追逐过少商品”。当销售者不能供给所有购买者需要的商品和劳务时，销售者就会以涨价作为回应。简言之，经济的总价格水平被购买者的总支出带来的压力“拉动了”。

需求拉动型通货膨胀
由总投资（需求）过剩所导致的一般物价水平的上升。

需求拉动型通货膨胀总是在或接近于充分就业时发生，这时经济处于或接近于完全生产能力状态下运行。回顾一下，在充分就业时除了摩擦性和结构性失业者以外的工人都在工作和赚钱。因此，对商品和劳务的全部需求，或总需求很高。企业扩展其工厂与生产来满足购买者的需求是有利可图的，但短期内达不到。结果是，当国民产出保持不变，而购买者为了争夺可用的商品和劳务供给而竞相抬价时，价格就上升了。假如总开支减少，对可用的产品供给的压力也减缓，那么价格也不会迅速上升，或者甚至降低。

一句忠告的话：需求拉动型的故事中唯一的祸首可能并不是消费者。回忆一下，全部的总支出包括消费者开支（C），企业投资（I），政府支出（G）与净出口（X - M）。即使外国人也可能通过哄抬美国出口产品的价格来影响通货膨胀。

成本推动型通货膨胀

成本推动型通货膨胀
由生产成本的增加所导致的一般物价水平的增加。

总支出的过剩并不是对价格上升的唯一可能的解释。例如，假设石油输出国组织（OPEC）大幅度提升油价。这种行为意味着生产商品和劳务的成本显著提高，结果就可能是**成本推动型通货膨胀**。成本推动型通货膨胀是指由生产成本的增加所导致的一般物价水平的增加。

成本推动型通货膨胀的来源并不总是 OPEC 价格上涨之类的灾难性事件。任何企业成本的激增都是成本推动型通货膨胀的潜在动因。这就是说，对价格的向上的压力可能来自劳动力、原材料、建筑、设备、借款等方面。企业同样能够通过抬高价格增加盈利来影响成本推动型通货膨胀。

对需求拉动型和成本推动型通货膨胀的*预期*的影响是个非常重要的问题。假设购买者观察到价格上涨，并且相信他们应该在新房子或汽车明天涨价之前就购买。处于或接近于充分就业时，需求拉动型通货膨胀会引起价格的上涨。对供给方来说，企业可能会预期生产成本在未来会增加。因此，在更高成本的预期下，企业会提高价格，结果就是成本推动型通货膨胀。

现在你应该注意到以下问题。下一章我们将展开对总需求和总供给的分析。运用现代的宏观模型，你将学会更精确地分析是哪些因素决定国民产出、失业与价格水平。特别的，第 14 章的最后一节将总需求和总供给模型应用于需求拉动型和成本推动型通货膨胀的概念上。同样地，第 20 章货币政策的部分将讨论，通货膨胀是货币供给的增加超过商品和劳务增长的结果。

其他国家的通货膨胀

图 13-5 揭示出通货膨胀率在国家之间差异很大。2004 年，津巴布韦、安哥拉、海地及其他国家经历了非常高的通货膨胀率。相反，美国则经历了非常温和的通货膨胀率。

发怒的通货膨胀

恶性通货膨胀
一般物价水平以异常快的速度上升。

由于**恶性通货膨胀**的灾难性后果，有的人必须携带一大叠钞票来购买一条巧克力。恶性通货膨胀是指一般物价水平以异常快的速度上升。对于何时某种特定通货膨胀率变成“恶性”没有定论。然而，大多数经济学家认为，一年内通货膨胀率达到或超过 100% 即为恶性通货膨胀。无法控制的通货膨胀会从以下四个方面造成社会和政治的迅速和剧烈的变动。

首先，个人和企业会产生一种*通货膨胀紧张症*，使他们今天赶快购买来避免明天付更多的钱。每个人都会感受到一种压力，要在他们的购买力贬值之前花掉所赚的钱。无论你每天花掉一倍、两倍或多少倍的钱，你都愿意立刻把它花掉。

第二，巨大的未预期到的通货膨胀危害信用卡、房屋抵押、人寿保险、养老金、债券以及其他形式的储蓄之类的借贷合同。例如，假如为了响应更高的通货膨胀，名义利率意外地升高了，借款人会觉得更难偿还每月的贷款。

工资物价螺旋上升
当名义工资率上升时，这种上升会导致更高的物价水平，反过来，更高的物价水平又导致更高的名义工资和物价的情形。

第三，恶性通货膨胀造成**工资物价螺旋**上升。工资物价螺旋上升是一系列过程，当名义工资率上升时，这种上升会导致更高的物价水平，反过来，更高的物价水平又导致更高的名义工资和物价。当经理层认为这样能够促进价格比劳动力成本提高更快的时候，工资—物价的螺旋上升就会继续。然而，当生活成本变得更高时，劳动力必须再次要求更高的工资增长。工资与物价在上升的螺旋中互相追逐，每一轮都会产生越来越高的价格。

第四，因为未来的通货膨胀率很难或不可能预测，人们转而从事更多投机性投资以获取更高的货币回报。为了避免由恶性通货膨胀引起的购买力损失，人们的资金流向黄金、银子、邮票、珠宝、艺术品、古董以及其他通货，而不是新厂房、机器和科技研究这些能够扩展经济的生产可能性边界的物品。

要阅读更多关于世界上恶性通货膨胀的有趣片断，查阅http://www.sjsu.edu/faculty/watkins/hyper.htm。

历史展示了众多的恶性通货膨胀的例子。其中最著名的一次发生在20世纪20年代的德意志魏玛共和国。面对第一次世界大战的巨额赔款，魏玛共和国仅仅靠印刷货币来付账。1923年末，德国的年通货膨胀率已高达每月35 000%。物价频繁上涨，有时几分钟就会上升。德国的货币变得如此不值钱，以至于人们用它来生火。没人愿意进行新的贷款，信用市场崩溃。由于负债沉重的人很容易就能偿还贷款，财富被重新分配了，人们的储蓄消失殆尽。

最后，恶性通货膨胀总是政府提高国家的货币供给的没头脑的决策带来的后果。此外，正如在国际经济学的文章里描述的那样，恶性通货膨胀并不是历史遗物。

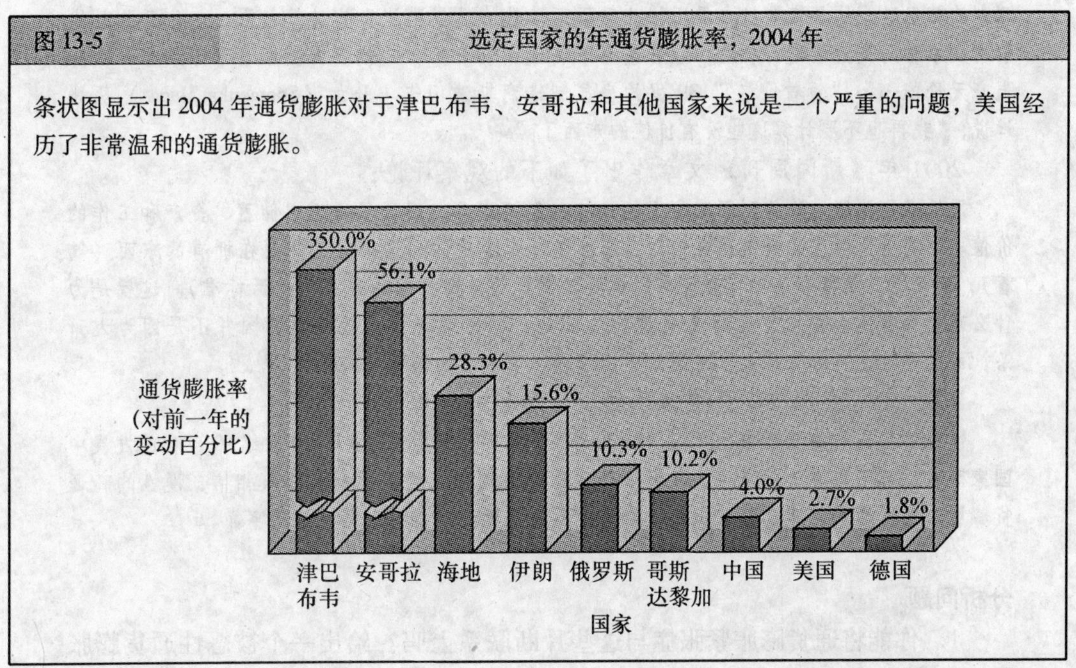

图 13-5　选定国家的年通货膨胀率，2004 年

条状图显示出2004年通货膨胀对于津巴布韦、安哥拉和其他国家来说是一个严重的问题，美国经历了非常温和的通货膨胀。

资料来源：国际货币基金组织，世界经济观察数据库，http://www. imf. org/extenal/pubs/ft/weo/2003/02/data/dbginim. cfm.

国际经济学

当通货膨胀率为116 000%时，物价每小时发生变化

适用概念：恶性通货膨胀

下述是历史上恶性通货膨胀的显著例子：

1985年《华尔街日报》描述了玻利维亚的拉巴斯发生的恶性通货膨胀：

一个快递员蹒跚着走入玻利维亚美洲银行，挣扎地背负着一麻袋钱。他宣称包里装着

3 200万比索，而出纳员对那笔钱只是随便登记了一下。快递员将包丢到角落里。“我们都懒得去数钱了，”马克斯·洛斯·斯塔（Max Lowes Stah），一个站在旁边的贷款工作人员说，“顾客说是多少，我们就相信包里是多少。”指着快递员的那一大笔钱，他说，“不过是一小笔存款。”那时，3 200 万比索——足够装满一个邮政包裹——仅仅值500 美元。今天，不到两个星期后，其价值还不到180 美元。在4 位数的通货膨胀下，生活就像这样……

每天、每小时或对于不同的消费者，物价都在上涨。如果整年都保持这个速度的话，就意味着年通货膨胀率达到116 000%。最常使用的1 000 比索的钞票，印刷的成本比货币价值更高。如果要用1 000 比索的钞票购买一个中等尺寸的电视机，消费者必须将重量超过68 磅的钱拖到商品陈列室。通货膨胀导致信用卡不能再使用，商人也不能使用支票。餐馆老板总是用玻璃纸覆盖在菜单上，每天都用易擦掉印记的马克笔修改好几次价格。①

1993 年美联社文章报道了发生在南斯拉夫贝尔格莱德市的以十亿计算的通货膨胀率：

星期三的数目为286 125 293 792。这既不是那天中奖的奖金数目，也不是哈勃望远镜观测到的英里数。这是南斯拉夫最近的几乎不可计数的通货膨胀率的计算结果……为了弥补战争的成本和对失业者进行补偿，政府毫无节制地印刷货币。这就使得国家货币第纳尔，实际上毫无价值……“看看价格，”39 岁的房屋制造商斯波门卡·马加（Spomenka Magas）厌恶地说，“我再也不要计算这些没有价值的东西了。”②

2001 年《新闻周刊》文章作出了如下的观察评论：

恶性通货膨胀是降临到国家头上的最坏的经济病症，毁灭了货币、储蓄、资产和工作的价值。它甚至比深度的衰退还要糟糕。恶性通货膨胀从你那里抢去了你现在拥有的东西（储蓄），而衰退只是抢夺了你可能拥有的东西（假如经济增长的话更高的生活标准）。这就是为什么政府经常倒台并且*发生动乱*的原因。回忆一下，纳粹主义控制了德国并不是因为大萧条，而是恶性通货膨胀摧毁了该国的中产阶级，使他们的储蓄一文不值。③

2003 年《金融与发展季刊》做出了这样的分析：

慢性的高通货膨胀带来的小问题对20 世纪80 年代的发达国家和20 世纪90 年代的发展中国家而言，已不再成为问题了。近些年来温和的通货膨胀的环境使某些人相信，慢性的高通货膨胀与恶性通货膨胀已经被永远根除了。历史告诉我们，这类结论并不牢靠。④

分析问题

1. 你能将通货膨胀紧张症与这些片断联系上吗？给出一个被恶性通货膨胀危害的借贷关系的例子。

2. 解释为什么尽管年工资上升率为1 500%，玻利维亚的工人仍然罢工。你能发现恶性通货膨胀和政治制度之间的关系吗？

---

① Sonia L. Nazario，当通货膨胀率为116 000%时，物价每小时发生变化，华尔街日报，1985 年2 月7 日，p. 1.

② Slobodan Lekic，贝尔格莱德的通货膨胀率以十亿计数，夏洛特观察者报，1993 年12 月2 日，p. 24A.

③ Fareed Zakaria，这是通货膨胀的尽头吗？土耳其的货币危机可能是全球针对恶性通货膨胀的最后一场战争，新闻周刊，2001 年3 月19 日，p. 38.

④ Carmen M. Reinhart，Miguel A Savastano，现代恶性通货膨胀的现实：尽管全球通货膨胀率在降低，恶性通货膨胀可能还会发生，金融与发展季刊40（2003 年6 月）：pp. 20-23.

主要概念

通货膨胀	反通货膨胀	名义利率	成本推动型通货膨胀
通货紧缩	名义收入	实际利率	恶性通货膨胀
消费者物价指数（CPI）	实际收入	需求拉动型通货膨胀	工资—物价螺旋上升
基年	财富		

小结

- **通货膨胀**是经济体中产品和劳务一般（平均）物价水平的增加。
- **消费者物价指数（CPI）**是最广泛知晓的价格水平指数。它是通过一定时期内典型家庭购买的商品和劳务的市场篮的成本与基年同样组合的成本相比较来测度的。年通货膨胀率通过下列公式来计算：

$$年通货膨胀率=\frac{给定年份的\ CPI-前一年的\ CPI}{前一年的\ CPI}\times 100$$

- **通货紧缩**是总价格水平的降低。大萧条的早期几年出现了通货紧缩，CPI 大约以两位数的速度降低。
- **反通货膨胀**是通货膨胀率的减少。1980 年到 1986 年之间出现了反通货膨胀，它并不意味着价格在下降，仅仅只是通货膨胀率的减少。
- **通货膨胀率**由 CPI 决定受到了批判，是因为：（1）不具代表性，（2）很难对质量变动做出调整，（3）忽视了价格变动与市场篮中的项目的重要性之间的关系。
- **名义收入**是由实际货币额测度的收入。测度你的购买力需要将名义收入转换为**实际收入**，即按通货膨胀率调整过的名义收入。

- **实际利率**是按通货膨胀率调整过的名义利率。如果实际利率为负，出借人会受到损失。
- **需求拉动型通货膨胀**是由市场的购买方造成的对物价的压力引起的。相反，**成本推动型通货膨胀**是由市场的销售方造成的对物价的压力引起的。
- **恶性通货膨胀**会引起通货膨胀紧张症、信用市场崩溃、工资—物价螺旋上升和投机，而使经济陷于严重的混乱。**工资—物价螺旋上升**发生于名义工资率的上升引起更高的物价，反过来，更高的物价又导致更高的工资和物价的时候。

问题思考

1. 考虑以下描述：当商品和劳务的价格上升时，通货膨胀率也上升。你是同意还是不同意这种说法？请给出解释。
2. 假设在 1982 年基年，一个城市家庭购买的典型市场篮价值为 250 美元。在 2004 年，同样的市场篮价值为 1 000 美元。2004 年的消费者物价指数（CPI）是多少？如果同样的市场篮在 2005 年价值为 950 美元，2005 年的 CPI 是多少？2005 年的年通货膨胀率是多少？
3. 对 CPI 的三种批判是什么？
4. 假设你在 2005 年赚了 100 000 美元。将 1982 年作为基年，假设 2005 年的 CPI 为 200，计算你以 1982 年货币测量的 2005 年的实际收入。
5. 解释在给定年份，即使薪水增加了，一个人的购买力是如何下降的。
6. 谁在通货膨胀中遭受了损失？谁在通货膨胀中获利？
7. 假设你从银行以 5% 的年利息率借了 100 美元，而年通货膨胀率为 10%。这项贷款对你有利还是对银行有利？
8. 假设银行存款的名义年利率为 12%。如果通货膨胀率为 13% 会有什么影响？
9. 当经济趋于充分就业时，为什么需求拉动型通货膨胀会成为问题？
10. 需求拉动型通货膨胀与成本推动型通货膨胀有何不同？
11. 解释下列描述：假如每个人都希望通货膨胀发生，那么它就会发生。

在线练习

练习 1

访问“经济一览”（http://www.bls.gov/eag/eag.us.htm），然后按照以下步骤做：

1. 在就业成本指数之后，点击相应级阶的条状图标，并研究图表上工资、薪水以及收益成本的变动百分比。

2. 在消费者物价指数之后，点击相应级阶的条状图标，并研究 CPI 的变动百分比。比较 1988 年后的两个图。

练习 2

转到 http://www.homefair.com/calc/salcalc.html，计算你的家乡和一个你想去生活的城市的生活成本的区别。这两个城市的实际收入的区别是什么？

练习 3

浏览“沮丧的科学家”的网站，这是一家在线提供经济数据、分析与预测的公司（http://www.dismal.com/dismal/default.asp）。点击“预测”以获得价格的年度预测。预期的通货膨胀率是上升还是下降了？

要点考查答案

大学教育价格指数

$$2005\text{ 年大学教育价格指数} = \frac{2005\text{ 年价格的市场篮成本}}{\text{基年（2002 年）价格的市场篮成本}} \times 100$$

$$= \frac{\$9\ 650}{\$9\ 650} = 100$$

$$2006\text{ 年大学教育价格指数} = \frac{2006\text{ 年价格的市场篮成本}}{\text{基年（2002 年）价格的市场篮成本}} \times 100$$

$$= \frac{\$10\ 200}{\$9\ 650} = 105.7$$

$$\text{大学教育价格水平变动百分比} = \frac{105.7 - 100}{100} \times 100 = 5.7\%$$

假如你说，2006 年大学教育价格上涨了 5.7%，你就是正确的。

测试

1. 通货膨胀是
   a. 一般价格水平的增加。
   b. 战争时期不必担心。
   c. 高失业的结果。
   d. 相对价格水平的增加。
2. X 年的消费者物价指数为 300，Y 年的 CPI 为 315，通货膨胀率为
   a. 5%。
   b. 15%。
   c. 25%。
   d. 315%。
3. 考虑一个仅仅有两种产品的经济：面包和酒。1982 年，典型家庭以每条 50 美分的价钱购买了四条面包，以每瓶 9 美元的价钱购买了 2 瓶酒。2005 年，面包价值每条 75 美分，酒价值每瓶 10 美元。2005 年的 CPI（使用 1982 年作为基年）是
   a. 100。
   b. 115。
   c. 126。
   d. 130。
4. 如图 13-6 所示，第 2 年的通货膨胀率是
   a. 5%。
   b. 10%。

c. 20%。
d. 25%。

图 13-6	消费者物价指数
年份	消费者物价指数
1	100
2	110
3	115
4	120
5	125

5. 如图 13-6 所示，第 5 年的通货膨胀率是
 a. 4.2%。
 b. 5%。
 c. 20%。
 d. 25%。
6. 通货紧缩是
 a. 大多数价格的增加。
 b. 一般价格水平的下降。
 c. 美国历史上从未发生过的情况。
 d. 通货膨胀率的下降。
7. 下列哪项夸大了消费者物价指数？
 a. 替代偏差。
 b. 产品的质量改进。
 c. 既不是（a）也不是（b）。
 d. （a）和（b）都是正确的。
8. 假设一个典型的汽车轮胎在基年价值为 50 美元，使用寿命为 40 000 英里。10 年后，典型的汽车轮胎价值为 75 美元，使用寿命为 75 000 英里。假如不对英里数做出调整，CPI 会
 a. 低估两个年度之间的通货膨胀。
 b. 高估两个年度之间的通货膨胀。
 c. 准确测度两个年度之间的通货膨胀。
 d. 这种情况下不测量通货膨胀。
9. 当通货膨胀率上升时，名义收入的购买力
 a. 保持不变。
 b. 下降。
 c. 上升。

d. 变动量为通货膨胀率 - 1。

10. 去年哈里森（Harrison）家庭赚了50 000美元。今年他们的收入为52 000美元。在通货膨胀率为5%的经济中，下列哪项是正确的?
    a. 哈里森家的名义收入与实际收入都上升了。
    b. 哈里森家的名义收入与实际收入都下降了。
    c. 哈里森家的名义收入下降了但实际收入上升了。
    d. 哈里森家的名义收入上升了但实际收入下降了。
11. 假如名义利息率比通货膨胀率低，
    a. 贷方获利。
    b. 存款者获利。
    c. 实际利率为负。
    d. 经济处于充分就业。
12. 需求拉动型通货膨胀是由____引起的。
    a. 垄断力量
    b. 能源成本增加
    c. 税收增加
    d. 充分就业
13. 成本推动型通货膨胀是因为____引起的。
    a. 多余的总支出
    b. 过多的货币追逐过少的商品
    c. 资源成本增加
    d. 经济运行处于充分就业

第 14 章　总需求与总供给

本章概述

在美国历史上，20 世纪 20 年代被认为是咆哮的 20 年代。汽车、公众电力、无线电通信、电影等新兴行业兴旺发达。这是个乐观和繁荣的时代：这个时代的精神可以通过当时的一首流行歌曲的歌词来表达，“我只看见蓝天/从现在开始只有蓝天。”在 1920 年到 1929 年之间，实际 GDP 大约上升了 40%。股票价格一年比一年高涨，许多投资者变富了。企业繁荣，公司投资于新的工厂，美国经济成了创造工作岗位的机器。接着，在 20 世纪 30 年代早期，经济周期带来了突如其来的低迷，失业的人竞争工作岗位，他们在角落里售卖苹果以维持生存，迷惑地走在大街上。

大萧条的灾难带来了经济思想的革命。在大萧条之前，本章介绍的古典经济学家认为，经济周期可能会在几年中打断国家经济的繁荣，但他们相信这些插曲只是暂时的。他们辩称，*无需政府干预*，价格系统会在短期内将衰退中的经济自动恢复到充分就业状态。

出了什么问题？为什么 20 世纪 30 年代的经济不会自动回到实际 GDP 的充分就业水平？这个阶段由一位英国经济学家约翰·梅纳德·凯恩斯提出了一种新的理论。凯恩斯称经济不会自动修复，并且由于不充分的总（全部的）支出而可能会无限期地保持低于充分就业的状态。凯恩斯的工作不仅解释了大崩溃，也提供了解决办法，要求政府在经济中扮演积极的角色。

本章中，你将运用总需求和总供给理论的分析来学习经济周期。本章开始介绍了总需求曲线和总供给曲线。一旦形成了这些概念，分析就会表明，为什么现代宏观经济中总供给或总需求的变动会影响价格水平、实际 GDP 的均衡水平以及就业。你或许会经常回顾本章，因为它为你对宏观经济的思考提供了基本工具。

在本章中，你将学会解决这些经济学问题：

- 为什么总供给曲线有三个不同的部分？
- 温室效应会引起通货膨胀、失业吗？或者都会？
- 约翰·梅纳德·凯恩斯对大萧条的处方正确吗？

总需求曲线

现在我们来考察对*所有*商品和劳务的整体需求，而不是对特殊产品和劳务的*市场*需求。图 14-1 展示了**总需求曲线（AD）**随年份而向下和向右倾斜。总需求曲线在其他条件

总需求曲线（AD） 在其他条件不变的前提下，反映一段时间内价格水平与由家庭、企业、政府和外国人（净出口）的购买所形成的实际国内生产总值之间关系的曲线。

不变的前提下，反映一段时间内价格水平与由家庭、企业、政府和外国人（净出口）的购买所形成的实际国内生产总值之间关系。总需求曲线告诉我们在不同的价格水平下经济中需求的产品和劳务的总货币数量是多少。如同单个市场的需求曲线一样，其他要素保持不变，世界价格水平越低，对实际商品和劳务的总需求数量就越多。总需求曲线的下斜表明，在任一给定的总收入水平上，平均价格水平越低，人们就能购买更多的产品和劳务。

市场供给与需求模型的水平轴用来测度小麦的蒲式耳数等物质单位，而总需求与总供给模型的水平轴测度包含在实际 GDP 中的*最终*产品和劳务。我们要注意到，水平轴代表的是需求的总产量的数量，用基年的货币来测度。纵轴是总价格水平的*指数*，如链式价格指数或是 CPI，而不是小麦的每蒲式耳价格。正如图 14-1 所示，如果由 CPI 测度的 *A* 点的价格水平是 150，那么在 2004 年需求的实际 GDP 是 4 万亿美元。如果 *B* 点的价格水平是 100，需求的实际 GDP 为 6 万亿美元。

图 14-1 总需求曲线

总需求曲线（*AD*）展示了其他条件不变时价格水平与实际 GDP 之间的关系。价格水平越低，家庭、企业、政府和外国人需求的 GDP 就越大、如果 *A* 点的价格水平是 150，就需求 4 万亿美元的实际 GDP。如果 *B* 点的价格水平是 100，对实际 GDP 的需求就增加至 6 万亿美元。

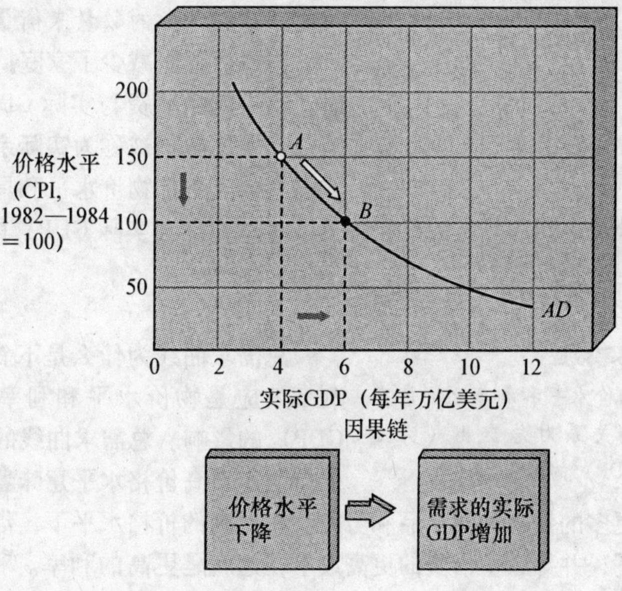

尽管总需求曲线与单一市场的需求曲线看起来很相似，它们的概念是不同的。当我们沿着单一市场的需求曲线移动时，相对产品的价格被假定为不变的。但当我们分析经济中的一般水平或平均水平的变动时，这个假设就变得无意义，因为我们使用的是*所有*产品和劳务的市场篮度量方法。

结论 总需求曲线与需求曲线不是同一概念。

总需求曲线形状的原因

总需求曲线的下斜形状的原因包括*实际余额效应*或*财富效应*、*利率效应*和*净出口效应*。

实际余额效应

要得到当前的财富与收入的数据，浏览经济统计简报屋的网站（http://www.whitehouse.gov/fsbr/income.html）。

从前一章对通货膨胀的讨论中，我们回顾到，现金、活期存款、储蓄账户以及存款单等都是金融资产的例子，它们的真实价值会随着价格水平发生变化。如果价格下降，家庭更希望和更能够花钱。假设你在活期账户上存有1 000美元，可以购买10周的食品。如果价格下降了20%，1 000美元现在足够购买12周的食品。实际财富的增加可能会使你更愿意和更能够用当下的收入再购买一台新的DVD播放器。

实际余额效应或财富效应
物价水平和具有固定名义价值的金融资产的真实价值之间所具有的反相关关系对总支出（实际GDP）的影响。

结论 当更低的价格使人们的货币更值钱时，消费者花了更多的钱在产品和劳务上。因此，货币的实际价值由每单位货币购买的产品和劳务的数量来衡量。

当通货膨胀减少了家庭持有的固定价值金融资产的真实价值时，结果就是消费与实际GDP的降低。价格水平的变动对实际消费支出的影响被称为**实际余额效应或财富效应**。实际余额效应或财富效应是指物价水平和具有固定名义价值的金融资产的真实价值之间所具有的反相关关系对总支出（实际GDP）的影响。

利率效应

利率效应
物价水平和利率之间的直接关系对总支出（实际GDP）的影响。

总需求曲线为什么是下斜曲线的第二个原因就是**利率效应**。利率效应是物价水平和利率之间的直接关系对总支出（实际GDP）的影响。总需求曲线的一个关键假设是，可贷货币的供给保持固定。高价格水平意味着人们必须从钱包和活期账户里拿出更多的钱来购买产品和劳务。在更高的价格水平下，借贷货币来购买产品的需求同样增加了，并导致了借贷的更高成本，这就是更高的利率。利率提高不利于那些贷款购买房屋、汽车和其他消费者产品的家庭。相似地，在更高的利率下，企业裁减投资项目，因为更高的借贷成本减少了他们投资的收益率。那么，假定存款不变，价格水平的上升通过更高的利率转变为更低的实际GDP。

净出口效应

净出口效应
经济体的物价水平和净出口之间的反相关关系对总支出（实际GDP）的影响。

美国制造的产品是否较国外产品价格更低是决定总需求曲线下斜的另一个重要因素。更高的国内价格水平倾向于使美国产品较之外国产品更为昂贵，并且消费者用进口产品替代国内产品而导致进口上升。国外市场的美国产品价格上升同样会引起美国的出口减少。因此，一个经济中的国内价格水平的上升会增加进口、降低出口，因而实际GDP 中的净出口组成部分减少。这种情况就是**净出口效应**。净出口效应是经济体的物价水平和净出口之间的反相关关系对总支出（实际 GDP）的影响。

图 14-2 总结了三种效应，对图 14-1 中的总需求曲线为什么向下倾斜做出了解释。

图 14-2	为什么总需求曲线是下斜的
效应	因果链
实际余额效应	价格水平下降—购买力上升—财富增加—消费者购买更多产品—需求的实际 GDP 增加
利率效应	价格水平下降—购买力上升—银行存款固定供给的需求下降—利息率下降—企业和家庭借贷和购买更多商品—需求的实际 GDP 增加
净出口效应	价格水平下降—美国商品比外国商品变得更便宜—美国人和外国人购买更多的美国商品—出口增加而进口减少—需求的实际 GDP 增加

与价格无关的总需求决定因素

> 对于当前国际贸易数据，请浏览经济统计简报屋网站（http://www.whitehouse.gov/fsbr/international.html）以及人口调查局网站（http://www.census.gov/ftp/pub/indicator/www/ustrade.html）。

如同个人需求曲线一样，我们必须区分实际 GDP 变动与总需求变动之间的区别，前者由价格水平的变动引起，后者由一种或多种与价格无关的决定因素的变动引起。一旦放松了其他条件不变的假设，除了价格水平以外的变量会引起总需求曲线位置的移动。与价格无关的决定因素包括消费（C）、投资（I）、政府开支（G）与净出口（$X-M$）等我们在第 11 章中解释过的总支出的组成部分。

结论　任何总支出的变动都会移动总需求曲线。

图 14-3 展现了支出的增长与总需求的增长之间的联系。从总需求曲线 AD_1 上的 A 点开始，价格水平为 100，实际 GDP 为 6 万亿美元。假设价格水平保持 100 不变，总需求曲线从 AD_1 增加到 AD_2。因此，在价格水平为 100 时，实际 GDP 的水平从 6 万亿美元（A 点）上升到 8 万亿美元（B 点）。原因可能在于消费者对未来的态度更乐观，并且他们的消费支出（C）上升了。或者可能是企业更乐观的态度使获利的期望增加了，投资（I）水平的上升是由于企业对工厂和设备进行了更多投资。总需求的同样增加还可能是由于政府支出（G）的提高或是净出口（$X-M$）的增加。消费者或厂商对未来的悲观期望将会导致总需求曲线向左移动。总需求曲线向左移动同样可能是由于政府支出或净出口的减少引起的。

图 14-3 总需求曲线的平移

图形研究专题

当价格水平为 100 时，实际 GDP 水平位于 AD_1 曲线的 *A* 点上。消费（C）、投资（I）、政府支出（G）或净出口（*X*－*M*）的非价格水平的决定因素之一的增加使实际 GDP 水平提高到 AD_2 曲线的 *B* 点的 8 万亿美元。因为这种效应可能在任意的价格水平上发生，总支出的增长使 *AD* 曲线向右移动，相反，总支出的增长使 *AD* 曲线向左移动。

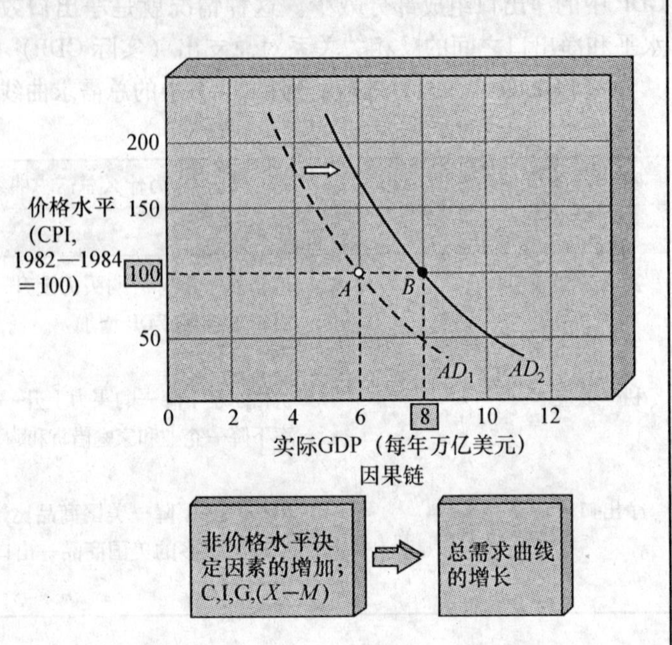

总供给曲线

总供给曲线
在其他条件不变的前提下，反映一段时间内价格水平与实际国内生产总值的生产之间关系的曲线。

正如我们必须区别*总需求*曲线和*市场*需求曲线一样，*市场*供给曲线的理论并不直接被应用于*总供给*曲线上。基于这个条件，我们可以对**总供给曲线（AS）**做出这样的定义：在其他条件不变的前提下，反映一段时间内价格水平与实际国内生产总值的生产之间关系的曲线。简单地说，总供给曲线展示给我们的是一个经济在不同价格水平下生产的产品和服务的总货币量。考虑到这个一般定义，我们必须暂停来讨论两种相对的观点——凯恩斯主义水平的总供给曲线和古典主义垂直的总供给曲线。

凯恩斯主义对总供给的看法

关于生产和消费者以及生产者价格的当前和历史数据，请分别浏览经济统计简报屋网站（http://www.whitehouse.gov/fsbr/production.html和Http://www.whitehouse.gov/fsbr/prices.html）。

凯恩斯的著作出现在一个非常动荡和不安定的时代。1936 年，大萧条开始后的第七年以及第二次世界大战开始后的第三年，约翰·梅纳德·凯恩斯（John Maynard Keynes）发表了《就业、利息与货币通论》。在这本书里，凯恩斯，一位剑桥大学的经济学家，论证了价格和工资的刚性意味着失业是长期存在的。除非陷入萧条或严重衰退的经济能够被总需求的增加拯救，否则充分就业就不可能实现。凯恩斯的这项预测要求政府积极地干预和管理总需求，以避免萧条或衰退。

为什么凯恩斯假设产品价格与工资是固定的？在严重衰退或萧条期间，经济中存在许多空闲资源。由于市场上没有短缺，不会对价格造成上涨的压力，因此生产者愿意以当前价格销售多余的产品。此外，想要工作的失业工人在现行工资率下提供的劳动力供给也降低了工人们提高他们工资的能力，而且工会合同阻止了企业降低工资率。实际上，从 1948 年开始，每次衰退最后一个月的 CPI 都与第一个月的相同或更高。考虑到凯恩斯对于产品价格和工资固定或刚性的假定，总需求曲线的变动引起了实际 GDP 沿着水平的总供给曲线移动。简言之，凯恩斯理论论证了只有总需求的变动才拥有使萧条经济复兴的能力。

图 14-4 描绘了凯恩斯理论的核心部分。我们从均衡点 E_1 开始，固定价格水平为 100。考虑到总需求曲线 AD_1，实际 GDP 的均衡水平为 6 万亿美元。现在政府开支（G）增加，引起了总需求曲线从 AD_1 上升到 AD_2，均衡点沿着水平的总供给（AS）曲线从 E_1 移动到 E_2。在 E_2 点，经济移动到 8 万亿美元，接近充分就业时 GDP 水平为 10 万亿美元。

结论　当总供给曲线是水平的，经济低于充分就业时，增加总需求的唯一影响就是增加实际 GDP 和就业，而价格水平不会变化。简单地说，凯恩斯主义的看法就是“需求创造自身的供给。”

图 14-4　凯恩斯主义水平的总供给曲线

总需求从 AD_1 增加到 AD_2，引起新的均衡产生于 E_2。考虑到凯恩斯主义对于固定价格水平的假设，总需求曲线的变动引起实际 GDP 沿着总供给曲线 *AS* 的水平部分移动。凯恩斯理论论证了只有总需求的变动才拥有使萧条经济恢复到充分就业产出为 10 万亿美元的能力。

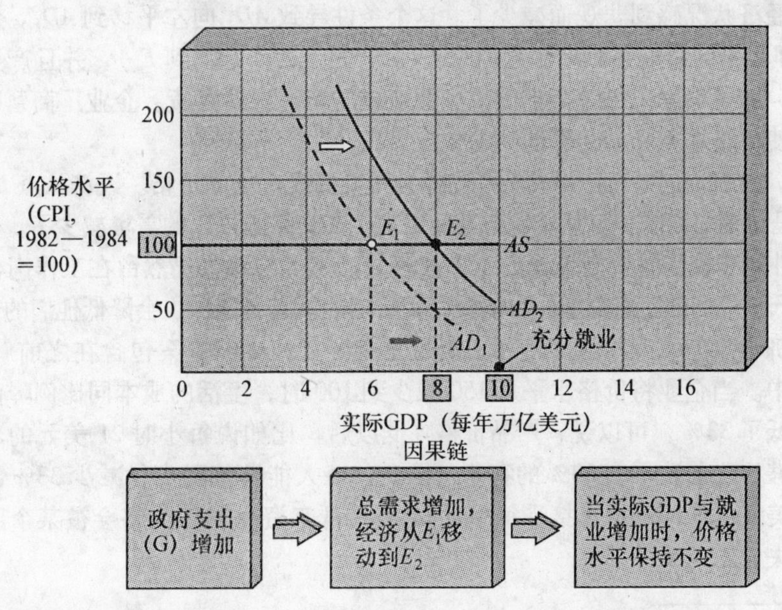

古典主义对总供给的看法

古典经济学家
一群经济学家，其理论主导了从 18 世纪 70 年代到大萧条期间的经济思潮。他们认为经济萧条会自然痊愈，因为价格体系会自动地使经济恢复到充分就业状态。

20 世纪 30 年代的大萧条之前，一群被称为**古典经济学家**的经济学家主导着经济学思潮。① 古典经济学流派的奠基人是亚当·斯密（Adam Smith）（在第 22 章有关转型经济的部分会谈到）。宏观经济学之前并未发展成为独立的经济学理论，因此古典经济学家的根本基础是微观经济学的市场均衡理论。经济学的古典流派从 18 世纪 70 年代到大萧条期间都是主流经济学。古典经济学家相信自由放任理论，认为经济会自我调节并且能够在没有政府干预的情况下纠正自身的问题。古典经济学家相信，正如你在第 4 章中学到的，供求力量会自然而然地实现经济的充分就业，因为竞争性市场中灵活的价格（包括工资和利率）使得所有市场都实现了均衡。因为厂商销售了所有用来销售的产品和劳务，经过短暂调整后，市场总是能够出清。简言之，衰退会自然地痊愈，因为资本主义的价格系统会自动恢复到充分就业状态。

图 14-5 使用了总需求和总供给模型来展示古典理论对于总供给曲线 *AS* 是一条位于充分就业产出 10 万亿美元处的垂直线的观点。古典主义总供给曲线的垂直形状基于两个假设。第一，经济通常按照其充分就业产出水平来运作。第二，产品的价格水平以及生产成本会以相同的百分比变动，即同比例地变动，以维持充分就业的产出水平。这种可变价格和工资的古典理论与凯恩斯对于价格和工资粘性（不变）的观点正好相对。

图 14-5 同样显示出为什么古典经济学家相信市场经济会自动地修复到充分就业状态。根据这个古典假定，经济初始位于 E_1 的均衡点，价格水平为 150，实际产出处于其充分就业水平 10 万亿美元，总需求曲线 AD_1 描绘出总支出水平。现在假设私人开支由于家庭和企业对于经济状况感到悲观而减少了。这个条件导致 AD_1 向左平移到 AD_2。价格水平为 150 时，随即带来的影响是总产出超出总支出 2 万亿美元（E_1 到 E'），并且产生了未预期的存货积累。为了消除由于总需求的减少而造成的未售出的存货，企业厂商暂时性地减少了产量并且使价格水平从 150 降低到 100。

在 E'点，过剩引起的总产出的下降同样会影响要素市场的价格。经济从点 E_1 移动到点 E'的后果就是劳动力需求、自然资源与其他用来生产产品的投入的需求减少了。这种要素市场的过剩条件意味着某些希望工作的工人被解雇，为了与那些仍然留在工作岗位上的人竞争，他们降低了他们的工资需求。自然资源和资本的所有者同样也会降低他们的价格。

古典经济学家怎么能相信价格和工资是完全可变的呢？答案包含在之前解释过的*实际余额效应*中。当企业将价格水平从 150 减少到 100 时，生活的成本同比例降低了。一旦价格水平降低了 33%，可以说，产品价格降低以后，比如说每小时 21 美元的名义或货币工资率就能够比之前购买多 33% 的存货。因此，工人能够接受支付减少 33%，也就是每小时减少 7 美元。任何不愿意接受每小时 14 美元低工资率的工人将会被某个愿意接受这个工资率的失业工人换掉。

---

① 古典经济学家包括 Adam Smith，J. B. Say，David Ricardo，John Stuart Mill，Thomas Malthus，Alfred Marshall 等人。

图 14-5 展示了整个经济体中，由于从 E'沿着 AD_2 向下移动到新的均衡点 E_2 带来的等比例的价格和工资的下降。在 E_2 点，经济能够通过可变的价格和工资向下运行来进行自我修复，达到更低的价格水平 100，充分就业水平为 10 万亿美元的实际 GDP。那么，E_1 和 E_2 代表了沿着古典垂直总供给曲线 AS 上的点。(本章附录将会更详细的介绍古典模型)

图 14-5　古典主义垂直的总供给曲线

古典主义理论认为价格和工资会迅速地进行调整，使经济按照充分就业产出的 10 万亿美元运行。总需求从 AD_1 下降到 AD_2 将会暂时地造成 2 万亿美元的过剩，即从 E'到 E_1 的距离。企业将价格水平从 150 降到 100 作为回应。结果是，消费者由于其实际余额或财富效应而增加了其开支，工资向下调整。因此，古典经济学家预测经济会进行自我调整并将恢复到充分就业的 E_2 点。E_1 点与 E_2 点代表了沿着古典垂直总供给曲线 AS 移动的点。

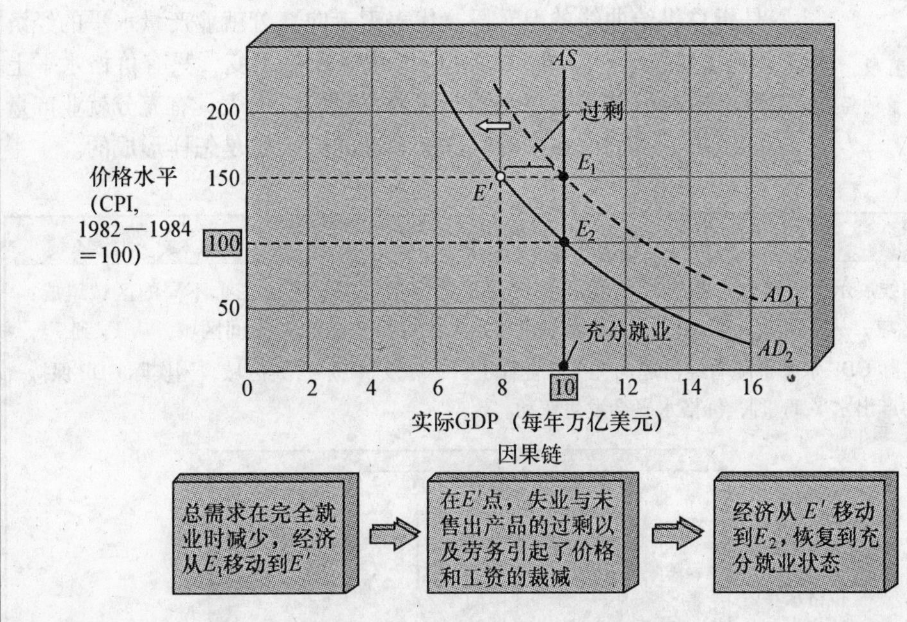

结论　当总供给曲线在充分就业时是垂直的，总需求的变动随时间的变化带来的唯一影响就是价格水平的变化。简单地说，古典主义的看法就是“供给创造自身的需求”。①

尽管凯恩斯自己并不使用 AD-AS 模型，我们仍然能够使用图 14-5 来区分凯恩斯主义和古典理论对于可变的价格和工资的观点。凯恩斯相信，一旦需求曲线从 AD_1 移动到 AD_2，由于他认为价格—工资没有向下的弹性，E'到 E_1 之间的过剩仍然存在。因此，经济就会保持在低于充分就业产出的 8 万亿美元，直到总需求曲线向右平移，并回到其初始位置 AD_1。

① 引语来自萨伊定律，以法国古典经济学家 Jean Baptiste Say 的名字命名。

总供给曲线的三个区域

凯恩斯区域
总供给曲线的水平段，代表处于极度萧条时期的经济体。

中间区域
总供给曲线的上升段，代表正走向充分就业产量水平的经济体。

古典区域
总供给曲线的垂直段，代表具有充分就业产量的经济。

学习了古典经济学家和凯恩斯的两极理论，我们现在来讨论当实际 GDP 扩张或紧缩时，总供给曲线的形状如何变化的折中或一般的理论。图 14-6 中的总供给曲线，*AS*，分为三个迥异的阶段，分别是（1）凯恩斯主义区域，（2）中间区域，以及（3）古典区域。

总供给曲线中的**凯恩斯区域**是指总供给曲线的水平段，代表处于极度萧条时期的经济体。在图 14-6 中，在实际 GDP 低于 Y_K 时，价格在实际 GDP 水平上升时保持不变。在 Y_K 与充分就业产出 Y_F 之间，价格水平随实际 GDP 水平的上升而上升。**中间区域**是指总供给曲线的上升段，代表正走向充分就业产量水平的经济体。最后，在 Y_F 处，实际 GDP 水平保持不变，只有价格水平上升。**古典区域**是指总供给曲线的垂直段，代表具有充分就业产量的经济。我们现在来看看这三个迥异的区域是怎样形成的。

图 14-6 总供给曲线的三个阶段

总供给曲线展示了价格水平与供给的实际 GDP 水平之间的关系。它由三个不同的区域组成：（1）凯恩斯区域，从 0 到 Y_K，当经济严重衰退时价格水平保持不变；（2）中间区域，从 Y_K 到 Y_F，价格水平和实际 GDP 水平都随着经济趋向充分就业而上升；以及（3）古典区域，当实际 GDP 保持在充分就业的产出水平 Y_K 时，价格水平会发生变动。

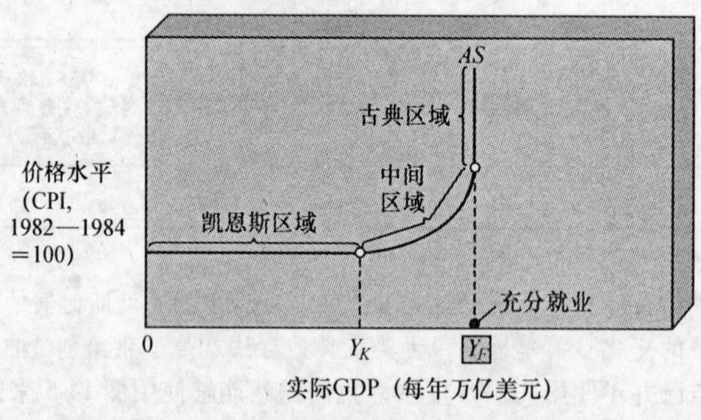

总需求和总供给

宏观经济均衡

图 14-7 中，对应于均衡点 *E* 的实际 GDP 的宏观经济均衡水平为 6 万亿美元，价格的均衡水平为 100。这是价格水平与产出水平的唯一交点，在此产出水平下，人们希望购买

的产品数量与企业希望生产和销售的产品数量相等。由于计入总实际 GDP 价值的最终产品是以 100 的价格水平来购买和销售的，宏观经济均衡点没有向上或向下偏移的压力。要注意到图 14-7 中的经济是在凯恩斯区域的边缘运行的，GDP 差距为 4 万亿美元。

假设图 14-7 中，*AS* 曲线上的产出水平低于 6 万亿美元，并且 AD 曲线保持不变。在价格水平为 100 时，被需求的实际 GDP 超出了供给的实际 GDP。在这样的条件下，企业不能足够快地完成订单，存货出人意料地被一扫而空。企业经理人会做出雇用更多工人和生产更多产品的反应。由于经济总是在凯恩斯区域运行，因此价格水平稳定在 100。假如 *AS* 曲线上被供给的实际 GDP 水平超过了 6 万亿美元至 10 万亿美元之间的中间区域的水平，相反的情况就会发生。在这种产出情况下，价格水平居于 100 到 200 之间，企业销售额比预期要少。在这种情况下，未出售商品的存货堆积在架子上，管理层会解雇工人，削减产量并降低价格。

这种调整过程会一直持续到均衡的价格水平与产出水平达到 *E* 点，并且没有向上或向下的压力推动价格水平变动为止。在以上时期，经济中销售商的产量决策与消费者的总支出决策是吻合的。

结论　在宏观经济均衡中，销售商既不会高估也不会低估现行价格水平下的实际 GDP 需求。

图 14-7　总需求与总供给模型

宏观经济均衡发生在总需求曲线 *AD* 和总供给曲线 *AS* 相交的时候。这时，均衡点 *E* 位于凯恩斯区域的末端，价格水平为 100，均衡产出为 6 万亿美元。在宏观经济均衡时，企业既不会高估也不会低估现行价格水平下的实际 GDP 需求。

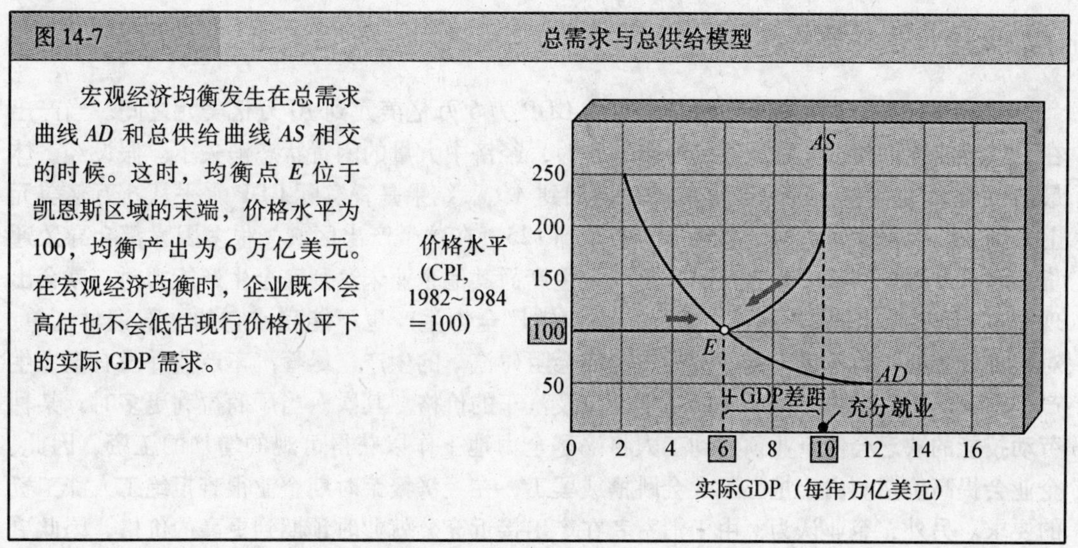

总需求—总供给的宏观经济均衡的变化

宏观经济均衡

对经济周期的一种解释就是总需求曲线沿着固定的总供给曲线变动。因此，我们下一步的分析就要沿着总供给曲线的三个阶段*移动*总需求曲线，并且观察它对实际 GDP 与价格水平的影响。当宏观经济均衡变化时，经济体会遇到或多或少的关于通货膨胀和失业的问题。

凯恩斯区域

1935 年，肖伯纳（George Bernard Shaw）收到一封来自约翰·梅纳德·凯恩斯的信，信中提到，“我认为自己能写一本关于经济学理论的书《通论》，它将对世界思考经济问题的方式——不，我想，马上开始且在未来十年的时间里——带来巨大的革命。”实际上，凯恩斯的宏观经济理论为大萧条时代提供了强有力的思想。凯恩斯发现，经济由总需求驱动，图 14-8（A）以假想的数据论证了这个理论。由于凯恩斯价格和工资具有刚性，实际 GDP 在低于 6 万亿美元的区域中与凯恩斯价格和工资的刚性保持一致。假设经济体在 E_1 点达到均衡，价格水平为 100 并且实际 GDP 为 4 万亿美元。此时，经济体处于衰退之中，远远达不到 10 万亿美元的充分就业的 GDP 水平。凯恩斯对于衰退开出的处方就是增加总需求，直至经济达到充分就业为止。由于总供给曲线在凯恩斯区域是水平的，“需求创造了自身的供给。”假设需求曲线向右从 AD_1 平移到 AD_2，新的均衡形成于 E_2。实际 GDP 水平更高，达到 6 万亿美元，价格水平仍然为 100。换句话说，这个区域的总产出在不改变价格水平的情况下得到了扩张。这是因为在凯恩斯区域，闲置的物质生产能力（包括不动产和为了工作岗位竞争的失业工人）能够以现有价格进入到生产中。

结论 当总需求增加发生在凯恩斯区域时，价格水平在实际 GDP 扩张时保持不变。

中间区域

图 14-8（B）中的中间区域介于实际 GDP 为 6 万亿美元到 10 万亿美元之间。当产出在总供给曲线上接近充分就业的产出水平时，经济中大量的闲置状态消失了。假设经济体最初位于 E_3 的均衡点，总需求从 AD_3 增加到 AD_4。结果是，实际 GDP 水平从 6 万亿美元上升到 8 万亿美元，价格水平从 100 上升到 125。在这个产出区域，很多因素都会导致通货膨胀。首先，当某些企业已经开足马力生产而其他企业未达到完全生产能力时，就会出现*瓶颈*（阻碍产出流）。例如，假设一家钢铁厂全力生产也不能完成它的全部钢材订单。对某种资源的供给不足，例如钢材，可能会阻碍汽车的生产，尽管汽车产业并没有全力生产。因此，瓶颈首先使得厂商提高钢铁以及汽车的价格。其次，当厂商盈利更多时，某种劳动技能的缺乏会使企业预期到工人将竭尽全力地工作以获得可观的增加的工资，因此，企业会提高价格。由于担心工人会跳槽或罢工，在经济繁荣时期企业很难拒绝工人涨工资的要求。另外，企业认为，由于消费者在产出接近充分就业时预期到更高的价格，因此更高的价格也能够转移给消费者。最后，当经济体趋向充分就业时，企业必须使用较低生产力的工人和设备。这种低效率造成了更高的生产成本，这些也会以更高价格的形式转嫁给消费者。

结论 在中间区域，总需求的增加同时提高了价格水平和实际 GDP。

古典区域

尽管由向右移动的总需求曲线引起的通货膨胀在凯恩斯区域不会引起问题，在中间区域也只是一点小问题，但是在古典或垂直区域就变成了严重的问题。

结论 一旦经济体达到古典区域的充分就业产出，额外的总需求增加仅仅会引起通货膨胀，而不是更多的实际 GDP。

假设图 14-8（C）中的经济均衡点 E_5 是 AS 与充分产出水平的相交点。现在假设总需求向右从 AD_5 平移到 AD_6。

图 14-8 总需求增加的影响

总需求曲线向右移动对价格和产出水平的影响取决于移动发生的总供给曲线的区域（闲置资源的程度）。在（A）部分，总需求在凯恩斯区域的增加使均衡点从 E_1 变化到 E_2，使实际 GDP 水平从 4 万亿美元增加到 6 万亿美元，但价格水平保持在 100 不变。

在（B）部分，中间区域总需求的增加引起均衡点从 E_3 移到 E_4，使实际 GDP 水平从 6 万亿美元增加到 8 万亿美元，价格水平从 100 上升到 125。

在（C）部分，古典区域总需求的增加引起均衡点从 E_5 变化到 E_6，使价格水平从 150 上升到 200，但实际 GDP 在 10 万亿美元的充分就业水平上不会增加。

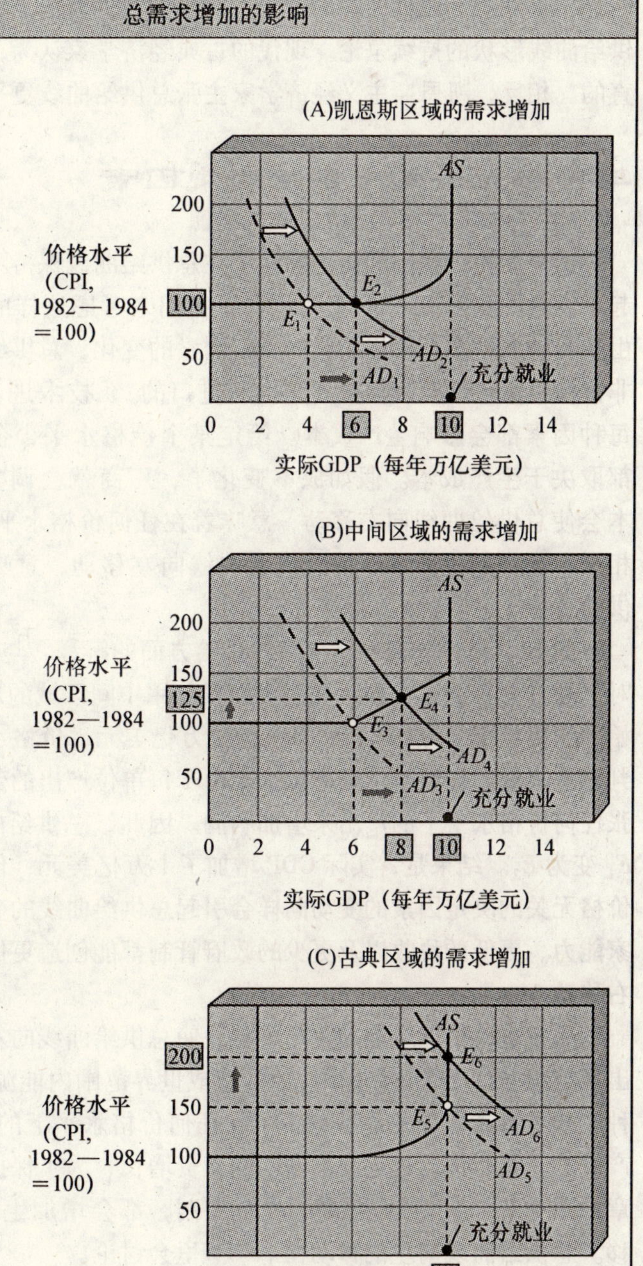

由于总供给曲线在10万亿美元水平时是垂直的，总需求的增加使价格水平从150激增至200，但是并不能扩张实际GDP，原因在于一旦经济体在充分就业水平上运行，企业会提高价格，将完全使用的资源配给那些愿意支付最高价格的人。

总之，本章的*AD-AS*模型是对由中间区域分开的凯恩斯理论和古典理论相斥假设的综合，正好避开两种极端的情况。要预先告诉你的是，在以后的章节中，你将会遇到对总供给曲线形状的持续争论。现代的古典经济学家认为，全部的总供给曲线都是陡峭的或垂直的。相反，凯恩斯主义经济学家主张总供给曲线更平缓或是水平的。

与价格无关的总供给决定因素

迄今为止，我们的讨论解释了在总供给曲线保持不变的情况下，总需求曲线的变动引起了供给的实际GDP的变动。现在我们来考虑这样的情况，当总需求曲线保持不变时，由于一种或更多与价格无关的决定因素的变化，总供给曲线发生移动。影响总供给曲线的非价格因素包括资源价格（国内和进口的）、技术进步、税收、补贴和管制。要注意到每种因素都会影响生产成本。给定某个价格水平，企业在任何实际GDP水平下的盈利都取决于生产成本。假如成本变化了，厂商就会调整产出来作出反应。更低的生产成本会使总供给曲线向右移动，意味着在任何价格水平下都有更多实际GDP被生产出来。相反，更高的生产成本使总供给曲线向左移动，意味着在任何价格水平下实际GDP的供给变少了。

图14-9展示了对经济周期的供给方面的解释，与图14-8所介绍的需求方面的情况相对（要注意，为了简便，我们可以仅仅用中间区域的形状来刻画总供给曲线）。经济体初始的均衡位于E_1点，实际GDP为7万亿美元，价格水平为175。假设工会势力削弱，谈判地位降低，导致了工资率减少。由于每单位产出的劳动力成本更低了，企业试图通过扩张任何价格水平下的产出来增加利润。因此，总供给曲线向右从AS_1移到AS_2，均衡点从E_1变为E_2。结果是，实际GDP增加了1万亿美元，价格水平从175下降至150。其他与价格无关的决定因素的变动同样会引起总供给曲线的变动。更低的石油价格、更强的企业家能力、更低的税收以及更少的政府管制都能创造更低的生产成本，并引起总供给曲线向右移动。

哪些事件可能会增加生产成本并使总供给曲线向左移动呢？也许波斯湾战争或石油输出国组织（OPEC）停止供应原油造成世界范围内能源价格更高会导致这样的情况。在这种“供给冲击”下，企业减少了在任何价格水平下的产出，以适应每单位产出更高的生产成本。相似地，远远高出预期的工资增长、为了保护环境而征收的高额税收［参见第4章的图4-8（a）］或是更多的政府管制，都会增加生产成本，并因此导致总供给曲线左移。总供给曲线向左的移动在下一节里会讨论。

图14-10总结了之前学过的和之后要学习到的与价格无关的总需求和总供给的决定因素。在第20章对货币政策的分析中，你将会学到经济体中货币供给的变化同样会移动总需求曲线并影响宏观经济运行。

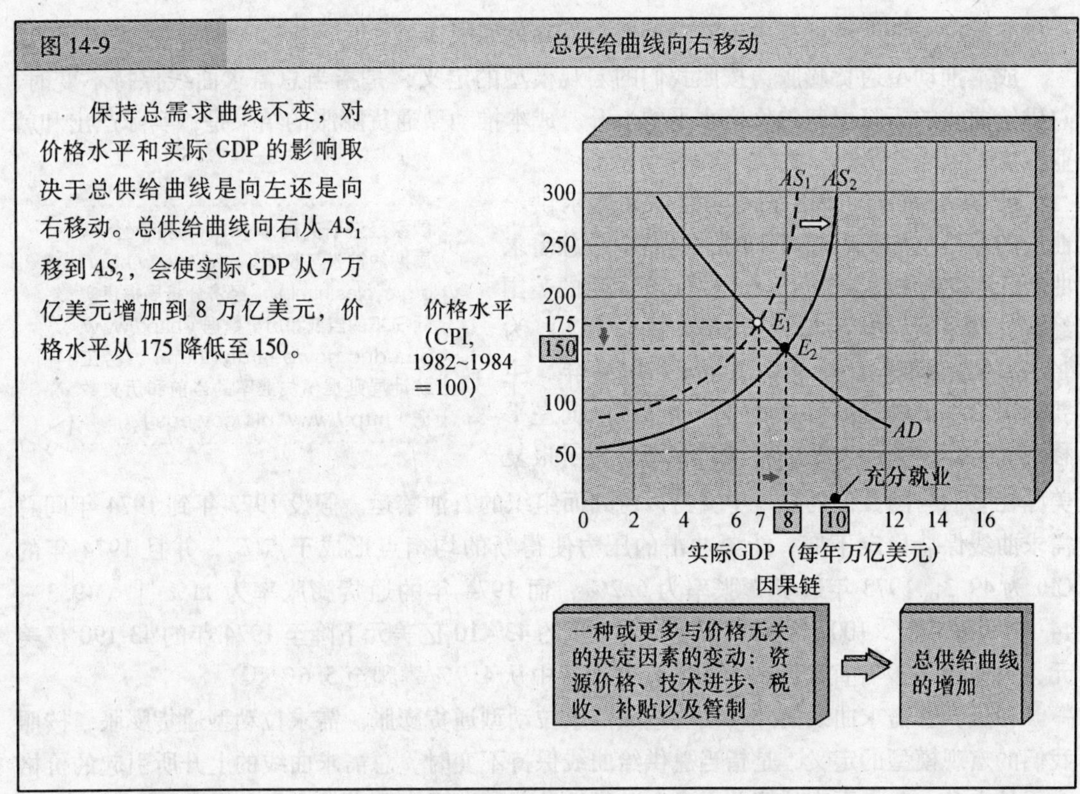

图 14-9　总供给曲线向右移动

保持总需求曲线不变，对价格水平和实际 GDP 的影响取决于总供给曲线是向左还是向右移动。总供给曲线向右从 AS_1 移到 AS_2，会使实际 GDP 从 7 万亿美元增加到 8 万亿美元，价格水平从 175 降低至 150。

图 14-10　与价格无关的总需求决定因素的总结

与价格无关的总需求决定因素（总支出）	与价格无关的总供给决定因素
1. 消费（C）	1. 资源价格（国内与进口的）
2. 投资（I）	2. 税收
3. 政府支出（G）	3. 技术进步
4. 净出口（$X-M$）	4. 补贴
	5. 规章

成本推动型和需求拉动型通货膨胀回顾

现在，我们将总需求和总供给模型应用于第 13 章中学到的两种通货膨胀的方式中。这一节我们以一个由总供给曲线的降低引起的成本推动型通货膨胀的历史例子开始。接下来，另一个历史性的例子将阐释由于总需求曲线的上升引起的需求拉动型通货膨胀是怎样的。

滞胀
高失业率和快速通货膨胀同时并存时所出现的经济状况。

在 20 世纪 70 年代晚期和 20 世纪 80 年代早期，美国经济经历了**滞胀**。滞胀是指高失业率和快速通货膨胀同时并存时所出现的经济状况。这种情况是如何发生的呢？1973 ~ 1974 年进口原油价格的灾难性上涨就是成本推动型通货膨胀的罪魁祸首。

成本推动型通货膨胀，按照我们的宏观模型的定义，是指当总需求曲线保持不变时，总供给曲线的下降引起的价格水平的上升。成本推动型通货膨胀的结果是，实际产出和就业减少。

国家经济研究局（NBER）测量经济周期的扩张与收缩（http://www.nber.org/cycles.html）。经济分析局提供实际GDP的当前和历史数据（http://www.bea.doc.gov/bea/dn1.htm），劳工统计局则提供失业率的当前和历史数据（http://www.bls.gov/cps）。

图 14-11（a）运用了当前数据来展示供给曲线的左移是如何引起滞胀的。本图中，总需求曲线 AD 和总供给曲线 AS_{73} 代表了 1973 年的美国经济。均衡点位于 E_1，价格水平（CPI）为 44.4，实际 GDP 为 43 410 亿美元。1974 年，主要的供给冲击的影响将总供给曲线从 AS_{73} 向左平移到 AS_{74}。这次冲击的解释就是 OPEC 为了报复美国在它们与阿拉伯的战争中支持以色列而组织的石油禁运。假设 1973 年到 1974 年间总需求曲线保持稳定不变，能源冲击的压力使得新的均衡点形成于点 E_2，并且 1974 年的 CPI 为 49.3。1973 年通货膨胀率为 6.2%，而 1974 年的通货膨胀率为 11%［（49.3 - 44.4）/44.4］×100。实际 GDP 从 1973 年的 43 410 亿美元下降至 1974 年的 43 190 亿美元，失业率（没有直接反映在图中）在两年中从 4.9% 攀爬至 5.6%。①

相反，总需求曲线向外移动会造成需求拉动型通货膨胀。需求拉动型通货膨胀，按照我们的宏观模型的定义，是指当总供给曲线保持不变时，总需求曲线的上升所引起的价格水平的上升。我们再次使用总需求和总供给的分析以及实际数据来解释需求拉动型通货膨胀。1965 年，4.5% 的失业率接近于自然失业率 4%，由于没有增加税收，实际政府支出为了应付越南战争而迅速上升（增加收入税到 1968 年才颁布）。通货膨胀率迅速从 1965 年的 1.6% 上升至 1966 年的 2.9%。

图 14-11（b）阐释了 1965 年到 1966 年之间经济体发生了怎样的变化。假设经济体 1965 年在 E_1 点运行，处于中间产出区域。军事开支增加的影响使总需求曲线从 AD_{65} 移到 AD_{66}，经济沿着总供给曲线向上运行直至点 E_2。保持总供给曲线不变，AD-AS 模型预测了上涨的总需求在接近充分就业水平时会引起需求拉动型通货膨胀。如同在图 14-11（b）中所示的那样，实际 GDP 从 1965 年的 31 910 亿美元上升至 1966 年的 33 990 亿美元，CPI 从 31.5 上升至 32.4。因此，1966 年的通货膨胀率为 2.9%［（32.4 - 31.5/31.5）］× 100。对应实际产出的上升，失业率从 1965 年的 4.5% 下降为 1966 年的 3.8%。

总之，在某个时间段，总供给与总需求曲线出于不同的原因沿着不同的方向移动。总供给曲线与总需求曲线的这些平移引起了实际 GDP 的上涨和下跌——经济周期。例如，总需求曲线向左移动，会引起衰退。然而，总需求曲线向右移动会引起实际 GDP 和就业的增加，经济复苏。总供给曲线向左移动会引起实际 GDP 的下降，而向右移动则会引起实际 GDP 的上升。

结论 经济周期是总需求和总供给曲线移动的结果。

---

① 美国总统经济报告，2005，http://www.gpoaccess.gov/eop/，表 B-2，表 B-64，以及表 B-42.

图 14-11　成本推动型和需求拉动型通货膨胀

（a）图和（b）图阐释了成本推动型和需求拉动型通货膨胀的区别。成本推动型通货膨胀是指总供给曲线的下降引起的通货膨胀。在（a）图中，1973 年更高的石油价格引起了总供给曲线向左从 AS_{73} 平移到 AS_{74}。结果是，实际 GDP 从 43 410 亿美元下降至 43 190亿美元，价格水平（CPI）从 44.4 上升至 49.3。高价格水平与低实际产出的并存称为滞胀。

如（b）图所示，需求拉动型通货膨胀是指产出的凯恩斯区域中总需求的下降引起的通货膨胀。在没有增加税收的情况下，对越战争的政府支出上升引起了总需求曲线向右从 AD_{65} 平移到 AD_{66}。从而实际 GDP 从 31 910 亿美元上升到 33 990 亿美元，价格水平（CPI）从 31.5 上升到 32.4。

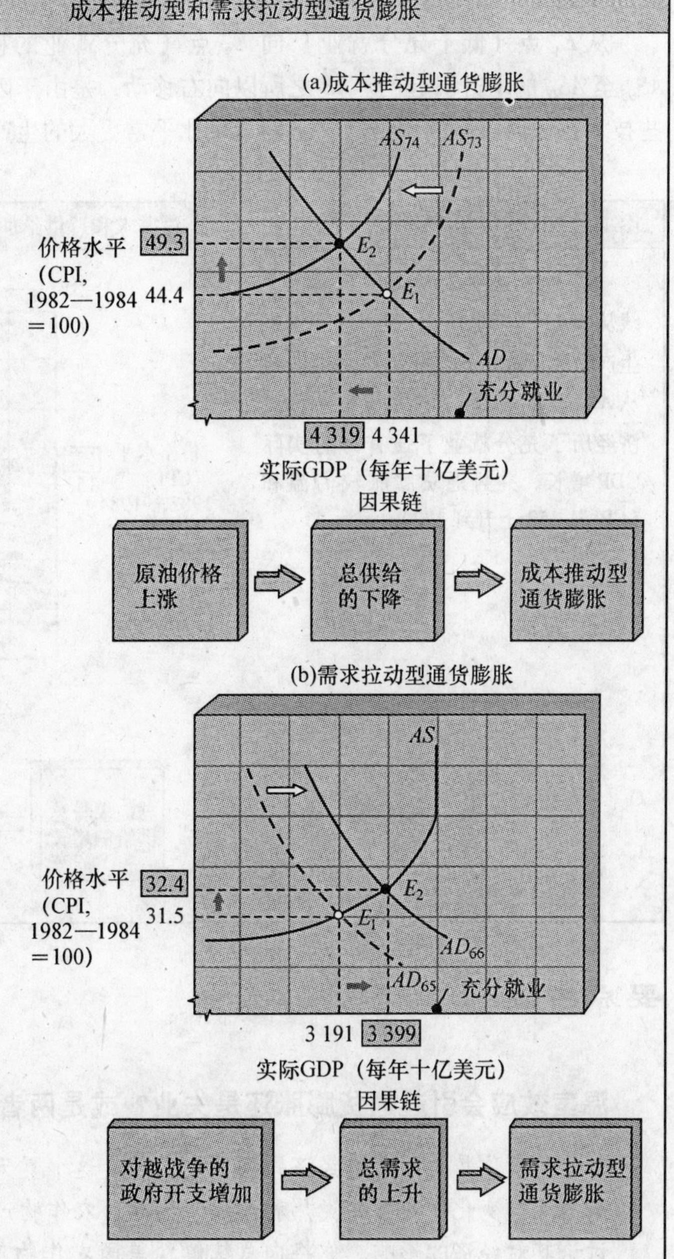

总需求和总供给曲线的同时上升

总需求和总供给曲线现在能够启发你对 20 世纪 90 年代末期到 2000 年的美国经济做出解释了。从图 14-12 的点 E_1 开始，实际 GDP 为 80 310 万亿美元，CPI 为 152。如同 1995 年的 AD-AS 模型所示，经济体并没有达到充分就业（失业率为 5.6%，未明确显示出来）。5 年过后，美国经济在 2000 年达到了 E_2 点，经历了强有力的实际 GDP 增长（从

80 310 亿美元增长到 98 170 亿美元）和温和的通货膨胀（CPI 从 152 上升至 172）。

从 E_1 点（低于充分就业）向 E_2 点（充分就业的移动是由 AD_{95} 至 AD_{00} 的上升以及 AS_{95} 至 AS_{00} 的上升引起的。AS 之所以向右移动，是由于因特网和电子商务等技术进步，这些技术在任何可能的价格水平上创造了比平常更大的生产力。

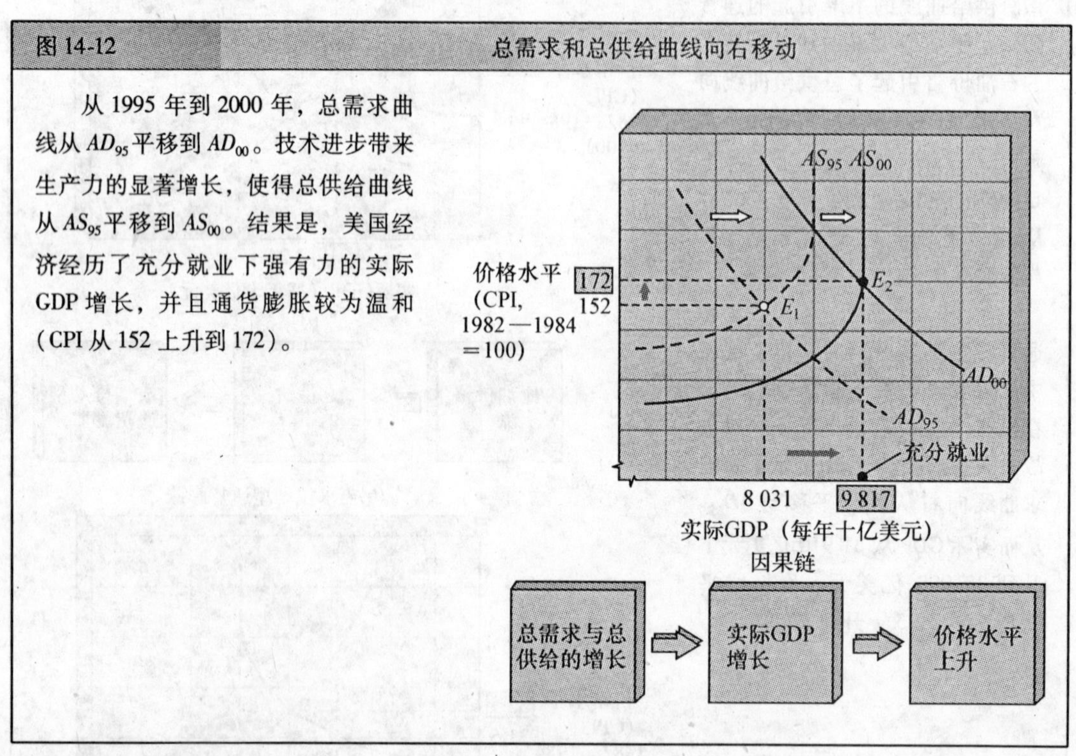

图 14-12 总需求和总供给曲线向右移动

从 1995 年到 2000 年，总需求曲线从 AD_{95} 平移到 AD_{00}。技术进步带来生产力的显著增长，使得总供给曲线从 AS_{95} 平移到 AS_{00}。结果是，美国经济经历了充分就业下强有力的实际 GDP 增长，并且通货膨胀较为温和（CPI 从 152 上升到 172）。

要点考查

温室效应会引起通货膨胀还是失业？或是两者都会？

假设你是美国总统经济顾问团的主席。这个夏天由于我们知道的温室效应带来的气候变化而异常的炎热和干燥。因此，农作物产量骤减。总统致电你到白宫讨论其对经济的影响。你将向总统解释美国农作物产量的骤减会引起通货膨胀、失业，或是两者都会吗？

现实生活中的经济学

约翰·梅纳德·凯恩斯是正确的吗？

适用概念：总需求与总供给分析

在《就业、利息与货币通论》中，约翰·梅纳德·凯恩斯写道：

经济学家与政治哲学家的思想，无论他们是正确的或是错误的时候，都比公众理解的要有力量得多。事实上统治世界的，就只是这些思想而已。那些相信自己已经不再受任何思想摆布的实践家们，通常都是一些已逝经济学家的思想的奴隶。那些聆听着流行观点的占据权威地位的疯子，正在对几年前的三流学术人士积聚着狂热……那些超过 25 岁或 30 岁的人便很少受到新理论的影响，因此，公务员、政客甚至煽动者们应用于当前事件的思想，都不是最新的。①

凯恩斯（1883—1946 年）被视为现代宏观经济学之父。他的父亲，著名的英国经济学家约翰·内维尔·凯恩斯，是剑桥大学的经济学与逻辑学的讲师。凯恩斯在伊顿公学毕业后，进入剑桥大学学习数学和概率论，但他最终选择了经济学领域并接受了剑桥大学经济学讲师一职。

凯恩斯是一个多面的人，他在英国理论学界、金融界以及政治上层阶级中都受人尊敬并极为成功。他通过投机股票、外汇和商品积聚了 2 百万美元的个人财富（运用 CPI 指数计算出的今天的等价货币）。除了个人积攒了大量财富外，凯恩斯还担任了剑桥大学国王学院的理事并创建了自己的基金，从 30 000 磅发展到 380 000 磅。凯恩斯是一个多产的学者，他最著名的作品《就业、利息与货币通论》发表于 1936 年。这项著作令人信服地打击了古典理论关于资本主义能够从严重的萧条中自我修复的观点。

凯恩斯将他的模型建立在这样的信条之上：假如价格和工资保持不变，增加的总需求能够达到完全就业。此外，他对政策进行了大胆的描述，认为政府应该增加支出，并且/或减少税收，以增加经济体的总需求曲线，并且使失业的人重新回到工作岗位。

分析问题

凯恩斯是正确的吗？基于以下数据，运用总需求和总供给模型来解释凯恩斯的总需求推动经济趋向充分就业的理论。

价格水平、实际 GDP 以及失业率，1933—1941 年

年份	CPI（1982—1984 = 100）	实际 GDP（十亿 2000 年美元）	失业率（百分比）
1933	13.0	$ 635	24.9%
1939	13.9	951	17.2
1940	14.0	1 034	14.6
1941	14.7	1 148	9.9

资料来源：劳工统计局，http://data.bls.gov/servlet/SurveyOutputServlet；美国总统经济报告，2005，http://www.gpoaccess.gov/eop，表 B-35.

① 梅纳德·凯恩斯，就业、利息与货币通论（伦敦：麦克米伦，1936），p. 383.

主要概念

总需求曲线（AD）	净出口效应	凯恩斯区域
古典区域	实际余额效应与财富效应	总供给曲线（AS）
中间区域	滞胀	利率效应
古典经济学家		

小结

- **总需求曲线**是指一段时期内经济体中不同价格水平下所购买的实际 GDP 水平。
- **总需求曲线向下倾斜的原因**包括以下三种效应：（1）**实际余额效应**或**财富效应**是指固定价值金融资产的购买力与通货膨胀之间的反相关关系对实际 GDP 的影响，会引起消费表的变动。（2）**利率效应**假设货币供给是固定的，因此通货膨胀增加了货币的需求。当货币需求增加时，利率上升，引起消费和投资支出下降。（3）**净出口效应**是指净出口与通货膨胀之间的反相关关系对实际 GDP 的影响。美国价格水平的上升倾向于减少美国的出口和增加进口，反之亦然。

总需求曲线的移动

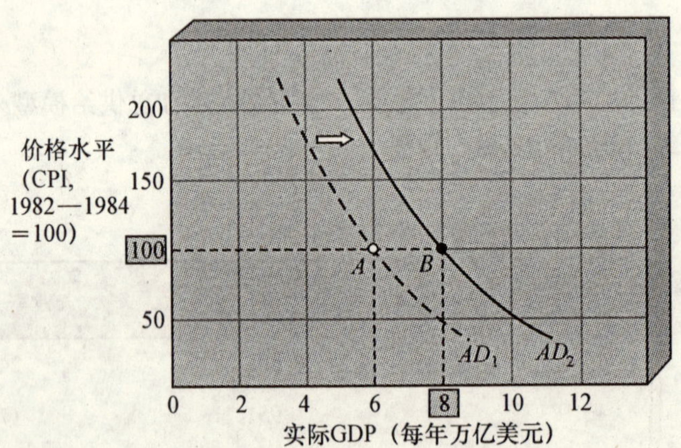

- **总供给曲线**表现的是一个经济体在不同的价格水平时生产的实际 GDP 的水平。当实际 GDP 扩张和收缩时，总供给曲线的形状取决于价格和工资的弹性。总供给曲线有三个区域：（1）曲线的**凯恩斯区域**是水平的，因为经济中存在真正的失业时，价格水平和生产成本都不会增加。（2）在**中间区域**，当实际 GDP 趋向充分就业时，价格和成本都会增加。（3）**古典区域**是指总供给曲线的垂直部分。它与充分就业产出相吻合。由于产出已达到最大值，总需求的增加仅仅会导致价格水平的上涨。

总供给曲线

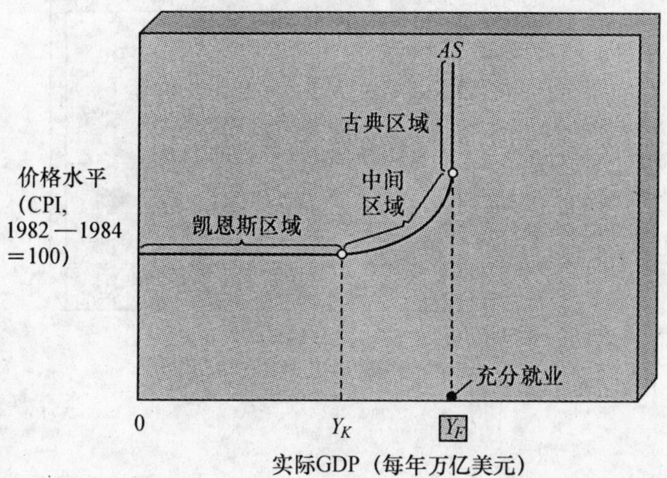

- **总需求和总供给分析**通过总需求曲线与总供给曲线的交点决定了均衡价格水平和均衡实际 GDP。在宏观经济均衡中，企业既不会高估也不会低估现行价格下需求的实际 GDP。
- **滞胀**是指一个经济体中通货膨胀与失业并存的现象。保持总需求不变，总供给的下降导致了价格水平的不健康状况与实际 GDP 的下降以及失业。
- **成本推动型通货膨胀**是指总需求曲线保持不变时，总供给曲线下降引起的通货膨胀。成本推动型通货膨胀不好的原因在于它总是伴随着实际 GDP 和就业的同时下降。

成本推动型通货膨胀

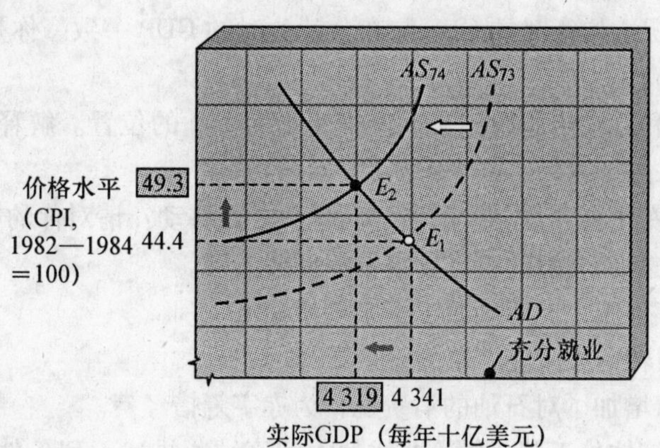

- **需求拉动型通货膨胀**是指当总供给曲线保持不变时，总供给曲线的古典和中间区域中发生的总需求曲线上升引起的通货膨胀。

需求拉动型通货膨胀

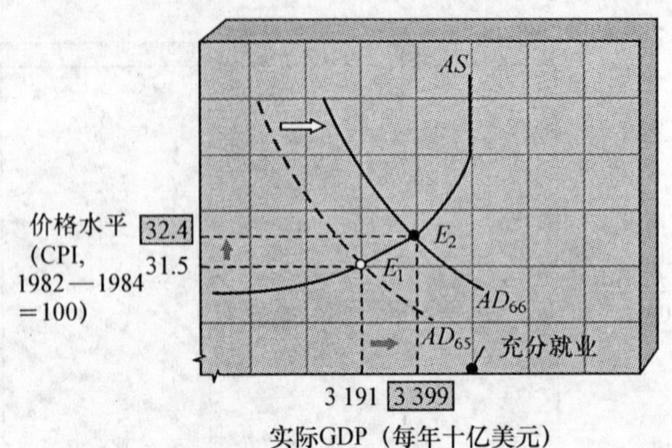

问题思考

1. 解释为什么总需求曲线向下倾斜。你的解释为什么与个人产品需求曲线向下倾斜的原因不同?
2. 解释古典经济学家关于有弹性的价格和工资能保证经济体在充分就业点运行的理论。
3. 下列条件的变化会导致总需求曲线往哪个方向移动？请做出解释。
   a. 消费者预期经济低迷。
   b. 一位新的美国总统被选举出来，企业总裁预期利润会上升。
   c. 联邦政府增加了对公路、桥梁和其他基础设施建设的支出。
   d. 美国增加了小麦和其他作物对俄罗斯、乌克兰及其他前苏联成员国的出口。
4. 辨别总供给曲线的三个区域。解释总需求曲线在每个阶段的上升带来的影响。
5. 考虑一下情况：均衡时的 GDP 与充分就业时的 GDP 一致。你是同意还是不同意?请做出解释。
6. 假设总需求和总供给曲线相交于价格水平为 100 的位置。解释价格水平从 120 减少至 50 带来的影响。
7. 下列条件的变化会导致总供给曲线向哪个方向移动？请对你的答案做出解释。
   a. 由于阿拉斯加的漏油灾难导致石油价格上升。
   b. 工会及其他工人同意削减工资来刺激经济。
   c. 能源公司转向太阳能，电力价格下降。
   d. 联邦政府增加了对石油的消费税，为赤字筹措经费。
8. 假设一个经济体处于其总供给曲线的中间区域。描述下列条件发生时总需求或总供给曲线变动的方向。对价格水平、实际 GDP 和就业的影响分别是什么?
   a. 原油的价格剧烈上涨。
   b. 国防部开支翻番。
   c. 进口商品的成本增加。

d. 技术进步提高了劳动生产率。

9. 总供给或总需求的哪种变动会引起经济中下列情况的发生?
   a. 价格水平上升，实际 GDP 上升。
   b. 价格水平下降，实际 GDP 上升。
   c. 价格水平下降，实际 GDP 下降。
   d. 价格水平上升，实际 GDP 下降。
   e. 价格水平上升，实际 GDP 保持不变。
   f. 价格水平保持不变，实际 GDP 上升。
10. 使用总需求和总供给分析法，口头和绘图解释成本推动型通货膨胀。评价它对价格水平、实际 GDP 和就业带来的影响。
11. 使用总需求和总供给分析法，绘图解释需求拉动型通货膨胀。评价它对价格水平、实际 GDP 和就业带来的影响。

在线练习

练习 1

浏览经济统计简报屋网站(http://www.whitehouse.gov/fsbr/output.html)。

1. 去年国内生产总值发生了怎样的变化?
2. 总需求和/或总供给的哪些变动可能会引起这些变化?

练习 2

浏览劳工统计局网站(http://www.bls.gov/cpi)，寻找最近的消费者物价指数数据。利用数据，点击包含 1913 年至今的所有美国城市消费者物价指数及年度变化率的图表。

1. 去年的通货膨胀率有什么变化?
2. 考虑你对前一个问题以及练习 1 的回答，你能够总结出总需求和/或总供给发生了哪些变化，使得产出（GDP）和价格发生了这样的改变吗?

练习 3

浏览明尼阿波利斯市的联邦储备银行网站(http://woodrow.mpls.frb.fed.us/research/data/us/calc/)，它公布了剔除了通货膨胀率的历史 CPI 数据。往下翻，并且观察最近 10 年内通货膨胀率发生了怎样的变化。

1. 总需求和/或总供给如何变动会引起这些通货膨胀率的变化?
2. 在对产出（GDP）和就业水平的影响方面，总需求的变动与总供给的变动之间有什么区别?
3. 最近 10 年内通货膨胀率的变动最主要是由总需求的变化还是总供给的变化引起的? 为什么?

练习4

浏览经济合作与发展组织网站(http://www.oced.org)，观察世界各国宏观经济运行的国家图表。总需求和/或总供给如何变动才能导致这些国家经济的变化?

要点考查答案

温室效应会引起通货膨胀还是失业？或是两者都会？

食品生产的减少降低了总供给。当价格上升时，总供给的减少会引起经济紧缩。除了1972年至1974年之间的OPEC石油禁运之外，世界范围内的天气因素摧毁了作物并且打击了供给，引起了美国经济的滞胀。假如你说严重的温室效应可能会同时引起高失业和通货膨胀，你就是正确的。

测试

1. 总需求曲线被定义为
   a. 净国民产值。
   b. 工资、租金、利息和红利的总和。
   c. 不同价格水平下实际购买的GDP。
   d. 居民户期望的总美元价值。
2. 当信贷的供给是一定的，价格水平的上升会刺激信贷需求，反过来，信贷需求的上升又会降低消费和投资支出。这种效应称为
   a. 实际余额效应。
   b. 利率效应。
   c. 净出口效应。
   d. 替代效应。
3. 实际余额效应发生是因为更高的价格水平减少了人们的____的实际价值。
   a. 金融资产
   b. 工资
   c. 未偿付的贷款
   d. 物质投资
4. 净出口效应是指经济体中的净出口和____的反相关关系。
   a. 实际GDP
   b. GDP平减数
   c. 价格水平
   d. 消费支出
5. 下列哪项会使总需求曲线向左移动?

a. 出口的增加
b. 投资的增加
c. 政府支出的增加
d. 政府支出的减少

6. 下列哪项不会使总需求曲线向左移动?
a. 消费者变得对未来更乐观了。
b. 政府支出减少。
c. 经济乐观系数降低。
d. 消费者变得对未来更悲观了。

7. 大萧条之前认为经济能够自动调节至充分就业的主流理论是
a. 供给学派经济学家。
b. 凯恩斯主义经济学家。
c. 古典经济学家。
d. 重商主义者。

8. 古典经济学家相信
a. 价格体系稳定。
b. 充分就业的目标是不可能的。
c. 在长期，价格体系会使经济体自动调节至充分就业。
d. 政府应该试图恢复到充分就业。

9. 下列哪个区域不是折中的或一般的观点认为的总供给曲线区域?
a. 古典区域。
b. 凯恩斯区域。
c. 中间区域。
d. 货币区域。

10. 宏观经济均衡发生在
a. 总供给超过总需求时。
b. 经济体处于充分就业时。
c. 总需求等于总供给时。
d. 总需求等于平均价格水平时。

11. 在总供给曲线的古典或垂直区域，总需求曲线的降低将会减少
a. 价格水平和实际 GDP。
b. 仅仅实际 GDP。
c. 仅仅价格水平。
d. 价格水平和实际 GDP 都不会。

12. 其他因素保持不变，资源价格的下降会使总
a. 需求曲线左移。
b. 需求曲线右移。
c. 供给曲线左移。
d. 供给曲线右移。

13. 假设总需求曲线不变，总供给曲线向左移动会引起
    a. 价格水平的上升和实际 GDP 的下降。
    b. 价格水平的上升和实际 GDP 的上升。
    c. 价格水平的下降和实际 GDP 的下降。
    d. 价格水平的下降和实际 GDP 的上升。
14. 总需求曲线向右移动引起的价格水平的上升被称为
    a. 成本推动型通货膨胀。
    b. 供给冲击通货膨胀。
    c. 需求冲击通货膨胀。
    d. 需求拉动型通货膨胀。
15. 假设工人对他们未来的就业变得更悲观而使得他们储蓄更多消费更少。假如经济处于总供给曲线的中间区域，那么
    a. 实际 GDP 和价格水平都会降低。
    b. 实际 GDP 降低，价格水平上升。
    c. 实际 GDP 上升，价格水平降低。
    d. 实际 GDP 和价格水平都会上升。

第 14 章附录　自动修复的总需求与总供给模型

人们对于经济是否能够自我调节争论不休。这意味着随着时间的流逝，经济体能够自行恢复到充分就业的均衡。换句话说，古典主义理论的基础就是有关经济围绕着均衡起起伏伏，但无论价格水平如何螺旋变化，充分就业都是经济体中的普遍情况的假设。为了熟悉这个调整过程，我们必须把本章讲述的 *AD-AS* 模型扩展为更复杂的自我修复的总需求与总供给模型。第一，我们要区分短期和长期的总供给曲线区别。的确，总供给曲线的形状及其形状产生的原因一直都是宏观经济学最受争议的议题之一。第二，我们将使用自我修复的总需求与总供给模型对长期均衡做出解释。第三，这个附录还包括运用自我修复的 *AD-AS* 模型来解释对总需求变化进行的短期和长期的调整。

为什么短期总供给曲线是向上倾斜的？

短期总供给曲线（SRAS） 在名义收入不会随物价水平的变化而变化的时间期间内，反映在各种可能价格水平下所生产的实际 GDP 水平的曲线。

图 14A-1（a）描绘了**短期总供给曲线（SRAS）**，它既不像本章的图 14-6 中凯恩斯区域那样完全平坦，也不像古典区域那样完全垂直。短期总供给曲线是指在名义工资和薪金（收入）不会随物价水平的变化而变化的时间期间内，反映在各种可能价格水平下所生产的实际 GDP 水平的曲线。回顾本章通货膨胀的概念，

$$实际收入 = \frac{名义收入}{CPI（百分位）}$$

正如这个公式所解释的那样，CPI 测量到的价格水平的上升会降低实际收入，价格水平的下降会增加实际收入。考虑到短期总供给曲线的定义，我们假设名义工资和薪金不随价格水平的变化而变化基于以下两个原因：

1. *不完全信息*。在短期，工人可能不会知道价格水平的变化改变了他们的实际收入。因此，他们不会根据实际收入的变化来调整自己的工资和薪金需求。
2. *固定工资合同*。例如，没有成立工会的雇员会在合同里标明名义工资。同样，许多专职人员接受的是按年发放的固定薪金。这些情况下，名义收入在一段时间内无论价格水平如何变化都将保持不变或“粘性”。

假设由 CPI 测量的商品和劳务的价格在短期内不会发生变化，我们可以检验图 14A-1（a）并且解释 *SRAS* 曲线为何向上倾斜。由点 *A* 的 CPI 为 100 开始，我们发现经济体处于充分就业的实际 GDP 水平为 8 万亿美元。同样，我们假定劳动合同基于这个期望的价格水平。现在，我们假设价格水平出人意料地从 100 上升至 *B* 点的 150。产品的价格更高，厂商的收益增加了，由于名义工资和薪金不变，厂商的利润也增加了。相应地，厂商将产出从 8 万亿美元增加到 12 万亿美元，经济运行超出了充分就业产出。这种情况的发生是因为厂

商增加了劳动时间和培训，雇用了那些处于和超出充分就业的实际GDP水平时无利可图的家庭主妇、退休人员以及失业工人。

图 14A-1 总供给曲线

图形专题研究

（a）图中的短期总供给曲线假设名义工资和酬劳不变，预期的价格水平为100，充分就业的实际GDP为8万亿美元。价格水平从100上升到150增加了利润、实际GDP和就业，使经济体从A点移动到B点。价格水平从100降低至50减少了利润、实际GDP和就业，使经济体从A点移动到C点。

（b）图中的长期总供给曲线是一条在充分就业GDP水平上的竖直线。例如，如果价格水平从A点的100上升到B点的150，工人们现在有足够的时间谈判获得与价格水平同比例增长的名义工资。这种有弹性的调整意味着实际收入和利润保持不变，经济体继续在充分就业的实际GDP水平上运行。

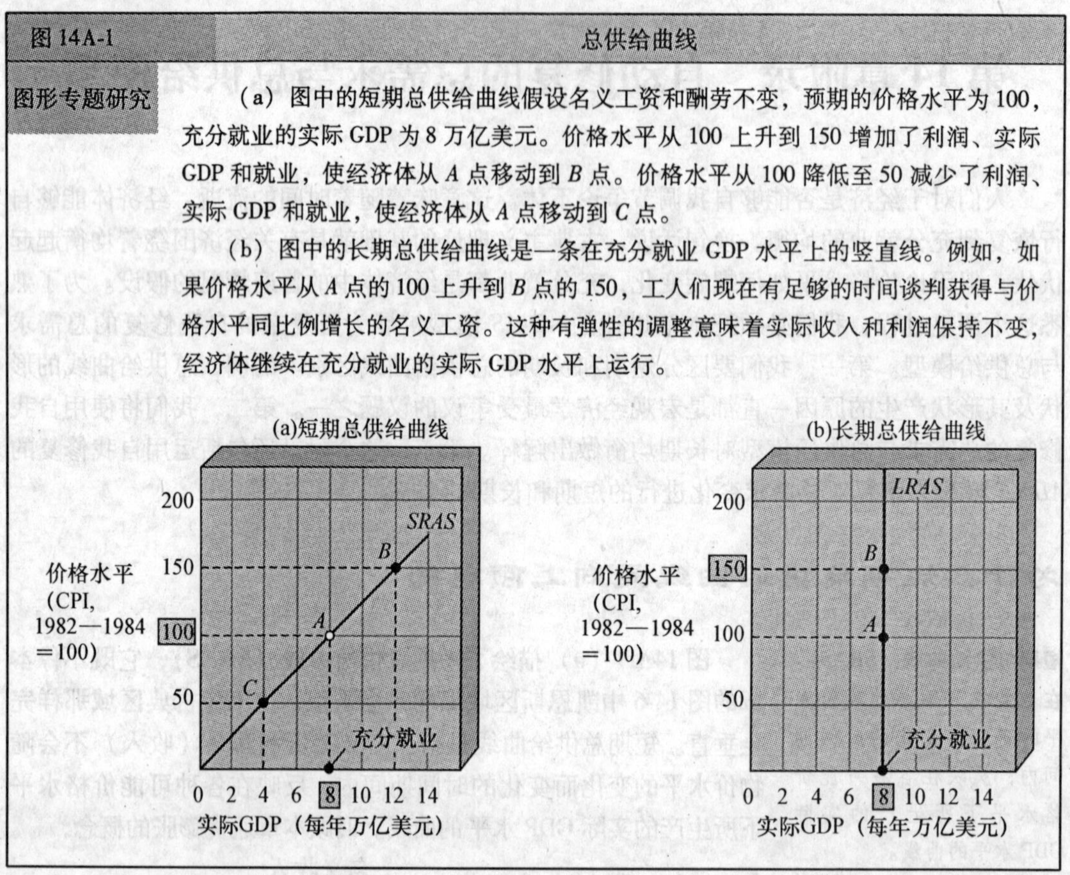

现在，我们回到A点，假设CPI又降低了50达到C点。这种情况下，名义工资和薪金保持不变时厂商生产的产品价格下降。结果是，厂商的收益和利润降低，他们将产出从8万亿美元减少到4万亿美元的实际GDP。相应地，就业率（没有在模型中明确显示出来）降低至充分就业以下。

结论 短期总供给曲线向上倾斜是因为价格水平变化时名义工资与薪金保持不变。

为什么长期总供给曲线是垂直的

图14A-1（b）中展示的是**长期总供给曲线（LRAS）**。长期总供给曲线是指在名义收入与物价水平具有相同的百分比变化的时间期间内，任一可能物价水平下所能生产的实际GDP水平。如同本章图14-6中总供给曲线的古典区域一样，长期总供给曲线在充分就业的实际GDP处是垂直的。

为了了解为什么长期中总供给曲线是垂直的，我们必须假设劳动合同期满之前有足够长的时间，使对名义工资和薪金可以进行协商。换种方式表达，在足够长的时间内，工人

长期总供给曲线（LRAS） 该曲线反映，在名义收入与物价水平具有相同的百分比变化的时间期间内，任一可能物价水平下所能生产的实际 GDP 水平。

能够计算其名义工资的变化，并努力增加名义工资来同比例调整购买力的变动。假设图 14A-1（b）中 *A* 点的 CPI 为 100（或按照百分位计数，1.0），平均名义工资为每小时 10 美元。这就是说平均实际工资也是每小时 10 美元（名义工资 10 美元除以 1.0）。然而，如果 CPI 在 *B* 点上升到 150，实际工资就从 10 美元降低至 6.67 美元（10 美元/1.5）。在长期，工人会要求和接受新的名义工资 15 美元，使他们的实际工资仍然为 10 美元（15 美元/1.5）。那么，CPI（从 100 上升至 150）和名义工资（从 10 美元上升到 15 美元）都变化了 50%，经济沿着总供给曲线从 *A* 点向上移动到 *B* 点。要注意，因为由 CPI 测量的产品价格和实际工资同比例增长，利润空间实际上是保持不变的。因此，企业没有动力比 8 万亿美元的实际 GDP 产出生产更多或更少。*LRAS* 上任何两种价格都会进行同比例地调整，因此曲线是垂直的。潜在实际 GDP 与价格水平无关。无论 CPI 是升是降，潜在实际 GDP 都是一样的。

结论 长期供给曲线（LRAS）的形状是垂直的，是因为名义工资和薪金最终将随着价格水平的变化同百分比地变化。

自动修复的 *AD-AS* 模型的均衡

图 14A-2 将总需求曲线和前一幅图中的短期总供给曲线与长期总供给曲线合并起来，构成了自我修复的 *AD-AS* 模型。经济体的总需求曲线（*AD*）与长期总供给曲线（*LRAS*）和短期总供给曲线（*SRAS*）相交的点 *E* 就是模型的均衡点。在长期均衡中，经济体的价格水平为 100，充分就业的实际 GDP 为 8 万亿美元。

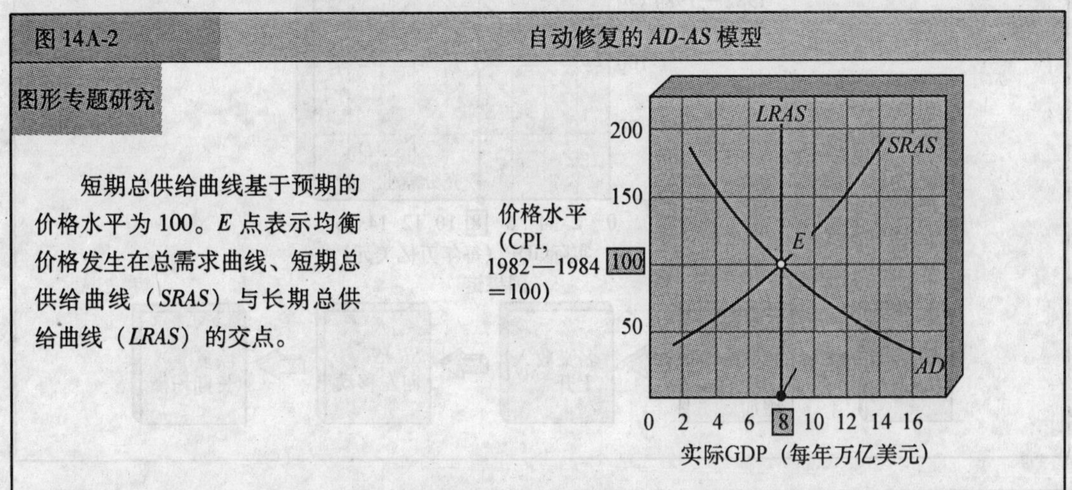

短期总供给曲线基于预期的价格水平为 100。*E* 点表示均衡价格发生在总需求曲线、短期总供给曲线（*SRAS*）与长期总供给曲线（*LRAS*）的交点。

总需求的增加带来的影响

现在你已经准备好运用这个模型来作出一些行动和反应。假设，从图 14A-3 中的点 E_1 开始，与价格无关的决定因素的变化（本章结尾的图 14-10 做出了总结）导致总需求

从 AD_1 上升到 AD_2。例如，变化可能是消费支出（C）、政府开支（G）或企业投资（I）或美国出口的更高需求增加的结果。无论原因是什么，给经济体带来的短期效应就是沿着 $SRAS_{100}$ 上升至与 AD_2 相交的暂时的或短期的均衡点 E_2，价格水平为150。回忆一下，名义工资在短期是固定的。由于面对更高的需求，厂商提高了产品的价格，并且由于劳动力价格保持不变，厂商获得了更高的利润并且通过雇用那些在充分就业时无利可图的工人来增加就业。结果是，在短期内，实际 GDP 上升到超出充分就业 GDP 的水平，从 8 万亿美元上升到 12 万亿美元。然而，经济体并不能永远的超越充分就业。是什么力量使得实际 GDP 恢复到充分就业的实际 GDP 水平呢？

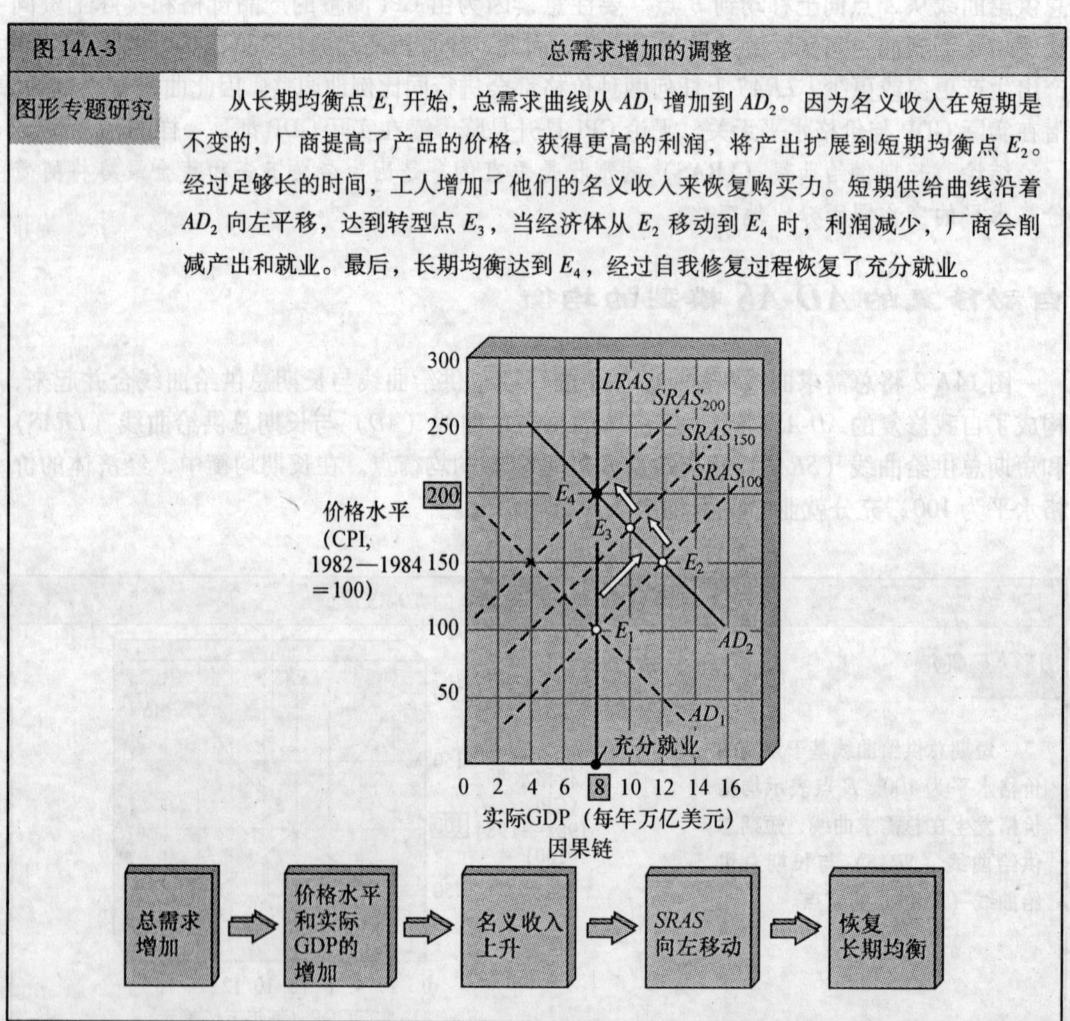

图 14A-3 总需求增加的调整

图形专题研究 从长期均衡点 E_1 开始，总需求曲线从 AD_1 增加到 AD_2。因为名义收入在短期是不变的，厂商提高了产品的价格，获得更高的利润，将产出扩展到短期均衡点 E_2。经过足够长的时间，工人增加了他们的名义收入来恢复购买力。短期供给曲线沿着 AD_2 向左平移，达到转型点 E_3，当经济体从 E_2 移动到 E_4 时，利润减少，厂商会削减产出和就业。最后，长期均衡达到 E_4，经过自我修复过程恢复了充分就业。

假设时间流逝，劳动合同期满了。E_2 点转型过程的下一步就是工人们开始要求名义工资增加，使他们的实际工资同初始 E_1 点时的实际工资相同。由于厂商希望保持它们的产出水平并且在争夺工人，厂商就会遇到工人增加工资的要求。名义工资增加使短期总供给曲线向左沿着 AD_2 向上平移。短期总供给曲线沿着 AD_2 移动，下一步可能会在中间的调整过程中变成 $SRAS_{150}$。这种短期的中间调整的预期价格水平为 150，由 $SRAS_{150}$ 和 $LRAS$

的交点决定。尽管短期总供给曲线 $SRAS_{150}$ 与 AD_2 相交于 E_3，对总需求增加的调整却并没有完成。工人们以预期价格水平 150 为基础，为了实际工资的增加进行谈判。然而，短期总供给曲线向左移动将价格水平提高到 E_3 的大约 175。因此，工人们必须开始另一轮为了恢复购买力而进行的更高名义工资的谈判。这个过程会一直持续到长期均衡恢复到 E_4 为止，调整过程结束。

对充分就业价格水平的预测现在是 E_4 点的 200。$SRAS_{100}$ 向左移动到 $SRAS_{200}$，与 $LRAS$ 相交于 E_4。短期总供给曲线从 E_2 移动到 E_4，并且名义工资得到了相应增长的结果是，厂商的利润减少了，它们会通过提高产品价格、减少就业与削减产出来作出反应。在 E_4 点，经济体自我调节到短期与长期均衡都位于价格水平为 200 的位置，充分就业的实际 GDP 为 8 万亿美元。如果总需求没有更多的变化，经济体可能就会保持在 E_4 的均衡。要注意，名义收入在 E_4 点比原来的初始点 E_1 更高了，但实际工资和薪金保持不变，如同图 14A-1（b）所解释的那样。

结论　总需求在长期的增加引起短期总供给曲线向左移动，是因为名义收入增加了，经济体自我调节至充分就业的实际 GDP 水平时达到更高的价格水平。

总需求减少带来的影响

当上节所述的一系列事件结束时，经济体位于图 14A-4 中的点 E_1。现在我们来看看当总需求曲线从 AD_1 降低至 AD_2 时会发生什么，原因可能是股票市场冲击带来的悲观情绪导致消费者削减开支，厂商推迟购买新的厂房和设备。结果是，厂商发现它们的销售和利润减少了，企业会通过降低产品价格、削减产出和就业来作出反应。谈判合同是以预期价格水平为 200 作为基础的，在短期内，工人们的名义工资保持不变。这种情形下，经济体沿着 $SRAS_{200}$ 从 E_1 移动到短期均衡点 E_2。现在价格水平从 200 下降到 150，实际 GDP 从 8 万亿美元下降到 4 万亿美元。

在 E_2 点，经济体处于严重的衰退之中，接下来，可以说，一年内，为了在这个低利润和失业工人竞争岗位的时代保住他们的工作岗位，工人们将会在更新合同时接受更低的名义工资与薪金。一旦意识到产品价格更低意味着维持工人们的生活成本需要更少的钱，更低的名义工资也就变得容易接受多了。当工人将名义工资调整到更低时，短期总供给曲线沿着 AD_2 向下移动到 E_4 点。$SRAS_{150}$ 表示的是由 $SRAS_{150}$ 和 $LRAS$ 的交点决定的长期预期价格水平 150 所对应的一种可能出现的中间位置。然而，如同 E_2 一样，E_3 也不是长期均衡点。工人们根据预期的价格水平 150 来协商名义工资的降低，然而，短期总供给曲线的右移使价格水平降低至 E_3 的大约 125。在失业工人即使工资和薪金更低也愿意工作的压力下，工人们继续为他们的名义收入降低进行谈判，直到 $SRAS_{150}$ 向右移动到点 E_4 为止。

最后，长期预期充分就业价格水平回到 E_4 点的 100，经济体自我修复到长期充分就业均衡。这种沿着 AD_2 曲线上 E_2 和 E_4 之间的调整过程，就是更低的名义收入提高了利润，厂商会相应地降低产品价格、增加就业和产出，使得实际 GDP 从 4 万亿美元上升至 8 万亿美元的过程。除非总需求变化，否则经济体就会稳定在 E_4 点。最终，我们观察到点 E_2 到点 E_4 之间的平均名义收入与价格水平保持了相同百分比的下降。因此，如同图 14A-1（b）中所解释的那样，实际收入不受影响。

结论 长期总需求的下降引起短期总供给曲线向右移动的原因是名义收入下降，经济体自我修复到充分就业的实际 GDP 水平下更低的价格水平。

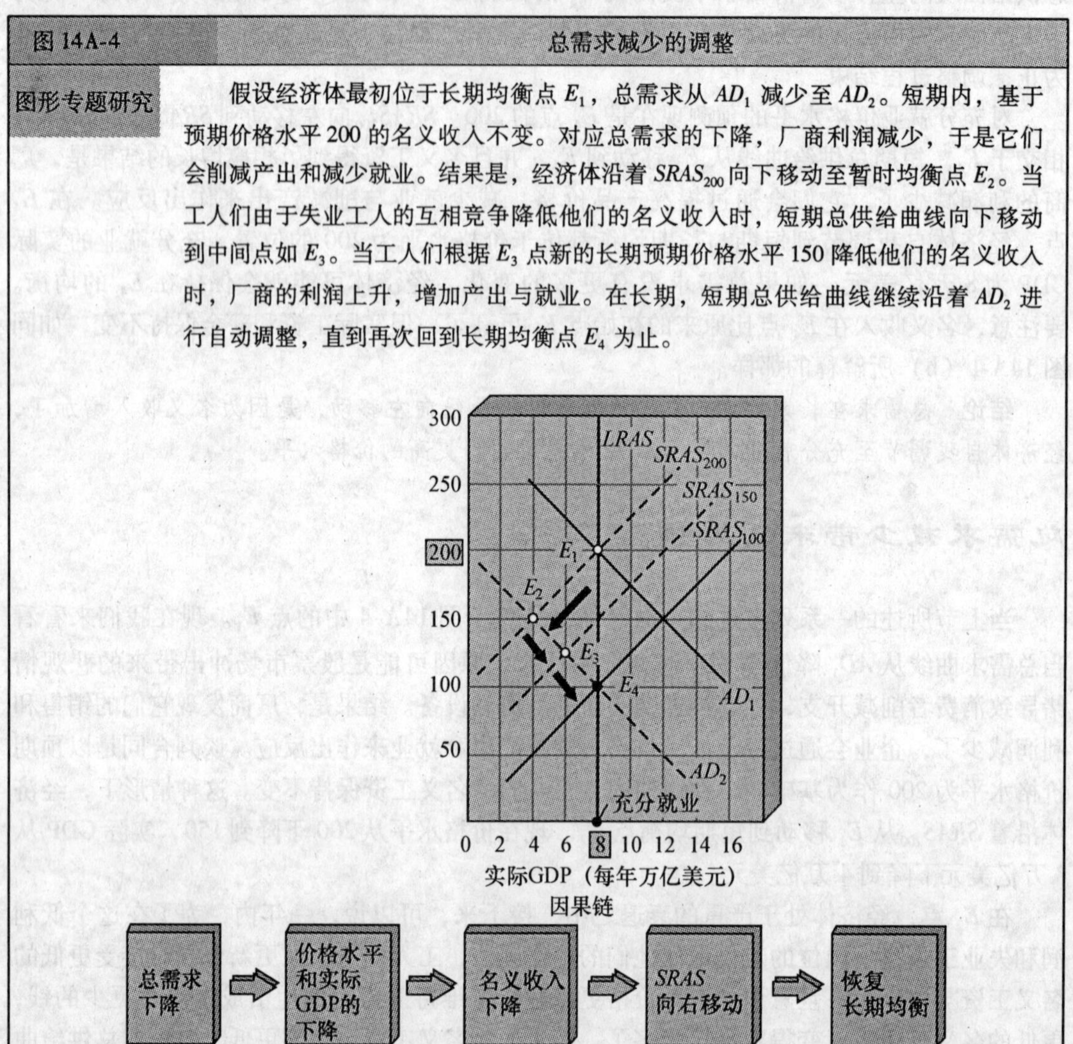

图 14A-4 总需求减少的调整

图形专题研究

假设经济体最初位于长期均衡点 E_1，总需求从 AD_1 减少至 AD_2。短期内，基于预期价格水平 200 的名义收入不变。对应总需求的下降，厂商利润减少，于是它们会削减产出和减少就业。结果是，经济体沿着 $SRAS_{200}$ 向下移动至暂时均衡点 E_2。当工人们由于失业工人的互相竞争降低他们的名义收入时，短期总供给曲线向下移动到中间点如 E_3。当工人们根据 E_3 点新的长期预期价格水平 150 降低他们的名义收入时，厂商的利润上升，增加产出与就业。在长期，短期总供给曲线继续沿着 AD_2 进行自动调整，直到再次回到长期均衡点 E_4 为止。

潜在实际 GDP 的变动

与总需求曲线和短期总供给曲线一样，长期总供给曲线也会发生变化。如同第 2 章中所解释的那样，资源变动和技术进步使生产可能性边界外移。我们现在将经济增长的概念扩展至长期总供给曲线中：

- *资源的变动*。例如，国土的质量可能由于对海洋或是新生土地的认领而得到增加。随着时间的流逝，如果资本和科学技术保持不变的情况下，充分就业的工人数量增加了，那么潜在的实际 GDP 就会增加。劳动力的增长可能是由人口增长引起的。更多数量的工厂、生产线、计算机和其他形式的资本，同样创造出潜在的实际 GDP 的增长。资本包括人力资本，即工人在教育、培训、经验以及健康方面的积累。

- *技术进步*。技术进步使企业从同样的投入品中能生产出更多产品。即使劳动力和资本的数量不变，最新的计算机时代的机器也能增加潜在的 GDP。

结论　长期总供给曲线向右移动代表了潜在的充分就业实际 GDP 的经济增长。随着时间流逝，美国经济很典型地增加了资源并发展了科技，经济增长发生在充分就业的产出时。下一节运用了真实世界的数据来阐释长期总供给曲线随时间发生的变化。

总需求的增加和长期总供给曲线

图 14A-5 中所示的自动修复的 *AD-AS* 模型重现了本章的图 14-12，阐释了 1995 年到 2000 年美国经济的增长情况。然而，图 14A-5 使用了短期和长期的总供给曲线来扩展这项分析；为了简便，实际 GDP 数量与前面相同。1995 年，经济在 E_1 点运行，CPI 为 152，实际 GDP 为 8 万亿美元。

图 14A-5　总需求曲线和长期总供给曲线右移

1995 年，美国经济运行于 8 万亿美元，低于 $LRAS_{95}$ 上充分就业的实际 GDP8.3 万亿美元。从 1995 年到 2000 年，总需求曲线从 AD_{85} 上升到 2000 年的 AD_{00}，美国经济沿着短期总供给曲线 $SRAS_{95}$ 从 E_1 点向上移动到 E_2 点。工人的名义或货币收入增加了，$SRAS_{95}$ 向左移动到 $SRAS_{00}$，与长期总供给曲线 $LRAS_{00}$ 相交的 E_3 点建立了长期充分就业均衡。这些年的技术进步与资本积累使 $LRAS_{95}$ 向右移动到 $LRAS_{00}$，并且潜在的真实 GDP 从 8.3 万亿美元上升到 9.8 万亿美元。

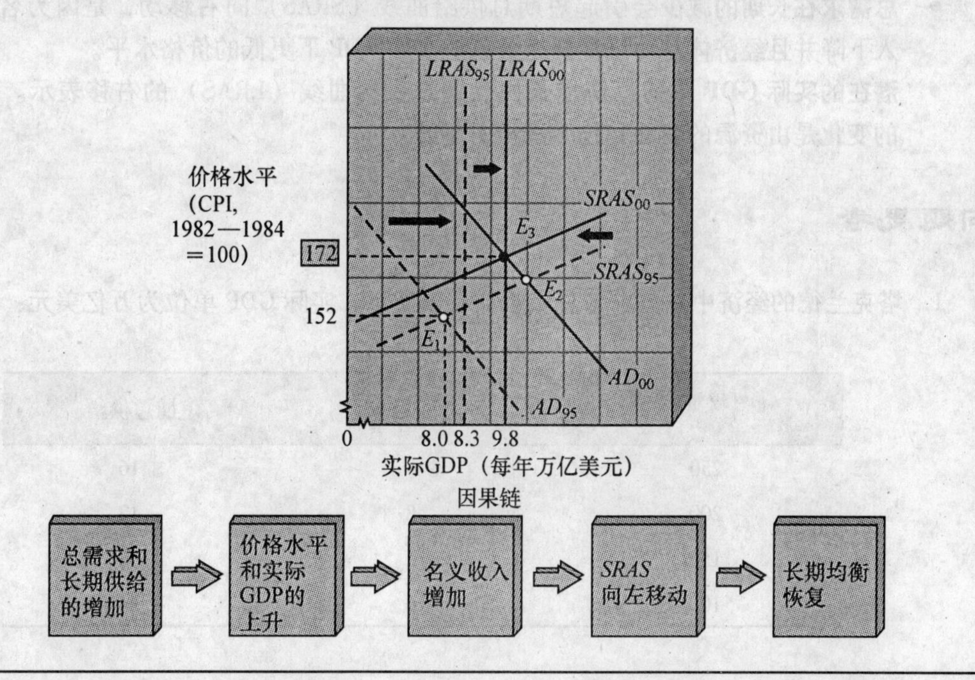

我们估算出 E_1 点的 $LRAS_{95}$ 的实际 GDP 为 8.3 万亿美元，经济在低于潜在的充分就业处运行，失业率为 5.6%（并未明确反映在模型中）。接下来 5 年，美国经济移动到 2000 年的充分就业点 E_3，并且实际 GDP 从 8 万亿美元上升至 9.8 万亿美元。CPI 从 152 上升到 172（温和的通货膨胀），失业率下降到 4.0%。

在这个时期，非凡的技术进步与资本积累，尤其是高科技企业的资本积累，引起了潜在的实际 GDP 的经济增长，由垂直的长期供给曲线从 $LRAS_{95}$ 向右移动到 $LRAS_{00}$ 来表示。从 E_1 低于充分就业的实际 GDP 处移动，是由于 AD_{95} 增加至了 AD_{00}，以及沿着短期总供给曲线 $SRAS_{95}$ 向上移动到了点 E_2。名义或货币工资率随着时间而增加了，$SRAS_{95}$ 向左移动到 $SRAS_{00}$。在点 E_3，价格水平为 175，潜在的实际 GDP 为 9.8 万亿美元。

主要概念

短期总供给曲线（SRAS）　　　长期总供给曲线（LRAS）

小结

- **短期总供给曲线（SRAS）**向下倾斜是因为价格水平变化时名义工资和薪金固定。
- **长期总供给曲线（LRAS）**的垂直形状是因为当价格水平变化时，名义工资和薪金最终也会同比例变化。
- **总需求（AD）在长期的增加**会引起短期总供给曲线（SRAS）向左移动，是因为名义收入上升并且经济体自动修复到充分就业实际 GDP 下更高的价格水平。
- **总需求在长期的减少**会引起短期总供给曲线（SRAS）向右移动，是因为名义收入下降并且经济体自动修复到充分就业实际 GDP 下更低的价格水平。
- **潜在的实际 GDP 中的经济增长**由长期总供给曲线（LRAS）的右移表示。*LRAS* 的变化是由资源的变动和技术进步引起的。

问题思考

1. 塔克兰德的经济中总需求与总供给如下表所示，实际 GDP 单位为万亿美元：

价格水平（CPI）	总需求	短期总供给
250	$ 4	$ 16
200	8	12
150	12	8
100	16	4

a. 描绘总需求曲线与短期总供给曲线。

b. 短期的实际 GDP 与价格水平的均衡是怎样的?

c. 假如塔克兰德潜在的实际 GDP 是 12 万亿美元，描绘长期总供给曲线(LRAS)。

2. 运用第 1 题中的图，假设长期均衡为 12 万亿美元，解释工人收入增长了 10% 带来的影响。

3. 运用第 1 题描绘出的图，假设初始的均衡为 E_1。接下来，假设总需求增加了 4 万亿美元。画出短期均衡的效应。

4. 基于第 3 题的假设，口头解释总需求增加了 4 万亿美元对短期均衡的影响。

5. 图 14A-6 中所示的经济体的初始均衡点位于 E_1，总需求曲线从 AD_1 下降到 AD_2。解释长期调整过程。

图 14A-6　总需求和总供给模型

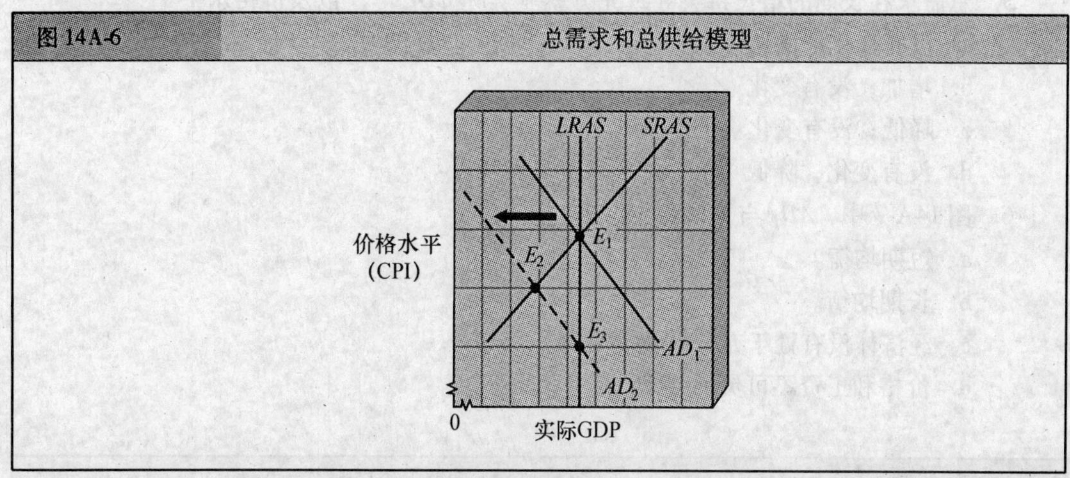

6. 在 2001 年的第一季度，实际 GDP 为 9.88 万亿美元，由 GDP 链式价格指数测度的价格水平为 101。实际 GDP 约等于潜在 GDP。第三季度，总需求降低至 9.83 万亿美元，价格水平上升到 103。画出衰退过程的图。

测试

1. 短期总供给曲线的假设是在一定时期内
   a. 信息是完全的。
   b. 工资是固定的。
   c. 工资在一年内是固定的。
   d. 企业制定的产品价格是固定的。
2. 长期总供给曲线的假设是
   a. 价格水平和名义收入是固定的。
   b. 价格在一年后是可变的。
   c. 价格水平和名义收入同比例变化。
   d. 潜在 GDP 是不确定的。

3. 从图上看，长期宏观均衡发生在
   a. 总需求曲线的中点。
   b. 总需求和长期总供给曲线的交点，无论短期总供给曲线是怎样的。
   c. 长期总供给曲线的中点。
   d. 总需求曲线、短期总供给曲线和长期总供给曲线的交点。
4. 工人名义收入的增加导致了
   a. 总需求曲线向左移动。
   b. 长期总供给曲线向右移动。
   c. 短期总供给曲线向左移动。
   d. 短期总供给曲线向右移动。
5. 总需求在长期的增长将会导致充分就业实际 GDP ____以及价格水平____。
   a. 没有变化；增加
   b. 增加；没有变化
   c. 降低；没有变化
   d. 没有变化；降低
6. 图 14A-7 中，AD_1 与 *SRAS* 的交点是指
   a. 短期均衡。
   b. 长期均衡。
   c. 经济体没有处于充分就业。
   d. 价格和工资不可灵活变动。

图 14A-7 总需求和总供给模型

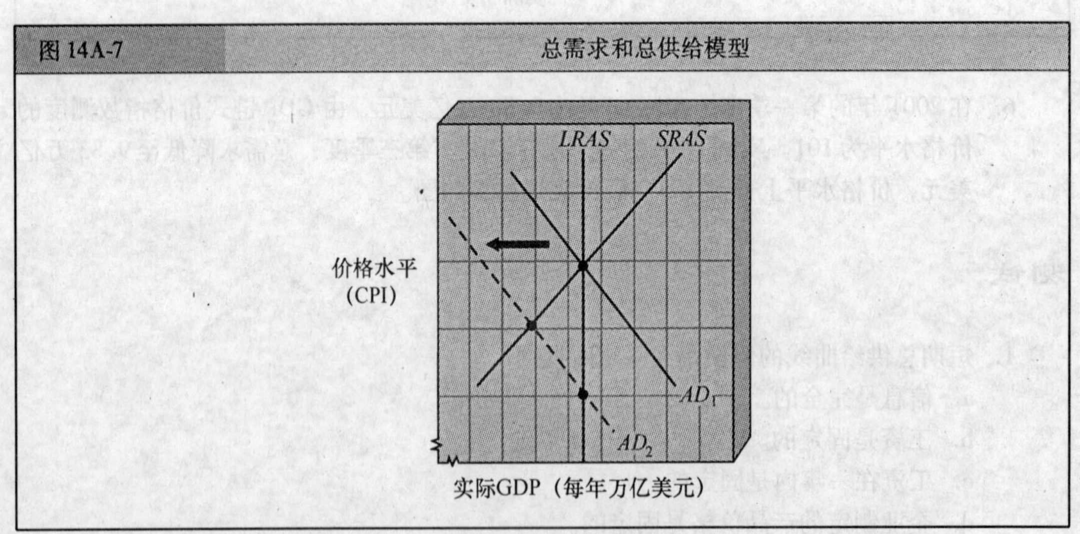

7. 图 14A-7 中，AD_2 与 *SRAS* 的交点是指
   a. 短期均衡。
   b. 长期均衡。
   c. 经济体处于充分就业。

d. 价格和工资没有弹性。

8. 图 14A-7 中，自动修复的 *AD-AS* 模型指出

a. 失业工人之间的竞争引起名义工资的上升和 *SRAS* 向右移动。

b. 失业工人之间的竞争引起 *LRAS* 向右移动。

c. 厂商对工人之间的争夺增加了名义工资并使 *SRAS* 向左移动。

d. 消费者之间的竞争引起了 CPI 的上升和 *SRAS* 向右移动。

9. 图 14A-7 中，自动修复的 *AD-AS* 模型理论是指在长期经济体将会

a. 当 *SRAS* 与 AD_1 相交时保持不变。

b. 向 AD_2 与 *SRAS* 的交点移动。

c. 向 AD_2 与 *LRAS* 的交点移动。

d. 向 AD_2 与左移后的新 *SRAS* 的交点移动。

10. 图 14A-7 中，自动修复的 *AD-AS* 模型预测了长期从 AD_1 下降到 AD_2 将是

a. 更高的价格水平和更高的失业率。

b. 更低的价格水平和更高的失业率。

c. 不变的价格水平和充分就业。

d. 更低的价格水平和充分就业。

11. 下列哪项最有可能引起长期总供给曲线向左移动?

a. 劳动力增加。

b. 资本增加。

c. 技术进步。

d. 劳动力资源的毁灭。

第15章 财政政策

本章概要

20世纪80年代早期，在罗纳德·里根总统的领导下，联邦政府降低了个人所得税的税率。目的是扩张总需求并且刺激国民产出和就业，以结束1980~1981年的经济衰退。20世纪90年代，比尔·克林顿计划的一个关键部分就是通过推进政府对长期投资的支出来刺激经济增长。投资项目包括公路、桥梁、光纤通信网络和教育。2001年，美国遭遇了经济衰退，总统乔治·W. 布什提出并签署了一项大量裁减税收的法律，借以刺激经济。2003年，为了创造就业和刺激经济增长，另一项裁减税收的法案被通过。

里根和布什减税与克林顿的投资支出计划都是财政政策的例子，是与我们每个人的生活息息相关的重要问题。财政政策是指运用政府开支和税收来影响国家的产出、就业和价格水平。联邦政府支出政策会影响社会保障的利益、乳牛场主的价格支持以及国防工业的就业。税收政策可能改变你的薪金的数量，并因此影响你是否能够购买汽车或上大学。

使用财政政策来影响经济的运行，自从20世纪30年代的凯恩斯革命以后就成为一项重要内容。本章将掀开财政政策的面纱，并从两种对立的经济理论角度观察财政政策。首先，你将学会凯恩斯需求面财政政策，它是指"微调"总需求，使经济增长并达到更高价格水平的充分就业。第二，你将学会供给面财政政策，它在里根统治时期起到了显著的作用。供给学派经济学家们认为总供给比总需求要重要得多。他们对财政政策的描述就是增加总供给，使经济增长，并达到更低价格水平下的充分就业。

本章中，你将学会解决这些经济学问题：

- 政府支出的增长或等量减税是否为经济增长提供了更多的刺激？
- 议会能够不采取任何行动对抗经济衰退吗？
- 为什么罗纳德·里根认为联邦政府应该通过减税来增加税收收益？

相机抉择的财政政策

相机抉择的财政政策
蓄意通过政府支出或税收的变动来改变总需求和稳定经济。

现在我们从第14章留下的问题开始，也就是，讨论凯恩斯提倡的**相机抉择的财政政策**的使用对经济运行的影响。相机抉择的财政政策是指蓄意通过政府支出或税收的变动来改变总需求和稳定经济。图15-1列示了两种相机抉择的财政政策的基本类型，以及政府在选择每种类型时相对应的方式。表的第一栏是政府能够通过*扩张性*财政政策来增加总需求。第二栏列举了政府能够通过使用紧缩性财政政策来抑制总需求。

图 15-1	相机抉择的财政政策
扩张性财政政策	紧缩性财政政策
增加政府支出	减少政府支出
减少税收	增加税收
同等地增加政府支出和税收	同等地减少政府支出和税收

增加政府支出来对抗萧条

假设图 15-2 中所展示的美国经济跌落到萧条的均衡点 E_1，即总需求曲线 AD_1 与总供给曲线 AD 在接近充分就业的区域的交点（要注意，为了简便，这里的总需求和总供给曲线都画成直线）。由 CPI 测量的价格水平为 150，与充分就业的 6.1 万亿美元实际 GDP 相比，实际 GDP 差距为1 000亿美元。如同前一章中所解释的那样（图 14-5），总统和议会可以听取的一种思路来自古典主义理论。古典主义经济学家的处方是等待，因为经济体在长期通过沿着 AD_1 向下调整能够自动修复到充分就业的状态。然而，选举的时间临近了，必须采取什么措施来解决衰退的政治压力也越来越重。另外，正如凯恩斯所说，“在长期，我们都将死去。”因此，政客们采取了凯恩斯主义经济学，并且决定将总需求曲线从 AD_1 向右移动到 AD_2，以此解决萧条问题。

美国白宫经济简报屋(http://www.whitehouse.gov/fsbr/prices.html)上有价格的最新数据。劳工统计局（BLS）(http://stats.bls.gov/cps/home.htm)在其他数据和调查结果中保存了失业的数据。圣路易州的FRED(联邦储备经济数据)的联邦储备银行的数据库提供美国经济及财政的历史数据，包括1959年以来每季度的GDP数据(http://research.stlouisfed.org/fred/data/gdp.html)。

联邦政府怎么能够做到这些呢？在理论中，消费（C）、投资（I）或净出口（$X-M$）的增加都能够刺激总需求。然而，这些支出的推进作用并不是像政府支出（G）一样由政府直接控制的。毕竟，长长的开支单上总是列举了联邦公路、医疗、教育、环境问题等项目。与其交叉手指来祈祷并且等待长期内会发生什么事情，议会的成员们还不如现在就高高兴兴地增加政府开支来刺激就业。

然而，究竟需要多少新的政府开支呢？要注意经济低于充分就业产出 1 000 亿美元，但是从 AD_1 到 AD_2 的水平距离为 2 000 亿美元。从 AD_1 到 AD_2 的差距是由点 E_1 和 X 之间的虚线表示的。这意味着总需求曲线必须向右移动 2 000 亿美元的距离。然而，政府开支并没有必要增加这个数目。下列公式可以用来计算为了将总需求曲线向右移动，并建立新的充分就业的实际 GDP 均衡需要多少额外的政府支出：

$$\text{初始的政府支出的变化}(\Delta G)\times\text{支出乘数}=\text{总需求的变化（总支出）}$$

公式中的**支出乘数**放大了新的政府支出的数额。支出乘数是指总需求任何构成部分的初始变化，包括消费、投资、政府购买和净出口，所导致的总需求（总支出）的变化。

图 15-2 运用政府支出对抗萧条

图形专题研究

本图中的经济体处于总供给曲线中间区域的衰退均衡点 E_1 上。价格水平为 150，实际 GDP 的产出水平为 6 万亿美元。为了达到充分就业的实际 GDP6.1 万亿美元，总需求曲线必须向右移动 2 000 亿美元的距离，这个距离就是由 AD_1 曲线上的 E_1 和 AD_2 曲线上的 X 之间的水平距离。要使总需求从 AD_1 增加到 AD_2，可以通过增加政府开支来完成。假定支出乘数为 4，增加政府开支 500 亿美元就可以使所需的总需求曲线向右移动 2 000 亿美元的距离，经济体的均衡点从 E_1 变为 E_2。要注意，均衡实际 *GDP* 变化了 1 000 亿美元，与总需求曲线水平变化的数字不同。

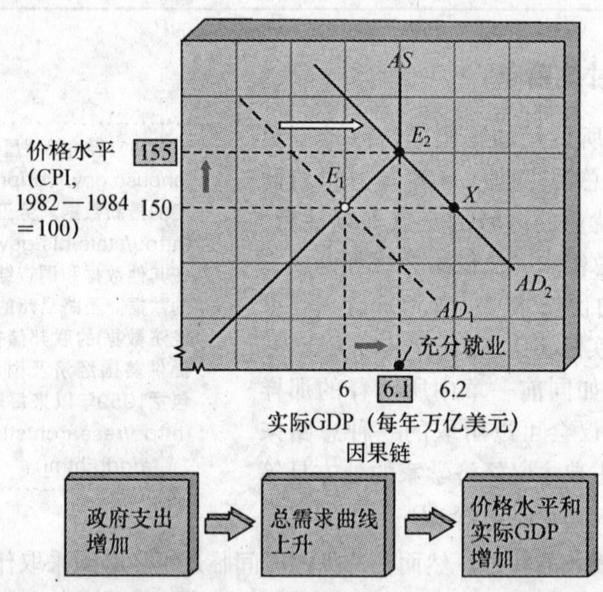

支出乘数

总需求任何构成部分的初始变化，包括消费、投资、政府购买和净出口，所导致的总需求（总支出）的变化。作为公式，支出乘数等于 1/（1 - *MPC*）或者 1/*MPS*。

作为公式，支出乘数等于 1/（1 - *MPC*）或者 1/*MPS*。假设我们这个例子中的支出乘数为 4。下一节解释将会对支出乘数背后的代数学作出解释，我们举的例子可以这样解决：

$$\Delta G \times 4 = 2\ 000 \text{ 亿美元}$$

$$\Delta G = 500 \text{ 亿美元}$$

要注意希腊字母 Δ（delta）意味着“变化”。因此，价值 500 亿美元的新政府支出能够将总需求曲线向右移动 2 000 亿美元。如同之前第 14 章的图 14-6 和图 14-8 所描述的那样，瓶颈发生于 *AS* 的整个上斜区域。这就是说，当产量为了适应更高的总需求而增加时，价格也会上升。回到图 15-2，你会发现价值 500 亿美元的新的政府支出使总需求曲线从 AD_1 移动到 AD_2。结果是，厂商沿着向上的总供给曲线 *AS* 增加了产出，总支出沿着总需求曲线 AD_2 向上移动。这种调整机制使经济体趋向新的均衡点 E_2，达到充分就业，价格水平达到更高的 155，实际 GDP 为每年 6.1 万亿美元。

结论 在总供给曲线的中间区域，实际 GDP 均衡的变化小于政府支出的变化与支出乘数的乘积。

支出乘数的算法

边际消费倾向（MPC） 实际可支配收入的既定变化所导致的消费支出的变化。

现在，让我们暂停对上述例子中支出乘数为 4 的更详尽的解释。支出乘数是从凯恩斯主义中**边际消费倾向（MPC）**的概念中得来的。边际消费倾向是指实际可支配收入的既定变化所导致的消费支出的变化。以代数表示：

$$MPC = \frac{\text{消费支出的变化}}{\text{收入的变化}}$$

图 15-3 在数学上阐释了政府支出增加 500 亿美元是如何使总需求累计增加的。最开始的一轮，政府将这笔钱用于桥梁、国防等建设。家庭获得了这笔收入。第二轮，这些家庭消费了 380 亿美元（0.75×500 亿美元）用于房屋、汽车、百货和其他产品的消费。第三轮，房地产经纪人、汽车工人、杂货商和其他人获得了 380 亿美元，他们花掉了 290 亿美元(0.75×380 亿美元)。每一轮支出都会带来收入并用于螺旋状向下的重新消费，它以越来越小的数额贯穿于整个经济体中，直到总需求的总水平额外增加了 2 000 亿美元为止。

结论　政府、家庭或企业的任何初始支出都会创造一系列更多的支出，从而使总需求累积更大的变化。

图 15-3	支出乘数效应	
轮数	总支出的组成部分	新的消费支出
1	政府支出	$ 50
2	消费	38
3	消费	29
4	消费	22
⋮	⋮	⋮
⋮	⋮	
所有其他轮	消费	61
总支出		$ 200

备注：所有数据都被四舍五入，单位为每年十亿美元。

你可能从代数上明白了支出乘数效应的基础是一个无穷等比级数。这样一列数据的求和公式是最初的数乘以 $1/(1-r)$，r 是数据之间的比率。运用这个公式，总和（总支出）可以这样计算：500 亿美元（ΔG）×［$1/(1-0.75)$］＝2 000 亿美元。将无穷等比级数公式中的 r 简单定义为 MPC，总需求的支出乘数可以被表示为：

$$\text{支出乘数} = \frac{1}{1-MPC}$$

将公式用于我们的例子中：

$$\text{支出乘数} = \frac{1}{1-0.75} = \frac{1}{0.25} = 4$$

那么，MPC 为 0.5 则乘数为 2；MPC 为 0.8 则乘数为 5，MPC 为 0.9 则乘数为 10。

减税以对抗萧条

国家经济研究局(NBER)(http://www.nber.org)测量了美国经济周期的扩张与紧缩。

另一项用于增加总需求并恢复充分就业的扩展性财政政策就是要求政府裁减税收。让我们回到图 15-2 的点 E_1。同以前一样，目标是为了让总需求曲线向右移动 2 000 亿美元。但这一次，我们假设议会投票决定削减 500 亿美元的税收，而不是增加 500 亿美元的政府支出。裁减税收是如何影响总需求的呢？首先，个人可支配收入（扣税后的实得工资）增加了 500 亿美元——税收减少的数量。第二，我们再次假设 *MPC* 为 0.75，个人可支配收入的增加导致了 380 亿美元的新的消费支出（0.75 × 500 亿美元）。因此，减税引发了相似的乘数过程，但是比支出乘数要小。

图 15-4 说明了减税比增加同等数量的政府开支对总需求的增加更小。第 1 栏重新介绍了图 15-3 中增加政府支出 500 亿美元带来的效应，第 2 栏介绍了降低 500 亿美元的税收带来的效应。要注意，增加政府支出与裁减等量税收之间的唯一区别在于对第一轮的影响。原因在于，政府不会购买新的商品和劳务，因此减税不会给经济注入新的支出。第 2 轮减税的效应在于人们将第一轮减税后得到的税后收入中的 500 亿美元的一部分消费掉。税收乘数链中的后续轮次累计创造了总共为 1 500 亿美元的消费支出。将图 15-4 中第 1 栏和第 2 栏中的总需求的变化作比较，我们得到：

结论 减税的乘数效应小于增加等量的政府支出。

图 15-4 支出与税收乘数的比较

		总需求的增加来自	
轮次	总支出的组成部分	(1) 政府支出增加 500 亿美元（+Δ*G*）	(2) 税收减少 500 亿美元（−Δ*T*）
1	政府支出	$ 50	$ 0
2	消费	38	38
3	消费	29	29
4	消费	22	22
⋮	⋮	⋮	⋮
⋮	⋮		
所有其他轮	消费	61	61
总支出		$ 200	$ 150

备注：所有数据都被四舍五入，单位为每年十亿美元。

税收乘数
由税收的初始变化所导致的总需求（总支出）的变化。作为公式，税收乘数等于 1 − 支出乘数。

税收乘数可以根据表中第 2 栏的公式和信息来计算。税收乘数是指由税收的初始变化所导致的总需求（总支出）的变化。税收乘数可由下列公式给出：

$$税收乘数 = 1 - 支出乘数$$

回到图 15-2，税收乘数公式可以用来观察需要裁减多少税收才能使总需求曲线向右移动 2 000 亿美元，恢复充分就业。结合支出乘数为 4 运用上述公式，得到税收乘数为 -3。要注意税收乘数的符号总是负的。因此，减税 666 亿美元能使总需求曲线向右移动 2 000 亿美元并恢复到点 E_2 的充分就业均衡。

$$\text{税收变化}(\Delta T) \times \text{税收乘数} = \text{总需求的变化}$$

$$\Delta T \times (-3) = 2\,000 \text{ 亿美元}$$

$$\Delta T = -666 \text{ 亿美元}$$

上述分析中要注意的是：现实中，MPC 相对于减税保持不变可能是不成立的。1964 年，议会颁布了肯尼迪（Kennedy）减税提案。税收乘数起作用了，并且消费者支出使经济体摆脱了萧条。另一方面，1975 年，杰拉尔德·福特（Gerald Ford）总统说服了议会减少收入税来帮助增加萧条期的总需求。然而，这一次由于消费者降低了他们的 MPC，税收乘数的大小也降低了，这是因为人们将减少的税收中的大部分储蓄了起来，而不是花掉它们。结果是，预期的对总需求的刺激没有实现。

2001 年初，美国经历了一场萧条，结束了美国历史上最长的经济扩张。作为回应，布什总统与议会同意次年退税大约 400 亿美元，并且此后几年进入一个更低边际税率的新阶段。2003 年，制定 2001 年减税法确定的未来年份的个人所得税率降低法案加快了脚步。实际 GDP 增长数量同样关键取决于 MPC 以及税收乘数的大小。减税的多大部分被用于消费？答案意味着一场更深入或更温和的衰退之间的差别，也意味着经济复苏的速度。

运用财政政策对抗通货膨胀

到目前为止，凯恩斯主义扩张性财政政策，在大萧条时期萌生，成为经济低迷的良方。另一方面，紧缩性财政政策可以用来对抗通货膨胀。图 15-5 表现了经济体在总供给曲线 *AS* 的古典区域位于点 E_1。因此，经济体生产了充分就业产出 6.1 万亿美元的实际 GDP，价格水平为 160。这种情况下，当实际 GDP 保持不变时，任何总需求的增加都会引起通货膨胀。

假设议会和总统担心因为通货膨胀带来损失的选民的愤怒情绪而决定采用财政政策，将 CPI 从 160 降低至 155。尽管消费、投资或净出口的降低也能起到类似的作用，议会和总统仍然希望等待并更愿意采取削减政府支出等直接的行动。假定边际消费倾向为 0.75，乘数为 4。如同图 15-5 中 AD_1 曲线上的点 E_1 到 AD_1 曲线上的点 E' 之间的水平距离所示，总需求必须增加 1 000 亿美元，才能使总需求曲线从 AD_1 移动到 AD_2，在 E_2 建立均衡点，价格水平为 155。即

$$\Delta G \times 4 = -1\,000 \text{ 亿美元}$$

$$\Delta G = -250 \text{ 亿美元}$$

使用上述公式，实际政府支出减少 250 亿美元，就能使总需求减少 1 000 亿美元，将总需求曲线从 AD_1 移动到 AD_2。结果是出现了暂时的超额总供给 1 000 亿美元，即 E' 到 E_1 之间的距离。正如上一章图 14-5 中所解释的那样，经济体遵循古典主义理论，沿着 AD_2 向下移动到新的均衡点 E_2。因此，通货膨胀在没有改变充分就业的实际 GDP 水平下被控制了下来。

图 15-5　运用财政政策对抗通货膨胀

本图中的经济体位于总供给曲线 AS 的古典区域的均衡点 E_1 上。价格水平为 160，经济体处于充分就业，实际 GDP 为 6.1 万亿美元，要使价格水平减少到 155，总需求曲线必须向左移动 1 000 亿美元，即 AD_1 曲线上的点 E_1 和 AD_2 曲线上的点 E' 之间的水平距离。一种方法是减少政府支出。当 MPC 等于 0.75 时，支出乘数为 4。那么，政府支出减少 250 亿美元就能使总需求曲线向左移动 1 000亿美元。结果是，经济体在 E_2 点达到了充分就业，价格水平从 160 减少为 155，实际产出在全力生产的情况下保持不变。

另一种减少总需求的方法可以通过增加税收来获得。增加 333 亿美元的税收，就能通过税收乘数 3，使总需求曲线从 AD_1 移动到 AD_2，减少要求的 1 000 亿美元。

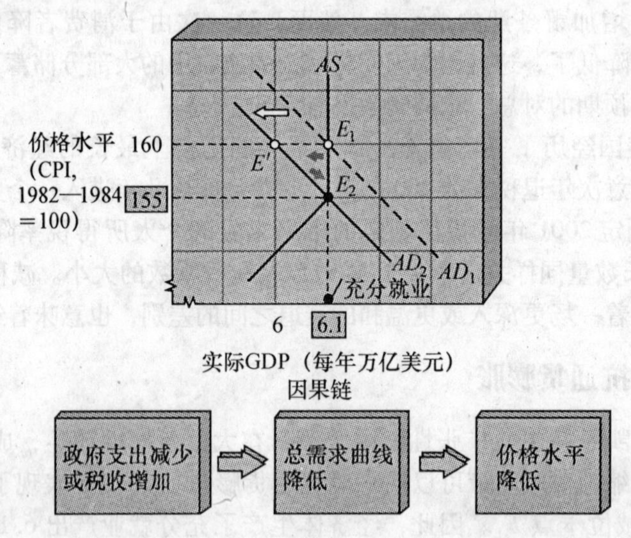

因果链

政府支出减少或税收增加 ⇒ 总需求曲线降低 ⇒ 价格水平降低

要点考查

在平衡预算的绳索上行走

假设总统提议对经济进行 160 亿美元的刺激以增加就业。对这项新的支出提案的主要批判来自于它与增税的不匹配。假设美国经济低于充分就业，并且议会通过了一项法律，要求任何支出的增加都要与等量税收的增加保持平衡或匹配。MPC 为 0.75，总需求必须增加 200 亿美元才能达到充分就业。如果议会增加了 160 亿美元的开支和等量的税收，那么经济能达到充分就业吗?

对议会和总统来说，另一种解决通货膨胀问题的思路就是提高税收。即使提高税收无异于自毁政治前途，让我们仍然假设议会计算出为了使总需求减少 1 000亿美元而需要增加的税收的准确数量。假定支出乘数为 4，税收乘数为 −3。因此，333 亿美元的增税就能提供必要的 1 000 亿美元，使总需求曲线向左从 AD_1 移动到 AD_2。结果是，想要的均衡点从 E_1 变化到 E_2，价格水平在充分就业产出的 6.1 万亿美元下从 160 降低至 155。即

$$\Delta T \times (-3) = -1\,000 \text{ 亿美元}$$
$$\Delta T = -333 \text{ 亿美元}$$

自动稳定器

与相机抉择的财政政策不同，**自动稳定器**是一种嵌入联邦财政预算的财政政策，能够在支出和税收政策保持不变时帮助对抗失业和通货膨胀。自动稳定器是指联邦支出和税收收入的自发调节可用以稳定经济的扩张或收缩；有时也指*非相机抉择的财政政策*。图15-6 说明了自动稳定器对经济的影响。向下倾斜的 G 线代表了联邦政府的支出，包括如失业救济、公共医疗补助与福利之类的*转移支付*。当实际 GDP 上升时，G 线下降。当经济扩张时，失业降低，对失业救济、福利及其他转移支付的政府支出也会减少。在经济低迷时期，人们失去了工作。由于失业人群有资格领取失业救济和其他类型的转移支付，政府支出自动地增加了。

自动稳定器

联邦支出和税收收入的自发调节可用以稳定经济的扩张或收缩；有时也指非相机抉择的财政政策。

税收与实际 GDP 之间的直接关系由向上倾斜的 T 线来表示。在扩张时期，工作岗位增加，失业减少，工人们赚钱更多，因此也能支付更多的税。那么，收入税的征收就会随着实际 GDP 的增长而自动地变化。

我们对自动稳定器的分析从平衡的联邦预算开始。经济的实际 GDP 为 6 万亿美元时，联邦支出（G）等于税收（T）。现在，我们假设消费者信心高涨，支出热情的上涨增加了总支出中的消费成分（G）。结果是，经济运动到新的均衡水平，实际 GDP 为 8 万亿美元。实际 GDP 的增加创造了更多的就业和税收。因此，T 线上的税收上升到 1 万亿美元，T 线和 G 线之间的垂直距离代表了联邦**预算盈余**的 5 000 亿美元。在既定时间内政府收入超过政府支出时，预算盈余就发生了。

预算盈余

在既定时间内政府收入超过政府支出的一种预算。

预算赤字

在既定时间内政府支出超过政府收入的一种预算。

现在我们再次从图 15-6 中的经济体出发，并且变换场景。假设企业经理降低了他们对利润的期望。他们对前景的改变使企业执行人员变得悲观而减少了投资支出（I），使总需求降低。实际 GDP 相应地从 6 万亿美元减少到 4 万亿美元，使 T 线上的税收从 7 500 亿美元减少为 5 000 亿美元。政府支出增加和税收降低的组合效应造成了**预算赤字**。在既定时间内政府支出超过政府收入时，预算赤字就发生了。G 线和 T 线在 4 万亿美元实际 GDP 水平上的垂直距离表示联邦预算赤字为 5 000 亿美元。

自动稳定器的关键特征在于，它“逆风而动”。简言之，联邦开支与税收的变化缓和了总需求的变化。当经济扩张时，用于转移支付的政府支出的降低与税收水平的提高导致了预算盈余。当预算盈余增加时，人们将更多的钱送往华盛顿，拉紧了实际 GDP 进一步增长的刹车。当经济紧缩时，用于转移支付的政府支出的提高和税收水平的降低导致了预算赤字。当预算赤字增加时，人们从华盛顿那里得到更多的用来消费的钱，减缓了实际 GDP 的进一步下降。

结论 当实际 GDP 下降时，自动稳定器抵消衰退；当实际 GDP 扩张时，自动稳定器抵消通货膨胀。

图 15-6 自动稳定器

联邦政府支出与实际 GDP 之间呈反向变化，由向下倾斜的 *G* 线来表示。相反地，税收与实际 GDP 呈正向变化，由向上倾斜的 *T* 线来表示。这意味着当实际 GDP 上升时，政府对福利和其他转移支付的支出下降而税收上升。因此，如果 GDP 下降到 6 万亿美元以下，预算赤字就会自动上升。预算赤字的大小由 *G* 线和 *T* 线之间的垂直距离表示。预算赤字刺激了总需求，可以用来弥补衰退。相反地，当实际 GDP 上升到 6 万亿美元之上时，联邦预算盈余会自动地增加，并抵消通货膨胀。

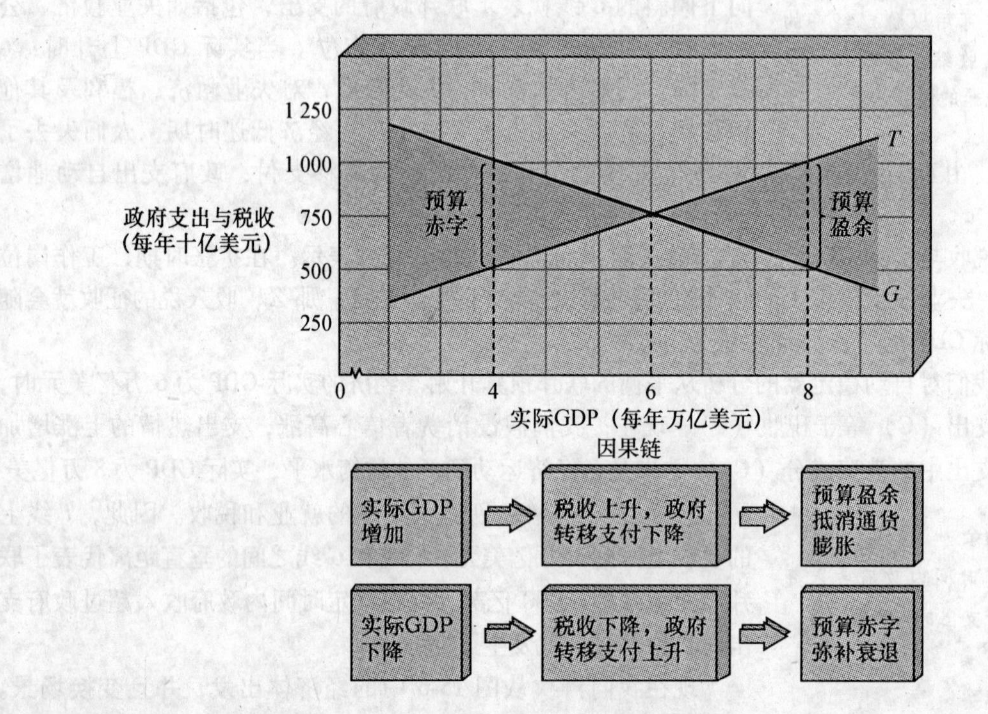

供给面财政政策

供给面财政政策 强调政府采用增加总供给以达到实际产出的长期增长、充分就业和更低的价格水平目标的财政政策。

目前为止，我们的焦点都集中在仅仅通过政府支出和税收对总需求的影响从而对宏观经济产生的影响上。供给学派经济学家，其智力根源来自古典主义经济学家，认为 20 世纪 70 年代的滞胀是因为联邦政府没有采取**供给面财政政策**。供给面财政政策强调政府政策增加总供给，以达到实际产出的长期增长、充分就业和更低的价格水平。自罗纳德·里根 1980 年任总统开始，供给面财政政策就成为了一项积极的经济主张。如同在第 14 章中讨论的那样，20 世纪 70 年代的美国经济经历了高通货膨胀与高失业。滞胀引起了人们对美国经济是否具有在生活标准方面带来长足进步的能力的关注。于是，一个新的宏观政策的时代开启了。

假设经济体初始位于图 15-7（a）中的 E_1，CPI 为 150，实际 GDP 产出为 4 万亿美元。经济正在遭遇高失业率，因此目标就是要通过将实际 GDP 增加到 6 万亿美元而达到充分就业。如本章之前所讲述的那样，联邦政府可能遵循凯恩斯主义扩张性财政政策并使总需求曲线向右从 AD_1 移动到 AD_2。更高的政府支出或更低的税收通过乘数效应起作用，使总需求增加。需求面财政政策的好处是经济会趋向充分就业，而坏处是价格水平上升了。在这种情况下，需求拉动型通货膨胀会使物价水平从 150 上升到 200。

图 15-7　凯恩斯的需求面与供给面效应

（a）部分中，假设经济开始于均衡点 E_1，价格水平为 150，实际 GDP 为 4 万亿美元。为了刺激实际产出和就业，凯恩斯主义经济学家认为联邦政府应该提高政府支出或裁减税收。遵循上述需求面财政政策，政治家通过乘数效应使总需求曲线从 AD_1 移动到 AD_2。结果是，均衡移动到 E_2，实际 GDP 上升到 6 万亿美元，但价格水平同样上升到 200。因此，达到充分就业是以更高的通货膨胀为代价的。

（b）部分中经济的初始位置为 E_1，和（a）部分相同。然而，与凯恩斯主义经济学家相比，供给面经济学家提供了不同的财政政策处方。通过将某些资源价格降低、技术进步、减税、补贴以及简化规章等措施的综合运用，供给面财政政策将总供给曲线从 AS_1 移动到 AS_2。结果是，经济均衡变化到 E_2，实际 GDP 增加到 6 万亿美元，如（a）部分中的一样。供给面与需求面相比，优势在于价格水平下降到了 100，而不是上升到 200。

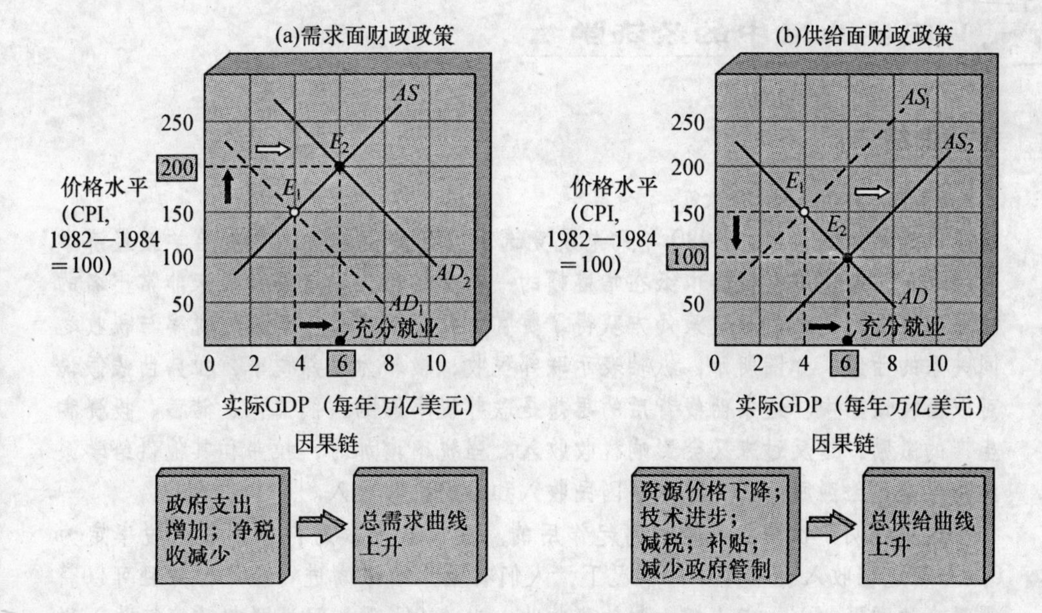

图 15-7（b）介绍了凯恩斯主义的供给面财政政策。再次假设经济初始位于均衡点 E_1。供给学派经济学家认为联邦政府应当采取政策使总供给曲线向右从 AS_1 移动到 AS_2。总供给曲线的增加可能使经济趋向 E_2 并且实际 GDP 达到充分就业水平。根据供给学派经济学理论，充分就业可以带来额外的好处。与图 15-7（a）中的上升不同，图 15-7（b）

中的物价水平从150下降到100。将图15-7的这两幅图作对比，你会发现，在考虑通货膨胀和失业时，供给学派经济学家比需求面财政政策的支持者更有理论优势。

> 大卫·斯托克曼(David Stockman)，里根总统管理与预算办公室的主任，在创建基于供给面经济理论的财政政策中起了重要的作用。关于斯托克曼的一篇有趣的文章，由威廉·格雷德(William Greider)撰写，出现在国家网站(http://www.thenation.com/doc.mhtml?I=20010402&s=greider)上。

要注意图15-7中每幅图下面的因果链。需求面财政政策的选择参见图15-1的第1栏，供给面财政政策的选择类似于前一章的图14-9。要使供给面经济学变得有效率，政府必须采取政策，增加企业在每个可能的价格水平上生产出的总产出。总供给的增加可以通过降低资源价格、技术进步、补贴、减少政府税收和政府管制等措施的综合运用来实现。

尽管一系列的供给面政策在里根统治期间得到了倡导，但人们最熟悉的措施莫过于1981年采取的减税政策。通过降低对工资和利润的税率，里根政府希望增加商品和劳务在任何价格水平上的总供给。然而，减税也是凯恩斯主义政策用来增加总需求的措施，因此供给面经济学家必须对经济中减税的影响有不同的看法。为了对这些不同的减税看法做出解释，我们首先要声明的是，凯恩斯主义者和供给面经济学家都认为减税会增加个人可支配收入。凯恩斯主义经济学中，如同图15-4所示，减税通过税收乘数增加总需求推进了个人可支配收入。供给面经济学家争论道，是储蓄和投资的变动，而不是个人可支配收入的变化影响了供给的动机。

现实生活中的经济学

拉弗曲线

适用概念：供给面财政政策

供给学派经济学在1980年的总统竞选中开始变得流行。在供给学派经济学家阿瑟·拉弗使用一张餐巾纸在华盛顿的一家餐馆里向记者解释后来非常出名的拉弗曲线后，这种财政政策处方获得了赞赏。拉弗曲线是一条描述税率与税收之间关系的曲线。如图所示，纵轴表示联邦税收，横轴为联邦税率，拉弗曲线假说可以画在该图中。这条曲线背后的思想是联邦税率影响人们工作、储蓄、投资和生产的激励，这反过来又会影响税收收入。当税率增加时，拉弗和其他供给学派经济学家认为激励的弱化减少了国民收入和总的税收收入。

这里说明了拉弗曲线是如何起作用的。假设联邦政府把联邦收入税率定为0（*A*点）。在收入税率为0的情况下，人们有最大的激励进行生产，并且可以获得最多的国民收入，但山姆大叔的税收收入也为0。现在假设联邦政府把收入税率设定在另一个相反的极端：100%（*D*点）。在征收100%的收入税率的情况下，人们没有理由劳动、生产和赚取收入。人们通过不报告收入或参与地下经济或根本不工作以来减轻税收负担。结果是美国国税局征收不到任何税收。因为政府征收了所有报告了的收入，在100%的税率的情况下工作与生产的激励比税率为0时要低得多。

因为联邦政府不希望获得0税收，所以联邦政府把税收设定在0到100%之间。假设税收收入与税率之间的关系如图中所刻画，最大的税收收入R_{max}所对应的税率为T_{max}（B点）。拉弗认为在1981年联邦税率T（点C）超过了T_{max}，结果是税收收入为R，要低于R_{max}。用拉弗的观点看来，降低联邦税率可以使得税收收入增加，因为人们会更加努力工作、储蓄和投资，而且逃税的动机更少。因此，拉弗认为减少联邦税率将释放经济活力并能够提高税收收入以降低政府赤字。正是由于里根总统对拉弗曲线的信任，使得他认为联邦政府能够减低税率并仍然保证联邦预算的平衡。

拉弗曲线仍然是供给学派经济学家争论的一部分。关于拉弗曲线的形状，仍然存在很大的不确定性。以及美国经济到底是处在B点、C点还是其他地方运行，因此，拉弗曲线的存在性和有用性还存在争论。

分析问题

将对降低税率如何影响税收的一般理解与经济学家拉弗的理论作比较。

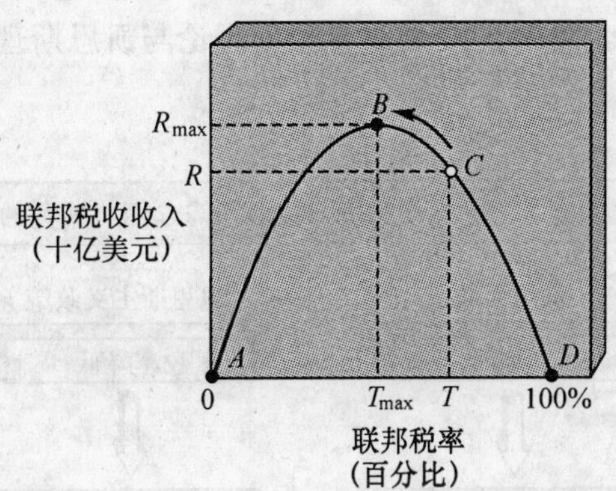

考虑一下供给面减税是如何影响劳动力市场的。假设劳动力市场的供给与需求的初始均衡位于图15-8的点E_1。在削减个人所得税之前，每小时的均衡工资率为W_1，因此工人

图15-8　供给面财政政策如何影响劳动力市场

劳动力市场初始均衡点交于E_1。这里劳动供给与需求曲线的交点决定了工资率W_1与每年的工作时间L_1。通过降低税率，供给面财政政策增加了税后净所得。额外收入的动机刺激工人们每年提供更多的劳动时间。结果是，劳动供给曲线上升，并在E_2点建立了新的均衡。雇主支付的新工资率降低为E_2，他们每年使用了更多的劳动时间L_2。

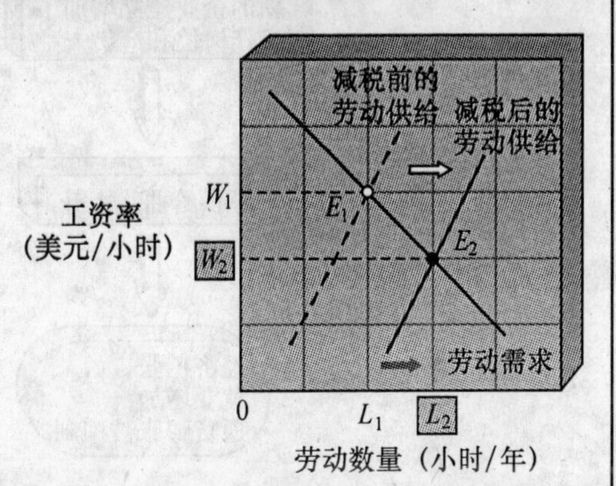

在此工资水平下，每年供给的劳动为 L_1。当税率下降时，供给学派经济学家预期劳动供给曲线将会向右移动，并且在 E_2 建立新的均衡。其中的基本原理在于，税后工资率的上升使工人产生了每年工作更长时间的动机。劳动大军中的某些人愿意工作更长时间而休假更少。由于山姆大叔只从工人们的薪水中拿掉很小一部分，许多原先并不加入劳动力的人现在也开始提供劳动了。劳动力曲线的上升带来的后果是，劳动力的价格降低到每小时 W_2，劳动时间的均衡数量却增加到 L_2。

20 世纪 80 年代早期实行的供给面减税同样包括为了补贴企业投资而进行的减税。购买新设备和厂房以及为了鼓励技术进步而进行的研发投资都能够享受课税减免。其中的含义在于通过增加资本的数量和质量来提高国家的生产力。因此，总需求曲线向右移动是因为企业有动机将税后的额外利润在任意价格水平上进行投资和生产。

运用减税政策使总供给曲线向外移动的方法引发了争论。无论逻辑上如何讲得通，凯恩斯主义者坚称总供给曲线向右移动的距离可能很小，并且只可能在长期发生。他们指出，需要经过许多年，对企业的减税才可能带来实际的厂房、设备或技术进步的改变。此外，个人对于减税可能只会回以"谢谢你，山姆大叔"，而并不工作更长时间或更辛苦。其间，除非政府支出的减少抵消了减税，否则其效应等同于总需求曲线的凯恩斯式上升，并且导致更高的价格水平。图 15-9 总结了供给面理论与凯恩斯理论对减税政策的重要分歧。

图 15-9 供给面与凯恩斯需求面对减税的效应

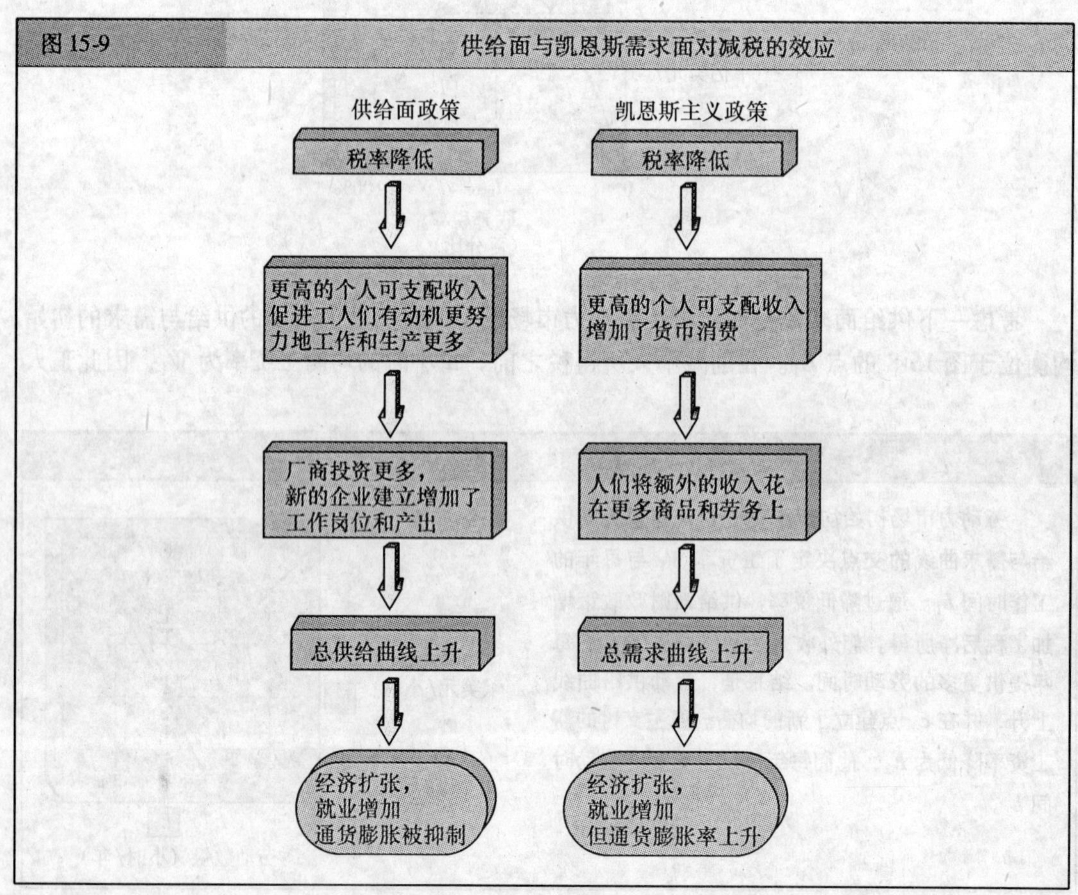

主要概念

财政政策 边际消费倾向（MPC） 自动稳定器 供给面财政政策
相机抉择的财政政策 税收乘数 预算盈余 拉弗曲线
支出乘数 预算赤字

小结

- **财政政策**是指运用政府支出和税收来稳定经济。
- **相机抉择的财政政策**运用了凯恩斯主义对于联邦政府应当操控总需求来影响经济中的产出、就业和价格水平的观点。相机抉择的财政政策要求对政府支出或税收进行新的立法来稳定经济。

相机抉择的财政政策	
扩张性财政政策	紧缩性财政政策
增加政府支出 减税 同等地增加政府支出和税收	减少政府支出 增税 同等地减少政府支出和税收

- **扩张性财政政策**是指有意增加政府支出或有意减少税收或两种方式的综合运用。
- **紧缩性财政政策**是指有意减少政府支出或有意增加税收或两种方式的综合运用。无论是用扩张性还是紧缩性财政政策，政府都能够移动总需求曲线来对抗萧条、抑制通货膨胀，或达到其他宏观经济目的。
- **支出乘数**是一种由总需求某一组成部分的变动，如政府支出，在一系列无限的支出循环后改变了总需求的乘数。用公式表述就是，支出乘数 = 1/（1 - *MPC*）。
- **边际消费倾向（MPC）**是指消费支出的变化除以收入的变化。
- **税收乘数**是一种由税收的初始变化在一系列无限的支出循环后改变了总需求（总支出）的乘数。用公式表述就是，税收乘数 = 1 - 支出乘数。
- **对抗衰退与通货膨胀**可以通过改变政府支出或税收来实现。由政府支出的变化带来的总需求的总变动等于政府支出的变化乘以支出乘数。由税收的变化带来的总需求的总变动等于税收的变化乘以税收乘数。

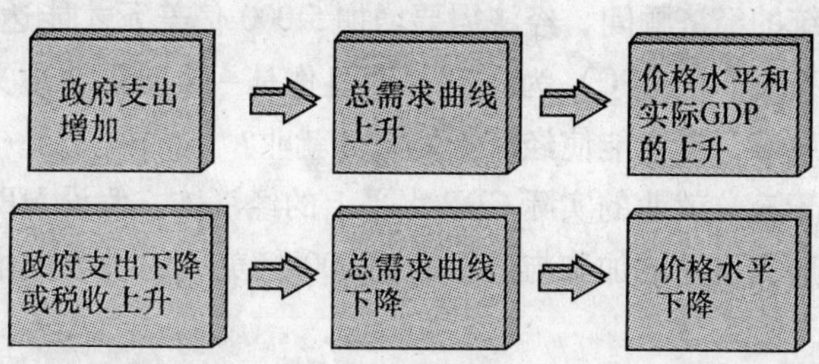

- **预算盈余**发生在政府收入超过政府支出的时候。**预算赤字**发生在政府支出超过政府收入的时候。
- **自动稳定器**是指税收和政府支出的变动对应实际 GDP 水平的变化自动发生，经济周期因而产生了刹车作用：**预算盈余**减缓了经济扩张，**预算赤字**逆转了经济的低迷。

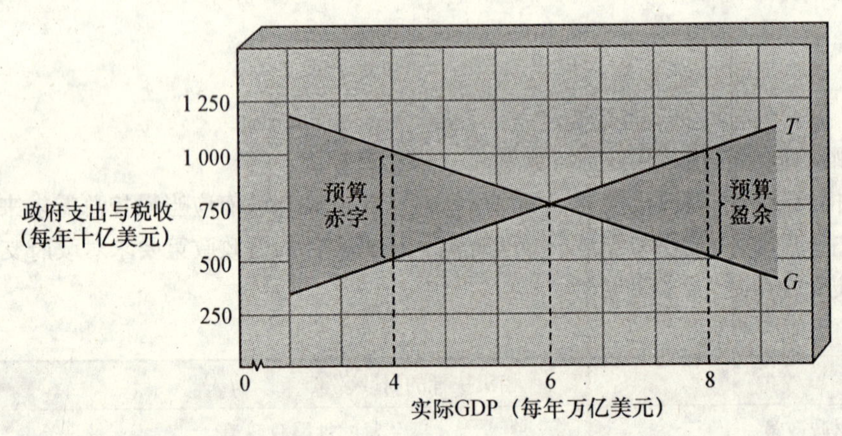

- 根据**供给面财政政策**，更低的税收刺激了工作、储蓄和投资，使总供给曲线向右移动。结果是，产出和就业在没有通货膨胀的情况下都增加了。
- **拉弗曲线**代表了个人所得税率与政府获得的个人所得税收数额之间的关系。

问题思考

1. 解释相机抉择的财政政策如何对抗萧条与通货膨胀。
2. 下列条件是如何影响总需求曲线的？
   a. 政府支出增加。
   b. 征收的税收减少。
3. 解释下列每种情况下，财政政策是扩张性的、紧缩性的或是中性的。
   a. 政府降低了政府支出。
   b. 政府增加了税收。
   c. 政府增加了支出和等量税收。
4. 为什么等量的税收减少比政府支出增加的乘数效应小？
5. 假设你是总统的经济顾问，经济需要增加 5 000 亿美元才能达到充分就业的均衡。假如边际消费倾向（MPC）为 0.75，而且你是一个凯恩斯主义者，你相信议会需要增加多少政府开支才能使经济恢复充分就业？
6. 考虑一个处于充分就业的实际 GDP 水平上的经济体。假设 MPC 为 0.90，预测 500 亿美元的政府支出的增加和与之平衡的 500 亿美元的税收的增加对经济带来的影响。

7. 为什么对商品和劳务增加 1 000 亿美元的政府支出比减少 1 000 亿美元的税收的扩张性更强?
8. 相机抉择的财政政策与自动稳定器之间的区别是什么? 联邦预算盈余和赤字如何影响经济周期?
9. 假设你是一个为总统提供经济顾问的供给学派经济学家。假如经济处于衰退中,你的财政政策建议是什么?
10. 假设议会颁布了一项税收改革法令,平均联邦税率从 30% 降低至 20%。研究者调查减税的影响时发现,由于减税带来的收入从 5 000 亿美元增加到 8 000 亿美元。理论解释为人们为了更低的税收而增加了工作的努力。这是拉弗曲线向上倾斜还是向下倾斜的部分上的移动?
11. 指出下列条件会使总需求曲线还是总供给曲线发生改变:
    a. 扩张性财政政策。
    b. 紧缩性财政政策。
    c. 供给学派经济学。
    d. 需求拉动型通货膨胀。
    e. 成本推动型通货膨胀。

在线练习

练习 1

浏览国家经济研究所(http://www.nber.org/cycles.htm)并观察美国经济处于衰退的那些月份。

1. 第二次世界大战后 (1945 年以后),在美国经历衰退的时间里发生了什么?
2. 你认为发生这些变化的原因是什么?
3. 政府应怎样运用财政政策来对抗衰退 (紧缩)?

练习 2

在 http://www.cbpp.org/ 上辨别赞同国家政策与预算重点研究中心增加政府开支的自由党言论。在 http://www.ncpa.org 上辨别反对国家政策分析中心增加政府开支的保守党言论。

练习 3

登录卡拉什 · 坎克 (Kailash Khandke) 的主页: http://www.furman.edu/~kkhandke/fall98/keyn2f97.htm。

要点考查答案

在平衡预算的绳索上行走

政府支出增加160亿美元会使总需求增加640亿美元［政府支出的增加×支出乘数，支出乘数=1/（1-*MPC*）=1/.25=4］。另一方面，税收增加160亿美元使总需求减少了480亿美元（减税×税收乘数，税收乘数=1-支出乘数=1-4=-3）。因此，支出乘数与税收乘数带来的净效应是使总需求增加了160亿美元。假如你说议会离总需求增加200亿美元的目标还差40亿美元，不能恢复到充分就业，**你就是正确的**。

测试

1. 紧缩性的财政政策描述了影响总需求和实际GDP的水平，是通过什么方法实现的？
   a. 扩大和紧缩货币供给。
   b. 鼓励企业扩大或者紧缩投资。
   c. 管制净出口。
   d. 减少政府支出或提高税收。
2. 支出乘数定义为
   a. 1/（1-边际消费倾向）。
   b. 1/边际消费倾向。
   c. 1/（边际储蓄倾向）。
   d. 1/（边际消费倾向+边际储蓄倾向）。
3. 如果边际消费倾向（MPC）为0.60，则支出乘数的值为
   a. 0.4。
   b. 0.6。
   c. 1.5。
   d. 2.5。
4. 假设经济处于衰退之中，实际GDP低于充分就业。边际消费倾向（MPC）为0.8，且政府支出增加5 000亿美元，结果总需求将增加
   a. 0。
   b. 25 000亿美元。
   c. 多于25 000亿美元。
   d. 少于25 000亿美元。
5. 数学上，税收乘数的值用边际消费倾向来表示为
   a. *MPC*-1。
   b. （*MPC*-1）/*MPC*。

c. 1/*MPC*。

d. 1－1/（1－*MPC*）。

6. 假设边际消费倾向（MPC）为 0.75，政府税收增加了 2 500 亿美元，总需求曲线将移动多少?

a. 左移动 10 000 亿美元。

b. 左移动 7 500 亿美元。

c. 右移动 10 000 亿美元。

d. 右移动 7 500 亿美元。

7. 假设没有财政政策的变化，假设现在的总需求水平移动 10 000 亿美元并产生通货膨胀。假设边际消费倾向（MPC）为 0.8，联邦政策的制定者采用凯恩斯主义经济学，为了抑制通货膨胀需要

a. 降低政府支出 2 000 亿美元。

b. 减少 1 000 亿美元税收。

c. 减少 10 000 亿美元税收。

d. 降低政府支出 10 000 亿美元。

8. 如果财政政策没有发生变化，假设在任何价格水平下，未来的总需求要超过现在的总需求 5 000 亿美元。假设边际消费倾向（MPC）为 0.8，这样的总需求的增加可以通过以下什么方式避免?

a. 政府支出提高 5 000 亿美元。

b. 政府支出提高 1 400 亿美元。

c. 减少税收 400 亿美元。

d. 增加税收 1 250 亿美元。

9. 假设在任何价格水平下，当今的总需求增加 6 000 亿美元导致的通货膨胀是一种威胁。如果边际消费倾向（MPC）为 0.75，联邦政策的制定者采用凯恩斯主义经济学，为了抑制通货膨胀需要

a. 减少税收 6 000 亿美元。

b. 减少转移支付 2 000 亿美元。

c. 增加税收 2 000 亿美元。

d. 增加政府支出 1 500 亿美元。

10. 如果财政政策没有发生变化，假设在任何价格水平下，未来的总需求要超过现在的总需求 9 000 亿美元。假设边际消费倾向（MPC）为 0.90，这样的总需求的增加可以通过以下什么方式避免?

a. 政府支出提高 5 000 亿美元。

b. 政府支出提高 1 400 亿美元。

c. 减少税收 400 亿美元。

d. 增加税收 1 000 亿美元。

11. 下面哪一项不是自动稳定器?

a. 国防支出。

b. 失业救济。

c. 个人收入税。

d. 福利支付。

12. 供给学派经济学家和谁联系最密切

a. 卡尔·马克思。

b. 约翰·梅纳德·凯恩斯。

c. 米尔顿·弗利德曼。

d. 罗纳德·里根。

13. 下面的陈述哪个是正确的?

a. 在拉弗曲线向下倾斜的部分降低税率，可以增加税收。

b. 根据供给学派的财政政策，低税率使得总供给曲线向右移动，扩大了经济并造成了通货膨胀。

c. 自动稳定器的出现倾向于使得经济更加不稳定。

d. 为了与通货膨胀作斗争，凯恩斯主义者建议采取低税率并扩大政府支出。

第16章　公 共 部 门

本章概述

在20世纪80年代早期，罗纳德·里根（Ronald Reagan）总统采用了拉弗曲线原理，认为联邦政府可以通过降低税率来提高税收收入；而批评者认为低税率会导致税收收入减少。在2000年共和党总统提名人的竞选运动中，史蒂夫·福布斯（Steve Forbes）一直努力通过统一税来尝试获得支持；而乔治·W. 布什则（George W. Bush）支持降低个人边际税率。然而，比尔·克林顿总统认为减少税收不是一个好的方法，因为首要的是要保证社会保障系统的公正。在2001年和2003年，乔治·W. 布什总统签署法律逐步减少了边际税率，并打算为伊拉克战争和本土防卫而增加支出。并且在2004年，布什签署了对商业和农场主减税的立法。批评者认为税收结构的改变和支出的增加在长期可能恶化联邦财政预算的前景。

这些事件说明了现实世界对财政政策的持久争论。前面的章节介绍了财政政策背后的理论。在这一章中，你将了解财政政策的实践。在这里，税收和政府支出的事实得到了清晰的介绍和展望。例如，你可以考察在里根、克林顿和两个布什总统在任时期的联邦税收趋势，并比较美国与其他国家之间的税收负担。并且你将发现为什么政府使用不同形式的税收和税率。

本章的最后一部分对公共部门在经济中扮演的角色提出了挑战。在那里，你将学习一个叫公共选择的理论，该理论考察了政治家、政府官僚、投票人和特殊利益集团的公共部门决策。

在这一章中，你将学会解决这些经济学问题：

- 怎样比较美国与其他国家之间的税收负担？
- 社会保障税是如何有利于高收入阶层的工人的？
- 统一税公平吗？
- 我们应当用国民消费税和统一税代替所得税吗？

政府规模与增长

美国的公共部门有多大？如果我们看图16-1，我们可以看到从1929年到2004年，以占GDP百分比衡量的全部**政府支出**或费用——包括联邦、州和地方政府。当我们提到*政府支出*的时候，我们不只关心使用国民收入账户计算GDP（见第11章中图11-2）中的

政府支出
联邦、州和地方政府购买产品和劳务的费用，包括转移支付。

政府消费支出和投资（G）账户。政府支出或费用等于政府采购加*转移支付*。回忆第 11 章，政府国民收入账户（G）包括联邦政府对国防、公路和教育的支出。转移支付不包含在（G）中，包括以福利、社会保障和以失业救济为名对个人的支出。

如图 16-1 所示，按占 GDP 的百分比，总的政府支出在第二次世界大战期间猛增，然后发生一个急剧的回落，但没有回落到以前和平时期的水平。自 1950 年以来，总的政府支出从占 GDP 的 1/4 上升到 1/3。到 2004 年，总的政府费用大约为 GDP 的 33%。硬币的另一面是今天私人部门占国民产出份额大约为 GDP 的 70%。注意，在 20 世纪 90 年代，以占 GDP 比重衡量，联邦政府费用下降了，但在 2001 年的衰退和恐怖袭击后，这种趋势发生了逆转。

图 16-1 以占 GDP 百分比衡量的美国 1929—2004 年政府支出的增长

该图表明联邦、州和地方政府自 1929 年以来，以对食品和服务的支出占 GDP 的百分比衡量的政府支出的增长。在第二次世界大战期间，支出发生了急剧的上升，战后又发生了急剧的下降，但是没有回落到战前和平时期的水平。考虑到总的政府费用，包括政府转移支出，政府部门支出占 GDP 比重从 1950 年的 1/4 上升到 1/3。到 2004 年，总的政府支出大约占 GDP 比重的 33%。

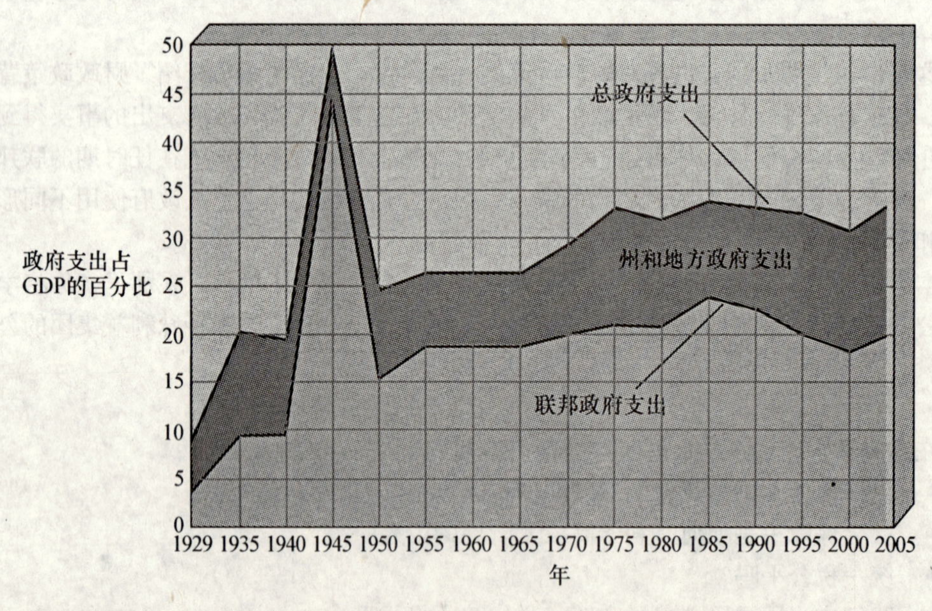

资料来源：总统经济报告，2005，http://www.access.gpo/eop/；经济分析局，国民经济账户，http://www.bea.foc.gov/bea/dn/nipaweb/selectTable.asp? Selected = N,Tables1,1.5 和 3.3.

政府支出类型

图 16-2 表明了从 1970 年到 2004 年联邦政府支出项目的分类。也许奇怪的是，到 2004 年为止，联邦预算中最大的支出项目被称为*收入保障*。“保障”意思是那些提供给老年人和弱势群体的支出，包括社会保障、医疗、失业补偿、公共救助（福利）、联邦退

休金和残疾人的津贴。这些项目以直接的现金和实物转移的形式进行转移支出，从而在不同的人中进行收入再分配。在 2004 年，45% 的收入保障支出花费在社会保障上，而 25% 花费在医疗上。

> 美国联邦政府管理与预算办公室 (http://www.gpo.gov/usbuget/index.html)网站提供了大量关于政府预算有价值的信息，特别是如果你选择“公民向导”进入联邦预算。它解释了什么是联邦预算、钱使用到哪里和来自哪里、预算过程的主要步骤，同时提供了其他容易阅读和理解的信息。也可参见预算探索者——完备的美国联邦预算http://www.kowaldesign.com/budget/.

在 2004 年，联邦政府支出的第二大项目为国防支出。注意花费在国防上的联邦预算从 1970 年的 40% 下降到 2004 年的 20%，而收入保障（“安全网”）支出从 1970 年的 22% 上升到 2004 年的 48%。因此，在冷战结束的推动下，联邦政府支出从 1970 年到 2004 年的主要趋势是，联邦政府的收入再分配角色在增强，而国防的预算支出部分地下降了。

图 16-2　联邦支出，1970 年和 2004 年

在 1970 年到 2004 年之间，收入保障成为了联邦政府最大的支出项目。在同一时期，国防从最大的支出项目下降到第二大支出项目。因此，收入保障和国防在 2004 年一起占据了联邦支出的近 70%。

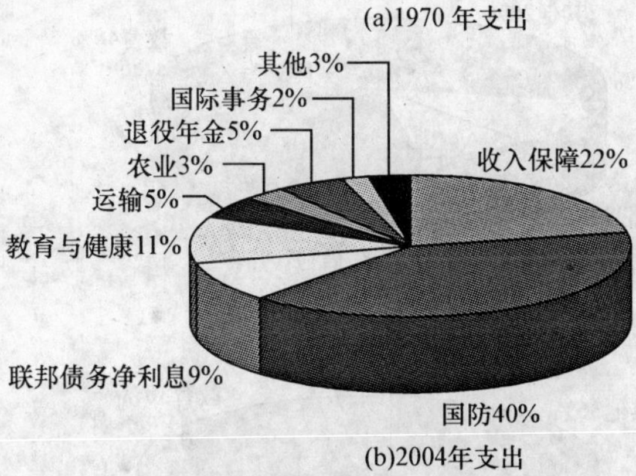

(a)1970 年支出

其他3%
国际事务2%
退役年金5%
农业3%
运输5%
教育与健康11%
收入保障22%
联邦债务净利息9%
国防40%

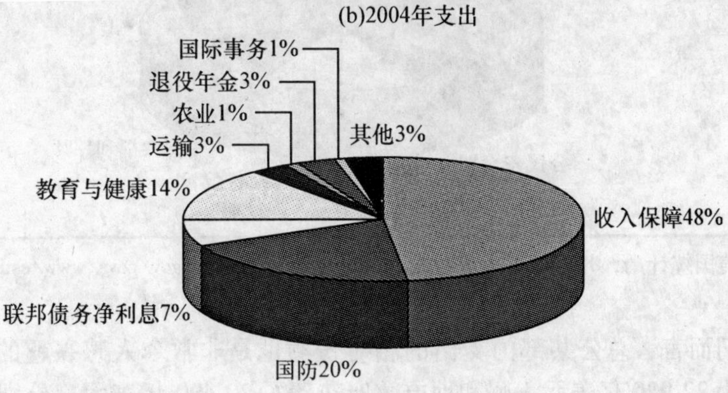

(b)2004年支出

国际事务1%
退役年金3%
农业1%
运输3%
其他3%
教育与健康14%
收入保障48%
联邦债务净利息7%
国防20%

资料来源：总统经济报告，1975，图 C-65，第 325 页；总统经济报告，2005，http://www.access.gpo/eop/,表 B-81.

在2004年，联邦政府对教育和健康的支出排在第三位，而对联邦政府债务的净利息支出排在第四位。净利息支付是指联邦政府借款的利息支出减出联邦政府贷款的利息收入。因此，联邦政府花费在退役年金、农业和运输上的支出与花费在为联邦债务融资上的支出比例相同。

图16-3表明了经整理后的所有州和地方政府支出类型与联邦政府支出类型不同的程度。到目前为止，州和地方政府支出最大份额是对教育的投入。然而，从1970年到2003年，教育费用从占总支出的40%下降到30%。在同期，为公共福利的转移支付一直保持在13%不变的水平上。总预算花费在公路上的比例下降了，而在健康与医疗和公民安全（火灾、警察和处罚）上的花费没有发生变化。"其他"项目包括对管理、公用事业、失业救济和债务的利息支出。

图16-3 州和地方政府支出，1970年和2003年

州和地方政府最大的支出为教育。在1970年到2003年间，预算的公共福利的转移支出份额保持在13%，而公路支出比率下降了。

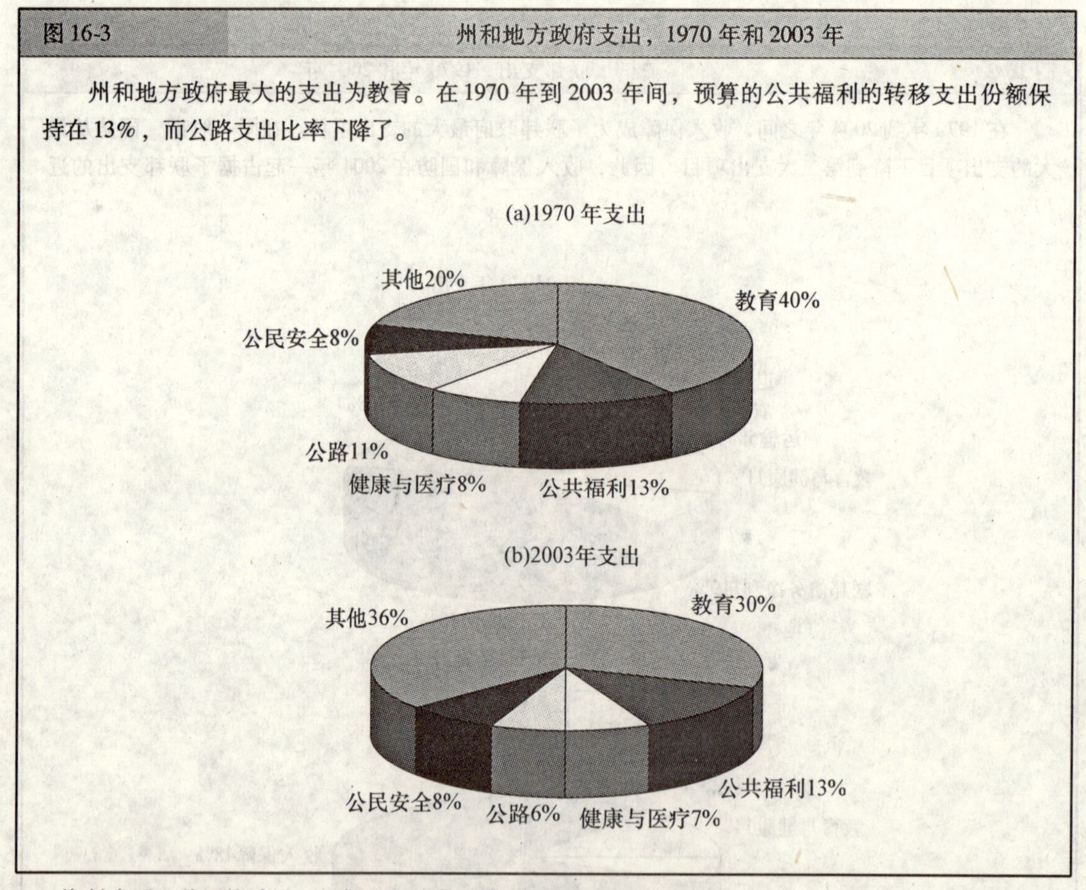

资料来源：美国统计局，州与地方政府财政，http://www.census.gov/govs/www/estimate.html,表1。

就政府部门而言，总公共部门支出的相对份额也是非常令人感兴趣的。在2004年，联邦政府支出为22 920亿美元，州和地方政府花费了20 490亿美元，分别占经济中总政府支出的53%和47%。联邦政府支出并不总是公共部门中的佼佼者。在20世纪30年代，州和地方政府支出超过了联邦政府支出。

最后，你需要认识到政府规模和增长有许多衡量方式。我们可以研究绝对政府支出和

比较调整通货膨胀以后支出的增长。另一种技术是衡量公共部门所雇用人口的比例。使用任何一种测度都确认了从图16-1中所得到的结论：

结论 自1945年第二次世界大战结束以来，政府在总经济活动中的份额增加了。总政府支出占GDP比例的上升主要体现为联邦政府转移项目的快速上升。

其他国家的政府支出

在2004年，以占GDP百分比衡量的所有政府支出水平比其他先进的工业国家都要低。如图16-4所示，瑞典、法国、意大利和其他国家的政府花费了比美国联邦、州和地方政府支出更高的比率。

图16-4 其他国家的政府支出，2004年

2004年，与其他先进的工业国相比，美国政府支出较少。如这个图所表明的，瑞典、法国、意大利和其他国家的政府花费了比美国联邦、州和地方政府支出更高的比率。

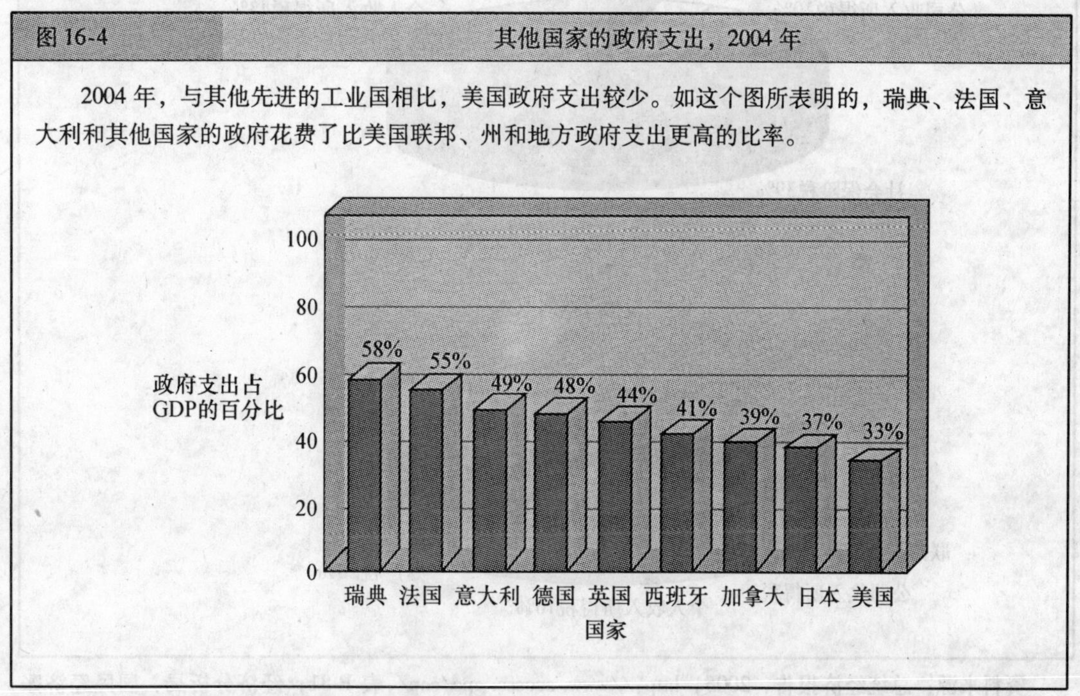

资料来源：OECD展望，N.76，Dec. 2004，http://www.sourceoecd.org/content/html/index.htm，附表23.

融资政府预算

政府单位从哪里获得资金来负担它们的费用？图16-5讲述了三级不同政府情况。从联邦政府开始，我们发现在2004年最大的收入来源是个人所得税（43%），然后是社会保险税（39%），其中包括雇主和雇员为社会保障、工人津贴和失业保险而支付的薪金总额税。也许有点奇怪，第三大收入来源是公司收入所得税（10%）。消费税是对特定产品和服务进行购买而征收的销售税。消费税贡献了总税收的4%。“其他”项目包括关税、不动产税和赠与税等收入。

图16-5也表明了所有州和地方政府调整后的收入，以与联邦税收来源进行比较。在收入来源上这里有很大的不同。在州和地方政府的层次上，它们收入的最大两个来源（不包括联邦拨款）是销售税（23%）和财产税（20%）。公司收入所得税和个人收入所

得税一起贡献了税收收入的25%。遗产与赠与税、机动车辆执照费、联邦拨款和其他杂项的来源提供了总收入的其他部分。

图 16-5　　联邦、州和地方政府收入，2004 年

2004 年，联邦政府的最大收入来源是个人所得税，第二大收入来源是社会保险税。州和地方政府收入主要来自销售税、财产税和联邦拨款。

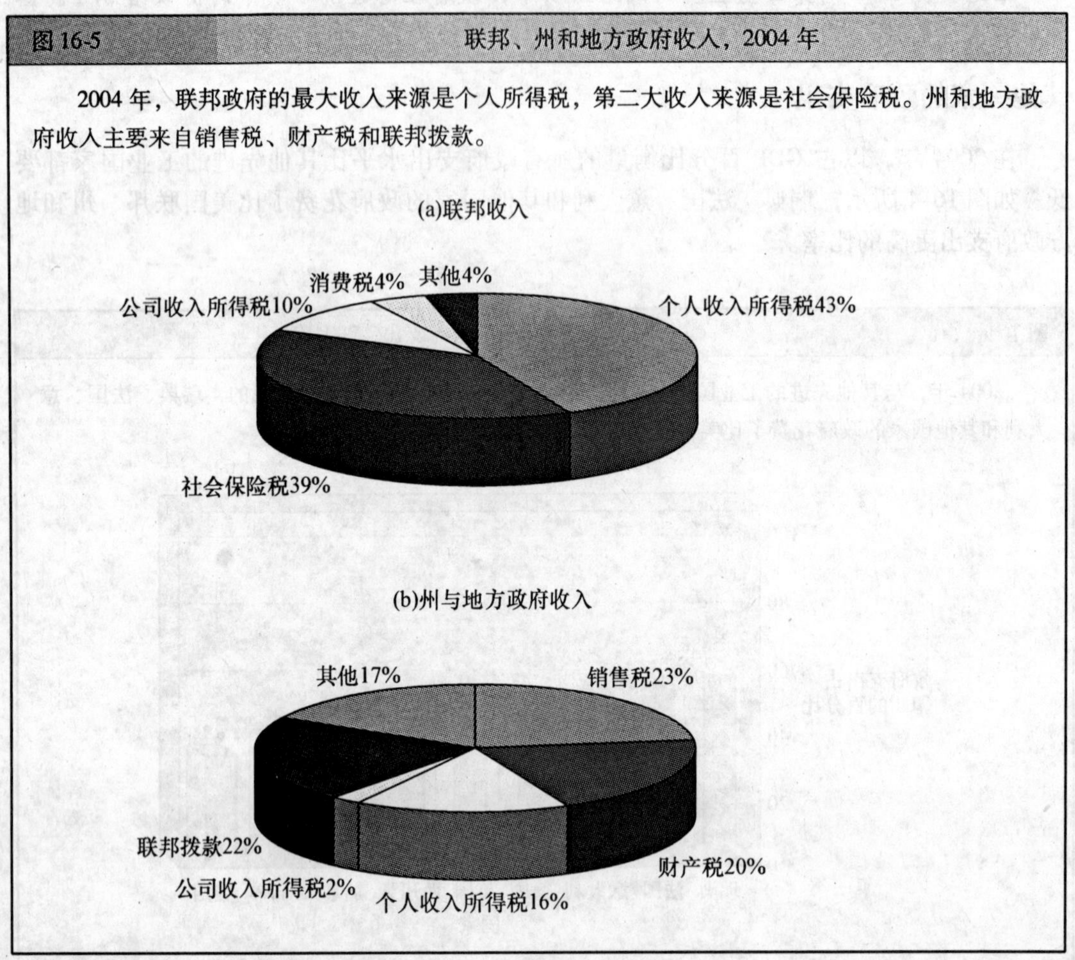

资料来源：总统经济报告，2005，http://www.access.gpo/eop/，表 B-81；经济分析局，国民经济账户，http://www.bea.doc.gov/bea/dn/nipaweb/selectable.asp? selected = N，表 3.3.

其他国家的税收负担

在我们把注意力转向下一节税收征收所选择的标准之前，我们必须问美国总体税收的负担有多大。你也许会感到奇怪，以国际标准而言，美国公民在工业化世界里的纳税公民中负担是最轻的。图 16-6 表明了以 GDP 中支付税收的部分为基础，其他先进的工业化国家的税收征收者明显地下手重得多。例如，瑞典、法国、德国和加拿大比美国人支付了更高比率的 GDP 的税收。应

> 在许多变量中，联邦政府的财政政策操控着美国人所支付的税收以影响经济中的变量。参见数字日报，它是一种美国税务部的出版物(http://www.irs.ustreas.gov/)，从中可以看到联邦政府税收政策的最新变更(查找“对你有用的税收信息”也是有帮助的)。谁可能从这些变更中获益？这些变更对经济有什么样的影响？

当注意的是，那些税收更重的国家也比美国提供更多的公共服务——特别是医疗保健。

图 16-6　所选国家的税收负担，2004 年

在 2004 年，美国人比其他先进工业国中公民的税收负担要轻。例如，瑞典、法国、德国、意大利、加拿大和英国要支付更高比率的 GDP 的税收。

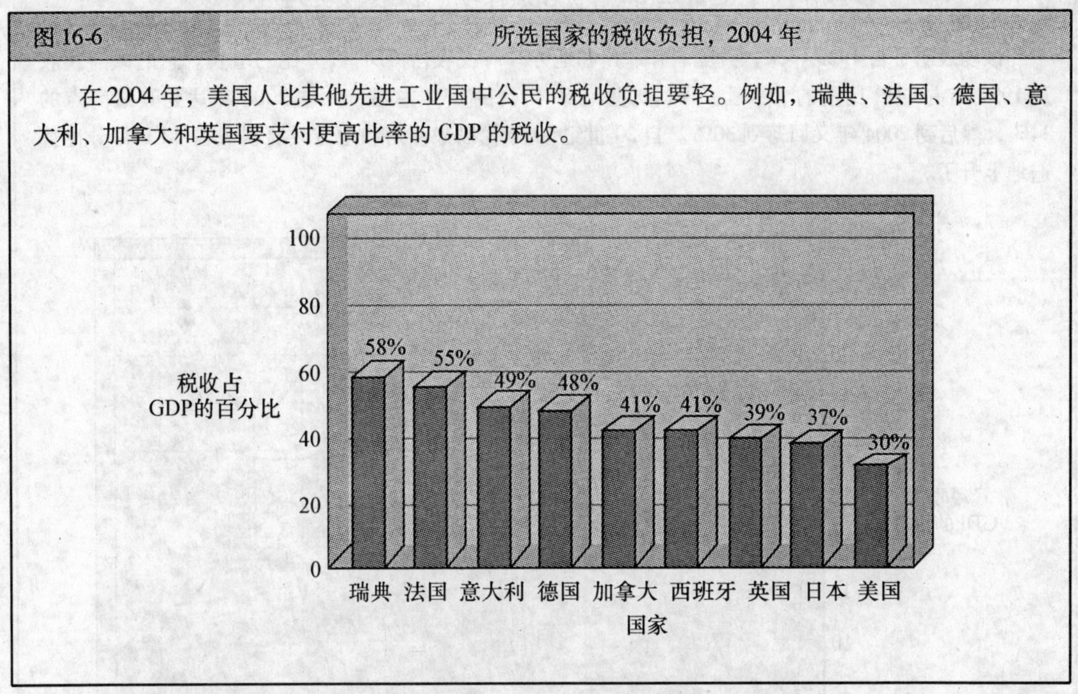

资料来源：OECD 展望，N. 76, Dec. 2004, http://www.sourceoecd.org/content/html/index.htm, 附表 26.

研究美国税收负担的另一种方法是观察它是怎样发生变化的。图 16-7 绘制了自 1929 年以来，美国税收占 GDP 百分比的增长情况。联邦、州和地方政府税收一起从 1929 年大约为 GDP 的 11%增加到 2000 年接近 GDP 34%的最高水平，然后下降到 2004 年的 30%。该图同时也表明，联邦税收占 GDP 的比率由 1929 年的 4%上升到第二次世界大战时期的 20%，然后基本上保持不变，一般在 17%到 20%之间。直到 2000 年，联邦税收占 GDP 的比重上升到第二次世界大战后的最高水平 21%，然后下降到 2004 年的 16%。直到第二次世界大战，州和地方政府税收占 GDP 的份额要高于联邦政府，但到目前为止，联邦政府成为了税收的最大征收者。虽然联邦税收占 GDP 的份额仍然较大，但州和地方政府税收占 GDP 的比重一直有上升的趋势。在 1945 年，这个比率为 5%，而在 2004 年上升了，超过了 13%。

税收的艺术

法国路易十四国王的财政部长让·巴蒂斯特·考伯特（Jean Baptiste Colbert）曾经说过，“税收的艺术就好像拔鹅毛一样，要获得最多的羽毛而引起最少的嘶嘶声。”每一年，大量充满激情的国会成员和其他政策制定者争论各种各样的获得收入但不造成过大的“嘶嘶声”的方法。你将会发现，这个目标很困难，因为每一种税收都有不同的特征。政府必须根据两个基本的哲学意义上的公平原则——得益与支付能力——决定哪种税收是“合适”的。

图 16-7 美国税收占 GDP 百分比的增长，1929—2004 年

该图表明了自 1929 年来，美国联邦、州和地方政府税收占 GDP 百分比的增长。总的政府税收从 1929 年占 GDP 比重的 11% 上升到 20 世纪 60 年代的 25% 左右，并在 2000 年达到其最高点的 34%，然后到 2004 年又回落到 30%。自 20 世纪 50 年代以来，州和地方政府税收占 GDP 百分比普遍地上升了。

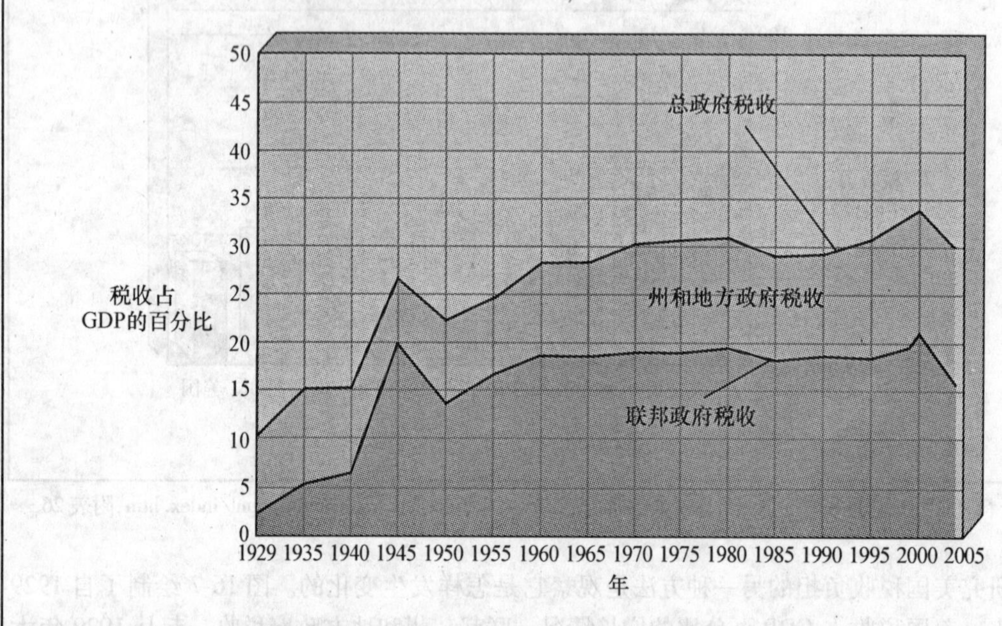

资料来源：总统经济报告，2005，http://www.access.gpo/eop/，表 B-79；经济分析局，国民经济账户，http://www.bea.foc.gov/bea/dn/nipaweb/selectTable.asp? Selected = N, Tables1.1 和 3.3.

得益原则

我们可以使用什么样的标准或方针确保每一个人支付了他或她公平份额的税收？一个可能标准是税收的**得益原则**，意指受益于政府支出的那些人应该支付相应的税收来为这些有益于他们的支出项目融资。汽油税就是一个遵循*得益原则*的税收的例子。汽油购买的加仑数测度了公路服务的使用量，因此，购买更多加仑的汽油，将要付出更多的税收。根据成本收益分析，投票者只有在从更多的公路中所获得的收益超过他们为进行公路的建设或修复所必须支付的汽油税的成本时，他们才会支持更多的公路建设。

得益原则
意指受益于政府支出的那些人应该支付相应的税收来为这些有益于他们的支出项目融资。

虽然税收的得益原则可以运用于像汽油一类的私人产品，但公*共品*的性质使得该原则难以应用。回忆第 4 章，国防是一种公共品，使用者是集体消费的。那么，我们怎样才能区分那些从国防中受益的人并要求他们支付相应的税收？我们不能，并且还有其他的产品和服务使得得益原则与社会目标不一致。例如，要求接受食品券的家庭支付所有用以负

担他们的福利收益的税收是愚蠢的。

支付能力原则

支付能力原则
这个概念是指，无论人们得益如何，那些收入更高的人有能力将更大比例的收入用于支付税收。

第二个流行的关于税收的公平原则与得益原则截然不同。税收的**支付能力原则**是这样的一个概念，无论人们的得益如何，那些收入更高的人有能力将更大比例的税收用于支付税收。在这种税收哲学下，富人也许把他们的孩子送到私人学校或者使用私人医院，但他们应当承担沉重的税收负担，因为他们的支付能力更强。这种方法在什么样的情况下可能会成为一个问题呢？一个年收入为 200 000 美元的人应当比一个年收入为 100 000 美元的人多支付 X 的税收。困难在于准确地确定高收入的个体要多支付多少以确保他或她是支付了一个"公平"的数量。不幸的是，还没有科学的方法以美元数或收入的百分比来精确衡量一个人支付税收的"能力"。然而，在美国经济中，支付能力原则优先于得益原则。

累进税，累退税和比例税

正如我们所看到的，政府从各种各样的税收中获得收入，如收入所得税、销售税、消费税和财产税。为了分析的目的，经济学家把这些税收区分为三类——累进税、累退税和比例税。这三种税收着重于考虑收入增加或减少与税率变化之间的关系。收入是税收基础，因为人们以收入来支付税收，尽管也对财产（如土地、建筑物、汽车和家具）征税。

累进税
随着收入的上升，对收入征收更高比例的税。

累进税　根据支付能力原则，个人和公司收入所得税为**累进税**。当收入增加时，累进税要求对收入征收更高比率的税收。例如，一个每年挣得 10 000 美元的人支付了 1 500 美元的税收，则平均税率是 15%。另一个每年赚得 100 000 美元的人支付了 28 000美元税收，则平均税率为 28%。这种累进的税率是联邦和州的所得税收系统背后的主要原则。图 16-8 说明了对一个考虑了 2004 年纳税申报单后的个人而言联邦收入所得税的累进性质。

图 16-8 的第一栏列出了*应税收入* 的税收等级。应税收入是毛收入减去个人减免和标准扣除后的金额。自 1990 年，个人减免和标准扣除额度受通货膨胀调整的影响。这遵循 1985 年采取的"指数化"税收等级行动，因此通货膨胀不会把纳税人推入更高的税收等级。

平均税率
税收除以收入。

第二栏列出了最低 5 等级应税收入里最高收入纳税人所要支付的税收。第三栏的数字表明相应的**平均税率**。平均税率由税收除以收入得出：

$$平均税率=\frac{总应付税}{总应税收入}$$

因此，在应税收入为 \$29 050，平均税率为 14%（\$4 000 除以 \$29 050），而在 \$70 350 时为 20%（\$14 325 除以 \$70 350）。超过 \$319 100 的应税收入被包含在代表最高的收入等级。如这些数据所表明的，我们联邦的个人收入所得税为累进税，因为当收入上升时平均税率上升了。

图 16-8 单个纳税人的联邦个人收入所得税率

(1)应税收入 以上	(1)应税收入 以下	(2)税收*	(3)平均税率 [(2)/(1)]	(4)应税收入的变化	(5)税收的变化	(6)边际税率 [(5)/(4)]
$ 0	$ 7 150	$ 715	10%	$ 7 150	$ 715	10.0%
7 150	29 050	4 000	14	21 900	3 285	15.0
29 050	70 350	14 325	20	41 300	10 325	25.0
70 350	146 750	35 717	24	76 400	21 329	28.0
146 750	319 100	92 612	29	172 350	56 895	33.0
319 100	…	…	…	…	…	35.0

*税收由应税收入等级中最高收入水平计算得出。

资料来源：国内收入服务，出版物 17，你的联邦收入所得税，2004，http://www.iris.ustreas.gov/forms_pubs/formpub.html，税率表，p. 284.

边际税率
增加的收入中用于支付税收的部分。

税率的另一个关键度量是边际税率，它是指增加的收入中用于支付税收的部分。边际税率的公式可以表示如下：

$$边际税率=\frac{应付税收变化}{应税收入变化}$$

有多少联邦税收是由富人支付的？浏览IRS税收统计http://www.irs.ustreas.gov/taxstats/index.html.

图 16-8 中的第六栏对表中每一个联邦税收等级计算了边际税率。你可以通过如下的方式来理解边际税率，观察第一栏中应税收入从 $7 150 到 $29 050 的第二最低收入等级，在第二栏中税收从 $715 增加到 $4 000。第四栏给出了相应的应税收入的变化，第五栏给出了税收的变化。因此，第六栏的边际税率为 15%（$3 285 除以 21 900）。同样的分析可以运用到接下来的应税收入从 $29 050 到 $70 350 增加了 $41 300 的税收等级中。$41 300 的应税收入的提高增加了 $10 325 的税收，因此对于此额外增加的收入的边际税率为 25%（$10 325 除以 $41 300）。相似的计算可以得出剩下其他应税收入的边际税率。边际税率是重要的，因为它决定了当他或她的收入在每一个税收等级上升或者下降的时候，纳税人的税单变化多少。

累退税 一种税收也可以是一种**累退税**。当收入上升时，累退税要征收更少比率的税。假设马特（Mutt）每年赚得 $10 000，支付的税收为 $5 000，而杰夫（Jeff）每年赚得 $100 000 而支付 $10 000 的税收。在绝对量上，虽然杰夫支付了 2 倍于马特的税收，但税收是累退的，因为富人杰夫支付了 10% 的平均税率，而穷人马特遭受了 50% 税率的宰割。这种税收与税收的支付能力原则是相冲突的。我们现在将说明销售税和消费税是累退税。假设对于所有的购买都必须征收 5% 的销售税，并且琼斯家去年挣得了 $80 000，而杰斐逊家只赚了 $20 000。销售税是累退的，因为富人琼斯家将只会花费他们收入一个更小的比例用于食品、衣服和其他消费项目的消费。拥有 $80 000 收入的琼斯

累退税
随着收入的上升，对收入征收更低比例的税。

家能够支付 \$40 000 用于杂货和衣服的购买而把剩下的储蓄下来，而拥有 \$20 000 的杰斐逊家要花费他们的所有收入以保证家人的温饱。由于每一个家庭支付了5%的销售税，低收入的杰斐逊家一共支付税收 \$1 000（0.05 × \$20 000），或者他们收入的1/20；而高收入的琼斯家支付了 \$2 000（0.05 × \$40 000）的销售税，或者他们收入的1/40。虽然琼斯家向税收征集者交纳了两倍于杰斐逊家的销售税，但销售税是累退的，因为他们所支付的平均税率要低于杰斐逊家。

在现实世界中，累退税的一个例子是总额薪金的社会保障税 FICA。总额薪金税的运转如下：对每个工人的收入征收12.4%的固定比率税。税收在雇主和雇员之间平等分摊。这意味着一个月工资毛收入，比如说为 \$1 000 的雇员将从他或她的雇主那里得到一张扣除了 \$62（\$1 000 的6.2%）的支票。然后，雇主再加上 \$62 后一起交给政府 \$124。

总额薪金税是累退的基于两个原因。第一，只有工资和薪金才面临该税收，而收入的其他来源，如利息和红利并不需要交纳此税。因为与低收入的个体相比，一般富有的个体的收入的更大一部分来自除工资和薪金以外的收入，从而在总额薪金税中，富人支付了他们收入较小的一部分。第二，当收入高于一定水平时被免除了社会保障税。因此，高于一定门槛水平的边际税率为零。在2004年，这种社会保障税的工资和薪金门槛收入水平为 \$90 000。因此，在这个数字以上，任何额外美元数的增加不增加任何税收，同时平均税率下降，并且医疗保险税没有基准工资的限制。

最后，由于两个原因财产税也被认为是累退的。首先，财产所有者把这种税收加在房客所支付的租金上，而房客一般是低收入者。其次，财产税相对于穷人收入的百分比要高于相对于富人的收入，因为穷人花费了他们收入更大的比例用于住房支出。

比例税 对于用**比例税**，也被称为*统一税*，来替代和简化联邦累进收入所得税一直存在着极大的兴趣。比例税是指不管收入水平如何，都征收收入的同一个比例的税收。例如，改革联邦累进税率系统的一个方法是消除所有的扣除、减免和漏洞，并简单运用同一个税率，比如对每一个人征收17%的收入所得税。这种改革在图16-9中得到了说明。这可以避免纳税人的“嘶嘶”声，他们不再需要大量的会计和律师来整理他们的纳税申报单。事实上，大部分统一税计划并不是真正的比例税，因为它们对于收入低于一定水平者予以减免，因而导致税收是累进的。同时，17%的统一税是否能够征收到足够的收入还存在很大的争论。

比例税

不管收入水平如何，按收入的同等比例征税。也称为统一税率税或简称统一税。

让我们来考察统一税是否满足得益原则和支付能力原则。首先，统一税并不必然与从任何具体政府的产品或服务所获得的好处相关联。其次，考虑17%的税收，它可以从年收入为 \$100 000 的“富人”女士征收到 \$17 000；从年收入 \$10 000 的“穷人”先生获得 \$1 700 税收。两个纳税人都支付了收入相同的比例17%，但人们认为，\$1 700 对于穷人先生来说比 \$17 000 对于富人女士来说代表了一个更大的牺牲。在支付了她的税收后，富人女士依然能够生活得很舒适，但穷人先生抱怨他非常需要这 \$1 700 为他的家庭购买食品。为了公平，如果我们都同意以支付能力原则为基础的话，那么富人女士支付 \$17 000 的税收是不够的。

图 16-9 累进税与统一税

2004 年应税收入等级由图 16-8 作出。与“阶梯”税率不同，统一税采用一个单一税率，比如说 17%。这个税改计划充满争论，并在应用经济学中得到讨论。是废除税表 1040s 的时候了吗？

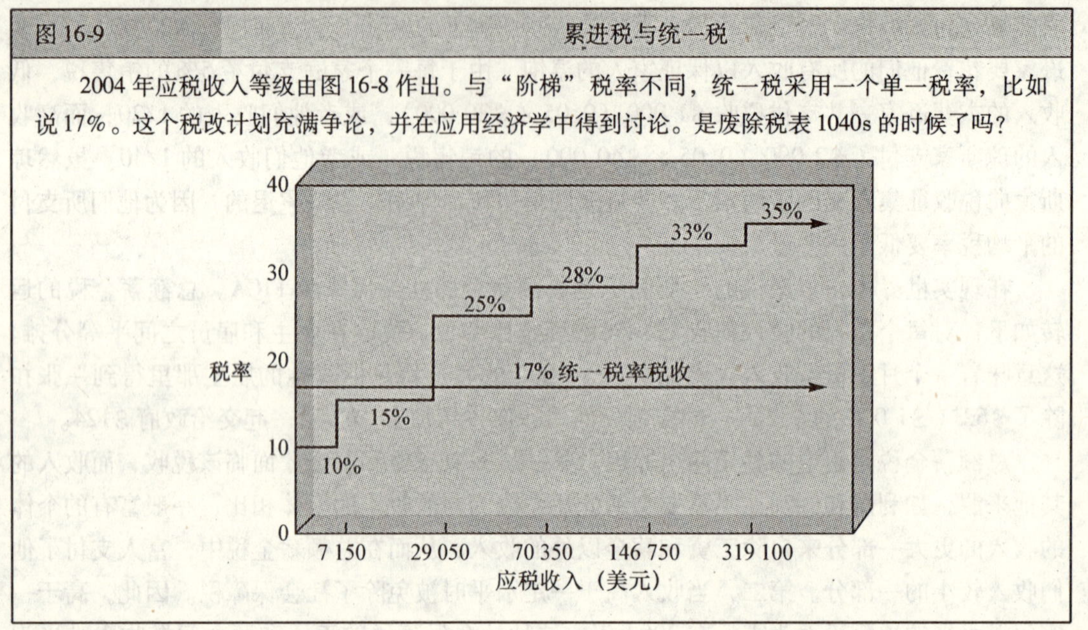

改革税收系统

在 1895 年，最高法院宣布个人收入所得税是违宪的。事情在 1913 年才发生了变化，当时各州批准了宪法第十六修正案，赋予国会权力对收入征收税收。直到第二次世界大战前，联邦收入税还是一个不重要的收入来源，但自那时开始，它一直是一个主要的收入来源。现在，有 41 个州有收入所得税，并且个人收入所得税可能将成为州和地方政府越来越重要的收入来源。

过去的许多年里，国会制定了各种各样的联邦税收系统的改革计划。1986 年的税收改革法案的主要目标是国会第一次完全重写了自 1954 年一直使用的联邦税收法规。该法案考虑到每一个纳税人以及经济上依赖他们的人，使得个人减免基本翻番了，从而从纳税名册上剔除了数百万家庭。在税法改变之前，存在 15 种个体边际税收等级，从 11% 到 50% 不等。1986 年的税收改革法案把税收等级缩小到只有 4 个。大部分纳税人处于低税率的税收等级，由于降低了个人税率而导致的税收收入的损失，通过对公司的税收的上升和消除了许多税收漏洞而抵消了。与两个关键的税收目标一致，联邦收入所得税法规这次大的修改的目的是为了提高效率，并且通过把税收负担转移到公司从而使得税收系统更为公正。如图 16-8 和图 16-9 所表明的那样，现在有 6 个税收等级，而批评者认为另一个税收改革法规值得期待。后面的“现实生活中的经济学”栏目“是废除税表 1040s 的时候了吗?”，讨论了改革现今联邦税收系统的一些思想。

公共选择理论

詹姆斯 · 布坎南（James Buchanan），1986 年诺贝尔经济学奖的获得者，是被称为**公共选择理论**的经济文献的缔造者。公共选择理论分析政府分配资源的决策过程。回忆第 4

章，私人市场的失败是政府干预市场的一个原因。公共选择理论考虑当政府代替和管制市场时，政府的表现如何。与市场分配资源的机制不同，政府代表了一种非市场、政治决策的力量。他们并不像市场上拥有私人利益的买者和卖者，政治系统中的参与者作为官员、官僚主义者、特殊利益集团的说客和投票者，在发挥他们作用的时候具有非常复杂的动机。

布坎南和其他公共选择理论家提出了一个民主社会如何很好地做出有效率的经济决策的问题。公共选择理论的基本原则是政治家服从他们个人的利益，并寻求最大化他们再当选的机会，而不是为了促进社会的最大利益。因此，布坎南的一个主要贡献是把自利动机与政府官员联系起来，就像早期的亚当·斯密认为消费者和生产者的动机就是寻求个人利益一样。总而言之，任何政府代理人或机构中的个人将像相应的私人部门中的人一样行动；他们优先考虑提高个人收入，改善工作条件和地位，而不是利他主义地行事。

在介绍了该主题之后，让我们来考虑一些公共选择理论，这些理论解释了为什么公共部门像私人部门一样也会出现“失败”。

现实生活中的经济学

是废除税表1040s的时候了吗？

适用概念：统一税和国民销售税

两种基本税收改革的争论经常是热闹的新闻标题。一个是本章早些时候讨论的统一税，另一个是国民销售税。统一税被前总统候选人和出版人史蒂夫·福布斯（Steve Forbes）提倡。它给一个典型的家庭每个人大约 $30 000 的减免，然后对高于这一水平的收入无减免地征收17%的税收。统一税的观点认为，统一税使得人民可以把他们的纳税申报单填到一张明信片上，并减少了偷税的数量。总而言之，统一税最主要的目的是产生更大的经济效率和增长。

由于没有区分收入是来自红利、利息、资本所得还是遗产，上述的统一税也带来了一些严重的政治问题。同时，取消扣除和贷款会遭受公众强烈的抵制。例如，取消抵押贷款利息扣除和卫生保健与慈善减免将成为一种艰难的政治争吵。这里存在一个公平的问题。处在现今累进税率系统税率最低水平的人面临税收的上升，而最高收入的人却获得了最大的税收优惠。相应的理由是在现今税收系统许多百万富翁没有支付什么，因为他们隐藏了他们的收入。在统一税安排下，他们将失去扣除和贷款。

有意思的是，曾经是共产主义超级大国的俄国采纳了福布斯的建议。自2001年1月1日开始，俄国采用了13%的统一税。根据前面章节中讨论的拉弗曲线的供给方面，俄国在2001年，个人税收收入暴涨了47%，GDP增长了5.3%。①

国民零售销售税是另外一种税收改革建议。这种税收完全消除了所有的联邦收入所得税（个人的、公司的和社会保障）并只对消费购买征收给定的比例。

① Sabrina Tavernise，俄国对收入征收统一税，国库膨胀，纽约时报，2002年3月23日，第3页.

像统一税一样，税收漏洞可以被消除，税收征集也变得很简单，联邦政府可以通过裁减或消除IRS节约数十亿美元。纳税人可以节约，因为他们不再需要雇用会计和律师来为他们准备复杂的1040纳税申报单。

国民销售税的批评者认为零售业成为了联邦政府的税收收集者，这增加了它们的负担，仍然需要IRS以确保税收可以从数十亿的销售交易中征得。此外，由于国民销售税导致了价格很大的上升从而产生“黑市”交易。反对的观点认为这个问题不比现在收入所得税逃税更糟糕，并且当人们在合法的市场上花费收入时，一项销售税间接地对非法市场上的参与者征了税。同时，销售税是累退的，因为穷人花费了更大一部分收入用于对食物、住房和其他必需品的需求。为了抵消这个问题，销售税支持者建议对某一收入水平以下者给以支票补偿。批评者还指出，那些支付很少或不支付联邦收入税的退休人员将不会欢迎支付国民销售税。

最后，布什总统任命了一个九人小组为修改美国税收法案准备备选方案，这个法案可能成为主要的国内政策问题。

分析问题

假设联邦政府对所有消费支出征收国民销售税，以代替联邦收入所得税。分析这种税收变化对税收的效率与平等的影响。注意，联邦政府已经通过汽油、酒精和烟草销售税，对全国征收消费税了。

多数决定原则问题

收益—成本分析
权衡一项经济抉择的附加收益和成本。

为了评价各种选择项，经济学家常常使用一种被称为**收益—成本分析**的技术。收益—成本分析是权衡一项经济抉择的附加收益和成本。如果一个厂商正考虑生产一种新产品，它的收益（“胡萝卜”）是从销售产品中获得额外的收入。厂商的成本（“大棒”）是使用这些资源制造该产品的机会成本。厂商应当制造多少单位的该产品？

结论 理性地，利润最大化的厂商遵循边际原则，只要边际收益超过边际成本，就生产额外一单位的产品。

收益—成本分析的基本规则是，承担一项成本超过收益的项目就是资源的无效浪费。在竞争市场系统中，所承担的项目所产生的收益超过成本的话，那就是一个稳当的赌注。从长期来说，不遵循收益—成本原则的公司要么会停止营业，要么会转向生产另外一种收益超过或者等于成本的产品。然而，多数决定原则的投票可能导致支持那些成本超过收益的项目。图16-10说明了投票是怎样导致一个无效率经济决策的。

如图16-10所示，假设在一个小型的社区里，只有鲍勃、胡安和特拉萨三个人投票，考虑是否要集资建设两个公共停车场项目A和B。两个停车场项目对纳税人的总成本都为\$300，且任何一个停车场A或者B对纳税人而言的边际成本是额外增加的\$100税收(第2栏和第5栏)。然后，假设每一个纳税人决定他或她从停车场项目A和B所获得利益的额外美元价值（第3栏和第6栏)。假设每一个人都运用边际分析，每一个人都将遵循边际原则且只有当他或她的收益超过\$100的税收成本才会投票选择该项目。考虑停车场项目A，这个项目对于鲍勃价值为0，对胡安为\$101，对特拉萨为\$101，这意味着有两票赞成和一票反对：多数票原则支持停车场A（第4栏）。这个决策在商业世界里是不会发生的。例如，迪斯尼公司将非常理性地反对这一项目，因为所有消费者的边际收益只有$202，要低于该项目的边际成本$300。

图16-10 两个停车场的多数决定的成本收益分析

	停车场项目A			停车场项目B		
(1) 投票人	(2) 边际成本 （税收）	(3) 边际收益	(4) 投票	(5) 边际成本 （税收）	(6) 边际收益	(7) 投票
鲍勃	$ 100	$ 0	否	$ 100	$ 90	否
胡安	100	101	是	100	90	否
特拉萨	100	101	是	100	301	是
总计	$ 300	$ 202	通过	$ 300	$ 481	否决

这里的关键点是多数投票决定原则可能做了正确的收益—成本分析，但它也能够导致拒绝一个边际总收益超过边际成本的项目。假设停车场B成本也为$300，鲍勃收益为$90，胡安的收益为$90，特拉萨的收益为$301（第6栏）。建造停车场B的总边际收益为$481，因而该项目在私人部门市场上将会实施。但是，由于只有特拉萨的收益超过边际税收$100，停车场项目B在政治场合只能得到一票同意而有两票反对，从而被否决。

为什么在政治上的多数决定原则与收益—成本分析存在差别呢？原因在于美元数可以衡量投票者偏好的强度，而"一人一票"却不能。计算票数可以决定一项计划是否通过，但这种计算可能与个体投票者收益的美元力量不成比例。

特殊利益集团效应

除了多数决定原则导致收益—成本分析失效外，特殊利益集团也可以使政府支持成本超过收益的项目。当政府赞成的项目只使得社会中的一个小群体受益，而社会作为一个整体来支付成本时，特殊利益集团效应就发生了。特殊利益集团的影响确实一直是有效政府的一个问题，因为政府项目对某一群体的收益是很大的，而成本相对于每一个纳税人来说是微不足道的。例如，让我们假设对产奶农场主的价格支持可以使他们获益1 000万美元。由于产奶农场主所得到的利益如此巨大，特殊利益集团完全能够负担得起雇用专业的游说集团，或者捐助大约百万美元给支持牛奶价格支持的政治家的改选运动。

除了得到特殊利益集团财务支持的激励外，政治家还可以相互吹捧。相互吹捧是一种交易选票以相互支持立法项目的政治实践。政治家A对政治家B说："你投票支持牛奶价格支持法案，我也将投票支持你的烟草价格支持法案。"

但谁来支付特殊利益集团所获得的巨大利益呢？当然是纳税人支付，但每一个纳税人额外的税收负担非常低。尽管国会可能通过一项价值2 000万美元的项目以支持比如说一些防卫合同，但这项支出由1亿纳税人承担，平均每人的成本才20美分。由于在自由社会相对比较容易组织特殊利益组织和游说政治家去分摊成本，因此，支出项目非常流行，不足为怪。此外，每一个不良项目的人均纳税成本非常小，这意味着单个投票人要考察许多特殊利益集团立法计划的细节，没有多大的回报。

理性投票人的无知

政治家、受任命的官员和官僚组成了政治市场的供给方面。政治市场的需求方面由特殊利益集团和受到被经济学家称为的“**理性的无知**”限制的投票者组成。“理性的无知”是指投票人了解一个问题所获得的收益低于了解的成本时的决策。对选举的一个经常的指责是候选人常常不谈论这些问题。一个解释是，候选人意识到很大一部分投票人不是根据候选人在一个广泛领域中的问题的立场的深入知识来判断候选人并作出适当的决策。许多投票者不愿麻烦地去阅读有立场的新闻并做研究，而是去简单地根据所属的党派，或者根据候选人在电视上的形象来选择候选人。如果要求获得更多的信息的可观察的努力超过对候选人更了解所能带来的收益的话，上述的行为是理性的。

理性的无知
由于获取信息的边际成本比知道这一信息的边际收益更高，因而投票者选择保持不知情状态。

理性的无知的原则也解释了为什么合格的投票人在投票日舍弃投票。一个流行的解释是低的投票参与度是由于潜在投票人的冷漠，但这样的决策实际上是一个收益成本一分析的结果。投票弃权者大概觉察到投票的机会成本超过从任何候选人或选票上的问题所获得的收益。此外，投票弃权者可能发现额外的一票根本无法改变结果。

公共选择理论家认为收益很难度量的一个原因是投票人面临的是*不可分*的公共品服务。在杂货店里，消费者可以决定就购买这么多苹果、橘子和其他*可分*的产品，但投票牵涉到的候选人在许多问题上选择立场。问题是投票不允许投票人在候选人好的立场和坏的立场中进行挑选。简言之，大部分投票人需要“购买”一个“想要”和“不想要”的混乱组合，而这很难解释为一种收益。

官僚政治的无效率

官僚是许多非选举产生的官员和管理者，他们管理政府机构。当政府变大，一个令人关注的问题是官僚可能变得比行政者、立法机关和司法机构更有权力。公共选择理论也考虑了官僚作风是怎样影响经济决策的制定的。一个原理是由于利润动机的缺失而导致政府官僚机构倾向于无效率。

当政府机构表现差的时候会发生什么？首先，不存在来自其他生产者的竞争而失去市场份额。当利润下降时，没有股东要求改革，因为纳税人只不过是股东压力较弱的替代物。其次，每年政府的典型反应是要求一个很大的预算。由于没有利润来衡量绩效，使用机构预算和职员的规模来作为成功的指标就成了一般趋势。简言之，政府机构的基本激励结构支持无效率的管理，因为不像市场体系那样，政府既缺乏成本意识，又没有创造力。相反，官僚的特点是极端地谨慎和“按常规”作出决策。这样的行为可能最大化政府机构的声望和安全，但常常却没有能够最小化成本。

要点考查

公共选择理论关于预算赤字说了些什么？

在 2002 年，情况与前些年相比发生了转变，以前联邦政府支出要低于其所征收到的税收，而现在花费要高于收入（在下一章进行讨论）。詹姆斯·布坎南早在30年前就预测到政府不断增长的赤字将是不可避免的。他坚持认为政府官员将为他们的机构增加支出以获得选票。进一步地，政治家们由于害怕疏远投票人而逃避增加税收。净效应将为赤字。布坎南的预测是基于理性的无知的效应、政府的无效率，还是短视效应？

短视效应

最后，有理由认为民主政府偏向于那些收益明显而成本隐蔽的项目，原因在于政治官员在2~6年这样一段相当短的时间以后需要进行重新选举。在这样的现实下，政治家倾向于支持能够带来即时利润的计划，而未来一代来为此支付成本。相反，他们反对那些短期成本显然很高，但只有在十年以后才产生利益的项目。因此，隐蔽成本偏向或短视效应的本质在于，投票人和政治家都只考虑一个短的时间视角。对未来成本和收益的短视能够导致对项目的非理性接受，即使该项目的长期成本超过短期利益，或非理性地拒绝一个长期利益超过短期成本的项目。

主要概念

政府支出	累进税	累退税	收益—成本分析
得益原则	平均税率	比例税或统一税	理性的无知
支付能力原则	边际税率	公共选择理论	

小结

- **政府支出**，包括转移支付，已从1950年占GDP大概1/4上升到1/3。今天，虽然联邦费用占GDP的百分比下降了，在20世纪90年代末期，这个趋势由于衰退和9·11恐怖袭击而被逆转了。

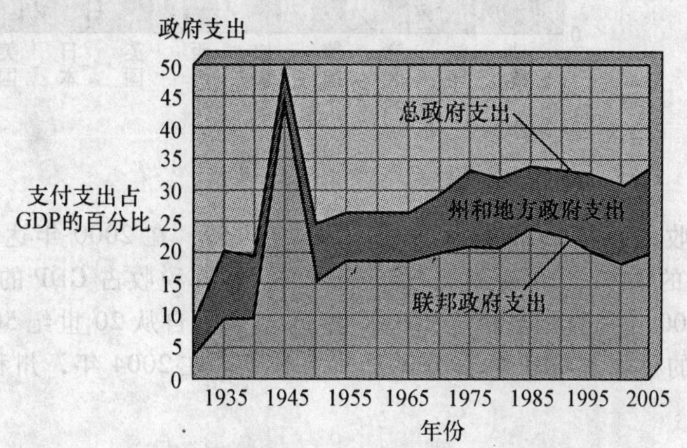

- 联邦税收收入主要由个人所得税和社会保险税来筹集，而州和地方政府税收收入主要由销售税和财产税组成。

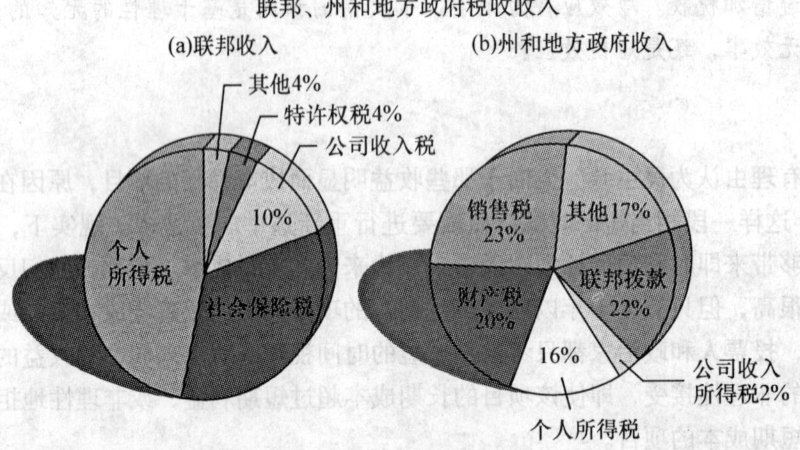

- **税收负担**，以税收占GDP的百分比衡量。美国的税收负担比许多其他先进的工业国要轻。

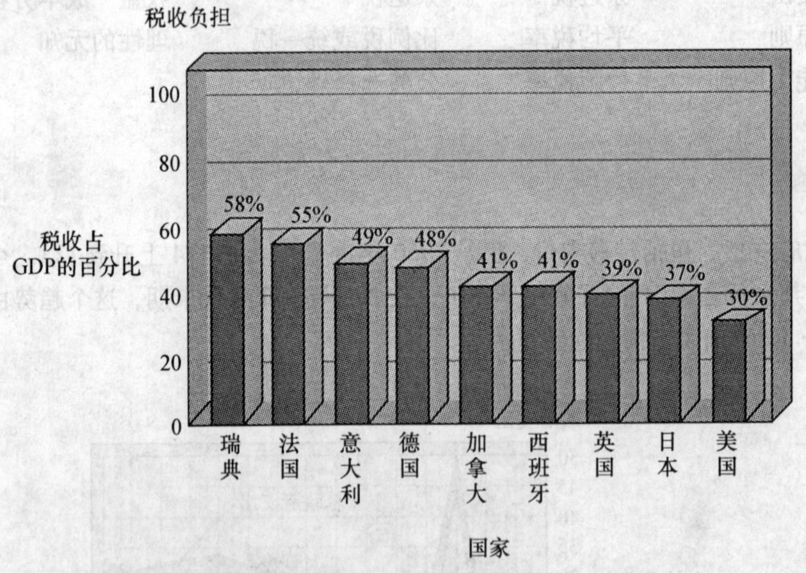

- **总税收收入**，在1929年大约占GDP的11%，在2000年达到了其最高值，占GDP的34%，2004年又下降到30%。联邦税收占GDP的比率从1960年直到2000年一直相当稳定，2000年达21%。自从20世纪50年代，州和地方政府的税收占GDP的百分比总体上升了。在2004年，州和地方税收超过了13%。

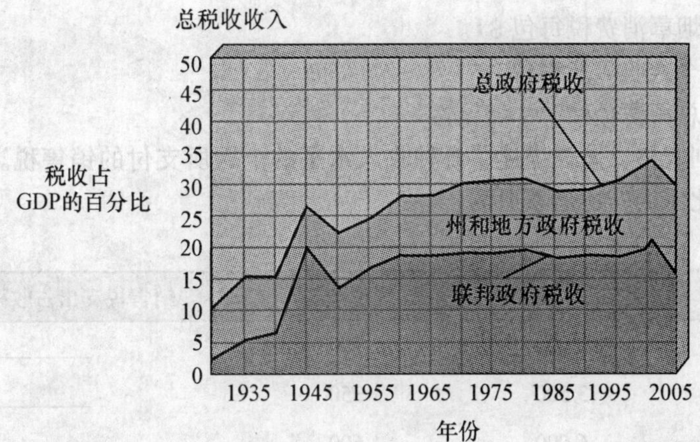

- **得益原则和支付能力原则**是税收公平的两个基本原理。汽油税是得益原则的经典例子，因为公路的使用者支付税收。累进税依据的是支付能力原则，因为在平均税率和收入规模之间存在直接的关系。销售税、消费税和统一税违背这个原则，因为它们都导致穷人的负担重于富人。
- **公共选择理论**揭示了政府决策的制定过程。例如，以下任何原因都可能导致政府失灵：(1) 多数投票原则可能不符合收益—成本分析；(2) 特殊利益集团能够获得大量利益并把成本分摊给许多纳税人；(3) 理性的无知意味着大量的投票人将不会作出拥有足够信息的判断；(4) 官僚行为可能不会导致成本有效的决策；(5) 政治家受到短的时间期限的桎梏，导致他们倾向于隐蔽项目的成本。

问题思考

1. 解释为什么联邦、州和地方政府支出占 GDP 的 30%，而总的政府花费（GDP 中的 G）只占 GDP 的 20%。
2. 说明联邦政府费用与州、地方政府的花费的主要不同。
3. 什么是联邦、州和地方政府的主要税收收入来源？
4. 下面哪种税满足得益原则，哪种税满足支付能力原则？
   a. 汽油税。
   b. 联邦收入所得税。
   c. 对社会保障收益征的税收。
5. 边际税率和平均税率有什么不同？
6. 解释为什么 5% 的汽油销售税是累退的？
7. 琼斯女士的应税收入为 $30 000，她必须支付 $3 000 的税收。史密斯先生应税收入为 $60 000。如果处于下面的税收系统，史密斯先生应当支付多少税收？
   a. 累进的。
   b. 累退的。
   c. 比例的。

8. 解释为什么下面的每一个税收是累进的或累退的：
   a. 联邦烟草消费税每包 $1。
   b. 联邦个人收入所得税。
   c. 联邦总额薪金税。
9. 完成下列表格，该表描述了各种收入水平的个人所支付的销售税。说明税收是累进的、比例的，还是累退的。

收入	总支出	销售税支出	销售税支出占收入的百分比
$ 1 000	$ 1 000	$ 100	______%
5 000	3 500	350	______
10 000	6 000	600	______
100 000	40 000	4 000	

10. 计算下面表格中的平均和边际税率，并说明税收是累进的、比例的，还是累退的。在边际税率和平均税率之间你可以观察到什么样的关系？

收入	税收支付	平均税率	边际税率
$ 0	$ 0	0%	0%
100	10		
200	30	____	____
300	60	____	____
400	100	____	____
500	150	____	____

11. 比较私人市场上的"美元投票原则"和政治政策制定系统中的"多数决定原则"。

在线练习

练习 1

浏览联邦政府管理与预算办公室网站(http://www.gpo.gov/usbuget/index.html)，选择"公民向导"进入联邦预算，然后选择"什么是预算"？

1. 什么是预算？
2. 政府支出占 GDP 的份额是多少？

练习2

浏览联邦政府管理与预算办公室网站(http://www.gpo.gov/usbuget/index.html). 选择"公民向导"进入联邦预算，然后选择"政府怎样制定预算"? 描述预算过程的主要步骤。

练习3

浏览联邦政府管理与预算办公室网站(http://www.gpo.gov/usbuget/index.html). 选择"公民向导"进入联邦预算，然后选择"钱来自哪里"和"使用到哪里去了"。解释预算平衡和预算不平衡的不同。

练习4

浏览联邦政府管理与预算办公室网站(http://www.gpo.gov/usbuget/index.html)。选择"公民向导"进入现财政年度美国政府预算。现在联邦政府是如何分配其支出的? 也就是哪个项目支出最大? 哪个第二? 等等。

要点考查答案

公共选择理论对预算赤字说了些什么?

政府使用赤字来为短期利益融资清算而不注意其长期后果。如果你认为公共选择理论预言政府官员将强调近期利益以赢取选票（短视效应），那么你就是正确的。

测试

1. 自1975年以来，美国政府总支出占GDP的比重
   a. 下降了一半。
   b. 基本保持1/3不变。
   c. 从1/4上升到一半。
   d. 从1/4上升到1/3。
2. 2004年占总的联邦政府支出第二大的是下面哪一项?
   a. 收入保障。
   b. 国防。
   c. 国债利息。
   d. 教育与健康。
3. 2004年，下面哪项是州和地方政府的第二大收入来源（不包括联邦拨款）?
   a. 公司所得税。
   b. 销售和消费税。

c. 个人所得税。

d. 财产税。

4. 下面哪个国家的税收占 GDP 的比重与美国相同?

a. 瑞典。

b. 意大利。

c. 英国。

d. 日本。

5. “穷人不应当支付所得税。”这个陈述反映了下面哪个税收原则?

a. 公平贡献。

b. 得益。

c. 低征税成本。

d. 支付能力。

6. 有一些城市使用离港税来为机场融资：对每一个要乘飞机离开该城市的人征收一个小的固定数量的税收，用来帮助建设和运营机场。离港税遵循

a. 得益原则。

b. 支付能力原则。

c. 统一税原则。

d. 公共选择原则。

7. 下面哪句话是正确的?

a. 联邦政府税收收入最重要的来源是个人所得税。

b. 州和地方政府税收收入最重要的来源是销售税。

c. 州和地方政府收入第二重要的来源是当地财产税。

d. 税赋负担，以占 GDP 的百分比来衡量，在美国比其他大部分先进的工业国家要轻。

e. 上面全部都正确。

8. 下面哪句话是正确的?

a. 食品销售税是累退的。

b. 联邦政府税收收入的最大来源是个人所得税。

c. 州和地方政府税收收入的最大来源是销售税。

d. 上面全部都正确。

9. 如果一种税收使得高收入的人支付占收入更高比例的税收，而低收入的人支付较低比例，这种税收被称为

a. 收入所得税。

b. 财产税。

c. 累退税。

d. 累进税。

10. 一般说来，大部分经济学家认为____所得税在筹集政府收入时比销售税更为公平。

a. 累退的

b. 统一的
c. 比例的
d. 累进的

11. 联邦个人所得税是________的一个例子。
a. 消费税
b. 累进税
c. 比例税
d. 累退税

12. 5% 的食物销售税是________的一个例子。
a. 统一税
b. 比例税
c. 累进税
d. 累退税

13. 马格里特（Margaret）不管她的收入如何，都支付 2% 的地方收入税。这个税是________。
a. 比例的。
b. 累退的。
c. 累进的。
d.（a）和（b）混合。

14. 下面与公共选择理论有关的表述中哪句是对的？
a. 当投票人察觉到投票的边际成本超过边际收益，投票出席者的人数将很少。
b. 如果投票的边际成本超过边际收益，那么投票是不重要的。
c. 特殊利益集团经常使多数人的愿望强加在少数人身上。
d. 上面的都对。

第 17 章　联邦赤字、盈余和国债

本章概述

自从美国革命战争迫使大陆会议借款以来，美国政府几乎一直处于赤字状态。唯一的例外是在一个半世纪以前一个短暂的时期，当时政府没有债务。在 1834 年 12 月，安德鲁·杰克逊（Andrew Jackson）总统非常骄傲地向国会宣布他认为在他统治时期的这个最大成就。在 1835 年的元旦，联邦政府成功地还清了所有的国债。这是杰克逊作为总统的第二个任期。自 1812 年的战争结束，美国获得了巨大的增长，收入通过进口税和出售公共土地流入国库。1836 年初，国家已两年没有债务了，并且还有 $3 700 万美元的盈余。那个时候的困境是如何使用这笔剩余。1836 年，国会草草地决定将 500 万美元的盈余在各州分配。然后，1837 年的金融恐慌使得政府再次陷入债务之中，债务一直持续到今天并可能延续到可预见的未来。

不像安德鲁·杰克逊，亚伯拉罕·林肯在他 1864 年对国会的年度演说中表示，他对还清债务并不关心。林肯说：

> 与公共债务相关的，公民既是债务人又是债权人的优势是明显的。人们很容易预见到他们不会为自己对自己的债务所苦恼。

2004 年，联邦政府借款来填补预算的赤字，国债已经积累到近 8 万亿美元。对于普通的公民，即使是政府欠的债，这也是一个难以理解的数目。也许描述这个红墨水的海洋的最好方法是这笔债务需要平均每人承担 $25 000。此外，1998 年到 2001 年一个短暂的预算盈余在 2002 年又转变为预算赤字，而且这样的转变导致了关于财政政策的一个新的公共辩论。在本章，我们将讨论这个分水岭事件及相关的问题。

在这一章中，你将学会解决这些经济学问题：

- 山姆大叔会破产吗？
- 美国的国债如何与其他国家的债务作比较？
- 我们正把债务负担转移给我们的孩子吗？
- 谁持有政府债务？

联邦预算平衡法案

接下来将发生什么？像一个踩钢丝的表演者摆向一边然后又摆向另一边，而下面的观众凝视着出神，在 20 世纪 90 年代末和 20 世纪初，公众关注着联邦预算在盈余和赤字之间来回摇摆。如你在前面章节中所了解到的财政政策，当政府的花费超过它所筹集到的税收时，联邦预算赤字便发生了。这些预算赤字的长年积累成为国家债务的主要来源。当联邦政府存在预算盈余时，一些或全部盈余被用来减少国家债务，因此债务减少了。这里你将非常详细地看到实际预算的制定过程，这个过程造成了国债，并为之融资。

联邦预算过程

理论上，凯恩斯主义的相机抉择的财政政策要求制定法律改变政府支出和税收，以移动 *AD-AS* 模型中的总需求曲线。在实践上，决定政府支出和税收水平的联邦预算过程并不是如此有序的。每年国会山的"预算战役"讨论一些政治决定，政府计划支出多少以及负担这些费用的钱将从哪里来。争论在所有的阵营之间展开：总统与国会，共和党和民主党，国家安全与经济平等，价格稳定与充分就业，健康医疗与减税等。世界上的事情本来就复杂，特殊利益集团、不稳定的公共选择和政治野心更使预算复杂化了，难怪实际财政政策经常忽视了教科书上的**宏观经济学**。

美国联邦政府管理与预算办公室(http://www.gpo.gov/usbuget/index.html)网站提供了大量关于政府预算的有价值信息，特别是当你选择"公民向导"进入联邦预算时。它解释了什么是联邦预算、钱使用到哪里和来自哪里、预算过程的主要步骤，也提供了其他容易阅读和理解的信息。

下面对联邦预算过程的简短考察中说明了国会和总统每年是如何制定联邦支出和税收决策的：

第一步：预算的形成　从 2 月份到 12 月份，联邦机构制定并向管理与预算办公室（OMB）递交在即将来临的财政年度的预算申请（政府的财政年度开始于 10 月 1 日，在 9 月 30 日结束，因此预算开始于前一个日历年）。五角大楼要求更多的国防支出，交通部则要求更多的公路基金，等等。OMB 评估每一个机构的要求。在征得了总统、内阁各部官员、经济建议顾问会（CEA）和财政部的建议后，OMB 把所有的建议整理到一个预算建议里。运用行政部门的目标，OMB 把计划预算在 12 月份发送给总统。

第二步：总统预算呈递　每年 1 月份，即 10 月 1 日开始的新财政年度的九个月前，总统向国会递交计划预算。官方标题为*美国预算*。行政预算的揭晓经常是一个大的新闻。总统是否建议了将更少的开支用于国防而更多的用于教育？社会保障的总额薪金税或者所得税增加了吗？国债有多少？存在预算盈余还是预算赤字？

第三步：预算决议案　总统在 1 月份递交预算后，国会取得了预算过程的领导权。现在总统的预算成为了国会考虑的起点。国会预算办公室（CBO）雇用专业的职员在预算上向国会提供建议，他们的工作方式非常像 OMB 给总统提供建议那样。CBO 在 2 月份分析预算，并在预算委员会向众议院和参议院报告他们的评估。辩论之后，在 5 月份国会会批准一个被称为*预算决议案*的完整预算大纲，它设定了花费水平的目标、税收收入和预算赤字或盈余。

第四步：通过预算　整个夏天，估计直到 10 月 1 日，国会与总统进行辩论，而国会委员会和下属委员会准备具体的花费与税法法案。预算决议案可以用来引导这些委员会的支出与收入决策。国会通过、总统签署支出与收入法案后，联邦政府为支出与税收征收制定实际的预算。

如图 17-1 所概括的，预算过程似乎足够有序，但在实践中，它并不是如此顺利。这个过程可能，或者经常走入迷途。一个问题是国会并不必然遵循它自己的规则。预算法案并不总是及时地通过，并当预算没有及时通过时，财政年度会在没有预算的情况下开始。然后，联邦机构必须在*持续决议案*的基础上运行，这意味着每一个机构像前一年那样运行，直到支出法案得到通过。在有些年，国会甚至没有能通过持续决议案，从而联邦政府必须关门，工作者呆在家里直到国会批准必要的资金。

图 17-1 联邦预算过程的主要步骤

联邦预算过程的第一步是 OMB 基于所有联邦机构的需求而形成预算。第二步是总统把行政部门的预算传递给国会。第三步，国会通过一个预算决议案，规定了支出、税收、赤字和盈余等目标。最后一步，国会通过包含有具体支出与税收法案的预算。当总统签署了支出与收入法案以后，联邦政府制定实际的预算。

预算信息
2月到10月
（上一年）

总统预算
提交1月

预算决议
5月

通过预算
与总统签
署12月

融资国债

当联邦政府必须借钱来融通赤字的时候，赤字就累积到国债上去了。图 17-2 显示自 1960 年以来，联邦政府都是在预算赤字下运转的。图 17-2（a）显示了联邦支出（对最终产品和服务的支出加上转移支付）和税收收入的增长，图 17-2（b）跟踪了相应的预算盈余或赤字。注意从 1960 年到 1997 年间只有 1969 年没有发生赤字。从 20 世纪 80 年代早期开始，赤字的数目极大地增加了。在 1990—1991 年的衰退发生后的 1992 年，这样的趋势发生了转变，预算赤字迅速下降直到 1998 年出现了预算盈余，此后直到 2000 年盈余一直急剧地增加。然后，在 2001 年的衰退后，盈余下降了，赤字预计未来几年仍会出现。

公共债务局(http://www.publicdebt.treas.gov/)出版联邦预算赤字和公共债务的数据和其他信息。

当政府过度花费，美国财政部必须借钱来为支出与收入之间的缺口融资。美国财政部通过销售国库券（T-券）、票据和公债并承诺给予特定的利息支付并在给定的期限内返还本金来借钱。这些政府证券属于联邦政府的 IOUs。它们被认为是闲散资金安全的天堂并被联邦储备银行、政府机构、私人银行、公司、美国公民和外国人认购。例如，如果你拥有一张美国政府储蓄证券，你就已经把你的钱贷给了联邦政府。累积数年的联邦政府的 IOUs 存量被称为总的*公共债务*、*联邦债务*或者**国债**。联邦债务等于联邦政府对所有政府证券的所有者的欠款**总额**。

国债

联邦政府对所有政府证券的所有者的欠款总额。

注意国债不包括州和地方政府的债务。同时，如上所提到的，国债不包括由各种联邦政府机构如社会保障信托基金购买的美国财政部证券。现在，社会保障信托基金筹集的税收要多于支付给退休人员的津贴，它把多余的钱借给联邦政府花消。事实上，如果没有联邦政府从这个信托基金的借款，联邦预算赤字将会非常高或者预算盈余会非常的低。如果我们减掉由政府机构持有的那部分国债（联邦政府所欠自己的债务），我们可以计算出**净公共债务**。小心！当媒体使用术语公共债务而没有具体提到是“总”还是“净”公共债务时，有时候会发生混淆。

净公共债务

国债减去所有政府各机关的借款。

在进一步阐述之前，让我们暂停并更为详细地解释社会保障信托基金。一个误解是认为社会保障部（SSA）每年收集社会保障盈余并把上一年度的盈余现金堆积着储备在金库、“上锁箱”或特殊的支票账户上。当婴儿潮时出生的人退休时，如果信托基金处于赤字，向系统中交纳资金的工人与从中获利的人之比下降了，从而 SSA 将需要打开金库和/或签发支票从信托储备中提取资金以偿还其债务。

这才是社会保障税真正运作的方式。当 SSA 征收了过多的社会保障税，根据法律，这些剩余基金必须立即收回并交给财政部，财政部则向 SSA 发行“不可流通的”包含利息的财政公债。然后，财政部把这些钱用于福利、道路、减税、国防或任何联邦政府的决定。相反，如果信托基金不能支付起退休人员的需要，SSA 要求财政部赎回它们的债券以获得现金来支付津贴。在这种情况下，财政部从哪里获得收入来还给 SSA？它或者印刷钞票，或者借钱，或者征收额外的税收，或者减少津贴。总而言之，当需要为社会保障支出时，美国联邦政府承诺为它自己支付足够的资金是完全可以信任的。社会保障信托基金对联邦预算的影响在下面的现实生活中的经济学“联邦预算大辩论”中给予了说明。

联邦预算盈余的上升与下降

在 1992 年的总统选举中，富有的独立候选人罗斯·佩罗特（Ross Perot）把国债比作“没有人愿意提起的地下室中的疯狂姑妈”。比尔·克林顿（Bill Clinton）的竞选班子成员都保持一致的看法认为“这就是现行经济，愚蠢。”在选举以后，克林顿总统提出了他的赤字缩减计划，这个计划要求高税收和低的政府支出。

在1993年，国会批准了赤字缩减法案，这个法案提高了税收收入。这个法案考虑到支付能力的原则提高了个人最高的边际税率和提高公司所得税税率。它同时提高了联邦汽油税。汽油税带来的额外好处是减少了对汽油的需求数量，并遵循得益原则，然而汽油税面临着累退的问题。

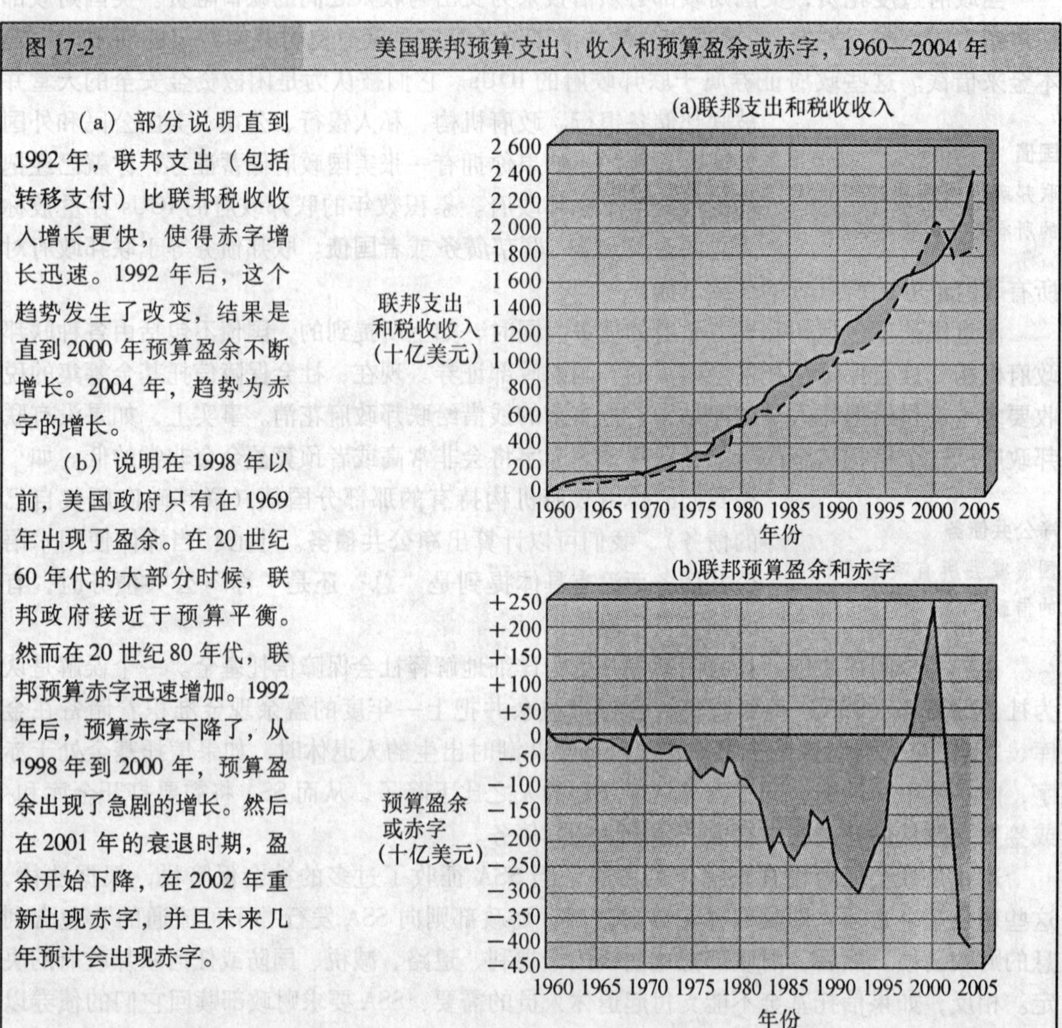

图 17-2 美国联邦预算支出、收入和预算盈余或赤字，1960—2004年

（a）部分说明直到1992年，联邦支出（包括转移支付）比联邦税收收入增长更快，使得赤字增长迅速。1992年后，这个趋势发生了改变，结果是直到2000年预算盈余不断增长。2004年，趋势为赤字的增长。

（b）说明在1998年以前，美国政府只有在1969年出现了盈余。在20世纪60年代的大部分时候，联邦政府接近于预算平衡。然而在20世纪80年代，联邦预算赤字迅速增加。1992年后，预算赤字下降了，从1998年到2000年，预算盈余出现了急剧的增长。然后在2001年的衰退时期，盈余开始下降，在2002年重新出现赤字，并且未来几年预计会出现赤字。

资料来源：总统经济报告，2005，http://www.access.gpo/eop/，表B-78.

联邦支出的约束措施开始于1990年的预算强制法案（BEA），该法案为相机抉择支出三个大的领域设定了支出上限。BEA同时要求任何超出协议限制的费用增加计划和税收收入减少计划都必须由同样数量的税收收入增加或新的支出缩减来抵消。支出上限并不是完全严格的。这些限制可以被放松，以反映那些总统和国会由于紧急情况，如国家灾难和军事冲突所必需的费用。批评者认为“紧急”支出是一个漏洞，它将威胁到剩余，因为什么是紧急情况很难定义。1997年的平衡预算法案继续对支出与税收进行强制限制。

费用限制，加上税收上升和不断增长的高就业，在20世纪90年代联邦政府赤字转变为盈余。图 17-3（a）表明了以占 GDP 百分比衡量的政府支出和收入。两条曲线之间的差异代表联邦赤字或盈余，同样以占 GDP 的百分比表示。从 1992 年到 2000 年，政府支出占 GDP 的比重下降到约为 GDP 的 18%。在同样的一个时期内，联邦政府的税收收入占 GDP 的比重稳步地向上爬升，到 2001 年衰退时已超过 GDP 的 20%。税收和支出占 GDP 比重的这些变化的结果是从 1998 年到 2001 年 4 年的联邦盈余。然而，税收占 GDP 的比重在 2002 年开始下降，联邦预算重新转入赤字，接下来的几年预计也会出现赤字。主要原因在于衰退对征收税收的负面影响、2001 年和 2003 年实行的减税和对恐怖主义战争的开支。同时，"现支现付"的预算规则在 2002 年也被中止了。

图 17-3　联邦支出，收入和赤字占 GDP 的百分比，1985—2004 年

（a）图说明在 1990—1991 年的衰退以后，直到 2000 年联邦政府支出占 GDP 的百分比下降了，而联邦政府税收收入却稳步地上升。结果是从 1998 年到 2001 年的预算盈余。2000 年以后，联邦政府支出占 GDP 的比重在上升而税收占 GDP 的比重下降了，这导致联邦赤字的上升。

（b）图把注意力放在预算赤字占 GDP 的百分比。从 1985 年到 1994 年，联邦赤字占 GDP 的比重大约从 3% 到 5%。在 2000 年达到预算盈余占 GDP 比重 2.4% 的高峰以后，联邦预算赤字在 2004 年又一次增加到大概 4%。

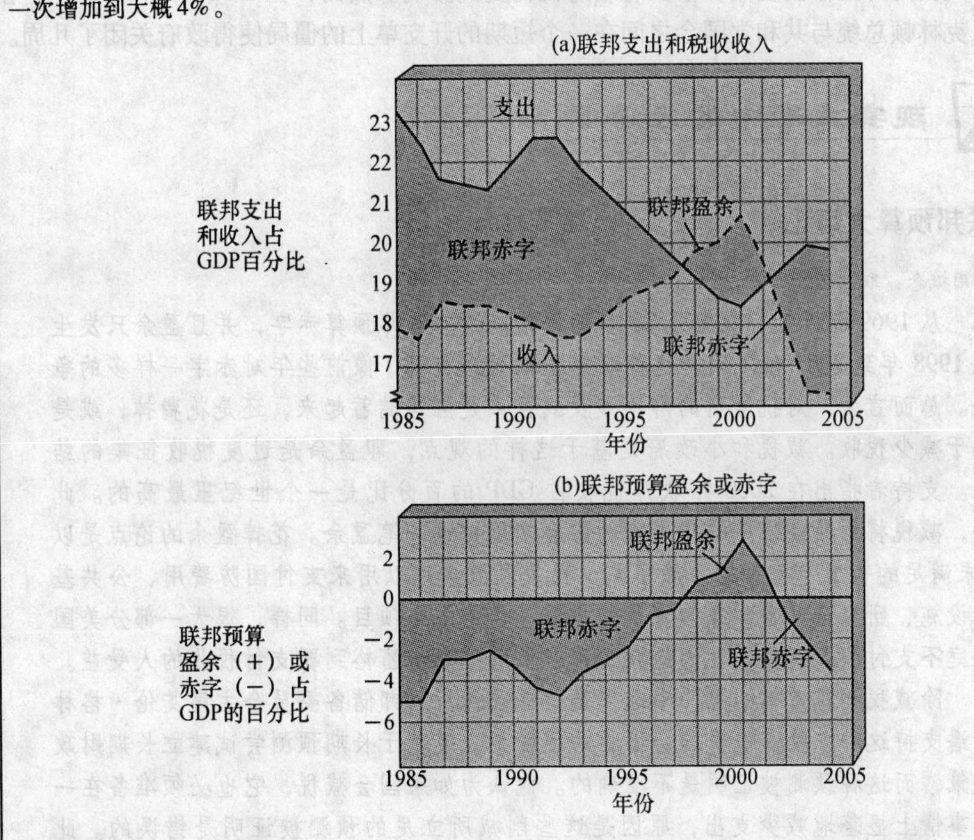

资料来源：总统经济报告，2005. http：//www.access.gpo.gov/eop/，表 B-79.

图 17-3（b）提供了联邦预算赤字或盈余占 GDP 百分比的另一个图。在 20 世纪 80 年

代早期里根总统的第一个任期内，衰退的影响、军事支出的累积和所得税的减少的综合作用使得赤字上升到 GDP 的 5%。在 1990 ~1991 年的衰退期间，赤字占 GDP 的比重再次接近 5%。20 世纪 90 年代后期直到 2002 年，联邦政府获得了几年盈余。自从 2002 年后，联邦预算赤字在 2004 年上升到接近 GDP 的 4%。

债务最高限额

债务最高限额

立法规定的国债的法定限制。

债务最高限额是一种控制国债的方法。债务最高限额是立法规定的国债的法定限制。这意味着法律上联邦政府不能够允许预算赤字导致国债增加超过一定的限额。这就像你信用卡的授信限度一样。当你达到了限度，你不能再要求支付更多，你不得不支付现金。当联邦政府达到了债务限制，它就不能再借任何钱以弥补税收和其他收入了。

当预算冲击到了债务上限的时候常常发生的是上限被提高以适合预算赤字的要求。提高债务上限经常激化对政府费用热烈的政治辩论。不能提高债务上限意味着没有钱支付其票据、支付薪水和为现在债务支付利息。在 1990 年，国会拒绝了乔治 · H. W. 布什（George W. H. Bush）的支出计划，政府在哥伦布发现美洲纪念日的周末完全关闭了。许多工作人员离开工作去度假，很少有政府机构受到影响。然而，在 1995 年和 1996 年，在比尔 · 克林顿总统与共和党国会之间在一个短期的开支单上的僵局使得政府关闭了几周。

现实生活中的经济学

联邦预算大辩论

适用概念：联邦预算

从 1969 年开始，花费了 29 年的争论来消除联邦预算赤字，并且盈余只发生在 1998 年到 2001 年之间。这些联邦预算盈余引起了像前些年对赤字一样多的争论。总而言之，对抗激烈的辩论涉及到盈余是应当储蓄起来，还是花费掉，或是用于减少税收。减税和小政府是基于这样的观点，即盈余是过度税收征集的结果。支持者指出在 2000 年联邦税收占 GDP 的百分比是一个世纪里最高的。此外，减税将刺激经济并防止未来的国会使用掉这一笔盈余。花掉盈余的论点是以“未满足的需求”为基础。除了减少税收，盈余可以用来支付国防费用、公共基础设施、研究与开发和像教育及处方药一类的社会项目。同样，很大一部分美国家庭不支付收入所得税。因此减税不能使那些没有富裕到要支付税收的人受益。

除减税和花费掉的另一个选择是偿还国债。联邦储备委员会主席艾伦 · 格林斯潘支持这种方法。他说国会面临的困境是，要基于长期预测尝试建立长期财政政策，而这种预测被证明是不准确的。他认为如果国会减税，它也必须准备在一些事情上显著地减少支出，原因是这些削减所立足的预测被证明是错误的。此外，使用预算盈余建立“不可取消的支出项目”将是“所有结果中最差的”。在 2001 年参议院预算委员会的证词中，格林斯潘认为，如果预算盈余的具体的目标或债务减少不被满足，那么计划的减税法案所包含的条款将限制税收的减少

（这些条款没有包含在 2001 年的税法中）。

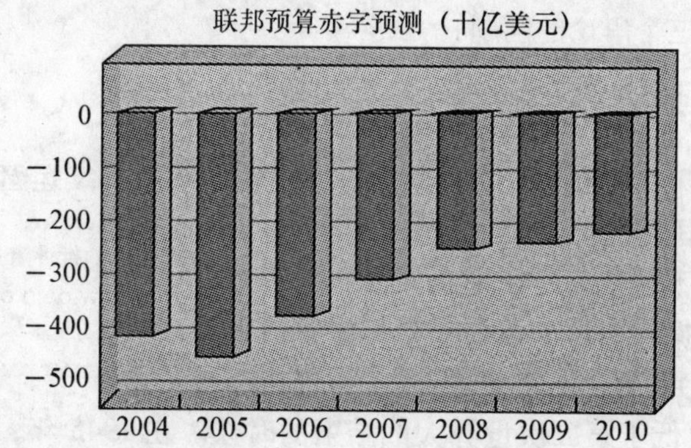

资料来源：管理与预算办公室，http：//www.whitehouse.gov/omb/budget/fy2006/tables.htm，表 5-2.

预算大辩论的结果是乔治·W. 布什总统在 2001 年签署了在未来的 10 年内减税 1.35 万亿美元的计划。这是自 20 世纪 80 年代罗纳德·里根任期以来最大最广泛的税收减免。情况在 2001 年和 2002 年发生了急剧的变化。在 2001 年 8 月，管理与预算办公室（OMB）预测到预算盈余的持续增长，并在 2007 年达到 4 000 亿美元的高峰。如上图所示，OMB 极大改变了它们的预测，认为到 2010 年将出现赤字。这种预测的赤字使得减税的批评者呼吁减税的反转。

分析问题

1. 联系财政政策那一章中的图 15-7。使用需求面与供给面财政政策理论，解释为什么减税能够提高或者降低价格水平。

2. 使用第十五章财政政策“现实生活中的经济学”专栏中讨论的拉弗曲线，为什么支持者宣称减税将增加税收收入。

为什么担忧国债？

你在图 17-2（b）已经看到了从 1980 年到 1992 年联邦赤字急剧的上升了。如图 17-4（a）所示，结果是国债也急剧地上升了。国债在 1980 年大约为 1 万亿美元。在 1986 年，国债突破了 2 万亿美元。在 1989 年末，债务突破了 3 万亿美元的限制。1992 年通过了 4 万亿美元上限，5 万亿美元上限在 1995 年达到。在 2004 年，我们已经达到了 8 万亿美元的里程碑。

提高国债的一些主要原因是什么？观察图 17-4（a），债务在第二次世界大战期间上升了。在战时，政府必须急剧地提高军事支出从而抬高了政府债务。衰退也使得国债上升很快。像 20 世纪 30 年代，1974—1975 年，1981—1982 年，1990—1991 年和 2001 年周期性的衰退使得债务急剧的上升，因为实际 GDP 下降自动地增加了由于低的税收征集和巨大的失业补偿和福利花费而导致的预算赤字。

政治家和类似的非政治家谈及国债的阴暗面与厄运。我们应当为此而失眠吗？为了明白这些，我们将考虑三个争论的问题：

1. 山姆大叔会破产吗？

担心的理由 如果家庭和企业像联邦政府一样在赤字上持续运营，他们迟早会破产。在美国政府破产之前国债还能持续上升多久？

政府支出的批评者是卡托研究所(http://www.cato.org/),一个公共政策研究基金会。

不担心的理由 不管是政府还是私人债券的发行，债务大小必须根据它相对于债权人支付债务的本金和利息的能力来判断。图 17-4（b）表明现在国债占 GDP 的比重要低于第二次世界大战结束的时候。在 1945 年，公共债务占 GDP 的比重达到 120%，到 1980 年，债务占 GDP 比率下降到了 33%。这意味着在 1945 年到 1980 年间，政府债务的增长明显地低于 GDP 的增长。然而自 1980 年以来，这种趋势发生了逆转，债务增长要快于 GDP 的增长。从 1980 年到 1995 年，国债占 GDP 的比重从 33% 上升到了 67%。美国政府在 1945 年没有破产，那么在今天更不会破产。此外，2004 年的比率为 64%，相当于 20 世纪 50 年代中期的水平。

更为重要的一点是，山姆大叔从来不需要还清债务。在政府证券到期的时候，美国财政部具有宪法赋予的权力征收国会批准的税收，印刷货币或为其的债务再融资。假设政府决定不征收税收或简单地印制货币引起通货膨胀，那么它需要为债务再融资。当有 100 万美元的公债到期了，正如这章前面所述，美国财政部可以简单地“滚动”债务。这种金融交易方式意味着借款人（这里指联邦政府）通过发行 100 美元的新债务以偿还到期的 100 万美元债务。总之，联邦政府通过用新债务来替代旧债务为其债务再融资。这意味着就像通用汽车发行的到期债券可以通过发行新债券来融通一样，债务一直存在，联邦政府从来不需要结清它的债务。只要债券购买者相信通用汽车和山姆大叔，这些债务可以永远地滚动。

国债的国际视角

图 17-5 提供了国债的国际视角。这个图说明了一些工业化国家国债与 GDP 的比率。英国和澳大利亚比美国政府有更低的债务/GDP 比。日本相反，它的国债与 GDP 比率是美国的两倍。

2. 我们把债务负担留给了我们的孩子吗？

担心的理由 担心来自认为对国债的利息支出将吞掉联邦政府预算蛋糕中很大的一块。这意味着未来一代将要向政府的债权人支付更多的税收收入，并且在公路、健康医疗、国防和其他公共部门计划的支出更少。图 17-6 说明了净利息支出占 GDP 的百分比。第二次世界大战刚结束时，净利息支出仅占 GDP 的 1.5%，但在 20 世纪 70 年代中期以后上升非常迅速，并在 80 年代中期超过了 3%。自 20 世纪 90 年代末以来，净利息支付的负担下降到了 2004 年的 1.4%。

图 17-4　国债，1930—2004 年

在图（a）中，我们看到在 1980 年联邦债务开始猛涨。很快的一个考虑是美国联邦政府将会破产。反对的论点显示在图（b）中，自第二次世界大战国债占 GDP 的比率达到其高峰的 120% 以来，国债占 GDP 百分比一直在下降。从 1980 年到 1995 年，联邦债务占 GDP 的百分比上升了，但最近几年，比率又降回 20 世纪 50 年代末的水平了，2004 年为 64%。

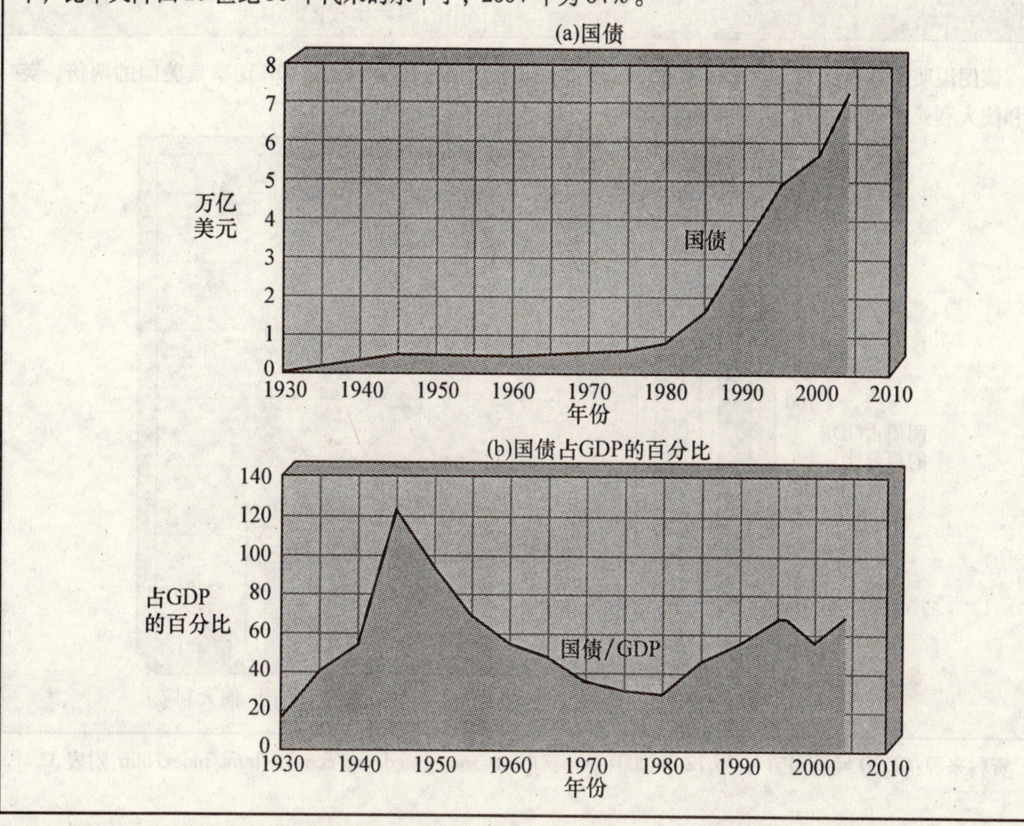

资料来源：总统经济报告，2005，http：//www. access. gpo/eop/，表 B-78 和表 B-79。

内部国债
由一国公民所拥有的国债部分

不担心的理由　现在和未来一代的国债负担取决于谁拥有积累起来的国债。说得更准确点，债务的负担取决于债务是内部持有还是外部持有。大量的公共债务是**内部国债**。内部国债是由一国公民所拥有的国债部分。内部债务融资被认为是“我们欠的我们自己的钱”。一个美国公民购买政府证券并把钱借给山姆大叔来向持有美国到期证券的另一个公民支付本金和利息。虽然这样的收入与财富的再分配确实有利于债券持有者，他们都是典型的高收入个体，但在美国公民之间转移美元是不会改变美国经济中的总体购买力的。

外部国债
由外国公民持有的国债部分

在这个问题上站在“不用担心”立场的那些人也同意**外部国债**是个问题。外部国债是指由外国公民持有的国债部分。融资外部国债意味着利息与本金的支付是美国公民对其他国家的人的财富支付。如果外国政府、银行、公司和个人投资者持有部分国债，“我们欠我们自己的钱”的论点就被弱化了。图 17-7 表明了谁持有美国财政部发行的

证券。在2004年，外国人拥有总国债的25%。52%由联邦、州和地方政府持有，主要是由像美国财政部、社会保障部和联邦储备银行等联邦机构持有。联邦储备委员会是独立的政府机构，将在下一章解释。私人部门，包括个人、银行、公司和保险公司持有24%的国债。由私人部门和政府实体持有的债务构成了内部国债。

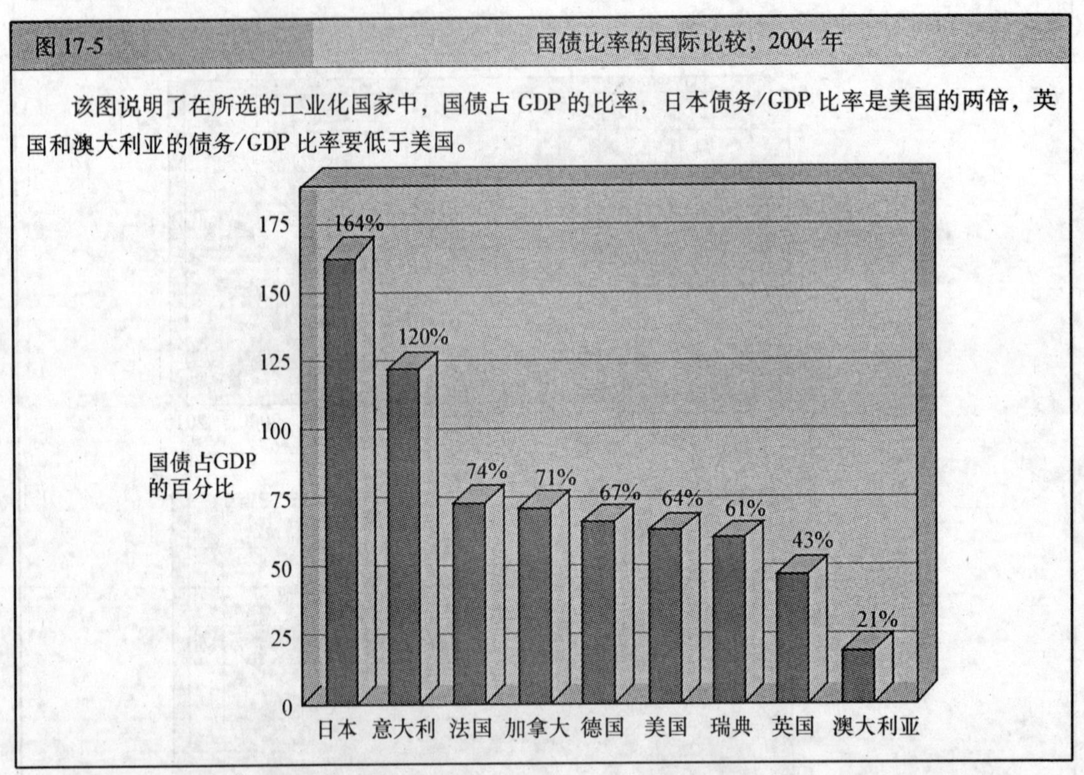

图17-5 国债比率的国际比较，2004年

该图说明了在所选的工业化国家中，国债占GDP的比率，日本债务/GDP比率是美国的两倍，英国和澳大利亚的债务/GDP比率要低于美国。

资料来源：OECD经济展望N. 76，12月，2004，http://www. sourceoecd. org/content/html/index. htm，附表32.

75%的国债是内部的，美国总债务的25%是外部国债并不必然是不受欢迎的。在美国的国外投资补充了国内储蓄。从国外借钱可以阻止高利率，而如果美国财政部只依赖国内储蓄者购买联邦政府证券，那么这种高利率将可能存在。低利率提高了美国的投资和消费支出，使得总供给曲线向右移动。

如果我们不用担心把负担转移给未来一代，当今这一代能够逃出债务负担吗？回答是不。例如，在第二次世界大战期间，美国在其*生产可能性边界*充分就业的水平上运行。如在前面第2章图2-2说明的，历史上那个时候的人被迫放弃消费品的生产以获得军事产品的生产。因为大量资源转向了第二次世界大战，那个时候的人被迫放弃住房、汽车和冰箱等私人产品的消费。战争结束以后，资源重新被投入生产更多的消费品和更少的军事产品。同样的分析可以运用到今天。在充分就业时，当今一代的国债负担的机会成本是所放弃的私人部门产品，因为土地、劳动力和资本被利用来生产公共部门产品。

也就是说，当生产出现时，国债的负担就发生了；国债没有被延期直到下一代结清债务。但债务在未来到期时，政府能够简单地再融资债务，把财富从一部分公民手中再分配到另一部分人手中。这种收入再分配没有把资源从消费品和服务的生产转向支持政府项目。

图 17-6　联邦净利息占 GDP 的百分比，1940—2004 年

一些人担心国债的利息支付会侵吞很大一部分的联邦预算。本图表明在第二次世界大战以后，国债利息支付占 GDP 的比重仅为 1.5%，然而，在 20 世纪 80 年代和 90 年代初，利息负担增长迅速，从 1995 年到 2004 年，该比率下降到 1.4%。

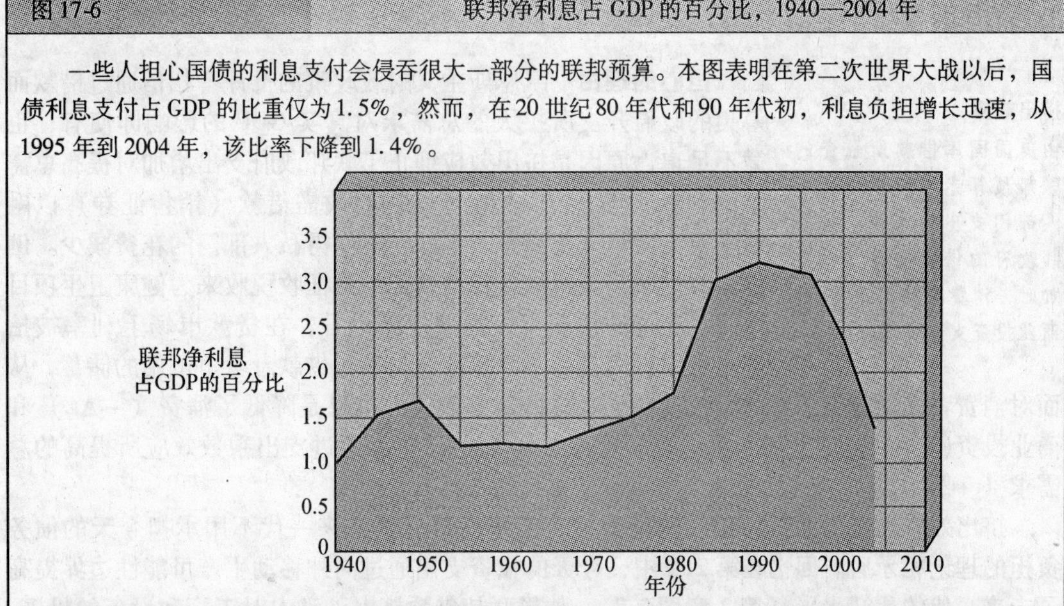

资料来源：总统经济报告，2005，http：//www. access. gpo/eop/，表 B-1 和表 B-80；经济分析局，国民经济账户，http：//ww. bea. doc. gov/bea/dn/nipaweb/selecttable. asp？selected = N，表 1. 1.

图 17-7　国债的所有者，2004 年

在 2004 年，51% 的国债由公共部门持有，包括联邦、州和地方政府以及联邦储备银行、私人部门，包括个人、银行、公司和保险公司持有 24%，外国人拥有剩下的 25%。

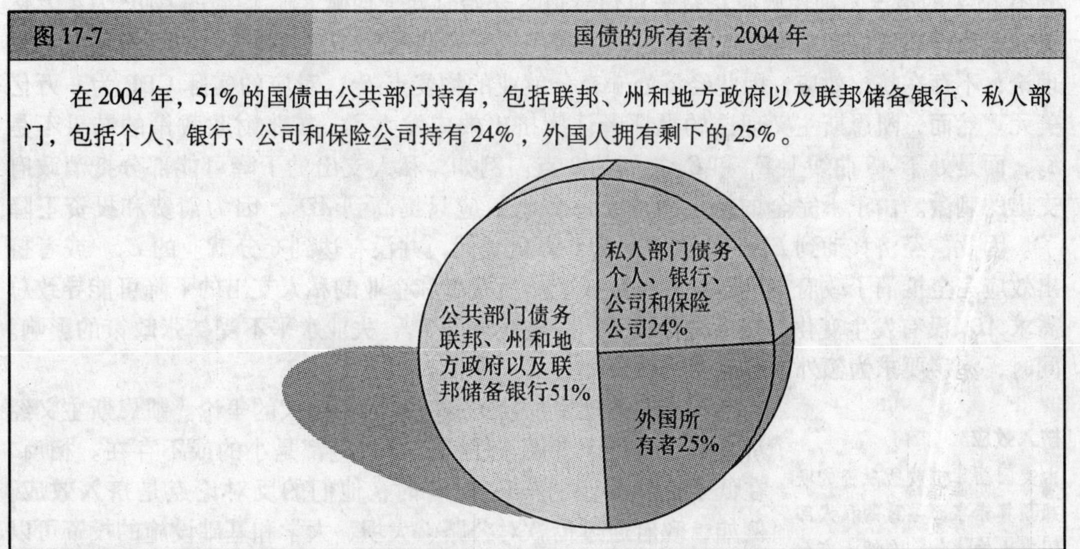

资料来源：总统经济报告，2005，http：//www. access. gpo/eop/，表 B-89.

要点考查

国债的背后是什么？

假设联邦政府每年都具有平衡的预算，且全部国债到期。联邦政府不再融资、提高税收和印刷货币，它将怎样偿还债务？

3. 政府借款挤出私人部分消费吗?

挤出效应

由美国国库借款所融资的联邦预算赤字而导致的私人部门支出的减少。当联邦政府的借款使得利率增加时，消费者的消费更少，商业投资支出更低。

担心的理由 凯恩斯主义财政政策的批评者相信通过借款而筹集的政府开支所扩大的总需求对真实 GDP 的影响即使有，也微不足道，原因是**挤出效应**抑止了联邦政府支出增加对提高总需求的刺激。挤出效应是由于美国财政需借款（销售证券）以融通政府支出从而提高了利率，结果使得私人部门的花费减少。例如，假设联邦政府借款花费，而不是征收税收来为健康卫生项目筹资。在这种情况下，国债规模上升，在贷款市场上利率被抬高。利率提高是由于联邦政府与私人借款者竞争可用的储蓄，从而对消费者和商业借款者的贷款就要少。这种挤出效应的结果是降低了消费（$-\Delta C$）和商业投资($-\Delta I$)，这抵消了由于增加政府支出（$+\Delta G$）并通过支出乘数效应所提高的总需求（$+\Delta AD$)。

挤出效应与在前面“不担心的理由”一节中所解释的未来一代不用承担今天的债务负担的理论相矛盾。回忆在第 2 章中，今天的投资支出通过向外移动生产可能性边界提高了未来一代的生活水平（第 2 章图 2-5)。如果联邦借款挤出了私人对工厂和设备的投资，未来一代将有一个更小的生产可能性能力。

AD-AS 模型可以帮助你理解挤出效应的概念。图 17-8 复制了在前面第 15 章财政政策的图 15-2 的情况，即用政府花费来对付衰退。开始时处于均衡 E_1，均衡的 GDP 为 4 万亿美元，假设政府提高支出并使用支出乘数效应把需求曲线从 AD_1 外推至 AD_2，根据凯恩斯理论，不存在挤出效应，因此经济处于充分就业的均衡点 E_2，对应的实际 GDP 为 8 万亿美元。然而，凯恩斯主义理论的批评者认为挤出效应发生了，扩张财政政策的结果不是 E_2，而是处于 *AS* 曲线上 E_1 和 E_2 之间的一点。例如，私人支出的下降可能部分抵消政府支出的刺激。由于不完全的挤出效应，总需求效应只提高到 AD_2，因为消费和投资下降了。因此，经济移动到 E_2'，真实 GDP 为 6 万亿美元，并没有达到充分就业的 E_2。或者挤出效应完全抵消了政府支出增加的乘数效应。消费者和企业的私人支出的下降可能导致总需求 AD_1 没有发生变化。在这种情况下，经济仍处于 E_1，失业水平不受扩张政策的影响。同时，赤字要求为额外的政府支出融资而提高了国债。

挤入效应

由美国国库借款所融资的联邦预算赤字而导致的私人部门支出的增加。在低于充分就业状况下，消费者持有的国库证券更多，这笔附加的财富使得他们支出更多。商业投资支出也因具有乐观的盈利预期而增加。

不担心的理由 挤出效应引起了极大的争论。凯恩斯主义经济学家反驳批评者说，任何挤出效应都是小的或不存在。相反，在低于充分就业的实际 GDP 时，他们的反对论点是**挤入效应**。例如，政府通过借款对公路、大坝、大学和基础设施的投资可以抵消私人投资的任何下降。凯恩斯主义的另一个论点认为消费者和商业人士相信联邦支出是对境况不佳的经济“由医生所开出的药方”。联邦借款诱导的对新支出的融资将增加消费并提高总需求，原因是财政部票据、借据和公债的持有者觉得自己变得富有了。由于他们巨大的财富，消费者现在支出得更多并计划在未来支出更多。这种乐观大潮也提高了商业管理者的期望利润，他们可能提高投资支出。提高私人部门的支出的效应可能部分或全部抵消挤出效应，这些挤出效应原本会抵消由于政府支出增加所提高的总需求。因此，如图 17-8 中图形分析所解释的，支出乘数效应没有任何挤出效应，总需求曲线从 AD_1 移动到 AD_2。

最后，争论的双方都同意完全的挤出效应在一种情况下会发生。假设经济在充分就业上运行（点 E_2），相当于经济位于生产可能性边界上。如果政府通过增加支出和减税来向右移动总需求曲线，则结果是更高的价格和私人部门的产出被公共部门产出所替代。

结论　如果经济处于充分就业，挤出效应是全部的，但对于低于充分就业的情形，挤出效应存在争论。

图 17-8　零挤出，部门挤出和完全挤出

均衡点开始处于 E_1，联邦政府借钱以融通由于扩张财政政策而造成的赤字。凯恩斯主义理论认为挤出效应为零，这意味着政府支出的增加通过乘数效应把总需求从 AD_1 移动到 AD_2。如果挤出效应为零，投资支出不受政府通过借钱以融通其支出的影响。当私人支出下降抵消了由赤字融通的政府支出所导致的乘数效应，则部分挤出发生了。部分挤出使得总需求从 AD_1 移动到 AD_2'，均衡为 E_2'，而不是 E_2。如果挤出效应完全发生，私人部门支出的下降完全抵消了由债务融通的政府支出的增加，在这种情况下，总需求曲线还是 AD_1，经济均衡保持在 E_1。

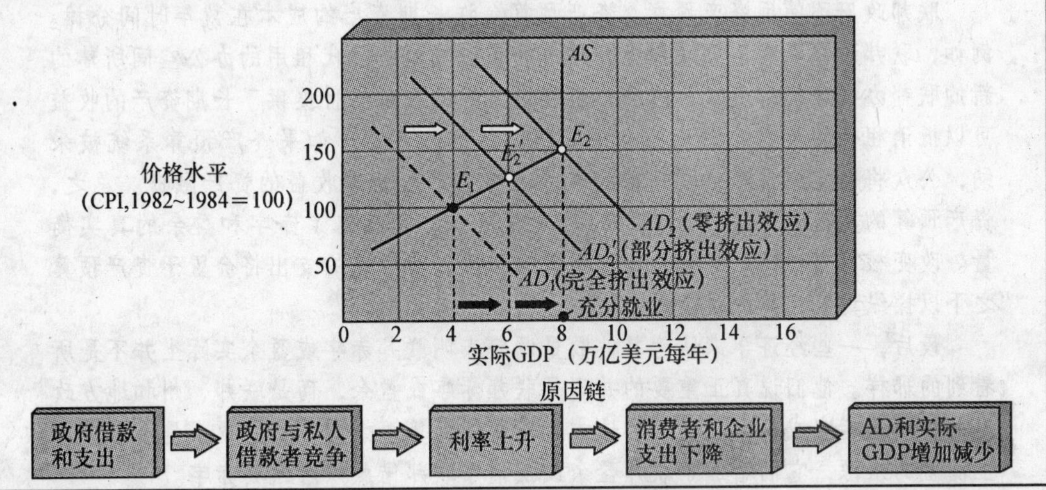

现实生活中的经济学

实际国债到底是多少？

适用概念：国债

也许联邦预算赤字和所导致的国债没有如此大和危险。许多年来，美国经济协会的前主席老罗伯特·埃司内（Robert Eisner）教授为该问题的传统观点辩论。① 埃司内教授认为我们应当使用实际国债而不是名义国债来报告赤字。假设国债为 5 万亿美元而假设价格在某一年上升了 3%，因此国债的实际价值下降了 1 500 亿美元。也就是说，财政部证券的持有者需要购买 1 500 亿美元新发行的

① 罗伯特·埃司内，大赤字的恐惧（纽约：世纪基金出版社，1997）.

证券代替通货膨胀引起的价值损失。根据埃司内的观点，这个1 500亿美元国债实际价值的通货膨胀调整应当从这一年实际联邦预算赤字中减掉。假设让我们说政府统计报告的赤字为2 000亿美元。使用埃司内的“新核算”，实际赤字只有500亿美元（2 000亿美元的官方赤字减去1 500亿美元的通货膨胀调整）。报告的赤字（名义债务的变化）为正，因为赤字把该价值的财政部证券资产注入给了证券所有者以融通政府支出。通货膨胀调整的数量是负的，因为由于高价格，财政部证券资产价值遭到损失。

埃司内不赞成预算盈余。他说：“不论是为了社会保障的‘保留’或其他什么原因，政府获得盈余意味着它所征得的税收要多于它对公众的支付。这不会使任何人开心，包括寻求更多公共投资的自由主义者和想要企业和家庭具有更大的自由做出他们的私人开支决策的保守主义者。”① 埃司内同时警告，现今的联邦核算规则是一场经济政策灾难。私人企业，还有州和地方政府使用两种预算。一种是*运营预算*，它包括薪金、利息支付和其他现期费用。第二种预算，被称为*资产预算*，包括投资项目的支出，如机器、建筑和道路。资产预算的支出由长期借款偿付。

联邦政府不使用资产预算。资产预算允许长期资产的成本在数年时间分摊。例如，联邦预算没有区分联邦办公建筑的租金成本和替代租用的办公空间所建的新的联邦办公建筑的成本。然而，新建筑借款的利息支付提供了长期资产的收益可以抵消租金的支付。假设报告了2 000亿美元赤字。如果资产预算系统被采纳，公众将会发现大部分联邦借款实际上在为产生长期收益的资产融资。总之，资产预算的支持者相信公众看重的是运营预算，它给出了赤字和盈余的真实衡量。改变核算规则的反对者认为由于政治原因，有争议的支出将会置于资产预算之下以操纵运营预算的盈余或赤字。

最后，一些经济学家认为其他数量调整表明联邦赤字或盈余实际上并不是所看到的那样。他们说真正重要的并不是联邦赤字或盈余，而是联邦、州和地方政府的总预算赤字或盈余。当州和地方政府获得预算盈余时，这些盈余是金融市场上储蓄的来源，它们增加了联邦盈余或抵消了联邦借款以融通其赤字。

分析问题

1. 家庭区分现在费用的支出和资产费用的支出吗？比较借款1 000美元去夏威夷度假和借80 000美元购买一套房子，并从你租用的公寓中搬出来。

2. 联邦借款“新核算”的批评者认为，政府为什么而花费并不重要，重要的是政府的支出总量减去所筹集的税收。解释这个观点。

主要概念

国债	债务最高限额	外部国债	挤入效应
净公共债务	内部国债	挤出效应	

---

① 罗伯特·埃司内，嘲笑预算盈余，华尔街杂志，1998年2月17日，p. A22.

小结

- **国债**是联邦政府欠政府债券持有者的美元数量。它是过去赤字的累积。美国财政部发行政府证券为赤字融资。债务自 1980 年以来急剧地上升了。

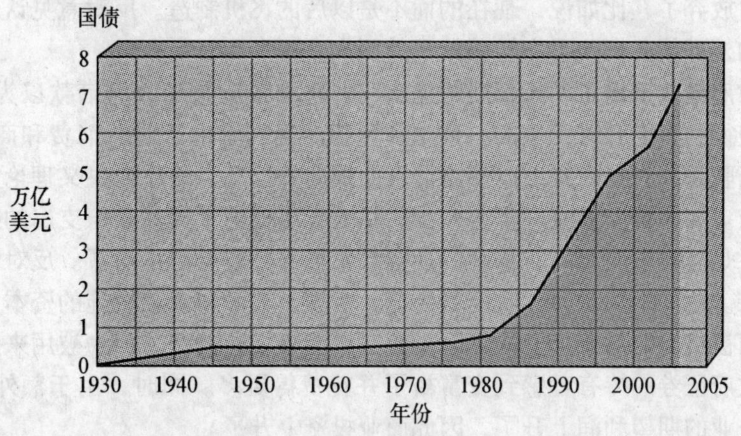

- **净公共债务**是国债减去所有部门之间的借款（联邦政府对自身的欠债。）
- **债务最高限额**是限制债务增长的一种方法。
- **内部国债**是国债中欠本国公民的部分。2004 年，大约 75% 的国债由个人、银行、公司、保险公司和政府部门内部拥有。对债务认为“我们欠我们自己的钱”的论点是因为大部分美国国债由美国公民所拥有。**外部国债**是一种负担，因为它是国债中欠外国人的部分。对外部债务的利息支付把购买力转移到其他国家了。在 2004 年，大约 25% 的国债是外部的。

内部和外部国债

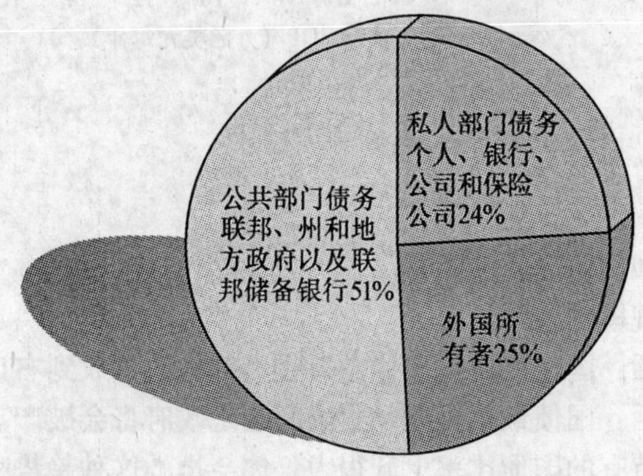

- **债务负担的辩论**牵涉三个争论的问题：

1. **山姆大叔会破产吗？**目前国债占 GDP 的百分比要低于第二次世界大战的时候。美国政府将不会走向破产，因为它从来不需要还清它的债务。当政府证券到期了，美国财政部能够通过发行新证券来再融资或滚动债务。

2. **我们把债务负担传递给了我们的孩子们吗？**这个辩论中的一方认为债务大部分是内部的，因此为债务融资只是在美国公民中以旧债券交换新债券。当这种替换沿着生产可能性边界在公共部门产品和私人部门产品之间发生时，债务的负担只由现今的一代承担。总之，当资源被用来制造今天的导弹的时候，公民被迫放弃了，比如说，现在的而不是以后的飞机制造。反对意见认为，存在大量的外部债务把购买力转移给了外国人。

3. **政府借款挤出了私人部门的支出吗？挤出效应**是当政府借款以为其赤字融资，使得利率上升时发生的一种国债负担。当利率上升时，消费和商业投资下降。当联邦政府提高支出以使总需求曲线向外移动，凯恩斯主义理论假设零挤出效应。如果挤出效应发生，减少的私人支出抵消了提高政府支出的乘数效应。结果是总需求曲线向右移动的期望数量被部分或全部抵消了。反对者相信**挤入效应**。这种观点认为，政府对公路、水坝、大学和基础设施的资本支出抵消了任何被挤出的商业投资的下降。赤字也能够提高消费，因为被用来为债务融资的政府证券的持有者感到变富裕了并花费得更多。同时，由于额外的财政激励，企业的期望利润上升了，因此商业投资上升了。

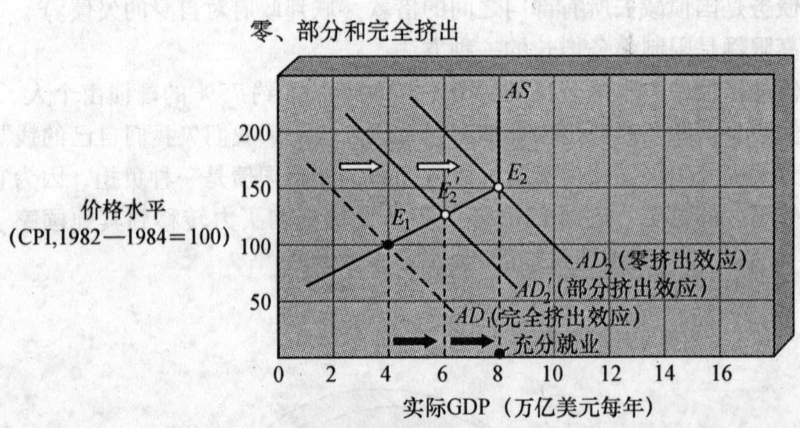

问题思考

1. 解释预算赤字和国债之间的关系。
2. 讨论衡量国债规模的各种方法。
3. 解释下面这句话：国债就像掏出你左口袋里的钱，再放到右口袋里。
4. 解释下面这句话：国债最不可能发生的问题是政府将会破产。
5. 假设由外国人持有的国债比率上升很大，你会担心这种趋势吗？为什么会或不会？
6. 解释挤出会使通过联邦政府借款融资的扩张财政政策效应弱化或者无效。
7. 假设联邦政府没有国债并支付了 1 000 亿美元而只筹集到 500 亿美元税收。
   a. 美国财政部为了融通赤字需要发行多少债券？

b. 下一年，假设税收收入还是 500 亿美元。如果政府支付 10% 的利息，则需要把偿债利息支出加到下一年 1 000 亿美元对产品和服务的支出上。

c. 对第二年，计算赤字，发行的新债券和新的国债。

8. 假设媒体报道今年的联邦赤字为 2 000 亿美元。去年的国债为 5 万亿美元，今年的国债为 5 万 2 千亿美元。价格水平比去年高 3%。根据埃司内的观点，实际赤字是多少？

9. 在大萧条最严重的 1932 年的总统选举期间，候选人赫伯特·胡佛和富兰克林·罗斯福都支持使用增加税收和/或减少支出来减少预算赤字。评价该财政政策。

10. 考虑如下陈述：我们的子孙可能不会完全承担联邦赤字的负担。你同意还是不同意？解释。

11. 假设你是总统的经济顾问并被问到削减联邦赤字应当采取什么样的措施。你的建议是什么？

在线练习

练习 1

浏览公债网，点击 Penny（http://www. publicdebt. treas. gov/opd/opdpenny. htm）。最近国债的数量为多少？

练习 2

浏览公债网的“利息费用”（http://www. publicdebt. treas. gov/opd/opdint. htm）。筹集国债最近的利息支出是多少？

练习 3

浏览 CCER 国家预算模拟（http://nathannewman. org/nbs）。你将选择减少多少预算以平衡联邦预算？

练习 4

浏览和谐联盟（http://www. concordcoalition. org/）。选择新闻并阅读讨论的最新问题。

要点考查答案

国债的背后是什么？

联邦政府所拥有的任何项目，包括白宫、办公建筑、坦克和电脑，都是支撑在国债后面的资产。如果你说联邦政府的资产可以被出售以偿还国债，那么你对了。

测试

1. 在20世纪90年代后期，联邦政府预算赤字
   a. 完全被消除了。
   b. 从高达3 000亿美元明显地回落了。
   c. 基本上稳定地保持在每年1 500亿美元。
   d. 每年超过了2 000亿美元。
2. 联邦政府为预算融资的方式有
   a. 对企业和家庭征税。
   b. 销售联邦证券。
   c. 印刷更多货币。
   d. 减少产品和服务的购买。
3. 2004年，国债大约是
   a. 600亿美元。
   b. 6 000亿美元。
   c. 8万亿美元。
   d. 5万亿美元。
4. 2004年的国债
   a. 规模是1980年的7倍。
   b. 是1980年的两倍。
   c. 规模与1980年相当。
   d. 上面都不是。
5. 下面哪个国家的国债占GDP的百分比最小？
   a. 意大利。
   b. 加拿大。
   c. 澳大利亚。
   d. 日本。
   e. 法国。
6. 下面哪项不对？
   a. 第二次世界大战后，国债规模稳步下降，直到1980年后开始每年急剧上升。
   b. 每当联邦政府出现预算盈余时，国债的规模上升了。
   c. 现在的国债规模跟第二次世界大战时差不多。
   d. 上面全错。
7. 2004年，外国人持有美国国债的比率接近多少？
   a. 2.5%。
   b. 25%。
   c. 31%。
   d. 59%。

8. 下面谁拥有部分国债?
   a. 联邦、州和地方政府。
   b. 美国公民私人。
   c. 银行。
   d. 外国人。
   e. 上面所有人。
9. 由外国人持有的美国国债部分
   a. 代表一种负担，因为它把购买力从美国纳税人转移到其他国家。
   b. 是一种会计分录，不代表任何实际负担。
   c. 在 2000 年后，占总债务的比例下降了。
   d. 稳定了许多年。
10. 下面哪个关于挤出的陈述是正确的?
    a. 它由预算盈余造成。
    b. 它不可能由预算赤字造成。
    c. 它不能完全抵消政府支出赤字的乘数效应。
    d. 它影响利率并进一步影响消费和投资支出。
11. 关于挤出的下列陈述哪个是正确的?
    a. 它能完全抵消乘数。
    b. 它由预算赤字造成。
    c. 它不是由预算盈余造成。
    d. 上面全正确。

第四部分　货币、银行和货币政策

学生们经常发现，这部分是他们在理论课中最感兴趣的，因为标题是*货币*。第 18 章首先讨论了货币的基本定义并描述了联邦储备系统。特别有趣的是殖民地货币的历史。第 19 章解释了银行系统和美联储是如何影响货币供给的。第 20 章比较了不同的宏观经济原理，并以对大萧条时期货币政策的讨论作为结束。

第 18 章　货币和联邦储备系统

本章概述

如一首老歌的歌词所唱"货币使得世界前进，世界前进，世界前进"。回忆第 11 章的循环流动模型。家庭在产品市场上用*货币*换得产品与服务，而企业在要素市场上用*货币*换得资源。总之，货币影响经济运行的方式，在第三部分，*AD-AS* 模型中没有具体地讨论货币。在这一章和整个第四部分，货币占据了中心舞台。

货币到底是什么？答案可能会使你惊奇。想象你自己处在南太平洋上的小岛雅浦岛上。你周围是奇异的家禽、透明似水晶的礁湖、可口的水果和晴朗的天空。现在假设在某个晚上你闲适地漫游在沙滩边，你突然发现一个美丽的小竹屋待售。在这一章你将发现，为了支付你梦想中的小屋，你必须滚动着一个直径为 5 英尺的石头到被指定为"银行"的地方去。

我们从货币所承担的三个职能开始我们对货币的讨论，然后我们确定在美国使用的货币供给的三种定义的组成。这章的剩余部分我们的国家中央银行联邦储备系统的组织和它的职能。从这一章开始和接下来的 3 章中，你将学习联邦储备系统如何控制经济中的货币存量。然后，使用 *AD-AS* 模型，你将学习经济中货币存量的变化是如何影响总支出、失业和价格的。

在这一章中，你将学会解决这些经济学问题：

- 为什么国家要使用货币？
- "信用卡"是真正的货币吗？
- 联邦储备银行做些什么？

什么使货币成为货币？

以物易物
货物与货物之间的直接交换，而不是用钱来交换货物。

没有货币的经济能够产生交易吗？当然可以，运用一种叫以物易物的交易系统。**以物换物**是货物与货物之间的直接交换，而不是用钱来交换货物。以物易物的一个问题是它要求需求的偶合。想象一个纸币和硬币都没有价值的时刻。农民布朗需要鞋子，因此他带上几蒲式耳小麦去鞋店并以小麦换鞋子。不幸的是，鞋店主拒绝以物易物，因为他想用鞋子换铅笔、牙刷和咖啡。勇敢的农民布朗花费了更多的时间和精力找到了琼斯先生，他有铅笔、牙刷和咖啡且愿意用它们来换取几蒲式耳小麦。虽然布朗的运气变好了，但和琼斯先生必须就交易条件达成一致。例如，一蒲式耳小麦到底值多少磅咖啡？假设这个交易达成了，农民布朗必须花费更多的时间返回鞋店并谈判铅笔、咖啡和牙刷与鞋子的交易条件。

了解货币的历史，可以浏览从古代到现在的货币的历史(http://www.ex.au.uk/~RDavies/arian/llyfr.html)。

结论 货币的使用简化并因此提高了市场交易量。货币同时也阻止可以用来生产的时间的浪费，因而通过扩张国家的生产可能性边界来促进经济增长。

货币的三种职能

货币
任何能够充当交易媒介、计价单位和价值储藏手段的物品。

假设斯达康行星上的公民想取代他们的以货易货系统并决定使用什么作为货币。假设这个星球上非常幸运，他们有经济学家。他们可以把任何东西当作货币，不论其价值如何，只要他们满足如下的定义：**货币**是任何能够充当交易媒介、计价单位和价值储藏手段的物品。货币不只局限于1角硬币、2角5分硬币和美元纸币。注意“任何东西”满足三个标准就可以作为货币的候选者。这解释了为什么贵金属、海狸毛皮、贝壳念珠（串在带子上的贝壳）和烟都可以作为货币。让我们来逐一讨论货币所具有的三种职能。

货币作为交易媒介 在原始社会，以物易物是参与交换产品与服务以满足欲望的一种方式。然而，以物易物在交换过程中浪费了许多时间，这些时间本可以用来进行生产的。

交易媒介
在交换产品与服务过程中被广泛接受的一种主要的货币职能。

如果目标是增加交易量并生活在现代经济中，货币最重要的职能是充当**交易媒介**。交易媒介是在交换产品与服务过程中被广泛接受的一种主要的货币职能。货币解决了需求巧合所带来的麻烦，因为大家都愿意接受货币来进行支付，而不是使用产品和服务。你可以放弃两张20美元的纸币以换取1张观看滚石音乐会的票。由于货币代表了一般购买力，社会上的所有人都知道没有人将会拒绝把他们的产品与货币进行交换。总之，货币通过比麻烦的以物易物系统提供更方便的交易方式而增加了贸易。

一个迷人的问题是人们是否将发现数字现金是一种更方便的支付工具。每年更多的人借助借记卡、各种基于网络的和其他系统进行转账以避免使用支票、现金和硬币。事实上，私人发行的电子现金的广泛采用可能最终替代政府发行的通货。许多大学校园的自动贩卖机和复印机已经接受塑胶的储值卡。总有一天到处都是的自动贩卖机很可能有更先进的读卡器以接收电子货币。

货币作为计价单位 麦农是怎么知道1蒲式耳小麦是值1双、2双还是3双鞋呢？家庭怎么比较他的收入和费用，或者企业怎么知道他是否获得了利润？政府必须能够衡量税收收入项目的支出。GDP是最终产品和服务的货币价值以用来比较美国国民产出与日本的国民产出。在上面的每一个例子中，货币充当了**计价单位**的职能。

计价单位
为产品和服务的相对价值提供共同衡量的一种货币职能。

没有货币，我们面临着以其他产品为香肠比萨定价的复杂任务。计价单位是为产品和服务的相对价值提供共同衡量的一种货币职能。没有美元就没有共同的分母。因此我们必须决定一个香肠比萨是否等于1盒铅笔、20个橘子、1加仑汽油等。现在让我们使用货币来比较两种商品的价值，如果 1 个香肠比萨的价格是 10 美元，电影票的价格为 5 美元，则 1 个香肠比萨等于 2 张电影票。在美国货币单位是美元，而在日本是日元，墨西哥为比索。

价值储藏
货币随时间而保有价值的能力。

货币作为价值储藏 你能够存储小虾数月然后用它们去交换某一产品吗？你能够，但是你必须支付冷冻小虾的额外费用。然而，货币具有**价值储藏**功能，可以在未来去交换某一产品。价值储藏是货币随时间而保有价值的能力。你可以把你的货币埋到你的后院，和藏在你的床垫下数月或数年，不必担心会被腐蚀掉。也就是说，货币使得我们的收入和支出更为准确地同步。然而回忆第 13 章，恶性通货膨胀可能毁坏货币的价值储藏功能，并进一步损坏交易媒介的功能。

结论 货币是把现在的收入转变为未来购买的一种有用的机制。

货币的关键性质是它的完全流动性。这意味着货币不需要任何费用随时可以用来支出以交换产品和服务。货币比实际资产（不动产和黄金）和纸质资产（股票和债券）更具流动性。这些资产也具有价值储藏功能，但使它们流动（销售）会产生费用，如经纪费和时滞。

结论 货币是最具有流动性的财富，因为它可以在市场上直接使用。

信用卡是货币吗?

信用卡，如维萨信用卡、万事达信用卡、美国万国宝通经常被称为“塑料货币”，但这些卡是真正的货币吗？让我们来检查信用卡是否满足货币的 3 个职能。首先，因为信用卡被广泛地接收，它们可以作为交换产品和服务的支付手段。其次，信用卡的账目而不是信用卡本身可以作为一种计价单位。信用卡的一个优势是你收到的一个账目清单上面列着你购买的每一种产品准确的美元价格。你信用卡的账目清楚地记录了你为汽油、正餐和旅行所支出的美元数量。

亚特兰大联邦储备银行出版关于美国货币的在线小册子《美国货币的基本事实》(http://www.frbat;amta.org/publica/brochure/fundfac/money.htm)。

但信用卡显然不能充当价值储藏功能，因而不是货币。单词**信用**意味着获得货币购买今天的产品并承诺在未来还清。信用卡仅代表一定限额的短期贷款的提前安排。如果信用卡公司退出该业务或者出于什么原因决定不为你的信用卡授信了，那么它就没有价值了。因此，信用卡没有储藏价值，不是货币。如果信用卡是货币，那么接收到 $1 000 现金和信用卡上增加同样数量的授信上限是无差异的。

要点考查

借记卡是货币吗?

借记卡被用来支付购买，货币自动从使用者的银行账户扣除。借记卡是货币吗？

货币的其他合意性质

一旦一些事物达到了成为货币的三个基本要求，还有存在必须清除的其他障碍。首先，一个重要条件是稀缺性。货币必须是稀少的，但也不能太少。比如沙子在理论上可被当作货币，但沙子是一个不好的选择，因为人们很容易就收集到一桶沙子来支付账单。毕加索的画也不是理想的货币，因为流通很少，人们不得不重新以物换物。

伪造威胁着货币的稀缺。计算机制图、扫描仪和彩色复印机的进步使得造假者赢得了与美国联邦经济情报局之间正在进行的战斗。作为对策，新发行的纸币全身都印有聚合物安全纹路。纸币上偏离中心的大肖像使得肖像旁边存在一个水印，这个水印透过光可以从纸币两边都看得到。

亚特兰大联邦储备银行指导了如何辨识假币(http://www.frbatlanta.org/publica/brochure/fundfac/money.htm)。

结论 货币的供给必须足够的多以满足普通的交易需求，但不能太多以至于毫无价值。

其次，货币必须能够携带和可分。也就是说，人们应当能够把手伸进他们的口袋掏钱，并在购买各种价格的商品能够找零。华盛顿雕像可能是有吸引力的货币，但它们很难携带和找零。最后，货币应当是均匀的。一盎司黄金就是一盎司黄金，而不同质量的海狸皮和海贝壳使得使用它们作为货币非常复杂。每一个交易都会为购买者和销售者带来额外的麻烦，他们会为哪一张毛皮或者哪一块贝壳要好或者差而争吵。

什么作为货币的后盾?

商品货币
是指任何能充当货币同时在其他用途上有市场价值的物品。

历史上，早期的货币具有两种作用。例如，如果一个统治者宣布把大豆作为货币，那么你可以在市场上用它们进行买卖。贵金属、香烟、牛和其他有形产品都是**商品货币**的例子。商品货币是指任何能充当货币同时在其他用途上有市场价值的物品。这意味着货币本身具有内在价值（物品的市场价值)。例如，货币可以是纯金或纯银，它们都具有非货币用途的价值，例如制造首饰和用于其他工业目的。

现在，美国的纸币和硬币不再有金银的支持。直到 1934 年，我们的纸币都可以和金银兑换。由于大萧条的原因，人们都想处理掉他们手中的纸币。美国财政部的黄金存量下降到了非常低的水平使得国会在 1934 年通过了一项法律禁止任何人兑换 5 美元或更高价值的黄金。在后来的 1963 年，国会又取消了 1 美元以上纸币对白银的兑换。在 1960 年代中期，锌、铜和镍代替银来铸造硬币。

法定纸币
因法律规定而被接受，而不是由其清偿性或内在价值而被接受的货币。

对货币的一个重要考虑是它的可接受性。美元的可接受性极大地取决于山姆大叔规定它是**法定纸币**。法定纸币是因法律规定而被接受，而不是由其清偿性或内在价值而被接受的货币。1 美元纸币仅仅包含了价值 3 美分的纸、印刷墨水和其他材料。25 美分的硬币可能包含了价值 10 美分的铜和镍。拿出一张纸币并仔细观察。在正面的左上角小字印有宣告“这张纸币在法律上可以偿还公共与私人的一切债务”。这意味着你的纸币是法定纸币并且在支付债务时不能被拒收。同样，也注意纸币上没有任何地方承诺了可以兑换金银或其他的东西。

结论　商品作为货币的能力不取决于它自身的市场价值或贵金属的支持。

国际经济学

固定资产，或：为什么雅浦岛上的贷款不能滚动？

适用概念：货币的职能

密克罗尼西亚雅浦岛——在这个南太平洋小岛上，生活非常轻松而通货非常坚硬。他们的通货是像石头一样的固体，实际上就是石头，准确地说就是石灰石。

在近 2000 年的岁月里，雅浦人一直使用大的石盘来支付他们的大宗购买，如土地、小船和求婚。雅浦岛是美国的托管领土，美元被用于杂货店和加油站，但对石头货币的信赖一直在继续。

约翰·科老爹最近用一个 30 英寸的石盘购买了一块建筑用地，他说，用石头购买财产“比用美国美元购买要容易得多”，“我们不知道美国美元的价值。”

石盘不方便找零，因此对小额交易，雅浦人使用其他形式的货币，如啤酒。

除了石盘和啤酒，雅浦人有时使用郭（gaw），它是串在鲸鱼的牙齿上的石头珠子项链。他们也使用雅（yar）购买商品，它是一种由大海贝壳制成的通货，但这些都是零钱。雅浦岛上的人把石头当作钱来使用，起始于1500 年到 2000 年前的阿那古曼（Anagumang）勇士，他发现了帛琉的石灰岩洞，从洞穴里带回巨大的石头，并从月亮处获得灵感，将石头切成圆形模样以使其流行。剩下的就是历史了。

雅浦人把石盘斜靠在他们的屋墙上，或在他们村的“银行”里把它们排成一排。大部分石头的直径为 2.5 英尺或 5 英尺，但是有的大到 12 英尺。每一个石盘中间有一个洞，因此它可以串到被砍倒的槟榔树干上并携带。有些石盘需要 20 个人才能抬起。

根据习惯，当石头损坏后它就没有价值了。在雅浦岛上，你从来就没有听过有人想方设法得到一块碎石。为了避免石头破碎或来回搬动的风险，雅浦人倾向于把石盘留在原地并在脑子中记住这块石头的所有者已经发生了转换。

石头货币的价值不取决于石头的尺寸，而是根据把那块石头弄到那里的艰难程度来决定。

使用大块石头作为货币具有一些明显的优势。它们对黑市交易免疫，并且它们给扒手带来了几乎禁止性的困难。

分析问题

1. 解释雅浦岛上的大石头是怎样通过货币定义的三个检验的。
2. 简短地讨论雅浦岛上的大石头作为货币的其他合意的性质。

资料来源：艺术松树，固定资产，或：为什么雅浦岛上的贷款不能滚动？华尔街日报，1984 年 3 月 29 日，p. 1.

货币供给的三种定义

现在你已理解了货币的基本定义，我们转向美国经济中货币供给的具体组成。对这个问题的回答存在不同的看法，因为一些经济学家所定义的货币供给要比其他人的窄。下面这部分考察了衡量货币供给的方法，官方称为 M1，M2 和 M3。

M1：货币供给的最狭义的定义

M1
最狭义的货币供给定义，包括通货、旅行者支票和活期存款。

M1 是货币供给中最狭义的定义。这个货币供给的定义衡量的是没有借款或赊账的公众的即时有效购买力。特别地，M1 包括了由公众在一个给定的时期内，如 1 天、1 月或 1 年持有的现金、旅行者支票和活期存款。M1 不包括由政府、联邦储备银行或储蓄机构所持有的货币。公式表示为：

M1 = 通货 + 旅行者支票 + 活期存款

图 18-1 说明了基于 2004 年 12 月日平均持有量的 M1 和其他定义的货币供给的组成。

通货 **通货**包括硬币和纸币，官方被称为联邦储备货币。通货的目的是为了我们能够进行小额的购买。通货占据了 M1 的 51%。

活期存款 大部分“高额”购买由支票或信用卡（它不是货币）支付，而不是通货。支票消除了去银行的路程并且它们比现金要安全。如果它们丢失或被盗，支票和信用卡可以以很低的成本重办，而现金则不能。图 18-1 表明很大一部分 M1 由**活期存款**组成。活期存款是指当支票在没有事先通知的情况下开出时，金融系统中的支票账户余额总和可“根据需要”兑换成现金。支票账户余额是一个簿记分录，经常被称为*需求存款*，因为它在“需求”的时候都可以转化为现金。在 20 世纪 80 年代以前，只有商业银行才有合法权力提供需求存款。然而，情况在 1980 年的储蓄机构管制解除和货币控制法案通过后发生了变化（该法案将在这一章后面讨论）。现在，支票账户对许多不同的金融组织都是开放的，如储蓄和贷款协会、贷款联合会和互助储蓄银行。例如，许多人以可转让存单账户（NOW）和存款自动转移账户（ATS）持有存款，这些账户都是有利息的支票账户。NOW 和 ATS 允许存款者不用去银行提取现金就可以花费他们的存款。在 2004 年 12 月，49% 的 M1 为旅行者支票和活期存款。

活期存款
指当支票在没有事先通知的情况下开出时，金融系统中的支票账户余额总和“根据需要”兑换成现金。

殖民地货币的历史

早期的殖民者抛弃他们在欧洲充分发展的货币系统。北美印第安人以贝壳念珠作为他们的货币。它们是串在带上擦亮了的贝壳珠子。很快地，一些定居者学会了伪造贝壳念珠，因此贝壳念珠失去了它的价值。这意味着与印第安人之间的交易的主要方法是易货交易。后来，与西印度地区的交易发展起来，被称为“西班牙古银币”的西班牙硬币广泛流通。殖民者经常把硬币切割成小块来找零。一枚硬币的一半被称为“4 比特”，一枚硬币的四分之一部分就称为“2 比特。”第一个铸造自己货币的英国殖民地是在 1652 年的马萨诸塞。一个引人注目的松树雕刻在被称为先令的硬币上。其他硬币如 6 便士和 3 便士也在波士顿的造币厂被制造出来。其他几个殖民地也跟着授予它们自己以硬币发行权。

图 18-1　货币供给的定义，2004 年

三个饼形图中的每一个都代表 2004 年 12 月的货币供给。M1 是货币供给中最狭义的定义，等于通货（硬币和纸币）、旅行者支票加活期存款。M2 是更广泛的定义，等于 M1 加非活期储蓄存款和少于 10 万美元的小额定期存款。M3 是货币供给最宽泛的定义，等于 M2 加 10 万美元以上的大额定期存款。

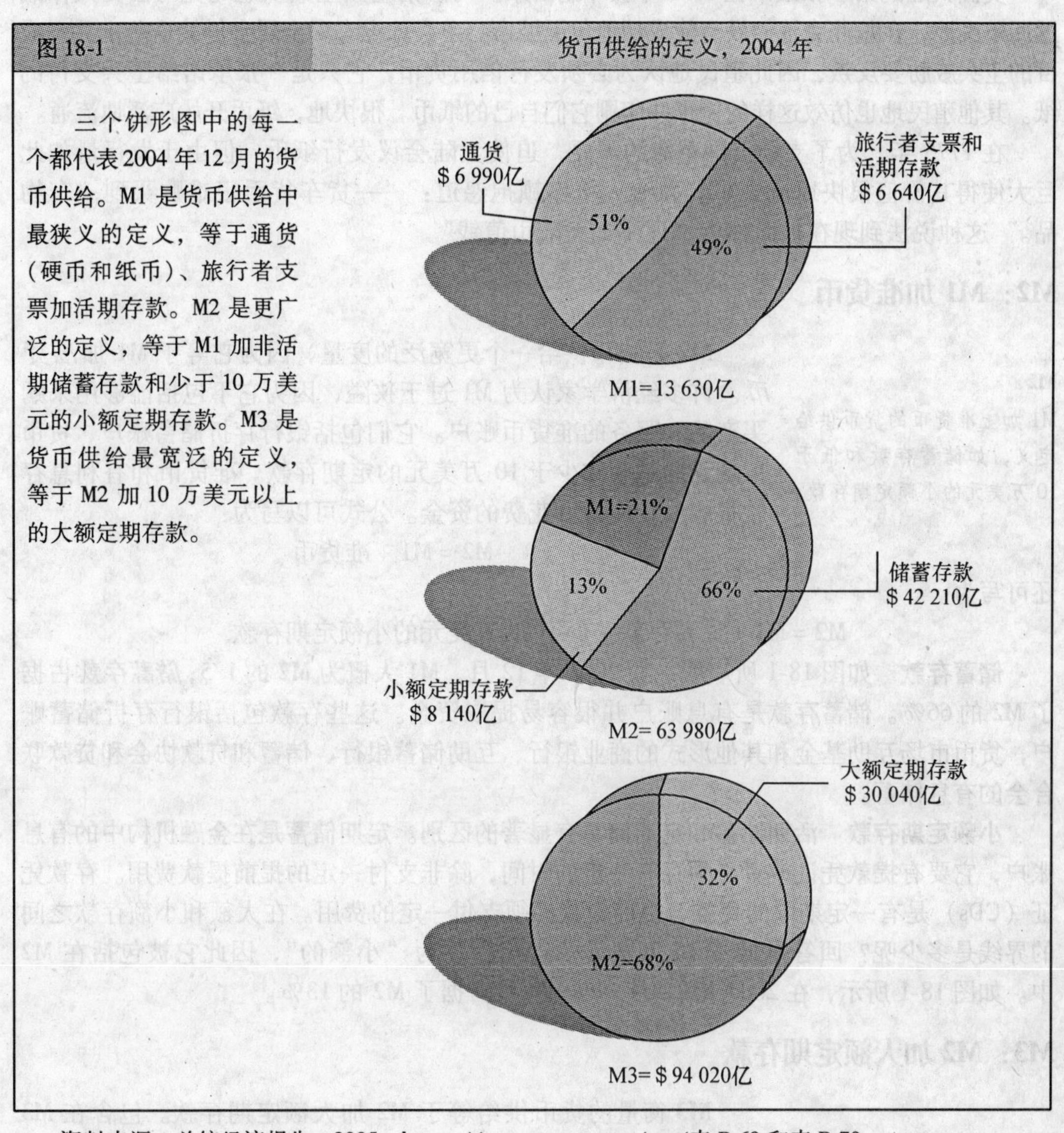

资料来源：总统经济报告，2005，http：//www.access.gpo/eop/表 B-69 和表 B-70.

美国的第一枚国家硬币于 1787 年发行，当时国家批准了一美分的铜币。硬币的一边饰有 13 个串在一起的链环，并围绕文字“我们是一起的”一周。硬币的另一边有一个日晷、中午的太阳和拉丁文“驱赶”，意思是“时光如梭”。后来，虽然没有证据表明本杰明·富兰克林在此硬币的设计上发挥任何作用，但这种硬币却以富兰克林分币著称。

在 1792 年，国会在费城建立了一家铸币厂。它制造铜分币和相当于现在四分之一美元币或五分镍币大小的半分硬币。1794 年，五分和五十分银币增加了可用的硬币的种类。随后的一年里，银鹰徽金币（10 美元）和半银鹰徽金币（5 美元）出现了。格言

E Pluribus unum（“合众为一”）在1795年首次使用在半银鹰徽金币上。下一年，美国第一枚四分之一币和一角币开始发行。

美洲大陆的第一张纸币在1690年被印刷出来。马萨诸塞州士兵从魁北克与法国人作战返回殖民地，在魁北克他们没有能成功地包围城市。殖民地没有贵金属支付给这些士兵。成百的士兵威胁要反叛，因此殖民地认为必须发行信用货币，它只是一张承诺给士兵支付的纸。其他殖民地也仿效这样的例子并印刷它们自己的纸币。很快地，纸币开始广泛地流通。

在1775年，为了支助美国革命的需要，迫使大陆会议发行纸币，但由于发行量如此巨大使得其价值很快地流失了。乔治·华盛顿抱怨道：“一货车货币很难购买到一车物品。”这种说法到现在被简称为“还不如大陆币值钱”。

M2：M1加准货币

M2
M1加上准货币的货币供给定义，如储蓄存款和低于10万美元的小额定期存款。

M2是货币供给一个更宽泛的度量，因为它等于M1加*准货币*。许多经济学家认为M1过于狭隘，因为它不包括能够用来购买产品和服务的准货币账户。它们包括银行存折储蓄账户、货币市场互助基金和少于10万美元的定期存款。准货币和有利息存款很容易转换为可花费的资金。公式可以写为：

M2 = M1 + 准货币

还可写为：

M2 = M1 + 储蓄存款 + 少于10万美元的小额定期存款

储蓄存款 如图18-1所表明，在2004年12月，M1大概为M2的1/5，*储蓄存款*占据了M2的66%。储蓄存款是有息账户并很容易提取资金。这些存款包括银行存折储蓄账户，货币市场互助基金和其他形式的商业银行、互助储蓄银行、储蓄和贷款协会和贷款联合会的有息储蓄。

小额定期存款 活期储蓄和定期储蓄有显著的区别。定期储蓄是在金融机构中的有息账户，它要有提款凭证或者必须存有一定的时间，除非支付一定的提前提款费用。存款凭证（CDs）是有一定期限的存款，提前提款必须支付一定的费用。在大额和小额存款之间的界线是多少呢？回答是低于10万美元的定期存款为“小额的”，因此它被包括在M2中。如图18-1所示，在2004年12月，小额存款占据了M2的13%。

M3：M2加大额定期存款

M3
M2加10万美元及10万美元以上大额定期存款的货币供给定义。

M3衡量的货币供给等于M2加大额定期存款。包含在M3中的“大额”定期存款是任何价值为10万美元或更大的CDs。公式表示为：

M3 = M2 + 10万美元或更大的大额定期存款

如图18-1所示，在2004年12月，大额定期存款占M3的32%，M2占据了剩下的68%。M1，M2和M3规模的不同是明显的。如图18-1中的饼状图所表明的，M1 = $13 630亿，M2 = $63 980亿，M3 = $94 020亿。这里你也许会问为什么包含在M2和M3中的储蓄和定期存款被排除在M1之外。传统的理由是那些账户的流动性要低于狭义定义货币中的项目。虽然储蓄账户、定期存款和许多其他资产可以没有什么困难地转变为现金，但通货加旅行者支票加活期存款构成了公众货币即时支付的主要形式。

结论　M1 比 M2 和 M3 更具有流动性。

为了简化后文中的讨论，当我们讨论货币供给时我们是指 M1。然而，我们也可以认为 M2、M3 和其他对货币供给度量可能是最好的定义。事实上，任何货币的定义的界线或多或少都有些武断。

联邦储备(http://www.federalreserve.gov/releases/H6/hist/)保存了通货和M1，M2和M3当前和历史的数据。

联邦储备系统

联邦储备系统
在美联储的各个辖区内为银行和其他金融机构服务的 12 家中心银行；通称美联储。

谁控制了美国货币的供给？答案是**联邦储备系统**，流行地被称为美联储。美联储是国家中央银行并为商业银行、其他金融机构和联邦政府提供银行业服务。美联储管理、监督并对相关的货币政策负责。国会和总统咨询美联储以控制货币供给的规模并因此影响经济的表现。

其他大国也有中央银行。例如这些中央银行包括英格兰银行，日本银行和欧洲中央银行。在 1907 年一系列银行倒闭的金融恐慌后，在美国要求建立一个中央银行的系统的运动早在 20 世纪早期就得到了强化。在那一年，股票价格下跌，许多企业和银行倒闭了，上百万的储蓄者失去了他们的储蓄。防止出现金融恐慌的药方是政府对银行的集中控制。对银行业安全的需求导致了在伍德罗·威尔逊总统统治期间通过了 1913 年的联邦储备法案，建立了联邦储备系统。经济中货币供给不再由单个银行决定。

美联储(http://www.federalreserve.gov/)发行我们常用来购买我们喜爱的产品和服务的货币。

美联储组织图

联邦储备系统是联邦政府的一个独立机构。国会负责监督美联储，但是不干涉其日常决策。美联储的主席每年向国会报告两次并与美国财政部和总统协调它的行动。虽然美联储拥有独立的地位，但它的独立性可能被取消。如果美联储追求的政策与国家利益相矛盾，国会可以取消美联储。

联邦储备系统包括 12 家中心银行，在每一个联邦储备区域为银行和其他金融组织服务。每一个联邦储备银行为他们所在区域的私人银行提供中央银行服务。美国是世界上唯一拥有 12 个独立的地区银行而不是一个单独的中央银行的国家。实际上，美联储的结构是传统主义者和平民主义者之间妥协的结果，传统主义者支持单一的中央银行，而平民主义者不信任金融权力集中在少数几个人手中。此外，在全国还有 25 家联邦储备分行。图 18-2 的地图表明了 12 个联邦储备区。

联邦储备委员会
由总统任命 7 位成员并由参议院批准，任期为 14 年，不可连任。其职责是监督和控制货币的供给和美国银行系统。

图 18-3 显示了联邦储备系统的组织结构图，图中表明位于华盛顿的**联邦储备委员会**管理着联邦储备系统。联邦储备委员会由 7 个人组成，他们由总统任命并由参议院批准，任期为 14 年，不可连任。他们的职责是监督和控制货币的供给和美国银行系统。美联储管理者 14 年的任期保证了自主权和限制了美联储采取短期政策。他们的任期是交错的，因此每两年一个人的任期将终止。任期的交错阻止了总统为了支持其所在党派的利益而不公

平地安排委员会的成员。一位总统在一个任期内要任命两位管理者，而两个任期就可以任命四位管理者。总统任命联邦储备委员会的一个成员为主席，任期为4年。主席是美联储的主要发言人并且对政策决策具有相当大的权力。实际上，一般认为在美国美联储的主席是权力仅次于总统的人。现在的主席是艾伦·格林斯潘，他最初在1987年由里根总统任命，然后由乔治·H.W. 布什总统重新任命，再由克林顿总统再任命两次，在2004年又被乔治·W. 布什重新任命。

图 18-2　12家联邦储备银行辖区

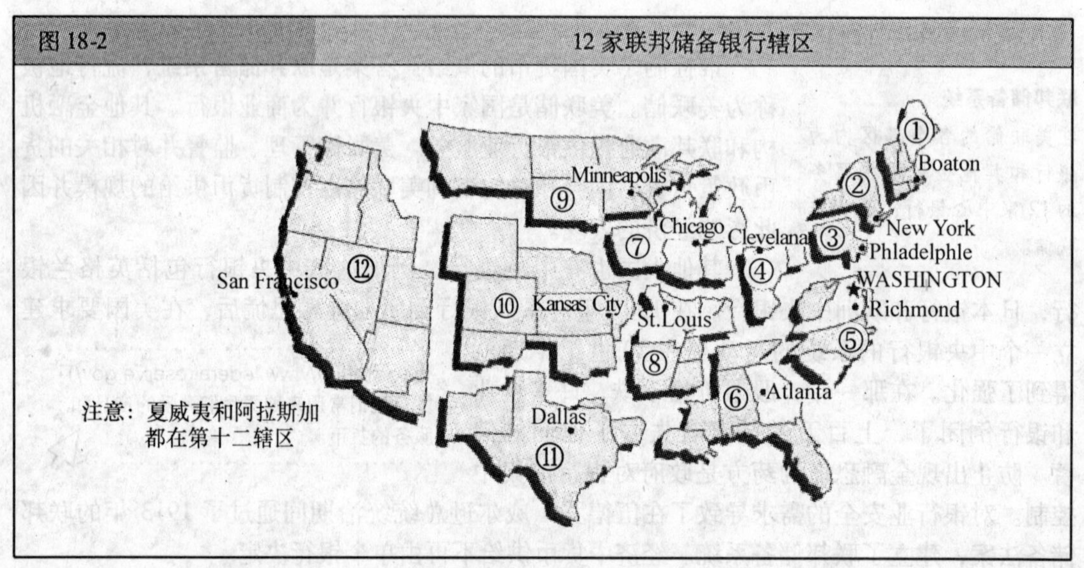

联邦储备系统不能从国会获得资金。这样消除了美联储对国会评价其预算的担心以保持金融的独立性。那么维持美联储运行的资金来自哪里呢？回忆前面章节的图17-7，美联储持有美国财政部发行的政府证券。美联储从持有的政府证券和对储蓄机构贷款以获得利息收入。由于美联储需把任何利润返还给财政部，因此它有动机采取政策以促进经济中的福利而不是获得利润。此外，联邦储备委员会不接受来自总统和任何其他政治家的命令。因此，联邦储备委员会是独立的、联邦储备系统自立的权威。

联邦公开市场委员会（FOMC）

主导美国政府证券买卖的联邦储备系统的委员会，政府证券买卖是控制货币供给的主要工具。FOMC由联邦储备委员会的7名成员、纽约联邦储备分行的行长和四个其他联邦储备分行的行长组成。

图18-3组织图的左边是非常重要的**联邦公开市场委员会（FOMC）**。FOMC是主导美国政府证券买卖的联邦储备系统的委员会，政府证券买卖是控制货币供给的主要工具。FOMC由联邦储备委员会的7名成员、纽约联邦储备分行的行长和四个其他联邦储备分行的行长组成。FOMC会议讨论通货膨胀的趋势、失业、增长率和其他宏观数据。FOMC成员表达他们对所执行的各种货币政策的看法然后发表政策通告，被称为*FOMC指示*。例如一个指示也许会设定美联储的运营以刺激或抑制M1以影响就业。接下来的两章更详细地介绍货币政策工具。

如图右边所表明的，*联邦咨询委员会*由12位杰出的商业银行家组成。12家联邦储备银行中的每家每一年都选一位。咨询会议定期向**联邦储备委员会**提供建议。

最后，在组织图的底端是联邦储备系统的剩余部分，只包括美国大概 8 千家商业银行中的 3 千家。虽然这 3 千家美联储成员银行只代表了美国银行的 1/3，但它们拥有美国银行存款的 70%。美联储成员银行的一个可靠标志是银行的名字中有“国家”字样。通货监理官给了国家银行以特权，但要求它们是美联储成员银行。没有用“国家”作为银行名称的银行也可以成为美联储成员银行。州也可以特许设定银行，这些州立银行可以选择是否加入美联储。不到 20% 的州立银行选择加入了美联储。

非成员储蓄机构，包括许多商业银行、储蓄和贷款协会（S&Ls）、储蓄银行和贷款联合会不是美联储的官方成员。然而，它们受美联储的影响，并依赖美联储给它们提供的各种服务，下面我们来讨论这些服务。

图 18-3　联邦储备系统的组织结构

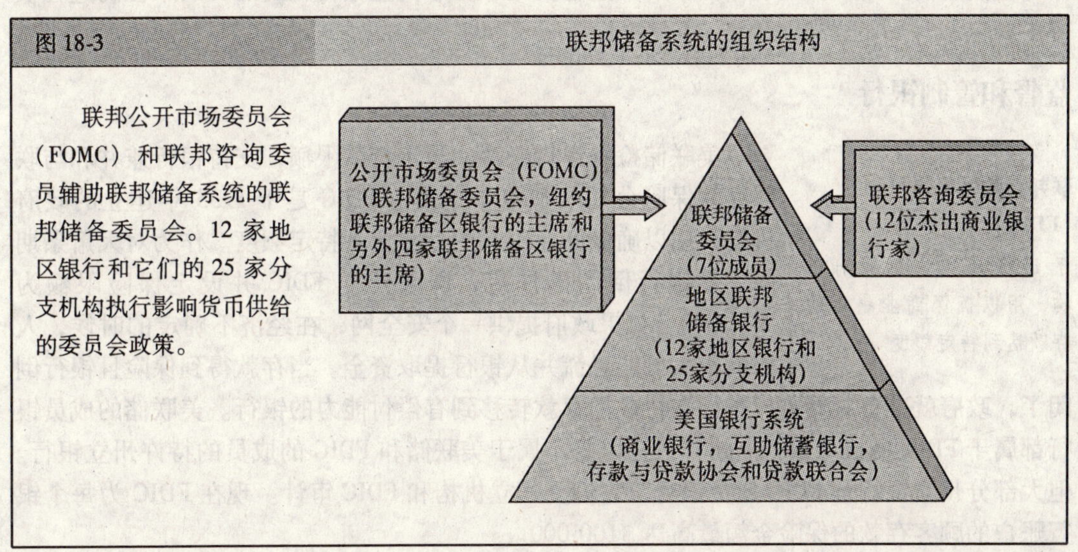

联邦公开市场委员会（FOMC）和联邦咨询委员辅助联邦储备系统的联邦储备委员会。12 家地区银行和它们的 25 家分支机构执行影响货币供给的委员会政策。

联邦储备银行做些什么？

典型的银行客户从来没有进入一家联邦储备的地区银行或者其分支机构的大门。原因在于美联储不向公众提供支票账户、储蓄账户或者任何由商业银行提供的服务。相反，美联储充当“银行的银行”。下面是对美联储的主要职能的一个简短描述。

联邦储备在http://www.federalreserve.gov/pf/pf.htm介绍了其目的和职能。

控制货币供给

美联储的主要作用是控制国家的货币供给。美联储控制货币供给的机制在下两章中解释。对于大多数人来说，这是一个令人惊奇而又神秘的过程。为了不使你焦躁地等待，这里先简略进行一下预览：美联储可以使用它拥有的三种工具或者杠杆来改变银行系统中的货币存量。货币供给改变的潜在宏观结果是影响总支出，从而影响实际 GDP、就业和价格水平。

支票结算

由于大部分人和企业使用支票来购买产品和服务，支票结算就是一项重要的职能。假设你住在弗吉尼亚并在该州的银行里拥有一个支票账户。你在加利福尼亚度假，用100美元的支票购买了一张进入迪斯尼乐园的门票。迪斯尼乐园接受你的支票并把它存入其在加利福尼亚的银行里的企业支票账户里。这家银行会通过把支票给在旧金山的联邦储备银行以获得你支票的付款。你的支票将从那里寄给在里士满的联邦储备银行。在支票旅行的每一次停留中，支票的背面将加盖一个黑章。最后，当100美元从你的账户上扣除的时候该过程就结束了。接受支票存入的银行在美联储账户中属于贷方，而签发支票的银行在美联储有它们的借方账户。美联储票据清算过程要比取决于商业银行之间的支票来往的过程快得多。

监督和管制银行

联邦存款保险公司（FDIC）
于1933年建立的政府机构，用以确保商业银行的存款达到特定额度。

美联储检查银行账簿，设定贷款限额，支持银行兼并和与联邦存款保险公司（FDIC）合作。FDIC是于1933年建立的政府机构，用以确保商业银行的存款达到特定额度。作为对大萧条期间大量银行倒闭的回应，国会建立FDIC并设定保险限额为\$25 000。如果政府提供一个安全网，在经济不确定的时候，人们就不大可能恐慌并从银行提取资金。当存款得到保险且银行倒闭了，政府就准备对储蓄户进行支付或把存款转移到有偿付能力的银行。美联储的成员银行都属于FDIC的成员银行。州立机构监督不属于美联储和FDIC的成员的特许州立银行。但大部分州立银行是FDIC成员银行，它们受州立机构和FDIC审计。现在FDIC为每个银行账户的顾客存款的保险金额最高达\$100 000。

维护和发行货币

注意美联储不印刷货币——它维护和发行货币。所有的联邦储备票据在雕刻与印刷局位于华盛顿和得克萨斯州的沃思堡的工厂中印刷。财政部制造并印刷所有的硬币。硬币在位于费城和丹佛的美国造币厂中制造。雕刻与印刷局与造币厂把新的纸币和硬币运送到联邦储备银行以发行。所印刷和铸造的大部分货币只是替换旧烂的纸币和硬币。新通货的另一个作用是满足公众的需求。假设在假期的季节，银行需要更多的纸币和硬币以满足顾客的购物需求。联邦储备银行必须准备使用武装起来的大卡车从其金库中运送额外的货币。

保护消费者

自1968年来，美联储通过由国会赋予的强制地位在保护消费者权益方面发挥了重要作用。也许最重要的是信用机会平等法案，该法案禁止在信用扩张中基于种族、肤色、性别、婚姻状况、宗教或原国籍的歧视。它同时给予已婚妇女以她们自己的名义建立信用历史的权力。美联储接受消费者对银行的抱怨并努力加以解决。

维护联邦政府支票账户和黄金

美联储也是山姆大叔的银行。美国财政部让美联储处理其支票账户。从这个账户，联邦政府支付其费用，如联邦雇员的薪水、社会保障支出、税收返还、退役老兵的福利、国防和公路的支出。

最后，有意思的是注意到纽约联邦储备区银行持有一种最古老的货币——黄金。这些黄金大部分属于外国政府，并且也是世界上这种贵金属最大的积累地之一。参观联邦储备银行的金库并不是许多旅行者列在他们所要做的事的单子上，但我强烈推荐这样的参观。

在纽约的美国联邦储备银行的金库几乎有半个足球场那么长，用钢筋和混凝土砌的墙有数码厚。大部分储存室只包括一个国家的黄金，且只有少数的银行雇员知道它们的所有者。当交易在两个国家之间发生时，双方的支付可以通过把金砖从一个储备室转移到另一个储备室进行。注意美联储和雅浦岛上的货币系统相似。回忆在国际经济学专栏中，介绍了雅浦岛上的大石盘是不移动的，而只是改变它们的所有者。

美国银行业革命

在 20 世纪 80 年代之前，美国的银行系统是非常简单的。它由许多商业银行组成，这些银行由法律授权提供支票账户。然后，出现了其他金融机构，它们被称为存款机构，包括中小金融联合会、互助储蓄银行、贷款联合会。这些法律规定的存款机构只被允许接收储蓄存款，不能享有支票的特权。另一方面，商业银行对活期账户不能支付利息。此外，“法定最高利率”限制了商业银行和其他金融机构之间的竞争。如马上要介绍的那样，这个相对稳定的美国银行结构发生了巨大的变化，并且设计一个有吸引力的银行业的“恐怖故事”业已展开。

1980 年货币控制法案

《货币控制法》
一项法律规定，其正式名称为《1980 年储蓄机构解除管制和货币控制法》，它赋予联邦储备系统对非成员银行更大的控制权，使得所有的金融机构更具竞争力。

影响美国银行业系统的一个重要法律是《1980 年储蓄机构解除管制和货币控制法》，通常称为《货币控制法》。这个法律赋予联邦储备系统对非成员银行更大的控制权，使得所有的金融机构更具竞争力。该法案的四个主要条款如下：

1. 美联储对非成员储蓄机构的权威上升。在货币控制法之前，只有一小半的美国银行是美联储的成员并受到美联储的直接领导。在法案的条款下，美联储对所有的商业银行设定一致的储备要求，包括州和国家银行、中小金融联合会和具有支票账户的贷款联合会。

2. 所有的存款机构能够从联邦储备银行借入储备贷款。这种操作被称为贴现，它将在下一章中介绍。银行有权享有美联储的支票结算和其他服务。

3. 法案允许商业银行、储蓄机构、货币市场互助基金、证券公司和零售商提供各种各样的银行服务。例如，商业银行和其他金融机构可以对支票账户支付不受限制的利率。中小金融联合会和其他金融机构也可以提供支票账户。联邦贷款联合会被授权经营住宅不动产贷款，并且其他大公司能够提供传统的银行服务。

4. 法案消除了所有的利率上限。在此法案之前，中小金融联合会被允许给储户的存折储蓄存款支付比商业银行稍高的利率。货币控制法消除了中小金融联合会的这种相对于其他与之竞争储户的金融机构的优势。

最后，模糊了金融机构的差别的解除管制运动一直持续到1999年的《金融服务现代化法案》立法。这一彻底的举措取消了大萧条时期的壁垒，允许银行、证券公司和保险公司合并，以及相互销售其产品。

现实生活中的经济学

林肯信用社的毁灭

适用概念：储蓄保险

林肯信用社的案例是在美国历史最坏的金融危机之一的一段时期内不成功的经典例子。在1984年，美国证券交易委员会控告小查尔斯·基廷在俄亥俄州贷款中存在欺诈行为，但随后管制者却允许他购买加州的林肯信用社。基廷雇用他的班子以实现他的愿望并给他们以很好的待遇。他的最高管理者和亲属赚得数百万美元，并且他们的秘书每年也可以获得5万美元以上。基廷对华盛顿的政治家也非常的慷慨，据称，五位议员在竞选过程中从基廷那里获得150万美元捐助以影响管制者。

基廷的钱来自哪里？它来自林肯信用社的储蓄者，并最终来自纳税人，因为联邦政府对破产的S&L的存款提供保险。当基廷收购林肯信用社时，它是一家拥有11亿美元资产的运行良好的S&L。但是，由于货币控制法和其他立法解除了管制，以及在新的法律下管制执行的缺乏，许多储蓄与贷款机构进入到高风险但具有潜在高回报的风险投资中。因此，基廷撤出了林肯信用社安全的抵押贷款领域，并投机造价达每间房间50万美元的亚利桑那酒店、高尔夫球场的用地、购物中心、价格低但风险大的债券和外汇期货。

在1987年以后已经太迟了，加州的管制者对林肯信用社的运行机制开始警觉，并要求FBI和FSLIC接管林肯信用社。作为回应，基廷联系了华盛顿的朋友，因而管制的速度像蜗牛爬一样慢。在最后政府关闭林肯信用社并告知公众他们的存款在信用社是不安全时，数年已过去了。在管制者决定采取行动期间，据估计林肯信用社花费了纳税人10亿美元。最后，林肯信用社的倒闭浪费了美国纳税人30亿美元，使得它成为最昂贵的S&L倒闭案。

基廷和其他S&L企业家认为他们没有做错什么。毕竟国会和联邦管制者鼓励而不是阻止S&L通过高利率借款，并投入有风险但具有潜在高回报的资产以获得竞争力。如果油价和土地价格出乎意料地下降且无法收回贷款，这并不是像基廷这样的偏好风险一意孤行的人的错，而是市场经济的运行方式。

在1993年，联邦法官以欺诈小投资者而判处基廷12年半的监禁，与判决同时执行的还有10年的州内监禁。法官还同时命令基廷支付1亿2 240万美元以补偿廉价财产销售造成的政府损失，然而政府已经不能够找到任何重要的资产。基廷工作了 4 年 9 个月。

分析问题

联邦银行政策的批评者认为存款保险是银行破产的关键原因。银行享受着"正面我赢，反面政府输"。存款保险的几个可能的改革被提出来了。例如，存款保险的 10 万美元限制可以减少或者取消。你认为存款保险的变化可以阻止未来林肯信用社类型的破产吗?

储蓄与贷款危机

20 世纪 80 年代和 90 年代早期的储蓄与贷款危机被认为是自大萧条以来美国最严重的金融危机。在货币控制法案取消了存款利率的上限后，对顾客的竞争使得 S&L 对短期储蓄支付高的利率。然而，和银行不同，S&L 从固定利率的长期抵押贷款中获得它们的收入，但这个利率水平低于它们保持和获得新存款的利率。所导致的损失使得 S&L 放弃它们熟悉的房屋抵押贷款而寻求高利率但有风险的商业和消费者贷款。不幸的是，这些高利率的风险贷款不能收回，损失就更大了。如果情况不是太糟糕的话，低油价只会阻碍以石油为基础的得克萨斯州、路易斯安那和俄克拉荷马州的经济发展。

联邦储蓄与贷款保险公司（FSLIC）是对 S&L 提供存款保险的政府机构，如同 FDIC 如何为银行存款提供保险那样，向储户支付超过保险基金能力的损失的数量，并且国会要求 FSLIC 的存款保险基金由 FDIC 管理。为了关闭或者出售境况不佳的 S&L 并保护储户，国会在 1989 年通过了储蓄机构贷款救援法案（*Thrift Bai out Bill*）。该法案的一个条款规定建立资产再生公司（RTC），由该公司承担对破产组织的大量联邦救助。RTC 购买破产 S&L 的资产和储蓄并把它们出售，以抵消本应当由纳税人承担的部分成本。RTC 在 1995 年关闭了，由纳税人承担的最终成本总量超过了 3 000 亿美元!

主要概念

以物易物	商品货币	联邦储备系统	联邦存款保险公司（FDIC）
货币	法定纸币	联邦储备委员会	货币控制法
交易媒介	M1，M2，M3	联邦公开市场委员会（FOMC）	
计价单位	通货	价值储藏	活期存款

小结

- 满足三个检验的任何物品都可以成为**货币**。货币应当能够成为（1）一种交易的媒介，（2）计价单位，（3）一种价值储藏手段。货币比以物易物能提供更有效率的交易。货币的其他适意的性质还有稀缺性、可分割性和均匀性。
- **交易媒介**是货币最重要的功能。这意味着货币被广泛接受用于支付商品和服务。
- **计价单位**是货币的另一个重要性质。货币通过提供衡量商品和服务的价值的一个相同尺度来度量商品和服务的相对价值。

- **价值储藏**是货币随时间流失可以保持其价值的能力。货币被认为具有高度的流动性，这意味着它在交易中很容易使用。
- **信用卡**不是货币。信用卡代表一种短期贷款，因此不能作为价值储藏手段。
- **商品货币**是一种具有市场价值的货币，如金和银。现在，美国使用法定纸币，它必须由法律规定使用，并不能转换为金、银或任何其他商品。
- **M1** 是货币供给最狭义的定义，它等于通货加旅行者支票加可开支票的存款。**M2** 是货币供给相对宽泛的定义，它等于 M1 加*准货币*，比如储蓄存款和小额定期存款。**M3** 是更宽泛的定义，它等于 M2 加 10 万美元或以上的大额定期存款。

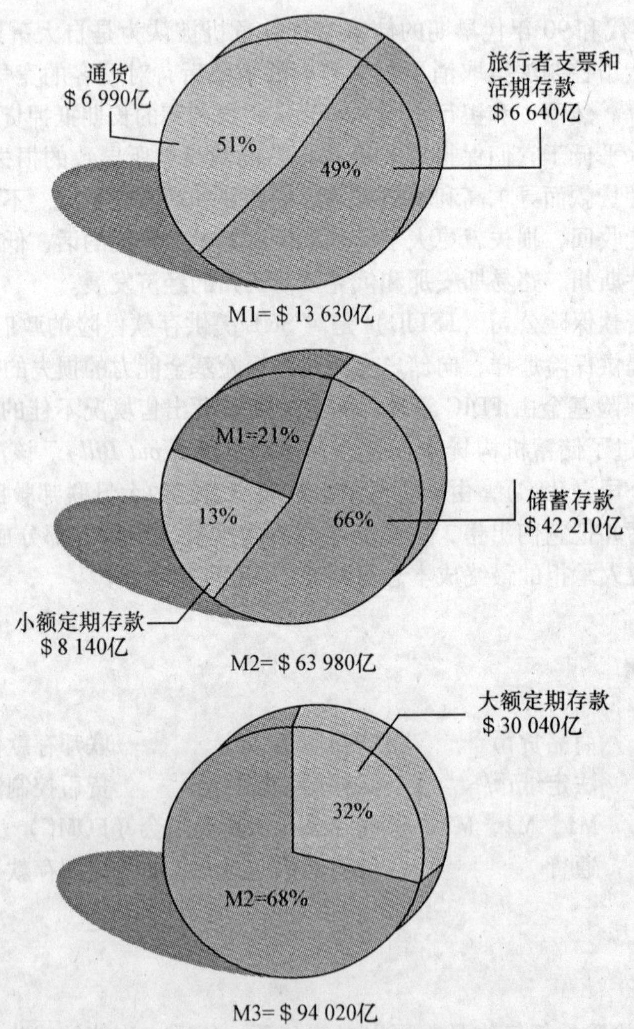

- **联邦储备系统**，美国的中央银行，建立于 1913 年。美联储由 12 家地区联邦储备银行和 25 家分支机构组成。联邦储备委员会是美联储的管理机构。联邦公开市场委员会（FOMC）引导政府债券的购买和销售，这是控制货币供给的关键方法。
- **联邦储备银行的基本职能是**：（1）控制货币供给，（2）结算支票，（3）监督和

管理银行，（4）维护和发行通货，（5）保护消费者，（6）管理联邦政府的支票账户和黄金。

- **1980 年货币控制法案**通过扩张联邦储备系统对所有金融机构的权力而发动了美国银行业的一场革命。此外，该法案通过模糊商业银行、储蓄机构甚至非金融机构之间的差别而加强了竞争。

问题思考

1. 讨论如下的陈述：迷失在沙漠中的百万富翁明白了货币的含义。
2. 下面的选项都可以成为潜在的货币吗？考虑它们要能够成为：（1）交易媒介，（2）计价单位和（3）价值储藏手段。
   a. 维萨信用卡。
   b. 联邦储备票据。
   c. 狗。
   d. 啤酒杯子。
3. 考虑问题 2 中每一个选项的稀缺性、可携带性、可分性和均匀性。
4. 什么支持美国美元？你的回答中应当包括商品货币和法定货币之间的不同。
5. 在美国最狭义定义的货币供给由哪些组成？
6. 区分 M1 和 M2。什么是准货币？
7. 什么是联邦储备系统的主要目标？什么是联邦储备委员会和联邦公开市场委员会的主要责任？
8. 美联储应当成为一个独立的机构，还是应当成为国会或者总统的一个下属政府机构？
9. 什么样的银行必须由 FDIC 提供保险？什么样的银行可以选择不由 FDIC 提供保险？
10. 简单讨论《1980 年储蓄机构解除管制和货币控制法》的重要性。

在线练习

练习 1

在 http：//woodrow. mpls. frb. fed. us/econed/curric/history. cfm 上浏览货币的历史。谁的头像印在 1 万美元纸币上？

练习 2

在 http：//www. federalreserve. gov/newsevents. htm 上浏览联邦储备委员会并点击联邦储备办公室宣言。评论由艾仑·格林斯潘发表的最新宣言。

练习 3

考虑你从邮件中收到的信用卡申请表，或者在http：//www. mastercard. comg/浏览万事达信用卡。从它们的广告中，信用卡不是货币是否很清楚？

练习 4

去美联储（http://www.federalreserve.gov/releases/H6/hist）获取 M1、M2 和 M3 的数据。在最近几个月，M1、M2 和 M3 的数量是多少？

要点考查答案

借记卡是货币吗?

借记卡可以用以作为支付的手段，并且借记卡的账目可以成为计价单位。最后，不像信用卡，借记卡可以作为价值储藏手段，因为它们是一种使用活期存款的方法，而不是一种信用的扩张。如果你说借记卡是货币，因为它们满足货币所需要的三项职能，那么你就是对的。

测试

1. 下面哪项是以物易物所带来的问题?
   a. 个人不愿意交换货物。
   b. 人们的需求必须相符才能达成一个交易。
   c. 货物可以交易但服务不能够交易。
   d. 上面的任何一项都不会成为问题。
2. 下面哪项不是货币的特点?
   a. 货币提供商品和服务相对价值的一种度量方法。
   b. 货币总是由一种具有高的内在价值的东西支持，比如金或银。
   c. 被普遍接受为一种交易的媒介。
   d. 被允许借贷。
3. 下面哪项不能作为价值储藏手段?
   a. 美元。
   b. 货币市场互助基金股份。
   c. 活期账户余额。
   d. 信用卡。
4. 一项资产越容易直接转换为商品或服务，则
   a. 它越不安全。
   b. 它越安全。
   c. 越具有流动性。
   d. 越没有流动性。
5. M1 是
   a. 货币供给最狭义的定义。
   b. 公众持有的通货，加活期存款的余额，加旅行者支票。

c. 货币供给定义中美元数量最少。

d. 上面所有。

6. 货币供给定义的 M1 包括

a. 流通的硬币和通货。

b. 流通的硬币和通货、活期存款和旅行者支票。

c. 联邦储备票据、黄金证明书和活期存款。

d. 联邦储备票据和银行贷款。

7. 当计算 M1 时，下面哪项不包括在内？

a. 流通的硬币。

b. 流通的通货。

c. 储蓄账户。

d. 活期存款账户的授信。

8. 下面哪项在货币供给定义中的 M2 里面，但不包括在 M1 里面？

a. 旅行者支票。

b. 银行持有的通货。

c. 流通中的货币。

d. 货币市场上互助基金股票。

9. 下面哪项不属于 M1 的一部分？

a. 支票账户。

b. 硬币。

c. 信用卡。

d. 旅行者支票。

e. 纸币。

10. 哪种货币供给定义包括信用卡或者“塑料货币”？

a. M1。

b. M2。

c. M3。

d. 上面所有。

e. 上面都不是。

11. 下面哪些组织具有控制货币供给的责任？

a. 商业银行。

b. 国会。

c. 美国财政部。

d. 联邦储备系统。

12. 下面哪项不是美联储的职能？

a. 支票结算。

b. 印刷货币。

c. 监督和管理银行。

d. 控制货币供给。

13．下面哪项通过美联储负责购买和销售政府债券？

a．总统。

b．联邦公开市场委员会（FOMC）。

c．国会。

d．上面都不是。

14．防止公众突然从银行大量提取现金的主要方式是

a．美联储。

b．消费者保护法案。

c．FDIC 提供存款保险。

d．金银支持美元。

第19章　货币创造

本章概述

据说在华盛顿最重要的人物是美联储的主席，因为他或她能够影响货币的供给及其由此而导致的经济表现。本章建立在你在上一章所学到的货币和联邦储备系统的知识的基础上。你将发现美联储和银行一起决定货币供给。本章首先简短说明了银行业的演变历史，然后我们考察了在一个简化的系统中，银行创造货币的机制。这个显著的过程取决于银行扩大活期存款的能力，银行通过产生螺旋上升的新的贷款和这些贷款在经济中被花费，从而转变为新的存款实现其扩大存款的能力。最后，我们打开美联储的工具箱，讨论美联储改变货币供给的三种工具。

一个常见的错误概念是，银行（包括储蓄和贷款机构和其他存款机构）接受存款并提供贷款，这就是故事的终结。但是，还有另外非常重要的章节要展开。银行交易扩大了或者缩小了货币的供给。除了通过铸造硬币或使用印刷的方法制造纸币外，你们当地的银行和其他银行也能够创造货币，也就是说银行可以提高货币供给（M1）。

人们不理解货币创造的原因是因为他们认为联邦政府通过启动和关闭货币印刷过程而控制货币供给。如前面章节所解释的，这样的概念只是部分的正确，因为货币主要由簿记账目而不是零散的纸币和硬币组成。结果是，签发支票、使用自动取款机和获得贷款都影响组成货币供给中活期存款部分的规模。

在这一章中，你将学会解决这些经济学问题：

- 经济中的货币具体是如何创造的？也就是货币供给是如何增加的？
- 美联储用来控制货币供给的主要工具是什么？
- 为什么联邦基金利率没有任何“联邦”的含义？

货币创造的起源

在中世纪，大部分欧洲国家所选择的货币都是金子。金子的一个大问题是它是一种很重的商品，这使得它很难在交易中使用或者不被小偷发现。中世纪的解决办法是存储在与金子打交道的人那里以保持其安全性，这些人被称为*金匠*。对这些服务的需求启发了金匠企业主，他们成为了现代银行的建立者。

金匠坐在他们的长椅子上，旁边放着账本并记录着存入他们金库的黄金数量。事实上，词*银行*来自意大利词“长椅子”，被写为*banco*。在估算了纯度以后，金匠向其顾客发放一张收据并写明储存的黄金数量。作为回报，金匠收取一些服务费，就像今天你在银行支付的服务费一样。任何持有收据的人向金匠出示，就可以提取收据上所注明数量的黄金。

随着黄金收据的流动，人们开始使用这些收据来支付他们的债务，而不是去兑换黄金。因此，金匠的收据就变成了纸币。首先，金匠非常保守，他们向顾客所签发的收据恰好等于顾客存储在他们的金库中黄金的数量。然而，一些精明的金匠观察到，在任何时期黄金的净提取数量只是所“存储”的所有黄金的一部分。这样的观察产生了一个有力的想法。金匠发现他们所能提供的贷款的数目要多于他们金库里实际所储存的黄金数量。结果是金匠通过贷款的利率获得了利润，从而借款者手中拥有更多用于支出的货币。

单个银行如何创造货币？

部分准备金银行体系
银行只将其存款的一定百分比以库存现金和存款的准备金形式保存在美联储的体系。

中世纪的金匠是部分准备金银行体系的最初实践者。现代的**部分准备金银行体系**是银行只将其存款的一定百分比以库存现金和存款的准备金形式保存在美联储的体系。在100%的准备金银行体系中，银行不能通过贷款创造货币。然而，如你马上要学到的那样，持有少于100%的准备金使得银行可以贷款，并在经济中创造货币。

银行家的账簿

我们通过考察一个单一的银行——典型银行的资产负债表来研究在美国部分准备金银行体系是如何运行的。资产负债表是在一个给定的时间点上一个银行的资产和负债的记录。资产负债表也称为*T-账户*。在资产负债表1中假设的典型银行的T-账户只列出了主要项目，忽略了细节以保持问题的简单性。

要研究在线银行体系，浏览韦尔斯法戈银行(http://www.Wells.fargo.com/),或者浏览Providian银行(http://www.probidian.com/)。还有一些在线出版物提供金融机构的研究与分析，如美国银行家(http:www.americanbank.com)和ABA银行业杂志(http://www.banking.com/aba/)。

在资产负债表的右边是银行的负债。负债是银行对其他人债务的数目。在我们的例子中，唯一的负债是活期储蓄或者需求储蓄。注意活期储蓄在顾客个人资产负债表中是资产，但是典型银行的债务。如果一个储蓄户在他或她的支票账户上签发一张支票，银行必须支付这个数量。因此，活期储蓄是银行的负债。

典型银行

资产负债表1

资产		负债	
法定准备金	$5 000 000	活期存款	$50 000 000
超额准备金	0		
贷款	45 000 000		
合计	$50 000 000	合计	$50 000 000

注意：美联储要求活期存款的10%留为准备金。持有500万美元准备金，银行的超额准备金仅为0，贷款为450万美元已获得利润。

法定准备金
美联储要求银行以库存现金或存款形式存放在美联储的最低余额。

在资产负债表的左边，我们可以看到典型银行的资产。资产是银行所拥有的数量。在我们的例子中，它们的资产包括**法定准备金**、超额准备金和贷款。法定准备金是美联储要求银行以库存现金或存款形式存放在美联储的最低余额。注意，联储是个吝啬鬼，它对其持有的准备金不支付任何利息。由于储备不能获得任何回报，典型银行将会通过保持最少可能数量的法定准备金以最大化其利润。

法定准备金率
美联储要求银行以库存现金或存款形式存放在美联储的存款比例。

法定准备金率决定了最少的法定准备金。法定准备金率是美联储要求银行以库存现金或存款形式存放在美联储的存款比例。在这里我们假定美联储的法定准备金率为10%。因此，该银行必须交纳500万美元（5 000万美元的10%）的法定准备金。这使得典型银行拥有4 500万美元的贷款为银行提供利润。

图19-1说明了实际法定准备金率取决于银行活期存款的水平。注意银行对小银行要求一个相对较低比率。在现实世界中，如果典型银行的活期存款界于600万到4 540万美元之间，所要求的法定准备金率可能为3%。在活期存款为4 540万美元以上时，法定准备金率为10%。

超额准备金
超过法定准备金以库存现金或存入联储的形式持有的潜在贷款。

到目前为止，我们所分析的典型银行的**超额准备金**为0。超额准备金是超过法定准备金以库存现金或存入美联储的形式持有的*潜在贷款*。我们将很容易地发现超额准备金在银行体系改变货币供给的能力方面起到了突出的作用。准备金账户之间的关系可以如下表示：

总准备金 = 法定准备金 + 超额准备金

或

超额准备金 = 总准备金 − 法定准备金

典型银行的资产负债表的资产一栏的最后一个项目是贷款，它是银行获得利息的资产。贷款是银行的资产，因为它们代表了能够偿还给银行的公开信用。在一个部分准备金银行体系，银行使用非储备余额获得收入。在我们的例子中，贷款职员书面的总贷款额度为4 500万美元。最后，注意典型银行的资产等于负债。如你马上所要看到的一样，T-账户任何一边的改变必然伴随着资产负债表另一边同样数额的改变。

图19-1 美联储的法定准备金率

存款类型	法定准备金率
活期存款	
6～45.4百万美元	3%
超过45.4百万美元	10

资料来源：明尼阿波利斯联邦储备银行，http：//woodrow. mpls. frb. fed. us/info/policy/res-req. cfm.

第一步：获得新存款

现在你准备好了去观察银行如何创造货币。假设法定准备金率为10%，并假定第一国家银行的一个储蓄者富人布拉德从他的床垫下拿出10万美元现金并存入他的活期账户中。资产负债表2记录了这种变化，在银行的负债一栏的银行活期储蓄增加了10万美元。布拉德的储蓄是银行的负债，这是因为布拉德可以改变他的主意并提取他的货币。在资产的一边，布拉德的存款增加了银行资产，因为银行在留有恰当数量的法定准备金后可把剩余的9万美元贷放出去。资产负债表2表明，总准备金被划分为1万美元的法定储备（存款的10%）和9万美元的超额储备（存款的90%）。因此，当布拉德存钱时银行的资产和负债保持相等。

在继续之前，我们必须暂停以强调非常重要的一点。储蓄在银行的硬币或纸币对货币的供给（M1）并无初始影响。回忆前面的章节，M1包括流通中的货币。因此，10万美元以现金的方式从床垫下转移到银行没有创造货币，因为M1已经计算过它们了。此外如果富人布拉德最初的10万美元存款来自其他银行签发的支票，则货币供给没有增加。在这样的情况下，第一国家银行的资产负债增加了10万美元，意味着其他银行的资产负债减少10万美元。不妨回忆M1也包括活期存款。

结论 通货转移到银行和从一个银行的存款转移到另一个银行不影响货币供给（M1）。

第二步：贷款

到目前为止，M1还没有发生变化，如资产负债表2所示，因为布拉德拿了通货10万美元并把它转变为活期存款。另一种说法是公众持有同样的10万美元支出，只是形式从现金转变为活期账户。在第二步，实际的货币创造过程发生了。利润动机给银行职员提供了激励，不让9万美元新存款以超额准备金的方式闲置不用。相反地，第一国家银行渴望提供贷款并通过收取利息而获得利润。假设非常巧合地，康妮·琼斯面带笑容地走了进来，要求申请9万美元的贷款为她的健康疗养院购买设备。康妮具有良好的信用记录，因此银行接受了康妮签订的同意偿还贷款的借据（IOU）。如资产负债表3所示，资产一边有三个项目发生了改变。首先对康妮·琼斯的贷款把贷款账户提高到9万美元。第二，银行必须增加法定储备金9千美元，因为在负债一边提高了9万美元的活期存款（回忆法定准备金率为10%）。第三，从超额准备金中转移了9千美元作为法定准备金从而使得银行的超额准备金从9万美元下降到8万1千美元。在资产负债表2和资本负债表3中，总准备金仍然是10万美元。

第一国家银行				
资产负债表2				
资产		负债		M1的变化
法定准备金	+ $10 000	富人布拉德的账户	+ $100 000	0
超额准备金	90 000			
合计	$100 000	合计	$100 000	

第一步：富人布拉德存了10万美元，这增加了活期存款。美联储要求银行就这笔新存款保留10%的准备金，因此该账户的贷方记入10 000美元，剩下90%的超额准备金。这对货币供给没有影响。

第一国家银行				
资产负债表3				
资产		负债		M1的变化
法定准备金	$19 000	富人布拉德的账户	$100 000	
超额准备金	81 000	康妮·琼斯的账户	+90 000	+ $90 000
贷款	+90 000			
合计	$190 000	合计	$190 000	

第二步：银行通过在康妮·琼斯的支票账户上存入9万美元而把这个数量的钱贷给了她。相应地，9万美元余额被增加到贷款账户上，结果是货币供给增加9万美元。

在资产负债表负债一边的相应项目就是货币创造的面包与黄油。活期存款从9万美元上升到19万美元。原因是银行发行了以康妮为名义的支票，该支票可以从银行的支票账户上提取现金，因此第一国家银行利用这样的交易表演了货币魔法。考察富人布拉德所存储的10万美元发生了什么。它产生了9万美元新的贷款，这个贷款被迅速地加入到活期存款并因此提高了货币供给9万美元。

结论 当一家银行提供一项贷款，它也同时创造了存款，且货币供给提高了与贷款数目相同的数量，因为货币供给包括活期存款。

在进一步继续之前，你需要暂停并休息一会。休息后，要特别注意这些交易对货币供给的影响。在第一步，布拉德最初的存款没有改变M1。但在第二步，当第一国家银行通过提供贷款给康妮·琼斯无中生有地创造了货币供给，使得M1提高了9万美元。现在康妮在她的支票账户上比以前有更多的货币，但没有任何人的货币减少。康妮现在能够使用这些货币购买商品与劳务。

第三步：结算贷款支票

现在康妮·琼斯使用新的货币购买她的健康疗养院设备。假设康妮从第二健康疗养院为其事业购买设备，并签发了一张在第一国家银行的9万美元的支票。第二健康疗养院所有者然后把支票存入该企业在亚祖国家银行账户上。亚祖国家银行将把支票寄给联储的地区银行以收取款项。回忆每一个银行在联储保有准备金。联储通过记入第一国家银行准备金账户的借方和亚祖国家银行准备金账户的贷方以结清支票。联储然后把支票寄回给第一国家银行，并且该银行会在康妮·琼斯的支票账户上扣除9万美元。如资产负债表4所示，康妮·琼斯的支票账户变为0，第一国家银行的负债也减少了9万美元。在资产负债表的资产一方，法定准备金减少了9千美元，超额准备金为0。现在尘埃落定，第一国家银行拥有10万美元的所需要的法定准备金和一张9万美元的借据。注意在第三步的支票结算过程中对M1没有影响。由第一国家银行贷款所创造的M1增加的9万美元成为第二健康疗养院在亚祖国家银行支票账户上的存款。

最后，如果富人布拉德从第一国家银行提取10万美元的现金，则上面所描述的过程要进行相反的操作。结果是货币供给减少9万美元。

第一国家银行				
资产负债表 4				
资产		负债		M1 的变化
法定准备金	$10 000	富人布拉德的账户	$100 000	0
超额准备金	0	康妮·琼斯的账户	0	
贷款	+90 000			
合计	$100 000	合计	$100 000	

第三步：康妮·琼斯用可以从第一国家银行提款的 9 万美元支票支付给第二健康疗养院。第二健康疗养院把支票存入亚祖国家银行，该支票由第一国家银行付款。结果是康妮·琼斯的账户和她所在银行的准备金账户出现了债务。

银行系统里货币的乘数扩大

货币创造过程（贷款）并没有在第一国家银行的大门口停止。就像第 15 章的支出乘数一样，存在一个货币乘数的过程。在第二健康疗养院从康妮·琼斯获得 9 万美元存款后，再来考察其对亚祖国家银行的影响来继续我们的故事。如资产负债表 5 所表明的那样，亚祖国家银行的活期存款增加了 9 万美元。给定 10% 的法定准备金率，亚祖国家银行必须保持有 9 千美元的法定准备金，并把剩下的 8 万 1 千美元作为超额准备金。

联邦储备系统的国家信息中心(http://www.ffiec.gov/nic)拥有银行的新闻数据和信息。

亚祖国家银行			
资产负债表 5			
资产		负债	
法定准备金	+ $9 000	第二健康疗养院	+ $90 000
超额准备金	+81 000		
合计	$90 000	合计	$90 000

注意：法定准备金率为 10%，第二健康疗养院从康妮·琼斯获得的 9 万美元存款创造了 8 万 1 千美元的超额准备金，从而银行能够贷款因而创造更多的活期存款。

亚祖国家银行的贷款职员现在增加了 8 万 1 千美元的超额准备金可供贷款，并增加了在其他银行额外的活期存款、超额准备金和贷款。图 19-2 介绍了从富人布拉德最先存入他的 10 万美元开始，然后银行提供贷款并存入其他银行的货币供给创造的扩张过程。

在图 19-2 中，我们发现，在第一国家银行的最初的 10 万美元的存款最终能够创造出 90 万美元的货币供给（M1）。这是因为布拉德最初的 10 万美元存款最终一共创造了 90 万美元的超额准备金，这些准备金能够提供新的贷款，并再转化为不同的银行里的存款。这样的过程继续下去，每一个银行所接受的活期存款越来越小，因为每一项存款必须留有 10% 的法定准备金。如图 19-2 所示，银行系统作为一个总体可以创造 90 万美元的活期存款，等于单个银行新创造的超额准备金的总额。注意最初的 10 万美元现金已经计入 M1

中，因此它不计入货币供给的扩大之中。

图 19-2　货币供给的扩张

回合	银行	活期存款的增加	法定准备金的增加	超额准备金的增加
1	第一国家银行	$100 000	$10 000	$90 000
2	亚祖国家银行	90 000	9 000	81 000
3	银行 A	81 000	8 100	72 900
4	银行 B	72 900	7 290	65 610
5	银行 C	65 610	6 561	59 049
6	银行 D	59 049	5 905	53 144
7	银行 E	53 144	5 314	47 830
·	·	·	·	·
·	·	·	·	·
·	·	·	·	·
所有其他银行总额		478 297	47 830	430 467
总增加		$1 000 000	$100 000	$900 000

注意：第一国家银行的 10 万美元的现金存款创造了其他银行 9 万美元的新存款。每一个回合都创造超额准备金，这些准备金贷给顾客，他们把贷款支票在下一回合中存入其他银行。

货币乘数

货币乘数
银行所持有的超额准备金的初始变动所导致的货币供给（活期存款）的最大幅度的变动。货币乘数等于 1 除以法定准备金率。

幸运的是我们不必要计算列入图 19-2 中所有单个银行的交易以得到由存贷所创造的货币供给。相反地，我们可以使用**货币乘数**，或*存款乘数*。货币乘数给出了货币供给（活期存款）的*最大*变化，这种货币供给归因于银行持有的超额准备金的初始变化。① 货币乘数等于 1 除以准备金率。公式表达为：

货币乘数 = 1/法定准备金率 = 1/（1/10）= 10

货币供给的实际变化由如下公式计算：

货币供给实际变化 = 超额储备的最初变化（ER）× 货币乘数（MM）

象征性地并使用图 19-2 中的数据，

$$\Delta M1 = \Delta ER \times MM$$

$$\$900\ 00 = \$90\ 000 \times 10$$

现实世界中的货币乘数

实际中，由于一些原因，货币乘数的大小比我们简易公式中所计算的要小得多。首先，康妮·琼斯或者在货币创造过程中的任何顾客都能够决定把部分贷款放入他们的口袋

① 货币乘数（MM）是无穷几何级数 $1+(1-r)^1+(1-r)^2+\cdots+(1-r)^\infty$ 之和，r 等于法定准备金率。

里，而不是向第二健康疗养院签发一张与贷款数目等值的支票。在一些人钱包里或者床垫下的银行系统以外的货币被称为现金漏出，这降低了货币乘数的值。

其次，当银行不把它所有的超额储备都用于提供贷款的时候，货币乘数的规模下降了。也许一些银行预期到大的储蓄账户提款，为了应付提款而持有超额准备金。或者一些银行持有超额准备金是因为它们缺少足够“有价值”的贷款申请者。当银行不论什么原因决定保留超额准备金时，货币乘数将较小。

货币政策如何创造货币

货币政策
美联储通过公开市场操作、改变贴现率和法定准备金率来改变货币供给（M1）。

上一章解释了联储的主要功能是使用三种政策工具或杠杆以控制货币供给。美联储使用三种政策工具来影响经济，更精确地被称为**货币政策**。货币政策是美联储通过公开市场操作、改变贴现率和法定准备金率来改变货币供给（M1）。使用这些货币政策的三种政策工具或者杠杆，美联储可以限制或扩大银行的存款创造，从而改变货币的供给。

公开市场操作

你已经看到了公众——包括富人布拉德、康妮·琼斯和第二健康疗养院通过银行系统提高了 M1。在这一节中，你将在此基础上学习美联储是如何扩张或者缩小货币供给的。我们从联邦储备系统中的 12 家联邦储备银行加总的资产负债表 6 开始。在 2005 年 5 月 23 日，美联储的总资产为 7 990 亿美元。这些资产的大部分（7 150 亿美元）以美国政府债券的方式持有，包括短期国库券、中期国库券和长期国库券。对银行的贷款只有 10 亿美元，这只相当于总资产的一个非常小的百分比。这与商业银行相反，它们大部分资产以贷款的形式持有。最后，美联储的其他资产包括硬币、结算过程中的现金、银行财产和外国通货。

联邦储备系统

资产负债表 6
5 月 23 日，2005 年（10 亿美元）

资产		负债	
美国政府债券	$715	联邦储备券	$718
对银行贷款	1	存款	23
其他资产	83	其他负债和净值	58
总资产	$799	总负债和净值	$799

资料来源：联邦储备委员会，影响准备金余额的因素，http：//www.federalreserve.gov/release/h41/current/.

美联储的主要负债是价值 7 180 亿美元的联邦储备票据——纸币通货。这与商业银行的主要负债相反，商业银行的主要负债是活期存款。如我们前面一章所介绍的，美联储发行，但实际上并不印刷联邦储备券。相反地，美联储决定货币发行量，然后再通知雕版和印刷管理局订购一批 10 美元、20 美元、50 美元和 100 美元面值的纸币，这些纸币都由武装卡车送往各个银行。

美联储的另一个重要负债是银行和美国财政部的存款,因此美联储充当这些银行和财政部的银行。注意这些银行的存款包括在本章开头所讨论的法定准备金。在 2005 年 5 月 23 日,总负债和净值等于 7 990 亿美元的总资产。再次说明,资产负债表的一些细节有意省略了。

公开市场操作
联邦储备系统对政府证券的买卖。

回忆在上一章中介绍的联邦公开市场委员会（FOMC）。FOMC，如其名字所暗含的那样，它通过**公开市场操作**决定货币供给。公开市场操作是联邦储备系统对政府证券的买卖。纽约联邦储备银行的交易柜台执行这些命令。假设 FOMC 决定提高货币供给并命令纽约联储柜台购买价值 10 万美元的 90 天短期国库券（被称为 T-债券）。①

美联储联系私人部门的证券经纪人以竞价销售债券。假设美联储接受最低的竞价，购买价值为 10 万美元的 T-债券，并支付给经纪人一张从其自身提款的支票。如资产负债表 7 所示，美联储的资产提高了价值 10 万美元的美国政府借据。一旦证券经纪人把他的美联储支票存入他在第一国家银行的账户上，银行将把这 10 万美元的支票寄回美联储。当美联储收到支票时，这将使第一国家银行在美联储准备金账户上增加同样数量的准备金。因此，美联储的负债提高了 10 万美元且货币供给立即增加了 10 万美元，因为证券经纪人在第一国家银行的支票账户上增加了 10 万美元。就像魔术师舞动他的魔棒一样，美联储创造了新的货币：最初的 10 万美元活期存款和用于贷款的超额准备金。假定法定准备金率为 10%，第一国家银行的法定准备金增加了 1 万美元，则他的超额准备金为 9 万美元。因此，货币供给潜在地可以增加 100 万美元（当美联储购买国库券时增加了 10 万美元的 M1，并乘以货币乘数 10）。注意与前面图 19-2 中的例子中所涉及到的 10 万美元现金存款已计入 M1 不同，这里最初的存款是由美联储创造出来的，因此还没有计入 M1 之中。用公式表示：

货币供给实际变化 = 最初活期存款（CD） + （超额准备的最初变化 × 货币乘数）

$$\Delta M1 = \Delta CD + \Delta ER \times MM$$

$$\$1\ 000\ 000 = \$100\ 00 + \$90\ 000 \times 10$$

如果 FOMC 命令纽约联储交易柜台出售政府债券以回收联储投放的货币，则过程相反。如资产负债表 8 所示，美联储的目标是比如通过销售资产负债表的资产一方 10 万美元长期国库券以减少货币供给。在这种情况下，美联储接受证券经纪人的最高出价。再次我们假设证券经纪人可向美联储支付的 10 万美元支票是由证券经纪人在第一国家银行的支票账户上签发的。当美联储收到支票，它将减少在资产负债表 8 负债一边的准备金记录，而第一国家银行减少了证券经纪人的活期存款数量。由于第一国家银行的准备金减少了 10 万美元，美联储一开始就减少了 10 万美元的 M1。再次，美联储再次舞动了它的魔棒并减少了银行系统中的货币。给定 10% 的法定准备金，货币供给可以潜在地减少 100 万美元（当美联储销售国库券时最初减少的 10 万美元 M1 乘以货币乘数 10）。

---

① 美国财政部发行的 T-债券最小单位为 1 万美元。联邦政府可交易的债务包括 3 个月、6 个月和 1 年期的，这些债务用来融通政府赤字，如 17 章中所说。财政部通过每周的拍卖销售 3 个月的政府短期国库券，而 6 个月期和 1 年期要销售的少一些。

联邦储备银行		
资产负债表 7		
资产	负债	M1 的初始变化
美国政府 债券 + $100 000	第一国家银行的 准备金 + $100 000	+ $100 000

注意：为增加货币供给，美联储通过公开市场操作购买了 10 万美元政府债券。美联储向证券经纪人支付一张美联储的支票，证券经纪人把该支票存入其所在的银行。货币供给的最初变化增加了 10 万美元。

联邦储备银行		
资产负债表 8		
资产	负债	M1 的最初变化
美国政府 债券 - $100 000	第一国家银行的 准备金 - $100 000	- $100 000

注意：为减少货币供给，美联储通过公开市场操作出售了 10 万美元政府债券。美联储接受了证券经纪人的支票并可从其所在银行提款。货币供给的最初变化下降了 10 万美元。

另一种研究公开市场操作的方法考察交易柜台上典型的一天，这个柜台位于纽约联邦储备银行内。交易柜台经理从研究估计银行系统里的超额准备金开始一天的工作。如果超额准备金较低，银行少有资金能够提供贷款。高的超额准备金意味着许多银行能够提供贷款。在收集完这些信息和其他数据以后，经理考虑来自 FOMC 的指令并制订一天的"游戏计划"。经理与 FOMC 的数位成员举行电话会议以获得支持。在他们的同意下，经理召集被称为经纪人的债券交易商，他们通过提供报价单来交易政府债券。公开市场操作有两个目标：购买或者销售政府债券。

结论 美联储购买政府债券向银行系统注入准备金并提高了货币供给。美联储销售政府债券减少了银行系统的准备金并减少了货币供给。

图 19-3 说明了美联储的公开市场操作。

贴现率

到目前为止，银行系统的货币创造取决于从新的活期存款中所得到的超额准备金。事实上，美联储本身向银行提供了另外一种选择，通过贴现窗口获得准备金。这是每一个联邦储备区银行都有的一个部门而不是实际上的窗口。假设第一国家银行没有超额准备金，而富人布拉德并没有带着存款走进来。同样假设美联储并没有购买政府债券和向经纪人支付一张支票存入第一国家银行。现在康妮·琼斯进来了，她要求申请贷款。在这种情况下，银行没有多余的货币提供贷款，但它可以从美联储借入短期的准备金并支付**贴现率**。贴现率是美联储对银行的储备贷款所索取的利率。所有的银行和其他储蓄机构都有权利偶尔

贴现率
美联储对银行的储备贷款所索取的利率。

从美联储借钱以弥补准备金赤字。贴现率的改变经常发送了美联储货币政策方向的信号，因此可以影响公众对经济的预期。一个低的贴现率鼓励银行借入准备金并提供贷款。

要点考查

谁具有更强的货币创造能力?

你在你家里的地板下面发现了1 000美元的纸币并决定存入你的支票账户。同一天，美联储决定从你存钱的银行购买1 000美元的政府债券。假设法定准备金为10%，哪种行动给经济中创造了更多的货币?

图19-3 公开市场操作

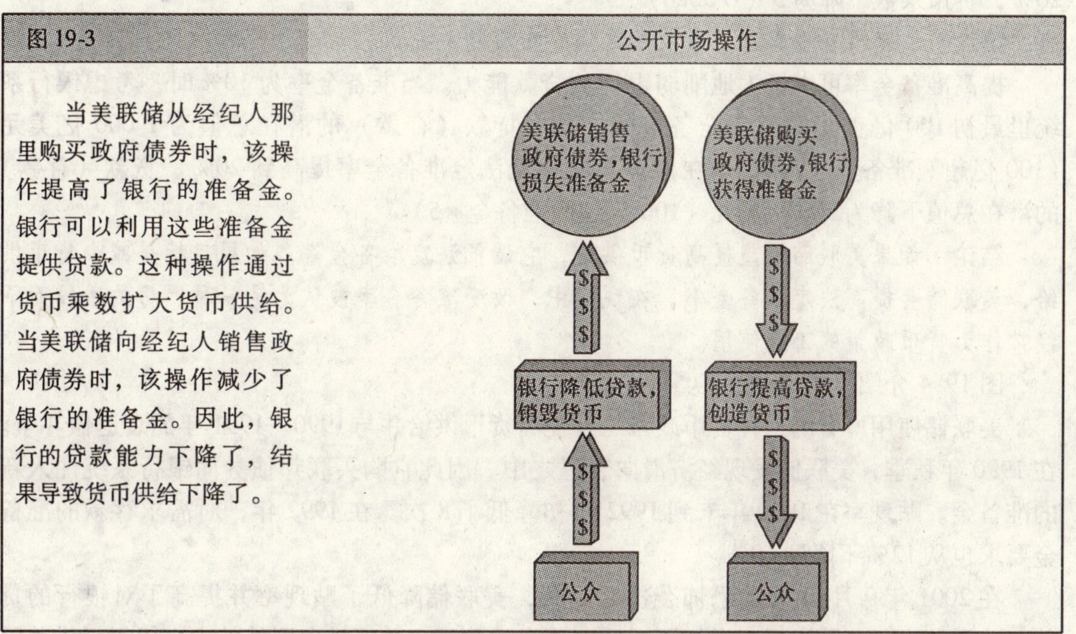

结论 高的贴现率不鼓励银行借入准备金和提供贷款。如果美联储想扩大货币供给，它将降低贴现率。如果目标是缩小货币供给，美联储提高贴现率。

联邦基金市场 银行之间在24小时内相互拆借储备金的私人市场。

联邦基金利率 银行对其他银行的隔夜储备金贷款所索取的利率。

银行想增加它们的准备金以寻求有利可图的贷款机会也能够通过**联邦基金市场**来获得。联邦基金市场是银行之间在24小时内相互拆借储备金的私人市场。单词“联邦”并不意味着是政府的市场。它只意味着这是一个全国性或非常广泛的市场。在这个市场上，缺少准备金的银行可以从其他银行借入一些准备金。利用银行间的贷款市场，第一国家银行可以从亚祖国家银行借入超额准备金并支付**联邦基金利率**。联邦基金利率是银行对其他银行的隔夜储备金贷款所索取的利率。从联邦基金市场上借入的准备金对货币供给没有影响，因为这样的借款只是把准备金从一个银行转入另一个银行。特别注意：大部分银行主要通过联邦基金市场借入货币来满足它们的准备金要求而不是通过贴现窗口。

法定准备金率

在前一章讨论的1980年货币控制法中，美联储具有法定权力向所有的银行和储蓄与贷款协会指定法定准备金。通过改变法定准备金率，美联储可以改变银行的超额准备金，从而改变银行的贷款能力。这是一种潜在的非常有力的杠杆。回忆货币乘数等于1除以法定准备金率。假设美联储担心通货膨胀，因此它想缩小货币供给和抑制经济中的总需求。如果美联储提高准备金率，其结果是减少了超额准备金并产生一个小的货币供给变化，因为货币供给乘数较小。例如，法定准备金率为10%时，货币乘数为10（1/0.10）。如果美联储把比率提高到20%，货币乘数下降为5（1/0.20）。

关于美联储的法定准备金率更多信息浏览(http://www.federalreserve.gov/pf/pf.htm)并点击货币政策的执行。

结论 法定准备金率与货币乘数之间存在反相关关系。

提高准备金率可以极大地削弱银行的贷款能力。当准备金率为10%时，考虑银行系统里最初100亿美元的超额准备金的增加。贷款（存款）的潜在总值为1 000亿美元(100亿超额准备金×10)。现在假设美联储把法定准备金率提高到20%。贷款（存款）的潜在总值下降为500亿美元（100亿超额准备金×5）。

结论 如果美联储希望提高货币供给，它调低法定准备金率。如果目标是减少货币供给，美联储会提高法定准备金率。在现实中，改变准备金率被认为是一种严厉的手段而不经常作为货币政策的工具使用。

图19-4介绍了货币政策工具总的影响。

美联储使用所有的三种货币政策工具提高货币供给并与1990—1991年的衰退做斗争。在1990年秋季，美联储发现经济滑向衰退之中，因此它购买联邦债券向银行系统注入新的准备金。贴现率在1990年末到1992年初降低了8次。在1992年，对需求存款的准备金要求也从12%下降到10%。

在2001年9月11日的恐怖袭击后不久，美联储降低了贴现率并提高了对银行的贷款。美联储也在公开市场上增加了对政府债券的购买，并安排向国外的中央银行提供美元以满足这次危机的需要。在2002年，为应对衰退，美联储使用公开市场操作购买债券以提高货币供给，并数次降低了贴现率。美联储的这些反应抵消了恐怖袭击和美国与世界经济衰退的影响。

图19-4 货币政策工具对货币供给的影响

美联储货币政策措施	机制	货币供给的变化
公开市场操作购买	准备金上升	增加
公开市场操作销售	准备金下降	减少
贴现率下降	借准备金更便宜	增加
贴现率上升	借准备金成本更高	减少
法定准备金下降	货币乘数增加	增加
法定准备金上升	货币乘数减小	减少

货币政策的缺陷

和财政政策一样，货币政策也有其缺陷。如下原因使得美联储对货币供给的控制不完善。

货币乘数不准确

如果美联储要管理货币供给，就必须知道货币乘数的大小以便能够预测由于超额准备金增加所导致的货币供给增加的数量。然而，货币供给乘数的大小很不确定，而且受与美联储无关的决策的影响。如本章早些时候所解释的那样，公众持有现金的决策和银行提供贷款的意愿影响最初超额准备金变化所造成的总的货币供给的扩张。这些决策随着繁荣与衰退而发生变化。当商业周期好转，银行非常愿意使用它们的超额准备金来提供贷款，从而货币供给增加。在低迷时期，银行不愿意使用它们的超额准备金来发放贷款，货币供给趋于减少。

非银行金融机构

非银行金融机构提供金融服务，但不提供包括在M1中的活期存款。非银行金融机构不直接在美联储的管理范围之内。保险公司、养老基金、经纪行、金融公司和其他公司持有大量的基金并提供贷款，可能潜在地抵消货币供给的变化。例如，在银行被拒绝贷款的顾客可以转向家庭金融公司或其他金融公司获得现金。

美联储应当控制哪种定义的货币?

如前面章节所讨论的，货币供给有不同的定义。如果美联储主要控制的是M1，但公众把他们大量的存款转变为M2，那么将会发生什么？例如，银行可以支付高利率以吸引更多的顾客投资于存款单，结果是美联储也许应当重视M2而不是M1。事实上，在近些年来，美联储更重视M2而不是M1，因为M2与GDP的变化关系更紧密。

财政政策与货币政策的滞后

财政政策并不立即发生作用，货币政策同样如此。同财政政策一样，货币政策存在时滞。首先，在政策需要改变的时候与美联储确定问题并决定使用何种政策工具之间存在*内部时滞*。内部时滞相对较短，因为金融数据每日更新，通胀和失业的数据每月更新，实际GDP的数据在3个月内也可以得到。一旦美联储获得了数据，就能很快地决定需要什么样的政策变化并做相应的调整。货币政策的内部时滞要短于财政政策，因为财政政策是长期的政策预算过程的结果。

其次，在政策决定执行时与政策变化开始影响经济时之间存在*外部时滞*。这个时滞涉及的时间长度包括货币乘数或支出乘数已充分地影响总需求，并影响到就业、价格水平和实际GDP。

现实生活中的经济学

FOMC 实际中如何工作？

适用概念：货币政策

联邦公开市场委员会（FOMC）是美联储最有权力的货币政策制定团队，每年在华盛顿的美联储召开8次会议。好像经常是全世界都在等待会议的结果。在会议之前，美联储为委员会成员准备了三份文件。“绿皮书”基于一系列的方程和货币政策变化或不变化的假定来预测总需求和各种价格。“蓝皮书”至少讨论三种货币政策工具的选择，每种政策选择的基本原理和每种政策对经济的影响。还有一份“棕皮书”，每年出版8次，收集了关于当今经济条件的民间信息，这些信息是通过采访重要的商业人士、经济学家、银行家和其他来源而获得。

会议开始的准确时间是上午9点，并开始讨论用彩色图表说明的外汇操作和国内公开市场操作。然后，职员开始陈述对当今经济发展和在绿皮书上对经济进行的预测所做的分析。接下来，围坐在令人印象深刻的27尺桃花心木椭圆桌前的委员会成员表达他们对分析的观点，这些人中不包括艾伦·格林斯潘，他选择不参加这次圆桌会议。现在是咖啡时间，所有人将在挂有重1 000磅的枝型吊灯的23尺高的天花板下休息。

在咖啡休息时间后，职员讨论每一个蓝皮书的每一个政策选项，但不推荐任何特别的选项。一般有三种选择得到介绍。选项A往往是利率的下调，选项B总是利率不变，而选项C是提高利率。在职员进行陈述以后，委员会成员斯文地讨论这些选项。但一个重要的不同是，艾伦·格林斯潘在这一轮次首先发表意见。他引导讨论和拥护某一政策。在其他委员会成员表达他们的观点后，主席概括大致上的一致意见并阅读被用来投票的指导性草案。指导性草案向美联储职员说明直到下一次FOMC会议的召开如何执行公开市场操作。例如，纽约的美联储交易柜台可能被指示在1%到5%的范围内提高货币供给并通过购买90天的短期国库券以降低利率。在讨论以后，委员会成员就对指导性草案投票，由主席首先投票，且决策遵循少数服从多数的原则。可以预期主席一般是处于胜利的一边。

指示会被送到纽约美联储的交易柜台，很快地大约4打证券经纪人接到美联储的电话。如果存在政策的改变，它将在下午2点15分被宣布。为了保持机密性，会议纪要将在下次会议后的第一个星期四公开。会议的全文抄本则在5年内都不会公开。

现在美联储通过宣布其对目标联邦基金利率的改变来传达货币政策的变化。回忆美联储并不是设定该利率，但可以通过公开市场操作来影响利率。如果美联储购买债券，银行系统的超额准备金增加了，利率下降了。如果美联储出售债券，银行系统的超额准备金减少了，利率上升了。结果是利率水平一般都受到影响。在2001年，美联储尝试使美国经济走出衰退，它降低了联邦基金利率11次，这是自20世纪90年代初的衰退以来最多的一次。下一章更具体地解释利率变化和其他关键的宏观经济变量之间的关系。从 2002 年到 2003 年，美联储再一次降低了联邦基金利率以支持经济的复苏。在 2004 年，美联储更担心通货膨胀并 5 次提高了联邦基金利率。这样的增加一直持续到 2005 年。

分析问题

最近的一次 FOMC 会议上发生了什么？你愿意向美联储提出你对货币政策的建议吗？访问 http：//www. federalreserve. gov/fomc/default. htm。若要体验一次 FOMC 会议，访问：http：//www. newyorkfed. org/educator/fomcsim. html。

现在是回答一个重要问题的时候了：在稳定经济终点线中，谁是比赛中的野兔，谁是比赛中的乌龟？在这个故事的流行观点中认为野兔要跑得更快，但是失误的兔子偏离跑道并最后在终点输给了乌龟。然而，在我们的经济故事中，美联储是野兔并轻易地胜过了财政政策（乌龟）。虽然计算机模型的估计存在很大的差异，货币政策的总时滞（包括内部的和外部的时滞）大约为 3 个月到 12 个月。相反，总的财政政策时滞不少于 1 年，且 3 年的总时滞是非常可能的。

主要概念

部分准备金银行体系	超额准备金	公开市场操作	联邦基金市场
法定准备金	货币乘数	贴现率	联邦基金利率
法定准备金率	货币政策		

小结

- **部分准备金银行体系**，当今银行业的基础，起源于中世纪的金匠。因为存款机构（银行）并不要求把它们所有的存款保留为库存现金或者联邦准备金，银行通过贷款创造货币。
- **法定准备金**是美联储要求银行持有的库存现金或在美联储的存款的最低余额。必须以法定准备金持有的存款的百分比被称为**法定准备金率**。
- **超额准备金**是在银行的准备金多于法定准备金的时候存在。超额准备金使得银行可以通过把存款转变为贷款以创造货币。当超额准备金下降和贷款被还清时，货币供给减少了。
- **货币乘数**被用来计算由于超额准备金变化而导致的活期存款（货币供给）的最大变化（正或负）。公式为：

  货币乘数 = 1/法定准备金率

  货币供给的实际变化由如下公式计算：

  超额储备的最初变化 × 货币乘数 = 货币供给变化
- **货币政策**是美联储改变货币供给所采取的政策。美联储使用三种基本工具：（1）**公开市场操作**；（2）**改变贴现率**；（3）**改变法定准备金率**。
- **公开市场操作**是美联储通过其在纽约联邦储备银行里的交易柜台对政府债券进行

购买和销售的行为。**购买政府债券**创造了额外的银行准备金和贷款，因而扩大了货币供给。**销售政府债券**减少了银行准备金和贷款，从而缩减了货币供给。

公开市场操作

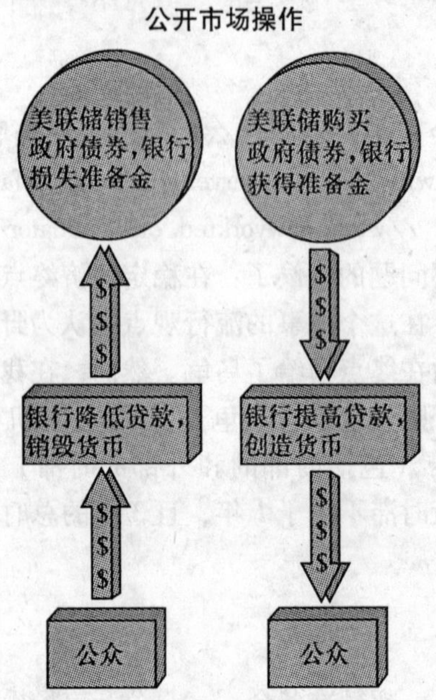

- 当美联储改变其对银行的准备金贷款利率的时候，**贴现率的变化**就发生了。调低贴现率水平使得银行更容易从美联储借入准备金并扩大货币供给。提高贴现率则不激励银行从美联储借入准备金并减少了货币供给。
- **法定准备金率的变化**与货币乘数的大小负相关。因此如果美联储降低法定准备金率，则货币乘数与货币供给提高了。如果美联储提高了法定准备金率，则货币乘数和货币供给降低了。
- **货币政策的缺陷**包括以下内容：（1）货币乘数可能变化。（2）非银行金融机构，如保险公司和金融公司能够提供贷款和其他金融服务，但它们并不直接受美联储的控制。（3）美联储可能控制 M1，但公众可能把资金转向 M2、M3 或其他定义的货币供给。（4）可能发生时滞。

问题思考

1. 把莎士比亚的劝告“既不要成为借款者也不要成为贷款者”与金匠演化到部分准备金银行系统的过程联系起来。
2. 如果你存入 200 亿美元到一个支票账户上，且你所在的银行的法定准备金率为 10%，那么该银行的超额准备金将增加多少？
3. 考虑这样的叙述：银行不创造货币，因为这是美联储的责任。你是同意还是不同意，并作出解释。
4. 银行以何种形式持有其法定准备金？假设美联储规定的法定准备金率为 20%，则 100 亿美元的法定准备金可以支持多少活期存款？

5. 假设你存入你的薪金，并在另一家银行提款。解释其对货币供给的影响。
6. 假设你从你的床垫下拿出1 000美元并存入第一国家银行，利用一个资产负债表来说明你的存款对银行的资产和负债的影响。如果法定准备金率为10%，从该存款中，该银行可以提供的最大数量的贷款是多少？
7. 假设现在是假期，你从你在第一国家银行的账户上提取1 000美元以购买礼物。利用一个资产负债表说明其对银行资产和负债的影响。如果法定准备金率为20%，那么其对银行的贷款有什么影响？
8. 假设美联储的交易柜台从证券经纪人那里购买了50万美元的T-债券，且经纪人把美联储的支票存入第一国家银行。利用资产负债表说明其对银行贷款的影响。考虑货币乘数并假定法定准备金率为10%。从这个公开市场操作中所导致的货币供给的最大增加是多少？
9. 假定法定准备金率为10%，且一家银行的超额准备金为5 000万美元。解释为什么基于超额准备金的新贷款所导致的活期存款不可能产生5亿美元的最大值。
10. 简短概述下面货币政策对货币供给的影响：
    a. 美联储购买价值为2 000亿美元的长期国库券。
    b. 美联储调高贴现率。
    c. 美联储调低贴现率。
    d. 美联储出售价值为4 000亿美元的T-债券。
    e. 美联储调低法定准备金率。
11. 美联储在控制货币供给时要面临一些什么困难？

在线练习

练习1

为了研究美联储货币政策工具，完成以下步骤：

1. 评论公开市场操作（http://www.ny.frb.org/pihome/fedpoint/fed32.html）。
2. 评论联邦基金利率（http://www.federalreserve.gov/fomc/default.htm）。
3. 评论准备金要求（http://www.ny.frb.org/pihome/fedpoint/fed45.html）。

练习2

浏览美联储网站（http://www.federalreserve.gov/releases/H15/data.htm）并完成以下步骤：

1. 找到“银行主要贷款”，上面显示了主要利率（银行对其最具有信用价值的顾客收取的利率），并点击“月度数据”以观察在过去几月的时间里主要利率的变化。

2. 现在点击贴现窗口借款和“月度数据”，观察最近几个月时间贴现率的变化。

3. 在主要贷款利率与贴现率之间存在什么关系？为什么？

练习3

浏览堪萨斯市联邦储备银行交互式网络终端（http://www.kc.frb.org/fed101/index.cfm），并研究 FED101。

练习4

浏览网络银行，如 Centura 银行（http://www.centura.com/index.html）。它的服务与你们当地的银行有什么区别？同时评论存款监督办公室（OTS）在 http://www.ots.treas.gov/main.cfm?catNumber=3&catParent=0 上的关于电子银行的材料。OTS 受联邦特许管理储蓄与贷款。

要点考查答案

谁具有更强的货币创造能力?

你的行为增加你所在银行1 000美元的负债，同时以法定准备金形式存在的资产增加了100美元（0.10×$1 000）。这意味着超额准备金增加了900美元，使得银行增加了这个数目的新的贷款。当美联储购买1 000美元的政府债券时，银行再次获得了1 000美元的准备金。但是，美联储的交易并没有改变银行的负债，因此1 000美元都可以转变为贷款。考虑对货币供给总的影响，货币乘数效应表明你的行为增加了9 000美元的货币供给而美联储的操作增加了1万美元。如果你回答美联储的操作创造了更多的货币，那么你的回答**是正确的**。

测试

1. 如果一家银行总存款为10万美元，其中1万美元要留作美联储的法定准备金，那么法定准备金率是
   a. 1万美元。
   b. 10%。
   c. 0.1%。
   d. 1%。
2. 假定在一个简化的银行系统中，所有银行所要求的法定准备金率都为30%，并且活期存款是唯一的货币形式。一家银行接收到1万美元的新存款可以扩张的贷款最多为
   a. $3 000。
   b. $7 000。
   c. 10 000。
   d. 30 000。
3. 第一国家银行在准备金率为10%的情况下运行。某天一位储蓄者从他或她在银行

的活期账户上提取了400美元。结果银行的超额准备金为

a. 下降400美元。

b. 下降360美元。

c. 增加40美元。

d. 增加400美元。

4. 如果在一个简化的银行系统中，100美元的超额准备金的增加会导致银行存款总量增加400美元，那么法定准备金率为

a. 40%。

b. 400%。

c. 25%。

d. 4%。

e. 2．5%。

5. 在一个简化的银行系统里，所有银行面临的法定准备金率为25%，美联储在公开市场上销售1 000美元将使货币供给

a. 增加1 000美元。

b. 降低1 000美元。

c. 降低4 000美元。

d. 增加4 000美元。

6. 在一个简化的银行系统里，所有银行面临的法定准备金率为20%，美联储在公开市场上购买1 000美元将使货币供给

a. 增加100美元。

b. 减少200美元。

c. 减少5 000美元。

d. 增加5 000美元。

7. 从美联储借款的成员银行的成本由什么衡量？

a. 法定准备金。

b. 公开市场上证券价格。

c. 贴现率。

d. 政府债券的回报。

8. 图19-5中的法定准备金率为

a. 10%。

b. 15%。

c. 20%。

d. 25%。

9. 如果图19-5中的银行获得了10万美元的新存款，其增加的法定准备金为：

a. $10 000。

b. $20 000。

c. $30 000。

d. $40 000。

图 19-5		第一国家银行的资产负债表	
资产		负债	
法定准备金	$____	活期存款	$100 000
超额准备金			
贷款	80 000		
合计	$100 000	合计	$100 000

10. 假设布拉德·琼斯在图 19-5 中的银行中存入 1 000 美元，其结果是
    a. 超额准备金增加 200 美元。
    b. 法定准备金增加 200 美元。
    c. 法定准备金增加 1200 美元。
    d. 法定准备金变化为 0。
11. 如果系统中的全部银行与图 19-5 中的第一国家银行相同，货币乘数为
    a. 5。
    b. 10。
    c. 15。
    d. 20。
12. 假设系统中的全部银行与图 19-5 中的第一国家银行相同，美联储 1 000 美元的公开市场销售将使
    a. 货币供给增加 1 千美元。
    b. 货币供给增加 1 万 5 千美元。
    c. 货币供给减少 1 千美元。
    d. 货币供给减少 5 千美元。

第20章 货币政策

本章概述

前苏联的第一代领导人列宁曾说过，摧毁一国最好的方法是摧毁它的货币。希特勒也曾这么说过。第二次世界大战期间，他曾计划伪造英国的货币，并且把这些货币用飞机在英国上空抛撒。这些都说明货币发行的数量对一国经济有重要影响。一国货币数量的突然增加能降低其货币的价值。结果，人们只得诉诸物物交换，并且将大量的时间都浪费在商品和服务的直接交换上，而不是去从事生产性活动。

前两章已经为我们理解货币市场提供了基础。我们学习了货币供给的三种定义，银行系统如何创造货币以及美联储如何控制货币的供给。现在我们要学习货币的需求和供给以及它们如何相互作用从而影响利率。然后，我们会把货币供给的变化与总需求和总供给模型联系起来。使用这一分析工具，可以帮助我们理解货币需求的变化如何影响利率，进而影响实际 GDP 、就业以及价格。

本章的前半部分探讨了凯恩斯主义的经济学家如何看待货币政策和经济之间的关系。本章的后半部分阐述的是货币主义者所持的相反观点。这两种截然不同的观点之间争论的焦点在于货币政策究竟通过何种渠道影响经济。这种由意识形态所主导的争论对美国的未来非常重要，而且这一争论还远未结束。本章最后是“现实中的经济学”，你将应用凯恩斯主义和货币主义观点来分析大萧条。

在本章中，你会学会解决这些经济学问题：

- 为什么人们希望持有货币余额？
- 什么是货币政策传导机制？
- 为什么一个摘取过诺贝尔桂冠的经济学家会建议将联邦储备委员会由一匹聪明的马来代替？

货币的功能：凯恩斯的视角

货币需求

为什么人们持有（需要）货币和活期存款（M1），而不是把他们的货币投入股票市场、债券市场、房地产市场或是以其他财富的非货币形式持有？因为货币不能直接产生收益，人们（包括商家）如果持有现金或活期存款，则要承担*机会成本*，即他们对所持货币放弃了的利率或利润。那么，持有货币能带来什么样的好处呢？为什么人们愿意持有货币并因而放弃这些货币带来的利率收益呢？约翰·梅纳德·凯恩斯在他1936年的《就业、利率和货币的一般理论》中给出了人们持有货币的三种动机：交易性需求、预防性需求和投机性需求。

货币的交易性需求
人们为了应付日常的可预测性支出所持有的货币量。

货币的交易性需求 持有货币的第一种动机是交易性需求。**货币的交易性需求**是人们为了应付日常的可预测性支出所持有的货币量。用货币快速和简单地进行购物的需要是持有货币的主要原因。比如，学生对他们在租金、食品、公用事业、汽油和其他日常购买上所需的花费，头脑中会有个大概。我们也能预测一项商业活动的薪金总额、公用事业支出、原料供应的账单和其他日常支出。如果没有足够的现金，为了应付交易人们必须把他们的股票、债券、存款进行变现而不得不遭受利率损失和可能的提前取款处罚。

货币的预防性需求
人们为应对不可预期的支出而持有的货币存量。

货币的预防性需求 为了应付日常预期的购买而持有货币，人们就有了持有货币的第二种动机，即预防性需求。**货币的预防性需求**是人们为应对不可预期的支出而持有的货币存量。这是人们持有以防范那些困难的日子的“私房钱”。比如，你的汽车可能会出现故障，或是你的收入也可能出乎意料地下降。同样的，一项商业活动可能出现不可预测的维护支出或低于预期的现金收入。不可预见的事件会使得人们无法及时支付其账单，因此人们需要持有预防性货币余额。这就确保了人们不必将带息金融资产变现，也不必借款就支付得起未曾预期的账单，因而心态平和。

货币的投机性需求
人们利用对债券、股票或其他非货币金融资产价格的预期未来变化而持有的货币存量。

货币的投机性需求 持有货币的第三个动机是投机性动机。**货币的投机性需求**是人们利用对债券、股票或其他非货币金融资产价格的预期未来变化而持有的货币存量。除了交易性动机和预防性动机之外，个人和商户还需要“投机性货币”去投机或者说猜测所选择的资产价格是升还是降。人们就会利用当非货币资产价格下降时可能产生利润的机会，这也是投机性货币需求背后的驱动力。比如说，当利率很高的时候人们会买IBM的30年期限的债券，因为持有货币的机会成本也就是这些非货币资产所能赚取的高利率收益。当利率很低的时候，人们持有很多货币是因为投资于债券所赚取的利息带来的机会成本也很少。假设IBM的30年期债券的利率很低，如果这样，人们就会在银行中保有更多的货币而在利率高攀之时将其用于投机。

结论 随着利率的降低，持有货币的机会成本下降，人们会增加其投机性货币余额。

货币需求曲线
该曲线代表了，在其他条件不变的前提下，人们在不同利率水平所愿意持有的货币数量。

货币需求曲线 持有货币的三种动机共同作用产生了**货币需求曲线**。该曲线代表了，在其他条件不变的前提下，人们在不同利率水平所愿意持有的货币数量。如图20-1所示，当利率下降时，人们会增加其货币余额。原因是许多人会将其货币从货币市场上提取出来，比如将其由互助基金变成活期存款（M1）。

结论 货币的需求数量与利率存在反向关系。

是什么决定了货币需求曲线的形状？我们从交易性和预防性的货币需求开始。货币余额是以实际GDP的百分比的形式给出的。假设实际GDP为50 000亿美元，而且为了交易性和预防性的目的人们希望持有货币，比如说10%。这意味着第一个5 000亿美元与图20-1的水平轴重合，它们用于购买以及防范不可预见的事件。

现在考虑利率的变化对投机性货币需求的影响。当利率下降时，人们会在其交易性和预防性余额的基础上增加大量的投机性余额。例如，当年利率为8%时，货币需求的总量在*A*点，即10 000亿美元，其中5 000亿是投机性余额。当利率为4%时，货币需求的总量增加到15 000亿美元，即*B*点，其中10 000亿美元是投机性余额。因此货币需求曲线由*MD*标示，看起来与其他需求曲线都非常相似。

银行利率监视器（http://www.bankrate.com/brm/default.asp）调查了2 500家金融机构，给出了银行利率的信息。同样，美联储保留着利率的当前和历史数据。（http://www.federalreserve.gov/releases/H15/data.htm）

结论 投机性的货币需求导致了在可能的利率水平上货币需求曲线是向下倾斜的。

图 20-1 货币需求曲线

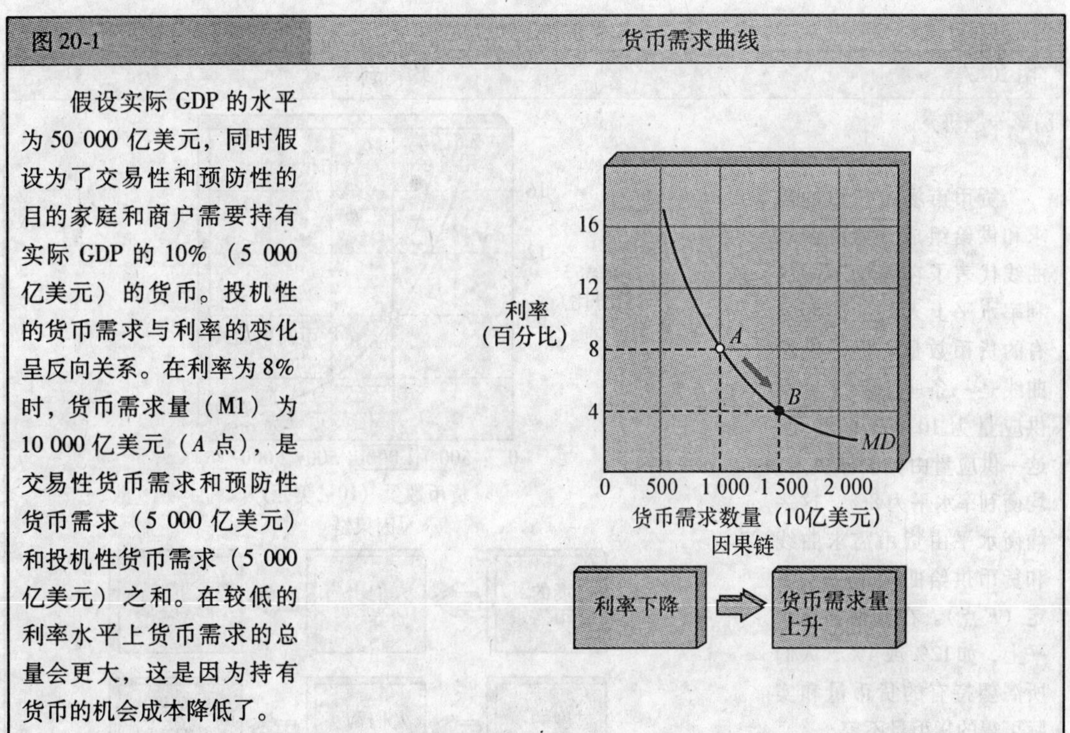

假设实际GDP的水平为50 000亿美元，同时假设为了交易性和预防性的目的家庭和商户需要持有实际GDP的10%（5 000亿美元）的货币。投机性的货币需求与利率的变化呈反向关系。在利率为8%时，货币需求量（M1）为10 000亿美元（*A*点），是交易性货币需求和预防性货币需求（5 000亿美元）和投机性货币需求（5 000亿美元）之和。在较低的利率水平上货币需求的总量会更大，这是因为持有货币的机会成本降低了。

均衡利率

现在我们准备通过同时考虑货币需求曲线和货币供给曲线，从货币市场转向均衡利率的决定。图20-2与图20-1中所示的货币需求曲线（*MD*）是相同的。货币供给曲线*MS*是垂直的，因为10 000亿美元的货币供给的数量并不随利率的改变而发生变化，原因是我们的模型假设美联储运用其货币政策工具使得货币供给固定在这一水平上，而无论利率如何变化。

在*E*点，均衡利率水平是8%，由货币需求曲线和垂直的货币供给曲线决定。人们希望在流通领域中刚好持有该数量的货币，因此，既不会对利率产生向上的压力也不会对利率产生向下的压力。

超额货币需求 假设图20-2中的利率水平是4%而不是8%。如此低的货币机会成本就意味着人们所渴望持有的货币量高于货币供应量。为了消除这5 000亿美元的短缺，个人和商户需要调整其资产组合。他们会通过卖出债券和其他非货币资产来得到更多货币。当有许多人卖掉或试图卖掉其债券的时候，就会导致出售的债券的供应量增加。因此，债券的价格会下降，利率则会上升。利率将一直上升到8%才会停止，因为只有在*E*点人们才会对其货币和债券的组合满意。

我们不妨用一个例子来理解一下究竟是怎么一回事。假设IBM对其1 000美元的30年期债券支付4%的利息。这就意味着IBM向其债券持有者每年支付40美元的利息，并且承诺在30年之后归还其最初的1 000美元（面值）。然而，一个债券持有者可以在这些债券到期之前以市场价格将它们卖掉。如果债券持有者希望持有的货币量要大于供给量的话，他们会卖掉更多的债券。这样，由于债券的供应量增加将导致债券的价格下跌，比如说跌至500美元。其结果就是利率上升至8%（＄40/＄500）。

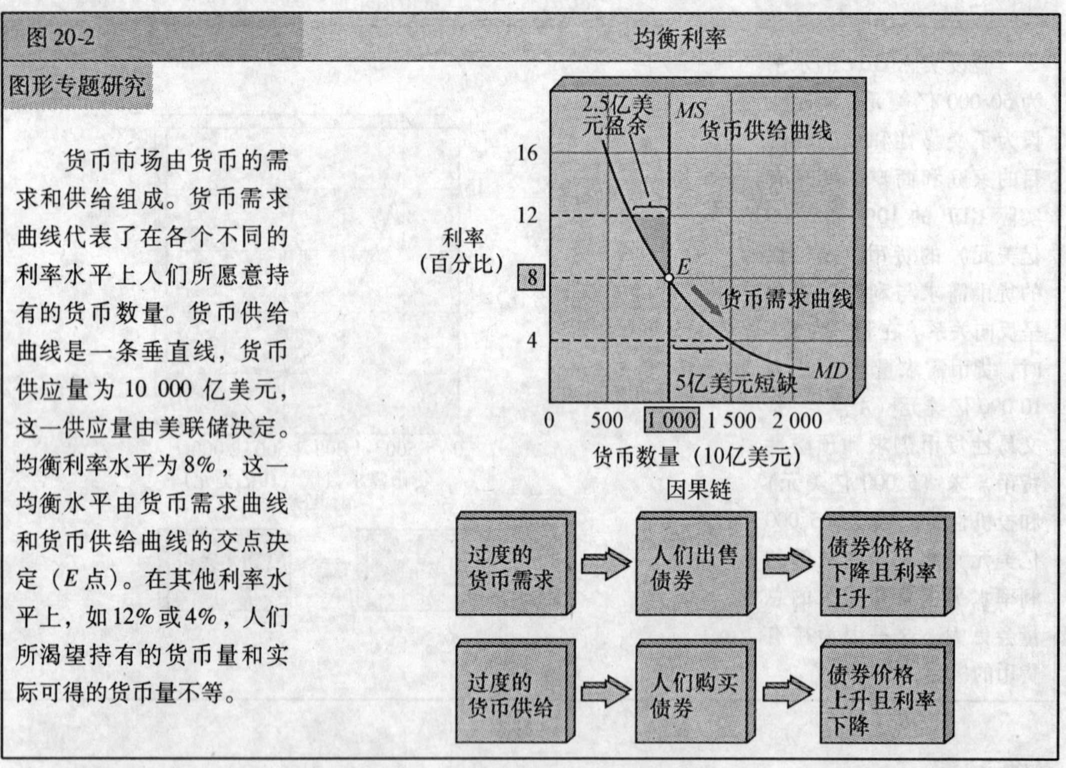

超额货币供给 当利率超过8%时，情况则相反。假设利率水平为12%，此时，人们实际持有的货币量比他们所希望持有的货币量要多。换句话说，人们所愿意持有的货币比实际流通中的货币要少。这种情形下，货币需求量比货币供给量要少2 500亿美元。为了纠正这种不平衡，人们将通过购买债券的方式把现金或活期存款动用起来。这种债券需求的增加将会使得债券的价格上涨，利率下降。随着利率的下降，人们更加愿意持有货币，因此货币的需求量增加。最后货币市场在*E*点达到均衡，并且此时人们对其货币和债券的组合感到满意。

结论　债券的价格和利率之间是一种反向关系，并且这种反向关系能使货币市场达到均衡。

货币政策如何影响利率

假设货币需求固定不变，均衡利率水平随货币政策的变化而发生改变。如我们在第19章图19-4中所看到的那样，美联储能通过公开市场操作、改变法定存款准备金率或调整再贴现率来改变货币供应量。这一节我们将看到联邦储备系统改变货币的供应量的力量，同时也可以改变均衡的利率水平。

货币供应量的增加　图20-3（a）显示了货币供应量的增加如何导致均衡的利率水平下降。我们从 E_1 点开始分析，货币供给水平为10 000亿美元，与货币的需求水平相等，且均衡的利率水平为12%。现在假设美联储通过在公开市场上购买政府证券将货币供应量增加到15 000亿美元。美联储这一扩张性的货币政策的影响就是在现行的12%的利率水平上创造了5 000亿美元的货币剩余。

美联储在做决策之前，必须先确定经济状况。美联储在其发行的棕皮书中给出了经济状况的总结(http://www.federal.reserve.gove/，点击“Beige Book”)。

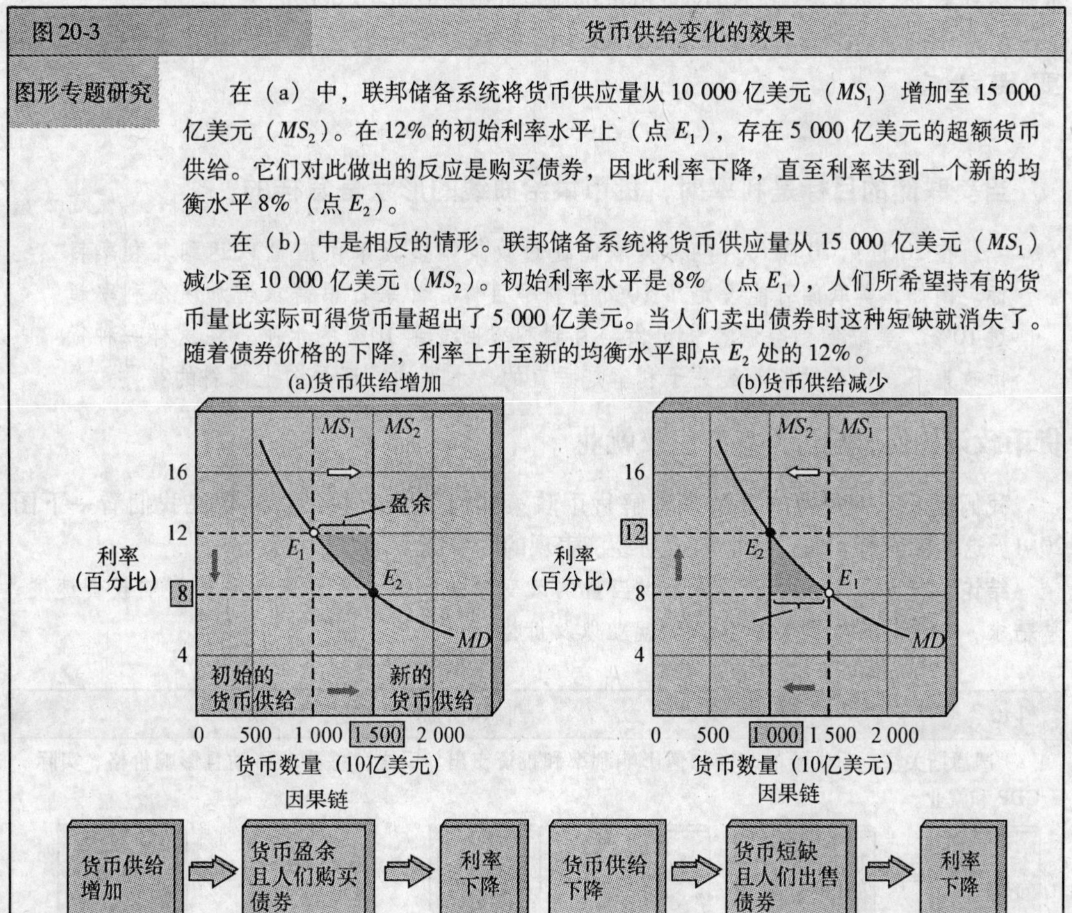

图20-3　货币供给变化的效果

图形专题研究

在（a）中，联邦储备系统将货币供应量从10 000亿美元（MS_1）增加至15 000亿美元（MS_2）。在12%的初始利率水平上（点 E_1），存在5 000亿美元的超额货币供给。它们对此做出的反应是购买债券，因此利率下降，直至利率达到一个新的均衡水平8%（点 E_2）。

在（b）中是相反的情形。联邦储备系统将货币供应量从15 000亿美元（MS_1）减少至10 000亿美元（MS_2）。初始利率水平是8%（点 E_1），人们所希望持有的货币量比实际可得货币量超出了5 000亿美元。当人们卖出债券时这种短缺就消失了。随着债券价格的下降，利率上升至新的均衡水平即点 E_2 处的12%。

那么人们将对他们的口袋或活期存款中多出的超额货币做出何种反应呢？货币变成了“烫手的芋头”，人们争相购买债券。债券的抢购导致债券价格上升，利率下降。随着利率的下降，人们将愿意持有更多的货币余额。或者，换句话说，货币的需求量会一直增加直到达到新的均衡 E_2。在8%这一较低的利率水平上，持有货币的机会成本也比较低，货币需求曲线和货币供给曲线之间的不平衡也就消失了。

货币供给的减少 图20-3（b）阐释了美联储如何使用紧缩的货币政策对利率产生向上的压力。从点 E_1 开始，利率水平在8%处达到均衡。现在政府通过公开市场操作卖出政府债券或者提高存款准备金的比率或提高再贴现率来减少货币供给，因此货币供应量从15 000亿美元减少至10 000亿美元。在8%的初始均衡利率水平上，这一货币供应量的减少导致5 000亿美元的短缺。

个人或商户所希望持有的货币比实际可得的货币多。公众如何将更多的货币放进其口袋或活期账户中呢？他们能够通过卖出债券换取现金。这一卖出压力将会降低债券价格，使得利率水平上升。在 E_2 点，利率上升的压力就停止了。一旦均衡的利率水平达到12%，人们愿意持有的货币量也就是货币供应量10 000亿美元。

点击下面网址，浏览纽约美联储的“Fedpoints”(http://www.newyorkfed.org/aboutthefed/fedpoints.html/)——下面网址说明了联邦储备系统对货币供给的控制：储备要求(http://www.ny.frb.org/pihome/fedpoint/fed45.html)，联邦基金利率(http://www.federalreserve.gov/fomc/default.htm)，公开市场操作(http://www.ny.frb.org/plhome/fedpoint/fed32.html)。

要点考查

当美联储的目标是利率时，货币供给曲线的形状是怎样的？

在20世纪70年代后期，美联储通过政策调整货币供应量以达到其利率目标。例如，美联储可能设定了10%的利率目标。如果货币需求增加使得利率超过10%，美联储则会调整货币供给直到利率回复到10%的水平。在这样一种货币政策下，货币供给曲线关于利率是垂直的、水平的，还是向上倾斜的？

货币政策如何影响价格、产出及就业

我们接下来所要做的事情是理解货币政策如何改变宏观经济。现在我们看一下图20-4。这个图阐释了联系货币政策与经济表现的因果链。

结论 在凯恩斯模型中，货币供应量的改变影响利率。反过来，利率影响投资速度、总需求，并最终影响到实际GDP、就业以及价格。

图20-4 凯恩斯的货币政策传导机制

凯恩斯关注货币供给的改变如何影响利率和投资支出。反之，总需求移动且影响价格、实际GDP和就业。

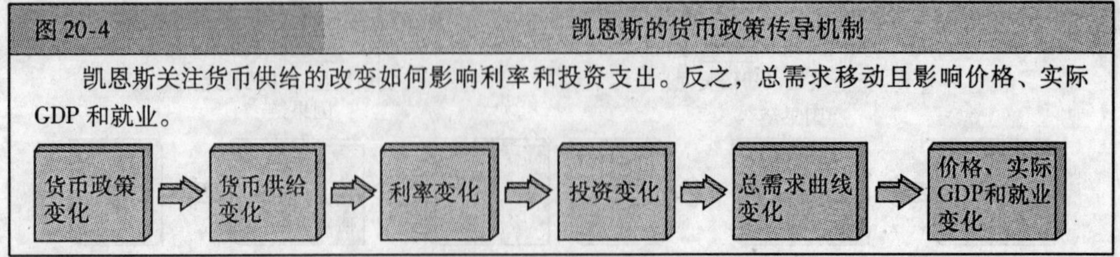

AD-AS 模型框架下货币政策的影响

利率的变化如何影响总需求？我们先看看图 20-5（a），它代表了货币市场，与图 20-3（a）是一样的。正如前面所解释过的，我们假设美联储将货币供给从 10 000 亿美元（MS_1）增加至 15 000 亿美元（MS_2），均衡的利率水平则从 12% 下降到 8%。在图 20-5（b）中，我们可以看到，利率的下降导致投资量从每年的 8 000 亿美元增加到 8 500 亿美元。换句话说，也就是发生了一个沿投资需求曲线（I）向下移动的过程。回忆一下第 11 章中我们所提到过的 GDP 就由总支出或者总需求构成。投资曲线所描述的是商户在各个可能的利率水平上支付于投资品的数量。

图 20-5　扩张性货币政策对总需求产生的影响

图形专题研究

在（a）中，MS_1 曲线是初始货币供给，均衡的利率水平为 12%。当美联储将货币供给从 MS_1 增加至 MS_2，货币市场的均衡点从 E_1 变化至 E_2。这使得人们所希望持有的货币数量从 10 000 亿美元增加至 15 000 亿美元，因此可以得到一个更低的均衡利率 8%。

（b）中所描述的是利率的下降导致 A 点沿投资需求曲线移动到 B 点。因此，每年的投资支出数量从 8 000 亿美元增加至 8 500 亿美元。

在（c）中，投资的增加即总需求增加，使得总需求曲线从 AD_1 外移到 AD_2。因此产品市场上总需求和总供给的均衡从 E_1 变化至 E_2，实际 GDP 缺口消失。价格也从 150 变化至 155。

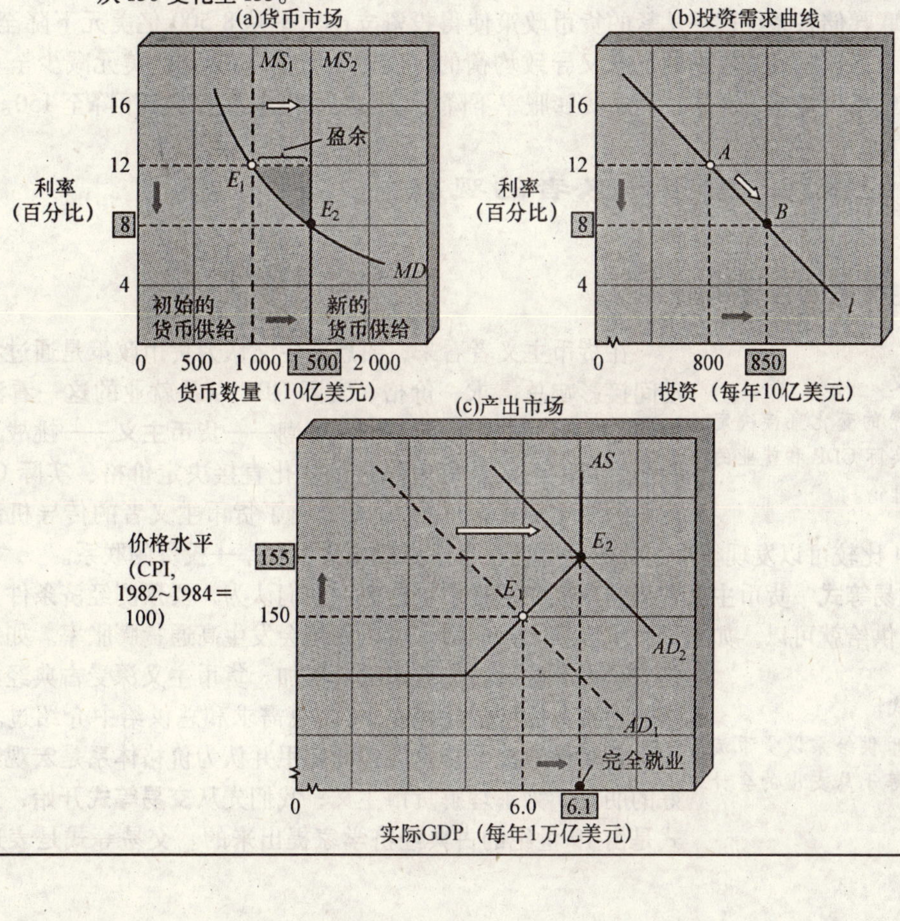

古典经济学家认为投资支出水平由利率唯一决定。凯恩斯反驳了这一观点。相反，凯恩斯认为对于未来利润的预期才是决定投资的主要因素，而利率只是所有投资建议的融资成本。不妨用一个微观的例子来阐释一下投资决策过程，假设一个咨询公司计划用 1 000 美元购买一个新的计算机程序，而这一程序一年之后就会过时。这家公司预期新的软件能增加的收益为 1 100 美元。因此，如果假设不存在税收和其他支出的话，期望回报率或者利润率为 10%。

现在我们考虑一下借贷成本对为软件投资融资的影响。如果利率小于 10%，借款投资是可以赚取利润的，因此会有购买这一计算机软件的投资支出发生。另一方面，利率高于 10% 则意味着投资于这一软件会亏损，因此不会有人购买这一软件。预期利润率—利率—投资之间的关系遵循以下规则：*商户将会投资于所有预期利润率等于或大于利率的项目。*

联邦储备系统部分地是通过公开市场操作来操控货币控制的。在下面网址上有最近公开市场操作记录(http://www.federalreserve.gov/fomc/)。

在图 20-5（c）中，我们用到的是前面讲过的财政政策对总需求和总供给的分析。初始点为 E_1，年实际 GDP 为 6 万亿美元，价格水平在 150。现在我们将其与货币供给的变化联系在一起考虑。

利率的下降导致投资增加，并通过支出乘数起作用使得总需求曲线从 AD_1 右移到 AD_2。在新的均衡点 E_2 上，实际 GDP 从 6 万亿美元增加至 6.1 万亿美元，同时达到充分就业。另外价格水平从 150 上升至 155。图 20－5（a）还说明了一个紧缩的货币政策的影响。在这种情形下，货币供给是从 MS_2 内移至 MS_1，使得均衡的利率水平从 8% 上升到 12%。联邦储备系统这一从紧的货币政策使得投资支出水平从 8 500 亿美元下降至 8 000 亿美元，而这一投资水平的下降又导致均衡的年实际 GDP 从 6.1 万亿美元减少至 6 万亿美元。结果失业率上升了，而通货膨胀率下降了，因为价格水平从 155 下降至 150。

货币的作用：货币主义者的观点

货币主义者的传导机制

货币主义
货币供给的变化直接决定价格、实际 GDP 和就业的变化的理论。

在货币主义者看来，凯恩斯主义认为货币政策是通过利率变动间接影响总需求、价格、实际 GDP 以及就业的这一看法是一种错觉。另一种相反的经济学思潮——**货币主义**——挑战了这一看法。货币主义是货币供给的变化直接决定价格、实际 GDP 和就业的变化的理论。图 20-6 给出了货币主义者的传导机制。与图 20-4 比较可以发现货币主义的模型省略了凯恩斯主义中利率—投资的联系。

交易等式　货币主义者将焦点放在了货币供给上。他们认为，要预测经济条件只需要看货币供给就可以。如果货币供应量太大的话，可以预见会发生高通货膨胀率。如果货币供应量太小的话，失业率将会增加。货币主义深受古典经济学的影响。古典经济学我们在 14 章总需求和总供给中介绍过。货币主义者骄傲地披上自由放任的盔甲并认为价格体系是宏观经济最好的朋友。为了理解货币主义，我们先从**交易等式**开始，这一等式是由 19 世纪的古典经济学家提出来的。交易等式是表述货币

交易等式
表述货币供给乘以货币流通速度等于总支出的会计等式。

供给乘以货币流通速度等于总支出的会计等式。交易等式用公式表达可以写成：

$$MV = PQ$$

我们从左边的式子 $M \times V$ 开始。M 是流通中的货币供给（更确切的说是 M1），V 是**货币流通速度**。货币流通速度是每年 1 美元的货币供给用来支付最终产品和劳务的平均次数。设想你现在拥有 20 美元，而且在一个极度简单的经济中总共也只有这 20 美元。假设你用这 20 美元在齐诺比萨店买了一个比萨和一瓶碳酸饮料。当齐诺先生将这笔钱赚进口袋之后，他决定去买一本经济学的书来学习一下凯恩斯主义和货币主义者的区别到底在哪里。因此，齐诺先生在外兹教授书店买下了这本书，正好也是花掉 20 美元。到目前为止，齐诺先生和外兹先生都卖掉了价值 20 美元的产品。因此，这一个 20 美元为总价值 40 美元的支付都提供了资金。并且，只要这 20 美元一个接一个地传下去，比如说经过 1 年的时间，那么销售量的价值还会增加。例如，假设这 20 美元一共流传 5 次，这意味着货币的流通速度是 5，交易等式即：

货币流通速度
每年 1 美元的货币供给用来支付最终产品和劳务的平均次数。

$$\$\ 20 \times 5 = \$\ 100$$

交易等式是一个恒等式——由定义可知——它说明了这样一个事实，即人们所支付的价值等于或者说交换了他们所购买的物品。人们所购买的即名义 GDP，或 $P \times Q$。回忆一下，名义的或用货币计算的 GDP 等于一年中的平均价格水平（P）乘以最终产品或劳务的实际产出量。在我们的简单经济中，总支出等于 100 美元。请注意 MV 和 PQ 之间的等价并不是说如果 MV 增加，P 或 Q 就会发生什么变化。尽管我们知道产出的总价值（PQ）增加多少，但是我们并不知道到底是价格水平（P）增加了，还是产量（Q）增加了，或者是都增加了。

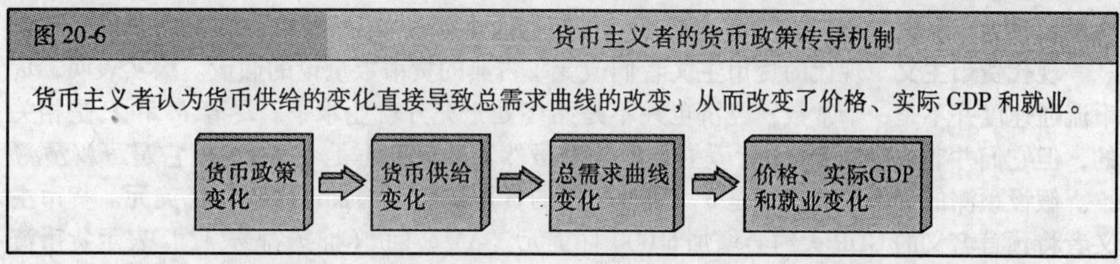

图 20-6　货币主义者的货币政策传导机制

货币主义者认为货币供给的变化直接导致总需求曲线的改变，从而改变了价格、实际 GDP 和就业。

考虑一个更为现实的例子。假设去年名义 GDP 是 5 万亿美元，M1 是 1 万亿美元。那么经济中为了得到这一总支出水平每 1 美元的货币供给需要被使用多少次呢？由交易等式：

$$M \times V = P \times Q$$

$$1\text{ 万亿美元} \times V = 5\text{ 万亿美元}$$

$$V = 5$$

因此，每年每 1 美元被花费 5 次。

货币数量论　如果给出某些假定，交易等式可以从一个等价的式子转变成一个理论。古典经济学家是现代货币主义者的先驱，他们认为货币流通速度（V）和实际产出（Q）都是常数。古典经济学家将 V 看作是常数是因为人们习惯于持有某一特定数量的货币，因此每 1 美元被花费的次数的改变是很慢的。回忆一下在 14 章关于总需求和总供给中我们说过古典经济学家认为价格和工资是具有完全弹性的。因而他们相信经济能够自动调整到长期的充分就业产出水平（Q）。

货币数量论
货币供给的变化直接与物价水平的变化相关的理论。

由假设，V 和 Q 都是常数，我们可以得到一个最古老的通货膨胀的理论即**货币数量论**。货币数量论表述的是货币供给的变化直接与物价水平的变化相关。因此，基于货币数量论的货币政策就直接影响了价格水平。为了阐释这一点，我们将交易等式修改一下，在 V 和 Q 上加一横（-）表示它们的值是固定的或者为某个常数：

$$M \times \overline{V} = P \times \overline{Q}$$

如果货币供应量翻倍会怎样？价格水平也会翻倍。或者，如果联邦储备系统将货币供应量减少至一半，那么价格水平也会减少一半。同时，产品和劳务的实际产出 Q 没有发生变化。

结论 根据货币数量论，任意货币供给的变化都必将导致价格水平的同比例变化。

简言之，货币主义者认为通货膨胀的原因就是"太多的货币追逐太少的商品"。货币数量论否定了任何非货币因素的作用，比如石油价格突然上涨所带来的供给冲击，导致成本推动型的通货膨胀（参见第 14 章图 14-11（a））。然而，这一理论忽略了财政政策改变税收和支出后对价格水平的影响。

这一数据揭示了货币供应量的变化和通货膨胀率的变化之间的什么关系呢？尽管这一关系并不是在每个年份都显示出来，但是实证数据支持了这样一个一般结论，即持续的高增长水平的货币供应量通常与高通货膨胀相对应。例如，1953 年到 1962 年间，货币供应量的增长率水平比较低，平均只有 1.5 个百分点，通货膨胀率的平均水平为 1.3 个百分点。1973—1982 年，货币供应量以一个较高的水平增长，增长率为 6.7%，此时的通货膨胀水平就上升到了 8.8%。更近一点，在 1993—2001 年，货币供应量的增加水平比较低，平均只有 1.6%，平均的通货膨胀率就下降到了 2.8%。从全球而言，货币供应量的变化与通货膨胀之间也有类似的直接关系存在。例如，阿根廷 1980—1990 年货币供应量的平均增长率为 369%，而在这 10 年之中平均每年的通货膨胀率为 395%。

现代货币主义 现代的货币主义者们改变了古典的货币数量论的假设。事实表明，货币流通速度并不是一个常数，经济也并不是始终处于充分就业水平。尽管 M 和 P 是相关的，但它们并非成比例变化。*货币主义者认为*虽然流通速度不是不变的，*但它是可以预测的*。假设预测的货币流通速度是 5，同时今年的货币供应量增加了 1 000 亿美元。货币主义者将预言名义的 GDP 大约会增加 5 000 亿美元（$\Delta M \times \hat{V}$）（抑扬符号［^］表示货币流通速度是预测的。）如果经济远低于充分就业水平，那么总支出的增加基本上带来的都是实际产出的增加。如果经济已经接近充分就业水平，那么总支出的增加带来的绝大部分效应都是价格水平的上升。

货币主义者反驳了凯恩斯主义所认为的利率非常重要的观点。相反，货币主义的观点用一句非常著名而又简单的话来说就是："货币至关重要。"货币供应量的变化并不是通过利率影响投资进而影响经济，而是货币供应量的变化直接决定了经济的表现。

结论 为了避免通货膨胀和失业，货币主义者开出的药方是，保证货币供应量位于适当的水平。

固定货币目标 由芝加哥大学教授米尔顿·弗里德曼（Milton Friedman）所倡导的货币主义在 20 世纪 50 年代末期和 60 年代备受推崇。货币主义回答了我们如何保证经济在一个正确的水平上增长。答案就是，不要冒政策失误的风险，忘掉利率，而应遵循稳健的、可预测的货币政策。回忆第 19 章在货币创造中我们提到过，联邦储备系统控制货币供应量的能力是有局限性的，因为家庭、企业、银行及美国财政部各自独立行动。货币主义者阻止了联邦储备系统忘记自己的目标而不断的修复货币供应量，最后使得经济越来越糟而不是越来越好。相反，他们认为货币供应量的扩张应该与潜在的实际GDP的增长率保持同等比率，也就是说基本上每年的货币供应量的增长率都应该保持在3%到5%之间。因此联邦储备系统应该选择一个利率水平并钉住它，即使非预期的货币流通速度的变化导致短期的通货膨胀或者失业时也不应该发生改变。这也就是所谓的遵循*货币规则*。货币主义者认为通过消除货币主义者的头号公敌——联邦储备系统对于改变货币供应量的自行抉择，就能够用他们的"紧身衣"的方法降低失业与通胀发生的强度和持续时间。凯恩斯主义曾经将这种固定货币供应量的政策总结为："就站在那里，什么都不要做。"

结论 货币主义者提倡联邦储备系统每年以固定的比例增加货币供给。

流通速度有多稳定? 货币的流通速度有多稳定，或者在多大的程度上是可预测的?这是凯恩斯主义与货币主义者之间争论的一个关键问题。凯恩斯主义不接受货币主义者所宣称的在相当长的一段时间内货币的流通速度是稳定而且可预测的。因此，货币供给的改变能导致GDP实际发生的变化与货币主义者所预言的变化相比可能相去甚远。如图20-7所示，凯恩斯主义者非常迅速地指出了货币流通速度的剧烈变化。在20世纪80年代和90年代早期，货币的流通速度一直上下起伏不断变化。货币主义者则回应道，通过1946—1981年及1993—2000年的数据计算得出货币的流通速度基本上是以一个可预见的或稳定的年增长率增加的。这是一个非常可预测的长期趋势。

图20-7 1935～2004年的货币流通速度

货币流通速度（V）等于GDP除以货币供给（M1）。凯恩斯主义者认为货币的流通速度是不稳定的。在20世纪80年代和90年代早期，货币的流通速度完全不可预测。货币主义者则认为货币的流通速度在长期都是稳定的，并以1946—1981年及1993—2000年的数据说明了这一点。最近这些年，货币的流通速度都以一个相对固定的年增长率增长。

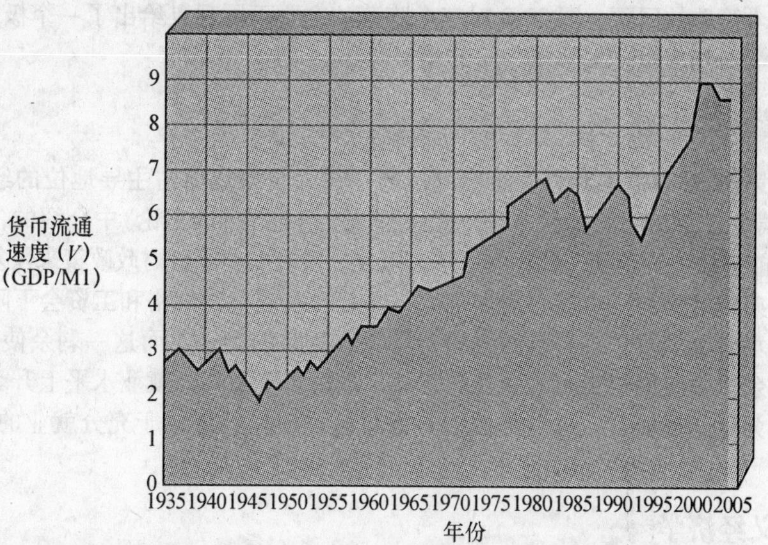

资料来源：神奇经济数据库，http：//www.economagic.com/popular.htm.

凯恩斯主义则将焦点放在伴随着任何长期流通速度增长率的 V 的短期变化上。因此，他们争论说遵循货币规则是愚蠢的。假如货币供给以一个不变的速率增加，但是流通速度比预期的快很多的话，这意味着总支出将远高于预期水平，造成通货膨胀。低于预期的流通速度则会导致失业，因为经济的扩张程度太小了。凯恩斯主义认为联邦储备系统应该自由改变货币供给以抵补流通速度非预期的变化。货币主义者反驳说，美联储不能预测 V 的短期变化量，因此它所谓的“迅速修复”的货币供应量的变化往往是错的。这也就是为什么货币主义者倡导联邦储备系统应该遵循货币规则的原因。凯恩斯主义者愿意接受偶尔的政策错误而拒斥了这一想法，他们更希望为了影响利率、总需求和整个经济，联邦储备系统保持其改变货币供应量的灵活性。

要点考查

什么颜色的马?

一位非常著名的经济学家曾经提出将联邦储备系统替换成一匹聪明的马。每到新年，这匹马就站在联邦储备系统的总部前面回答货币政策的问题。记者问：“今年货币供给将会发生怎样的变化?”于是这匹马就将它的马蹄跺四下。等到第二天就会有这样一则头条新闻：“联邦储备系统将再次增加货币供给 4 个百分点。”这位非常著名的经济学家是凯恩斯主义者还是货币主义者?

宏观经济学观点的比较

到目前为止我们的头脑中已经大概有了各个经济学流派的思想的较量。古典主义、凯恩斯主义和货币主义的争论是非常容易搞混淆的。这一章讲述了各个学派之间不同的货币政策。为了更新我们的记忆并完善整个讨论，这一节将对前面几章中介绍的财政政策的主要不同做一个简单的回顾。图 20-8 对三个阵营的主要不同观点给出了一个极短小的小结。请注意古典学派和货币主义学派之间的相似性。

古典经济学

正如在第 14 章总需求和总供给所讨论的，在大萧条之前占主导地位的经济学派思想是古典经济学。古典经济学的基本理论是由亚当·斯密在《国富论》中介绍的，它认为市场导向的经济能自动地纠正到充分就业水平。因此，没有必要制订财政政策来恢复充分就业。

回忆古典经济学的一个核心前提是，只要有时间调整，价格和工资会下降以确保经济在充分就业水平上运行。总需求曲线的下降导致暂时的剩余，而这一剩余使得商家减价，进而，实际余额效应使得更多的商品被购买。最后工资下降，就业水平上升。因此，古典经济学家认为就长期而言，总供给曲线是垂直的，而且经济位于充分就业的实际 GDP 水平上。

凯恩斯主义经济学

大萧条挑战了古典经济学开出的药方，即等待市场调整直到经济自动还原到充分就业的水平。1933 年，当失业率升至 24.9% 后，人们忍不住要问市场机制的调整到底要花多长时间？凯恩斯用他自己的一句名言回应了这个问题："在长期我们都死了。"凯恩斯及其著作《通论》抨击了古典理论并彻底变革了宏观经济学思想。

图 20-8　宏观经济学理论比较

问题	古典主义	凯恩斯主义	货币主义
	亚当·斯密	约翰·梅纳德·凯恩斯	米尔顿·弗里德曼
经济稳定性	充分就业下的长期稳定	非充分就业下的内在不稳定	充分就业下的长期稳定
价格工资灵活性	是	否	是
货币流通速度	稳定	不稳定	可预测
通货膨胀的原因	过度货币供给	过度总需求	过度货币供给
失业的原因	短期价格-工资调整	总需求不足	短期价格-工资调整
货币政策的影响	改变总需求和价格	改变利率，因而改变投资和实际 GDP	改变总需求和价格
财政政策的影响	不必要	支出乘数改变总需求	没有影响，因为存在排挤效应

正如我们在第 15 章所解释的，使用财政政策影响总需求是凯恩斯主义经济学的基石。因为凯恩斯主义者认为货币政策并不是非常有力，尤其是在经济的衰退期，因此将财政政策看作是他们的"上等香蕉"。然而，凯恩斯主义认为财政政策有一个潜在的问题就是*挤出效应*。如我们之前在第 17 章中图 17-8 中所看到的那样，为财政赤字借款融资会与私人基金借款竞争。给定不变的货币供应量，联邦政府为其赤字融资的额外需求导致利率上升。其结果是私人减少的投资支出抵消了预期的总需求的增加。然而，凯恩斯主义的观点是，投资需求曲线对利率的变化并不敏感，因此只有相对较小数量的投资支出被挤出。因此，由赤字导致的投资支出的减小仅仅在非常小的程度上抵消了总需求的增加。

结论　凯恩斯主义认为，投资需求曲线的形状是非常陡峭的，甚至是垂直的，因此挤出效应无关紧要。

现实生活中的经济学

大萧条期间的货币政策

适用概念：凯恩斯主义与货币主义

货币主义者和凯恩斯主义者仍在就大萧条的起因争论。货币主义者米尔顿·弗里德曼和安娜·施瓦茨在他们的著作《美国货币史》中认为，大萧条是由货币供给的下降所引起，如图20-9（a）所示。图20-9（b）、（c）和（d）分别表示价格水平、实际GDP和失业率的变化。

在20世纪20年代期间，货币供给稳定增长，价格水平保持稳定。1929年股市崩溃后，银行倒闭，实际GDP下降，失业率上升，联邦储备系统改变其货币政策。从1929年到1933年的几年中，M1下降了27%。假设货币流通速度一定，流通的货币的大幅度下降会怎样影响经济？货币主义者预测，价格水平、产出和就业率都会下跌。如图20-9（b）所示，价格水平从1929年到1933年下降了24%。除了通货紧缩，图20-9（c）显示了1933年的实际GDP与1929年同比下降了27%。失业率则从1929年的3.2%上升到1933年的24.9%。

图20-9 1929—1934年大萧条的经济数据

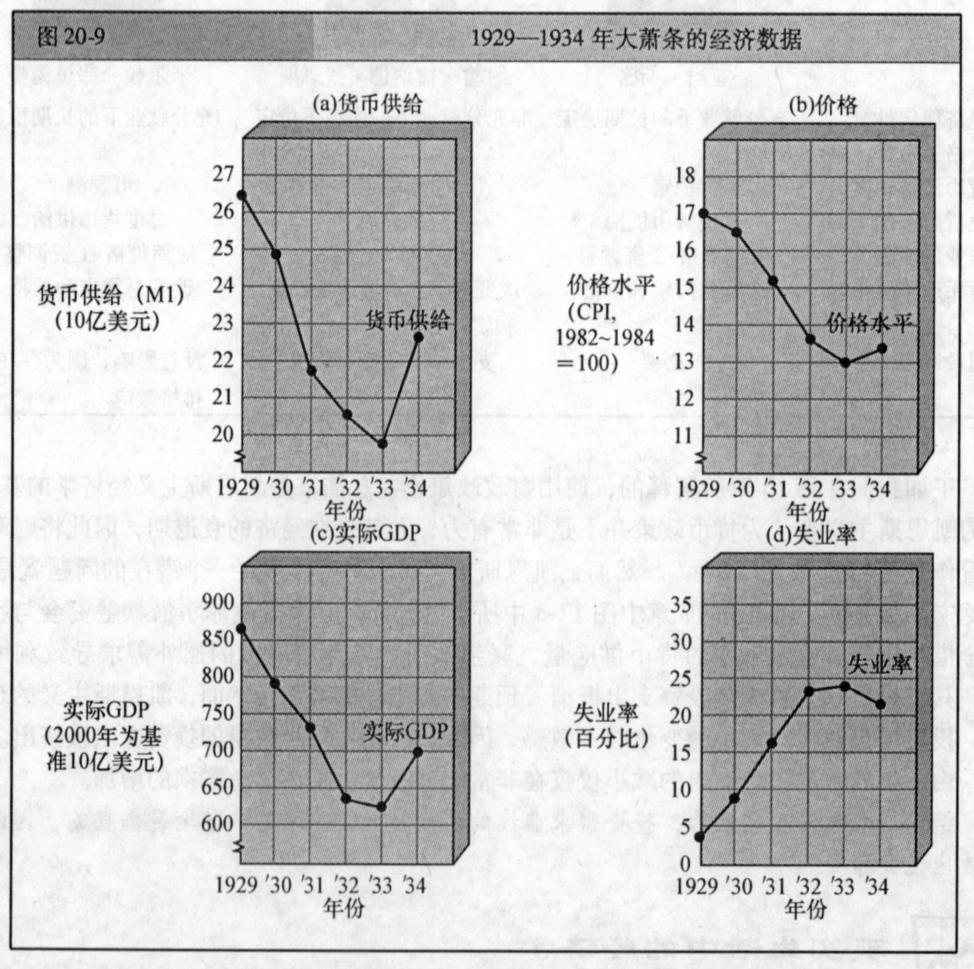

弗里德曼和施瓦茨认为，联邦储备系统在大萧条期间实行的无效的货币政策加重和延长了经济周期的低谷期。为了证明这点，我们再看看1933年之后的时期。货币供给增长，随后价格水平、产出和就业率都上升。

大萧条实在不是联邦储备系统的决战时刻。在紧缩的开始阶段，国外银行担心并大量从美国抽出他们的黄金。为了阻止黄金进一步外流，联邦储备系统在

1931年提高了贴现率。结果，银行更少的从联邦贴现窗口中借钱，货币供给下降。后来，贴现率下降，但是那已经是经济深陷大萧条之后了。

联邦储备系统应该怎么做？弗里德曼和施瓦茨认为，联邦储备系统不应该等到1931年才使用公开市场操作增加货币供给。因此，他们概括出，联邦储备系统应该为其不实行扩张性的政策而受到指责，因为这些政策可以减轻通货紧缩的严重性和持续期。

最后，虽然这里重点强调货币政策，但是也应该注意到，货币和财政政策一起使情况恶化了。赫伯特·克拉克·胡佛总统曾尝试平衡预算，而不是使用扩张性的财政政策。

分析问题

1. 解释为什么货币主义者相信联邦储备系统在大萧条期间应该扩大货币供给？

2. 凯恩斯主义者挑战由弗里德曼和施瓦茨提出的治愈大萧条的货币政策。使用*AD-AS*模型解释凯恩斯主义的观点（提示：你的答案必须包括投资需求曲线）。

资料来源：米尔顿·弗里德曼，安娜·施瓦茨，美国货币史，1867—1960（新泽西州普林斯顿：普林斯顿大学出版社，1963）.

货币主义

货币主义者完全摧毁了联邦储备系统或者联邦政府有能力稳定经济的信念。他们认为，由于完全挤出效应，财政政策基本上对总产出或者就业不产生任何影响，因此，财政政策从本质上而言是一个无效工具。假如货币供给保持固定不变，联邦政府通过借款为其赤字融资，其意图在于增加总需求并且使经济达到充分就业水平。根据货币主义者的看法，为财政赤字的融资将驱使利率上涨并挤出相当一部分，而不是非常少的投资支出。原因是在货币主义者看来，投资需求曲线对利率的变化非常敏感。因此其最终结果是，既没有总需求的增加，也没有失业的减少。

结论 在货币主义者看来，投资需求曲线的形状是非常平坦的，甚至是接近水平的，因此，挤出效应事关重大。

尽管货币主义者不相信联邦储备系统能实施相机抉择的货币政策，但他们还是迅速地指出仅仅只有货币才是重要的。货币供应量的改变这一最基本的货币政策杠杆有非常强大的影响力。用政府财政支出来改善就业是无效的，相反，基于货币数量论，货币供应量的增加无疑会刺激经济。总而言之，货币供给的变化直接导致实际GDP的变化。

主要概念

交易性货币需求	投机性货币需求	预防性货币需求	货币需求曲线
货币流通速度	货币数量论	货币主义	交易等式

小结

- 凯恩斯主义的**货币需求**论认为人们持有货币有三个原因：(1) **交易性需求**，即为应付日常可预计的支出而持有的货币。(2) **预防性需求**，即为了应付不曾预计到的支出而持有的货币。(3) **投机性需求**，即为了利用非货币资产的价格优势而持有的货币。
- **货币需求曲线**反映的是在任意利率水平上人们所希望持有的货币数量。随着利率的上升，货币需求量比利率水平较低时要小一些。

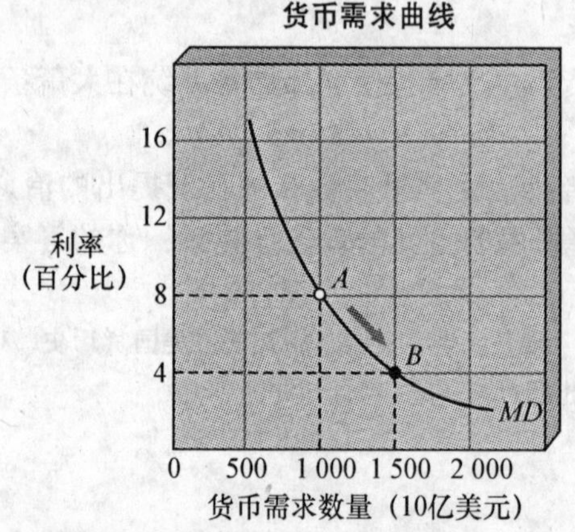

- **均衡利率**由货币市场上货币需求曲线与货币供给曲线的交点决定。货币供给(M1) 由联邦储备系统决定，用一条垂直线表示。

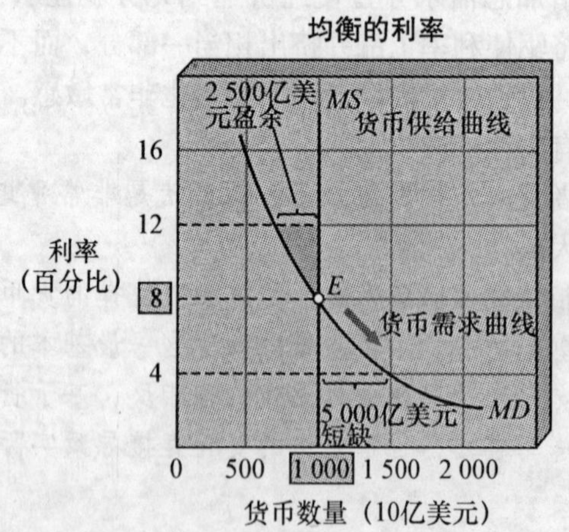

- **超额货币需求**使得家庭和企业通过卖出债券增加其货币余额。其结果是债券价格下降，同时驱使利率上升。
- **超额货币供给**使得家庭和企业通过买入债券减少其货币余额。其结果是债券价格上升，利率则下降。

- **凯恩斯主义的货币政策传导机制**如下：首先，联邦储备系统通过其政策工具改变货币供应量。第二，货币供应量的变化改变了均衡利率，均衡利率又影响投资支出。最后，投资的变化改变总需求，从而决定了价格水平、实际GDP与就业。
- **货币主义**的看法较简单，他们认为货币政策的变化能直接改变总需求，从而改变价格、实际GDP和就业。因此，货币主义者将焦点放在货币供给上，而不是利率上。
- **交易等式**是一个会计等式，也是货币主义的基础。这一等式（$MV = PQ$）是说，货币的流通速度乘以货币供应量等于价格水平乘以实际产出。货币流通速度是每1美元在一年中被支付的次数。凯恩斯主义认为货币的流通速度是波动的，但货币主义不赞成这一观点。
- **货币数量论**是货币主义者的论据，货币数量论表明在交易等式中货币流通速度（V）和产量（Q）这两个变量是相对不变的。给定这一假设，货币供应量的改变会使得价格水平发生同比例的变化。货币主义者针对联邦储备系统补充货币供给进而导致通胀或者衰退这一不适当的做法提出的解决方法是，联邦储备系统只需要使货币供应量与实际GDP的增长保持同等速率，并钉住不变。
- **凯恩斯主义与货币主义对财政政策的看法**也不相同。凯恩斯主义认为投资需求曲线是相对垂直的，而货币主义者认为投资需求曲线是相对平坦的。货币主义者宣称挤出效应非常大，因此财政政策是无效的。凯恩斯主义者则争论说挤出效应非常小，财政政策是有效的。

问题思考

1. 一般而言，平均每天你手中持有多少现金形式的货币或活期存款？在以下各种条件中，你会增加还是减少每天的货币需求？以下各种条件是否影响了你的交易性需求、预防性需求或投机性需求。
   a. 工资翻倍。
   b. 债券及其他资产的利率下降。
   c. 你有一张银行卡，而且其自动取款机（ATM）就在家门隔壁。
   d. 预期债券价格会上升
   e. 每周领一次工资，而不是每月领一次。
2. 交易性需求、预防性需求和投机性需求最基本的动机是什么？请解释这三种需求如何同时在一张图中表示货币的总需求。
3. 假设某一债券每年支付的利息为80美元。当债券的面值分别为800美元、1 000美元和1 200美元时，请计算债券持有者每年所获得的利息率。陈述由计算所得的结论。
4. 利用图20-10中的货币需求与供给计划，回答如下问题：
   a. 画出货币需求曲线与货币供给曲线。
   b. 确定均衡利率。
   c. 假设联邦储备系统将货币供给增加1 000亿美元。从图中看看这一举措的影响，描述货币市场调整到这一新的均衡利率水平的过程。新的均衡利率是多少？

图 20-10	货币市场	
利率（百分比）	货币需求（10 亿美元）	货币供给（10 亿美元）
8%	$100	$200
6	200	200
4	300	200
2	400	200

5. 假设你是联邦储备委员会主席，且经济状况如图 20－5 所示。假如你是一个凯恩斯主义者，货币市场和产品市场的初始位于 E_1。请问由以下各种货币政策带来的价格水平、实际 GDP 以及就业的可能变化方向如何：
   a. 美联储通过公开市场操作卖出政府债券。
   b. 美联储减少法定存款准备金率。
   c. 美联储增加再贴现率。
6. 一个货币主义的调查者也许会说，"每小时 6 000 加仑的排放量，是由每次排放 200 加仑、每小时排放 30 次得来的。"① 用交易等式解释这句话。
7. 什么是货币数量论，等式中的每个变量代表什么？
8. 图 20-6 说明了货币主义者货币政策的传导机制。假设经济正处于衰退。请在每一个箭头处找到一个原因说明为什么传导机制会失败。
9. 解释凯恩斯主义和货币主义在增加货币供给如何导致通货膨胀这一观点上的不同。
10. 基于货币数量论，货币供给增加 25% 将有什么样的影响？
11. 假设投资需求曲线是一条垂直线。给定这一条件，凯恩斯主义或货币主义所认为的货币政策对投资支出的影响是正确的吗？
12. 为什么总供给曲线的形状在凯恩斯主义与货币主义的争论中非常重要（提示：回顾第 14 章总需求与总供给中的图 14-6）。

在线练习

练习 1

按照以下步骤分析货币政策：

1. 登录联邦储备系统网站（http：//www.federalreserve.gov/releases/），找到 H.6 并点击历史数据，看表 1。观察 1990—1993 年的 M2（货币供给）的变化。

2. 返回到联邦储备系统的如下页面：http：//www.federalreserve.gov/releases/H15/data.htm。找到"银行主要贷款"并点击按月查看，观察 1990—1993 年银行主要贷款利率有什么变化。

3. 联邦储备系统公布了对资本（厂房和设备）的投资数据。访问联邦政府

① Werner Sichel and Peter Eckstein, Basic Economic Concepts (Chicago: Rand McNally, 1974), p. 344.

如下站点：http：//www.federalreserve.gov/releases/G17/ipdisk/gvp.sa，拉下至“总设备”。1990—1993年投资（商业界对设备的支出）总评情况如何？

4．访问联邦储备银行圣路易站点：http：//www.research.stlouisfed.org/fred/data/gdp/gdpc96，观察1990—1993年实际GDP的变化。

5．访问神奇经济数据库（http：//www.economagic.com/），观察1990—1993年，GDP的隐性通货紧缩指数的变化，GDP的隐性通货紧缩指数是一种通货膨胀的指标。

6．使用总需求—总供给模型解释1991年后如何使用货币政策影响经济复苏。

练习2

按照以下步骤分析货币政策：

1．登录联邦储备系统网站（http：//www.federalreserve.gov/releases/），找到H.6并点击“历史数据”，看表1。观察1990—1993年的M2（货币供给）的变化。

2．返回到联邦储备系统的如下页面：http：//www.federalreserve.gov/releases/H15/data.htm。找到贴现窗口借款，按月查看。观察1990—1993年贴现率的变化。

3．到http：//www.ny.frb.org/pihome/fedpoint/fed45.html查看存款准备金。在存款准备金和货币政策的小节标题下寻找1992年4月存款准备金的变化。

4．基于以上步骤的事实，联邦储备系统的货币政策是扩张性的还是紧缩性的？

练习3

通过纽约联邦储备银行所做出的模拟（http：//www.ny.frb.org/pihome/educator/fomcsim.html），体验一次联邦公开市场委员会议。

练习4

为了保证国会知道美联储在做什么，美联储主席必须每半年报告一次经济情况以及货币政策实施的情况（http：//www.federalreserve.gov/boarddocs/hh/）。这个半年一次的报告就是众所周知的汉弗莱-霍金斯听证会，是联邦法令指定需要的听证会。在最近一次的听证会上，美联储主席做了哪些总结性评论？

要点考查答案

1．当美联储的目标是利率时，货币供给曲线的形状是怎样的？

如图20-11，考虑某种影响使得货币需求曲线从MD_1移动到MD_2，而美联储紧钉10%的利率目标。初始影响是货币有超额需求且利率有上升的压力。由于美联储将利率目标设定在10%的水平，因此会使货币供给沿着MS曲线增加，达到新的均衡E_2点。在新的均衡水平，货币供给从8 000亿美元增加到8 500亿美元，且利率仍旧保持10%的水平不变。因此，货币供给曲线由*MS*曲线上无数的可能均衡点组成。如果你的回答是，当美联储设定利率目标时，货币供给曲线是水平的，那么你就是正确的。

图 20-11

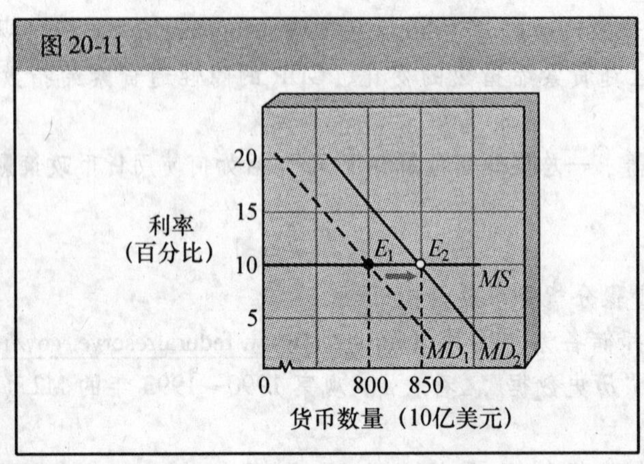

2. 什么颜色的马？

著名经济学家米尔顿·弗里德曼，非常关心美联储货币政策的制定。这匹马是以讽刺的方式来反对凯恩斯主义提出的会使经济不稳定的积极政策。弗里德曼甚至还认为联邦储备委员会应该宣布每年货币供给的增长率，而当这些目标不能实现时，他们应该辞职。如果你的回答是这是货币主义的经济学家，那么你就是正确的。

测试

1. 凯恩斯给出了下面哪个作为人们持有货币的动机？
   a. 交易性需求
   b. 投机性需求
   c. 预防性需求
   d. 以上都是
2. 在其他情况不变的条件下，利率下降将会引起
   a. 沿货币需求曲线向上移动
   b. 沿货币需求曲线向下移动
   c. 货币需求曲线向右移动
   d. 货币需求曲线向左移动
3. 假设货币需求曲线保持不动，美联储增加货币供给，结果是人们
   a. 增加债券的供给，因此使利率上升。
   b. 增加债券的供给，因此使利率下降。
   c. 增加债券的需求，因此使利率上升。

d. 增加债券的需求，因此使利率下降。

4. 假设货币需求曲线保持不动，美联储减少货币供给，结果是暂时的
   a. 过度的货币需求。
   b. 过度的货币供给。
   c. 债券价格上升。
   d. 债券需求上升。
5. 假设货币需求曲线保持不动，美联储减少货币供给，结果是债券价格
   a. 上升。
   b. 保持不变。
   c. 下降。
   d. 以上情况都不会发生。
6. 使用总供给和总需求曲线，假设经济在总供给曲线的中间部分达到均衡。货币供给的下降将降低价格水平和
   a. 同时降低利率和实际 GDP。
   b. 同时提高利率和实际 GDP。
   c. 降低利率和提高实际 GDP。
   d. 提高利率和降低实际 GDP。
7. 基于交易等式，经济中的货币供给可以由下面哪个公式计算？
   a. $M=V/PQ$。
   b. $M=V(PQ)$。
   c. $MV=PQ$。
   d. $M=PQ-V$。
8. 交易等式中的 V 表示
   a. GDP 的变动。
   b. CPI 的变动。
   c. 实际 GDP 的变动。
   d. 1 美元在最终产品和服务上每年平均的使用次数。
9. 下面哪个不是凯恩斯主义－货币主义争论的问题？
   a. 货币政策相对于财政政策的重要性。
   b. 货币供给变动的重要性。
   c. 挤出效应的重要性。
   d. 以上都是。
10. 凯恩斯主义者摒弃货币政策对经济产生影响的观点，支持凯恩斯主义观点的论据是
    a. 货币需求曲线在任意利率水平下都是水平的。
    b. 总需求曲线几乎是平的。
    c. 投资需求曲线几乎是垂直的。
    d. 货币需求曲线是垂直的。

图 20-12 货币市场需求和供给曲线

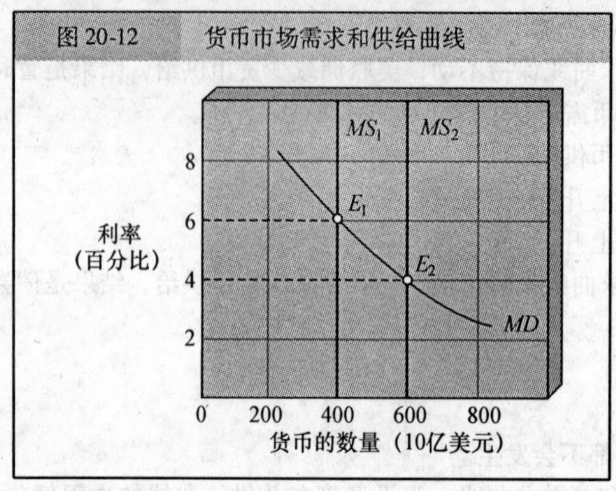

11. 从图 20-12 的均衡的 E_1 点开始，货币供给曲线从 MS_1 右移到 MS_2，将会引起过度的
    a. 货币需求，导致人们出售债券。
    b. 货币供给，导致人们购买债券。
    c. 货币供给，导致人们出售债券。
    d. 货币需求，直到人们购买债券。
12. 从图 20-12 的均衡的 E_2 点开始，货币供给从 6 000 亿美元下降到 4 000 亿美元，将会引起人们
    a. 出售债券，使债券价格下降。
    b. 购买债券，使债券价格上升。
    c. 购买债券，使债券价格下降。
    d. 出售债券，使债券价格上升。

第 20 章附录　自动修复的 *AD-AS* 模型中的政策争论

在第 14 章总需求与总供给的附录中，我们所阐释的古典的自动修正的 *AD-AS* 模型是没有不同意见的。在第 15 章财政政策中我们讨论了扩张性的财政政策和紧缩性的财政政策，在第 20 章中又解释了货币政策。在本章的附录中，我们把这些主题结合起来，在自动修正的模型中考察显著不同的财政政策和货币政策。

古典主义与凯恩斯主义的扩张性政策

凯恩斯主义积极干预的思路反对古典主义采用非干预政策稳定经济的方法，而主张运用相机抉择的财政政策或者是积极的货币政策。图 20A-1 给出了当经济出现衰退时，将经济恢复到充分就业水平两个相反的理论。在（a）和（b）中，宏观经济的初始均衡为 E_1，其实际 GDP 都是 8 万亿美元，价格水平为 150。因为充分就业的实际 GDP 为 12 万亿美元，因此衰退的缺口为 4 万亿美元。（a）中，经济通过自动修正过程消除缺口。古典理论中最关键的假设是名义工资是自由可变的，因此失业工人对工作的竞争使得工资下降。其结果就是，一段时间的调整之后，短期总供给曲线（$SRAS_1$）右移至 $SRAS_2$，经济则调整到长期的充分就业均衡 E_2，价格水平为 100。

（b）中是相反的凯恩斯主义理论。这一理论认为，名义工资在短期之内是固定不变的。与自动修正模型相反，凯恩斯主义者提倡使用相机抉择的财政政策——增加政府支出或减少税收，联邦政府可以对总需求 *AD* 实施管理。这些政策选择都能通过乘数作用将总需求 AD_1 增加至 AD_2。其结果是宏观经济达到均衡点 E_2，实现充分就业且价格水平为 200。

积极的货币政策同样也能稳定经济。美联储可以增加货币供给，货币供应量的增加会降低利率，相应的商业投资支出就会增加。其结果是，图 20A-1（b）中 AD_1 移动至 AD_2，同时在 E_2 点恢复到充分就业。

请注意，（a）和（b）这两种方法都能恢复到充分就业的实际 GDP，然而，对价格水平的影响却是完全不同的。如果古典理论是正确的，价格将从 150 降至 100。相反，如果凯恩斯理论是正确的，价格将从 150 上升至 200，产生一个较高的通货膨胀率。

结论　对付经济衰退的古典的方法就是让市场力量将总需求曲线右移，同时经济恢复到充分就业水平。相反，凯恩斯主义对付经济衰退的方法是使用相机抉择的财政政策和货币政策来增加总需求，同时达到充分就业的实际 GDP 水平。

图 20A-1 相反的反经济衰退理论

图（a）说明了古典理论，该理论提倡非干预的财政和货币政策。古典理论的假设是名义工资是柔性的。在点 E_1，失业的工人为就业展开竞争，因而工资率下降，使短期总供给曲线从 $SRAS_1$ 移动至 $SRAS_2$。因此，自动回复到处于充分就业的 E_2 点。

在图（b），凯恩斯主义理论提倡干预的财政和货币政策。相机抉择的财政政策增加政府的支出或降低税收来使总需求曲线从 AD_1 移动至 AD_2。相机抉择的货币政策将使货币供给曲线从 AD_1 移动到 AD_2。

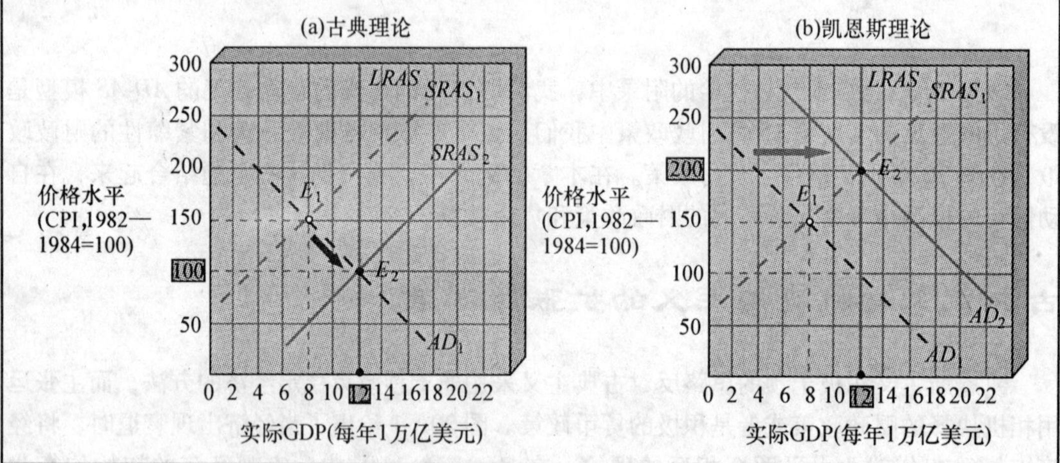

古典主义和凯恩斯主义的紧缩性政策

图 20A－2 给出了消除通货膨胀缺口的不同理论选择。古典的非干预政策依赖于企业之间对于劳动力短缺的竞争。在（a）和（b）中，宏观经济的均衡在 E_1 点，此时的价格水平为 150，实际 GDP 为 16 万亿美元。当存在通货膨胀缺口的时候，GDP 比潜在 GDP 12 万亿美元多出了 4 万亿美元。在（a）中，古典理论假设工资是完全灵活的，因此名义的工资上升导致 $SRAS_1$ 上移至 $SRAS_2$，经济在 E_2 点达到充分就业状态的实际 GDP，价格水平为 200。

在（b）中，凯恩斯主义的紧缩性政策目标是，通过减少政府支出或者税收增加将总需求从 AD_1 减少到 AD_2。通过乘数过程的运作，通货膨胀缺口消除了。经济从 E_1 点移动到 E_2 点，价格水平从 150 下降至 100，同时达到充分就业的实际 GDP 水平 12 万亿美元。

货币政策也可以用来使得总需求曲线左移。在这种情形下，美联储可能采取紧缩性的货币政策减少货币供给，从而产生一个较高的利率，企业对此的反应是减少投资支出。其结果是，AD_1 减少至 AD_2，在 E_2 点实现充分就业的实际 GDP。

在前面的图形中，相反的理论对价格水平有不同的影响。在图 20A-2（a）中，古典主义的方法将价格水平从 150 提升到 200。相反，凯恩斯主义的方法将价格水平从 150 下降到 100。

结论 面对通货膨胀缺口，古典主义的方法是，运用市场的力量驱使短期总供给曲线左移，从而经济恢复到充分就业水平。相反，凯恩斯主义“治疗”通货膨胀的方法是，使用相机抉择的财政政策和货币政策减少总需求，从而达到充分就业的实际 GDP 水平。

图 20A-2 相反的反通货膨胀理论

在图（a），古典假设是在点 E_1，企业面临劳动力短缺，它们竞争劳动力资源，引起名义工资率上升。在非干预政策下，短期总供给曲线 $SRAS_1$ 向左移动到 $SRAS_2$，经济自动回复到充分就业的 E_2 点。

图（b）显示了凯恩斯主义的紧缩政策的效应。相机抉择的财政政策降低了政府支出或增加税收，使总需求曲线 AD_1 向左移动至 AD_2。相机抉择的货币政策将减少货币供给，使 AD_1 移动至 AD_2。

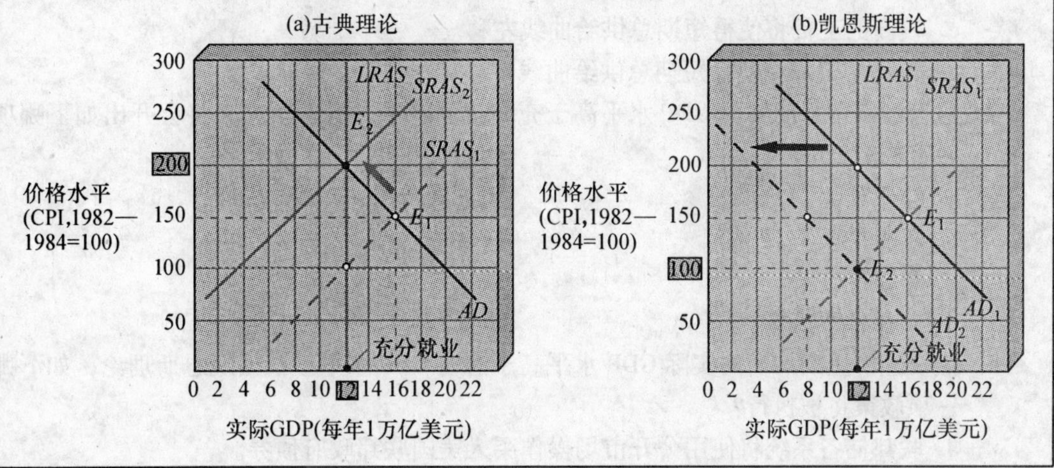

小结

- **凯恩斯主义反衰退药方**否定了古典理论的假设。古典理论认为，工资是有弹性的，而且在经济衰退时工资水平会下降，使得短期的总供给曲线下移，从而 GDP 恢复到充分就业时的水平。相反，凯恩斯主义支持使用扩张性的财政政策和货币政策来增加总需求，将经济恢复到自然失业率的水平。
- **凯恩斯主义反通货膨胀办法**也有悖于古典理论的假设。古典理论假设工资具有弹性，而且在通货膨胀发生时工资水平会上涨，工资水平的上升使得短期总供给曲线上移，从而 GDP 恢复到充分就业水平。相反，凯恩斯理论主张使用紧缩性的财政政策和货币政策来减少总需求，从而使得经济达到充分就业的宏观均衡。

测试

1. 假设经济正在经历衰退，古典经济学家将支持如下哪项经济政策？
   a. 紧缩性政策。
   b. 扩张性政策。
   c. 非干预的。
   d. 固定工资。
2. 假设经济短期均衡的实际 GDP 水平低于潜在的 GDP 水平。根据古典的自我纠正理论，下面的哪一个政策将被执行？

a．联邦储备系统将增加货币供给。
b．联邦政府应增加支出。
c．联邦政府应该减少税收。
d．以上全不是。

3．假设经济正处于衰退，古典经济学家将会做如下哪个预言：
a．工资仍然固定。
b．将使用卖出政府债券的货币政策。
c．较高的工资将使得短期总供给曲线左移。
d．较低的工资将使得短期总供给曲线右移。

4．假设经济运行的实际GDP水平高于充分就业水平。凯恩斯主义将会开出如下哪项政策作为处方？
a．非干预的。
b．不变的政策。
c．紧缩性政策。
d．扩张性政策。

5．假设经济短期均衡的实际GDP水平高于潜在GDP水平。根据凯恩斯理论，如下哪一项政策将被执行？
a．联邦储备系统将使用公开市场操作买入美国联邦政府债券。
b．联邦政府将使用不变的政策。
c．联邦政府将减少税收。
d．紧缩性的财政政策和货币政策。

6．假设经济正在经历着通货膨胀。凯恩斯主义的经济学家将相信
a．工资保持固定。
b．联邦政府将减少支出使得总需求曲线左移。
c．联邦储备系统将降低利率。
d．联邦政府将增加支出使得总需求曲线右移。

第五部分 国际经济学

本书最后一部分探讨国际专题。第 21 章解释自由贸易的重要性、贸易簿记和汇率的机制。在这里，我们会看到欧元诞生的特征。第 22 章对资本主义的理论争论和古巴、俄罗斯与中国的体制转型作一个历史回顾。第 23 章对发达和发展中国家作一些比较。本章以中国香港令人惊奇的成功结束。

第 21 章　国际贸易和金融

本章概述

想象一下不存在国际贸易的生活。首先，我们将不能吃洪都拉斯的香蕉或用尼日利亚可可豆制作的巧克力。我们也不能喝法国的红酒、哥伦比亚的咖啡或印度的茶。同样也别指望驾驶日本的摩托车或汽车。此外，我们也不能购买意大利的鞋和多数的 DVD、电视机、传真机以及个人电脑，因为它们都是外国产品。如果没有国际贸易，那么到伦敦的休假也会被取消。还可以举出更多这样的例子，结论显而易见：国际贸易非常重要，因为它通过扩展消费者的选择范围赋予消费者更多的权力。今天，便捷的交通和通讯意味着生产商为了满足消费者的需求，必须开展全球性的竞争。

贸易变得极富争议性。不论是 1999 年的世界贸易组织（WTO）在西雅图举行的会议，2001 年 G-8 的政府首脑会议，还是 2003 年的关于美洲自由贸易区域（FTAA）的讨论，全球贸易对话总是面对骚乱。这些骚乱是由于数以千计抗议“新世界秩序”的贸易规则的示威者在大街上示威，警察被迫驱散这些示威者引起的。在 2004 年，把工作外包给那些工资更低的外国工人成为美国政治界最有争议性的话题。

本章的第一部分解释为什么国家应该专门从事某些商品的生产，并用它们进行贸易换取其他进口品。同样，我们也会学习支持和反对美国从外国“不公平”的贸易中保护自己的观点。在本章的第二部分，我们将学习国家如何从世界贸易中受惠。在这里，我们会探讨国际簿记，又看看供求力量是如何决定国际簿记的。比如，1 美元价值 100 日元。

在本章中，你将学会解决这些经济学问题：

- 巴比 · 鲁思决定不再做投手的例子是如何阐述国际贸易中的一个重要原则的？
- 是否存在贸易保护的有效论据？
- 美国应该恢复金本位制吗？

为什么国家需要贸易

图 21-1 显示了与美国进行贸易的主要国家和地区。在这些国家和地区中，加拿大、墨西哥、日本和中国占的份额较大。化学、机械、飞机和计算机是美国主要出口产品。主要的进口产品包括汽车、卡车、石油、电子产品和衣服。为什么一国要和其他国家进行贸易？即使美国能自己生产产品，但是仍然进口这些产品，这是否看起来相当奇怪？实际

上，为什么美国不通过生产粮食——包括香蕉、糖和咖啡，制造汽车来实现自给自足，阻止所有国外产品的销售？本节将会解释为什么专门化和贸易是一国获得更高生活水平的关键。

图 21-1　2004 年美国的贸易伙伴

在 2004 年，拉丁美洲、墨西哥、加拿大占了美国贸易（出口和进口）的 39%。亚洲、日本和西欧占了另外的 48%。与非洲、东欧和澳大利亚的贸易往来相对较小。

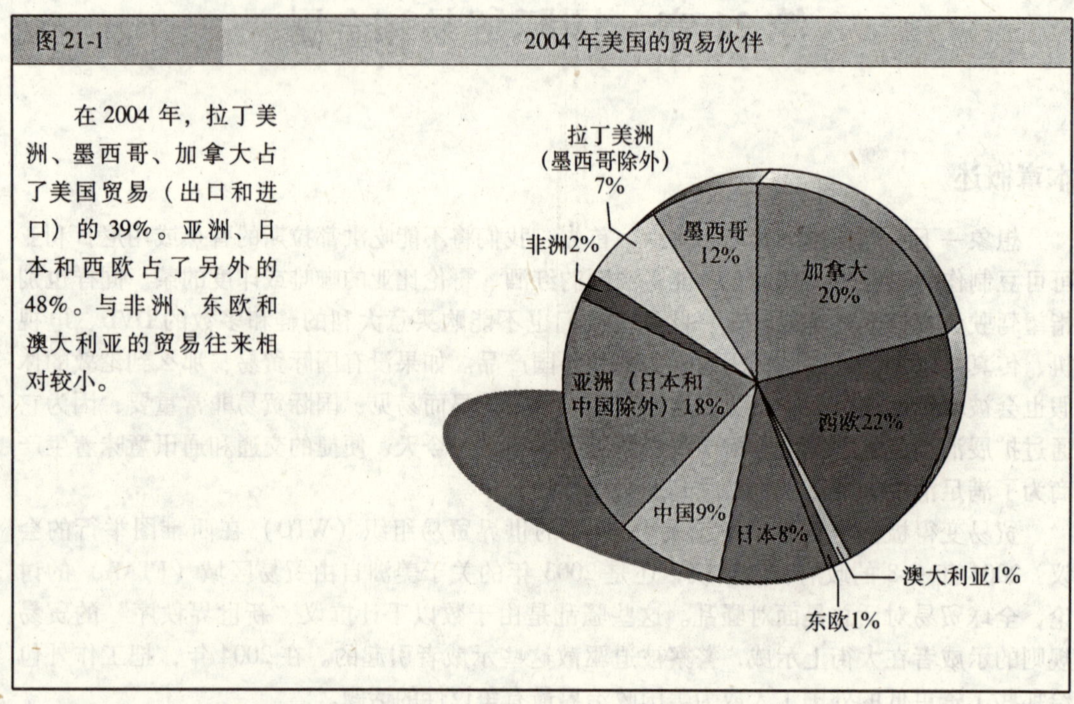

资料来源：贸易和经济分析局，http：//www. ita. doc. gov/td/industry/otea/usfth/tabcon. html，表 6 和表 7.

再次讨论生产可能性曲线

考虑一个只有两个国家的世界——美国和日本。为了使描述更简明，假设这两个国家只生产两种产品：粮食和钢铁。因此，可以在图 21-2 中画出每个国家的生产可能性曲线。我们也取消在第 2 章中的机会成本递增假设，同时假设每个工人都能生产粮食和钢铁。这个假设使向外凸出的生产可能性曲线转变为直线。

比较图 21-2 中的图（a）和图（b）。一方面，美国能够比日本生产更多的粮食。如果美国将所有的资源都用来生产粮食，则每天可以生产 100 吨的粮食，正如图 21-2（a）中的 A 点所示。另一方面，日本每天最多生产 40 吨的粮食，这是因为日本的劳动力、土地和其他生产要素都比美国少。日本的粮食生产能力如图 21-2（b）所示。

现在考虑两国生产钢铁的能力。如果它们所有的资源都用来生产钢铁，美国每天可生产 50 吨（C 点），日本每天只能生产 40 吨（F 点）。此外，美国生产钢铁比日本有更大的潜在产能反映了美国拥有更多的资源。两国也能在它们各自生产可能性曲线上同时生产粮食和钢铁，比如美国选择 B 点，日本选择 E 点。

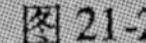
图 21-2　　贸易收益

图形专题研究

正如图（a）所示，假设美国选择它生产可能性曲线（$PPC_{U.S.}$）上的 B 点。在不进行贸易时，美国生产和消费 60 吨粮食和 20 吨钢铁。在图（b），假设日本也选择它生产可能性曲线（PPC_{Japan}）上的 E 点，在不进行贸易时，日本生产和消费 30 吨的粮食和 10 吨的钢铁。

现在假设美国在 A 点上专门生产粮食，同时以 30 吨的粮食作为交换从日本进口 20 吨的钢铁。通过专门化和贸易，美国的消费可能性移动到 B' 点，超出原有的生产可能性曲线。日本的消费可能性也移到 E' 点，超过了它的生产可能性曲线。

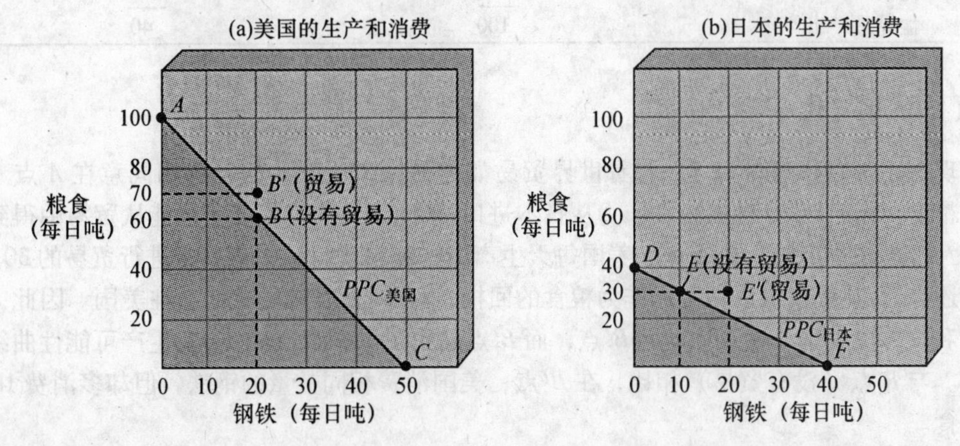

没有贸易的专门化

> 世界贸易组织提供了国际贸易的数据和分析(http://www.wto.org/)。

假设没有世界贸易，各国的生产可能性曲线也定义了它的消费可能性。换而言之，假设两国都是自给自足的，因为没有进口，它们必须在各自的生产可能性曲线上选择消费组合。在自给自足假设条件下，假设美国倾向于每天生产和消费 60 吨粮食和 20 吨钢铁（B 点），同样假设日本选择每天生产 30 吨粮食和 10 吨钢铁（E 点）。图 21-3 列出 B 点和 E 点相应的数据，这些数据表明整个世界每天能生产 90 吨粮食和 30 吨钢铁。

现在假设美国不再选择 B 点，而是在 A 点上专门生产和消费粮食。假设日本不再选择 E 点，而是在 F 点上专门生产和消费钢铁。正如图 21-3 所示，各国专门化生产使整个世界每天多生产 10 吨粮食和 10 吨钢铁。这些额外的产量可以使每个国家的境况都变得更好，为什么美国和日本不分别选择在 A 点和 F 点上实行专门化生产？原因是，虽然可以在这些点上生产，但是没有一个国家想消费这些产量组合。美国愿意消费少一点粮食，多一点钢铁，即选择 B 点而不是 A 点。日本则倾向于消费多一点粮食和少一点钢铁，即选择 E 点而不是 F 点。

结论　当国家实行专门化，整个世界产出会增长，因此整个世界潜在可消费的产品也会增加。

图 21-3	专业化对世界贸易的影响	
	粮食产量（每日吨）	钢铁产量（每日吨）
专业化之前		
美国（在 *B* 点）	60	20
日本（在 *E* 点）	30	10
世界总产出	90	30
专业化之后		
美国（在 *A* 点）	100	0
日本（在 *F* 点）	0	40
世界总产出	100	40

有贸易的专门化

现在让我们回到图 21-2，看看世界贸易如何使国家受惠。假设美国同意在 *A* 点专门生产粮食，同时以 30 吨的粮食作为从日本进口 20 吨钢铁的交换。美国能从贸易中得到好处吗？答案是肯定的。在 *A* 点，美国每天生产 100 吨粮食，减去与日本进行贸易的 30 吨，美国还有 70 吨粮食可以消费。作为粮食的回报，日本把 20 吨的钢铁运往美国。因此，专门化和贸易使美国从 *A* 点移动到 *B′* 点，而 *B′* 点超出了图 21-2（a）中的生产可能性曲线的消费。与 *B* 点（没有贸易）相比，在 *B′* 点，美国消费相同数量的钢铁，但却多消费 10 吨的粮食。

日本同样有激励从 *E* 点转向 *F* 点实行专门化生产。有贸易时，日本在 *F′* 点上消费，相对于 *E* 点的消费，日本同样可以消费 30 吨的粮食，但却可以多消费 10 吨的钢铁。在把从 *F* 点生产的 40 吨钢铁中的 20 吨进行贸易后，日本还能消费 20 吨自己生产出来的钢铁，而不是在 *E* 点的仅仅 10 吨。因此，*E′* 点是超出日本生产可能性曲线之外的可能消费。

结论 国际贸易使一国能消费超出其生产可能性曲线之外的商品组合。

比较优势和绝对优势

为什么美国决定生产和出口粮食而不是钢铁？为什么日本选择生产钢铁而不是粮食？在这里，我们会学习决定专门化和贸易的经济学原理。

比较优势

比较优势
一国相对于另一国能以更低的机会成本生产产品的能力。

从事世界贸易能使一国通过生产面包、汽车或其他它们擅长制造的商品来打破自身的生产可能性曲线的约束。美国专门生产并出口粮食的决定和日本专门生产并出口钢铁的决定是基于**比较优势**。比较优势是一国相对于另一国能以更低的机会成本生产产品的能力。继续我们的例子，我们能计算出两个国家的机会成本，而且使用比较优势来决定哪个国家专门生产粮食，哪个国家专门生产钢铁。对于美国来说，生产 50 吨钢铁的机会成本是不生产100吨粮食，所以生产1吨钢铁的机会成本是2吨粮食。对于日本来说，生产40吨钢铁的机会成本是40吨的粮食，所以生产1吨钢铁的机会成本是1吨粮食。因此，在日本，相对于粮食，钢铁成本更低。这意味着日本在钢铁的生产上有比较优势，因为相对于美国，日本生产钢铁所需放弃粮食的生产少一些。换而言之，日本生产钢铁的机会成本比美国低。

我们也可以用钢铁来度量粮食的机会成本。对于美国来说，1吨粮食的机会成本是1/2吨钢铁。对于日本来说，1吨粮食的机会成本是1吨钢铁。一方面，美国生产粮食有比较优势，因为它用钢铁来衡量的粮食的机会成本比较低。另一方面，日本在生产钢铁上更有效，所以应该专门从事这方面的生产。

结论　比较优势是国家之间生产同种产品的相对机会成本。当每一个国家生产其具有比较优势的产品并与别国进行贸易时，世界产出和消费最大化。

绝对优势

绝对优势

一国相对于另一国能以更少的资源生产产品的能力。

迄今为止，一国的生产和国际贸易决定是基于比较一国生产一种产品时要放弃的多少做出的。应该注意的是比较优势是基于机会成本，而不是在生产中使用的资源的绝对成本。我们没有考虑美国或日本生产一吨粮食和钢铁所需的劳动力、土地或资本是多少。比如，日本可能在粮食和钢铁的生产上具有**绝对优势**。绝对优势是一国相对于另一国能以更少的资源生产产品的能力。在我们的例子中，日本可能比美国使用更少的资源生产一吨粮食和钢铁，也可能是日本人比美国人工作更努力或劳动技能更熟练。简而言之，日本人可能更能生产，但是它们的绝对优势并不能影响专门化和世界贸易决定。如果美国在粮食上有比较优势，即使日本能以更少的资源去生产粮食和钢铁，美国也应该专门生产粮食。

另一个例子可能能够说明绝对优势和比较优势的差异。当巴比·鲁思在纽约扬基队效力时，他不单是全队，而且也是全棒球联盟里最好的击球手和投手。实际上，在鲁思转会到扬基队前，他为波士顿红袜队效力的时候，几个赛季中也已经是美国联盟中最好的左手投手。他的最后记录是94－46。换言之，他在击球和投球上都具有绝对优势。也就是说，他可以用比其他队友更短的上场击球时间做出同样的本垒打。问题是如果他投球，他的击球时间将减少，因为投手在投球后需要休息。教练认为贝比在击球方面有比较优势，该队有部分投手能上场投球，但是没有动摇他击球手的位置。根据机会成本，如果巴比专门击球，扬基队会输的比赛更少。

要点考查

具有优势的国家会一直进行贸易吗？

比较劳动力的生产率，假设与中国相比，美国在计算器和毛巾的生产上都有绝对优势。在美国，一个工人在10小时内能生产4台计算器或400条毛巾。在中国，一个工人相同时间内能生产1台计算器或100条毛巾。在此情况下，专门化和贸易有优势吗？

自由贸易与保护主义

自由贸易
产品在国家之间不加限制或无特别税收的流动。

保护主义
政府通过禁运、关税、配额和其他限制措施来保护国内的生产者，使其免受来自国外的竞争。

禁运
禁止与其他国家进行贸易的法令。

关税
阻碍贸易最常用和常见的措施。

理论上，国际贸易应该基于比较优势和**自由贸易**。自由贸易是产品在国家之间不加限制或无特别税收的流动。实际上，不管经济学家如何建议，每个国家都会在一定程度上保护它们自己的国内生产者免受外国的竞争。这些贸易壁垒背后是那些工作和收入受到威胁的特殊利益群体，所以他们要求政府实行贸易保护。**保护主义**是政府通过禁运、关税、配额和其他限制措施来保护国内的生产者，使其免受来自国外的竞争。

禁运

禁运是对贸易的最强限制。禁运是禁止与其他国家进行贸易的法令。比如，美国和其他国家在伊拉克 1990 年入侵科威特之后对其实施武器禁运。美国同样对古巴和北朝鲜实行禁运。

关税

关税是阻碍贸易最常用和常见的措施。关税是对进口品征税。关税也叫海关关税。假设美国对汽车征收 2.9% 关税。如果一辆国外汽车成本是 40 000美元，关税的数量就是 1 160 美元（40 000 ×0.029），在美国，这辆车税后的价格是 41 160 美元。现在美国的关税代码上列出了近 70% 美国进口品的关税。一项关税可以是按重量、体积或物品的数量，或是按价格（以价格的百分比表示）来征收。美国的平均关税低于5%，但是各种关税也会有很大的差异。关税是通过提高进口品价格来减少该商品的进口，同时也为美国国库带来财政收入。图 21-4 表明了自 1930 年以来平均关税率的趋势。

图 21-4 美国 1930—2000 年的平均关税率

1930 年实行斯姆特-霍利关税法后，平均关税最高达到 20%。自 1947 年的关税与贸易总协定和其他贸易协定后，关税稳定下降。

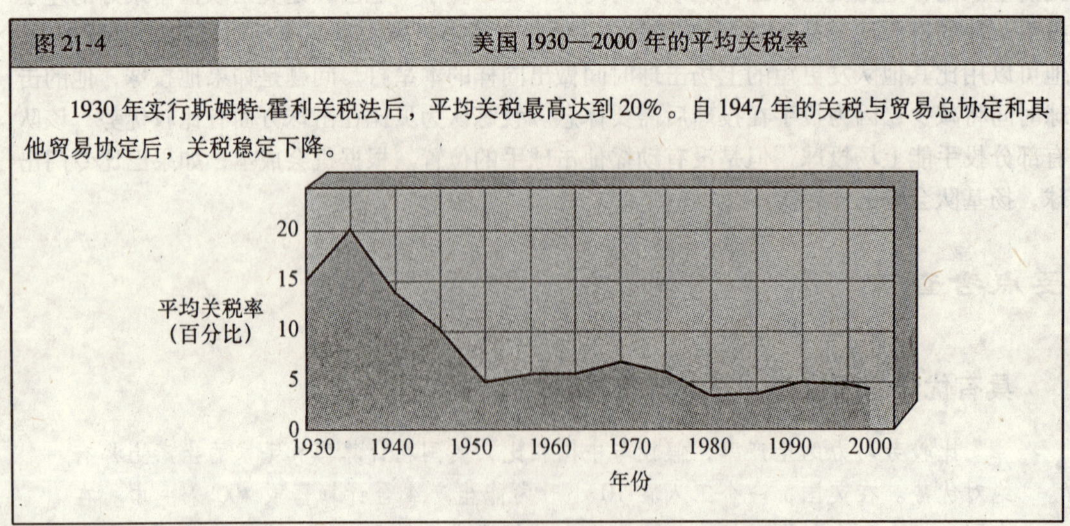

资料来源：美国国际贸易委员会，The Economic Effect of Significant U.S. Import Restraints，June 2002，p. 146.

世界贸易组织（WTO）
国际组织，由其成员国负责审查国际贸易协定并制定对贸易争端的解决规则。

在20世纪30年代世界大萧条期间，当一个国家提高它的关税来保护其工业，其他国家也会提高它的关税进行报复。在19世纪30年代的斯穆特-霍利关税下，美国的平均关税达到20%（其中有三分之一的进口品被征收令人难以置信的60%的关税）。在1947年，大部分世界工业国同意通过签订关税与贸易总协定（GATT）来结束关税战。自那以后，GATT国家定期会晤，就降低关税率进行谈判。这些年来，GATT协定使其成员国之间大幅度减少关税。在1994年的乌拉圭回合中，成员国签订了降低关税和减少其他贸易壁垒的GATT协定。该协定的一个重要内容，是于1995年在日内瓦创立的**世界贸易组织（WTO）**，负责对全球贸易争端做出带有强制力的裁决。WTO成员国超过148个，并有一个执行仲裁委员会就WTO成员国之间的争端进行最终裁定。批评者担心，WTO很可能会作出对与美国产生贸易摩擦的国家有利的裁决。也有人认为，WTO不负责，这些批评者反对自由贸易和全球化。

美国国际贸易委员会(ITC)(http://www.usitc.gov/)、美国贸易代表处(http://www.ustr.gov/)，发行国外贸易壁垒和不平等贸易事件的报告。

下面是一个近期有趣的WTO案例。美国在2002年对进口钢铁征收关税，此举是为了保护那些受外国公司竞争，正苦苦经营的美国钢铁工业的工作岗位。WTO裁定这些关税不合法，欧洲和亚洲的国家也准备对美国产品征收报复性关税。被征税的美国产品包括了诸如佛罗里达的柑橘和南部各州生产的服装，而这些州对布什总统的连任选举至关重要。同时，美国的汽车制造业和其他钢铁消费工业也在抱怨，因为关税增加了它们的成本。面对这些压力，美国在2003年撤销了钢铁进口的关税。把这个案例与名为“世界贸易在香蕉皮上摔了一跤”的国际经济学专题做一个对比，会是相当有趣的。

配额

配额
对既定时间内的商品进口数量加以限制。

限制国外竞争的另一种方法是实行**配额**。配额是对既定时间内的商品进口数量加以限制。例如，美国可以在一年内只允许进口1 000万吨的糖。一旦达到这个数量，该年内不能再进口更多的糖。大约有12%的美国进口品被实行进口配额。这些进口品包括糖、奶制品、纺织品、钢铁，甚至是冰淇淋。配额除了对国外生产者实施进口限制外，也可以对来自特定国家的进口品实行限制。在2003年，美国对从中国进口的服装实施三种产品配额，使其他国家的服装在很长一段时期内大量打入美国市场。在2005年，实行了40年的限制中国纺织品进口的配额已经到期，美国在试图促使中国对其出口纺织品自行实施配额失败后，威胁要对来自中国的产品重新实施限制。与所有其他贸易壁垒一样，配额会引起其他国家实行更多的报复性贸易限制。除了禁运、关税和配额之外，一些国家使用更严格的阻碍贸易的措施。例如，一些国家规定，要进口产品必须经过繁多的官僚审批程序。

保护主义的论据

自由贸易提供了价格更低、数量更多的商品供消费者选择。因此，撤销进口壁垒可以为每个家庭每年节省数百美元的支出。然而，问题是进口也可能是以部分工人丧失工作、每年损失数千美元的收入为代价。因此，尽管消费者可以从自由贸易中获得更多的总收益，贸易壁垒仍然存在，对此我们不会感到惊奇。主要的原因是，与消费者相比，与进口品公司进行竞争的企业的工人和所有者有更大的危机感，所以他们前往华盛顿，就贸易保护进行游说。下面是一些最流行的保护主义论据。这些论据有很强的政治或情感诉求，但是很难得到经济学家的支持。

幼稚工业论

与它的名字一样，幼稚工业论是说新建立的国内工业需要保护，因为它们还没有准备和国外成熟的竞争者展开竞争。幼稚工业正处于形成阶段，需要承担培训完整的工人队伍、开发新技术和建立市场渠道方面的高昂的启动成本，才能到达规模经济阶段。在获得成长和保护的时间后，幼稚工业能降低成本并追赶成熟的国外企业。

经济学家会问，划分“幼稚”和“成熟”工业的界线在哪里。同样，我们也很难在发达国家找到一个保护幼稚工业的令人信服的例子，比如，在美国，所有工业都是早已经建立好的了。但是，幼稚工业论在欠发达国家可能有一定的适用性。然而，即使是这些国家，幼稚工业论也可能存在风险。保护主义一旦得以承认，新工业就没有了竞争压力，这些压力是鼓励其实现快速成长，并融入全球贸易所必须的。同样，一旦保护得以实施，要撤销它就不是那么容易了。

国家安全论

另一个普通的论据是，与国防相关的工业必须得到禁运、关税和配额的保护，确保国家安全。通过保护国防工业，一国在战时就无需依赖外国为其提供防御所需的核心军工品。*国家防御论*被用来保护一系列的工业，包括石化产品、军需品、钢铁和橡胶等。

1812 年的战争支持了这个论据。英国，这个美国最大的贸易伙伴，成为了封锁我们海岸线的敌人。今天，这个论据对美国来说已经没有什么意义了。政府储备了导弹、尖端电子产品、石油和许多战时所需的物资。

就业论

就业论是说，限制进口，增加国内受保护工业的就业。根据这种观点，进口商品的销售是以损失国内同类产品的销售为代价的。因此，与不实行保护的情形相比，更低的国内产出导致更高的失业。

可以确信保护主义能增加产出和挽救国内一些工业的工作岗位。然而，却忽略了消费者需要支付更高的价格，因为保护主义减少了国内商品和进口商品之间的竞争。此外，也要考虑就业减少效应。比如，假设对进口到美国的钢铁实施严格配额，结果是，引起汽车和其他使用钢铁作为原材料的产品价格上升，销售下降，导致这些产业的产出和就业下降。因此，对钢铁实施进口配额可能会挽救钢铁工业的工作岗位，但是，代价是引起钢铁消费产业更多工作岗位的流失。同样，外国人通过把商品卖到美国赚取可以购买美国出口品的美元。进口配额引起外国人对美国出口品花费的减少，导致美国出口品产业就业下降。简言之，保护主义可能引起一国总就业的净下降。

廉价国外劳动力论

另外，廉价国外劳动力论也广受关注。有这样一种说法，"我们怎么能进行如此不公平的竞争？在美国，每小时劳动力的成本是10美元，而在许多发展中国家企业支付给工人的报酬是每小时1美元。没有贸易保护，美国的工资水平将会下降，我们的生活水平也将下降。"

这个论据的缺点是它忽略了国家间工资率差异的原因。一个美国工人有更多的教育、培训、资本，掌握更先进的技术。因此，如果美国工人每小时生产的产品比其他国家工人更多，美国工人在不存在竞争劣势的情况下将会获得更高的工资。假设美国纺织工人每小时的工资是10美元，如果一个美国工人花1小时生产一张地毯，劳动力的成本是10美元。现在假设一个印尼工人每小时的工资是1美元，但需要20小时生产一张地毯，在这种情况下，每张地毯的劳动力成本是20美元。虽然美国的工资是印尼的10倍，美国的产能却是印尼的20倍，因为美国工人能在20小时内生产20张地毯，而印尼工人在同样的时间内只能生产一张地毯。

有时候美国公司把它们的业务转移到其他劳动力成本更低的国家。这些转移并不总是成功的，因为支付外国工人更低工资所节省的成本被更低的生产力所抵消。把业务转移到国外还存在包括运往美国市场更大的运输成本和政治的不稳定等不利因素。

自由贸易协定

近年来的趋势是，各国不断进行谈判以减少贸易壁垒。在1993年，国会通过了北美自由贸易协定（NAFTA），使美国和它的两个最大的贸易伙伴加拿大和墨西哥，更紧密地联系在一起。北美自由贸易协定在1994年1月1日正式生效，规定在其后的15年内逐步取消关税和废除其他阻碍三个国家间贸易和投资的障碍。例如，一方面，废除贸易限制使美国可以出口更多的产品到墨西哥，促进美国的就业。另一方面，人们预期北美自由贸易协定使墨西哥通过出口产品到美国，提高其工资和生活水平。值得注意的是，北美自由贸易协定没有解除劳动力转移的限制，墨西哥的工人要进入美国工作只能通过有限的移民配额或非法进入美国。北美自由贸易协定是否成功仍然存在争论。在本章的结束，我们将使用数据检验其影响。

美国和其他国家则实行另外的自由贸易协定。在欧洲，25个国家加入了欧盟（EU），欧盟致力于消除欧洲的贸易壁垒，从而创造出一个几乎和美国经济同样大小的单一的欧洲经济体。参看本章的"欧元的诞生"专栏。

国际经济学

世界贸易在香蕉皮上摔了一跤

应用性概念：保护主义

不断增长的欧洲香蕉市场，其价值达数十亿美元，对于正在苦苦挣扎的拉美经济来说无疑是一个亮点。实际上，该地区一半的香蕉以往一直都出口到欧洲。在1993年，欧盟（EU）采取一系列的配额和关税措施来减少欧洲从拉美进口香蕉。这些限制的目的是使香蕉贸易更偏好于欧洲国家66个在非洲、加勒比海和太平洋地区香蕉增长迅速的前殖民地。这些限制忽略了拉美的优质香蕉种植的成本是欧盟所偏好地区的香蕉种植成本的一半，因为拉美地区有更低的劳动力成本和港口城市附近有热带平原。①

在1999年，世界贸易组织（WTO）裁定欧盟对欧洲公司进口水果存在歧视性偏好，因而WTO对欧洲商品征收每年1.914亿欧元惩罚性关税。这是WTO成立4年来第一次通过报复性惩罚，而对上一次还要追溯到WTO的前身——关税和贸易总协定。当欧盟没有遵从WTO的裁决时，美国行使WTO赋予的权力，对包括从羊绒衫和意大利手提包，到羊奶酪、英国的饼干和德国的咖啡壶等从欧盟进口的商品征收更高的关税。美国的制裁使这些商品的价格翻了一倍。丹麦和荷兰没有受到美国关税制裁，因为只有它们两个国家对欧盟的香蕉裁定投反对票。

批评者认为美国处理这个事件有其政治原因。奇基塔牌国际公司和道尔食品公司在拉美的香蕉份额不断增长。在美国的贸易赤字达到一个新的纪录时，美国贸易专家也认为别无选择，只能对欧盟不履行WTO的规定实施制裁。此外，在美国越来越多的声音质疑国际贸易和全球化，这时WTO证明它有能力对这些争端做出公断显得格外重要。②

在2001年，香蕉的贸易争端看起来有可能得到解决。欧盟同意增加美国香蕉销售商的市场份额，而美国暂停对欧盟产品实施报复性关税。这个协定也赋予了美国一项权力：如果欧盟不履行逐步减少对香蕉进口的限制，美国有权对欧盟进口品重新征收关税。

这个香蕉的故事只是继续“向前滑一下”。

欧盟打假部门的官员说非法的香蕉交易相比可卡因更有利可图些。从最近暴露出来的情况可以看出，意大利香蕉进口商使用假进口许可来降低非配额水果的关税。这两年有数百万的走私商品。意大利的检察官，费比奥·斯嘉分尼说，现在的关税造假比诸如麻醉药交易等严重罪案多得多。③

---

① James Brooke, “Forbidden Fruit in Europe: Latin Bananas Face Hurdles,” The New York Times, April 5, 1993, p. A1.

② “U. S. Lifts Sanctions in Banana War,” The Food Institute Report, July 9, 2001, p. 9.

③ “Banana Scam Beats Cocaine,” Australian Business Intelligence, July 24, 2002.

在 2004 年，拉美的种植者再次抱怨欧盟歧视他们的香蕉而偏好非洲和加勒比海地区的香蕉。基于 WTO 在 2001 年作出的裁决，欧盟被迫对香蕉只实施单一的关税体制，取代复杂的配额和关税体制。欧盟对进口欧洲市场的拉美香蕉供应商征收 75 欧元的关税，而对非洲和加勒比海地区国家的香蕉则免关税。得到法国和英国等一些大的欧盟成员国支持的欧盟报告，提议对所有进口香蕉都征收 230 欧元的关税。瑞典政府发行的备忘录抨击“过高价格”使欧洲的消费者为香蕉保护支付更高的价格。①

分析问题

分别提出一个支持和反对欧洲进口限制的论点。

亚太经济合作组织(APEC)成立于 1989 年,现有 21 个成员,包括中国大陆、中国香港、俄罗斯、中国台湾省和墨西哥等。该组织依靠不具有约束力的协定来减少成员之间的贸易壁垒。

在 2003 年，34 个国家和地区的贸易部长齐聚迈阿密，商讨建立世界最大自由贸易区，打破从阿拉斯加到阿根廷的贸易壁垒。美洲自由贸易区（FTAA）将会横跨除了古巴之外的整个西半球。

中美洲自由贸易协议（CAFTA）于 2004 年扩大自由贸易区域，增加了包括哥斯达尼加、危地马拉、萨尔瓦多、洪都拉斯、尼加拉瓜和多米尼加签署协定的 6 个国家，国会希望在 2005 年对 CAFTA 进行投票，无论 CAFTA 通过与否都将对未来 FTAA 的谈判产生影响。

批评者认为区域自由贸易协定将会使全球协定越来越难以实施。一些批评者担心各个贸易区域可能会设置新的壁垒，比如建立“北美壁垒”、“欧洲壁垒”，这些壁垒同样阻碍世界范围贸易壁垒的减少。

欧元的诞生

在 1958 年,一些欧洲国家为了消除成员国之间的贸易壁垒成立了一个共同市场。这个共同市场提倡成员国逐步撤销它们之间商品贸易的关税和进口配额,后来改名为欧洲经济共同体(EEC),就是现在的欧洲联盟(EU)。这个组织建立一种成员国之间进口关税的共同体系,处理诸如农业和运输等大家都关注的经济问题的政策。下表列出了欧盟现有的 25 个成员国。

在 1999 年，11 个欧洲国家（希腊随后加入）以美国为榜样，联合成立了欧洲货币联盟（EMU），下表列出了这些国家。在美国，50 个州由一种共同货币联系在一起，美联储通过操作国家的货币政策履行国家中央银行的职能。在这些州之间，贸易、劳动力和投资都能自由流动。2002 年，EMU 的成员用一种新的单一货币取代各国自有的货币，这就是欧元。目的是消除阻碍各国间贸易的汇率波动。这就是为什么美国国会在 1863 年建立国家货币取代各州和私人银行的货币的原因。

EMU 面临许多悬而未决的问题。不像美国的州，欧洲货币联盟的 12 个成员国不使用共同的语言或同属一个政府，因而产生了维护共同宏观政策的难题。例如，当德国需要优

① “Banana: Commission Proposes New Import Tariff at Euro 230 a Ton,” European Report, Oct. 30, 2004, p. 506.

先降低失业率时，法国可能寻求控制通货膨胀。

协调 EMU 成员国的货币政策同样困难重重。虽然 EMU 建立了*欧洲中央银行*作为欧元发行的唯一机构，成员国的中央银行依然履行各自的职责，这些国家的中央银行如同美国联邦储备体系下的州立银行一样进行操作。只有时间能告诉我们 EMU 的成员国使用单一货币是否比使用各自的货币来得更好。欧元可能会成为美元之外的全球金融体系中的重要货币。

欧盟成员				欧洲货币联盟成员	
奥地利	法国	立陶宛	葡萄牙	奥地利	爱尔兰
比利时	德国	拉脱维亚	斯洛伐克	比利时	意大利
塞浦路斯	希腊	卢森堡	斯洛文尼亚	芬兰	卢森堡
捷克	匈牙利	马耳他	西班牙	法国	荷兰
丹麦	爱尔兰	荷兰	瑞典	德国	葡萄牙
爱沙尼亚	意大利	波兰	英国	希腊	西班牙
芬兰					

国际收支

国际收支

一国与其他国家之间在既定时间内所有国际交易行为的簿记记录。

当美国和其他国家进行贸易时，由许多金融交易类型记录进行的汇总被称为**国际收支**。国际收支是一国与其他国家之间在既定时间内所有国际交易行为的簿记记录。该汇总记录下一国的个人、企业和政府支出的流入和流出的价值。图 21-5 简单的显示了美国在 2004 年的国际收支。

图 21-5 美国 2004 年的国际收支（百万美元）

交易类型	
经常账户	
1. 产品出口	$ +808
2. 产品进口	-1,473
贸易收支（1-2 行）	-665
3. 服务出口	+340
4. 服务进口	-291
5. 投资收入（净值）	+24
6. 双边转移（净值）	-73
经常账户余额（1-6 行）	-665
资本账户	
7. 美国的资本流入	+1,443
8. 美国的资本流出	-818
资本账户余额（7-8 行）	+625
9. 统计误差项	+40
净余额（1-9 行）	0

资料来源：经济分析局，国际交易账户，http://www.bea.doc.gov/，表 1.

注意表中的加号和减号。流入美国的支付是正号，美国向其他国家流出的支付是负号。在下面的讨论中，我们将学习到国际收支会提供大量有用的信息。

经常账户

贸易差额
一国进口商品的价值扣除出口商品价值后的余额。

国际收支的第一部分讨论经常账户，包括当前的商品和服务的贸易。经常账户中被广泛记录的、最主要的部分是**贸易差额**，也叫贸易收支。贸易差额是一国进口商品的价值扣除出口商品价值后的余额。如图 21-5 所示，美国 2004 年的贸易赤字是6 650亿美元。当一国进口商品（不是服务）的价值超过其出口商品的价值时就存在贸易赤字。一国发生贸易赤字也被称为存在贸易逆差，因为进口的花费多于出口的收入。回想一下净出口对 $GDP = C + I + G +$ （$X - M$）有正的（有利的）或负的（不利的）效应。

图 21-6 展示了美国从 1975 年到 2004 年中每年的贸易差额。可以看到，美国在 1975 年有贸易盈余。当一国的商品出口的价值大于该国商品进口价值时就存在贸易盈余，也叫贸易顺差，因为美国从出口获得的收入比进口的花费更多。然而，1975 年以后贸易赤字不断增加。贸易赤字广受关注是因为它部分反映了外国商品的流行，而“美国制造”的商品缺乏竞争力。由于经济衰退，美国 2001 年的贸易赤字出现轻微下降。经济疲软会导致进口品的支出相对于出口轻微下降，贸易差额得以减少。在 2004 年底，由于美国经济复苏，拉动对外国制造的商品需求的上升，相反，外国的经济增长不足以充分的拉动美国的出口，以至于贸易赤字达到 6 650 亿美元的新高。

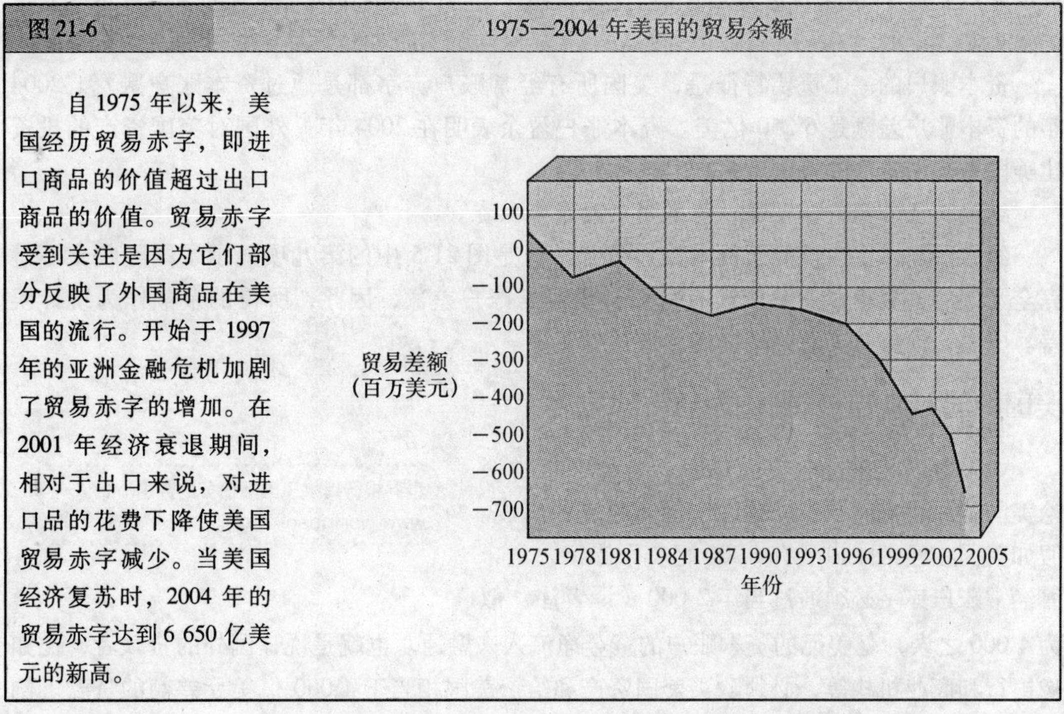

图 21-6　1975—2004 年美国的贸易余额

自 1975 年以来，美国经历贸易赤字，即进口商品的价值超过出口商品的价值。贸易赤字受到关注是因为它们部分反映了外国商品在美国的流行。开始于 1997 年的亚洲金融危机加剧了贸易赤字的增加。在 2001 年经济衰退期间，相对于出口来说，对进口品的花费下降使美国贸易赤字减少。当美国经济复苏时，2004 年的贸易赤字达到 6 650 亿美元的新高。

图 21-5 中经常账户的第 3 ~6 项列出了美国和其他国家之间除了商品外的其他货币的流动。比如，一个日本旅行者在夏威夷支付酒店的账单就是购买了美国出口的服务，记入经常账户的贷方，是正号的（第三项）。同样，一位美国人出访国外就是购买进口服务，是我们服务的负方或是借方，因而经常账户是负的（第四项）。像工厂、房地产和证券等美国在国外的投资流回的收入属于使用美国资本的支付。外国同样从拥有美国的资本中获取收入。表中的第五项显示了在 2004 年美国有 240 亿美元的净流入。

最后，我们看看第六项的单边转移支付。这些项目包括我们的政府、慈善组织、私人对其他政府或其他政党的捐赠。例如，它包括美国对其他国家的援助。同样流入美国的单边转移支付必须减去才得到净单边转移支付。美国 2004 年的净单方面转移收支是 -730 亿美元。

把 1 ~6 项加总可得 2004 年经常账户的赤字为 6 650 亿美元。赤字意味着外国人给我们商品和服务比我们给它们的多。因为经常账户差额包括商品和服务，所以与贸易差额相比，包含的范围更广。图 21-6 显示了自 1982 年以来，随着贸易余额转为赤字，经常账户余额变化的趋势。

资本账户

国际收支的第二部分讨论资本账户，是对诸如房地产、公司股票、债券、政府债券和其他债务工具等的金融资本的支付的记录。比如当日本投资者购买美国的短期国库券、洛克菲勒中心或是夏威夷的土地，就会有现金流入美国。如图 21-5 所示，外国人给我们的资本账户支付了 14 430 亿美元（第七项），超过了美国购买外国人拥有的金融资本所支付的88 180亿美元。

资本账户的一个重要特征是，美国所有经常账户赤字都是通过资本账户融资。2004 年的资本账户差额是 6 250 亿美。资本账户盈余表明在 2004 年，外国对美国资产的投资比美国对外国资产的投资更多。

结论 经常账户赤字通过资本账户盈余来融资。

经常账户赤字应该等于资本账户盈余，但是图 21-5 中的第九项显示了国际收支不是完全无误的，资本账户差额没有完全补偿经常账户差额，因此，所得的余额作为统计误差。所以，国际收支总是平衡的，或是等于零。

美国的国际债务

> 世界银行提供了国际债务的数据(http://www.worldbank.org/)。

如果各国的国际收支总是零，为什么常常谈论美国国际收支问题？问题在于国际收支的组成。假如美国在经常账户上有 4 000 亿美元赤字，意味着经常账户赤字必须通过当年 2 000（译者注：似为 4 000 之误）亿美元的资本账户的资金净流入来融通。也就是说，国外的贷款者，比如像银行和商业机构等，必须购买美国资产和给予美国相当于 4 000 亿美元差额的贷款。例如，一家日本银行可能购买美国的国库券。回想一下第 17 章中图 17-7 中关于联邦赤字和国家债务部分的讨论，由美国境外借款者拥有的国家债务称为外债。

在1984年，美国70年来第一次变成净债务人，这意味着外国投资者在美国的股票、债券、房地产等投资超过了美国拥有的外国资产的数量。事实上，在20世纪80年代，美国从世界最大的债权国变成世界最大的债务国。

图21-7显示了美国贸易赤字最大的部分来自中国、日本和加拿大。对于持续贸易赤字和与之相伴的不断增加的国际债务的担心在于，美国人虚假地享受了更高的生活水平。当美国继续购买国外的产品和服务比出口这些产品和服务数量更多的时候，这就是“现在享受，日后付款”。假如日本人和其他外国人决定不再向美国投资和贷款，美国将被迫通过强行把出口和进口相抵平的方法来消除贸易赤字。事实上，如果其他国家不但拒绝提供新的资本流，而且还决定清算它们的投资，我们将会被迫束紧我们的腰带和接受更低的生活水平。外国购买美国资产意愿的改变如何影响美元的国际价值？这是我们下面要讨论的主题。

图21-7　2004年美国与一些国家和地区的贸易余额

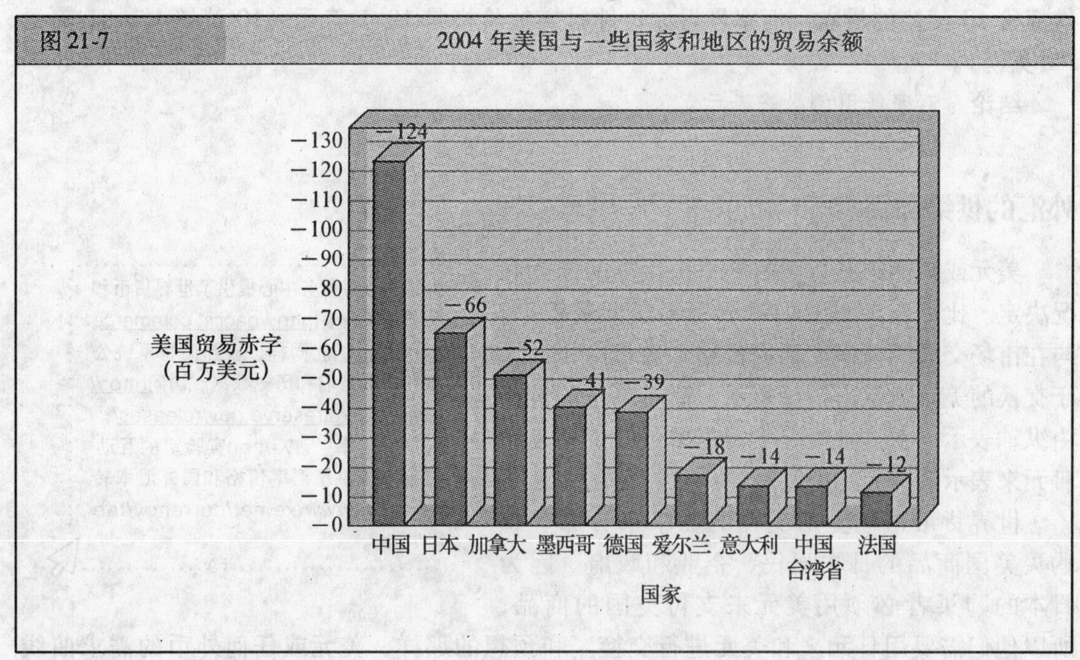

资料来源：经济和贸易分析局，http://www.ita.doc.gov/td/industry/otea/usfth/tabcon.html，表8.

要点考查

是否每个人都要维持国际收支？

国家需要维持国际收支和计算它们的商品贸易账户赤字或是盈余。如果国家需要这些账户，50个州应该同样维持国际收支来管理它们的经济，它们应该这样做吗？城市的情形是怎样的呢？

汇率

汇率
与1单位本国货币相等价值的外国货币数量。

国际收支中的每一笔交易记录都要求用一国的货币与另一国的货币进行交换。假设你购买一辆日本造的汽车，比如是马自达汽车。马自达公司希望你给它支付日元而不是美元，所以美元必须换成日元。另外，假设法国的粉红豹航空公司购买美国的波音客机，粉红豹航空公司只有欧元可以支付费用，但是波音公司希望收到的是美元。结果欧元必须换成美元。

对于马自达、粉红豹、波音和进行世界贸易的每一个人来说，关键的问题是“汇率是什么?”汇率是与1单位本国货币相等价值的外国货币数量。比如，假设1.81美元能兑换1英镑，就是说汇率是1.81美元=1英镑。除此之外，汇率也能用倒数来表示。用1英镑除以1.81美元得到0.552英镑/美元。现在假设你访问英国，你想购买一件标价10英镑的衬衣。汇率告诉你这件衬衣的价格是18.1美元（10英镑×1.81美元/每英镑）。

结论 汇率能用倒数来表示。

外汇的供给和需求

太平洋汇率服务中心提供了世界货币和各国汇率列表(http://pacific.commerce ubc.ca/xr/)。同样，联邦储备系统公布汇率的当前和历史数据。访问http://www.federalreserve.gov/releases/，选择“汇率”。Xenon实验室的互动货币表提供了汇率价格和国外汇率转换(http://www.xe.net/currency/table/htm)。

美元或其他国家货币的汇率由供求的国际状况决定。比如，考虑图21-8日元对美元的汇率。与在市场交易的任何商品的价格和数量一样，用于交换的美元数量由横轴表示，而每单位的价格由纵轴表示。在这种情况下，每单位的价格是用日元来表示的美元的价值。

世界货币市场上对美元的需求来自那些想购买美国商品的日本居民、企业和政府。因为日本的购买者必须用美元来支付美国的商品，所以他们需要用日元来和美元进行交换。和预想的那样，美元或任何外币的需求曲线是向下倾斜的。每美元兑换的日元的数量下降意味着每1日元能购买更多的美元。即对于日本的购买者来说美国的商品和投资机会的成本更低，因为他们为每美元所必须支付的日元更少。因此，随着用日元表示的美元的价格下降，日本人购买福特汽车、股票、土地和其他美国产品和投资的美元的需求也会增加。比如，假设一张炙手可热的滚石唱片标价20美元，如果汇率是1美元换200日元，日本进口商为此要支付4 000日元。如果美元对日元的汇率下降为1美元换100日元，同样是20美元的唱片日本的进口商只需支付2 000日元。更低的价格引起日本购买者对该唱片购买的增加，也就是说增加了美元的需求。

美元的供给曲线是向上倾斜的。这条供给曲线表明在全球汇率市场中，用来交换的美元在不同的用日元表示的美元的价格水平上的供给数量。与美元的需求一样，市场上美元的供给来自那些想购买马自达、股票、土地和其他日本的产品和投资的美国居民、企业和政府。因为美国居民必须用日元来支付日本的产品和服务，他们必须把美元兑换为日元。下面的例子能说明为什么美元的供给曲线向上倾斜。假设一部尼康相机在东京的售价是 100 000 日元，汇率是每美元兑换 100 日元或是说每日元兑换 0.01 美元（1 美元/100 日元）。也就是说，该相机对于美国旅游者来说价值是 1 000 美元。现在假设汇率升至每美元兑换 250 日元或是说每日元兑换 0.004 美元（1 美元/250 日元）。现在这部相机对于美国旅游者来说价值是 400 美元。因为当每美元兑换的日元数上升时，尼康相机和其他日本产品的价格就会下降，因而美国人就会购买更多的日本进口品，美元供给的数量也会上升。

图 21-8 所示的外汇市场在汇率为每 1 美元兑 100 日元时达到均衡。正如我们在第 3 章学到的一样，一方面，如果汇率高于均衡点，世界货币市场上美元的供给就会过剩，汇率因而下降。另一方面，低于均衡点时世界货币市场中美元短缺，日本人需要比美国人供给更多的美元，因此汇率会上升。

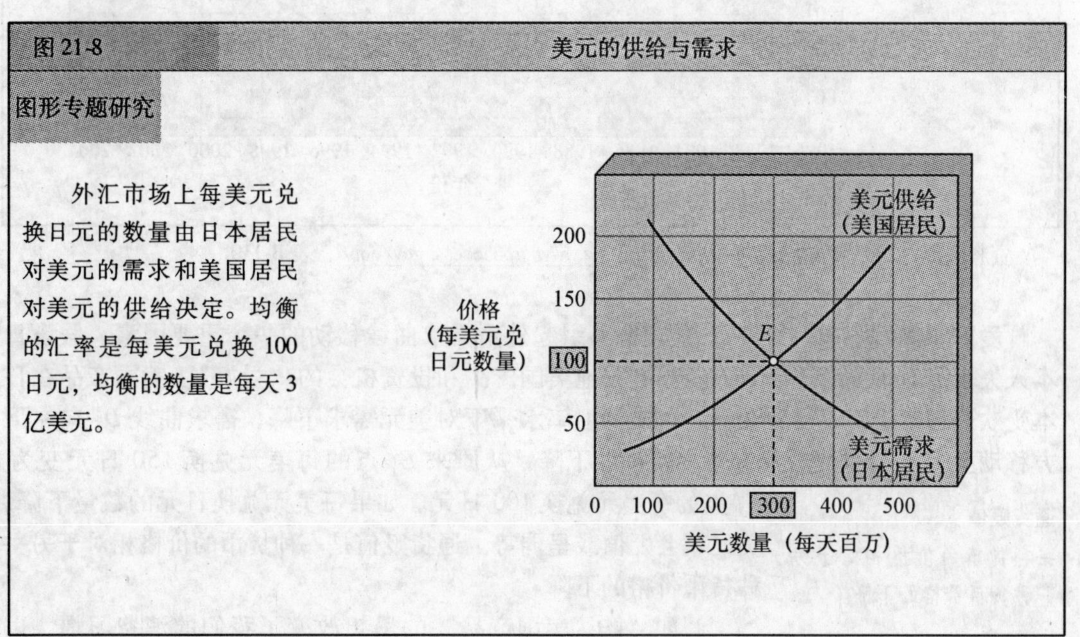

外汇供给和需求的移动

在第二次世界大战到 1971 年期间的大部分时间里，货币汇率是固定的。汇率主要基于黄金标准得出。例如，德国马克固定在 25 美分的水平。1 美元值 1/35 盎司黄金，4 德国马克值 1/35 盎司黄金。因此 1 美元等于 4 马克，或者说 25 美分等于 1 马克。在 1971 年，西方国家统一停止固定其汇率，允许它们的货币汇率根据供求状况自由浮动。图 21-9 说明了这些汇率在很广的范围内波动。比如，1980 年 1 美元值 230 日元，接着经历了上下的反复波动后，在 1995 年汇率达到了 1 美元兑 94 日元的战后最低点。在 2004 年，汇率大概是每美元兑换 108 日元。

图 21-9　1980～2004 年每美元兑日本汇率的变化

如今，许多经济都是采用浮动汇率制度。当货币的需求和供给曲线变化，汇率跟着变化。在 1980 年，1 美元值 230 日元。到了 1995 年，汇率下降到 1 美元兑 94 日元。在 2004 年，1 美元值 108 日元。

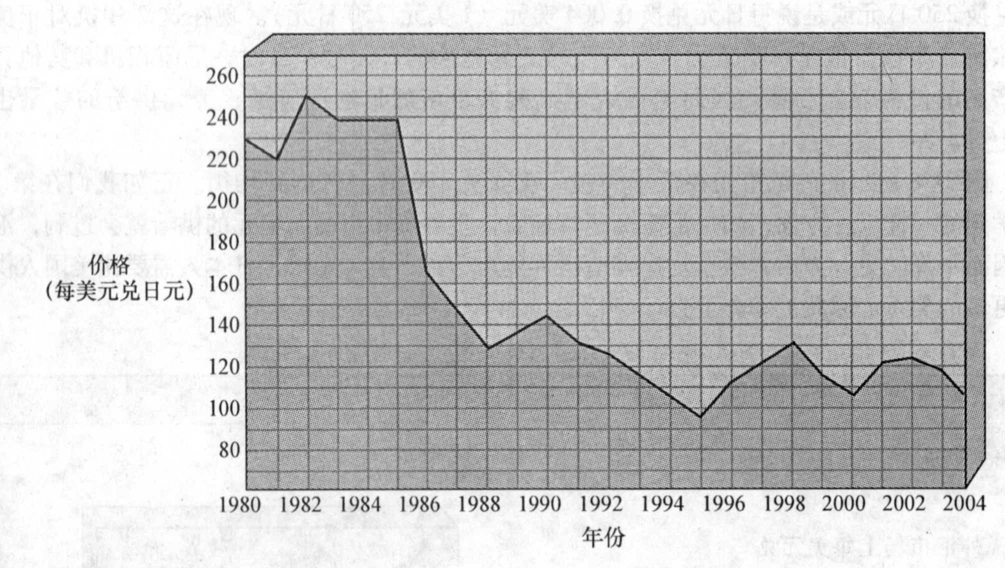

资料来源：2005 年总统经济报告，http：//www. gpoaccess. gov/eop/，表 B-110.

爱好和偏好　图 21-10（a）说明了引起外币需求曲线移动的一个重要因素。假设日本人失去了对烟草、美国政府债券和其他美国产品和投资机会的"爱好"。美国产品在日本受欢迎程度下降，导致在任意可能的汇率水平下对美元需求下降，需求曲线 D_1 向左下方移动至 D_2。这些变化引起均衡汇率的下降，从原来 E_1 点的每美元兑换 150 日元变为 E_2 点的每美元兑换 100 日元。如果每美元兑换日元的数量下降，美元就会贬值或呈弱势。**通货贬值**是一种货币的价格相对于另一种货币价格的下降。

通货贬值
一种货币的价格相对于另一种货币价格的下降。

假如"购买美国产品"的思想改变了我们的消费习惯，以致对日本商品进口的需求下降，那么汇率发生什么样的变化？这种情况下，美国居民在任意的汇率水平下都会供应更少的美元，图 21-10（b）的供给曲线就会从 S_1 向左移动到 S_2。结果，均衡汇率从每美元兑换 100 日元的 E_1 点移动到每美元兑换 150 日元的 E_2 点。如果每美元兑换日元数量上升，美元就会升值或呈强势。**通货升值**是一种货币的价格相对于另一种货币价格的上升。

通货升值
一种货币的价格相对于另一种货币价格的上升。

相对收入　假设美国的收入上升，而日本的收入保持不变，结果美国居民购买更多的国内商品和日本的进口商品。美元的供给曲线因而就会向右下移动，均衡汇率也会下降。自相矛盾的是，美国收入的增长引起美元相对于日元贬值或呈弱势。

结论　美国收入的增长引起美元贬值。

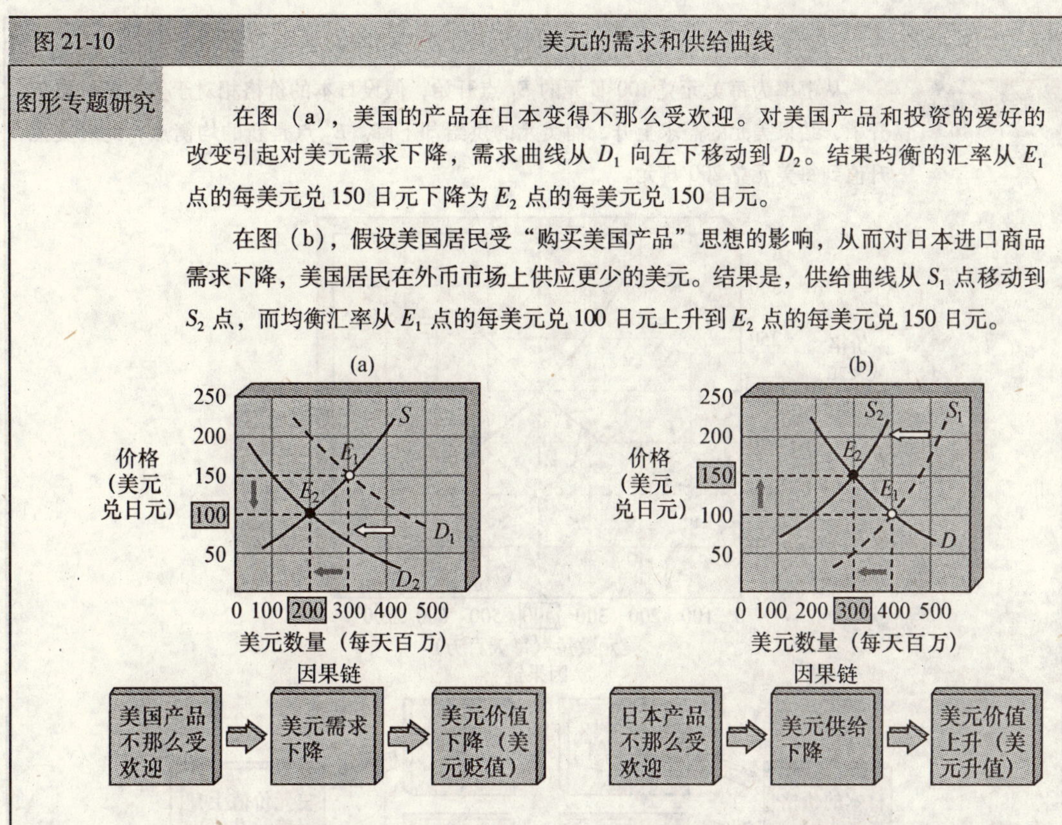

图 21-10　美元的需求和供给曲线

图形专题研究

在图（a），美国的产品在日本变得不那么受欢迎。对美国产品和投资的爱好的改变引起对美元需求下降，需求曲线从 D_1 向左下移动到 D_2。结果均衡的汇率从 E_1 点的每美元兑 150 日元下降为 E_2 点的每美元兑 150 日元。

在图（b），假设美国居民受“购买美国产品”思想的影响，从而对日本进口商品需求下降，美国居民在外币市场上供应更少的美元。结果是，供给曲线从 S_1 点移动到 S_2 点，而均衡汇率从 E_1 点的每美元兑 100 日元上升到 E_2 点的每美元兑 150 日元。

相对价格水平　现在我们考虑更为复杂的情况，要素的改变如何影响美元的供给和需求曲线。假设汇率在每美元兑换 100 日元的均衡点上，如图 21-11 所示。现在假设日本的价格水平上升，但是美国的价格水平不变，日本人因而想购买更多的美国产品，因为美国产品相对于日本产品变得更便宜。日本人购买美国产品和服务的意愿使美元的需求曲线从 D_1 移向 D_2。此外，对于美国居民来说，美国商品相对于日本商品同样更便宜，所以在任意的汇率水平上从日本进口商品的意愿都会下降，就是说美元的供给曲线从 S_1 移向 S_2。美元的供给和需求曲线一起移动的结果是在 E_2 点达到一个新的均衡，此时的汇率是每美元兑换 200 日元。

结论　贸易伙伴相对价格水平的上升引起美元升值。

相对实际利率　相对实际利率（去除通货膨胀因素）的变化对汇率有重要影响。假设美国的实际利率上升，而日本的则保持不变。为了获得更大的利润，日本投资者购买更多的由美国的私人和政府发行的债券和其他付息有价证券。这样就会增加美元的需求，使均衡的汇率上升，引起美元升值（或日元贬值）。

相对实际利率的变化对美元供给同样有影响。当美元的实际利率上升，美国的居民会购买更少的日本有价证券。因此，在任意的汇率水平上，他们供应更少的美元，美元的供给曲线就会向左下移动。结果，均衡的汇率上升，在美元的需求和供给同时变化后美元会升值。

图 21-11 相对价格水平对汇率的影响

图形专题研究

从汇率为每美元兑 100 日元的 E_1 点开始，假设日本的价格相对于美国的价格上升了，结果美元的需求上升，而美元的供给却下降。E_2 点是新的均衡点，此时美元升值到每美元兑 200 日元。

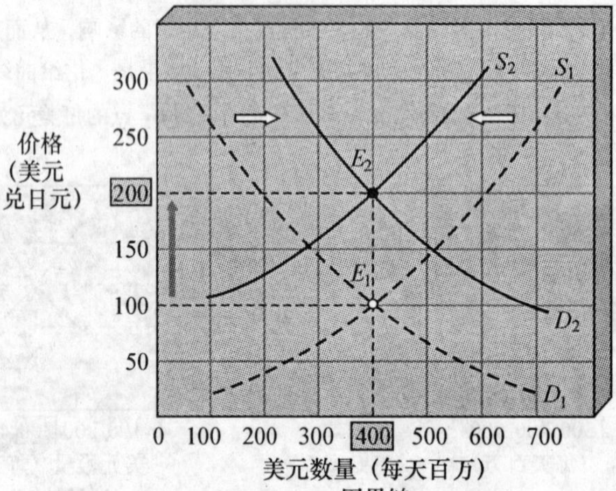

价格（美元兑日元）

300
250
200
150
100
50

S_2 S_1 E_2 E_1 D_2 D_1

0 100 200 300 400 500 600 700

美元数量（每天百万）

因果链

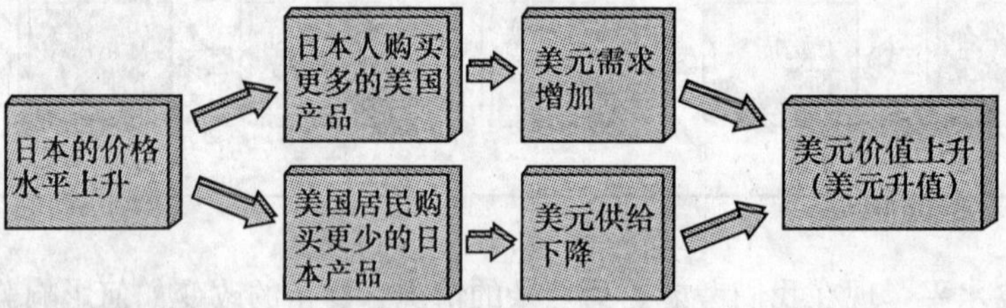

日本的价格水平上升

日本人购买更多的美国产品

美国居民购买更少的日本产品

美元需求增加

美元供给下降

美元价值上升（美元升值）

国际经济学

金本位的回归?

应用概念：汇率

从 1870 年开始到 19 世纪 30 年代，许多工业国都是金本位的。金本位作为根据黄金来衡量货币价值的国家货币体系。在金本位制下，一个有国际收支赤字的国家为赤字的融资必须把黄金运往国外。因此，进口远远超过出口意味着黄金从一国源源不断地流出。结果，一国的货币供应下降，继而减少商品和服务的总需求，低的国内需求导致价格水平下降，从而降低产出，流失更多的工作岗位。相反，一个存在国际收支盈余的国家就会有黄金流入，而且对国家经济的影响与存在国际收支赤字时正好相反。在这种情况下，一国的货币供给增加，而商品和服务的总需求也会上升，继而推动就业和价格水平的上升。简言之，金本位制意味着政府不一定能控制它们的货币供给，实施货币政策操作。

只要一国的黄金储备不发生突发的或是严重的波动，金本位制就能作为固定汇率体系发挥作用。大萧条标志着金本位制的结束。面临贸易赤字和高失业率的国家开始取消金本位制，而不是把它们的货币供给与金本位制挂钩。

在 1933 年，富兰克林·罗斯福总统使美国取消金本位制并下令所有 1933 年的已经生产的银鹰徽金币全部回炉熔解，不再在市面上流通。经过一个足以写成福尔摩斯惊险小说的漫长曲折的故事，其中包括斯密逊研究所、埃及前国王、美国财政部、司法部和造币局，以及许许多多引人入胜的配角，一枚 1933 年的双面银鹰徽金币在 2002 年卖到 759 万美元。这是之前一枚金币价值记录的两倍。①

一旦盟军觉得他们肯定能赢得第二次世界大战，1944 年西方国家的金融部长齐聚美国新罕布什尔州的布雷顿森林，共同建立了一个新的国际货币体系。新的体系的基础是固定汇率和称为国际货币基金组织（IMF）的国际央行。国际货币基金组织给那些短期存在国际收支问题的国家贷款，条件是要求这些国家在一定范围内维持固定汇率。在 20 世纪 60 年代末 70 年代初，世界环境已经发生了变化，布雷顿森林体系变得相当僵化。20 世纪 60 年代，美国的通货膨胀相对于其他国家上升了，使美国出口商品的价格变得更贵，国外进口商品变得更便宜。这种情况使美国对外供给增加，因此汇率受到下降的压力。美国货币当局担心其他国家的中央银行用美元换黄金，将使美国的黄金储备迅速下降，货币供给就会对经济产生不利影响。

有些事得放弃，的确如此。在 1971 年 8 月，尼克松总统宣布美国不再履行把黄金稳定在每盎司 35 美元水平的责任。到 1973 年，金本位制已经不存在，美国的许多贸易伙伴让供求状况决定汇率。

现在一些人提倡恢复金本位制。这些金本位制的支持者不相信政府能在没有金本位制的情况下控制货币供给。他们认为如果政府能任意印刷货币，政治压力迟早会迫使政府过多的发行货币引起恶性通货膨胀。

反对金本位制的理由是没有人能控制黄金的供给。一方面，黄金的大发现能引起通货膨胀，而且过去也曾发生过这样的事情。另一方面，金矿储备的低增长会引起经济的低增长和工作岗位的流失。因此，政府不可能恢复金本位制，因为恢复金本位制意味着把货币政策诉诸于不受控制的黄金储备的波动。

分析问题

回到图 21-8，假设均衡汇率为每美元兑换 150 日元，均衡的数量是 3 亿美元。重绘此图，用通过均衡利率的水平线表示固定汇率。现在使用这个图来解释为什么一国会放弃金本位制。

汇率波动的影响

现在稍作休息，对上面的分析给出一些重要的结论。正如我们刚才学到的那样，许多主要国家之间的汇率是有弹性的。这些国家货币的价格不是钉住黄金或其他固定标准，而是由供求法则来决定。结果，供给和需求的移动就会建立一个弱势或强势的美元。但是，应该注意的是，汇率也不是能完全自由波动。政府经常购买和出售货币来防止汇率波动。

① Brooks Barnes, “Rare Gold Coin Sells at Sotheby's for $7.6 Million, Setting Record,” The Wall Street Journal, July 31, 2002.

总而言之，任何国家的货币的强势或弱势对其经济都有深远影响。

弱势的美元是好坏参半。讽刺的是，一方面，弱势的美元使美国生产者感到快乐，因为他们能以更低的价格把他们的产品卖到国外。随着美国出口的上升，美国能创造新的工作岗位。另一方面，弱势的美元使国外生产商和国内消费者感到不快，因为日本的汽车、法国的酒和意大利的鞋的价格升高了。随着美国进口的减少，别的国家会流失工作岗位。

结论 美元处于弱势或贬值时，外国消费者购买美国商品和服务的价格下降，所以他们会购买更多的美国出口品。与此同时，弱势的美元意味着国外的商品和服务价格升高了，美国消费者减少购买进口品。

强势的美元也是好坏参半。强势的美元使美国的贸易伙伴感到快乐，因为日本的车、法国的酒和意大利的鞋的价格降低了。与“强势”这个词的意思正好相反，强势的美元使美国的生产者感到不快，因为他们的出口品的价格上升了，相关的工作岗位数量也下降了。相反，强势的美元使外国生产者感到快乐，因为他们的商品和服务的价格变得更低，因而美国更多的进口这些产品和服务。

结论 当美元处于强势或升值时，外国消费者购买美国商品和服务的价格上升，所以他们会减少购买美国的出口品。与此同时，强势的美元意味着美国的商品和服务价格下降了，所以美国消费者购买更多的进口品。

最后，与本章前面部分承诺那样，我们重新讨论北美自由贸易协定，以便说明自由贸易和强势美元的影响。我们回想一下，北美自由贸易协定规定从1994年开始，用15年时间逐渐撤销关税和其他贸易壁垒。图21-12显示了实行北美自由贸易协定这段时间以来美国和墨西哥的数据。如图所示，一方面，实行北美自由贸易协定以后，商品的出口和进口都显著增加。另一方面，1993年美国对墨西哥还有20亿美元的贸易盈余，而到2004年则变为美国对墨西哥有460亿美元的巨额贸易赤字。

图21-12 1993—2004年美国对墨西哥的贸易余额

年份	美国对墨西哥的出口（百万美元）	美国从墨西哥的进口（百万美元）	汇率（每美元兑比索）	美国贸易盈余（+）或赤字（-）（百万美元）
1993	$ 42	$ 40	3.12	$ +2
1994	51	50	3.39	+1
1995	46	63	6.45	-17
1996	57	75	7.60	-18
1997	71	87	7.92	-15
1998	79	95	9.15	-16
1999	87	111	9.55	-24
2000	111	137	9.46	-26
2001	101	132	9.34	-31
2002	97	135	9.66	-38
2003	97	139	10.79	-42
2004	111	157	11.29	-46

资料来源：经济分析局，国际交易账户，http://www.bea.doc.gov/bea/di1.htm，表1；联邦储备统计局，http://www.federalreserve.gov/releases/G5A/current/.

在责备北美自由贸易协定引起巨额的贸易赤字之前，我们必须注意汇率从每美元兑换3.12比索上升到每美元兑换11.29比索。1995年以后，比索就开始不断贬值，并且强势的美元使美国商品的价格超出许多墨西哥人的承受范围。这是美国出口到墨西哥的商品减少的原因之一。与此同时，对美国消费者来说墨西哥的商品价格变得更低，所以美国从墨西哥进口商品的数量增加。

主要概念

比较优势	禁运	配额	汇率
绝对优势	关税	国际收支	通货贬值
自由贸易	世界贸易组织（WTO）	贸易差额	通货升值
保护主义			

小结

- **比较优势**是使得一国从贸易中获益的原理。比较优势意味着每个国家都专门生产那些与生产其他产品相比机会成本更低的产品，并且进行国际贸易。当一国遵循这一原则时，它就获益。原因是世界的总产出增加了，并且与不进行专门化和贸易相比，每个国家都可能从消费更多的商品和服务中获得更高的生活标准。

比较优势

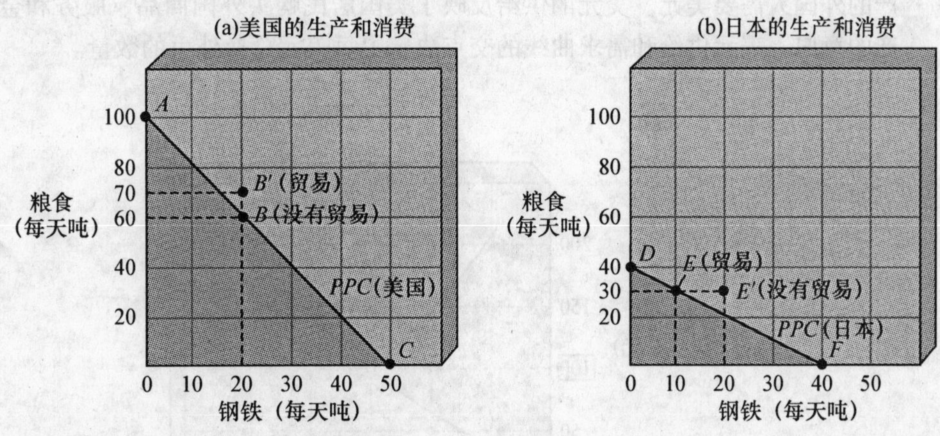

- **自由贸易**总体上使一国受惠，但是个体可能会从与国外的商品和服务的竞争中失去工作和收入。
- **保护主义**是政府通过禁运、关税、配额和其他设置壁垒的方法来减少进口和保护国内特定的产业。**禁运**禁止特定商品的进口和出口。**关税**通过使进口商品变得更昂贵来阻碍进口。**配额**限制某些商品进口和出口的数量。这些贸易壁垒通常来自国内集团对政府施加的政治压力，以便使它们从这些壁垒中获益。
- **国际收支**是一国在一年内所有国际交易行为的簿记记录。它分为不同的账户，包括经常账户、资本账户和统计误差。经常账户汇总了所有当前生产出来的商品和服务的交易。一国总的国际收支经过统计误差的调整后总是等于零。

- **贸易差额**仅仅衡量了一国出口和进口的商品（不是服务）数量。贸易差额既可以是赤字，也可以是盈余。贸易差额是经常账户中记录范围最广和份额最大的部分。自 1975 年以来，美国一直存在贸易赤字。

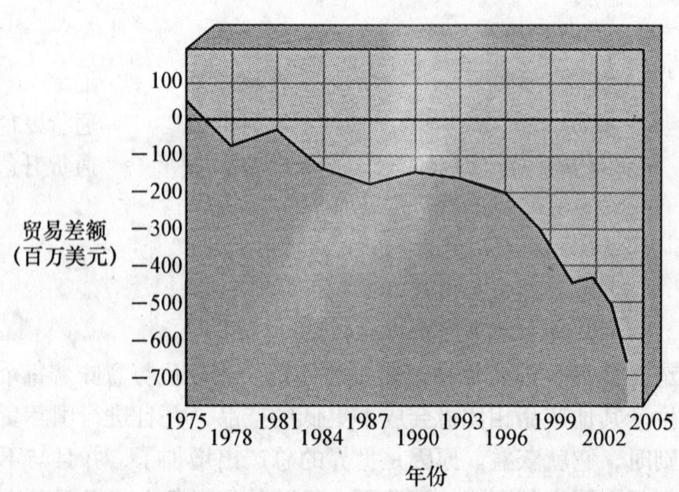

- **汇率**是一国的货币以外国货币来衡量的价格。希望购买美国商品、服务和金融资产的外国人需要美元。美元的供给反映了美国居民购买外国商品、服务和金融资产的意愿。美元供给和需求曲线的交点决定了每美元兑换外币的数量。

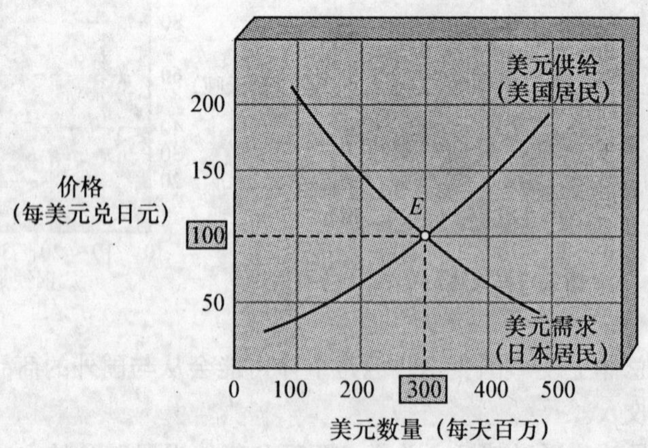

- **外汇供给和需求的移动**来源于诸如爱好、相对价格水平、相对实际利率和相对收入水平。
- **通货贬值**当一种货币的价值相对于其他货币变得更低时就存在。如果一种货币发

生贬值，则它就处于弱势。一国货币的贬值增加了该国的出口，减少了进口。

- **通货升值**当一种货币的价值相对于其他货币变得更高时就存在。如果一种货币发生升值，则它就处于强势。一国货币的升值减少了该国的出口，增加了进口。

问题思考

1. 甲国和乙国分别生产钻石和珍珠。下面的生产可能性列表给出了它们每年的潜在产出（单位：吨）：

生产可能性曲线上的点	甲国		乙国	
	钻石	珍珠	钻石	珍珠
A	150	0	90	0
B	100	25	60	60
C	0	50	30	120
D	0	75	0	180

使用上表的数据回答下面的问题：

a. 各国生产钻石的机会成本是多少？

b. 各国生产珍珠的机会成本是多少？

c. 甲国生产什么具有比较优势？

d. 乙国生产什么具有比较优势？

e. 假设甲国在其生产可能性曲线上的 *B* 点处进行生产和消费，乙国在其生产可能性曲线上的 *C* 点进行生产和消费。用如图 21-3 的表解释为什么如果两国进行专门化生产，则两国都能获益？

f. 画一个图，并用它解释如果它们都进行专门化生产，且甲国统一用 50 吨珍珠与乙国交换 50 吨钻石，则甲国和乙国如何获益？

2. 比尔能在一小时内给两面墙或一扇窗涂漆。在同样时间内，弗兰克能给三面墙和两扇窗涂漆。为了缩短涂漆所花时间，谁应专门涂墙，谁应专门涂窗？
3. 考虑下面的陈述：根据国家的比较优势从事专门化和贸易的原理能够应用到美国的各个州。请问你同意与否？请解释。
4. 美国政府能从使用关税或配额限制进口中获利吗？
5. 假设美国通过一条法规，这条法规规定我们不能购买任何对美国出口商品采取贸易限制的国家的进口商品。谁从这条报复性法规中会获益，谁又会遭受损失？
6. 现在考虑问题 5 中的法规对出口商品的国内生产商的影响，这项政策对出口商品的国内生产商不利吗？
7. 考虑下面的陈述：不受限制的对外贸易的代价是国内的工作岗位。你同意与否？请解释。
8. 你是否支持除非出现战争或国家进入紧急状态时，禁止联邦政府设置任何贸易壁垒（如关税和配额）的宪法修正案？为什么同意或不同意？

9. 讨论下面的陈述：因为每个国家的国际收支都等于零，所以实际上，一国的国际收支是赤字或盈余并不重要。

10. 就下面的陈述，指出美元的供给或需求曲线移动的方向、引起变化的因素和根据外币的美元汇率的均衡点的位置：

 a. 美国制造的汽车在海外变得更受欢迎。

 b. 美国出现经济衰退，而其他国家出现经济增长。

 c. 美国的通货膨胀加速，而其他国家的通货膨胀保持不变。

 d. 美国的实际利率上升，而其他国家的通货膨胀保持不变。

 e. 日本对所有美国进口的商品实施配额和征收高关税。

 f. 由于航空公司之间的价格战，所以美国的旅游业迅速增长。

11. 下表给出了欧元的供给和需求量：

	每欧元兑美元				
	$ .05	$ .10	$ .15	$ .20	$ .25
需求量（每天）	500	400	300	200	100
供给量（每天）	100	200	300	400	500

使用上表的数据：

 a. 画出欧元的供给和需求曲线。

 b. 确定均衡的汇率。

 c. 确定当汇率固定在每欧元兑换 0.10 美元时，会产生什么样的影响。

在线练习

练习 1

访问西半球贸易研究中心（CSWHT），跟踪美国的贸易指数（http://www.lanic.utexas.edu/cswht/tradeindex/）。从 1995 年 11 月以来，美国与其北美自由贸易协定的伙伴之间发生了什么样的变化？

练习 2

访问贸易和经济分析局（http://www.ita.doc.gov/td/industry/otea/），并按下面的步骤操作。

1. 选择“美国外贸精要”，采用 1997 年及以前年度的美国加总外贸数据，选择表 9、表 12 和表 13。哪三个是美国最大的贸易伙伴？就最近一年的报告，哪个与美国进行贸易的国家有最大的贸易盈余，哪个国家又有最大的贸易赤字？

2. 点击退回键回到初始网页，选择“美国工业和贸易展望”。在“历史表格”中，点击那些表格。在“展望趋势表格”中，选择“计算机和外围设备”。比较美国计算机的进口和出口。

3. 点击退回键返回初始页面，选择各州出口数据。在根据 1997 年出口价值对各州进行的排名的出口市场中，选择你所在的州，你所在的州出口市场中出口份额最大的 3 个国家是哪 3 个？你所在的州对这些国家的出口发生了什么样的变化？

练习 3

访问联邦储备系统（http：//www. federalreserve. gov/releases/H10/hist/），选择“日本”。观察从 1990 年至今，每美元兑换日元汇率的变化。是什么引起这些变化？

练习 4

访问在线货币换算器（http：//www. xe. net/currency/）。1 美元可以兑换多少英镑？如果是日元呢？

要点考查答案

1. 具有优势的国家会一直进行贸易吗？

在美国，生产 1 台计算机的机会成本是 100 条毛巾。在中国，生产 1 台计算机的机会成本是 100 条毛巾。所以两国生产计算机的机会成本相同。如果你指出，专门化和贸易不能推动总产出的增长，因此中国不会对这些产品进行贸易，你就是对的。

2. 是否每个人都要维持国际收支？

国际收支的主要目的是追踪国家的货币支付。因为使用同一货币的一国之中的各州和城市，在这些州和城市之间的商品和服务的贸易支付并不能代表损失（流出）或获益（流入）。所以如果你指出，只有国家需要使用国际收支去说明跨国界的外币的流出和流入，你就是对的。

测试

1. 进行贸易，两个国家的生产可能性曲线位于
   a. 它们的消费可能性曲线外。
   b. 它们的消费可能性曲线内。
   c. 世界生产可能性曲线上的一个点。
   d. 以上答案都不对。
2. 自由贸易理论认为当进行贸易时

a. 两国的境况都变差。

b. 一国会获益，而另一国遭受损失。

c. 两国的境况都变好。

d. 两国都不能获益，而其他国家没有获益也没有损失。

3. 根据比较优势理论，当两国实行专门化时，下面哪个正确？

a. 可能增加它们所有商品的总产出。

b. 只有当两国都是工业国时，才可能增加它们部分商品的总产出。

c. 一国可能从贸易中获益，而另一国则遭受损失。

d. 以上答案都不对。

4. 根据比较优势理论，一国应该生产和

a. 进口具有绝对优势的商品。

b. 出口具有绝对优势的商品。

c. 进口具有比较优势的商品。

d. 出口具有比较优势的商品。

图 21-13 马铃薯和小麦产量（每小时吨）

国家	马铃薯	小麦
美国	1	3
爱尔兰	1	2

5. 图 21-13 中，哪个国家具有生产马铃薯的比较优势？

a. 美国，因为它只要更少的资源生产马铃薯。

b. 美国，因为它生产马铃薯的机会成本更少。

c. 爱尔兰，因为它只要更少的资源生产马铃薯。

d. 爱尔兰，因为它生产马铃薯的机会成本更低。

6. 图 21-13 中，小麦的机会成本

a. 在美国是 1/3 吨马铃薯，在爱尔兰是 1/2 吨马铃薯。

b. 在美国是 2 吨马铃薯，在爱尔兰是 1/2 吨马铃薯。

c. 在美国是 8 吨马铃薯，在爱尔兰是 4 吨马铃薯。

d. 在美国是 1/2 吨马铃薯，在爱尔兰是 2/3 吨马铃薯。

7. 图 21-13 中，马铃薯的机会成本

a. 在美国是 1/2 吨小麦，在爱尔兰是 2/3 吨小麦。

b. 在美国是 2 吨小麦，在爱尔兰是 1.5 吨小麦。

c. 在美国是 16 吨小麦，在爱尔兰是 6 吨小麦。

d. 在美国是 3 吨小麦，在爱尔兰是 2 吨小麦。

8. 如果图 21-13 中列出的国家都遵循比较优势原理，则美国应该

a. 从爱尔兰购买所有的马铃薯。

b. 从爱尔兰购买所有的小麦。

c. 从爱尔兰购买所有的马铃薯和小麦。

d. 生产所需的马铃薯和小麦，不与爱尔兰进行贸易。

9. 关税增加了

a. 进口品的数量。

b. 国外商品与国内商品竞争的能力。

c. 进口品的价格。

d. 以上答案都正确。

10. 支持对幼稚产业实行保护的论点是基于以下哪种观点？

a. 外国购买者将吸收国内新产业所有产出。

b. 除非对贸易实施限制，否则一国新产业的增长将不会提高。

c. 如果那些处于发展阶段的国内产业的企业面临国外成熟企业的强大竞争，则这些企业很难得到发展。

d. 都不是基于以上观点。

11. 商品的出口减去进口后得到

a. 资本账户差额。

b. 贸易差额。

c. 经常账户差额。

d. 总是小于零。

12. 下面哪个账户记录了商品和服务支付、武器交易、国外旅行、投资收入和外国捐赠？

a. 资本账户。

b. 商品账户。

c. 经常账户。

d. 官方储备账户。

13. 下面哪个账户记录了美国与其他国家之间金融资产和房地产的购买和销售？

a. 贸易账户差额。

b. 经常账户。

c. 资本账户。

d. 支付账户差额。

14. 如果在日本标价是 2 000 日元的收音机可以 10 美元的价格购买，汇率是

a. 每美元兑换 200 日元。

b. 每美元兑换 20 日元。

c. 每日元兑换 20 美元。

d. 以上答案都不对。

15. 美国

a. 在 1971 年以前是固定汇率体系，现在是浮动汇率体系。

b. 从 1945 年开始是固定汇率体系。

c. 从 1945 年开始是浮动汇率体系。

d. 在 1983 年以前是浮动汇率体系，现在是固定汇率体系。

16. 假设汇率下降，使得只需更少的日元就能兑换 1 美元。我们可以得出结论：
    a. 日元贬值。
    b. 美国居民将会更少购买美国商品。
    c. 日本对美国的出口需求减少。
    d. 以上情况都不存在。
17. 下面哪种情况会引起那些持有美元的人对欧元的需求下降？
    a. 法国出现通货膨胀，而美国没有。
    b. 美国出现通货膨胀，而法国没有。
    c. 法国的实际投资利率增长并超过美国的实际投资利率。
    d. 以上都不是。
18. 一国货币的均衡价格上升是由下面哪种情况引起的？
    a. 货币供给下降。
    b. 货币需求下降。
    c. 货币供给上升。
    d. 货币需求数量上升。
19. 如果美元升值（变为强势），这会引起
    a. 美国商品对外国商品相对价格的上升。
    b. 外国商品对美国商品相对价格的下降。
    c. 美国的出口减少，进口增加。
    d. 美国出现贸易赤字。
    e. 以上情况都会发生。
20. 下面哪种情况会引起美元相对于日元贬值？
    a. 美国商品在日本更受欢迎。
    b. 日本的价格水平更高。
    c. 美国的实际利率更高。
    d. 美国的收入水平更高。

第22章 转型经济

本章概述

为了理解如何把各个全球性经济难题糅合在一起，本章开始先讨论三种基本经济类型。我们将会检验赞成和反对"主义"——资本主义、社会主义和共产主义——的论据。在这里我们将探讨亚当·斯密和卡尔·马克思之间的世界范围的碰撞，还研究他们对当今经济体制的影响。最后，我们将检验古巴、俄罗斯和中国的经济改革。

在本章中，你将学会解决这些经济学问题：

- 为什么前苏联的司机无论何时停车都要把刮水器和后视镜卸下掉？
- 亚当·斯密说"看不见的手"促进公共利益指的是什么意思？
- 如果在前苏联按照五年计划来使经济运转是愚蠢的，那么为什么在资本主义经济中，大学、企业和政府都做计划？

经济制度的基本类型

经济制度
用以确定生产何种产品和劳务、如何生产、为谁生产的组织和方法。

经济制度用以确定生产何种产品和劳务、如何生产、为谁生产的组织和方法。正如前面第2章所解释的，稀缺性迫使每一种经济制度都要决定生产什么样的商品集合、怎样生产它们以及谁得到生产出来的产出。决策过程涉及一国文化——如一国的法律、政府形式、伦理、宗教和习俗等的许多方面的相互作用。经济学家罗伯特·L. 海尔布罗纳(Robert L. Heilbroner)确立了一种简单的方法，用来考察社会所运用的基本方法。每一种经济制度都可被归入下列三种基本类型中的一类：(1)传统经济，(2)指令经济，(3)市场经济。

传统经济

传统经济
按照既往方式回答生产什么、如何生产以及为谁生产这些问题的经济体系。

为什么英国有君主或女王？答案就是传统。从历史上看，**传统经济**有一个做出市场经济决策的共同制度。传统经济是按照既往方式回答生产什么、如何生产以及为谁生产这些问题的经济体系。在这类社会中，人们学会沿袭前人所允许的东西以便使他们自己得到承认。任何人如果要改变做事方式，就会从其他人那里招来麻烦。因为在这类社会中的人们相信：昨天和多年以前美好的观念和事物在今天也一定是好的。

传统制度被原始部落、日本的阿伊努人、巴西雨林中的土著和宾夕法尼亚的阿们宗派运用过。在这些社会中,种植、收割和分配农作物的方法是由上几代人决定的,而且至今也未发生变化。人们用祖先所确立的方式改变工作。众所周知,阿们宗派的门徒们拒绝使用拖拉机和马拉的犁。有趣的是,他们也反对社会保障,因为他们的社会自愿将财富分配给那些有需要的人。

传统经济的优缺点 传统方法的优点是将成员间的摩擦减小至最低程度,因为相对来说,争议比较少。因此,在这种制度下的人们相互之间的合作可能会更自由。在今天的工业社会中,阿们派的经济和其他传统经济体似乎对他们相对并不复杂的制度感到满意。但是,批评家认为传统的制度限制了个人的主观能动性,因此不能生产先进的产品,产生新技术和促进经济增长。

指令经济

指令经济
由中央政权回答生产什么、如何生产以及为谁生产这些问题的经济体系。

在**指令经济**中,中央计划集团为社会做出经济决策。在这种制度中,生产什么、怎样生产和为谁生产的问题由中央当局做出回答。前苏联和当今的古巴就是运用国家经济计划,并通过强有力的管理委员会执行国家经济计划的指令经济的例子。政治上遴选出来的委员会决定一切,包括汽车、扫帚、毛线衫和坦克的数量、颜色、大小、质量和价格。国家拥有生产要素,并且支配着这三个基本经济问题的答案。当局可能会决定生产现代武器而非创办学校,或者他们可能将资源用于建设像金字塔——由古代埃及的统治者所建,以纪念他们逝去的国王和女王——那样巨大的纪念碑。

例如,在前苏联经济中,这三个基本经济问题是由一个叫"苏联国家计划委员会"的中央计划机构来回答的。前苏联国家计划委员会遵循政治局的政策,为农场、工厂、矿厂、住宅建设、医疗服务和其他的生产单位确定生产配额和价格。给母牛喂什么？如果是干草,需要多大面积的土地来生长？母牛可产多少奶？有多少人将成为牛奶场主？一个牛奶场主将挣得多少工资？牛奶是给每一个人,还是给少数人,抑或是给领导所选定的任何人呢？前苏联国家计划委员会试图做出所有这些决策。今天,在俄罗斯,前苏联国家计划委员会已经是被抛弃的前苏联命令系统的一个遥远的回忆了。

我们可以用图 22-1 的金字塔来描述指令经济。在金字塔的顶端,是一个像前苏联国家计划委员会一样的、由中央计划者组成的至高无上的强势集团。这个机构确立生产目标以及商品和服务的价格。接着前苏联国家计划委员会把这种信息传递给专业化国家计划机构的第二个层级。这些专业化政府机构中的一个购买原材料,另一个机构确定时尚潮流,再一个政府机构对就业和工资做出决策。

国际货币基金组织(http://www.imf.org)提供了全球经济的信息。

生产目标从最高决策层传递至个体生产单位,个体生产单位可由图 22-1 中金字塔的第三层级来描述。这些生产者就像中央当局所命令的那样向消费者供给商品和服务。按照总体规划,金字塔的底层部分是对个体和家庭消费单位的产出分配的描述。

图 22-1 指令经济金字塔

指令经济的首要特征是中央计划委员会位于顶端，它把经济决策向下传递给底层的各种生产和消费单位。这个过程从最高计划委员会——例如前苏联国家计划委员会——的总体计划开始。前苏联国家计划委员会确立生产目标，是一系列专业化计划机构——这些机构替个体生产单位做出资本扩张、原材料购买、价格、工资和其他所有的生产决策——的最高当局。最后，工厂、农场、矿厂和其他生产者按照已经获批准的总体计划将特定产量分配给消费者。

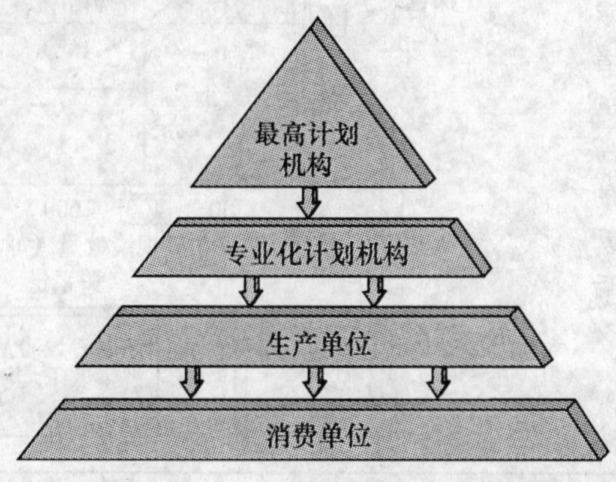

指令经济的优缺点 无论你是否相信，都存在着捍卫指令经济的理由。支持者认为经济变革在指令经济中比在传统经济中发生得更为迅速。这是那些对传统经济感到不满的人可能支持建立指令经济的一个理由。中央当局可以忽略习俗，并且安排新的做事方式。采纳指令经济的另一个理由是一个存有争议的信仰，认为政府将会提供经济保障和经济平等。据说中央当局可以确保为每一个人提供食物、衣服、住所和医疗服务，而不论他们对社会贡献能力的大小。

中央当局做出正确决策的绝对权力也是其产生绝对错误的权力。通常计划者不能准确设置生产目标，其结果要么是商品和服务的短缺，要么是过剩。例如，在某一点，计划者计算错了，为前苏联汽车生产了太少的刮水器和后视镜。面对这些部件的短缺，前苏联司机为防止其被偷，就只能去掉刮水器和后视镜。另一方面，前苏联国家计划委员会给一些集体农场调拨的化肥远远超过了这些农场所需。为了在下一年获取同样数量的化肥，农民就会把过量的化肥浪费掉。决策失误的结果是，人们排着长队等候或者偷取商品。决策集团怎么会真正知道每年生产多少刮水器、工人应该挣得多少工资？

由于在指令经济中利润并不是生产者的动机，产品的质量和种类同样不能为人们所接受。例如，如果前苏联国家计划委员会命令一个国有企业生产 400 000 个汽车后视镜，生产者就很少有动机付出额外努力，以生产高质量的多种款式的后视镜。达标的最容易的方式就是不管消费者的需求，按一种样式生产低质量产品。

图 22-2 展示了中央计划者的定价政策如何引起短缺。后视镜的需求曲线与需求法则一致。在较低的卢布价格水平上，需求数量增加。供给曲线固定在 400 000 个后视镜上，因为这是由中央计划者所设定的，因此对价格的变化没有反应。

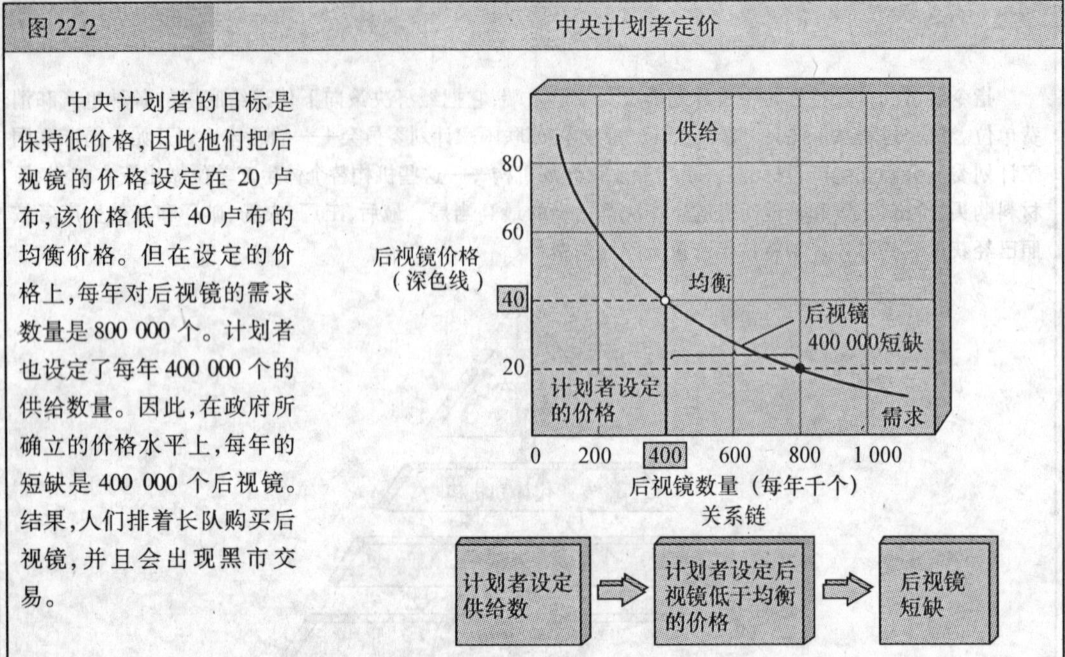

图 22-2 中央计划者定价

中央计划者的目标是保持低价格，因此他们把后视镜的价格设定在 20 卢布，该价格低于 40 卢布的均衡价格。但在设定的价格上，每年对后视镜的需求数量是 800 000 个。计划者也设定了每年 400 000 个的供给数量。因此，在政府所确立的价格水平上，每年的短缺是 400 000 个后视镜。结果，人们排着长队购买后视镜，并且会出现黑市交易。

假定指令经济的主要目标之一是保持低价格。为达到该目标，中央计划者将后视镜价格设定在 20 卢布，该价格低于 40 卢布的均衡价格。在 20 卢布的价格上，相对于由不受约束的市场所确定的均衡价格来说，有更多的人买得起后视镜。计划者设定低价格的后果就是短缺。在 20 卢布的价格上，后视镜的需求数量是 800 000 个，而供给数量仅有 400 000 个。因此，这个模型解释了为什么后视镜在许多人愿意购买它们之前就已经从商店消失了的原因。

同一个图形分析也适用于中央计划所设定的公寓的租金价格。前苏联的中央计划者所设定的租金低于均衡的公寓租金价格。正如模型所预测的，低租金价格导致住房的短缺。同时，计划者就会承诺及时改善住房。

结论 当中央计划者设定的价格低于商品和服务的均衡价格时，他们就创造了短缺，这意味着长长的排队等候的队伍、空货架和黑市。①

市场经济和亚当·斯密的理念

市场经济
由供给和需求力量的相互作用所确定的价格来回答生产什么、如何生产以及为谁生产这些问题的经济制度。

在**市场经济**中，既不是习俗或个体，也不是中央计划者集团来回答社会所面临的三个基本问题。市场经济是这样一种制度：运用供给和需求力量的相互作用所决定的价格来回答生产什么、如何生产以及为谁生产的问题。第一个解释市场经济力量的人是苏格兰经济学家亚当·斯密。在美国殖民地宣布政治独立的同年，斯密在《国富论》中提出了运用市场改善经济绩效

① 回忆一下第 4 章的图 4-5，黑市是在自由市场中设定一个价格上限后出现的非法市场。

的蓝图。斯密花费了数十年时间来观察现实世界,思考国家如何才能最好地改善它们的物质福利。他的结论是:答案就是运用自由市场,因为这种机制为追逐私利的每一个人提供了激励。

亚当·斯密是现代经济学之父。他试图写一本影响公共舆论的书,与许多名著不同,他的书立即获得了成功。他的这本书的基本哲学理念就是"最好的政府就是最小的政府"。这种信仰就是众所周知的自由放任(laissez-faire),这是一个来自法语的表达,意思是"允许行动"。正如斯密所表述的,政府的作用应该被限制在提供国防、提供教育、维持基础设施、保障合同的实施以及其他很少的领域。斯密也倡导国家间的自由贸易,反对国家应该设置贸易壁垒的观念。

在斯密的一生中,欧洲国家如英国、法国和西班牙都介入到对经济活动的控制之中。在《国富论》中,斯密主张经济自由是人类的尊严所必需的"自然权利"。他相信追逐私利的人们之间的自由竞争最有利于社会,因为市场摆脱了政府干预,生产出最大可能的商品和服务的产出。如上所述,斯密是自由贸易的拥护者,他提出了暗含在这本书的整个标题中的问题:为什么有些国家比另外一些国家要富裕?他解释了任何一个国家的财富来源并不真正就是该国所拥有的黄金或白银的数量。这是一个盛行于斯密时代的一种观念,称为重商主义。相反,他认为是人们生产产品的能力和自由市场中的贸易创造了一国的财富。

看不见的手
用以表达当个体消费者和生产者完全实现了其个体利益时,整个社会的最大利益才能得以实现这一信念的习语。

市场的重要性是它们利用自我利益的力量来回答生产什么、如何生产和为谁生产的问题。如果没有中央计划,市场就会协调数百万消费者和生产者之间的行动。斯密说市场经济似乎是由一只看不见的手来控制的。**看不见的手**这个习语传达了这样一种信念:即当个体消费者和生产者相互竞争以实现他们的私利时,一个社会就会达到其最大利益。由看不见的手所引导,为了赚消费者的钱,生产者必须相互竞争。在竞争性市场上利润动机为有效率的生产者提供利润作为对他们的回报,而损失会惩罚无效率的生产者。斯密把利润看成是个人主义的市场制度中的必要的驱动力量。利润动机引导屠夫、面包师和其他生产者以最低的价格去回答生产什么、如何生产和为谁生产这三个基本问题。为以最低价格购买商品,消费者之间也相互竞争。竞争自动地调节着经济,相对于另一种制度——在这种制度中,政府为了公共利益,试图完成同样的任务——来说,竞争提供了更多的商品和服务。用斯密自己的话来说:

> 每一个人都必然辛勤劳动以获取尽可能多的社会年收入。一般来说,他的确既没有想过促进公共利益,也不知道他能在多大程度上促进公共利益。通过……以这样一种方式指导产业,该产业所创造的产值可能是最大的,他只是想获得属于自己的收益,他这样做,就像在许多其他情形下一样,是由看不见的手引导着去促进一个他自身所没有意识到的目标。这对社会来说并不总是坏的,这也不是坏的结果的一部分。相对于他真正想要促进社会利益的情形来说,通过追求自身的利

益，他通常更有效地促进了社会的利益。①

市场经济的优缺点 在市场制度下，如果消费者需要芭比娃娃，他们就可以买到它们，因为销售商从销售芭比娃娃中获取利润。没有个体或中央计划委员会能做出转移资源的正式决策，它们也不会告诉厂商怎样去生产许多人所认为的琐碎产品。因为没有中央主体或习俗的干预，市场制度就能提供购买者和销售者以最低价格相交换的范围广泛的多样化产品和服务。

结论 市场经济有效地回答了生产什么、如何生产和为谁生产这三个基本问题。

那些攻击市场经济的人指出，缺乏竞争、外部性、公共产品和收入不平等会导致市场失灵问题，这在第4章讨论过。例如，批评者认为购买者和销售者之间的竞争导致了富人和穷人的出现。在市场经济下，产出是按有利于那些获得高收入和拥有财产的人的方式来分配的。一些人可以在好餐馆里吃鱼子酱，而其他人就只能在街上游荡、为了食物和居所而乞讨。市场制度的支持者认为这种收入的不平等必须存在，以便给那些为他人做出贡献的人们提供激励或回报。

混合经济

混合经济
通过将传统、命令和市场制度混合起来回答生产什么、如何生产和为谁生产这三个问题的经济制度。

在现实世界中，没有任何一个国家是纯粹传统的经济、指令经济或市场经济。即使是原始部落，他们的体系中也存在一些市场。例如，部落成员可能会用贝壳交换动物皮毛。在中国，政府允许许多私人商店和农场在自由市场上运作。尽管美国最好被看作是市场经济，但是美国也是其他两种制度的混合物。正如前文所述，在我们国家，阿们派的教徒们实行的是众所周知的传统经济。战时的草案是指令经济的一个例子，政府借以获得非自愿的劳动。此外，来自纳税人的“指令性的”税收用于资助政府项目，如国防和社会保障。如果大多数国家的经济制度并不很好地符合这些基本定义中的一个，我们最好用什么术语来描述它们的经济？一种更合适的描述是：大多数国家是将经济制度的三个类型混合起来运用，被广泛称作**混合经济**。混合经济通过将传统、命令和市场制度混合起来回答生产什么、如何生产和为谁生产这三个问题。

传统经济、指令经济和市场经济可以在范围广泛的多样化的社会背景下存在。例如，美国和日本的市场制度很繁荣。但是中国也在有限的程度上运用了市场制度。而且，一些西方政体也实行中央的经济计划化。法国官员代表政府、企业和劳工每年进行会晤，讨论下一个五年期的工业的经济目标，但遵循自愿原则。在日本，一个叫做“经济、贸易和产业部”

> 日本经济、贸易和产业部(http://www.meti.go.jp/english/)，日本外贸组织(http://www.jetro.go.jp/)和日本经济基础(http://www.jef.or.jp)提供了关于日本贸易和经济的新闻和信息。

① Adam Smith, An Inquiry into the Nature and Causes of the Wealth of Nations (1776; reprint, New York: Random House, 1937) p. 423.

(METI)的政府机构制定长期计划。METI 的其中一个目标是鼓励出口,日本因此而获取用于购买石油和其他资源所必需的外汇。

国际经济学

在另一个星球上选择经济制度

适用概念:经济制度的基本类型

假定我们在一个新星球上发现生命,他们的首领想学习美国的成功经济,因此邀请经济顾问了解个中秘密。

坐在一个巨大的椭圆形桌子前,首领向坐在桌子另一端的顾问说:"我们的经济制度依赖于传统和命令。它能运行,但是没有美国经济那么好。我们的男人和女人过着受传统束缚的生活。男人们像他们的先辈一样从事农耕和狩猎。女人们只在家工作,照顾孩子,遵循着年长的人所赞许的角色。关于怎样做事情,不存在纠纷;关于做什么工作、生产什么产品也不存在混乱的情形。领导者们简单地把任务指配给他们,告诉他们生产多少。同样地,人们被告知为了这个星球的利益而做社区项目工作。如果有人拒绝,他们就会被排挤或流放。告诉我,怎么可能有更好的方法来组织我们的经济?"

顾问充满信心地答道:"有,肯定存在更好的方法。用市场制度的'看不见的手'来代替传统和命令。这种思想在很久以前已经被一个叫亚当·斯密的人解释过,他是现代经济学之父。"

首领陷入了迷惘。"我从来没听说过亚当·斯密或市场经济。你给我简单解释一下它到底与我们的制度有什么不同。"

"好的,"顾问说。"在市场经济中,每一个人都被允许自己做决策,这些决策基于价格信号。"

首领感到惊骇,并且感到不快。"但是如果他们不能正确地选择,将会发生什么事情?让我们谈一些具体的事情,除非我们指派人们去制造计算机,不然我们怎么知道选择这个工作的人有多少?在这种工业中,如果女人想工作,她们能做什么?谁决定这些工人的工资?需要生产多少台计算机才能满足他们的需求?"

"这你可以放心,"顾问说。"用摆脱政府干预的市场决定的价格将会回答你的所有问题,而且与领导者试图控制一切的情形相比,会回答得更好。"

首领得意地打断了他。"你真的希望我相信如果没有来自领导者的指令,不会购买和销售太多或太少的产品?"

"哈,的确是这样!"顾问迅即回答说。"市场将会自动地把所有这些好事完成。人们将会受到他们自己理性的自我利益的更多激励,而不是受到传统或中央当局的激励。简言之,制度自身会运行。"

"没有我们领导的指导,经济会运行!"首领说,"这多么荒谬啊,你在浪费我的时间。我想你提了一个有意义的提议。祝你愉快!"

分析问题

1. 与市场制度作比较，描述传统经济或指令经济怎样做出就业和生产决策。

2. 为什么首领发现市场制度是难以置信的？在市场经济中，经济活动不是基于自我利益而发生，这可能吗？

资料来源：摘自 Robert L. Heilbroner, The Making of Economic Society, 5th ed. (Englewood Cliffts, N. J.: Prentice-Hall, 1993), pp. 12-13.

几个"主义"

一个社会将会选择何种类型的经济制度来回答生产什么、如何生产和为谁生产的问题？我会把大多数经济叫做"混合的"，但是这可能不太准确。在现实世界中，经济制度被贴上流行的"主义"——资本主义、社会主义和共产主义——的各种形式的标签。

资本主义

资本主义
以资源的私人所有制和市场经济为特征的经济制度。

资本主义是以资源的私人所有制和市场经济为特征的经济制度。资本主义也被叫做自由企业制度。不管政治制度如何，资本主义的经济制度必须拥有两个特征：(1)资源的私有权；(2)运用市场做出分权化决策。

私有权 资源的私有权在很大程度上决定了谁做出生产什么、如何生产和为谁生产的决策。在资本主义制度下，资源主要由个体和厂商私人拥有和控制，而不是政府为了社会的利益而将产权公共地持有。在美国，大多数资本资源为私人所拥有，但是资本主义这个术语稍微有点令人迷惑，因为尽管也存在土地的公有权，但它强调了工厂、原材料、农场和其他形式资本的私有权。

消费者主权
消费者在竞争性市场所确定的物价水平下以其货币选票选择购买或不购买的自由。

分权化决策 资本主义的这种特征允许购买者和消费者在没有政府干预的市场中交换商品。资本主义制度在**消费者主权**的原则下运行。消费者主权是消费者在竞争性市场所确定的物价水平下以其货币选票选择购买或不购买的自由。结果，消费者的选择决定了企业生产者生产何种商品和服务。在资本主义制度下，大多数配置决策通过消费者和生产者在市场上的相互作用，以及亚当·斯密看不见的手引导他们做出决策来协调。

在现实世界中，即使认为消费者是至高无上的，许多美国市场并不是完全开放的或自由的市场。例如，消费者不能购买非法药物或身体器官。在第4章中，我们知道美国政府为小麦、牛奶、奶酪和其他产品设置了最低价格（支持价格）。只有当市场价格高于支持价格时，这些市场才是自由的。同样，最低工资立法强迫雇主不管在什么样的市场条件下，都得支付高于某一数额的每小时工资。

结论 世界上没有任何国家确切地符合资本主义的两个标准；但是，美国与之比较接近。

资本主义的优缺点 资本主义的一个主要优点是它有能力实现经济效率，因为竞争和利润动机迫使产品以最低价格生产。纯粹资本主义的另一个优点是经济自由,因为经济权力广泛扩散。个体消费者、生产者和工人基于私利自由决策。经济学家米尔顿·弗里德曼得出了一个与此相关的论点:私有权限制了政府剥夺其政治对手的商品、服务或工作的政治权力。

资本主义的批评者列举了资本主义的一些缺点。首先,资本主义倾向于使收入分配不平等。居民之间的收入不平等是由很多原因所导致的。资本和其他生产要素的私有权会引起这些要素向少数个人或厂商手中集中。而且,人们并不拥有同等的劳动技能,市场也奖赏那些拥有更高技能的人。这些不平等可能是永久的,因为富人能获得更好的教育、法律援助和政治平台,并且把财富遗留给继承人。其次,纯粹的资本主义因其在保护环境上的失败而受到批评。对利润和自我利益的追求优先于对空气、江河、湖泊和溪流的损害或污染。回忆一下,第4章中描述污染环境的生产者所造成的社会无法接受的影响时所用到的图形模式。

社会主义

社会主义
以政府对资源的所有和中央决策为特征的经济制度。

社会主义的思想存在了数千年之久。社会主义是一种以政府对资源的所有权和中央决策为特征的经济制度。社会主义也叫做命令社会主义。在社会主义制度下,命令系统为了公共利益而拥有并控制诸如钢铁、电子和农业等主要产业。但是,某些自由市场能够在农业、零售贸易和某些服务领域中存在。正如现实世界中没有纯粹的资本主义制度一样,今天在世界上也不存在实践纯粹社会主义的社会主义国家。实际上,存在多少个被称为社会主义的国家,就存在着多少社会主义的变种。

在进一步讨论社会主义之前,我们一定要意识到社会主义是一种经济制度,政治学不应与经济学相混淆。英国、法国和意大利实行代议制民主制度,但它们的许多主要产业已被国有化。在美国,联邦政府拥有和运营田纳西流域管理局(TVA)、美国宇航局(NASA)和美国邮政服务,同时,也允许私人公用事业和邮政服务企业运营。

卡尔·马克思的思想

尽管俄罗斯和东欧国家向资本主义过渡,但社会主义仍然盛行于中国、古巴和许多欠发达国家。社会主义和共产主义的理论可以追溯至卡尔·马克思。马克思是19世纪德国哲学家、革命家和经济学家。与当时追随亚当·斯密的其他经济学家不同,马克思拒绝了社会靠私人利益和利润运行的概念。

卡尔·马克思出生于德国的一个律师家庭。他是柏林大学的杰出学生。在1841年获得哲学博士学位之后,他的注意力转向了新闻出版。在1843年,马克思娶了一个富有家族的女儿后迁往巴黎,但是他的政治活动迫使他离开巴黎,到了英国。从31岁开始,他一直在伦敦生活,并在那里写书。在伦敦,马克思生活在贫困之中,当时他和他的终生朋友弗里德里希·恩格斯完成了《共产党宣言》一书的写作,该书于1848年出版。随后他写出了以《资本论》命名的巨著,该书分别在1867年、1884年和1885年分三卷出版。

这两部书使卡尔·马克思成为社会主义史上最有影响的经济学家。实际上,他终身致力于推翻资本主义。当马克思阅读了《国富论》之后,他把利润看成是对企业所有者——资本主义者——的不公平支付。马克思预言市场制度将会毁灭自身,因为富有的所有者对利润的无限贪婪将会导致他们通过支付饥饿工资对工人进行剥削。而且,所有者将会迫使劳动者在不安全的条件下进行工作,很多人根本没有工作。

浏览http://marxists.anu.edu.au/archive/marx/works/1848/communist-manifesto/index.htm,阅读《共产党宣言》,浏览http://www.cia.gov/cia/publications/factbook/index.html,学习更多关于各国及其经济的知识。

马克思相信私有制和剥削将会产生一个由少数"富人"和多数"穷人"之间的阶级斗争所驱动的国家。正如他在《共产党宣言》中所表述的:到目前为止的一切社会的历史都是阶级斗争的历史。自由人和奴隶、贵族和平民、领主和农奴、行会师傅和帮工,一句话,压迫者和被压迫者。在马克思看来,资本主义者是现代的压迫者,工人是被压迫的无产阶级。马克思预言,总有一天工人会在自发的流血革命中起来反抗仅仅有利于资本所有者的制度。马克思相信**共产主义**是理想的制度,它将会按照阶段从资本主义通过社会主义演化而成。共产主义是一种没有国家、没有阶级的经济制度,所有的生产要素都由工人所有,人们各取所需。按照马克思的观点,这是社会主义的最高形式。

共产主义

一种没有国家、没有阶级的经济制度,所有的生产要素都为工人所有,人们各取所需。按照马克思的观点,这是社会主义的最高形态,革命应为之奋斗。

在共产主义制度下,不存在只求私利的私有权。不存在阶级斗争,每一个人都相互合作。实际上,不存在犯罪的理由,警察、律师和法庭都是不必要的。令人感到奇怪的是,马克思在提倡小的中央政府方面甚至超越了亚当·斯密。马克思相信那些努力工作的人或更有技能的人,将会是大公无私的人。任何一个"富人"都将会自愿地将其所拥有的东西给予"穷人",直到每一个人都拥有几乎相同的物质福利。用马克思自己的话来说,人们将会受到如下原则的激励:"从按照每个人的能力分配到按照需求来分配。"当一个国家接着一个国家接受合作、拒绝利润和竞争时,世界和平将会获得进展。在理想化的社会主义制度下,不存在国家,不需要中央当局来追求本民族的利益。

今天,我们把以前存在于前苏联和东欧,现在仍然在中国、古巴和其他国家存在的经济制度叫做共产主义。但是,本章先前部分给出的社会主义的定义更准确地描述了它们在现实世界中的经济制度。确切地说,没有国家实现过马克思所描述的理想的共产主义社会,资本主义也没有像他所预言的那样自我毁灭。1917 年俄国的共产主义革命并不适合马克思的理论。在当时,俄国是一个欠发达国家,而不是一个充斥着剥削工人的贪婪资本家的工业化国家。

社会主义的特征

社会主义经济具有两个基本特征:(1)公有制;(2)中央决策。

公有制 在社会主义下,政府拥有大多数生产要素,包括工厂、农场、矿藏和自然资源。前苏联的农业描述了这个真实世界中的社会主义国家如何偏离了总体的公有制。在前苏联,存在三种相当明显的农业形式:国家农场、集体农场和私有土地。在国有农场和集体农场这两个部门,政府都允许那些持有小块私有土地的小农参与决定价格和产出水平的自由市场的运作。现在,改革允许农民从国家手中购买土地、拖拉机、卡车和其他资源。如果这些改革继续下去,他们将戏剧性地终结自约瑟夫·斯大林开始的农业集体化过程。

中央决策 与追逐私利相反,纯粹社会主义的动机是整个社会的公共利益。例如,工厂的管理者不能为了使工厂获取最大利润而决定提升或降低价格。不管存货水平如何,也不管有多好的提高价格的机会,中央计划者不允许工厂管理者越权行为。与探索市场的起伏规律相反,社会主义的目标是做出中央决策以防工人和消费者做出分散化的决策。

在进行开放的市场改革之前,前苏联计划者通过改变收入把工人吸引到某些特定职业中,以实现计划的目标。例如,如果太空项目需要更多的工程师,则国家就提高工程师的收入,直到达到从事工程行业所需要的目标人数为止。

正如前文的图 22-2 所表明的那样,前苏联的中央计划者也操纵消费者价格。如果消费者想要的汽车比能够获得的汽车更多的话,当局就提高汽车价格。如果人们希望购买的物品少于能够获取的物品的话,则计划者就降低价格。问题是这种决策过程需要花费时间。市场等待着从前苏联计划者发出的指令,某些物品的过量存货就会累积起来,消费者排队购买似乎永远不太可能获得的便宜产品。在前苏联,有一句谚语:"如果你看到一个队伍,就加入进去吧。无论它是什么,它都是短缺的,你明天将不会再看见它了。"

前苏联的工厂制度并没有和命令制度完全紧密联系在一起。政府奖励给成功的管理者的奖金可能是非常多的。更好的公寓、休假和奖章都是对业绩突出的激励。经济改革后,工厂管理者现在基于赢利能力而不是中央控制做出决策。

要点考查

计划还是放弃计划——这是一个问题

你要制定计划。你计划去上大学。你计划从事何种职业。你计划结婚,等等。企业要制定计划。它们计划雇用员工、扩张他们的工厂、增加利润,等等。因为个人和企业都要在市场经济中做出计划,我们的制度和指令经济没有真正区别,或者存在区别?

经济制度的比较

在现实中,所有的国家经济制度的运作都是把资本主义和社会主义混合起来。图 22-3 展示了一个连续轴,试图把国家放置在处于左端的纯粹社会主义和处于右端的纯粹资本主义之间的位置上。以高度的私有制和市场配置为特征的经济最接近于纯粹资本主义一端。日本、美国和加拿大落在了这条线的资本主义一端。相反,以更多政府对资源所有权和中央计划为特征的经济最接近于纯粹社会主义。朝鲜和古巴落在了这一系列的社会主义一端,俄国则远离了纯粹的社会主义。

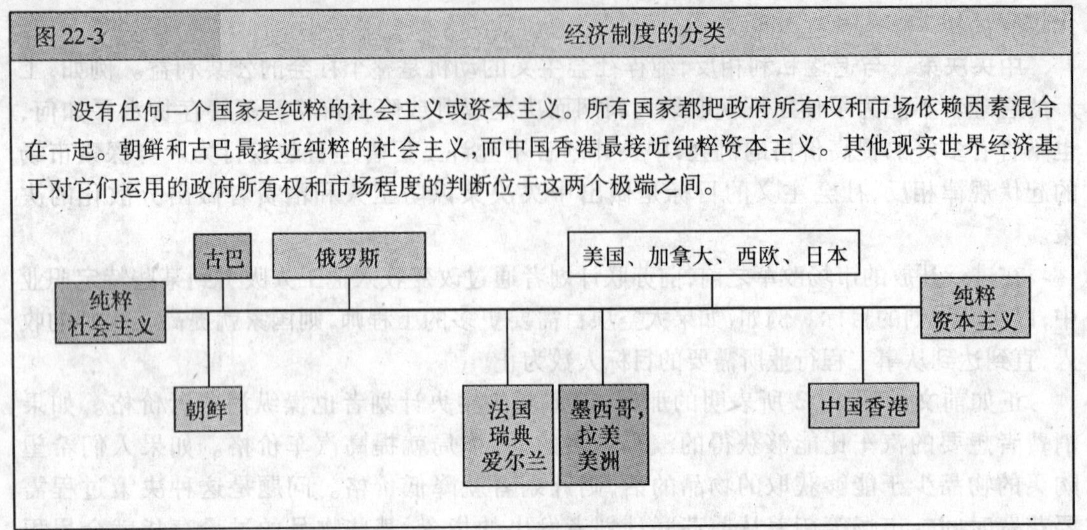

图 22-3 经济制度的分类

没有任何一个国家是纯粹的社会主义或资本主义。所有国家都把政府所有权和市场依赖因素混合在一起。朝鲜和古巴最接近纯粹的社会主义,而中国香港最接近纯粹资本主义。其他现实世界经济基于对它们运用的政府所有权和市场程度的判断位于这两个极端之间。

经济转型

20 世纪 90 年代初,前苏联和东欧的中央计划经济崩溃了。共产主义在苏联实施了 70 余年和在东欧实施了 40 余年之后,开始了朝向资本主义的惊人转变。下面对古巴、俄国和中国的经济制度改革进行简要的讨论,目的在于介绍这些改革是如何引入市场力量的。

古巴

如今,古巴经历了日常的能源供应中断、燃料短缺和其他经济困难。但是,古巴不顾虑其经济灾难,仍然固执地坚持共产主义制度。但是,前苏联集团的崩溃连同美国采取贸易禁运做法的影响迫使费德尔·卡斯特罗——一个坚定的马克思主义者——勉强采取有限的自由市场改革。为赚取外汇,美元不得不被合法化,古巴政府通过建立一些新的国有宾馆和恢复哈瓦那的历史容貌将资本倾注到旅游业。古巴也建立了仅接受硬通货的准国有企业。由于只有少数古巴人拥有美元或其他硬通货,因此许多人诉诸非法渠道,如开无营业执照的出租车、卖淫或在黑市上销售古巴名牌香烟和咖啡。其他古巴人则抛弃了国家部门的工作,在新的规则下开办小企业。但是,这些小规模的企业不能雇用所有者家族以外的任何人。同样,房子里空置的房间可以出租,工匠可以向旅游者销售他们的工艺品。此外,国有农业企业被分解成工人所有的单位,政府允许农民在满足国家配额之后出售剩余产品。结果,可以获得更多的食物和更多样化的食物。

尽管进行了私营企业改革,古巴本质上仍然是共产主义制度。工人接受免费的教育、住房、医疗,比较低的用比索衡量的国有部门薪水和商品配给。来自宾馆和商店的利润直接进入中央银行,用于资助卡斯特罗的政府。国家也通过对私营企业的预期收入而不是对实际销售额课以重税的方式来抑制其发展。此外,存在严格的限制性管制措施。例如,哈瓦那的餐馆的座位限定在 12 个以下,并且不能按照需求进行扩张。在 2004 年,古巴暂停对某些类型的个体经营者颁发执照,包括珠宝商、捕鼠器制作者、魔术师或小丑。

在 2000 年,美国引入了一个新的包括五点的项目,该项目促进了汇款、直接邮递服务、向非政府组织销售食品的活动。这些措施的目的在于:在不加强古巴政府权力的情形下,帮助古巴人民。在2003年,美国宣布对前往古巴旅游的美国公民进行更为严格的审查,打击有利于卡斯特罗政权的金融交易。此外,布什总统还建立了一个援助自由古巴的委员会。

俄罗斯

在1991年,俄罗斯的共产主义制度结束了。为实现更有效的运转,市场必须提供激励,因此,允许工人、公众,甚至外国投资者购买国有财产。这意味着个人能够拥有生产要素和获取利润。

俄罗斯的一项重要改革是允许供求来为基本的消费品设定更高的价格。正如前面图22-2所显示的那样,没有了中央计划者,当价格上升至其均衡水平时,供给数量增加,需求数量下降。在1992年初,俄罗斯政府撤销了对大多数市场商品的直接政府价格控制。正如模型所预测的,平均价格上升,在1992年就跃升了1 735%,同时更多的商品开始出现在货架上。尽管工人不得不在基本消费品上支出更多,但是他们至少能够找到想要购买的商品。

自1992年以来,俄罗斯就已经确立了独立的中央银行制度和执行反通货膨胀的货币政策。结果,通货膨胀率下降至1997年的15%。但是,俄罗斯仍然面临着金融危机。在1998年秋末,俄罗斯股票市场崩溃,停止对外债进行支付,卢布贬值。在1999年,作为重组协议的一部分,俄罗斯打算让其商业银行债权人同意对俄罗斯所欠的310亿美元债务进行重大削减。在2001年,通货膨胀率是21%,许多公司没有付账、支付工资或交税。直到2004年,通货膨胀率才降到10%。

俄罗斯的企业家精神正处于萌芽阶段,腐败是一种常见的生活方式。尽管俄罗斯还远远不是成功的市场经济,但是它正在努力实现令人惊异的经济转型。俄罗斯的私有化计划正在付诸实施,为创建拥抱资本主义的动态经济,其步骤仍在持续。据福布斯报道,现在有不少亿万富翁居住在俄罗斯。

中华人民共和国

与俄罗斯不同,中国在共产党领导下寻求经济改革。在1976年毛泽东去世后,中国开始了根本性的经济改革。改革很大程度上归功于邓小平的领导。毛泽东致力于建立共产主义意识形态的平等主义理想。在这种制度下,追逐私利的思想是反革命的,马克思、列宁和毛泽东的肖像悬挂在街道的各个角落、每一个办公室和工厂。邓小平把消费品的生产放在优先位置,领导中国向全球经济强国的方向迈进。结局是戏剧性的,国际贸易从1975年不到美国的1%扩张到2004年的9%。中国在2001年加入了WTO,同意开放某些对外国人封闭的市场。在1995年至2004年期间中国的实际GDP增长率平均达8.2%,使之成为全球增长最快的经济。

为使中国成为21世纪的工业化强国,在1978年引入了工业和农业的双轨制度。给予每一个农场和国有企业生产一定定额的合同。任何超过这一额定数量的产品能够在开放市场上出售。中国政府也鼓励经理和员工共同所有的非国有企业,和向外国投资开放的经济特区的形成。总之,资本主义和社会主义的混合提供了增加产出所必需的激励。正如邓小平所阐释的:不管黑猫白猫,抓到老鼠就是好猫。这些改革奏效了,导致20世纪80年代工农业产出的巨大增长。实际上,某些个体农民成为最富有的人。邓小平在20世纪90年代中期去世后,中国的领导权传递给了那些继续实施自由市场改革政策的领导人。如今,遍布北京、上海和其他城市的亮闪闪的摩天大厦、高速公路、高规格的住宅和购物商场证明了数年之前开始的市场导向改革的正确性。(参看“国际经济学:中国寻求自由市场革命”。)

如今,中国是一个巨大的、正迅速将自身转变成全球经济中的一个强大参与者的国家。美国出口商对于能把产品销售给十多亿中国消费者的前景而感到欣喜若狂。例如,曾一度成为中国都市同义词的成群结队的骑自行车的人,被那些现在有能力购买汽车和货车的消费者挤出了公路。在2005年,劳斯莱斯和宾利——极其豪奢的汽车——扩张到中国。更多中国人选择坐飞机旅游,因此,中国人正买更多波音制造的飞机和美国制造的汽车。事情的另一面是:伴随着越来越多的培训和外国投资,勤劳的中国工人所生产和销往国外的产品所带来的威胁。美国相对中国迅速增加的贸易赤字,常被用作中国进行不公平竞争的证据,政治修辞都集中在这个问题的两个方面。其他国家担心中国将会排斥它们对美国的出口业务。而且,存在着这样的顾虑:在自由贸易协议下降低贸易壁垒将会增加中国国内市场的进口,使工作机会消失。

在2004年,中国领导人开始治理过热的经济。工厂遭受电力短缺的困扰,而港口和铁路无法处理所有流进和流出中国的货物。中国正消耗着数量巨大的原油、铜、钢材和铝,生产者和消费者价格都在上涨。尽管存在着不断增长的焦虑,但中国仍然是一个有着巨额利润的市场,并且承诺继续从指令经济向市场经济转型。

国际经济学

中国寻求自由市场革命

适用概念:比较经济制度

从2 000多年前开始,中国就有“自力更生”的政策,该政策使中国经济远远落后于发达经济。1978年,中国采取新的经济改革,使中国从世界上最穷的经济之一转变成增长最快的经济之一,这种改革仍在持续。

在这种改革制度下,家庭在国家控制与自由市场的混合世界中运行。在某些关键的商品和服务市场,仍然存在着价格双轨制,如煤、石油、钢材、运输和农业。农村经济是中国经济改革的核心。在过去,农民在人民公社中进行集体劳动。政府告诉农民生产什么以及生产多少。他们只能在政府确定的固定价格水平上——而不是按照市场决定的价格——把产品卖给国家。作为一种改革措施,创建了一种所谓的家庭承包责任制,把国家所有的土地分配给农民。农民必须每年向政府缴纳一定的利润份额,国家并不补偿损失。但是,农民有权决定生产什么以及在公开市场上以什么价格出售。结果,农民和消费者的境况都显著地改善了,因为每一个人都能找到和购买更多食物。

由于农业生产率急剧上升,土地上只需要很少的农民劳动,这些剩余劳动向新兴城镇和农村非国有企业转移。这些企业大部分在轻工业中,由城镇或农村集体所有。结果,农村产出成分发生变化。在20世纪70年代末开始改革时,农业占农村总产出的70%,工业占20%。总的来说,经济结构发生变化了。在1976年,农业占GDP的33%,到2004年,这个份额降到了14%。①

《波士顿环球报》1993年的一篇文章提供了关于中国经济转变的有趣观察:

> 把妖怪再放回瓶子,这可能是很困难的。货币泛滥产生了泡沫,尤其是在股票和财产上,使中国的一些人迅速富裕起来。《中国日报》,中国官方的英文报纸,最近宣布中国存在100万个百万富翁……这些百万富翁,其中许多人在5年前还穿着毛式服装,遵循着党的社会主义原则,现在则以穿上时髦西服为荣,这些西服的袖口上还留着炫耀性的商标。②

《时代周刊》2001年的一篇文章描述了中国富有争议的计划生育官员,花了20年时间试图控制中国的人口,对超过1个孩子的公民进行罚款。他们的做法相当成功。如今,每个中国妇女平均有2个孩子,而在30年前是6个。"尽管有许多负面报道,中国完成了不可能完成的事情,"斯温·伯曼斯特在北京召开的联合国人口基金会代表会议上如是说,"中国已经解决了其人口问题"。实际上,按照联合国的推测,中国的人口将会在2042年开始真正下降。③

在2003年的中国共产党的第十六次全国代表大会上,胡锦涛主席和中国共产党领导人宣称"到了中国改革过程中的另一个转折点和新的起点"。④但是,2005年联合国大会的一份报告指出腐败的土地征用和不公平的补偿计划促发了全国性的抗议浪潮。该报告指出,"农民以无地而告终,一旦他们用尽数目不多的补贴,他们就会成为没有收入来源的失业人口。"⑤

分析问题

1. 为什么中国要抛弃收入平等的目标,从中央计划制度向更多市场导向的经济转变?
2. 在中国,哪一类群体最有可能反对改革?

注释:

① *World Bank Group*, Country at-a-Glance, http://www.worldbank.org/thml/estdr/regions/htm.

② Maggie Farley, "China's Economic Boom Energizing Inflation," Boston Globe, Aug. 13, 1993, p. 1A.

③ "China's Lifestyle Choice: Changes to the Famous One-Child Policy Miss the Point," Time, Aug. 6, 2001, p. 32.

④ Joe McDonald, "China Debates Private Property," Sun News, Oct. 12, 2003, p. 14A.

⑤ Tim Johnson, " Local protests increase in China," Charlotte Observer, Oct. 26, 2004, p. 12A.

主要概念

经济制度	市场经济	资本主义	社会主义	看不见的手
共产主义	指令经济	混合经济	传统经济	消费者主权

小结

- **经济制度**是一套已确立的程序的集合,人们通过它来解决生产什么、如何生产和为谁生产的问题。

- **经济制度的三种基本类型**是传统经济、指令经济和市场经济。传统制度按照习俗做出决策,指令制度,通过一些强有力的中央当局来回答上述三个经济问题。相反,市场制度运用市场中购买者和销售者之间相互作用的非人格化机制回答生产什么、如何生产和为谁生产的问题。
- **资本主义**是这样一种经济制度:在其中,生产要素归私人所有,经济选择由市场中的消费者和厂商做出。正如亚当·斯密所指出的,政府扮演着极其有限的角色,自我利益是驱动力量,通过竞争来进行约束和调节。
- **消费者主权**是消费者通过选择买或不买决定一个经济中生产出来的产品类型和数量的自由。
- **社会主义**是这样一种经济制度:在其中,政府拥有生产要素。中央当局根据国家计划做出从上到下的社会经济决策。集体利益和公共利益是中央计划者决策背后的有意识的导向力。
- **共产主义**是一种由卡尔·马克思所构想出来的理想社会的经济制度,在其中工人拥有所有的生产要素。马克思相信努力工作的工人将会是大公无私的,他们将会自愿把他们的收入分配给那些比他们生产得少的工人。马克思所描述的这样一个共产主义国家从来没有存在过。

问题思考

1. 给出一个国家的文化影响其经济制度的例子。
2. 解释经济制度的三种基本类型中的任何两种类型的优缺点。
3. 设想存在一个为老年人提供免费住宅的国家项目,该项目用税收(对收入进行征税)的大幅度增加来支付。解释在经济安全和效率之间可能发生的权衡取舍。
4. “学校并不太习惯取悦家长和学生,它们不被允许设置它们自己的议程。它们的议程是由掌握着政治权力钥匙的政治家、官员和各种选区所设置的。建立公共制度是为了让学校做政府想要它们做的事情——让学校与管理者所欲施加的更高等级的价值相一致。”①把这种描述与图 22-1 联系起来。
5. 设想你是一个农民。解释一下为什么你在传统、命令和市场经济中需要激励才去工作。
6. 卡尔·马克思相信市场制度必定灭亡。为什么你认为他是正确的或错误的?
7. 如果所有现实世界中的经济都是混合经济,为什么美国经济被描述成资本主义经济,而古巴经济被描述成共产主义经济?
8. 设想你是一个工厂经理。描述一下在纯粹的资本主义制度和纯粹的社会主义制度下你怎样完成生产目标。

① John Chubb and Terry More, Politics, Markets, and the Nation's Public Schools (Washington, D. C: Brookings Institutions, 1990), p. 38.

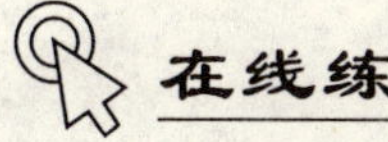

在线练习

练习1

浏览“资本主义:被频繁问及的问题”(http://www.capitalism.org)。选择感兴趣的话题。例如,选择“民主如何与资本主义相联系?”或者选择“社会主义是完美的吗?”

练习2

浏览http://www.adamsmith.org/ 亚当·斯密研究所,在http://www.anu.edu.au/polsci/marx/marx.html 上查找更多有关马克思的信息。

练习3

访问《金融时报》主页(http://www.usa.ft.com/),查找“转型经济学。”选择一篇描述转型经济如何进展的文章。

练习4

访问联合国的经济分析和预测部(DEAP)(http://www.unece.org/ead/ead_h.htm),该部是联合国欧洲经济委员会的一部分(UN/ECE)。阅读完这页中的文本后,选择“出版物”,浏览欧洲的“欧洲经济调查”或“经济报告”下的一篇文章。

要点考查答案

计划或放弃计划——这是一个问题

当个人或企业在市场经济中做出计划时,其他个人也自由做出计划,并且遵循着他们自己的计划行事。设想惠普(Hewlett-Packard)公司决定生产 X 台激光打印机,并在某一价格水平上出售它们。该决策并不能禁止IBM也生产不少于惠普公司的 Y 台激光打印机并将其出售。如果任何一个企业犯了错误,只能由该企业自身承担后果,其他行业在很大程度上都不受影响。在指令经济下,中央经济计划是为所有的激光打印机制造商制订的。如果中央计划者下达了错误的有关数量或质量的命令,那么将会对其他行业和社会造成较大的伤害。如果你说在所有社会中,个人计划和中央计划存在较大的差异,那么你是对的。

测试

1. 通过中央当局如政府机构等做出所有基本决策的经济制度,叫做
   a. 市场经济。

b. 资本主义经济。

c. 指令经济。

d. 传统经济。

2. 指令经济典型的问题是

a. 失业但不是就业不足。

b. 既非失业,也非就业不足。

c. 失业和就业不足。

d. 就业不足,但不是失业。

3. 亚当·斯密认为政府在社会中的作用应该是

a. 提供国防。

b. 强制执行契约。

c. 什么也不做。

d. (a)和(b)都做。

4. 当做出经济决策时,亚当·斯密极力主张社会

a. 遵循自我利益原则。

b. 遵循公共利益原则。

c. 按照需求转移财富。

d. 为所有市民提供均等的收入。

5. 自由放任的教条

a. 提倡具有广泛的政府干预和很少的个人决策的经济制度。

b. 是亚当·斯密在其著作《国富论》中所提倡的。

c. 是卡尔·马克思在其《资本论》中所提倡的。

d. 以上任何一个都不是。

6. 在亚当·斯密的竞争性市场经济中,生产什么的问题的决定由

a. 价格体系看不见的手做出。

b. 政府看不见的手做出。

c. 公共利益看得见的手做出。

d. 法律和规则看得见的手做出。

7. 亚当·斯密写道

a. 18 世纪英国的经济问题是由自由市场引起的。

b. 政府应该用"看不见的手"控制经济。

c. 在市场经济中,自我利益的追求促进了公共利益。

d. 公共的或集体的利益不是由人们追求其自我利益所促进的。

8. 亚当·斯密在其《国富论》中提倡

a. 社会主义。

b. 由"看不见的手"所引导的经济。

c. 政府控制"看不见的手"。

d. 采用重商主义。

9. 在哪一种经济制度中,私人自己拥有生产要素?

a. 计划经济。
b. 资本主义。
c. 集体主义。
d. 社会主义。

10. 下列哪一个不是资本主义的基本特征?
a. 经济决策发生在市场中。
b. 生产要素私人所有。
c. 收入的分配建立在需求的基础之上。
d. 企业做出自己的生产和价格决策。

11. 按照卡尔·马克思的看法,在资本主义制度下
a. 利润会公平地分享。
b. 收入会平等分配。
c. 工人会被剥削,并反抗资本所有者。
d. 工人实际上拥有生产要素。

12. 卡尔·马克思做出了下列哪一个预言?
a. 市场制度是自我毁灭的。
b."富人"会反抗"一无所有者"。
c. 富人有权获取利润,来作为他们敢于冒险的回报。
d. 以上任何一个都不是。

13. 如今,世界上完全按照卡尔·马克思的共产主义理论来运转的国家
a. 一个都没有。
b. 有几个。
c. 只有美国。
d. 有许多。

14. 在马克思的理想共产主义社会中,国家
a. 积极促进收入平等。
b. 遵循着自由放任的教义。
c. 拥有资源和做出计划。
d. 不存在。

15. 卡尔·马克思是一个
a. 19世纪的德国哲学家。
b. 18世纪的俄国经济学家。
c. 14世纪的波兰银行家。
d. 19世纪的俄国记者。

第 23 章　增长与欠发达国家

本章概述

想想如果我们生活在卢旺达、越南或者海地而不是美国，我们的生活将会有怎样的不同？似乎不可能家庭里的任何人能拥有一部手机或者一辆汽车。就更加不可能拥有一台个人电脑或者是袖珍碟机了。你不会有新衣服，也不会上大学去学习经济学。你可能也不会去饭店吃饭或者外出看电影。如果你能有鞋穿，而且每天都能有一顿吃饱那就非常幸运了。你可能生活在不卫生的环境之中，而且只能得到很少的医疗，甚至没有。饥饿、疾病、贫穷会吞没你。事实上，据世界银行的估计，发展中国家超过 20% 的人口平均日收入不足 1 美元。

作为一个美国人，很难理解世界上竟然有五分之一的人口都生活在最低的维持生存状态的水平。这就引出了本章的重要任务，即揭示经济增长与发展的秘密。为什么一些国家繁荣而另一些国家却在衰败呢？

在历史上的不同时期，以当时的标准来看，埃及、中国、意大利和希腊都曾是高度发达的。另一方面，美国也曾经在从相对贫穷的国家成为富国的道路上苦苦挣扎。美国的增长出现了三个阶段：首先是农业阶段。当公路、钢铁、汽车等产业成为经济增长的驱动力的时候就进入了制造业阶段。最后转向服务产业阶段。这是美国的成功史，但是这并非所有发展中国家走出贫困的唯一道路。

在本章你将学会解决如下经济学难题：

- 经济增长与经济发展之间有何区别？
- 为什么一些国家富裕而另一些国家贫穷？
- 相比于贷款和外国援助，贸易是不是更好的“增长引擎”？

发达国家与欠发达国家的比较

世界银行（http：//www.worldbank.org）和联合国（http：//www.un.org）提供了不同国家的全面信息，包括人均 GDP。

收入不平等不仅在美国的各个家庭之间存在，而且在各个国家之间也存在。本节中，我们将用不同国家的家庭之间收入的巨大差异来鉴别一个国家是穷国还是富国。

用人均 GDP 区分国家类别

人均 GDP
用生产出来的最终产品的价值（GDP）除以总人口的值。

世界上有超过 180 个国家。表 23-1 选取了一些国家将其按照**人均 GDP** 从高到低进行了排序。人均 GDP 是用生产出来的最终产品的价值（GDP）除以总人口的值。尽管以任何体系来定义穷国和富国都有些武断，但人均 GDP 或平均 GDP 却是对一国经济福利的基本度量。按收入排序的前 27 个国家称**工业发达国家（IACs）**。工业发达国家是建立在高技术含量的资本存量和受过良好教育的劳动力基础之上的市场经济高收入国家。美国、加拿大、澳大利亚、新西兰、日本和大多数西欧国家都是工业发达国家。由于石油而非工业发展带来高收入的国家不属于工业发达国家，阿拉伯联合酋长国就是一例。

图 23-1 部分国家和地区 2004 年度的人均 GDP

国家	人均 GDP（美元）
工业发达国家（地区）	
卢森堡	66 278
挪威	52 860
瑞士	47 493
丹麦	43 896
爱尔兰	43 862
美国	39 990
瑞典	37 363
日本	36 183
英国	35 505
荷兰	34 836
奥地利	34 627
芬兰	34 318
比利时	32 978
德国	32 404
法国	32 153
加拿大	30 438
澳大利亚	29 712
意大利	28 648
新加坡	23 999
中国香港	23 592
西班牙	23 447
新西兰	23 119
希腊	18 035
以色列	17 165
葡萄牙	16 020
韩国	13 806

续表

图 23-1 部分国家和地区 2004 年度的人均 GDP

国家	人均 GDP（美元）
中国台湾省	13 359
欠发达国家（LDCs）	
墨西哥	6 377
智利	5 570
巴拿马	4 614
土耳其	4 428
俄罗斯	4 016
南非	3 687
巴西	3 181
罗马尼亚	3 012
泰国	2 556
伊朗	2 429
摩洛哥	1 541
乌克兰	1 293
中国	1 227
玻利维亚	1 118
约旦	1 092
埃及	1 083
印度尼西亚	1 003
格鲁吉亚	865
印度	602
海地	556
巴基斯坦	538
越南	494
孟加拉	393
莫桑比亚	277
卢旺达	183
埃塞俄比亚	113

资料来源：国际货币基金组织，世界经济展望数据库，http：//www. imf. org. external/pubs/ft/weo/2004/02/data/dbginim. cfm.

工业发达国家（IACs）
建立在高技术含量的资本存量和受过良好教育的劳动力基础之上的市场经济高收入国家。美国、加拿大、澳大利亚、新西兰、日本和大多数西欧国家都是工业发达国家。

除了工业发达国家，其他的国家都被归类为发展不完全国家或者**欠发达国家（LDCs）**。欠发达国家是指没有高技术含量的资本存量和受过良好教育的劳动力的国家。欠发达国家是建立在农业基础之上的经济体，如非洲、亚洲和拉丁美洲的大多数国家。有 150 多个国家的占全球四分之三的人口都生活在欠发达国家，在这些国家，贫困普遍存在。

图 23-1 显示出工业发达国家和欠发达国家的生活差异是巨大的。例如，美国的人均 GDP 相比埃塞俄比亚的平均收入高出了 39 990 美元。或者换句话说，美国 2004 年的平均收入超过埃塞俄比亚的平均收入的 340 倍（＄39 990/＄113 ≈ 354）。如此巨大的差异！不妨想象一下，在美国仅仅用年收入＄102 生活，你基本上不可能存活下来。

欠发达国家（LDCs）
没有高技术含量的资本存量和受过良好教育的劳动力的国家。欠发达国家是建立在农业基础之上的经济体，如非洲、亚洲和拉丁美洲的大多数国家。

图 23-2 将工业发达国家和欠发达国家按区域进行分类，比较了它们在 2004 年的人均 GDP。工业发达国家的人均收入为 32 077美元，是南亚人均收入的 63 倍（＄32 077/＄510 = 63）。这个图还揭示了世界上最集中的贫困都发生在南亚的农村地区和次撒哈拉非洲。东亚和太平洋地区的许多国家都被认为是相当荒凉，而且贫困普遍存在。但是，值得说明的是东亚“四小龙”要排除在外，即中国香港、新加坡、韩国和中国台湾省。这些泛太平洋地区的国家和地区都是新型工业经济，我们将在本章的最后对其进行讨论。

图 23-2　2004 年 IACs 和 LDCs 的平均人均 GDP

图中显示了 2004 年世界各地区人均 GDP。世界不同地区的富裕的工业发达国家和贫穷的欠发达国家之间的差异巨大。比如，工业发达国家的居民平均拥有的收入是南亚欠发达地区居民平均拥有的收入的 63 倍。

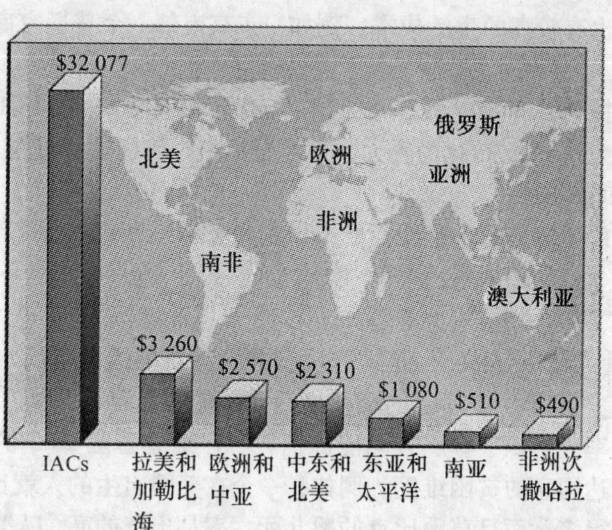

资料来源：World Bank Group, *Data & Statistics*, http: //www. worldbank. org/data/countrydata. html.

人均 GDP 比较的问题

当用人均 GDP 对穷国和富国进行比较时有很多问题。首先，每个国家在汇总 GDP 的时候使用的精确程度不同，因此存在测度的问题。一般来说，欠发达国家没有成熟的方法来收集、处理 GDP 和人口数据。例如，在很大程度基于农业经济体的国家中，家庭更倾向于生产价格体系之外的产品和服务。在欠发达国家，家庭通常自给自足，自供衣食，自建住所。因此，用市场价格来估计产出价值是相当难的。

结论 欠发达国家的人均 GDP 相比于工业发达国家的数据而言有相当大的度量错误。

第二，国家之间人均 GDP 的比较可能会产生误导，因为他们忽视了相对收入分配。许多国家尽管有相当高的人均收入，然而这些收入的绝大部分都流向了少数富裕家庭。阿拉伯联合酋长国的人均 GDP 比几个工业发达国家还要高，但是，阿拉伯联合酋长国的收入是通过石油出口赚取的，其收入事实上是相当不成比例地分配给了相对少数的富裕家庭。

结论 人均 GDP 并没有度量收入分配，因此，国家之间的人均 GDP 比较可能令人误解。

第三，国家之间的人均 GDP 的比较还存在转换问题。对这些数据进行比较需要转换一国的货币，例如，将日元转换成美元。正如第 21 章中所解释的，一国货币的价值可能因为许多原因上升或者下降，因此一国的真实产出可能被扭曲。例如，在某一给定年份里面，一国政府刻意地人为维持较高的汇率，而另一国政府并没有这样做。

结论 因为汇率的浮动并没有反映出所生产的产品和劳务价值的真实差距，因此转换问题可能扩大或者缩小了国家之间的人均 GDP 缺口。

最后，存在着购买力平价的问题。例如，2004 年日本的人均 GDP（＄36 183）与美国非常接近（＄39 990）。仅仅基于这些数据，也许有人会得到结论说，典型的日本消费者与美国消费者的平均福利水平是相当的。然而，曾经到过日本的游客会很容易的发现，典型的日本消费者相对美国人的平均福利水平而言是低一些的。原因是，尽管日本的平均收入水平高，日本也有较高的生活成本。例如，东京市郊一个普通家庭的生活成本超过了 100 万美元。

本章最后将会提到，国际货币基金组织（IMF）准备修订人均 GDP 估计时使用购买力比较将未调整的人均 GDP 转化为美元，而不是汇率。使用这一标准之后，LDCs 相对于 IACs 往往会看起来相对好一些。

结论 购买力的不同影响了生活标准，也能改变对人均 GDP 进行国际比较时的解释。

发展的生活质量度量

人均 GDP 度量了市场交易，但是这一度量并没有对各国的生活水平差异给出一幅完整的画面。图 23-3 给出了一些其他的反映生活质量的社会经济指标。这些变量有出生平均寿命、婴儿死亡率、不识字率、人均能源消耗。仔细看看图 23-3 的统计数据。这些数据反映了许多欠发达国家的贫困维度。例如，一个在美国出生的人就比在莫桑比克出生的人的平均寿命要长得多，而且莫桑比克的婴儿死亡率是出奇的高。人均能源消耗度量的是生产工作中非人力能源的使用量。在工业发达国家，许多工作都是由机器完成的，而在欠发达国家，实际上所有的工作都是由人完成的。例如，美国人平均每年使用8 066千克等量石油，而莫桑比克的人均使用量只有405千克。

用人均GDP作为反映生活质量的指标有什么好处呢？图23-3反映了较低的人均GDP与生活质量的度量直接联系的原则。

结论 一般地，人均GDP与生活质量的选择性度量高度相关。

图23-3 2004年某些国家的生命质量指标

国家	(1) 人均GDP（美元）	(2) 出生时的预期寿命（年）	(3) 婴儿死亡率	(4) 文盲率	(5) 人均能源消耗
美国	$ 39 900	78	7‰	3%	8 066
日本	36 183	82	3	1	4 072
埃及	1 083	69	33	43	704
中国	1 227	71	38	15	892
印度	602	63	65	44	502
孟加拉国	393	62	52	59	138
莫桑比亚	277	41	128	53	405

资料来源：World Bank Group, *Data & Statistics*, http：//www. worldbank. org/data/countrydata/country-data. html；和CIA World Factbook, http：//www. odci. gov/cia/publications/factbook/index. html.

经济增长与世界发展

阅读世界银行(http://www.worldbank.org/)的世界发展报告。

经济增长与发展是工业发达国家和欠发达国家的主要目标。全世界的人们都为了他们及其子孙后代能过上高质量的生活而奋斗。然而，对于许多欠发达国家而言，增长近乎一件生死攸关的事情，例如在莫桑比克和孟加拉。

经济增长与经济发展是不同但是相关的两个概念。如图23-4所示，第2章提到经济增长是一个经济生产较高产出水平的能力，表现为生产可能性边界（PPC）的外移。因此，经济增长是基于数量基础进行定义的，使用的是人均GDP变化的百分比。当一国GDP的上涨比人口增加速度更快时，人均GDP上升，此国正处于经济增长阶段。反过来，如果GDP的增加速度比人口增长速度慢，人均GDP下降，此国正经历着负的经济增长。

经济发展则是一个更为宽泛的概念，本质上更注重质量。经济发展指生活质量的改善，包括经济中产品和服务的产出的增加。简言之，连续的经济增长是经济发展的必要条件，但并非仅仅考虑经济增长就够了。正如前面所解释的，人均GDP并没有度量收入分配或政治环境，包括经济增长所必需的法律、货币政策、教育以及运输结构。

经济增长和发展是一个非常复杂的过程，由几个相互关联的因素所决定。就像NBA球队的表现，其成功依赖于每一个队员的联合努力，而一个或者两个较差的队员会让全队表现大打折扣。然而，对于胜利却没有精确的公式。如果你所在的队拥有迈克尔·乔丹—

样的队员，那么即使有少数几个非常差的队员也可能赢得比赛。本节剩下的部分就是要考察关键因素——好比球队的队员，如何联合作用产生一国经济福利。

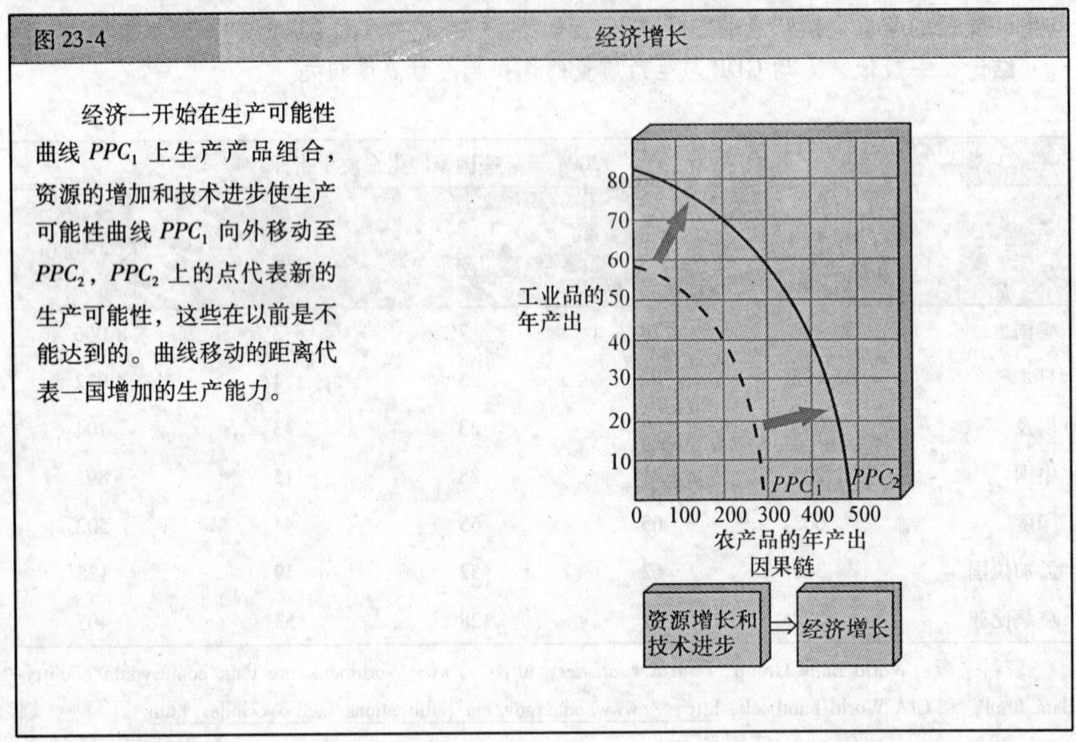

自然资源禀赋

绝大多数欠发达国家的自然资源相当有限，包括矿藏和耕地资源。在这些国家，大多数可利用的土地都用于农业生产，为了获取更多土地，他们甚至清除了热带森林，最后导致土壤侵蚀。而且，在中南美、非洲、印度次大陆以及东南亚都是热带气候。这些地区高温潮湿的天气益于杂草和害虫的繁殖，对农业生产不利。

尽管资源稀少确实给经济增长和发展带来了阻碍，但是并不能因此得到一个单一的结论。例如，像中国香港、日本和以色列，自然资源也相当有限，其何以达到高生活水平的？这三个国家和地区没有矿产，几乎没有肥沃的土地，也没有本土能源。但尽管如此，这些经济却越来越繁荣。相反，阿根廷、委内瑞拉和巴西都有相当辽阔的耕地和大量矿产。然而，它们以及其他一些国家增长得很慢，甚至完全不增长。例如，委内瑞拉，是世界上石油资源最富足的国家之一。加纳、肯尼亚和玻利维亚也是资源相当丰富的国家，但是却很贫穷，经济增长速度缓慢，甚至无增长。

结论 自然资源禀赋能促进经济增长，但一国不需要以大量的自然资源为基础也能发展。

人力资源投资

低水平的人力资本对经济增长与发展而言也是障碍。回忆一下，人力资本是教育、培训、工作经验和健康的积累，能改进工人生产产品与服务的知识和技术。大多数的欠发达国家中人力资本投资都少于工业发达国家。回头看看图 23-3 的第四栏。想想贫穷国家的不识字率是如何上升的。不识字率高的国家，其教育劳动力的能力也越差，这就是其经济增长的基础。事实上，贫穷国家的劳动者技能主要适于农业生产，而不适于更宽范围的工业以及经济增长。更为复杂的一个问题是“智力流失”问题，因为穷国受到最好教育和培训的工人为了追求其教育都去了较富裕的国家。图 23-3 第二栏还给出了不同人均 GDP 水平的国家之间健康的度量。随着人均 GDP 的下降，人口平均寿命也下降。因此，富裕的国家拥有受到更好的教育和更健康的劳动力的优势。

结论 一般而言，人力资本投资随着人均 GDP 的增加而递增。

到目前为止，我们讨论的都是劳动质量。我们还需要讨论一下劳动的数量，因为生产率不仅与劳动质量相关还与劳动数量相关。欠发达国家存在人口过剩问题。简单的说，原因是：保持其他因素不变，人口（劳动力）增长能增加一国 GDP。但是，增长的人口也会使得扩张的 GDP 在转化成人均 GDP 的时候，人均 GDP 保持不变，或者是以较慢的速度增长，甚至负增长。换句话说，如果产出的增加与需要喂养的人口增加量是相互匹配的，那么结果是一无所获。假如一个 LDC 年增长率为 3%，如果没有人口增长，那么人均 GDP 也以年 3% 的速率增长。但是如果人口也以年 3% 的速率增加呢？结果将是人均 GDP 保持不变。如果人口的年增长率仅为 1%，那么人均 GDP 的增长率为 2%。人口控制所面临的障碍是相当大的，包括强烈的与生育控制相悖的宗教信仰和社会文化争论。

结论 较快速度的人口增加与较低的人力资本投资联合解释了为什么许多国家是欠发达国家。

要点考查

较快速度的增长是否意味着一国正在赶超？

假定 A 国的生产可能性曲线比 B 国的更接近原点。现在假设 A 国持续 10 年 GDP 以 3% 的比例增长，而 B 国 10 年期间的 GDP 增长率为 6%。那么第五年末，如下哪个将是对其生活标准的最好预计：（1）A 国居民福利更好；（2）B 国居民福利更好；（3）无法判断哪国居民福利更好。

资本积累

没过多长时间，荒岛上的鲁滨逊便投入到编织渔网中，以便捕获到比他用手来捕获时更多的鱼。同样，使用拖拉机的农民比使用马牵的犁的农民耕种更多的土地。回想第 1 章的内容，经济学中的资本是指用于生产产品和服务的工厂、拖拉机、卡车、道路、计算机、灌溉系统、发电设施和其他人造产品。

欠发达国家常常遭受严重的资本短缺。一个索马里的家庭除了木造的犁之外就一无所有。更糟糕的情况是，道路状况恶劣，缺乏发电厂和电话线路。如图 23-5 所示，回想第 2 章的内容，高投资率的国家可以使其生产可能性曲线向外移动，但是资本投资也不是“免费的午餐”。要生产更多的工厂和机器，代价是用于当前消费品的生产必然要减少。也就是说，欠发达国家常常陷入**恶性贫困循环**之中。贫困的恶性循环是，一国贫困因而没有足够储蓄的陷阱。低的储蓄率转化为低投资，低投资导致低生产力，继而使收入更低。欠发达国家中的高收入人群常常把他们的储蓄投资在工业发达国家。这种现象通常被称为“资本外逃”。这些富人害怕把钱储蓄在他们的国家，因为担心政府可能会垮台，他们的储蓄也会一起消失。

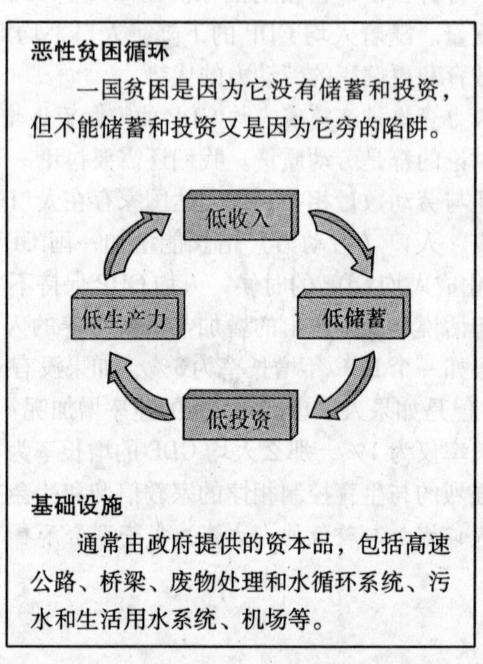

图 23-5　甲国和乙国现在和将来的生产可能性曲线

在图（a），甲国每年生产的产品只够抵消其资本的折旧。假设其他资源保持不变，如果没有更多的资本，则甲国不能把它的生产可能性曲线往外推移。在图（b），乙国每年生产 K_b 资本，多于补充资本折旧所需的资本量。在 2010 年，这些不断增加的资本为乙国提供了额外的生产资本，使其生产可能性曲线右移。如果乙国选择生产可能性曲线上的 B 点，它也有资本生产能力在不减少资本品生产的条件下，把消费品数量从 C_b 增加到 C_c。

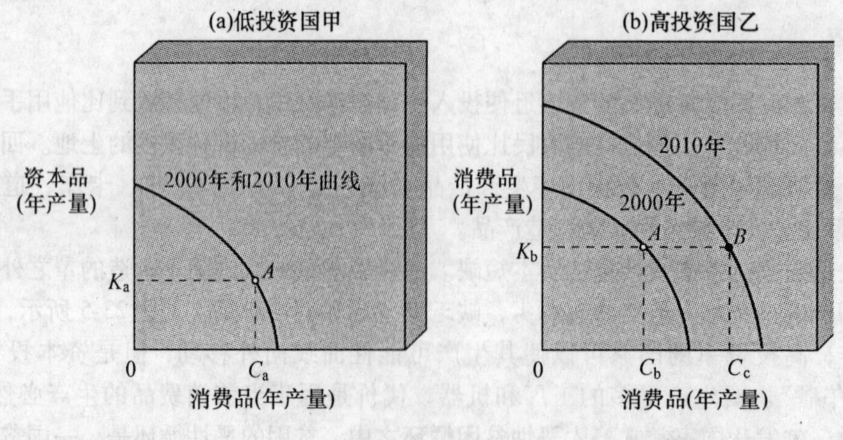

美国和其他国家尝试为欠发达国家提供国外援助，帮助它们实现经济增长。这些国家十分需要更多的工厂和**基础设施**。基础设施是通常由政府提供的资本品，包括高速公路、桥梁、废物处理和水循环系统、污水和生活用水系统以及机场等。不幸的是，援助欠发达国家的资本数量十分有限，而且，正如前面解释的那样，欠发达国家的工人缺乏使用现代资本品所必需的能力。具体而言，欠发达国家面临一个进行资本积累的主要障碍，因为缺乏承担资本品风险的企业家。

结论 投资与经济增长和发展之间存在显著的正向关系。

技术进步

如第 2 章解释的一样，在自然资源、劳动力和资本一定的情况下，提升生产中的知识可以使一国的生产可能性曲线向外移动。事实上，近来的历史表明，技术进步已经成为经济增长和发展的关键。在过去 250 年间，人们已经发明了动力驱动的机器、发达的交通设施、新能源和无数的使用同样资源生产更多产品的方法。创新的产品怎样改善我们的生产力？下面只列出一些这样的产品，考虑一下它们的影响就可以知道答案了：CD-ROM、传真机、DVD 播放机、个人电脑、文字处理软件、手提电话和互联网。与此相反，在许多穷国，仍然采用水车把水输送到地面，用人手纺线织布，牛车仍然是主要的交通工具。

美国和其他工业发达国家已经为世界提供了大量的技术知识积累，欠发达国家可以在不需承担研发成本的条件下利用这些技术知识。但是，技术转移的结果是各式各样的。一方面，像中国、新加坡、韩国和日本等国家部分的由于采用这些技术实现高速的增长。现在，俄罗斯和其他东欧国家正尝试利用现有的技术知识推动其经济增长。

另一方面，大量的可获得的技术不适合欠发达国家。有一句老话“先学走，再学跑”常常可以用在欠发达国家身上。例如，大部分欠发达国家的小农场不适合采用为工业发达国家开发的大部分农业技术。在欠发达国家中，有多少工厂已经为在生产中采用最现代的机器做好准备了？换言之，欠发达国家需要适宜的技术，而不是最新的技术。

结论 许多欠发达国家继续经历低增长，即使工业发达国家已经开发了全世界都可以利用的先进技术。

政治环境

从上面的讨论得到这样一个结论：欠发达国家要想实现经济增长和发展，它们必须广泛的使用自然资源、投资人力和物质资本和采用先进技术。这些政策还不是最完整的。欠发达国家的政府必须建立有利于经济增长的环境。穷国的一个主要问题往往是战争和政治动荡使资源白白浪费掉。政治领导人必须是清廉的，或能胜任的。欠发达国家的政府必须采取合适的国内和国际经济政策，而不是有利于小部分精英统治阶级的政策。下面我们把这些合适的政策分为法规、基础设施和国际贸易三个标题来进行讨论。

法规 政府的一个基本功能是建立国内的法规。这个功能包括多个方面，包括一个稳定的法律体系、稳定的货币和物价水平、竞争的市场和私有产权。具体而言，欠发达国家剥夺私有产权是其经济增长的障碍。在工业发达国家，定义明晰的私有产权促进经济增长，因为这种制度性政策鼓励企业家阶层。私有产权为个体在储蓄和进行商业投资方面提供激励。稳定的政治环境能确保利润的个人所有，也为国外投资者在发展中穷国投资提供激励。

基础设施 如果一个欠发达国家的政府保持法规和价格体系来配置产品和服务，那么关注基础设施的明智决策是至关重要的。实际上，基础设施的不足是欠发达国家面临的最大问题之一。没有像公路、学校、桥梁、公共医疗和卫生体系，穷国就不能产生实质的外部收益，这些收益是经济增长和发展的重要组成部分。从个体企业的角度来看，政府必须提供基础设施，因为这些公共品服务对企业来说成本太高，承担不起。

国际贸易 一般说来，欠发达国家能从扩大贸易量中受惠。这是在第 21 章讨论的北美自由贸易协定（NAFTA）、关贸总协定（GATT）和世界贸易组织（WTO）揭示的理论。正如前面解释的一样，关税和配额等政策限制了国际贸易，因而阻碍经济增长和发展。这些贸易政策是反增长的，因为它们限制了一国的人们与另一国的人们进行贸易的能力。同样，一国以高于市场决定的汇率固定其汇率，导致其产品在外国没有吸引力。也就是说，国内居民更少地把他们的产品销往国外，也就更少地赚取外汇来购买进口品。

阅读更多有关GATT和NAFTA的资料(http://iisd1.iisd.ca/trade/wto/gatt/thm)(http://www.citizen.org/trade/nafta/index.cfm)。

结论 政府人为地把汇率设定在市场决定的汇率之上，会导致出口和进口数量（国际贸易）的减少。

图 23-6 总结了上面解释的，决定一国经济增长和发展的关键要素。该图揭示了经济增长和发展是多方面综合的结果。意味着一国很难打破贫困壁垒，因为要想增加经济福利，他们必须采用不同的方法，增加大量的要素。最重要的是记住一种或多种关键要素——比如自然资源——的缺乏并不必然使欠发达国家陷入贫困陷阱。

结论 没有实现经济增长和发展的单一策略。

图 23-6 决定经济增长和发展的关键分类

相互影响一国经济增长和发展的因素可以分为五个基本类别：自然资源、人力资源、资本、技术进步和政治环境。图中也给出了影响人力资源投资、资本、技术进步和政治环境的重要因素。欠发达国家面临艰巨的任务，因为经济增长和发展是多方面的，欠发达国家要想取得经济进步必须改善多种因素。

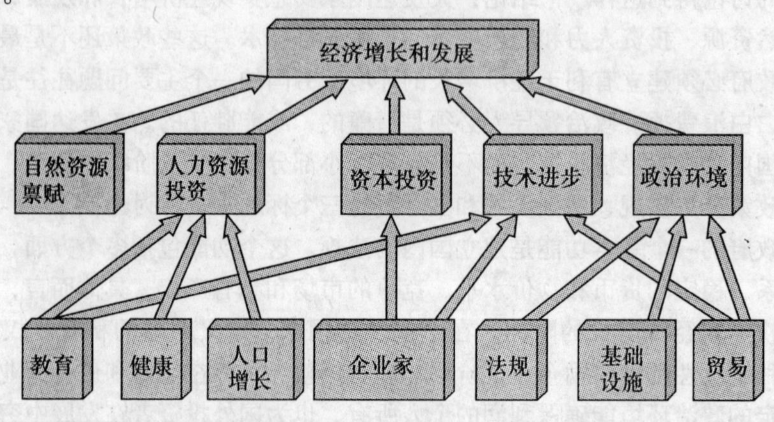

香港：蛰伏的太平洋之龙

适用概念：新型工业化经济

泛太平洋经济体位于北至日本和韩国，南到新西兰的广泛区域。亚洲四小龙是：中国香港、新加坡、韩国和中国台湾省。这些“经济奇迹”与成熟的发达国家相比，往往经历更高的经济增长率和更低的通货膨胀率、失业率。例如，在2004年，四小龙的GDP平均增长率是6.6%，而美国则只有4.4%。

香港是最成功的典范。当亚当·斯密于1776年出版其著名的《国富论》时，香港仅仅是比一个小荒岛大不了多少的地方，除了鱼之外几乎没有其他自然资源。今天，香港充满着繁忙的企业家，尽管事实上，700万人挤在一个仅有400平方英里的地方——世界上人口密度最高的地方之一。

香港成功的原因是什么？答案是其经济是亚当·斯密所说的“自由放任”的典范。香港有全世界最低的个人和公司所得税，对商业活动几乎没有法律限制。没有公司收益税、利息税、销售税或预扣税。香港已经成为继日本东京之后，太平洋地区最大的银行业中心。国际贸易同样几乎不受限制，香港经济的成功很大程度上是依赖通过其优良的港口进行大量的国际贸易。进口品的关税非常低，而且香港也被誉为不受政府干预的安全港和贸易中心。

香港证明了，在一个拥挤的小岛上，工人和企业家努力工作，实施最少的管制和开放贸易，即使没有自然资源同样能取得经济增长。香港在1997年从英国手中移交给中国。在1998年，香港经历了-5%的GDP的严重负增长，但是，到2000年，伴随着10.2%的经济增长，它又成为“生龙”。2000年的经济复苏很大程度上是由内外因素的好转所带动。在2001年，由美国衰退引起的全球需求下降，使香港的GDP增长回落到只有0.5%的水平。在2004年，香港的增长率增至7.5%。所以，在2005年写作本书的时候，这条东亚的龙从“蛰伏”变为向前跳跃，并又发出吼叫。香港迪斯尼乐园决定于2005年开放，比原计划早数个月。

分析问题

香港成功的关键之一是其自由的贸易政策。为什么这个政策对发展中国家来说如此重要？如果香港通过征收关税和实行其他贸易保护政策来保护其工业，会有什么样的后果？

发达国家的援助之手

穷国如何才能逃离贫困恶性循环？低的人均GDP导致低的储蓄和投资率，继而导致低的经济增长。虽然没有简单的方法使穷国变富，但是美国和其他发达国家可以对穷国的经济增长有所作为。经济增长所需的资金可以来自欠发达国家的国内储蓄，也可以来自其他一些外部资源，包括国外私人投资、国外援助和国外贷款。

图 23-7 描述了外部资金怎样才能使一国的生产可能性曲线向外移动。在这里，我们先回到图 23-5。假设甲国陷入贫困陷阱，只能生产弥补当前资本消耗的资本量（K_a）。甲国在 C_a 点上消费，该点对应生产可能性曲线 PPC_1 上的点 A。因为 C_a 是生存必需的消费水平，所以甲国不能通过减少现有消费水平，进行储蓄和投资来使其未来的生产可能性曲线向外移动。使用外部资源是逃出贫困陷阱的一种方法。现在，假设甲国从国外获得资金购买资本品，使其投资从 K_a 移动到 K_b。在 K_b 上，资本的形成率超过资本折旧率，甲国的生产可能性曲线向右移动到 PPC_2 上。国外投资使经济增长成为可能意味着甲国能在不降低其消费水平（C_a）的条件下获得经济增长（PPC_2 上的 B 点）。

图 23-7 外部融资对欠发达国家生产可能性曲线的影响

甲国在生产可能性曲线 PPC_1 上的 A 点生产，仅有抵消折旧的资本 K_a。如果 C_a 是维持生存的消费水平，甲国不能通过减少消费来取得经济增长。来自国外的外部资金流允许欠发达国家在不减少其消费（C_a）的情况下使其资本从 K_a 增加到 K_b，且生产可能性曲线也向外移动至 PPC_2。

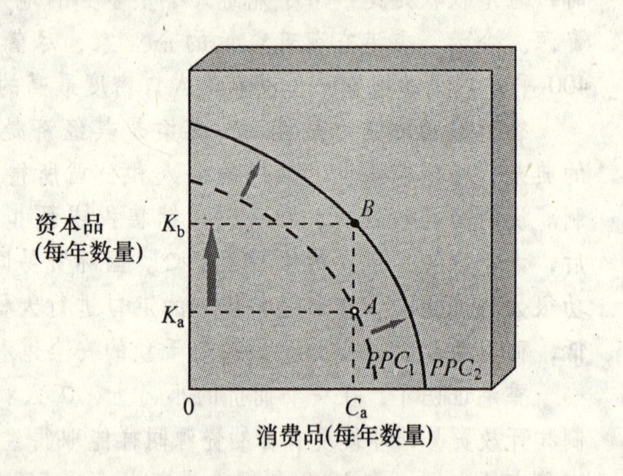

国外私人投资

许多国家从国外投资者对私人部门的投资中受惠。例如，微软可能在菲律宾投资兴建一座工厂生产软件，或美国银行可能给海地政府提供贷款。这些大型跨国企业和商业银行为欠发达国家提供稀缺的资本。跨国企业是总部设在一个国家，其分支机构设在其他国家的企业。跨国企业在欠发达国家寻找新的投资机会，因为这些欠发达国家提供了丰富的廉价劳动力和原材料。但是，欠发达国家的政治环境必须是有利于投资的。跨国企业常常成为欠发达国家最大的雇主、纳税人和出口商。

查询香港的遗产基金利率(http://www.heritage.org/research/features/index/)。

国外援助

国外援助
货币或资源从一国政府向另一国不要求支付的转移。

美国大约 1% 的联邦预算用于**国外援助**。国外援助是货币或资源从一国政府向另一国不要求支付的转移。这些转移可以是无偿捐赠、技术援助或食品供给等形式。从一国到另一国的国外援

国际开发总署（AID）
负责美国对外国的援助的政府部门。

助通过像红十字会、CARE 和教会世界救济组织等政府和自愿机构完成。美国对发展中国家的援助大部分是由 1961 年成立的**国际开发总署（AID）**完成的。国际开发总署是负责美国对外国的援助的政府部门。

阅读更多关于国际开发总署的信息（http://www.info.usaid.gov）。

像美国等国家为欠发达国家提供国外援助的一个原因是富国有道义上的责任与穷国分享其财富的信条。第二个原因是，帮助欠发达国家符合工业发达国家的最大的经济利益。当这些国家变得更繁荣，工业发达国家就有更大的出口市场，因而所有的国家都可以从贸易中受惠。

欠发达国家常常抱怨国外援助附带了大量的经济和政治条款。贷款除了附带有贸易条件外，还附带政治条件，包括人权、政治和军事，欠发达国家“要么接受要么放弃”。结果，许多欠发达国家认为“是交易，不是援助”。如果工业发达国家只是简单地从欠发达国家那里购买更多的产品，那么欠发达国家能够使用它们的出口收益来购买更多的增长所需的资本和其他资源。许多美国人觉得大部分的国外援助只是浪费金钱，因为接纳国滥用这些资源。这些观念使国会越来越不愿意把纳税人的钱用于国外援助，除非明显是必需的或是为了国家安全的需要。

国外贷款

用来为国内投资融资的外部资金的第三个来源是国外贷款。政府、国际银行和私人银行都为欠发达国家提供贷款。像国外私人投资和国外援助一样，国外贷款同样给予欠发达国家使其生产可能性曲线向外移动的机会。对欠发达国家的贷款有不同的来源。双边贷款是一国直接对另一国的贷款。美国的双边贷款的主要官方机构是前面提到过的国际开发总署。

世界银行
联合国的一个附属机构，对欠发达国家提供长期低息贷款和技术援助。

一个著名的多边贷款机构是**世界银行**。有 184 个成员的世界银行是联合国的一个附属机构，对欠发达国家提供长期低息贷款和技术援助。要贷款前要做一个持续一年或以上的计划。世界银行是 1944 年几个主要的国家在布雷顿森林会晤后成立的。它的第一个事务是负责第二次世界大战的战后重建。今天，世界银行位于华盛顿，它的主要目的是为富国给穷国融通资金。世界银行为欠发达国家提供“最后的手段”的贷款，限定欠发达国家只能把这些贷款用于基本的基础设施项目，包括水坝、灌溉系统和交通设施等不能获得私人投资的项目。此外，世界银行也通过为贷款提供担保，帮助欠发达国家从私人贷款人那里获得贷款。因此，穷国能够完成项目，用这些项目收益偿还贷款人的本息。

国际货币基金组织（IMF）
向发展中国家提供有条件的低息贷款的机构。

世界银行不是向欠发达国家提供贷款的多边贷款机构。世界银行的伙伴机构是**国际货币基金组织（IMF）**。国际货币基金组织是向发展中国家提供有条件的低息贷款的机构。国际货币基金组织也是 1944 年在布雷顿森林成立的。它的目的是帮助国家克服短期金融困难。国际货币基金组织提供的有条件的贷款，要求债务国实施减少国际收支赤字问题和促进非通货膨胀经济增长的财政和货币政策。184 个成员的国际货币基金组织不是慈善机构，它像一个信贷合作组织一样运作，从其成员国中获得贷款的资金，并从贷款中获取利息。美国是国际货币基金组织的最大股东，因此对其决策有否决权。

近年来，国际货币基金组织的主要作用是为发展中国家以及向资本主义过渡的经济提供短期贷款。在20世纪90年代后期，国际货币基金组织为俄罗斯、一些亚洲国家、巴西和其他发生骚动的国家提供数百万美元的救济资金。批评者认为，只要政府相信国际货币基金组织会为它们提供救济资金，它们就不会修正自身的问题。国际货币基金组织的支持者对此进行反驳，如果国际货币基金组织不进行干涉，有问题的经济将无力偿还巨额债务，从而引起世界范围的回波效应。批评者也做出回应，它们认为低成本的短期贷款只会鼓励不好的政策，使银行承担过度风险。结果，危机时的救济资金产生了新的金融危机，导致全球经济增长的下降。

最后，私人银行同样对欠发达国家提供贷款。20世纪70年代以前，欠发达国家主要是从世界银行和国外政府借款。在20世纪70年代，私人银行开始对欠发达国家的政府和私人企业提供贷款。在20世纪80年代期间，新闻上有大量这样的故事：一些美国银行给欠发达国家提供了有风险的贷款，这些国家违约将会导致美国银行接连倒闭。据说，“如果你不能偿还银行给你的汽车贷款，你就会有麻烦；如果一个政府不能偿还银行十亿美元的贷款，银行就会有麻烦。”

在20世纪80年代后期，债务危机通过下面的措施来规避：（1）免除一些贷款；（2）降低剩余贷款的利率；（3）给欠发达国家提供更多的贷款使其偿还债务利息。美国政府、欧洲政府和国际货币基金组织都采取这些补救措施。因为更多的贷款可能不能收回，这是“越想回本，损失越多”吗？答案是否定的。减轻债务负担既可以挽回一些支付，也符合富国和穷国的最大利益，因为一个新的开始有利于贸易的进行。然而，一些欠发达国家（尤其是巴西、墨西哥、阿根廷和智利）的巨额债务会可能引发另一个债务危机。

要点考查

对于穷国来说，最低工资是反贫困的解决方案吗？

想象一下，你现在是一个贫穷的欠发达国家总统的经济顾问。总统正寻求促进经济增长和提高该国居民生活水平的政策。你被问到，采取一个等于平均水平的工业发达国家的平均小时工资的最低工资是否可以实现这些目标。回想一下第4章讨论的最低工资，对该政策做出评价。

主要概念

人均 GDP	工业发达国家	欠发达国家	贫困恶性循环	基础设施
国外援助	国际开发总署	世界银行	国际货币基金组织	

小结

- **人均 GDP** 给出了一国生活水平的一般指标。人均 GDP 较低和低人均 GDP 增长的国家不能满足食物、住房、衣服、教育和健康的基本需要。
- **工业发达国家**是有的人均 GDP 和产品是通过技术先进的资本品来生产的国家。有高的收入，但没有广泛的工业发展的国家，如石油丰富的阿拉伯国家，不在工业发达国家之列。
- **欠发达国家**是低人均产出的国家。在这些国家中，产品不是通过大量技术先进的资本品和受良好教育的工人所生产的。欠发达国家占了世界人口总量的四分之三。
- **泛太平洋四小龙**是中国香港、新加坡、韩国和中国台湾省。这些新型工业化国家和地区有高的增长率和接近工业发达国家的生活水平。
- **人均 GDP 比较**受四类问题约束：(1) 欠发达国家数据的准确性是可疑的；(2) 人均 GDP 忽略了收入分配的程度；(3) 汇率的波动会影响国家之间的人均 GDP 差距；(4) 没有就不同国家之间的生活成本差异做出调整。
- **经济增长和经济发展**是相关的，但又有一定程度的差异的两个概念。经济增长是由人均 GDP 的数量来衡量，而经济发展是一个范围更广的概念。除了人均 GDP 之外，经济发展还包含生活质量指标，包括出生时的生命预期、成人识字率和人均能源消费。经济增长和发展是由下面五种主要要素决定的一系列复杂过程的结果：(1) 自然资源；(2) 人力资源；(3) 资本；(4) 技术进步；(5) 政治环境。没有实现经济增长和发展的简单策略，缺乏上面五种要素的一种或多种并不必须会阻碍经济增长。
- **贫困恶性循环**是欠发达国家由于太贫穷，以至于没有储蓄、不能投资和使其生产可能性曲线外移。结果，欠发达国家还是贫穷。穷国获得储蓄、投资和增长的一种方法是使用外部资金，包括国外私人投资、国外援助和国外贷款。许多欠发达国家的借贷导致了 20 世纪 80 年代的债务危机，这些危机可以通过免除和重组贷款来解决。

问题思考

1. 工业发达国家（IACs）和欠发达国家（LDCs）有什么不同？列出五个工业发达国家和欠发达国家。
2. 解释为什么国家之间的人均 GDP 比较不是这些国家经济福利差异的完善指标。
3. 假设给出下面的 A 国和 B 国的数据：

国家	人均 GDP（美元）
A 国	25 000
B 国	15 000

a. 基于上面给出的人均 GDP 数据，你更喜欢在哪个国家生活？

b. 现在假设给出下面额外的生活质量数据。你会选择在哪个国家居住？

国家	出生时的寿命预期（年）	每天人均卡路里的供给	人均能源消费
A 国	65	2 500	3 000
B 国	70	3 000	4 000

4. 经济增长和发展有什么差异？给出可以测度这两种概念的例子。
5. 你是否同意“富国越富，穷国越穷”的说法？这种说法是否过于简单化？请解释。
6. 解释为什么贫穷的欠发达国家很难获得能够增加生产力和增长，因而改善他们生活水平的投资。
7. 为什么经济增长和发展问题如此复杂？
8. 指出下面的指标属于高还是低的经济增长和发展水平：

	高	低
a. 人口过多	______	______
b. 熟练技能的工人	______	______
c. 高的储蓄率	______	______
d. 政治稳定	______	______
e. 低的资本积累	______	______
f. 先进技术	______	______
g. 高度发达的基础设施	______	______
h. 农业比例高	______	______
i. 高的收入不平等	______	______

9. 没有来自国外私人投资、国外援助和国外贷款等外部融资，穷国会陷入贫困恶性循环。请给出解释。这些外部融资如何帮助穷国实现经济增长和发展。
10. 欠发达国家获得国外援助时会遇到什么问题？
11. 为什么欠发达国家认为“是交易，不是援助”？
12. 解释国际开发总署（AID）、世界银行和国际货币基金组织（IMF）的不同。

在线练习

练习1

访问世界银行（http：//www. worldbank. org/），查看最新的世界发展报告。

练习2

访问世界银行，浏览“Regions and Countries”（http：//www. worldbank. org/

countries)。选择一个国家，阅读其简报。

练习3

访问世界银行（http://www.worldbank.org/），浏览“Development Topics”。

练习4

访问“美国社会指标”（http://www.un.org/Depts/unsd/social），选择“Income and Economic Activity”。比较各国的人均GDP。再比较不同国家的男性和女性经济活动比率。

要点考查答案

1. 较快速度的增长是否意味一国正在“赶超”

GDP的单方面增长并不能用来衡量生活水平。你必须同时考虑人口的增长。即使乙国经历一个更高的增长率，它的人均GDP也可能低于甲国，因为其人口增长率可能更高。当然，相反的情况也可能存在，但是没有人口数据，我们不能贸然下结论。如果你说不能决定哪个国家人们的福利更好，因为GDP必须除以人口之后才能度量平均的生活水平，你就是正确的。

2. 对于穷国来说，最低工资是反贫困的解决方案吗?

对于欠发达国家来说，国外投资的一个重要来源是，跨国企业在当地建立的工厂和其他设施。欠发达国家为了由这些跨国企业带来的经济增长和发展与其他国家展开竞争。一个欠发达国家要想在竞争中胜出，它必须提供稳定的政治环境、充足的基础设施、有利于商业的氛围和廉价的劳动力。如果你说你不支持总统提高最低工资的提议，因为会使欠发达国家在劳动力市场的竞争中处于不利的位置，因而减少了国外私人投资和增长。你就是正确的。

测试

1. 欠发达国家是什么样的国家?
   a. 没有大量先进资本品。
   b. 没有受良好教育的劳动力。
   c. 有低的人均GDP。
   d. 包括了上面的描述。
2. 根据课文中给出的定义，下面哪个不是欠发达国家?
   a. 印度。
   b. 埃及。
   c. 中国。

d. 爱尔兰。

3. 在不同国家之间进行人均 GDP 比较时，下面哪个是正确的？
   a. 与工业发达国家相比，对欠发达国家人均 GDP 的测度更容易出现误差。
   b. 人均 GDP 不能度量收入分配。
   c. 人均 GDP 受汇率变化的影响而出现波动。
   d. 以上答案都正确。
4. 欠发达国家的特征是
   a. 高的寿命预期。
   b. 高的成人识字率。
   c. 高的婴儿死亡率。
   d. 以上都是。
   e. 以上都不是。
5. 根据本章的分类，下面哪个不是工业发达国家或地区？
   a. 阿联酋。
   b. 爱尔兰。
   c. 中国香港。
   d. 希腊。
6. 当政府把汇率固定在市场汇率之上时
   a. 国际贸易出现下降。
   b. 基础设施得到改善。
   c. 实际人均 GDP 上升。
   d. 打破贫困恶性循环。
7. 下面哪个论述正确？
   a. 欠发达国家有低人均 GDP 水平、低的资本水平和没有受到教育的劳动力。
   b. 贫困恶性循环存在是因为 GDP 必须在人们能够储蓄和投资之前得到提高。
   c. 欠发达国家有人口快速增长和低的人力投资水平的特征。
   d. 以上答案都是。
8. 向外移动的生产可能性曲线代表
   a. 经济增长。
   b. 经济发展速度的下降。
   c. 人力资本的下降。
   d. 资源减少。
9. 欠发达国家面临下列哪个问题？
   a. 低的人均收入和高的 GDP 增长率。
   b. 低的人口增长率和低的人均收入。
   c. 人口快速增长和低的人力资本。
   d. 低的人均收入和高的储蓄率
10. 下面哪个最好地定义了贫困恶性循环？
   a. 在人们能储蓄和投资之前，人均 GDP 必须上升。

b. 在资本积累过程中，人们不能进行储蓄。

c. 在低的人口增长水平下，人均 GDP 增长。

d. 贫困、储蓄和投资组成一个循环。

11. 下面哪个是基础设施?

a. 国际收割拖拉机工厂。

b. 政府提供的污水和生活用水系统。

c. 美国航空公司。

d. 邮政服务。

12. 欠发达国家的经济增长和发展水平低是因为它们缺乏

a. 资本投资。

b. 技术进步。

c. 有利的政治环境。

d. 以上都不是。

13. 下面哪个组织为发展中国家提供短期有条件的低息贷款?

a. 国际开发总署（AID）。

b. 世界银行。

c. 国际货币基金组织（IMF）。

d. 新国际经济秩序（NIEO）。

14. 下面哪个组织为欠发达国家提供长期低息贷款?

a. 国际开发总署（AID）。

b. 新国际经济秩序（NIEO）。

c. 国际货币基金组织（IMF）。

d. 世界银行。

附录 A 问题思考中奇数题的答案

第 1 章 经济学思维方式导论

1. 穷国的人民缺少食物、衣服和住所，他们当前所能得到的产品和劳务肯定满足不了这些需要。另一方面，没有哪一个富国具有足够的资源能生产出每个国民都想要的东西。即便你拥有 100 万美元，你对当前所享受的产品和劳务感到完全满足，总还会有一些得不到满足的愿望。你总是没有足够时间去完成所有你认为有价值的事情。
3. a. 资本。
5. a. 微观经济学问题。b. 宏观经济学问题。c. 微观经济学问题。d. 宏观经济学问题。
7. 真实世界充满着复杂性，你很难理解和预测变量之间的关系。例如，在汽油价格发生变动的同时，汽车的节油性和天气状况通常也在变动，在考察汽油价格的变动和汽油消费的变动之间的关系时，我们需要从现实生活中剥离汽车的节油性和天气状况等变量的影响。
9. 两个事件相联系，而且第一件事情（军事支出的减少）是第二件事情的原因（国防工业更高的失业率）。此处的要点在于相关关系虽然有可能是因果关系，但它并不必然意味着因果关系。
11. d. 规范经济学的陈述

第 1 章附录 运用坐标图分析经济学

1. a. 生存概率与年龄负相关。这一模型可能会受到饮食结构的改善、更好的卫生保健、工伤概率的降低或时速限制的变化的影响。

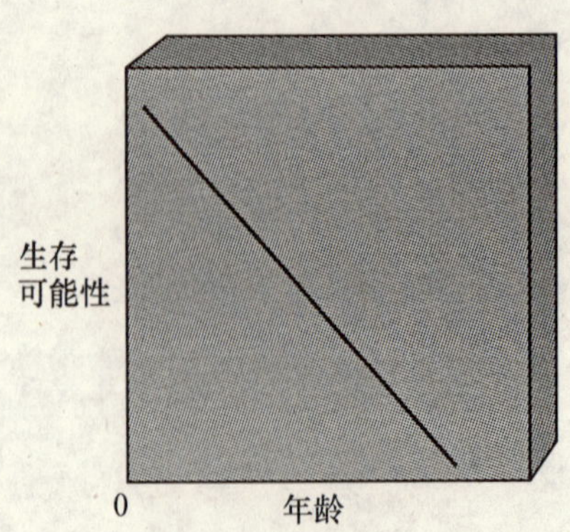

b. 年收入和接受正规教育的年限正相关。这一关系可能会受到智商、主动性、能力等特征以及家庭背景的影响。制度性变化能在数年间影响这一关系的一个例子是征兵。

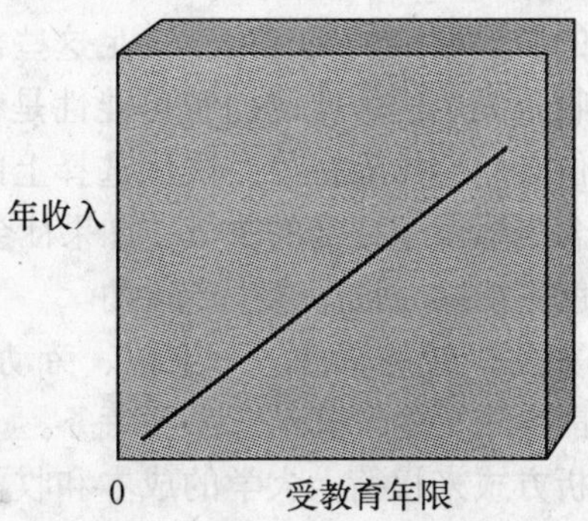

c. 雪的厚度和游泳衣的销售额负相关。天气预报和通往阳光度假景点之旅的价格能影响这一关系。

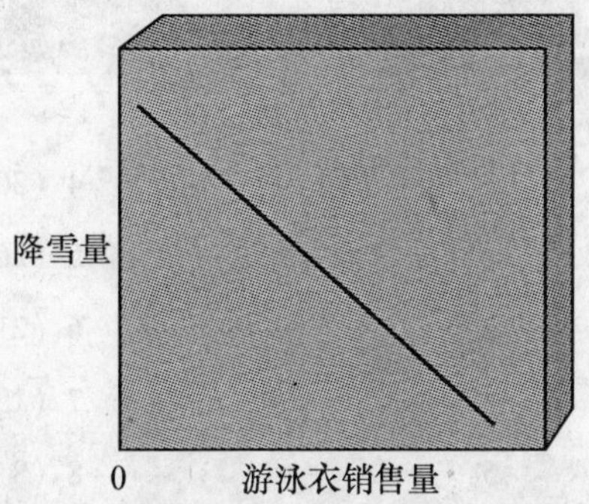

d. 大多数男性毕业生和学生会争论说，赢得足球赛的次数与投入运动的预算直接相关。他们辩论说赢得足球赛的胜利就是最好的广告宣传，会带来更多观看球赛的人，拉来更多的赞助，也能吸引更多的人参与球队，这反过来又增加了运动的预算。足球赛的胜利也可能与其他一些因素有关，如学校的规模、球队的成立时间和类型、运动员的人数和收入、教练和管理人的素质。

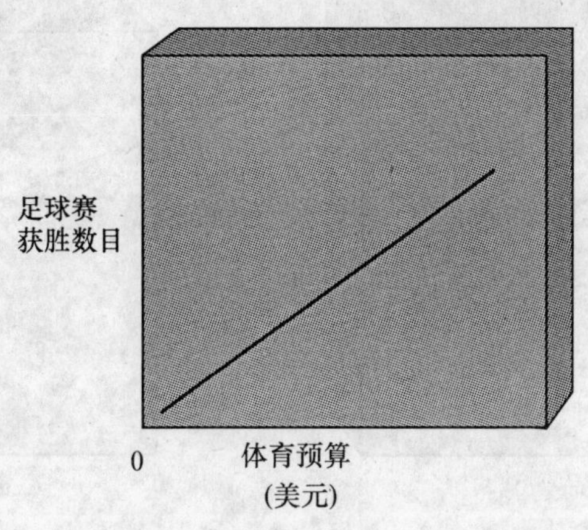

第 2 章　生产可能性、机会成本和经济增长

1. 由于个体和社会的需求超出了现有用来满足这些需求的产品和劳务的数量，必须有所选择。一个收入固定的个体的消费可能性是有限的，因而，对一件物品的消费多增加一个单位必然会排除在另一次优选择上的支出。被放弃的选择被称为机会成本，这一概念也适用于社会的决策。如果社会将资源分配到枪支的生产中去，那么这部分资源就不能同时被用来生产黄油。
3. 不管午餐的价格如何，经济资源——土地、劳动力和资本——被用来生产午餐。这些稀缺资源不能再用于生产其他产品和劳务。
5. 学生采用边际分析方式来权衡上大学的成本和收益。当收益（改善了的工作机会和收入、智力提高、参与社会生活等）超过机会成本时，学生才有动力上大学。
7.

花箱	机会成本（放弃的馅饼）
0	
1	4（30－26）
2	5（26－21）
3	6（21－15）
4	7（15－8）
5	8（8－0）

9. 在曲线上的点都是有效率的点，都符合"天底下没有免费的午餐"这一名言。但是，无效率的点则例外，因为在不减少另一种产品产出的同时生产更多的某种产品是可能的。
11.

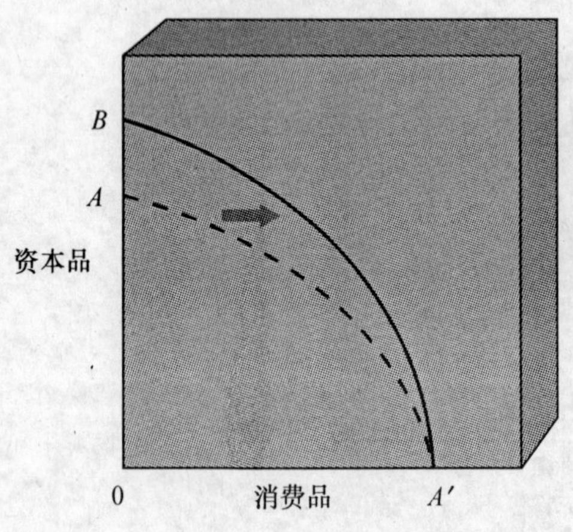

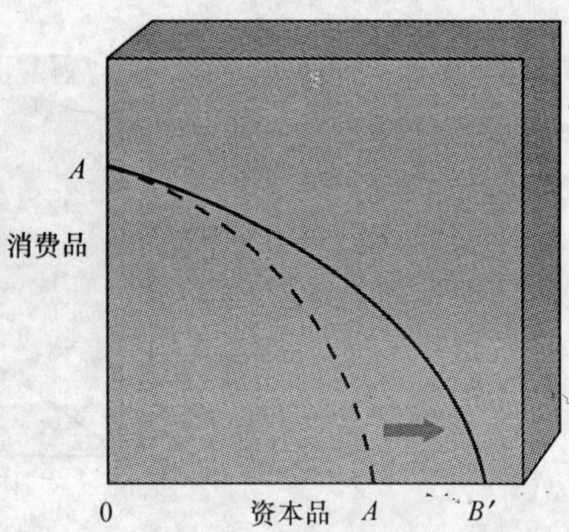

第3章 市场需求和市场供给

1. 如果人们购买某种产品或劳务是因为他们将高质量和高价格相联系，这违反了其他条件不变的假设。需求量的增加只来自价格的降低。质量和需求的其他非价格决定因素，如品味和偏好以及相关物品的价格在模型中都保持不变。
3. a. 汽车的需求下降：石油和汽车是互补品。
   b. 对隔热材料的需求增加：石油和住宅隔热材料是替代品。
   c. 对煤炭的需求增加：石油和煤炭是替代品。
   d. 对汽车轮胎的需求减少：石油和汽车轮胎是互补品。
5. 文字处理软件的需求曲线向右位移的一个可能的原因是，人们总是想要新的、质量更好的产品。当新技术使得在不同价格下可供销售的软件都更多时，供给曲线就会向右位移。
7. a. 需求向右位移。
   b. 供给向左位移。
   c. 供给向右位移。
   d. 供给向右位移。
   e. 需求向右位移。
   f. 谷物的供给向左位移。
9. a. CD唱机的供给向右位移。
   b. CD唱机的需求不受影响。
   c. 均衡价格下降，均衡数量增加。
   d. CD唱机价格的下降导致对CD的需求增加（互补品）。
11. 座位数（供给量）保持不变，但需求曲线发生移动，因为品味和偏好根据各场比赛的重要性而有所不同。尽管需求发生了变化，价格是一个固定的数，为了控制短缺，大学根据赞助金额的大小和赞助年限的长短或其他一些方式来配给入场券。

第4章 市场行为

1. a. 均衡价格是每加仑1.5美元，均衡数量是每月3亿加仑。价格体系会使市场价格恢复到1.5美元每加仑，因为过剩会驱使价格下降，而短缺会拉动价格上升。
   b. 支持价格导致每个月2亿加仑的过剩牛奶，而政府需要花纳税人的钱来购买它。结果，不喝牛奶的纳税人仍然在为牛奶付费。价格支持的目的是支持奶农的收入。
   c. 价格上限会导致每个月2亿加仑的牛奶短缺量，但消费者以每加仑1美元的低价格购买了2亿加仑的牛奶。短缺给政府带来了配给牛奶的负担，这样既是为了公平也是为了防止黑市行为。政府的目标是保持让牛奶的价格低于由自由市场确定的1.5美元每加仑的均衡价格。

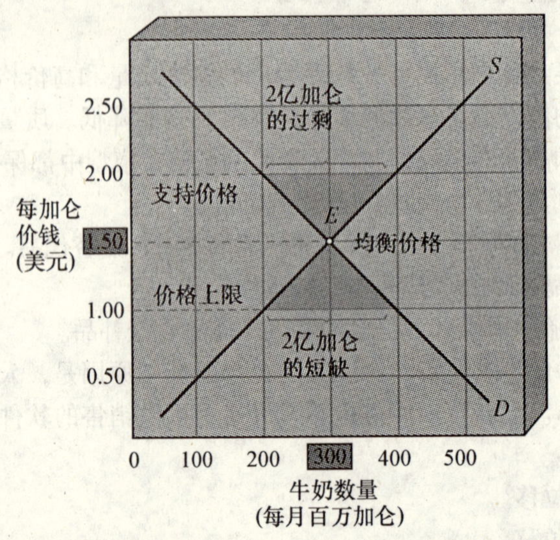

3. 劳动力市场可以分解为两块，一个是熟练工人的市场，一个是非熟练工人的市场。如果最低工资高于均衡工资率，而且最高工资被提高了，其影响会是，对熟练工人的需求增加了，而且他们的工资也会增加，这是因为这两个市场是替代品。
5. 均衡价格上升。
7. 政府能通过（a）制定要求安装除烟设备的法令，和（b）征收使得供给曲线左移的污染税来消除排放量。
9. 由于不能阻止搭便车现象，私人市场提供的纯公共品数量会不足。

第5章 需求价格弹性

1. 由于需求量的百分比变化大于价格的百分比变化，因此需求是有弹性的。
3. 如果二手车的价格提高1个百分点，则需求量会下降3个百分点。如果价格提升10个百分点，则需求量会下降30个百分点。
5. $$E_d=\frac{\%\Delta Q}{\%\Delta P}=\frac{\dfrac{5\,000-4\,500}{5\,000+4\,500}}{\dfrac{3\,500-3\,000}{3\,000+3\,500}}=\frac{\dfrac{1}{19}}{\dfrac{1}{13}}=0.68$$

   大学的需求价格是无弹性的。
7. 爆米花的需求是完全无弹性的，总收益会增加。
9. a. 新奇士橙子。

   b. 汽车。

   c. 长期的国外旅游。

第6章 生产成本

1. a. 显性成本。
   b. 显性成本。
   c. 隐性成本。
   d. 隐性成本。
   e. 显性成本。
   f. 隐性成本。
3. a.

劳动力人数	边际产品
1	8
2	10
3	12
4	13
5	12
6	10
7	8
8	6
9	3
10	−2

   b.

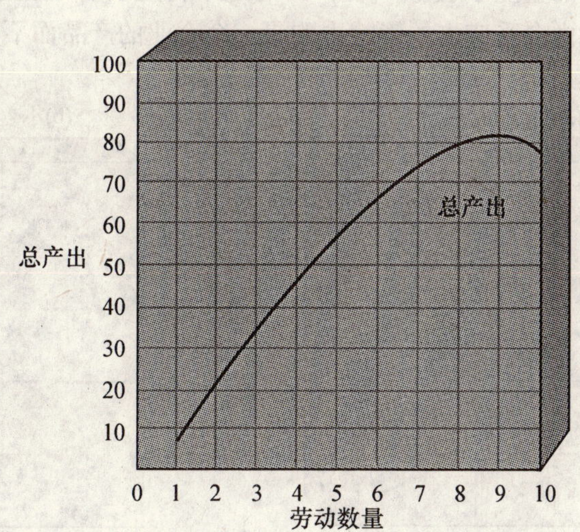

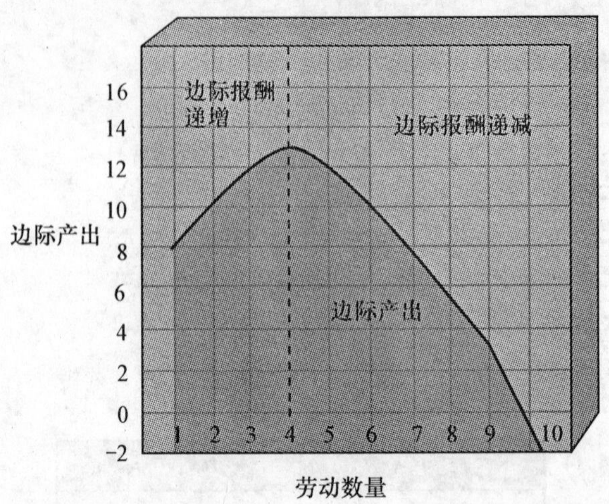

5. 都不是。企业的短期平均成本曲线的位置与需求曲线无关。
7. 由于 $ATC = AVC + AFC$，随着产出的扩张，ATC 和 AVC 曲线会靠拢。随着产出的增加，AFC 下降，因此大部分的 ATC 都源于 AVC。
9. 平均总成本与边际成本法则是说，当边际成本低于平均总成本时，新增成本低于平均总成本，平均总成本会下降。当边际成本大于平均总成本时，平均总成本会上升。在这种情况下，平均总成本在等于边际成本时是一个最低值。
11. 不管工人的人数有多少，其边际产品就是总产量曲线的斜率。边际产品是对总产量曲线的求导 dTO/dQ，其中 TO 是总产量，Q 是工人的人数。

第7章 完全竞争

1. 一个完全竞争的企业不会做广告，因为这个行业所有的企业都销售相同的产品，消费者没有理由会受广告的影响去购买一个企业的产品而不是另一个企业的产品。
3. (a)

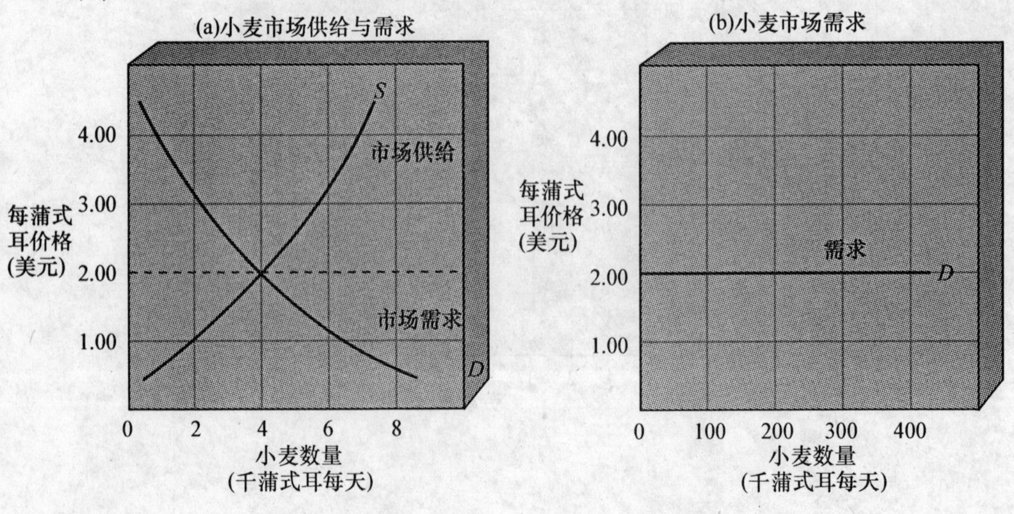

在面对具有完全弹性的需求曲线时，单个的麦农是价格接受者，因为在完全竞争时，单一的卖方对价格没有控制力。原因在于，每一个麦农都只是很多人当中的一个，他们都销售同质的产品，还必须与进入小麦市场的新农夫进行竞争。

5. 在 150 美元的价格下，企业生产 4 单位产品，获取 70 美元的经济利润（$TR - TC = \$600 - \$530$）。企业在 2 单位产量时达到盈亏平衡。
7. 该论述不正确。当边际收益等于边际成本时企业才能获得最大利润（或最小损失）。容易混淆的是“边际”和“总”的概念。边际成本是每增加一个单位的产出所带来的总成本的变化，边际收益是每增加一个单位的产出所带来的总收益的变化。
9. 该论述不正确。完全竞争企业必须同时考虑边际收益和边际成本。企业会选择 $MR = MC$ 时的销售量而不是销售所有可能的产出，因为一旦超过这一水平，企业获得的利润会越来越少。
11. 建议建房人歇业，因为此时的市场价格超过了平均可变成本，企业不能收回其运营成本。

第 8 章　完全垄断

1. 每一个市场都由唯一一家企业提供独一无二的产品。本地的电话服务、旧金山的职业足球赛和特快邮件服务都没有近似的替代品。政府的特许经销权对电话和特快邮件服务的潜在竞争对手设置了法律上的障碍。一个 NFL 特许经销权赋予其成员在大多数地区的垄断权力。
3. 可能由于医院具有垄断权力，因为这是该地区唯一一家医院，病人无从选择。另一方面，有很多药店竞相销售药品，这使得价格低于医院索取的价格。
5. 在自然垄断行业中，单一的卖方能以较低的成本生产电力，因为 *LRAC* 曲线会下降。因此企业可以以较便宜的价格销售电力从而逐渐将其竞争对手排挤出去。另一种可能是，两家相互竞争的企业合并了，并通过成本的进一步降低获取更大的利润。
7. 在这种特定情况下，销售额的最大化和利润的最大化是一回事。垄断者能索取 2.5 美元的单价，卖出 5 个单位的产品，获取 12.5 美元的利润。当边际成本曲线不等于零时，垄断者在 $MR = MC$ 时的产出少于 5 个单位，价格会高于 2.5 美元，利润会低于 12.5 美元。
9. a. 增加产量。
   b. 减少产量。
11. a. 非价格歧视。
    b. 价格歧视。
    c. 如果运输成本存在差异则不是价格歧视。
    d. 价格歧视。

第 9 章　垄断竞争和寡头垄断

1. 垄断竞争企业的需求曲线比完全竞争企业的需求曲线更缺乏弹性（更陡峭），但比完全垄断者的需求曲线更富有弹性（平坦一些）。

3. a. P_1。
   b. Q_1。
   c. Q_3。
   d. 比边际成本大（$B > A$）。

5.

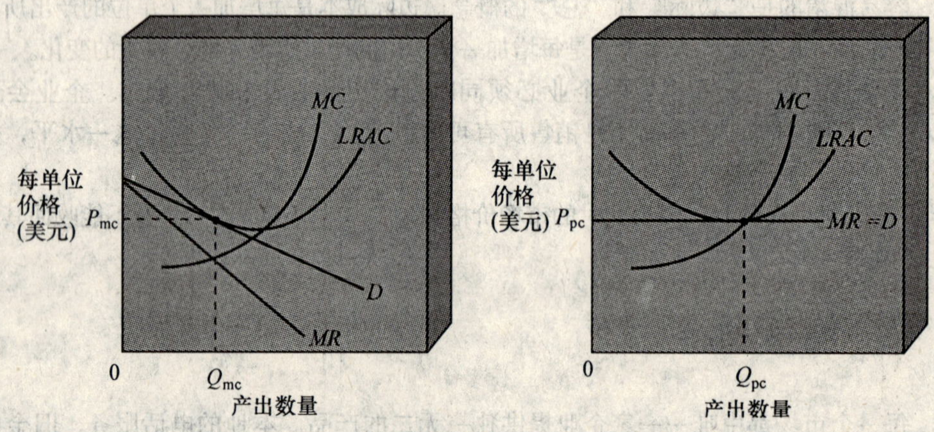

由于 $P_{mc} > MC$，垄断竞争企业不能实现分配上的效率。这种无效性还因为垄断竞争企业索取的价格比完全竞争时更高，而生产出来的数量更少。完全竞争企业制定的价格 P_{pc} 等于 MC，产出水平对应着 $LRAC$ 曲线上的最低点。

7. 答案可能包括汽车、航空旅游、个人电脑和香烟。寡头垄断不同于垄断竞争之处在于，它只有少数几个卖方而不是很多个卖方；生产出来的产品要么是同质产品，要么是差异化产品，而不是都不相同的产品；进入很难而不是很容易。

9. 总的来说，不做广告的寡头垄断者生产钢铁这样的中间产品，而不生产啤酒和汽车这样的最终消费品。

11. 从寡头垄断者的角度看，卡特尔模式是一个很好的模式。如果成功，卡特尔组织像一个完全垄断者那样制定价格并通过配额方式限制产量，它使得每个企业都能达到最大化利润。从消费者的角度看，由于卡特尔组织的目标是提高价格，对消费者来说并没有经济上的好处。

第 10 章　劳动力市场和收入分配

1. 这一论述不正确。工人向雇主提供自己的劳动力。需求指的是，雇主按照劳动力的边际收益产品原则在不同的工资率水平下雇用的劳动力的数量。

3. 第二个工人的 MRP 是该工人对总收益的贡献，为 50 美元（\$ 150 - \$ 100）。由于 $MRP = P \times MP$，$MP = MRP/P$，第二个工人的边际产品（MP）是 10（\$ 50/ \$ 5）。

5. 完全竞争劳动力市场中的企业是价格接受者。因为单一的企业所雇用的劳动力只占该行业工人的相对小的比例，即便一家企业多雇用工人，也不会拉动工资率的上升。但是，对整个行业而言，所有的企业都必须提供更高的工资才能吸引其他行业的工人。

7. 投资教育的学生增加了自身的人力资本。具有更大人力资本的学生增加了他/她的边际产品。在既定的产品价格下，MRP会更高，企业会发现雇用受过更高教育的工人，向其支付更高的工资是有利可图的。

9. 在每天90美元的工资率下，Zippy纸业公司雇用3个工人，因为每个工人的MRP超过或等于这一工资率。将工资率制定在每天100美元，会使得Zippy纸业公司将员工数从3名削减到2名，因为第三个工人的MRP是10美元，低于每天100美元的工资率。

11. 这是一个主观评价题。如果你认同题中观点，你可以假定市场是完全竞争的，因而歧视是无利可图的。如果你否认题中观点，你可以辩论说，在现实生活中劳动力市场从来都不是完全竞争的，因而政府一定要重视贫困的制度原因。

第11章 国内生产总值

1. a. 最终服务。
   b. 最终产品。
   c. 中间产品。
   d. 中间产品。

3. 300万磅食物 × \$ 1每磅 = \$ 300万
   50 000件衬衣 × \$ 20每件 = \$ 100万
   20间房子 × \$ 5万每栋 = \$ 100万
   50 000小时的医疗服务 × \$ 20每小时 = \$ 100万
   一家汽车制造厂 × \$ 100万每家 = \$ 100万
   2辆坦克 × \$ 500 000每辆 = \$ 100万
   总产出的价值 = \$ 800万

5. 最终产品中并不包括资本。最终产品是由最终使用者购买的成品，并不用于转售。题中的最终使用者是大的商店，因此其销售额应该包括在GDP里面，不存在重复计算的问题。

7. 使用支出法时，净出口是出口减去进口。如果外国人对美国产品的支出超过了美国人对外国产品的支出，净出口就会对GDP产生正的贡献。如果外国人对美国产品的支出少于美国人对外国产品的支出，GDP就会减少。在统计国民收入时也要计算净出口，因为汇报给美国商务部的实际消费、投资和政府支出的数据并不排除对进口品的支出额。

9. $NI = GDP -$ 折旧
   \$ 4 007 = \$ 4 486 − \$ 479

折旧费并不测度新生产出来的产品。它是对最终产品和劳务的生产过程中所损耗的资本价值的一种估计，容易产生误差。在资本的消耗中所存在的这些误差使得GDP容易被高估或低估。

11. 当物价水平上升时，不同年份间的名义GDP的变动比率被高估了。用名义GDP

除以 GDP 的链价格指数得到消除了通货膨胀的扭曲后的实际 GDP。对不同年份间实际 GDP 的变化的比较，仅仅只是反映了所有最终产品的市场价值的变化，而不反映物价水平的变化。

13. GDP 并不能告诉你两个国家间的产出组合，比如说军用品和消费品的组合。GDP 也不能揭示一个国家 GDP 的分配是否比另一个国家更为公平。

第 12 章 经济周期与失业

1. 通常为人们所接受的经济周期理论是，它们是总支出或总需求水平变化的结果。总支出包括家庭、企业、政府和国外购买者对最终产品的支出。用公式表达为：$GDP = C + I + G + (X - M)$。

3. 民用失业率 = $\frac{\text{失业人数}}{\text{民用劳动力}} \times 100$

其中，民用劳动力 = 失业人数 + 就业人数。因此，7.7% = $\frac{1\,000\text{ 万人}}{13\,000\text{ 万人}} \times 100$

5. 当回答者对 BLS 的调查虚假汇报说他们正在寻找工作时，官方的失业率会被高估。当那些想要工作的丧失信心的工人放弃了找寻工作的努力的时候，失业率会被低估。

7. 当那些寻找工作的人并不具备现有工作岗位所要求的必备技能的时候，就会出现结构性失业。周期性失业是由总支出不足造成的。

9. 妇女和青少年越来越多地参与到劳动力大军中会增加失业率。相对男性而言，妇女有更多的时间不参与劳动，因为她们要生育和照顾小孩。

11. GDP 差距是潜在的实际 GDP 和真实的实际 GDP 之间的差额。由于潜在的实际 GDP 是在充分就业基础上估计出来的，GDP 差距从实际 GDP 的角度衡量周期性失业的成本。

第 13 章 通货膨胀

1. 该论述不正确。当所有物品和劳务的平均价格下降时，单个物品或劳务的价格有可能上升。简言之，当消费品和劳务的平均价格上升时，通货膨胀率就会上升。

3. 首先，CPI 建立在一个城市家庭所购买的具有代表性的市场篮子基础之上。那些并没有购买这一市场篮子的群体，如退休人士，并没有经历由 CPI 的变化所测度的价格的变化。其次，CPI 不能对质量变化进行调整。第三，CPI 忽略了需求法则和产品价格变化的替代效应。

5. 如果在既定年份里，CPI 的百分比增加超过了薪水的增加，个体的购买力会下降。

7. 这笔贷款对你有利，因为实际利率是 -5%（5% 的名义利率减去 10% 的通货膨胀率）。你一年要偿还 105 美元。如果该年的价格上升了 10%，105 美元的真实价值就会只有 95 美元。因此，你借了值 100 美元的购买力，偿还了值 95 美元的购买力。

9. 在充分就业状态下，经济体运用了所有的生产潜能，生产出最大限额的产品和劳务。由于买方竞相出价购买固定供给的产品和劳务，价格会快速上升。
11. 如果买方认为明天的价格会更高，他们会在今天购买产品，导致需求拉动型通货膨胀。如果企业认为投入品的价格将来会更高，很多企业会在现在就提高价格，导致成本推动型通货膨胀。

第 14 章 总需求和总供给

1. 总需求曲线之所以是下斜的有三个原因：
   a. 实际余额效应或财富效应意味着更低的价格水平会增加货币和其他金融资产的购买力。结果导致消费的向上移动，这反过来又增加了对实际产品和劳务的需求量。
   b. 利率效应假定存在着固定的货币供给量，因此，更低的价格水平减少了对借款的需求，也降低了利率。较低的利率增加了消费和投资的支出。
   c. 净出口效应是，在价格水平下降时，相对于本国人对国外进口品的购买而言，外国消费者对本国出口品的购买更多。进出口增加导致总支出增加。
   个体市场的需求曲线下斜的基本原理是收入效应、替代效应以及边际效用递减规律，它们不同于上述决定总需求曲线的三个效应。
3. a. 由消费减少导致的左移。
   b. 由自发性投资支出的增加导致的右移。
   c. 由政府支出增加导致的右移。
   d. 由净出口的增加导致的右移。
5. 该论述可能错误。均衡 GDP 并不必然是充分就业的 GDP。均衡 GDP 指的是总需求和总供给曲线相交时的 GDP，它并不必然等于一个经济充分利用其所有潜能来生产产品和劳务时的 GDP。
7. a. 左移。
   b. 右移。
   c. 右移。
   d. 左移。
9. a. 总需求增加。
   b. 总供给增加。
   c. 总需求减少。
   d. 总供给减少。
   e. 总需求沿古典区域减少。
   f. 总需求沿凯恩斯主义区域增加。
11. 假设总供给曲线保持不变，总需求曲线在总供给曲线的上斜段或垂直段从 AD_1 到 AD_2 的右移导致价格水平从 P_1 上升到 P_2。除了导致需求拉动型通货膨胀外，实际 GDP 水平从 Q_1 增加到 Q_2，并向该经济体提供了新的工作机会。在古典区域，通货膨胀是唯一令人讨厌的结果，实际 GDP 保持在 Q_2 的水平不受影响。

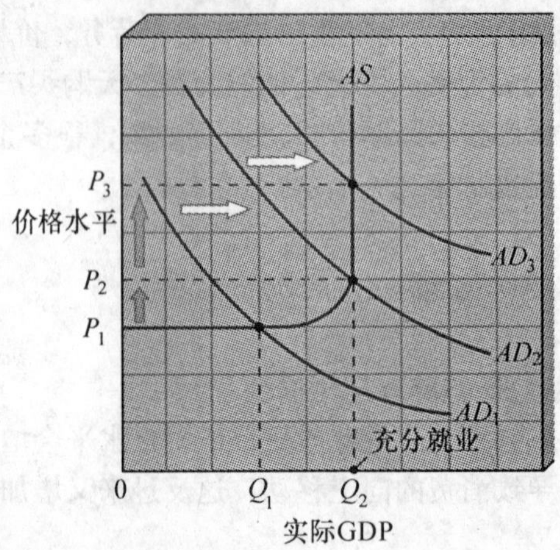

第 14 章附录 自动修复的总需求和总供给模型

1. a. –c。

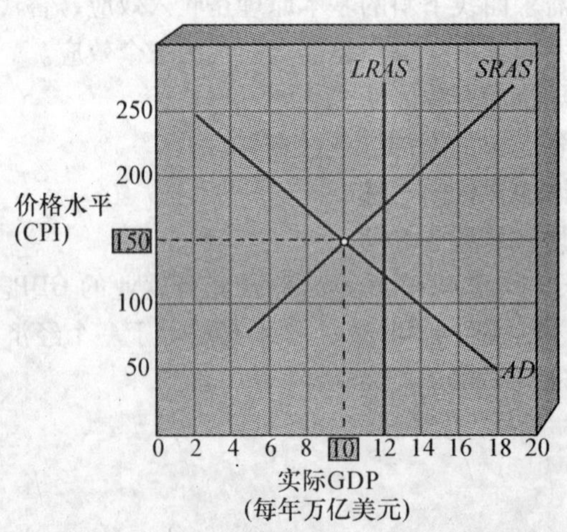

3.

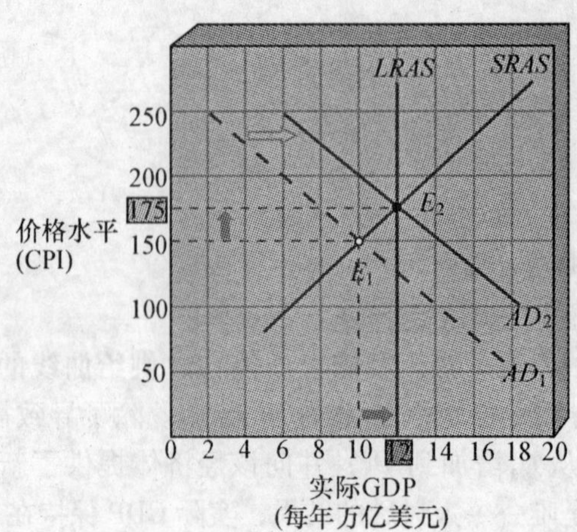

5. 工人的名义收入在短期内是固定的。面对总需求的下降，企业的利润下降，他们减产裁员。结果，经济体沿 *SRAS* 曲线下降到临时均衡点 E_2。当工人受到来自失业工人的竞争而降低其名义工资时，短期总供给曲线右移到 E_3，并回复到长期均衡状态。在物价水平下降的同时，利润增加，企业增加产量和就业。

第 15 章　财政政策

1. 扩张性财政政策指的是为了增加总需求和消除 GDP 差距而增加政府支出或降低税收。紧缩性财政政策通过减少总需求来减轻通货膨胀。同时伴随政府支出的减少或税收的增加。
3. a. 紧缩性财政政策。
   b. 紧缩性财政政策。
   c. 扩张性财政政策。
5. 支出乘数是$\frac{1}{1-MPC}=\frac{1}{0.25}=\frac{1}{1/4}=4$

   支出乘数（M）乘以政府支出的变化（ΔG）等于总需求的变化（ΔAD）。因此：

$$\Delta G \times M = \Delta AD$$

$$G \times 4 = 5\ 000 \text{ 亿美元}$$

$$\Delta G = 1\ 250 \text{ 亿美元}$$

   为了消除 GDP 差距，政府必须要增加 1 250 亿美元的政府支出。
7. 税收乘数等于 1 减去支出乘数。因此，政府支出的扩张效应超过同等数额的减税效应。
9. 作为一名供给学派经济学家，你会争论说总供给曲线的位置与税率相关。在其他条件不变的前提下，如果税率下降，工人有很强的动机供给更多的工作，家庭会储蓄得更多，企业也会投资更多的资本品。因此，削减税率使得总供给曲线右移，实际 GDP 水平上升，价格水平下降。
11. a. 总需求曲线右移。
    b. 总需求曲线左移。
    c. 总供给曲线右移。
    d. 总需求曲线右移。
    e. 总供给曲线左移。

第 16 章　公共部门

1. 转移支付说明了政府的总开销或花费与政府总支出之间的区别。转移支付并没有“用完”资源；它们把从一个群体手中得到的税收支付给另一个群体，以此来重新分配购买力。
3. 主要来源是联邦政府的个人所得税，州政府的销售税和消费税，以及地方政府的财产税。

5. 边际税率是增加的收入中用于支付税收的部分。平均税率是付税额占收入的百分比。

7. a. 多于6 000美元。

   b. 低于6 000美元。

   c. 6 000美元。

9. 销售税占收入的百分比：

   10%，7%，6%，4%。

   因为随着收入的上升，销售税占收入的百分比是下降的，因而该税为累退税。

11. 追求利润最大化的企业遵循边际原则，只要边际收益超过或等于边际成本，就从事生产。用货币能测度成本效益。“一人一票”制度并不必然根据个体选民所获得的货币收益的价值来测度收益。因此，大多数选民可能会赞成那些成本超过收益的项目，反对那些收益超过成本的项目。

第17章 联邦赤字、盈余和国债

1. 国债是联邦政府以往预算赤字的总和。当预算赤字很大时，国债以很快的速度增长。当预算赤字很小时，国债以较低的速度增长。

3. 该论述的论据是，大多数的债务是一个美国公民欠另一个美国公民的内部国债。假设联邦政府通过向一群美国公民发行政府证券来融通赤字，这会增加国债。当证券到期时，政府必须向另一群美国公民发行新的政府证券来支付利息和本金（滚动债务）。由于利息的支付大部分流入有钱人的手中，这一论据忽视了由此导致的收入分配问题。

5. 当政府对国内持有的债务进行利息支付时，货币仍持有在美国公民的手中。国外债务就不同了。对外国人利息和本金的支付使得美国公民的购买力落入外国公民的手中。

7. a. 在第一年，联邦赤字的初始赤字额为500亿美元，美国政府发行了价值500亿美元的政府证券来融通这一赤字。

   b. 第二年联邦政府必须支付50亿美元的债务利息（500亿美元乘以0.10的利率）。在1 000亿美元的商品和劳务的支付基础上增加这笔利息支付使得两年的政府支付总额达到1 050亿美元。

   c. 对第二年来说，赤字是550亿美元（＄1 050亿的支出－＄500亿的税收），美国政府通过发行新的证券借入这笔款项。新的国债是＄1 050亿，其中有＄500亿是第一年发行的证券，＄550亿是第二年发行的证券。

9. 在衰退时期，税收增加或支出减少都只会减少总需求，并继而减少实际GDP、就业岗位和收入。由于经济体位于总需求曲线的凯恩斯主义阶段，这一财政政策对价格水平没有影响。

11. 本题的答案必须在逻辑上解释得通，且经得住推敲。

第 18 章 货币和联邦储备系统

1. 货币本身是无价值的。货币的价值是充作交易媒介、计价单位和价值储藏手段。

3. a. 信用卡的数量能得到控制。信用卡便携、可分而且质量相同。

   b. 美联储的票据数量由美国政府控制。这些票据便携、可分而且质量相同。

   c. 狗的数量很难控制。狗不是那么便携和可分，它们肯定也不是同一品种的。

   d. 啤酒的数量能得到控制，啤酒杯不是那么便携和可分，但它们可以被做成同一规格的。

5. 美国最狭义的货币定义是 M1。M1 = 通货（硬币加纸币）+ 旅行者支票 + 活期存款。

7. 美联储最重要的功能是管理美国的货币供给。管理委员会由七名负责监督和控制货币供给以及美国的银行体系的人组成。联邦公开市场委员会通过直接买卖美国政府的证券来控制货币供给。

9. 隶属美联储的银行必须加入 FDIC（联邦存款保险公司）。由州政府承办的银行也可以加入 FDIC。只有很少几家州政府银行是没有参保的非会员。

第 19 章 货币创造

1. 首先，金匠采纳了莎士比亚的建议，金库中只接受黄金的储存。随后，他们意识到，在任何既定的时刻，总有新的存款被吸纳进来，可用之来偿还人们对旧的存款的提取。结论是，银行不需要 100% 的储备金率。因此，可以发放贷款，这刺激了经济。

3. 银行通过向借款人发放贷款能够也确实创造了货币。这些贷款储存在客户的活期账户上，因此，银行参与了货币供给的创造过程。

5. 这对货币供给没有影响。向银行提取的钱存入银行 A 的活期账户，这增加了银行 A 的存款、储备和贷款。但是，银行 B 则经历了存款、储备和贷款的等额减少。

7.

第一国民银行	
资产负债表	
资产	负债
储备 –`$ 1 000	活期存款 – $ 1 000
法定储备 – $ 100	
超额储备 – $ 900	
总资产 – $ 1 000	总负债 – $ 1 000

负的超额储备意味着贷款必须减少 1 000 美元。

9. 一些客户可能手中持有一部分现金，而不是将全部贷款存入银行。一些银行也可能持有超额储备，而不是将全部的资金用于发送贷款。
11. 公众决定持有现金，银行愿意动用超额储备用于贷款的意愿都会影响货币乘数。货币乘数的变化能导致货币供给不可预料的变动。非银行机构也能发放贷款和提供其他不受美联储控制的金融服务。最后，公众能决定将资金从 M1 转向 M2 或货币供给其他类型的定义。

第 20 章 货币政策

1. a. 交易和预防性余额增加。
   b. 投机性余额减少。
   c. 交易和预防性余额减少。
   d. 投机性余额增加。
3.

债券价格	利率
$ 800	10%
1 000	8
2 000	4

债券价格和利率之间存在反向关系。
5. a. 价格水平轻微下降。实际 GDP 和就业大幅度下降。
   b. 价格水平、实际 GDP 和就业都上升。
   c. 价格水平轻微下降，实际 GDP 和就业大幅度下降。
7. 在货币主义者看来，货币流通速度 V 和产量 Q 这些变量在交易等式中是固定的。因此，货币数量理论可以表示为 $M \times V = P \times Q$。
给定这一公式，货币供给 M1 的变化会导致物价水平 P 同比例的变化。
9. 在凯恩斯主义者看来，货币供给的增加降低了利率，导致投资支出增加，后者通过乘数效应增加了总需求，并导致需求拉动型通货膨胀。在货币主义者看来，货币供给的增长使得人们有更多的钱可花。这种对总需求的直接增加导致需求拉动型通货膨胀。
11. 在这种条件下，凯恩斯主义的观点是正确的。由于利率的变动不能改变对投资品的需求量，因此美联储对投资没有影响力。

第 21 章 国际贸易和金融

1. a. 在甲国，生产 1 吨钻石的机会成本是 1/2 吨珍珠。在乙国，生产 1 吨钻石的机会成本是 2 吨珍珠。
   b. 在甲国，生产 1 吨珍珠的机会成本是 2 吨钻石。在乙国，生产 1 吨珍珠的机会成本是 1/2 吨钻石。

c. 由于甲国能比乙国以较低的机会成本生产钻石，甲国在钻石的生产方面具有比较优势。

d. 由于乙国能比甲国以较低的机会成本生产珍珠，乙国在珍珠的生产方面具有比较优势。

e.

	钻石（每年的吨数）	珍珠（每年的吨数）
在专业化之前		
甲国（*B* 点）	100	25
乙国（*C* 点）	30	120
总产出	130	145
在专业化之后		
甲国（*A* 点）	150	0
乙国（*D* 点）	0	180
总产出	150	180

正如上表中所示，两个国家的专业化生产增加了世界的总产出，钻石每年增加 20 吨，珍珠每年增加 30 吨。

f.

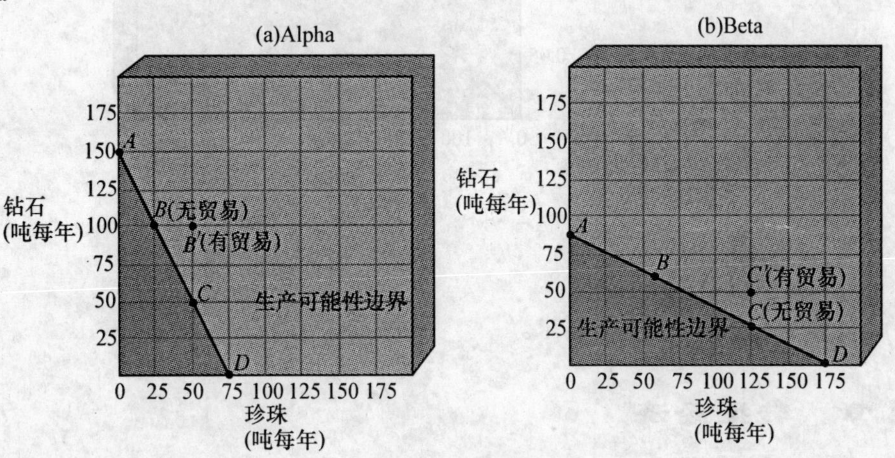

在贸易之前，甲国在其生产可能性曲线的 *B* 点处生产和消费 100 吨钻石和 25 吨珍珠。在贸易之前，乙国生产和消费 30 吨钻石和 120 吨珍珠（*C* 点）。现在假设甲国在 *A* 点从事钻石的专业化生产，每年它以 50 吨钻石作交换进口 50 吨珍珠。通过专业化和贸易，甲国将其消费可能性移动到位于其生产可能性曲线之外的 B′ 点。

3. 根据比较优势进行专业化生产并开展贸易的原则不仅适用于国家之间，也适用于美国的各州之间。例如，佛罗里达州种植橘子，爱达荷州种植番茄。这两个州之间的贸易，和国家之间的贸易一样，会增加消费可能性。

5. 与受限制的进口品相竞争的美国行业（及其工人）会受益。进口品的供给减少了，消费者选择的余地下降，由于缺乏来自进口品的竞争，国内产品的价格更高，这些都导致消费者受损。
7. 尽管一些国内工作机会可能会丧失，国际贸易会创造出新的就业机会。换句话讲，当国家之间根据比较优势原则来从事专业化生产并开展贸易之时，整个经济体受益了，但进口会导致一些特定行业失去工作机会。
9. 尽管每个国家的国际收支都为零，它的经常账户和资本账户通常不等于零。比如，经常账户赤字意味着一个国家对进口品的购买多过其出口品的销售。另一方面，这个国家的资本账户必定存在盈余以此弥补经常账户下的赤字。这就意味着，相对于本国人对国外资本的购买来说（资本流出），外国人对本国资本的购买更多（资本流入）。这样，对本国资本存量的净拥有有利于外国人。

11. a.

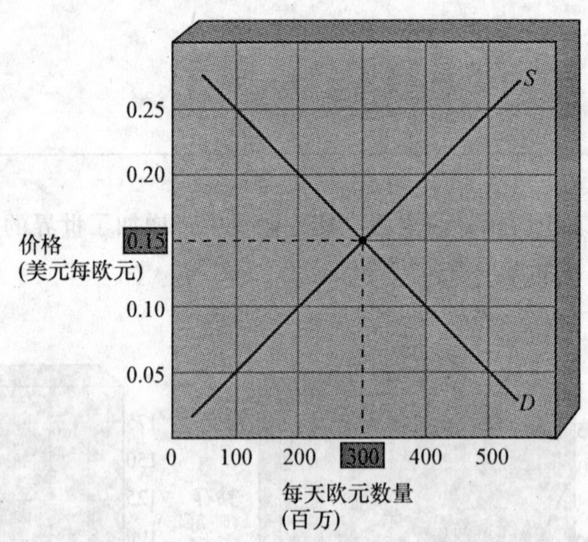

b. 每欧元＄0. 15

c. 会有2亿欧元的额外需求。

第22章　转型经济

1. 美国人更喜欢大汽车和罐装汤。欧洲人主要购买小汽车和汤料。妇女和少数群体在工作中的作用是，他们是说明文化如何与生产中的劳动力要素相关的有力例证。
3. 这样的计划会为老年人提供额外的经济安全保障，但更高的税收会减少工作激励，也可能降低工作效率。
5. 传统的农业经济的好处在于，社会成员一起协作建谷仓、收割等。在指令经济体制下，决策由政府制定，每一个社会成员都有基本的收入，对决策失误和收成不好的顾虑降到最低点。在市场经济体制下，大丰收意味着更大的利润和更大的提高生活水平的能力。

7. 由于大多数经济体是混合经济，这一术语过于宽泛，因而很难对其加以准确描述。资本主义和社会主义这两个术语在定义上更多地涉及私人所有、市场分配和分散决策的作用。信奉以市场为导向的经济体制意味着权力从下达指令的官员手中转移到消费者手中。市场和社会主义公民关心集体利益的这一原则不相容。

第 23 章 增长与欠发达国家

1. IACs 和 LDCs 之间的区别在于人均 GDP 的不同。这一划分方式多少有些武断。一个具有高的人均 GDP 和有限的石油工业发展的国家，如阿联酋，不包括在 IAC 国家之列。本书中列举了 27 个 IACs 国家和地区，包括瑞士、日本、美国、新加坡和中国香港。下列国家则被认为是 LDCs 国家：阿根廷、墨西哥、南非、约旦和孟加拉国。
3. a. 如果只看人均 GDP，你会推断甲国是一个适合居住的好地方，因为这个国家人均产品和劳务的产出量更大。
   b. 根据其他事实，你会改变你的看法，倾向于在乙国生活，因为生活质量数据显示了这个国家具有更高的生活标准。
5. IACs 国家平均的人均 GDP 增长率超过了 LDCs 国家人均 GDP 的增长率。这一事实与论点相符合。但题中论据过于夸大了，因为 LDCs 之间存在巨大的差异。在既定的年份里，某个 LDC 的人均 GDP 的增长率可能比很多 IACs 都要大。
7. 人们很难理解经济的增长和发展，因为没有一条可以遵循的增长和发展之路。教材中提出了一个具有五个基本要素的多维模型：自然资源，人力资源，资本，技术进步和政治环境。LDC 缺乏如自然资源这样的一个或更多的关键要素，但这不必然意味着 LDC 不能实现经济发展。
9. 由于它们是人均 GDP 很低的穷国，它们缺乏国内储蓄来进行资本投资；由于缺乏投资，它们保持贫困状态。由于担心政局不稳，这些穷国的富人通常在国外进行储蓄。外部资金从国外流向国内使得 LDC 在不降低消费的同时能增加其资本，这使其生产可能性曲线向外移动。
11. 穷国很穷，因此它们没有足够的储蓄形成国内资本。国际贸易是 LDCs 从国外得到储蓄的途径之一。出口向 LDCs 提供了外汇，以用于对进口资本品的支付，而后者是经济增长和发展所必需的。

附录 B 测试题答案

第1章 经济学思维方式导论

1. c 2. d 3. c 4. c 5. a 6. a 7. a 8. a 9. a 10. c 11. a 12. b

第1章附录 运用坐标图分析经济学

1. d 2. d 3. a 4. d 5. d 6. c 7. c 8. c 9. d 10. d 11. d 12. b

第2章 生产可能性、机会成本和经济增长

1. c 2. a 3. c 4. c 5. b 6. c 7. c 8. e 9. a 10. c 11. b

第3章 市场需求和市场供给

1. e 2. a 3. b 4. b 5. a 6. b 7. c 8. b 9. c 10. b
11. c 12. c 13. d 14. d 15. c 16. d 17. d 18. c

第4章 市场行为

1. a 2. a 3. c 4. d 5. d 6. d 7. c 8. b 9. a 10. b 11. c 12. a

第5章 需求价格弹性

1. a 2. b 3. a 4. a 5. a 6. d 7. a 8. a 9. d

第6章 生产成本

1. d 2. b 3. c 4. c 5. d 6. d 7. c 8. d 9. d 10. c
11. c 12. b 13. c 14. b 15. d 16. c 17. d 18. e 19. c

第7章 完全竞争

1. b 2. b 3. b 4. b 5. c 6. d 7. b 8. d
9. b 10. b 11. a 12. d 13. b 14. d

第8章 完全垄断

1. d 2. d 3. d 4. d 5. b 6. d 7. b 8. d 9. b 10. d 11. e

第9章 垄断竞争和寡头垄断

1. b 2. b 3. d 4. d 5. d 6. d 7. a 8. a 9. b 10. d
11. d 12. a 13. a 14. a 15. d 16. a

第10章 劳动力市场和收入分配

1. d 2. a 3. c 4. a 5. c 6. b 7. d 8. a 9. d
10. a 11. d 12. c 13. a 14. d

第11章 国内生产总值

1. d 2. a 3. a 4. e 5. d 6. d 7. c 8. d
9. b 10. d 11. b 12. b 13. c

第12章 经济周期与失业

1. c 2. d 3. d 4. d 5. d 6. d 7. c 8. b
9. a 10. d 11. d 12. d 13. b 14. e

第13章 通货膨胀

1. a 2. d 3. a 4. b 5. a 6. b 7. d
8. b 9. b 10. d 11. c 12. d 13. c

第14章 总需求与总供给

1. c 2. a 3. b 4. c 5. d 6. a 7. c 8. c

9. d 10. c 11. c 12. d 13. a 14. d 15. a

第14章附录 自动修复的总需求与总供给模型

1. b 2. c 3. d 4. c 5. a 6. b 7. a 8. a 9. c 10. d 11. d

第15章 财政政策

1. d 2. a 3. d 4. b 5. d 6. c 7. a 8. d 9. c 10. d 11. a 12. d 13. a

第16章 公共部门

1. b 2. b 3. d 4. d 5. d 6. a 7. e 8. d 9. d
10. d 11. c 12. d 13. a 14. a

第17章 财政赤字、盈余和国债

1. a 2. b 3. c 4. d 5. c 6. d 7. b 8. e 9. a 10. d 11. d

第18章 货币和联邦储备系统

1. b 2. b 3. d 4. c 5. d 6. b 7. c 8. d
9. c 10. e 11. d 12. b 13. b 14. c

第19章 货币创造

1. b 2. b 3. b 4. c 5. c 6. d 7. c
8. c 9. b 10. b 11. a 12. d

第20章 货币政策

1. d 2. b 3. d 4. a 5. a 6. d 7. c
8. d 9. d 10. c 11. b 12. a

第20章附录 自动修复的*AD-AS*模型中的政策争论

1. c 2. d 3. d 4. d 5. b 6. a

第21章　国际贸易和金融

1. b　2. c　3. a　4. d　5. d　6. a　7. d　8. a
9. c　10. c　11. b　12. c　13. c　14. a
15. a　16. b　17. a　18. a　19. e　20. d

第22章　转型经济

1. c　2. d　3. d　4. a　5. b　6. a　7. c　8. b　9. b
10. c　11. c　12. a　13. a　14. d　15. a

第23章　增长与欠发达国家

1. d　2. d　3. d　4. c　5. a　6. a　7. d　8. a
9. c　10. a　11. b　12. d　13. c　14. d

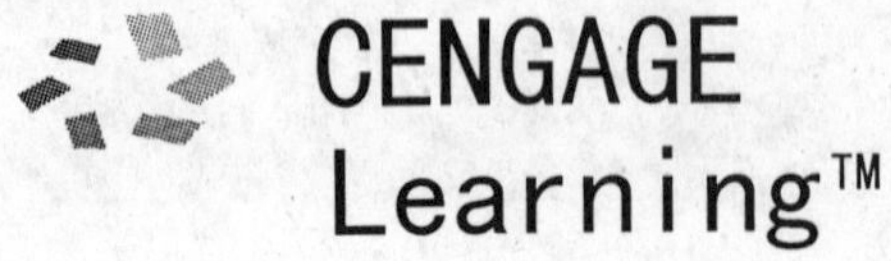

Supplements Request Form（教辅材料申请表）

Lecturer's Details（教师信息）

Name： （姓名）		Title： （职务）	
Department： （系科）		School/University： （学院/大学）	
Official E-mail： （学校邮箱）		Lecturer's Address /Post Code： （教师通讯地址/邮编）	
Tel： （电话）			
Mobile： （手机）			

Adoption Details（教材信息）　原版□　翻译版□　影印版□

Title：（英文书名） Edition：（版次） Author：（作者）			
Local Puber： （中国出版社）			
Enrolment： （学生人数）		Semester： （学期起止日期时间）	

Contact Person & Phone/E-Mail/Subject：
（系科/学院教学负责人电话/邮件/研究方向）
（我公司要求在此处标明系科/学院教学负责人电话/传真及电话和传真号码并在此加盖公章。）

教材购买由 我□　我作为委员会的一部份□　其他人□［姓名：　　　　］决定。

Please fax or post the complete form to（请将此表格传真至）：

CENGAGE LEARNING BEIJING
ATTN：Higher Education Division
TEL：（86）10-82862096/95/97
FAX：（86）10 82862089
ADD：北京市海淀区科学院南路 2 号
融科资讯中心 C 座南楼 12 层 1201 室 100080

Note：Thomson Learning has changed its name to CENGAGE Learning